2021

MARIA DE FÁTIMA FREIRE DE SÁ

BRUNO TORQUATO DE OLIVEIRA NAVES

BIOÉTICA E BIODIREITO

QUINTA EDIÇÃO
REVISTA, ATUALIZADA E AMPLI[ADA]

EDITORA FOCO

2021 © Editora Foco
Autores: Maria de Fátima Freire de Sá e Bruno Torquato de Oliveira Naves
Diretor Acadêmico: Leonardo Pereira
Editor: Roberta Densa
Assistente Editorial: Paula Morishita
Revisora Sênior: Georgia Renata Dias
Capa Criação: Leonardo Hermano
Diagramação: Ladislau Lima
Impressão miolo e capa: FORMA CERTA

Dados Internacionais de Catalogação na Publicação (CIP) (Câmara Brasileira do Livro, SP, Brasil)

B898b Sá, Maria de Fátima Freire e Naves, Bruno Torquato de Oliveira
Bioética e Biodireito / Maria de Fátima Freire de Sá, Bruno Torquato de Oliveira Naves. – 5. ed. – Indaiatuba, SP : Editora Foco, 2021.

384 p. ; 17cm x 24cm.

Inclui índice e bibliografia.

ISBN: 978-65-5515-183-1

1. Bioética. 2. Biodireito. I. Naves, Torquato de Oliveira. II. Título.

2020-3093   CDD 344.04197   CDU 34:57

Elaborado por Vagner Rodolfo da Silva – CRB-8/9410
Índices para Catálogo Sistemático:
1. Bioética 344.04197   2. Bioética 34:57

DIREITOS AUTORAIS: É proibida a reprodução parcial ou total desta publicação, por qualquer forma ou meio, sem a prévia autorização da Editora FOCO, com exceção do teor das questões de concursos públicos que, por serem atos oficiais, não são protegidas como Direitos Autorais, na forma do Artigo 8º, IV, da Lei 9.610/1998. Referida vedação se estende às características gráficas da obra e sua editoração. A punição para a violação dos Direitos Autorais é crime previsto no Artigo 184 do Código Penal e as sanções civis às violações dos Direitos Autorais estão previstas nos Artigos 101 a 110 da Lei 9.610/1998. Os comentários das questões são de responsabilidade dos autores.

NOTAS DA EDITORA:

Atualizações e erratas: A presente obra é vendida como está, atualizada até a data do seu fechamento, informação que consta na página II do livro. Havendo a publicação de legislação de suma relevância, a editora, de forma discricionária, se empenhará em disponibilizar atualização futura.

Erratas: A Editora se compromete a disponibilizar no site www.editorafoco.com.br, na seção Atualizações, eventuais erratas por razões de erros técnicos ou de conteúdo. Solicitamos, outrossim, que o leitor faça a gentileza de colaborar com a perfeição da obra, comunicando eventual erro encontrado por meio de mensagem para contato@editorafoco.com.br. O acesso será disponibilizado durante a vigência da edição da obra.

Impresso no Brasil (01.2021) – Data de Fechamento (01.2021)

2021

Todos os direitos reservados à
Editora Foco Jurídico Ltda.
Rua Nove de Julho, 1779 – Vila Areal
CEP 13333-070 – Indaiatuba – SP
E-mail: contato@editorafoco.com.br
www.editorafoco.com.br

Dói-me a cabeça aos trinta e nove anos.
Não é hábito. É rarissimamente que ela dói.
Ninguém tem culpa.
Meu pai, minha mãe descansaram seus fardos,
não existe mais o modo
de eles terem seus olhos sobre mim.
Mãe, ô mãe, ô pai, meu pai. Onde estão escondidos?
É dentro de mim que eles estão.
Não fiz mausoléu pra eles, pus os dois no chão.
Nasceu lá, porque quis, um pé de saudade roxa,
que abunda nos cemitérios.
Quem plantou foi o vento, a água da chuva.
Quem vai matar é o sol.
Passou finados não fui lá, aniversário também não.
Pra quê, se pra chorar qualquer lugar me cabe?
É de tanto lembrá-los que eu não vou.
Ôôôô pai
Ôôôô mãe
Dentro de mim eles respondem
tenazes e duros,
porque o zelo do espírito é sem meiguices:
Ôôôôi fia.[1]

Aos meus pais encantados,
'amor maior que eu'.

Quando me vi, tendo de viver, comigo apenas e com o mundo,
você me veio como um sonho bom...[2]

Ao José Alceu, meu sonho real.
(Maria de Fátima)

---

1. Adélia Prado. Poema Esquisito.
2. Renato Russo. Teatro dos Vampiros.

o teu rosto à minha espera, o teu rosto
a sorrir para os meus olhos, existe um
trovão de céu sobre a montanha.
[...]
hoje compreendo os rios. a idade das
rochas diz-me palavras profundas,
hoje tenho o teu rosto dentro de mim.[3]

À Aline, com amor.
(Bruno)

---

3. PEIXOTO, José Luís. Amor. In: PEIXOTO, José Luís. *A casa, a escuridão*. Lisboa: Temas e Debates, 2002.

NOTA DOS AUTORES À QUINTA EDIÇÃO

Esta quinta edição é a maior de todas as reformulações já realizadas na obra, editada pela primeira vez em 2009, sob o título de "Manual de Biodireito".

As mudanças foram motivadas, especialmente, pela necessidade de se imprimir um destaque cada vez maior à Bioética e pelo fato de se reconhecer o Biodireito, hoje, como ramo autônomo e não apenas como microssistema, que gira em torno de outros sistemas.

É claro que a origem do Biodireito como microssistema legou-lhe características únicas, como a tecno-linguagem e a superação da dicotomia "direito público-direito privado". Mas sua crescente especialização, com a imposição de princípios e interpretação próprios, aliada a uma metodologia problemática e transdisciplinar, fizeram-no mais do que um pequeno sistema, dependente de outro maior, fizeram-no novo ramo.

Veio, assim, a necessidade de reformular o texto, para que o tratamento adequado demonstrasse tal autonomia e diferenciação. Com isso, a relação médico-paciente (Capítulo 4) e a responsabilidade civil do profissional de saúde (Capítulo 15) ganharam capítulos próprios, com aprofundamento em temáticas relevantes como a objeção de consciência, a recusa terapêutica, os dados sensíveis à luz da Lei Geral de Proteção de Dados Pessoais (LGPD) e as transformações da responsabilidade civil.

Não poderia faltar, no Capítulo 6, a análise da decisão da Corte Constitucional portuguesa acerca da inconstitucionalidade da confidencialidade da doação de gametas.

O tema da identificação genética para fins criminais foi acrescido ao Capítulo 9, tendo sido analisada a Lei n. 12.037/2009, com redação da Lei n. 12.654/2012, que tratou da prova (art. 3º, II e 5º, parágrafo único) e a Lei n. 7.210/1984, com redação da Lei n. 12.654/2012, que abordou especificamente os fins de identificação.

O Capítulo 10, "Investigação, Manipulação e Aconselhamento Genéticos", também foi completamente reformulado, com alteração da ordem dos tópicos, ressistematização de ideias, atualização e complementação. Agora expõe-se sobre CRISPR-Cas9, a nova técnica de manipulação genética, e sobre aconselhamento genético.

O Capítulo 11, "Patenteamento de Material Genético e de Organismos Vivos", ganhou novos tópicos, com exposição mais detalhada sobre o panorama patentário dos Estados Unidos, cujo posicionamento majoritário se alterou nos últimos anos.

A transexualidade (Capítulo 12) também recebeu acréscimos referentes ao registro civil, ao casamento e à filiação. Novos julgados e normativas foram acrescentados, inclusive um tópico sobre a ADI 4275, que ampliou as hipóteses de alteração de registro de prenome e de gênero para indivíduos transgêneros.

No Capítulo 14, "Eutanásia, Suicídio Assistido e Diretivas Antecipadas de Vontade", o acréscimo mais significativo ficou por conta das diretivas, sobre as quais se discorreu a respeito dos requisitos de existência, validade e eficácia no Direito brasileiro.

Além de todos estes acréscimos e alterações, o texto foi integralmente revisto e atualizado. Novas decisões judiciais foram colacionadas e normativas substituídas.

O trabalho foi extenso e minucioso. Esperamos que agrade.

Caxias do Sul e Belo Horizonte, primavera de 2020.

Os autores

NOTA DOS AUTORES À QUARTA EDIÇÃO

É com muita satisfação que trazemos a público a quarta edição dessa obra, após revisão de vários capítulos, atualização das referências legislativas e jurisprudenciais e inclusão de novos temas.

Essa edição apresenta muitas novidades, a começar pela mudança de título do livro que de Manual de Biodireito passou a Bioética e Biodireito, porque as reflexões realizadas alastraram-se para além do Direito, ganhando também forte enfoque bioético. É claro que essa mudança não se deu de uma única vez – da terceira para a quarta edição –, mas foi se assentando em cada nova edição até o ponto em que o título antigo se mostrasse incompleto para representar a obra.

Como pontos que evidenciam as maiores transformações estão a reformulação do capítulo sobre reprodução humana assistida – que passou por uma adequação à nova Resolução do Conselho Federal de Medicina (n. 2.168/2017) e pelo enfrentamento do registro de nascimento da criança oriunda das técnicas de reprodução assistida –, a inserção de novas decisões judiciais e de posições doutrinárias que ganharam vulto nos últimos tempos, bem como a atualização de normas, como a Resolução CFM n. 2.173, de 23 de novembro de 2017, e o reconhecimento da inconstitucionalidade do art. 1.790 do Código Civil pelo Supremo Tribunal Federal no RE 878694.

Outra novidade é a inserção do Capítulo 16, referente à situação dos animais frente à Bioética e ao Direito, tema de profunda importância e que tem avançado muito nos últimos anos. Nele foram abordados os temas da senciência e consciência dos animais, a experimentação com animais, a controvérsia sobre a possibilidade de se conceder aos animais o status de sujeito de direito e algumas posições marcantes sobre a Bioética Animal.

Desejamos a todos uma leitura proveitosa e prazerosa!

Belo Horizonte, verão de 2018.

Os autores

NOTA DOS AUTORES À TERCEIRA EDIÇÃO

De 2011 para cá muitos temas biojurídicos foram debatidos pela sociedade como um todo e muitas descobertas e inovações científicas foram anunciadas. Também novas questões sobre antigos temas foram levadas à mídia e ao Judiciário, reclamando novas interpretações, como é o caso da possibilidade de mudança de gênero sem a cirurgia de transgenitalização e da interrupção de gravidez por anomalias graves no feto.

O direito de morrer esteve em discussão em muitos países, que passaram a admiti-lo por meio de novas legislações. No que diz respeito a organismos geneticamente modificados, a segurança alimentar tem ocupado muitas discussões e gerado posicionamentos contraditórios entre os países na liberação para o comércio e o consumo. E a reprodução medicamente assistida, a cada dia, suscita novas controvérsias e o mundo assiste, perplexo, ao fenômeno do turismo reprodutivo.

O Manual de Biodireito, em sua terceira edição, procurou abordar essas e outras questões que se fizeram presentes no debate social. Novas jurisprudências e novas legislações foram analisadas, assim como todos os capítulos foram atualizados e aumentados.

Dos capítulos presentes na 2ª edição, o que mais sofreu transformações foi o capítulo sobre reprodução humana assistida, que com a Resolução 2.013/2.013, do Conselho Federal de Medicina, e com decisões judiciais recentes apresenta um conteúdo mais completo e atual.

Com o julgamento da ADPF 54, não nos furtamos a abordar a difícil e intrincada questão que envolve a interrupção da gravidez e a anencefalia. Por isso abrimos um novo capítulo, tratando do aborto e da anencefalia.

Não podemos deixar de assinalar que esses estudos são reflexo e estão refletidos nos Programas de Pós-graduação em Direito da PUC Minas e da Escola Superior Dom Helder Câmara, tanto assim que referidas escolas contam com disciplinas próprias, de Bioética e Biodireito, em sua grade curricular.

Belo Horizonte, verão de 2015.

Os autores

NOTA DOS AUTORES À SEGUNDA EDIÇÃO

Trazemos ao leitor a segunda edição do nosso Manual de Biodireito, devidamente atualizado e com acréscimos em doutrina e jurisprudência.

O primeiro novo aspecto inserido foi uma abordagem mais específica sobre os direitos da personalidade, no que toca ao seu surgimento, conceituação, características e classificações. Acreditamos que, dessa forma, a leitura se tornará mais coerente e didática, porquanto muitos temas aqui desenvolvidos relacionam-se a esta categoria.

Há um novo capítulo, cujo título é Organismos Geneticamente Modificados, em que abordamos aspectos da Lei de Biossegurança, a competência da Comissão Técnica Nacional de Biossegurança (CTNBio), a diversidade biológica e a liberação de OGM no meio ambiente.

Da data da publicação do Manual de Biodireito até a presente edição, vários temas tiveram apelo midiático, como é o caso dos chamados testamentos vitais ou, falando de forma mais abrangente, das diretivas antecipadas de vontade. Apesar de a primeira edição fazer referências aos chamados *living wills* estadunidenses, voltamos a tocar no assunto, dessa vez, também no capítulo referente à eutanásia.

Questões relativas à redesignação do estado sexual foram atualizadas com novas tendências jurisprudenciais e o capítulo acerca da reprodução humana assistida foi atualizado conforme a Resolução n. 1957/2010, do Conselho Federal de Medicina.

A todos, uma boa leitura!

Belo Horizonte, inverno de 2011.

Os autores.

NOTA DOS AUTORES À PRIMEIRA EDIÇÃO

O interesse pelo Biodireito surgiu quando a coautora trabalhou questões relativas à doação de órgãos no primeiro Mestrado em Direito da PUC Minas. Posteriormente, ao iniciar seu doutorado na UFMG desenvolveu trabalho sobre eutanásia e suicídio assistido e ingressou como professora do Programa de Pós-graduação em Direito da PUC Minas. Vários grupos de pesquisa foram formados a partir de então, destacando-se a parceria desta com o coautor. Este, por sua vez, foi aluno da primeira turma de Mestrado em Direito Privado, também da PUC Minas.

Diante da afinidade dos temas desenvolvidos por ambos, em um primeiro momento entre professora e aluno, nasceram vários livros coletivos e artigos em conjunto publicados em revistas especializadas e anais de congressos. Com o tempo, toda a produção necessitou ser revista em razão de modificações legislativas e amadurecimento hermenêutico. Assim, trazemos ao leitor fundamentos de Biodireito, publicado como um manual, pois inclui temas desde a concepção humana até o fim da vida.

Este livro traz, também, textos da coautora com outros autores, pelo que temos que agradecer pela construção à época desenvolvida, em especial à Ana Carolina Brochado Teixeira, a Gustavo Pereira Leite Ribeiro e a Diogo Luna Moureira. Procuramos manter apenas os fragmentos de nossa autoria, mas sabemos que a contribuição deles foi e continua sendo fundamental na formação de nossas ideias e devem receber o mérito pelas boas concepções aqui expressas.

Agradecemos, ainda, à PUC Minas e ao CNPq, que por meio do Fundo de Incentivo à Pesquisa (FIP) proporcionaram a dedicação ao tema da proteção jurídica dos dados genéticos humanos. Fizeram parte da equipe de pesquisa acerca dos dados genéticos as acadêmicas Aline Maria Pollom Franco Naves e Vanielle Guimarães do Val.

Todos os textos foram revistos e atualizados, já que o desenvolvimento tecnológico faz com que muitas abordagens biojurídicas tornem-se obsoletas em pouco tempo.

Belo Horizonte, verão de 2009.

Os autores.

PREFÁCIO À 5ª EDIÇÃO

No tempo atual, sinalizado por uma depreciação do hábito da leitura – incluindo-se aí a leitura de obras jurídicas – alcançar a 5. Edição da obra "Bioética e Biodireito", já é por si um feito digno de aplausos. Este dado objetivo evidencia a constância da recepção calorosa do público ao substancioso volume da lavra de Maria de Fátima Freire de Sá e Bruno Torquato de Oliveira Naves, ambos professores com extenso currículo acadêmico, longa experiência na docência e orientação de mestrado e doutorado, além de uma vasta produção acadêmica dedicada a temas correlatos aos que aqui se encontram.

Este conjunto de informações é suficiente para justificar o aprazimento pelo convite dos autores para a elaboração de um breve prefácio à nova edição. Quando se trata de discorrer sobre uma obra portentosa, a prévia amizade com os literatos se converte apenas na informalidade do acesso ao convite e aceite, pois o verdadeiramente importante é a generosa oportunidade a mim ofertada de colocar o timbre em um livro marcado pela permanência. Sem desmerecer a correção de Oscar Wilde, ao frisar que "há coisas que são preciosas por não durarem" (O Retrato de Dorian Gray), quando se trata de um livro de direito desta envergadura, prefiro apreciar o inestimável valor dos bens imateriais que são lapidados pelo tempo e amadurecem com os seus artífices. Tal como na arte, o verdadeiro virtuosismo técnico faz com que a competência pareça ilusoriamente natural e simples. Bruno e "Fatinha" somam a isto o pioneirismo, estando entre aqueles poucos que reescrevem as regras do biodireito e oferecem uma alternativa à linguagem existente.

O que não dizer do índice de um livro que principia com a passagem da bioética ao biodireito, passando por seus princípios e interpretação, visitando os direitos da personalidade – do nascituro ao morto – traduzindo a relação médico-paciente, desmistificando o aborto e anencefalia, introduzindo a reprodução humana assistida em todo o seu caleidoscópio, examinando a problemática das células-tronco e organismos geneticamente modificados, adentrando aos dados genéticos humanos – cuja reificação é acentuada pela tecnologia -, na sequência perscruta a investigação, manipulação e aconselhamento genéticos, analisa o patenteamento de material genético e de organismos vivos, aborda a sensível temática da transexualidade e a paulatina aceitação de sua eficácia jurídica no direito brasileiro, disseca a doação de órgãos e tecidos nos 23 anos de vigência de sua legislação, envereda pelos candentes tópicos da eutanásia, suicídio e diretivas antecipadas, examina as fronteiras do biodireito com a responsabilidade civil dos profissionais da saúde e finaliza explicando o atualíssimo debate sobre bioética animal e proteção jurídica. Este conjunto de temas fascinantes traduzidos para o saber jurídico revela que em matéria de biodireito não podemos seguir a dicotomia de Millôr Fernandes: "Em ciência leia sempre os livros mais novos. Em literatura, os mais velhos".

De fato, o conciso relato sobre o *index* do livro desvela ao leitor as frestas da pujança de uma obra que lapidada pelo labor constante dos seus autores, requer uma diuturna reflexão e atualização, já que em sede de biodireito há uma sucessão interminável de fatos jurídicos que teimam em brigar com a ordem jurídica posta. Se o saber popular há muito percebeu que "a ciência é lebre e o direito é tartaruga", em um cenário caracterizado por uma profusão de informações desconexas, dependemos de juristas de enorme conhecimento e apurada sensibilidade, capazes de mediar para o mundo do direito um "museu de grandes novidades" (já dizia Cazuza), periodicamente oferecendo a todos nós uma reflexão sobre o estado da arte e, por vezes, humildemente retificando conceitos e abordagens, algo que só investigadores acostumados ao debate científico multidisciplinar e calejados pelo tempo costumam fazer.

Justamente por isto noticio o fato de que esta quinta edição consubstancia a maior de todas as reestruturações já realizadas na obra. Os autores reconhecem o Biodireito como ramo autônomo e não apenas como microssistema, que gira em torno de outros sistemas. Esta postura exigiu a minuciosa reformulação de vários capítulos, para que se demonstrasse tal autonomia e diferenciação, conforme detalhadamente explanado na nota à atual edição.

Não tenho dúvidas que tal como ocorre em outros países, temas como os aqui apresentados demandam o protagonismo da doutrina – jamais da jurisprudência. Por isso auguro que em alguns anos, um valoroso colega prefaciará a 10ª, 15ª ou quiçá 20ª edição desta obra, certamente ostentando mais páginas e saberes. É justamente esta sensação de imanência quanto ao porvir que me impele a agradecer aos progenitores do livro "Bioética e Biodireito". Obrigado a ambos pelo convite ao pertencimento à trajetória de um empreendimento de tamanha magnitude e intensidade.

Parabéns ao Bruno Torquato e a Maria de Fátima e uma ótima leitura!

Belo Horizonte, outubro da pandemia

Nelson Rosenvald
Procurador de Justiça do Ministério Público de Minas Gerais. Pós--Doutor em Direito Civil na *Università Roma Tre* (IT-2011). Pós-Doutor em Direito Societário na Universidade de Coimbra (PO-2017). *Visiting Academic na Oxford University* (UK-2016/17). Professor Visitante na Universidade Carlos III (ES-2018). Doutor e Mestre em Direito Civil pela PUC/SP. Presidente do Instituto Brasileiro de Estudos de Responsabilidade Civil (IBERC). Fellow of the European Law Institute (ELI). Member of the Society of Legal Scholars (UK). Professor do corpo permanente do Doutorado e Mestrado do IDP/DF.

PREFÁCIO À 4ª EDIÇÃO

Conozco a la Profesora Dra. Maria Fátima Freire de Sá desde hace ya muchos años. Desde el primer momento vimos que coincidíamos en nuestros intereses sobre el Bioderecho y las relaciones de éste con la Bioética; ella sobre todo desde la perspectiva del Derecho Privado y en mi caso, principalmente desde la óptica del Derecho Público, aunque sabemos que el Bioderecho transcurre por terrenos más amplios y flexibles que permiten aunar los enfoques que proporcionan las diversas disciplinas jurídicas. Esta coincidencia sobre uno de los objetos principales de nuestra dedicación universitaria nos ha permitido colaborar en diversas y ya numerosas actividades durante todo este tiempo, tanto de forma personal como a través de la Cátedra Interuniversitaria de Derecho y Genoma Humano: congresos, seminarios y conferencias, proyectos de investigación, publicaciones individuales y conjuntas de libros como co-editores etc.

De los proyectos de investigación me gustaría recordar uno internacional europeo-americano del que fui coordinador junto con el Profesor alemán Jürgen Simon, llamado Latinbanks, dentro del *Programa Alfa de la Comisión Europea*, en el que fue participante la Dra. Fátima Freire de Sá, y colaboró con un capítulo en el libro que publicamos en inglés; así como la investigación realizada por la Profesora sobre la maternidad subrogada, asunto de gran actualidad mundial en estos momentos, en el que tuve la satisfacción de ser su tutor y orientador.

Otra colaboración destacada fue la redacción de una voz por su parte para la Enciclopedia de Derecho y Bioética, que publicamos en la Cátedra de Derecho y Genoma Humano bajo mi dirección.

En fin, estos resultados académicos tan interesantes se deben en gran media también a la extraordinaria formación y preparación que ha ido adquiriendo la Profesora Fátima, no sólo con su doctorado, sino también con la Maestría que realizó en su Universidad, la PUC Minas. Este elevado nivel la ha consagrado como una jurista referente en Brasil en materias relacionadas con el Derecho Civil y con el Bioderecho, y como profesora de la Facultad de Derecho de la PUC Minas, tanto en los estudios de grado como de postgrado y doctorado.

El Dr. Bruno Torquato de Oliveira Naves ha seguido los pasos de su Maestra, la Dra. Freire de Sá; obtuvo asimismo su Maestría y el Doctorado, y la acompaña como coautor de este libro. También de él puede augurarse un futuro académico muy prometedor, dada su formación y capacidad de trabajo. Por invitación de la Dra. Freire de Sá, he participado de la defesa de doctorado del Profesor Bruno Oliveira Naves en la PUC Minas.

De esta trayectoria previa podía augurar que estaban aseguradas la calidad, el interés y la actualidad de este libro sobre Bioderecho, que alcanza ya la cuarta edición. Distribuido en diecisiete capítulos, en la obra se ofrece un panorama amplio sobre los temas más relevantes del Bioderecho en la actualidad. Como no podía ser menos, se empieza por explicar sus fundamentos y sus relaciones con la Bioética, para continuar con otros aspectos diversos del Bioderecho que interesan tanto a juristas como a bioeticistas, profesionales clínicos e investigadores.

Para terminar, es para mí una satisfacción escribir estas líneas introductorias, pues a lo ya dicho se añade la vinculación académica de compartir el mismo claustro universitario, esto es, la prestigiosa PUC Minas, en mi caso como doctor honoris causa, galardón del que me siento especialmente orgulloso.

En Bilbao, noviembre de 2017

Carlos María Romeo Casabona
Prof. Dr. Iur. Dr. Med. Dr. h.c. mult.
Catedrático de Derecho Penal.
Director G. I. Cátedra de Derecho y Genoma Humano. Universidad del País Vasco/EHU (Bilbao, España)

SUMÁRIO

NOTA DOS AUTORES À QUINTA EDIÇÃO VII

NOTA DOS AUTORES À QUARTA EDIÇÃO IX

NOTA DOS AUTORES À TERCEIRA EDIÇÃO XI

NOTA DOS AUTORES À SEGUNDA EDIÇÃO XIII

NOTA DOS AUTORES À PRIMEIRA EDIÇÃO XV

PREFÁCIO À 5ª EDIÇÃO XVII

PREFÁCIO À 4ª EDIÇÃO XIX

CAPÍTULO 1 – DA BIOÉTICA AO BIODIREITO 1
1. Introdução 1
2. Histórico da bioética 3
3. Da zetética à dogmática jurídica 6
4. Dogmática jurídica e justiça 9
5. Um último confronto: biodireito e bioética 11
6. Biodireito: o percurso entre microssistema e ramo do direito 12

CAPÍTULO 2 – PRINCÍPIOS E INTERPRETAÇÃO NA BIOÉTICA E NO BIODIREITO 17
1. Introdução 17
2. A tensão entre axiologia e normatividade no direito, no biodireito e na bioética ... 18
3. Princípios da bioética: beneficência, não maleficência, autonomia, justiça e responsabilidade 25
4. Princípios do biodireito: precaução, autonomia privada, responsabilidade e dignidade 28
5. A teoria discursiva aplicada ao biodireito 31

CAPÍTULO 3 – DIREITOS DA PERSONALIDADE E PERSONALIDADE: DO NASCITURO AO MORTO 37
1. Introdução e conceitos iniciais 37
2. Considerações históricas 39

3. A dignidade da pessoa humana e a Constituição Federal de 1988 42
4. A teoria geral dos direitos da personalidade e a teoria do direito geral de personalidade 43
5. Características dos direitos da personalidade 46
6. O problema do nascituro: personalidade e ontologia.................................... 47
   6.1 A personalidade jurídica e a personalidade do nascituro na fundamentação clássica 49
   6.2 A personalidade como centro de imputação normativa 51
   6.3 Considerações finais sobre o nascituro... 58
7. Sobrevida dos direitos da personalidade: a questão do morto 58
   7.1 Direitos da personalidade após a morte e sua fundamentação clássica 59
   7.2 A desnecessidade da pessoa como titular das situações jurídicas subjetivas ... 62

CAPÍTULO 4 – RELAÇÃO MÉDICO-PACIENTE 63

1. Relação médico-paciente: ontem e hoje 63
2. Autonomia privada e consentimento livre e esclarecido 65
   2.1 PSDA – *Patient Self-Determination Act* 66
   2.2 Requisitos de validade da autonomia privada 67
   2.3 Direitos e deveres.. 69
   2.4 A confidencialidade na relação médico-paciente.................................. 72
   2.5 Dados do paciente e sua proteção 73
3. Objeção de consciência 75
   3.1 Objeção de consciência de pacientes capazes..................................... 77
   3.2 Objeção de consciência de pacientes incapazes.................................. 79
   3.3 Objeção de consciência do médico 82
4. *Leading case*: RE 1212272-AL 83
5. Considerações finais... 87

CAPÍTULO 5 – ABORTO E ANENCEFALIA 89

1. Aborto: conceito e síntese histórica 89
2. Classificação e legislação brasileira atual 91
3. O *habeas corpus* 124.306-RJ, de 2016.. 92
4. Ação de Arguição de Descumprimento de Preceito Fundamental n. 54 – Anencefalia 93
5. Resolução CFM n. 1.989/2012 e anencefalia 97
6. *Slippery slope*: extensão dos efeitos da decisão da ADPF 54 para outras síndromes 97

CAPÍTULO 6 – REPRODUÇÃO HUMANA ASSISTIDA 101

1. Introdução 101
2. O panorama legislativo brasileiro 103
   2.1 O Código Civil de 1916 e o Código Civil de 2002 103
   2.2 Projetos de Lei do Senado 90, de 1999 e 1184, de 2003 105
      2.2.1 Projeto original e substitutivos 105
      2.2.2 Projeto de Lei 1.184/2003 109
   2.3 Resolução 2.168/2017, do CFM 110
      2.3.1 Limitação de idade da gestante 112
      2.3.2 Sigilo do doador de gametas 113
         2.3.2.1 Entraves ao anonimato a partir do Provimento CNJ 52/2016 e sua revogação pelo Provimento CNJ 63/2017 113
         2.3.2.2 Anonimato dos doadores de gametas versus direito ao conhecimento da origem biológica 115
      2.3.3 Doação compartilhada de oócitos 117
      2.3.4 Descarte de embriões 119
      2.3.5 Cessão temporária de útero 121
      2.3.6 Reprodução assistida *post mortem* 123
         2.3.6.1 Estudo de caso: reconstrução judicial da vontade e utilização de sêmen após a morte 123
      2.3.7 Notas conclusivas sobre a Resolução CFM 2.168/2017 125
3. O embrião é pessoa em sentido jurídico? 126
4. Monoparentalidade 127
   4.1 A desconstrução e a reconstrução de paradigmas 129
   4.2 Liberdade e responsabilidade 131

CAPÍTULO 7 – CÉLULAS-TRONCO E ASPECTOS GERAIS DA LEI DE BIOSSEGURANÇA 135

1. Introdução 135
2. "Mitologias jurídicas da modernidade" 137
3. Aspectos gerais da lei de biossegurança 138
   3.1 A questão da inconstitucionalidade do artigo 5º: medicalização do direito? 138
   3.2 Experimentação com células-tronco embrionárias 140
4. Uma análise do artigo 5º da lei de biossegurança e os primeiros votos na ADI 3.510 142
   4.1 As vozes dos demais ministros na ADI 3.510 143

5. A problemática da fertilização *in vitro* no Brasil e a "inconstitucionalidade parcial" do artigo 5º da Lei 11.105/2005 148
6. Da responsabilidade penal 150
7. Considerações finais 152

CAPÍTULO 8 – ORGANISMOS GENETICAMENTE MODIFICADOS 155

1. Organismos geneticamente modificados 155
2. A Lei de biossegurança e a CTNBio – Comissão Técnica Nacional de Biossegurança 156
3. Diversidade biológica e OGM 157
4. Processo de aprovação de um OGM no Brasil 161
5. Biossegurança, princípio da transparência e rotulagem de alimentos geneticamente modificados 163
6. Responsabilidade na liberação de pesquisas e comércio de OGM e seus derivados 165

CAPÍTULO 9 – DADOS GENÉTICOS HUMANOS 169

1. Introdução 169
2. Projeto genoma humano 171
3. Legislação sobre dados genéticos humanos 173
   3.1 Declaração Universal sobre o Genoma Humano e os Direitos Humanos 175
   3.2 Declaração Internacional sobre os Dados Genéticos 176
4. Dados genéticos humanos e direitos da personalidade 177
5. Identidade genética 179
6. Intimidade genética 180
7. Direito a não discriminação genética 186
8. Identificação genética para fins criminais: Lei 12.654/2012 189
9. Considerações finais 190

CAPÍTULO 10 – INVESTIGAÇÃO, MANIPULAÇÃO E ACONSELHAMENTO GENÉTICOS 193

1. Introdução 194
2. Investigação genética e liberdade de pesquisa 195
3. Manipulação genética 197
   3.1 CRISPR-Cas 9 199
4. Aconselhamento genético e diagnóstico genético 201
   4.1 Diagnóstico genético pré-conceptivo 202
   4.2 Diagnóstico genético pré-implantatório 203

  4.3 Diagnóstico genético pré-natal 205

5. Implicações do diagnóstico genético embrionário: casos de *wrongful conception*, *wrongful birth* e *wrongful Life* 206

  5.1 Responsabilidade civil nos casos de *wrongful conception*, *wrongful birth* e *wrongful life* 209

6. Terapia gênica 212

7. Clonagem humana 215

  7.1. Panorama jurídico da clonagem no Brasil 215

  7.2. Clonagem reprodutiva 216

  7.3 Clonagem terapêutica e manipulação de células-tronco 219

  7.4. Considerações finais 222

CAPÍTULO 11 – PATENTEAMENTO DE MATERIAL GENÉTICO E DE ORGANISMOS VIVOS 223

1. Introdução 223

2. Patentes biotecnológicas no Brasil 224

3. Patentes biotecnológicas no contexto internacional 227

  3.1 Estados Unidos 227

  3.2 União Europeia 230

4. O caso da linha celular dos Hagahai 235

CAPÍTULO 12 – TRANSEXUALIDADE 237

1. A "independência" do ser humano 237

2. Da noção de transexualidade 239

3. Da possibilidade jurídica da cirurgia e seus reflexos no direito 241

  3.1 Registro civil 243

  3.2 Casamento 245

  3.3 Filiação 247

4. Analisando algumas decisões judiciais no Brasil: evolução jurisprudencial 250

  4.1 Alteração de nome e de gênero sem a cirurgia de mudança de sexo 254

  4.2 A Ação Direta de Inconstitucionalidade (ADI) 4275 256

5. As resoluções do Conselho Federal de Medicina 257

6. Projetos de lei 258

  6.1 O Projeto de Lei 70, de 1995 258

  6.2 Projeto de Lei 658, de 2011 259

  6.3 Projeto de Lei 5.002, de 2013 261

7. Considerações finais 262

CAPÍTULO 13 – DOAÇÃO DE ÓRGÃOS E TECIDOS 263

1. As lendas 263
2. Breves relatos históricos 264
3. Lei 9.434, de 4 de fevereiro de 1997 265
   3.1 Disposições gerais 266
   3.2 Da disposição *post mortem* de tecidos, órgãos e partes do corpo humano para fins de transplante 267
      3.2.1 Morte encefálica 267
   3.3 Outras considerações 270
   3.4 Disposição de tecidos, órgãos e partes do corpo humano vivo para fins de transplante ou tratamento 273
   3.5 Disposições complementares 275
   3.6 Sanções penais e administrativas 277

CAPÍTULO 14 – EUTANÁSIA, SUICÍDIO ASSISTIDO E DIRETIVAS ANTECIPADAS DE VONTADE 279

1. Introdução 279
2. Delimitações conceituais: eutanásia, distanásia, mistanásia e suicídio assistido 280
   2.1 Holanda 283
   2.2 As regras do Código Penal brasileiro 289
   2.3 Ortotanásia no Brasil: a Resolução CFM 1.805/2006 294
   2.4 A Resolução CFM 2.217/2018 – Código de Ética Médica 295
3. O caso Terri Schiavo 296
4. Diretivas antecipadas: análise dos requisitos perante a escala ponteana 298

CAPÍTULO 15 – RESPONSABILIDADE CIVIL DO PROFISSIONAL DE SAÚDE 303

1. Aspectos gerais da responsabilidade civil do profissional de saúde e dos hospitais 303
   1.1 Conceito e pressupostos da responsabilidade civil 303
      1.1.1 Do dano 304
         1.1.1.1 Dano material ou patrimonial 305
      1.1.2 Dano moral 305
      1.1.3 Dano estético 307
   1.2 Responsabilidade contratual e extracontratual 307
2. Responsabilidade civil do profissional de saúde 308
   2.1 Obrigação de meio e obrigação de resultado 309

2.2. O TCLE como meio limitador da responsabilidade civil do médico e do hospital 313
3. Responsabilidade civil dos hospitais e similares 315

CAPÍTULO 16 – BIOÉTICA ANIMAL E PROTEÇÃO JURÍDICA 321
1. Introdução 321
2. Da senciência animal 322
3. Da senciência à consciência: a declaração de cambridge sobre a consciência 323
4. Bioética animal 324
　　4.1 O utilitarismo de Jeremy Bentham 324
　　4.2 O princípio da igual consideração de interesses, de Peter Singer 325
　　4.3 Os 3Rs na experimentação com animais 326
5. Animais não humanos: sujeitos de direitos? 327
6. Experimentação com animais 331
　　6.1 Experimentação animal no Brasil 331
　　6.2 Experimentação animal na Europa 333

REFERÊNCIAS BIBLIOGRÁFICAS 335

Capítulo 1
DA BIOÉTICA AO BIODIREITO

Como nos ensinam as mais laicas entre as ciências humanas, é o outro, é seu olhar, que nos define e nos forma.[1]

1. INTRODUÇÃO

Famosa é a frase "o homem é um animal político" (*politikón zôon*), de Aristóteles.[2] Essa afirmativa indicava que o homem é um ser social, um animal da *polis*[3] – por isso "político" – e que só encontraria as condições necessárias a seu desenvolvimento na *polis*. Assim, a comunidade política seria requisito para a felicidade e a política desdobramento da própria Ética.

Interessa-nos compreender que a socialização do homem se dá por intermédio de discursos sociais, e entre as várias espécies de discurso, destacamos o discurso médico e o discurso jurídico. Jan Broekman alertava que são eles "os protagonistas principais de nossa vida moderna".[4] Tal fato afigura-se de absoluta importância para a Bioética. O pensamento ético também procura influenciar o processo de socialização, destacando métodos e consequências desejáveis para se atingir o bem.

Nesse compasso, assevera-se que não há sujeito que não seja socializado. Via de consequência, não há sujeito que não seja *juridicizado* e *medicalizado*, porquanto é difícil imaginar no mundo alguma pessoa que nunca precisou de um médico ou nunca se deparou com dúvidas jurídicas. Quanto ao aspecto médico, deixemos claro que, para nós, a fisiologia humana está integrada ao processo de socialização, ainda que pensemos sua constituição também como um acontecimento espiritual.

A Bioética surge como corolário do conhecimento biológico, buscando o conhecimento a partir do sistema de valores. Embora se refira, frequentemente, aos problemas éticos derivados das descobertas e das aplicações das ciências biológicas, que tiveram grande desenvolvimento na segunda metade do século XX, mister ressaltar que referida

---

1. ECO, Umberto; MARTINI, Carlo Maria. *Em que crêem os que não crêem?* 7. ed. Tradução de Eliana Aguiar. Rio de Janeiro/São Paulo: Record, 2002.
2. ARISTÓTELES. *Política*. 3. ed. Tradução de Mario da Gama Kury. Brasília: UnB, 1997. 1253a. [Título I, Cap. 2]
3. A *polis* ou cidade-estado constituiu-se como um bem sucedido modelo de organização político-administrativa grego. Desenvolveu-se, principalmente, durante o período clássico da civilização grega (500-338 a.C.). Eram entidades autônomas, com semelhanças em relação ao Estado moderno.
4. Tradução livre de "[...] los protagonistas principales de nuestra vida moderna". BROEKMAN, Jan M. *Bioética con rasgos jurídicos*. Traducción de Hans Lindahl. Madrid: Dilex, 1998, p. 14.

ciência tem, entre suas preocupações principais, a questão da autonomia do paciente e a questão ambiental.

Podemos exemplificar por meio de algumas indagações: que poderia dizer a Ética médica sobre o bem-estar se não tiver como ponto de referência a autonomia do paciente? Como determinar os limites da admissibilidade da eutanásia legalizada, sem a autodeterminação do interessado? Mas a autonomia não é condição para a existência apenas da Medicina e da Ética (Bioética), mas condição também para a vida do Direito (Biodireito) em uma perspectiva democrática.

Podemos concluir que os discursos médico, ético e jurídico possuem estreito entrelaçamento.

> É importante para a bioética constatar que os corpos submetidos a uma medicalização já se encontram juridicizados e vice-versa. A medicalização e juridicização são processos fundamentais que outorgam significado à interpretação do corpo como entidade cultural. Logo, mantêm a ética sob seu poder, tal e como o demonstram abundantemente o direito e a medicina.[5]

Tais discursos põem na vida concreta os pontos de vista e significados de um corpo fisiológico. Assim, fazem parte de situações como o nascer, o morrer ou uma intervenção médica.[6] O Direito, a Ética e a Medicina *expressam* valores fundamentais de nossa cultura. A maneira de cada um lidar com os problemas se faz por meio de uma visão institucionalizada da realidade.

Broekman expressa bem a íntima relação entre os contextos médico e jurídico ao expor que o paciente só se torna paciente quando assume a sua posição de sujeito de direito, ou seja, que tem voz e autonomia de decisão.[7]

Mas quais seriam as diferenças entre a Bioética e o Biodireito?

Percebemos que, apesar da consagração dos termos "Bioética" e "Biodireito", ainda há certa névoa pairando sobre o campo de atuação dos mesmos.

O Biodireito é disciplina incipiente no universo jurídico e ainda não ocupou seu devido lugar nem nos currículos das faculdades de Direito, nem na própria dogmática. Seu estudo é normalmente setorial, não havendo quem procedesse à formulação de uma teoria geral, regente dos conceitos, princípios e fundamentos desse ramo jurídico.

---

5. Tradução livre de: "Es importante para la bioética constatar que los cuerpos sometidos a una medicalización ya se encuentran juridizados y viceversa. La medicalización y juridización son procesos fundamentales que otorgan significado a la interpretación del cuerpo como entidad cultural. Así pues, mantienen la ética bajo su poder, tal y como lo demuestran abundantemente el derecho y la medicina." BROEKMAN, Jan M. *Bioética con rasgos jurídicos*. Traducción de Hans Lindhl. Madrid: Dilex, 1998, p. 15.
6. Percebam que o nascimento, a morte ou a intervenção médica não são apenas fatos médicos que podem suscitar problemas éticos. São fatos jurídicos, no conceito técnico da Teoria Geral do Direito, isto é, são acontecimentos naturais ou humanos que trazem consequências jurídicas, pois criam, modificam ou extinguem situações e/ou relações jurídicas.
7. "No contexto da *juridificação* poder-se-ia dizer que os pacientes convertem-se em pacientes ao tomar posse de seus direitos, mais do que quando se tornam enfermos e examina-se seu quadro médico." Tradução livre de: "En el contexto de la juridificación se podría decir que los pacientes se convierten en pacientes al tomar posesión de sus derechos más que en cuanto a enfermos y el examen de contrastación de sus cuadros médicos." BROEKMAN, Jan M. *Bioética con rasgos jurídicos*. Traducción de Hans Lindhl. Madrid: Dilex, 1998, p. 30.

Intentaremos, de início, localizar o Biodireito no universo jurídico, confrontando-o com a Bioética.

2. HISTÓRICO DA BIOÉTICA

A preocupação ética com as práticas biológicas é antiga, remontando mesmo à origem da Medicina, com tratamento técnico-científico.

Hipócrates (460-377 a.C.), na Grécia Antiga, já dirigia sua atenção aos aspectos éticos. O famoso "Juramento de Hipócrates" é hoje proferido em muitas escolas de Medicina pelo mundo e, apesar de não ter sido escrito por ele, teve como base o *Corpus Hippocraticum*, conjunto de sua obra.[8]

Diego Gracia afirma que a Bioética surgiu por absoluta necessidade, a partir dos anos 1950, consequência da revolução científica e técnica ocorrida nas ciências biológicas e médicas. O autor cita o descobrimento da biologia molecular durante os anos de 1950-1960 e o descobrimento do código genético durante os anos 1960, que possibilitou o estabelecimento, no início dos anos 1970, da recombinação do DNA, gerando a possibilidade de manipular a informação básica da vida.[9]

É possível entender a razão pela qual Diego Gracia afirma ter a Bioética surgido por pura necessidade. Os avanços técnicos precisavam de limites e esses eram questionados: "Pode haver conflitos entre o poder técnico e o dever moral?"[10] Essa e outras perguntas só foram objeto de tratamento sistemático em anos recentes. O autor ensina:

> A tese que veio imperando durante boa parte do século XIX e durante toda a primeira metade do século XX foi a de que aquilo que era científica e tecnicamente correto não podia ser mau. Foi este o lema do positivismo, que toda questão ética era no fundo uma questão técnica mal colocada, e que portanto todo problema ético podia ser resolvido com sua transformação em outro de caráter técnico.[11]

Por essa citação, é fácil entender como o cientista passou a deter o poder, sendo-lhe atribuído, tanto o saber científico e técnico quanto o saber moral. Segundo Gracia, "O cientista era o novo sacerdote da religião positivista, aquele que estava no interior dos grandes mistérios da natureza e portanto tinha a chave do verdadeiro e do falso."[12] Eis aí a origem do paternalismo médico, visto que essa mentalidade se firmou com muita força entre os médicos, que passaram a enxergar a si mesmos como os grandes salvadores das pessoas, descobridores das doenças e capazes de proporcionar a todos uma vida bem distante de intempéries. Mas, para isso, a submissão às suas determinações era fundamental. Ao que parecia, os médicos estavam acima do bem e do mal. Se era assim, não seria possível, por óbvio, falar em ética da ciência.

---

8. Javier Gafo afirma também que, muito provavelmente, o juramento provém de círculos neopitagóricos. GAFO, Javier. Historia de una nueva disciplina: la Bioética. In: ROMEO CASABONA, Carlos María (Coord.). *Derecho biomédico y bioética*. Granada: Comares, 1998, p. 88.
9. GRACIA, Diego. *Pensar a bioética*: metas e desafios. São Paulo: São Camilo; Loyola, 2010, p. 472.
10. GRACIA, Diego. *Pensar a bioética*: metas e desafios. São Paulo: São Camilo; Loyola, 2010, p. 472.
11. GRACIA, Diego. *Pensar a bioética*: metas e desafios. São Paulo: São Camilo; Loyola, 2010, p. 472.
12. GRACIA, Diego. *Pensar a bioética*: metas e desafios. São Paulo: São Camilo; Loyola, 2010, p. 473.

Entre os anos de 1930 e 1940 essa situação começa a mudar. Dois eventos importantes aconteceram, quais sejam, a utilização bélica da energia atômica e a experimentação médica nos campos de concentração durante o período nazista. Tais fatos levaram os cientistas a reconhecer que havia necessidade de limites, até porque as pessoas já desconfiavam dessa "suposta bondade natural da ciência". E assim, segundo Gracia, surge a Bioética.

No século XX, várias foram as situações que exigiram avaliações da Ética perante experimentos e tratamentos médicos. Baseados em Fernando Lolas,[13] podemos citar quatro importantes casos que impulsionaram a Bioética, destacando-a como disciplina epistemologicamente recortada.

1) Em 1960, o médico estadunidense Belding Hibbard Scribner teve uma ideia: introduzir um dispositivo que continuaria no paciente por vários ciclos de tratamento renal. Até aquela data, a hemodiálise[14] era um procedimento doloroso e que se restringia a algumas sessões, pois consistia na introdução de tubos de vidro nos vasos sanguíneos do paciente. Após alguns ciclos de terapia, o acesso a esses vasos sanguíneos era destruído, o que inviabilizava sua continuação. A fístula de Scribner ou o desvio de Scribner, como ficou conhecida, criava uma alça entre uma artéria e uma veia, permitindo que a diálise se fizesse com a abertura e fechamento do dispositivo e não dos vasos do próprio paciente. Scribner contratou Wayne Quinton, um designer de instrumentos, e juntos eles criaram o dispositivo em forma de U, feito de teflon, que possuía muitas vantagens em relação ao vidro, especialmente o fato de não provocar a coagulação do sangue. O desenvolvimento do dispositivo foi um extraordinário sucesso e tornou viável a diálise de manutenção com a facilitação do acesso aos vasos sanguíneos do paciente. Entretanto, a invenção alavancou um problema ético que não era novo para os médicos da época: decidir quem se utilizaria do procedimento, o que significava decidir quem viveria e quem morreria.[15]

2) Em 1966, Henry Beecher, professor de anestesia de Harvard, publicou um artigo demonstrando estatisticamente que 12% dos artigos médicos publicados em uma importante revista científica eram resultado de pesquisas que utilizavam métodos contrários à Ética. Fortaleceu-se, assim, a necessidade de criação de mecanismos de controle em pesquisas e tratamentos.

3) O terceiro caso ganhou grande notoriedade e refere-se ao primeiro transplante de coração, realizado pelo cirurgião sul-africano Christiaan Barnard, em 3 de dezembro de 1967. Para proceder ao transplante foi necessário remover o coração ainda em funcionamento de um indivíduo com morte encefálica. Deparamos, assim, com questões como: Quando alguém pode ser considerado morto? Quem

---

13. LOLAS, Fernando. *Bioética*: o que é, como se faz. Tradução de Milton Camargo Mota. São Paulo: Loyola, 2001, p. 17-24.
14. A hemodiálise foi criada em 1940.
15. LENZER, Jeanne. Belding Scribner. *British Medical Journal*, v. 327, n. 7407, p. 167, 2003. Disponível em: <https://www.ncbi.nlm.nih.gov/pmc/articles/PMC1126537/>. Acesso em: 6 set. 2020.

determina esse momento, a Ciência ou o Direito? A vida consciente é a única forma de vida? Morto o encéfalo, morre também a pessoa?

4) Por fim, o Caso Tuskegee. Tuskegee é uma cidade do Alabama, Estados Unidos, onde, de 1932 a 1972, realizou-se uma pesquisa sobre a evolução natural da sífilis, sem qualquer tratamento. Os "voluntários", todos negros, foram levados a acreditar, erroneamente, que estavam recebendo tratamento. A pesquisa foi de iniciativa do Serviço de Saúde Pública (*Public Health Service*) dos Estados Unidos, em parceria com o Instituto Tuskegee, e denominada "Tuskegee Study of Untreated Syphilis in the Negro Male" (Estudo da Sífilis Não Tratada em Homens Negros). 600 negros com idade igual ou superior a 25 anos foram pesquisados, sendo 399 portadores da doença e 201 homens saudáveis, para comparação. Estima-se que, ao fim do estudo, em 1972, dentre os infectados, apenas 74 estavam vivos; 25 tinham morrido diretamente de sífilis; 100 morreram de complicações relacionadas com a doença; 40 esposas dos pacientes tinham sido infectadas e 19 filhos tinham nascido com sífilis congênita.[16]

Esses e inúmeros outros casos, em diversos locais, contribuíram para a criação e desenvolvimento da Bioética.

O vocábulo *Bioética* foi cunhado pelo filósofo alemão Fritz Jahr pela junção de duas conhecidas palavras gregas – *bios*, vida e *ethos*, comportamento –, em seu artigo "Bioethik: eine Übersicht der Ethik und der Beziehung des Menschen mit Tieren und Pflanzen"[17], publicado na revista Kosmos, em 1927.

Jahr, na esteira da filosofia moral kantiana, propôs um imperativo bioético de respeito a todas as formas de vida, como um fim em si mesmas. A Bioética seria uma disciplina acadêmica, um princípio e uma virtude, que, como tal, imporia obrigações morais em relação a todos os seres vivos. Jahr acrescenta:

> Desta forma, quanto aos animais, a alegação moral tornou-se irrefutável, pelo menos em termos de não fazê-los sofrer desnecessariamente. Não é o mesmo com as plantas. Pode parecer absurdo para algumas pessoas que também devêssemos manter algumas obrigações éticas para com elas.
> [...]
> A nossa ordem social de leis e determinações para a proteção de plantas ou flores isoladas em uma determinada região (por exemplo, plantas alpinas) também é baseada em uma perspectiva completamente diferente: a ordem social quer preservar estas plantas para impedir a sua destruição na região e, em seguida, elas podem ser um prazer para os humanos.[18]

A divulgação da expressão *Bioética*, no entanto, deu-se em grande medida pela obra *Bioethic: Bridge to the Future*, do oncologista estadunidense Van Rensselaer Potter,

---

16. Para maiores informações sobre o Caso Tuskegee recomenda-se o sítio do Centro de Controle e Prevenção de Doenças dos Estados Unidos, com acesso inclusive aos arquivos do relatório final do estudo: <http://www.cdc.gov/tuskegee/index.html>.
17. Em tradução livre, o artigo intitulava-se "Bioética: um panorama da ética e as relações do ser humano com os animais e plantas".
18. JAHR, Fritz. *Bioética*: um panorama da ética e as relações do ser humano com os animais e plantas. Tradução de Carlos Roberto Fernandes. Disponível em: <http://static.recantodasletras.com.br/arquivos/1760288.pdf>. Acesso em: 18 abril 2011.

publicada em 1971.[19] Potter propõe a construção de uma Ética ponte, capaz de mediar as relações entre as Ciências e as Humanidades, e voltada para os problemas ambientais e as questões de saúde.

O termo *Bioética* incorporou-se em nossos vocabulários e práticas científicas, sendo obrigatórios "comitês de ética em pesquisa" em instituições de ensino e de pesquisa e em institutos médicos, quando as pesquisas envolverem seres humanos.[20] Sem esquecer, todavia, que, desde o seu nascedouro, abrange também questões de uma ética ecológica, que deve ser capaz de avaliar as relações do homem com o meio ambiente em pressupostos de sustentabilidade.

Outro importante marco para a Bioética foi a criação, em 1974, nos Estados Unidos, da Comissão Nacional para a Proteção dos Interesses Humanos de Biomédica e Pesquisa Comportamental (*National Commission for the Protection of Human Subjects of Biomedical and Behavioral Research*), que quatro anos mais tarde apresentou o Relatório Belmont, com os princípios éticos básicos que norteiam a experimentação com seres humanos. Sobre ele, Léo Pessini afirma que:

> Tornou-se a *declaração principalista clássica*, não somente para a ética da experimentação humana, mas para a reflexão ética em geral.
>
> Os três princípios éticos identificados pelo Informe Belmont foram: *o respeito pelas pessoas (autonomia), beneficência e justiça*. (Grifos do autor)[21]

Bioética é, portanto, a disciplina que estuda os aspectos éticos das práticas dos profissionais da saúde e da Biologia, avaliando suas implicações na sociedade e relações entre os homens e entre esses e outros seres vivos.

3. DA ZETÉTICA À DOGMÁTICA JURÍDICA

Ainda é comum o uso indistinto dos termos Bioética e Biodireito para designar o mesmo objeto. Mas serão perspectivas idênticas do mesmo fenômeno? Se não são idênticas, será que a utilização indistinta dos termos, deve-se a não haver ainda *direito* que trate das interferências biológicas no ser humano e no meio ambiente, mas tão somente ordem normativa ética?

Tratam-se, na verdade, de duas ordens normativas diferentes – Direito e Moral. O Direito, como ordem pragmática de solução de conflitos, pode ser investigado por uma perspectiva dogmática. Já a Moral atua no universo jurídico como ordem normativa auxiliar, fornece subsídios para formulação e aplicação do Direito, sem, no entanto, com ele se confundir. A Bioética, dessa forma, tem relevância para o Direito, pois faz parte da zetética jurídica.

---

19. LOLAS, Fernando. *Bioética*: o que é, como se faz. Tradução de Milton Camargo Mota. São Paulo: Loyola, 2001, p. 13.
20. A obrigatoriedade, no Brasil, dos comitês de ética em pesquisa foi instituída pela Resolução n. 196, de 10 de outubro de 1996, do Conselho Nacional de Saúde, hoje revogada pela Resolução CNS n. 466, de 12 de dezembro de 2012.
21. PESSINI, Léo. Os princípios da bioética: breve nota histórica. In: PESSINI, Léo; BARCHIFONTAINE, Christian de Paul de (Orgs.). *Fundamentos da bioética*. 2. ed. São Paulo: Paulus, 2002 (Nova práxis cristã), p. 52.

O Biodireito, por sua vez, apesar de se constituir como disciplina típica da dogmática jurídica, teve seu nascedouro na preocupação ética dos operadores das Ciências Biológicas e da Saúde. Já a Ética ambiental e médica, ou Bioética, integra a Ética geral, constituindo-se objeto de estudo e questionamento da Filosofia. Como conhecimento filosófico, a Bioética é transdisciplinar, pois não se detém nos pressupostos e limites colocados pelas áreas do saber. Por isso, também é holística e aspira à universalidade.

Vejamos primeiro, sinteticamente, a relação entre Direito e Moral, passando, depois à análise do (Bio)Direito, como técnica e dogmática jurídicas, e da Moral bioética, como zetética jurídica.

Apesar de Direito e Moral dirigirem-se ao conhecimento e à descrição de normas sociais, no capítulo II da *Teoria Pura do Direito*, Kelsen esforça-se para diferenciá-los.[22] É claro que a distinção kelseniana, bem como sua ideia normativista, está longe de ser considerada livre de críticas, mas nesse ponto sua teoria pode bem ilustrar o que pretendemos com essa diferenciação.

Não podemos, segundo ele, partir da falsa, mas frequente afirmação de que o Direito prescreve uma conduta externa e a Moral uma conduta interna, pois ambos determinam as duas espécies de conduta, na medida em que a "conduta interna" da Moral condiciona a conduta exterior. Da mesma forma, quando o Direito avalia um comportamento como desvalor, proibindo uma conduta externa, almeja atingir também a intenção de produzir tal resultado.[23]

A diferença não reside, também, no fato da conduta moral realizar-se contra uma inclinação ou interesse egoístico, pois todas as ordens sociais visam a realização de uma situação que, sem essa ordem, não se atingiria, já que se realizariam fatos com inclinação ou interesses egoísticos. As ordens sociais procuram, assim, imbuir no sujeito uma inclinação diferente daquela que ele teria sem sua atuação.[24]

Mas, então, qual seria a distinção entre Direito e Moral?

Podemos estabelecer, baseados em Kelsen, duas distinções fundamentais. A primeira estaria na ausência de sanção organizada na Moral. O Direito

> [...] se concebe como uma ordem de coação, isto é, como uma ordem normativa que procura obter uma determinada conduta humana ligando à conduta oposta um ato de coerção socialmente organizado, enquanto a Moral é uma ordem social que não estatui quaisquer sanções desse tipo, visto que as suas sanções apenas consistem na aprovação da conduta conforme às normas e na desaprovação da conduta contrária às normas, nela não entrando sequer em linha de conta, portanto, o emprego da força física.[25]

---

22. Kelsen não nega, porém, que haja relação entre Direito e Moral, pois "Na medida em que a Justiça é uma exigência da Moral, na relação entre a Moral e o Direito está contida a relação entre a Justiça e o Direito". KELSEN, Hans. *Teoria pura do direito*. Tradução de João Baptista Machado. 6. ed. São Paulo: Martins Fontes, 1998, p. 67.
23. KELSEN, Hans. *Teoria pura do direito*. Tradução de João Baptista Machado. 6. ed. São Paulo: Martins Fontes, 1998, p. 68.
24. KELSEN, Hans. *Teoria pura do direito*. Tradução de João Baptista Machado. 6. ed. São Paulo: Martins Fontes, 1998, p. 69.
25. KELSEN, Hans. *Teoria pura do direito*. Tradução de João Baptista Machado. 6. ed. São Paulo: Martins Fontes, 1998, p. 71.

A segunda distinção baseia-se em não haver identificação necessária de conteúdo entre Direito e Moral. A afirmação de que o Direito *deve ser* moral (justo), guarda em si a assertiva de que ele não *é* necessariamente moral e, portanto, há Direito imoral ou moralmente mau.

O fato de não ser moral não descaracteriza o Direito como tal, pois "a questão das relações entre o Direito e a Moral não é uma questão sobre o conteúdo do Direito, mas uma questão sobre a sua forma".[26] A identificação entre essas duas ordens está no caráter prescritivo, no dever-ser, na forma normativa.

Sustentando, ainda, a segunda distinção, há o fundamento da relatividade da Moral. Não há *a* moral, uma moral absoluta, invariável em tempo e lugar, que seja a única válida. Os valores morais são relativos. Não é possível condicionar a existência do Direito à sua correspondência com valores morais, se esses valores são relativos.

> É *de per si* evidente que uma Moral simplesmente relativa não pode desempenhar a função, que consciente ou inconscientemente lhe é exigida, de fornecer uma medida ou padrão absoluto para a valoração de uma ordem jurídica positiva.[27]

Assim, percebe-se que o Biodireito, como ramo do Direito, e a Bioética, como ramo da Ética e da Filosofia não são termos sinônimos que se pode usar indistintamente. Mas qual seria, para a ciência jurídica, a relação entre o Biodireito e a Bioética?

Nesse ponto, para obter uma resposta satisfatória, devemos entender a relação entre zetética e dogmática jurídicas.

Ambas partem de algumas premissas:

> A zetética deixa de questionar certos enunciados porque os admite como verificáveis e comprováveis, a dogmática não questiona suas premissas porque elas foram estabelecidas (por um arbítrio, por um ato de vontade ou de poder) como inquestionáveis.[28]

Não há, no dogmatismo, a pergunta do que é o Direito em si, mas sob quais circunstâncias, em que proporção e de que maneira há conhecimento jurídico. Isso não quer dizer que o dogmático se comporta acriticamente, mas seu argumento é sempre intrassistemático.[29] O próprio sistema fornece soluções.

O Biodireito possui um procedimento dogmático. Há normas de Direito positivo que fornecem uma estrutura de soluções intrassistêmicas.

Já a Bioética faz questionamentos transdisciplinares, abertos, infinitos, ainda que partindo de premissas provisórias e precárias. Enquanto a dogmática jurídica não

---

26. KELSEN, Hans. *Teoria pura do direito*. Tradução de João Baptista Machado. 6. ed. São Paulo: Martins Fontes, 1998, p. 74.
27. KELSEN, Hans. *Teoria pura do direito*. Tradução de João Baptista Machado. 6. ed. São Paulo: Martins Fontes, 1998, p. 76.
28. FERRAZ JÚNIOR, Tercio Sampaio. *Introdução ao estudo do direito*: técnica, decisão, dominação. 2. ed. São Paulo: Atlas, 1994, p. 43.
29. KAUFMANN, Arthur. *Filosofia del derecho*. Bogotá: Universidad Externado de Colombia, 1999, p. 48. Isso não significa que concebemos o Direito como sistema fechado de regras. Mais à frente abordaremos o Biodireito como sistema aberto de manifestações jurídicas, normativas e hermenêuticas.

ultrapassa o Direito vigente e o aborda intrassistematicamente, a Bioética, por meio de uma abordagem transistemática, se interessa pela situação vigente apenas em relação a seu valor.

O discurso bioético aborda um conflito a partir de perspectivas diferentes e complementares que outras áreas do conhecimento oferecem, como a Medicina, a Biologia, a Filosofia, a Ecologia, a Teologia, a Psicologia, a Sociologia e a Economia.[30]

A zetética relaciona-se com a dogmática na medida em que fornece fundamentos, bases valorativas a serem incorporadas pelo sistema dogmático.

Biodireito e Bioética são ordens normativas, e, como tais, têm caráter prescritivo. A distinção, todavia, está na forma de abordagem e na força cogente.

O Direito é conhecido pela "inegabilidade dos pontos de partida". Sua abordagem parte do sistema, daquilo que é posto de antemão. Suas normas são, pelo próprio Direito, inquestionáveis, pela verificação do que é verdade, bom ou útil. O único questionamento possível parte do próprio sistema jurídico, avaliando se a norma é ilegal ou inconstitucional, por exemplo, mas sempre segundo critérios jurídicos. Seu ponto de partida, portanto, não tem a validade examinada (verdadeiro ou falso), parte de dogmas. Por meio do dogma não se impõe uma verdade, mas uma certeza sobre algo que continua duvidoso.[31]

A sanção ética ou é interna, partindo da consciência, ou é social, como uma reprovação da comunidade. O Direito, além, dispõe de meios coercitivos predeterminados e usa a força institucional para exigir o cumprimento de suas prescrições.

Apesar de não se confundir com valores éticos e morais, o Direito contém valores sociais em suas normas. São constantes as influências dos valores dominantes da sociedade no Direito, e são esses valores que humanizam as normas e permitem a aproximação da justiça.

4. DOGMÁTICA JURÍDICA E JUSTIÇA

A dogmática jurídica está intimamente ligada ao fenômeno da positivação do Direito. Esse fenômeno pauta-se na ideia do Direito como criação humana, e não mais com origem na natureza ou em divindades.

Essa positivação será responsável pelo sucesso do Positivismo Jurídico, que propõe a sistematização dessas normas positivadas de forma a plasmar uma epistemologia jurídica. A norma, objeto dessa epistemologia, deve ser conhecida, controlada e explicada pelo cientista.[32]

---

30. ROMEO CASABONA, Carlos María. El Bioderecho y la Bioética, un largo camino en común. *Revista Iberoamericana de Bioética*, n. 3, p. 1-10, 2017.
31. FERRAZ JÚNIOR, Tercio Sampaio. *Introdução ao estudo do direito*: técnica, decisão, dominação. 2. ed. São Paulo: Atlas, 1994, p. 43.
32. GALUPPO, Marcelo Campos. A epistemologia jurídica entre o positivismo e pós-positivismo. *Revista do Instituto de Hermenêutica Jurídica*. Porto Alegre, n. 3, v. 1, p. 195-206, jan. 2005.

O positivismo tem como pontos fundamentais, segundo Norbert Hoerst[33], a tese da neutralidade e a tese do subjetivismo. A tese da neutralidade consiste na indagação: O que é Direito? Qual o conteúdo que faz, de um enunciado, norma jurídica? Hoerst responderá: qualquer conteúdo. É indiferente o conteúdo da norma, a forma é responsável pelo qualificador jurídico. Não há conteúdos determinados.

Já a tese do subjetivismo diz respeito ao que *deve ser* direito, afirmando que os critérios de determinação do que seja norma justa são subjetivos.

Essas duas teses serão responsáveis pela prevalência da segurança jurídica no discurso positivista, eleita pelos codificadores, em detrimento da justiça, tida como incerta, pois subjetiva. O modelo positivista, no entanto, está em crise.

A epistemologia positiva é criticada pela artificialidade da ideia de sistema que carrega em si, e pela busca da verdade, única e científica.

O novo modelo, que parece estar se impondo, volta-se para a justiça, não como valor ético, mas como conteúdo procedimental do Direito. As normas não são valores, mas os contêm. Esse novo modelo se utiliza do método discursivo e, para tal, os princípios jurídicos revelam fundamental papel.

As normas jurídicas não são preceitos fechados, mas em princípio aplicáveis. Por serem enunciados abertos, recusam o estabelecimento, de antemão, da verdade. A situação concreta determina seu conteúdo e, consequentemente, o próprio ordenamento.

A atuação principiológica se dá em dois planos: o plano da justificação e o plano da aplicação. No primeiro, os princípios auxiliam a interpretação do Direito, justificando a formação e aplicação das normas. São intermediários que norteiam todo o sistema jurídico. No plano da aplicação, os princípios assumem seu papel impositivo, sendo aplicados diretamente para a solução de um caso.[34]

Outra característica apontada pela doutrina é a inexistência de hierarquia entre eles, sendo um conflito entre dois princípios resolvido no caso concreto, no qual se afastará a aplicação de um, em favor de outro, em virtude da situação concreta e da argumentação fornecida pelas partes. Não haveria, portanto, a determinação em abstrato da posição dos princípios considerados reciprocamente. O caso concreto determina qual será aplicado, sem, todavia, excluí-lo do ordenamento, declarando-o inválido, pois, em outra situação, o princípio ora afastado pode ser o indicado, e o que teve aplicação, poderá não mais incidir.

O ordenamento jurídico constitui-se, assim, de um conjunto de normas, sob a forma de sistema aberto. O pensamento sistemático anterior é substituído por um método problemático. O problema é o ponto de partida e dele se constrói o sistema jurídico.

Diante desse novo método, como se porta o Biodireito?

Em razão da novidade e agilidade dos meios biotecnológicos, árdua, e mesmo impossível, seria a tarefa de elaboração legislativa de forma a proporcionar completitude

---

33. HOERST, Norbert. *En defensa del positivismo*. Barcelona: Gedisa, 1992, p. 11-27.
34. Para uma análise mais aprofundada da posição dos princípios no ordenamento jurídico, recomenda-se a leitura do capítulo 5 do livro "Igualdade e diferença", de Marcelo Campos Galuppo.

do ordenamento jurídico. Além disso, as situações fáticas com que o Biodireito lida têm por objeto a própria vida, exigindo, pois, que suas soluções sejam céleres, porém diligentes. É comum estarmos perante o *hard case*, como diria Dworkin. Dessa forma, as decisões devem ser únicas, construídas a partir do problema concreto, permitindo a solução adequada.

Esse é o papel da autonomia privada, da responsabilidade e da dignidade do ser humano como princípios jurídicos a serem construídos sempre que um caso requeira incidência.

Percebe-se, assim, que não adianta legislação rígida, com pretensões de abarcar tudo, pois a justiça requer opções, cuja flexibilidade é atingida no discurso, e cujos agentes privilegiados são os princípios, que permitem liberdade, mas não arbitrariedade.

5. UM ÚLTIMO CONFRONTO: BIODIREITO E BIOÉTICA

Como disciplina jurídica, o Biodireito tem método dogmático, apesar de se utilizar do conhecimento zetético para sua elaboração. As soluções que ele propõe devem partir de análise do caso concreto, porém balizam-se em dogmas – a norma.

A Bioética, como forma de conhecimento aberto, permite investigação ampla, tendo sempre em consideração os valores éticos e os fins da sociedade.

Como destacado por Carlos María Romeo Casabona, as funções da Bioética podem ser sinteticamente reunidas em: a) instrumento intelectual de reflexão; b) instrumento de elaboração de critérios de orientação; e c) ponto de partida para a tomada de decisões.[35]

Apesar do método mais restrito de investigação, a dogmática jurídica moderna está em reconstrução. A crise do positivismo permitiu questionamentos acerca de verdades preconcebidas e alterou a lente observadora, focando-se primeiro no caso concreto e utilizando-se de princípios jurídicos.

No próximo capítulo dedicaremos mais espaço à principiologia, mas já se pode perceber que a Medicina é, inexoravelmente, *juridicizada* e *eticizada*, e os dados médicos – uma vez classificados, ponderados, valorados e qualificados – resultam como base ontológica da Bioética.

A Bioética, embora historicamente esteja conectada à Medicina, não pode ser identificada com a Ética Médica ou a Deontologia Médica, pois aquela é mais ampla que estas. Nela incluem investigações e terapias biomédicas e comportamentais, abrangendo outras áreas relacionadas à saúde humana – como a saúde mental e a saúde ocupacional – e relacionadas às interações com animais, vegetais e outras conexões com o meio ambiente.

Por essa razão, a Bioética – e o Biodireito como seu reflexo juridicizado – ocupa-se de questões como o sofrimento de animais em laboratório ou a liberação de vegetais transgênicos no meio ambiente.

---

35. ROMEO CASABONA, Carlos María. El Bioderecho y la Bioética, un largo camino en común. *Revista Iberoamericana de Bioética*, n. 3, 2017, p. 4.

Contudo, e apesar de toda a preocupação bioética, a sanção estatal para aquele que descumprir algum de seus princípios fica a cargo do Direito enquanto ciência dogmática, eis que possui caráter prescritivo, de dever-ser, porquanto se utiliza da teoria da imputação.

Medicalizado também o Direito, o Biodireito incorpora os princípios da Bioética, que, por sua vez, tornam-se fonte inspiradora de outros princípios.

Diante das reflexões acima, poderíamos indagar se o Código de Ética Médica é norma prioritariamente ética ou jurídica. Entendemos ser ele uma expressão *juridicizada* dos princípios bioéticos, cuja consequência pelo descumprimento de obrigação é jurídica. Portanto, é norma jurídica, ainda que tenhamos consciência que essa contém valores éticos e sociais.

Em que pesem as distinções que ousamos proceder, devemos ter em mente que, conforme afirma José Alfredo de Oliveira Baracho, mencionando Dantas: "O futuro da Bioética e do Direito está interligado aos novos *deveres-direitos* humanos [...]".[36] Prova disso são os diversos pactos e tratados internacionais que trazem como preocupação primeira a proteção da saúde, a sanidade física e mental e a salvaguarda da vida e da dignidade, dentre outros objetivos, o que reflete, como já dissemos, a constante juridicização da Bioética.

Assim, embora guardem diferenças, Bioética e Biodireito seguem juntos. O Direito não se limita ao discurso legal. A força da norma é uma força da realidade. E esse pressuposto também se encontra na Bioética, pelo efeito *juridicizante* que já expomos. E a função maior de ambos é a proteção dos direitos fundamentais, ainda que utilizem técnicas distintas de abordagem, que ao final, sem sombra de dúvidas, se complementam socialmente.

6. BIODIREITO: O PERCURSO ENTRE MICROSSISTEMA E RAMO DO DIREITO

A crise vivida pelo Direito nas últimas décadas impôs questionamentos relevantes. Os vários e inúmeros conflitos que emergem de questões biojurídicas demonstram quão precária é uma ordem jurídica baseada em normas postas de antemão, que devem prever toda e qualquer situação litigiosa minuciosamente e oferecer-lhe solução.

Mas como elaborar um ordenamento jurídico que ofereça respostas satisfatórias para problemas que constantemente desafiam as previsões? Propor soluções por um sistema codificado de regras fechadas? Ou elaborar discursivamente as respostas tendo em vista o problema proposto?

A resposta, historicamente, é diversa. A ideia de regras fechadas traduz a ideia de preceito que pode ser previamente conhecido e, por isso, "seguro", o que ganha força com o movimento de codificação, do século XVIII.

---

36. DANTAS, Ivo. *O valor da Constituição*: do controle de constitucionalidade como garantia da supralegalidade constitucional. Rio de Janeiro: Renovar, 1996. *Apud* BARACHO, José Alfredo de Oliveira. Teoria geral da bioética e do biodireito. In: TEIXEIRA, Sálvio de Figueiredo (Coord.). *Direito e medicina*: aspectos jurídicos da medicina. Belo Horizonte: Del Rey, 2000, p. 77.

Ao tratar da descodificação do Direito Privado, Lorenzetti traça as características próprias de um código, afirmando representar ele uma ruptura. Sua pretensão é a criação de nova regulação; ordena e baseia-se na racionalidade. Afirma ainda que o código "tem um caráter de constituinte do Direito Privado".[37]

Certo é que o código surgiu como um reflexo da criação do Estado Nacional, significando a "garantia de separação entre a sociedade civil e o Estado".[38]

Lorenzetti prossegue seu raciocínio afirmando que:

> O Direito Civil atual não se funda em uma só lei codificada; ao contrário, há muitas leis para distintos setores de atividade e de cidadãos.
>
> A igualdade legislativa é um sonho esquecido, na medida em que as normas jurídicas são particularizadas e com efeitos distributivos precisos.
>
> A ideia de ordenar a sociedade ficou sem efeito a partir da perda do prestígio das visões totalizadoras; o Direito Civil se apresenta antes como estrutura defensiva do cidadão e de coletividades do que como 'ordem' social.
>
> O Código divide sua vida com outros Códigos, com microssistemas jurídicos e com subsistemas. O código perdeu a centralidade, porquanto ela se desloca progressivamente. O Código é substituído pela constitucionalização do Direito Civil, e o ordenamento codificado pelo sistema de normas fundamentais.
>
> A explosão do Código produziu um fracionamento da ordem jurídica, semelhante ao sistema planetário. Criaram-se microssistemas jurídicos que, da mesma forma como os planetas, giram com autonomia própria, sua vida é independente; o Código é como o sol, ilumina-os, colabora em suas vidas, mas já não pode incidir diretamente sobre eles.[39]

Poderíamos afirmar que os impactos sociais provocados por problemas decorrentes das inovações das ciências biomédicas, da engenharia genética e das altas tecnologias aplicadas à saúde e ao meio ambiente têm o condão de estabelecer o nascimento do *microssistema jurídico* do Biodireito.

O surgimento de um microssistema se verifica em razão da instalação de nova ordem protetiva sobre determinado assunto, com princípios próprios, doutrina e jurisprudência próprias, autônomos ao Direito Comum.

Assim, o Direito tem o desafio de responder a inúmeras indagações: tudo que é tecnicamente possível também o será ética e juridicamente? De que adianta a proibição de certas técnicas – como a clonagem– se os pesquisadores, nos seus laboratórios, são livres para agir conforme seus interesses e curiosidades de investigação? Que relação o indivíduo mantém com o seu genoma? O embrião humano se encontra suficientemente protegido, sem risco de se anular a dignidade humana? Há uma liberdade de morrer? Há de serem empregados todos os recursos biotecnológicos para prolongar um pouco mais a vida de um paciente terminal? Há de serem utilizados processos terapêuticos cujos efeitos são mais nocivos do que os efeitos do mal a curar? O que fazer com os nascituros portadores de doenças congênitas do sistema nervoso central, cujas vidas,

---

37. LORENZETTI, Ricardo Luís. *Fundamentos do direito privado*. São Paulo: Revista dos Tribunais, 1998, p. 45.
38. LORENZETTI, Ricardo Luís. *Fundamentos do direito privado*. São Paulo: Revista dos Tribunais, 1998, p. 44.
39. LORENZETTI, Ricardo Luís. *Fundamentos do direito privado*. São Paulo: Revista dos Tribunais, 1998, p. 44-45.

se mantidas obstinadamente, significarão a condenação ao sofrimento permanente ou a estado vegetativo de vida?

Os problemas são muitos, e em face da complexidade das questões, não podem ser resolvidos pelo Direito Comum, afigurando-se o Biodireito[40] como o mecanismo de resposta. Ora, tais problemas têm força descodificadora própria, porquanto demandam instrumental próprio já que nas questões discutidas coexistem o público e o privado, o penal e o civil. E mais: temas sob análise do Biodireito revestem-se de valores morais e religiosos, não se podendo olvidar a necessidade do diálogo entre Direito e outras áreas do conhecimento, que deve ser percorrido sob a luz da transdisciplinaridade.

Certo é que a evolução fantástica de novas tecnologias demonstrou a inadequação de alguns conceitos civilísticos, o que culminou com a formação do microssistema e que hoje adquire autonomia frente a outros ramos do Direito. Portanto, o estudo que devemos proceder, buscando a solução de questões intrincadas, deve ser realizado à luz da Teoria da Constituição contemporânea, ou seja, *a construção da norma a partir da interpretação do sistema de princípios jurídicos*. Assim, merece destaque o pensamento de Habermas, que centra seu raciocínio sobre a natureza dos princípios, firmando sua posição deontológica em contraposição ao paradigma axiológico de Alexy. Em outras palavras, os princípios jurídicos são normas jurídicas e não valores, exigindo uma mudança de postura do operador do Direito:

> Princípios ou normas mais elevadas [...] possuem um sentido deontológico, ao passo que os valores têm um sentido teleológico. Normas válidas obrigam seus destinatários, sem exceção e em igual medida [...], ao passo que valores devem ser entendidos como preferências compartilhadas intersubjetivamente [...]. Normas surgem com uma pretensão de validade binária, podendo ser válidas ou inválidas; em relação a proposições normativas, [...] nós só podemos tomar posição dizendo 'sim' ou 'não' [...]. Os valores, ao contrário, determinam relações de preferência, as quais significam que determinados bens são mais atrativos do que outros [...]. Posso orientar o meu agir concreto por normas ou por valores, porém a orientação da ação não é a mesma nos dois casos. A pergunta: 'O que eu devo fazer numa situação dada?' não se coloca [...] nem obtém a mesma resposta. [...] No caso de normas, 'correto' é quando partimos de um sistema de normas válidas, e a ação é igualmente boa para todos; ao passo que, numa constelação de valores, típica para uma cultura ou forma de vida, é 'correto' o comportamento que, em sua totalidade e a longo prazo, é bom para nós.[41]

Fica claro, portanto, que princípios são normas jurídicas. Embora os princípios contenham valor, pertencem à lógica normativa binária, de caráter deontológico.[42]

---

40. Segundo Baracho, "Bioética e Biodireito são expressões que têm emprego comum na sistematização dos conhecimentos e práticas, objeto do tratamento dado à matéria. A vinculação entre as dimensões do saber prático, que se efetiva pela moral, pelo Direito e pela política, tem correspondência com a Bioética, expressa na própria Bioética, no Biodireito e na Biopolítica. A Bioética relaciona-se com o Biodireito, em decorrência das exigências morais indispensáveis ao desenvolvimento da vida humana, com qualidade, para que a sociedade possa garantir os mecanismos concretos de efetividade dos seus paradigmas e pressupostos. A Bioética da responsabilidade conduz, também, à formulação de direitos que atendam às exigências básicas para uma vida com qualidade". BARACHO, José Alfredo de Oliveira. Teoria geral da Bioética e do Biodireito. Biomédica. In: TEIXEIRA, Sálvio de Figueiredo (Coord.). *Direito e medicina*: aspectos jurídicos da medicina. Belo Horizonte: Del Rey, 2000, p. 84.
41. HABERMAS, Jürgen. *Direito e democracia*: entre facticidade e validade. Tradução de Flávio Beno Siebeneichler. Rio de Janeiro: Tempo Brasileiro, 1997, p. 316-317.
42. Cabe aqui proceder a distinção entre Deontologia e Axiologia. Os conceitos deônticos referem-se fundamentalmente ao "dever-ser", ao passo que os conceitos axiológicos têm como fundamento aquilo que é bom. Seu conceito fundamental não é o do *dever-ser*, mas o do *bem*.

Diante desse entendimento, o juiz da comunidade de princípios possui tarefa difícil a desempenhar. Segundo Dworkin, a decisão deve partir do caso concreto, e por meio de processo reconstrutivo atingir alto grau de abstração, de forma a revelar o princípio referente ao caso.[43]

Não entendemos de outra forma. Os temas que envolvem o ramo do Biodireito são por demais polêmicos, não sendo desejável que o Direito regule todas as condutas de forma absoluta, pois isso exclui a construção de uma autonomia privada que, paradoxalmente, o Direito pretende construir. De mais a mais, discussões como as que envolvem o Biodireito devem ser levadas ao âmbito da sociedade civil, no intuito de auferir soluções legítimas.[44] Assim, o caso concreto deve ser resolvido à luz da principiologia, buscando-se a decisão correta para o caso.

Lorenzetti alerta-nos da fragilidade do sistema positivista:

> Se tivéssemos que tomar uma decisão legislativa sobre temas polêmicos, seríamos obrigados a fazer uma lei para cada um desses indivíduos. É o que sucede, por exemplo, com o denominado 'direito a recusar tratamentos'; haveria necessidade de elaborar-se uma lei para as Testemunhas de Jeová e tantas quantas sejam as diferentes ideias. Da mesma forma ocorre com relação ao aborto, controle da natalidade e muitos outros.[45]

Não somos favoráveis a um catálogo fechado de regras, pois a atitude do Direito é construtiva. Os problemas deverão ser analisados nas suas particularidades, por meio da análise do discurso de todos os envolvidos. E o ramo do Biodireito, com princípios e fundamentos próprios, é o que melhor subsidia respostas que envolvam aspectos biomédicos e ecológicos.

---

43. DWORKIN, Ronald. *O império do direito*. Tradução de Jedderson Luiz Camargo. São Paulo: Martins Fontes, 1999.
44. Peter Häberle ensina que deve existir uma sociedade aberta dos intérpretes e assevera que há leis que despertam grande interesse na opinião pública, por exemplo, a que descriminaliza parcialmente o aborto. Para ele: "Essas leis provocam discussões permanentes e são aprovadas com a participação e sob o controle rigoroso da opinião pública pluralista. Ao examinar essas leis a Corte Constitucional deveria levar em conta a peculiar legitimação democrática que as orna, decorrente da participação de inúmeros segmentos no processo democrático de interpretação constitucional (...*am demokratischen Prozess der Verfassungsauslegung*). Em relação àquelas leis menos polêmicas, isso poderia significar que elas não devem ser submetidas a um controle tão rigoroso, tal como se dá com as leis que despertam pouca atenção, porque são aparentemente desinteressantes (*v.g.* normas técnicas) ou com aquelas regulações que já restam esquecidas." (HÄBERLE, Peter. *Hermenêutica constitucional*. A sociedade aberta dos intérpretes da Constituição: contribuição para a interpretação pluralista e "procedimental" da Constituição. Tradução de Gilmar Ferreira Mendes. Porto Alegre: Sergio Antonio Fabris, 1997, p. 45).
45. LORENZETTI, Ricardo Luis. *Fundamentos do direito privado*. São Paulo: Revista dos Tribunais, 1998, p. 53.

Capítulo 2
PRINCÍPIOS E INTERPRETAÇÃO NA BIOÉTICA E NO BIODIREITO

A tarefa primordial do Direito nas sociedades modernas foi e ainda é a de ser uma das formas de integração social (HABERMAS 1997b: 1: 44 *et seq.*). Assumindo e transcendendo o papel que a religião ou as tradições imemoriais detinham no passado das sociedades pré-modernas, o Direito deve a um só tempo: *a) garantir a certeza nas relações*, ou, numa linguagem mais atual, *manter as expectativas generalizadas de comportamento*, erigindo padrões de conduta; e *b) pretender ser o fundamento de si mesmo*, já que não possui mais um fundamento absoluto, a religião ou a tradição, para legitimá-lo.[1]

1. INTRODUÇÃO

Os avanços biotecnológicos têm colocado a humanidade diante de situações até pouco tempo inimagináveis. Basta ligar a televisão ou ler um jornal para depararmos com questões atinentes a inseminação artificial, fecundação *in vitro*, barrigas de aluguel, engenharia genética e à insistente luta contra malformações congênitas, transplantes de órgãos, clonagens, controle da dor e prolongamento da vida.

As reações das pessoas são as mais diversas: de um lado alguns se posicionam encarando os avanços científicos como "obras do demônio"; de outro, em posição diametralmente oposta, verifica-se seu endeusamento. Assim, urge questionar: até onde avançar sem agredir? Como controlar esta crescente "biologização" do ser humano? Tudo o que se pode fazer tecnicamente se deve fazer? Criaremos o bebê *à la carte*? A solução para limitar referidos avanços baseia-se em regras específicas?

Ao analisar os avanços da biotecnologia e as condutas do homem tecnológico, Volnei Garrafa assim se expressa:

> Paradoxalmente, ao mesmo tempo que gera novos seres humanos através do domínio das complexas técnicas de fecundação assistida, agride diariamente o meio ambiente do qual depende a manutenção futura da espécie. O surgimento de novas doenças infectocontagiosas e de diversos tipos de câncer, assim como a destruição da camada de ozônio, a devastação de florestas e a persistência de velhos problemas relacionados com a saúde dos trabalhadores (como a silicose) são 'invenções' deste mesmo 'homem tecnológico', que oscila suas ações entre a criação de novos benefícios extraordinários e a insólita destruição de si mesmo e da natureza.[2]

---

1. CATTONI, Marcelo. *Devido processo legislativo*. Belo Horizonte: Mandamentos, 2000, p. 107.
2. GARRAFA, Volnei. *Iniciação à bioética*: bioética e ciência – até onde avançar sem agredir. Brasília: Conselho Federal de Medicina, 1998, p. 99-110.

O conflituoso avanço da área biomédica traduz a preocupação não só com *situações emergentes*, ou seja, aquelas proporcionadas por avanços como os alcançados no campo da engenharia genética e consequentes desdobramentos, como, por exemplo, o caso de clonagens humanas, mas diz respeito também ao que podemos chamar de *situações persistentes*, diretamente relacionadas com a falta de acesso de inúmeras pessoas à utilização igualitária de consumo sanitário. Assim, se de um lado a biotecnologia provoca benefícios inquestionáveis, de outro, pode muito bem proporcionar o elastecimento de problemas atinentes à exclusão social.

Quanto a este último aspecto, precisamos deixar claro que o usufruto democrático dos benefícios decorrentes do desenvolvimento biotecnológico, por enquanto, é mera utopia. Eis a dura realidade: quem tem mais, vive mais; quem tem pouco, vive menos. Conforme afirma Garrafa:

> A vida, em muitas instâncias, passa a ser um negócio: rentável para alguns, principalmente para os proprietários de companhias internacionais seguradoras de saúde; e inalcançável para uma multidão de excluídos sociais que não têm condições de acesso às novas descobertas e a seus benefícios decorrentes.[3]

Neste segundo capítulo dedicaremos espaço aos elementos que compõem os sistemas normativos da Bioética e do Biodireito. Para tanto, mister a compreensão do método jurídico de aplicação das normas e interpretação dos problemas propostos.

Dessa forma, o capítulo será apresentado em dois enfoques "estático" e "dinâmico", isto é, primeiro serão expostos os elementos do Biodireito (normas jurídicas) e da Bioética (valores normativos), e a seguir a atuação desses elementos, sua incidência e interpretação.

2. A TENSÃO ENTRE AXIOLOGIA E NORMATIVIDADE NO DIREITO, NO BIODIREITO E NA BIOÉTICA

Como vimos no capítulo 1, normas jurídicas e normas éticas são distintas, embora guardem semelhanças. As normas jurídicas podem ser didaticamente divididas em regras e princípios. Já as normas éticas são valores, em regra valores dominantes da sociedade.

Dessa forma, o julgamento de um médico perante o órgão do Conselho de Medicina é julgamento ético ou jurídico?

Vejamos, os conselhos de Medicina são autarquias, isto é, pessoas jurídicas de direito público, criadas por lei, que desempenham serviços públicos. São titulares de interesses públicos. Trata-se da própria administração pública exercida de forma descentralizada.

---

3. "Hoje, a distância entre os excluídos e os incluídos na sociedade de consumo mundial – tanto quantitativa, quanto qualitativamente – é paradoxalmente maior que vinte anos atrás. Enquanto os japoneses, por exemplo, apresentam uma expectativa média de vida de quase oitenta anos, em alguns países africanos, como Serra Leoa ou Burkina Fasso, a média mal alcança os quarenta. Um brasileiro pobre nascido na periferia de Recife, cidade situada na árida e sofrida região Nordeste do país, vive aproximadamente 15 anos menos que um pobre nascido na mesma situação na periferia de Curitiba ou Porto Alegre, no sul beneficiado pelas chuvas e pela natureza." COSTA, Sérgio Ibiapina F.; GARRAFA, Volnei. *A bioética no século XXI*. Brasília: UnB, 2000, p. 14-15.

Normalmente, os julgamentos realizados por esses órgãos baseiam-se no Código de Ética Médica. Esse é um estatuto de normas éticas ou jurídicas?

O Código de Ética Médica é a Resolução 2.217, de 27 de setembro de 2018, do Conselho Federal de Medicina, publicado no Diário Oficial da União de 1º de novembro de 2018. O Conselho, como já dissemos, é órgão da administração direta e tem competência para estabelecer esse tipo de regulação (artigo 5º, *d*, da Lei n. 3.268, de 30 de setembro de 1957).

Temos, assim, um órgão da administração pública, exercendo uma função pública (de julgamento) e utilizando uma regulamentação criada por ele; órgão competente para tal. A análise do caso em julgamento se faz de maneira dogmática. Observa-se a situação concreta diante do sistema normativo criado. É claro que há valores que informam esse julgamento, assim como valores que influenciam em qualquer julgamento realizado pelo Poder Judiciário.

Se até o contrato é considerado norma jurídica decorrente da autonomia privada de particulares investidos desse poder pelo ordenamento jurídico, imaginem se há solução diversa para o problema exposto. O Código de Ética Médica é um conjunto de normas jurídicas, assim como o são portarias e instruções normativas emitidas por órgãos da administração pública.

Outro ponto importante que deve ser mencionado para compreensão da Bioética e do Biodireito é a principiologia própria de cada um.

É frequente o equívoco da doutrina em expor a principiologia da Bioética como coincidente a do Biodireito, ou, ainda, em tentar solucionar casos jurídicos aplicando-se princípios bioéticos.

Vicente de Paulo Barretto define Bioética como "o ramo da Filosofia Moral que estuda as dimensões morais e sociais das técnicas resultantes do avanço do conhecimento nas ciências biológicas".[4]

O estudo bioético tem por objetivo desenvolver argumentos racionais, que fundamentem valores e princípios envolvidos, bem como, a partir dessa argumentação, traçar recomendações para solução de problemas.[5]

Assim, a Bioética trabalha em uma vertente teórica e outra vertente prática, voltada para o exercício das Ciências Biológicas e a formulação de políticas públicas.

Como ordem moral, a principiologia bioética mais se aproxima de valores do que realmente comandos cogentes. E não há como se impor uma Moral única. "Encontramos somente diferentes justificativas morais, que não mais fazem referência a um Deus unificador, gênese do que é certo e do que é errado, do bom e do mal."[6]

---

4. BARRETTO, Vicente de Paulo. Bioética. In: BARRETTO, Vicente de Paulo (Org.). *Dicionário de filosofia do direito*. São Leopoldo/Rio de Janeiro: UNISINOS/Renovar, 2006, p. 104.
5. BARRETTO, Vicente de Paulo. Bioética. In: BARRETTO, Vicente de Paulo (Org.). *Dicionário de filosofia do direito*. São Leopoldo/Rio de Janeiro: UNISINOS/Renovar, 2006, p. 105.
6. BARRETTO, Vicente de Paulo. Bioética. In: BARRETTO, Vicente de Paulo (Org.). *Dicionário de filosofia do direito*. São Leopoldo/Rio de Janeiro: UNISINOS/Renovar, 2006, p. 106.

Dessa forma, a principiologia bioética não tem a mesma imperatividade que a do Biodireito. Seus princípios são comandos abertos que visam, explicitamente, a maximização do bem, ainda que considerando que o "bom" não seja unitário. Em seu espaço é possível falar-se em ponderação, pois se está discutindo a gradação de valores.

A solução de problemas jurídicos tem seu *locus* no Direito e não na Moral, embora esta seja importante para a prática jurídica em momentos anteriores à aplicação normativa.

Dessa forma, sobressaem, neste trabalho, situações jurídicas que requerem aplicação imperativa, apartada dos valores pessoais do aplicador, que busca o "bem" por meio de sua consciência e "bom senso".

Essa confusão entre o que seja princípio ético e princípio jurídico tem permeado, nos últimos anos, o Direito como um todo, seja no Biodireito ou fora dele. A crise do positivismo jurídico certifica a insuficiência do sistema fechado de normas, consideradas como preceitos rígidos e prévios ao fato que pretende regular.

Hoje, há certa unanimidade entre os teóricos contemporâneos em se reconhecer o ordenamento jurídico como um sistema aberto, isto é, que não se fecha sobre si mesmo, com regras que pretendem uma regulação precisa e autossuficiente. No entanto, não convergem os autores sobre qual a composição desse sistema jurídico aberto. Quais os instrumentos desse sistema? Como aplicá-los?

Forte corrente formou-se sobre a doutrina da Jurisprudência dos Valores[7] e suas variações. Gustav Radbruch e Karl Larenz foram precursores de destaque nessa concepção, que hoje conta com Robert Alexy dentre seus mais influentes defensores.[8]

Para a Jurisprudência dos Valores, o Direito é produto cultural e, portanto, incorpora elementos sociais que devem ser levados em conta na interpretação. Os valores participam do processo jurídico, que tem como finalidade a conduta ética e a justiça.

Larenz chega a dizer que

> «compreender» uma norma jurídica requer o desvendar da valoração nela imposta e o seu alcance. A sua aplicação requer o valorar do caso a julgar em conformidade a ela, ou, dito de outro modo, acolher de modo adequado a valoração contida na norma ao julgar o "caso".[9]

Continua Karl Larenz afirmando que a aplicação jurídica pode decorrer desse procedimento de valoração ou pode advir de uma mera subsunção. A subsunção ocorrerá quando houver suficiente previsão dos termos fáticos da norma ou a situação fática apresentar a determinação de todos seus elementos capazes de se amoldar ao conteúdo normativo.[10]

---

7. "[...] a jurisprudência é tanto no domínio prático (o da «aplicação do Direito») como no domínio teórico (o da «dogmática»), um pensamento em grande medida «orientado a valores»." (LARENZ, Karl. *Metodologia da ciência do direito*. 3. ed. Lisboa: Calouste Gulbenkian, 1997, p. 299).
8. Embora nem todos estejam de acordo sobre a filiação de Robert Alexy à Jurisprudência dos Valores, seu método axiológico de interpretação e aplicação do Direito ligam-no a essa concepção, independentemente de rótulos e classificações
9. LARENZ, Karl. *Metodologia da ciência do direito*. 3. ed. Lisboa: Calouste Gulbenkian, 1997, p. 298.
10. LARENZ, Karl. *Metodologia da ciência do direito*. 3. ed. Lisboa: Calouste Gulbenkian, 1997, p. 294-298.

Logo, compreender não implica em sempre interpretar, pois a interpretação é "uma actividade de mediação pela qual o intérprete compreende o sentido de um texto, que se lhe tinha deparado como problemático".[11] Se houver um "acesso imediato" ao sentido do discurso em razão de prévios conhecimentos, sua compreensão será irreflexiva e exigirá apenas uma aplicação por subsunção.

Este afastamento entre compreensão e interpretação não é mais a posição dominante na Teoria do Direito. Como afirma Hans-Georg Gadamer, "a interpretação não é um ato posterior e oportunamente complementar à compreensão, porém, compreender é sempre interpretar, e, por conseguinte, a interpretação é a forma explícita da compreensão".[12] A busca pelo sentido do texto não é irreflexiva, por mais simples que ele seja. Representa sempre um esforço de compreensão de signos e ordem, e pressupõe um conhecimento prévio acerca do idioma e da linguagem utilizada.

A tese de que existem enunciados que dispensam a interpretação pauta-se sobre uma base ontológica, de que a realidade pode ser descrita precisamente e, consequentemente, pode ser apreendida pela razão sem esforço interpretativo.

Não há como se considerar o mundo em si mesmo, pois não conseguimos atingir a essência ou substancialidade das coisas. Lida-se apenas com a linguagem, e as palavras expressam sempre sentidos ambíguos.

A ambiguidade, como salienta Zygmunt Bauman, é inerente à linguagem:

> A função nomeadora/classificadora da linguagem tem, de modo ostensivo, a prevenção da ambivalência como seu propósito. O desempenho é medido pela clareza das divisões entre classes, pela precisão de suas fronteiras definidoras e a exatidão com que os objetos podem separar-se em classes. E, no entanto, a aplicação de tais critérios e a própria atividade cujo progresso devem monitorar são as fontes últimas de ambivalência e as razões pelas quais é improvável que a ambivalência jamais se extinga realmente, sejam quais forem a quantidade e o ardor do esforço de estruturação/ordenação.[13]

Por isso, a doutrina atual majoritária rechaça o brocardo *interpretatio cessat in claris*, dizendo que toda norma deve ser interpretada. Todavia, mesmo os que reconhecem a necessária relação entre compreender e interpretar, às vezes recaem em posturas ontologizantes, especialmente quando afirmam que há uma essência em dado instituto jurídico ou mesmo um conteúdo mínimo inderrogável.

A pressuposição de um conteúdo mínimo da norma jurídica prende-se ainda à noção de que há algo que não precisa e não pode ser interpretado, sob pena de se violar essa essência ou esse mínimo. O recurso a tais artifícios remete o intérprete a um conteúdo imanente do Direito, e, ainda que involuntariamente, compreende o destinatário da norma como mero observador e não como partícipe, já que não contribui para a cons-

---

11. LARENZ, Karl. *Metodologia da ciência do direito*. 3. ed. Lisboa: Calouste Gulbenkian, 1997, p. 283-284.
12. GADAMER, Hans-Georg. Os traços fundamentais de uma teoria da experiência hermenêutica. In: GADAMER, Hans-Georg. *Verdade e método*: traços fundamentais de uma hermenêutica filosófica. 3. ed. Petrópolis: Vozes, 1997, (Pensamento Humano), v. 1, p. 459 [p. 312].
13. BAUMAN, Zygmunt. *Modernidade e ambivalência*. Tradução de Marcus Penchel. Rio de Janeiro: Jorge Zahar, 1999, p. 10.

trução do Direito ou, pelo menos, não pode se libertar do que seja natural ou ontológico na norma jurídica.

Dworkin também relata a experiência naturalizante do Direito quando expõe as teorias semânticas em *O Império do Direito*. Sob a expressão de teorias semânticas, o autor coloca desde as concepções que explicitamente ligam o Direito ao fato puro e simples – como se o Direito pudesse ser conhecido pela simples observação – quanto às concepções baseadas na Filosofia da Linguagem[14] que defendem que a exposição do Direito não se faria em termos de definição dos termos, mas de descrições dos "usos" dos conceitos jurídicos. Assim, a verdade ou falsidade das proposições jurídicas dependeria do contexto histórico. No entanto, a História não é ciência exata, capaz de apreender o conteúdo de eventos pretéritos. A História também é uma versão dos fatos, já que se expressa pela imperfeição linguística.

> Essas teorias positivistas, como são chamadas, sustentam o ponto de vista do direito como simples questão de fato, aquele segundo a qual a verdadeira divergência sobre a natureza do direito deve ser uma divergência empírica sobre a história das instituições jurídicas.[15]

Volte-se à questão dos elementos jurídicos utilizados na aplicação jurídica.

Enquanto a maior parte dos seguidores da Jurisprudência dos Valores chega a afirmar que o ordenamento é composto por normas e valores jurídicos, Robert Alexy afasta, pelo menos em um primeiro momento, essa concepção, explicando que norma e valor não podem ser confundidos. Diz, mesmo, que o juiz só aplica valores na medida em que estão contidos em normas jurídicas.[16]

Assim, à primeira vista, parece que Alexy aparta-se da Jurisprudência dos Valores, posto diferenciar a norma – em suas espécies de regra jurídica e princípio jurídico – do valor. Aquela possui conteúdo deontológico e este pertence ao campo axiológico. As normas podem possuir valores, sem, entretanto, com eles se identificarem.

No entanto, a metodologia de aplicação normativa adotada por Alexy é, sem dúvida, axiológica, o que o aproxima da Jurisprudência dos Valores. Mesmo o sistema de "ponderação jurídica" que, segundo Alexy, é de normas e não de valores[17] é a consideração da graduação axiológica em um sistema definido por ele mesmo como não axiológico em sua aplicação.

Mas qual o problema em ser axiológico? A disseminação da ponderação na resolução dos conflitos fez crer normalidade em um procedimento que é, normativamente, incoerente.

O valor possui sistema gradual de validade, isto é, é hierarquizado absolutamente. Dito de outra forma: o valor encontra seu grau de aplicação na subjetividade do apli-

---

14. Essa crítica pode ser dirigida a Heidegger e a Gadamer.
15. DWORKIN, Ronald. *O império do direito*. Tradução de Jedderson Luiz Camargo. São Paulo: Martins Fontes, 1999, p. 41.
16. ALEXY, Robert. *Teoría de los derechos fundamentales*. Madrid: Centro de Estudios Constitucionales, 1993, p. 147.
17. ALEXY, Robert. *Teoría de los derechos fundamentales*. Madrid: Centro de Estudios Constitucionales, 1993, p. 147.

cador, que elege, aprioristicamente, uma gradação dentro do sistema axiológico. E não podia deixar de ser diferente, a prevalência do valor é particular e pressupõe estimativa.

André Lalande, no *Vocabulário Técnico e Crítico da Filosofia*, dá os seguintes sentidos ao vocábulo "valor":

> A. (subjetivamente). Característica das coisas que consiste em serem elas *mais ou menos estimadas ou desejadas* por um sujeito ou, mais comumente, por um grupo de sujeitos determinados. [...]
>
> B. (objetivamente e a título categórico). Característica das coisas que consiste em merecerem elas *mais ou menos estima*. [...]
>
> C. (objetivamente, mas a título hipotético). Característica das coisas que consiste em *satisfazerem ela certo fim* [...]
>
> D. (especialmente, do ponto de vista econômico). Característica das coisas que consiste no fato de, *em determinado grupo social e em determinado momento*, serem trocadas por uma *quantidade determinada* de uma mercadoria tomada como unidade. Valor, neste sentido, quer dizer preço *comumente* praticado. [...]
>
> E. (idem). Preço pelo qual *se estima*, do ponto de vista normativo, que um objeto ou serviço *devem* ser pagos. [...]
>
> F. Lóg. Ao falar de uma palavra ou de uma expressão, a sua significação não só literal, mas efetiva ou *implícita*. [...]
>
> G. Est. 1º: Na música, duração *relativa* das notas. 2º: Nas artes plásticas, claridade ou obscuridade *relativa* dos tons. [...]
>
> H. Mat. Expressão numérica, ou pelo menos algébrica, que determina uma incógnita ou representa um estado de uma *variável*.[18] (Grifos nossos)

Em quase todos os sentidos destacados por Lalande, avulta a característica da estimativa, da quantidade. E mesmo nos sentidos classificados como filosoficamente objetivos ("B" e "C"), destacam-se verbos como "merecer" ou "satisfazer", o que os liga à subjetividade. Além disso, há certo utilitarismo indisfarçável, pois se volta, sempre, ao cumprimento de uma vontade, satisfação, estima ou desejo; ou, ainda, como em "C", sua valência existe enquanto "satisfizerem certo fim".

Assim, o problema do procedimento axiológico de interpretação e aplicação do Direito está na subjetividade e imprevisibilidade de sua utilização. As tentativas de se estabelecer critérios objetivos para aplicação jurídica de valores não conseguem negar a fluidez subjetiva do próprio elemento valorativo trabalhado. Ponderar valores é admissível no campo da Moral, mas não no âmbito do Direito, pois qual o valor a ser escolhido?

Se se responder que o ordenamento já escolheu e "positivou" o valor, volta-se à controvérsia: quais os valores definidos pelo ordenamento? E no caso de valores concorrentes?

Se se pensar em hierarquização prévia, retorna-se ao sistema jurídico fechado. Se se deixar a hierarquização para o julgamento do caso concreto, não há como se definir qual preponderará segundo critérios objetivos, pois valores não são objetivos.

---

18. LALANDE, André. Valor. In: LALANDE, André. *Vocabulário técnico e crítico da filosofia*. 3. ed. São Paulo: Martins Fontes, 1999, p. 1188-1190.

Da mesma forma que é impossível a aplicação jurídica de valores, não é válido o procedimento de ponderação de princípios ou regras jurídicas. Nesse caso, estar-se-ia utilizando uma metodologia axiológica para uma ordem que não a comporta, na aplicação.

O valor, como se viu nas definições de Lalande, visa a persecução de fins específicos, isto é, volta-se a utilidades. Não valem em si mesmos, mas segundo uma comparação; daí se falar em ponderação.

A norma jurídica, em sua elaboração, recebe a influência de múltiplos valores, mas isso não a faz um valor, nem permite que sua aplicação siga o mesmo método dos valores. Daí a necessidade de distinguir-se o plano da justificação do plano da aplicação normativa.[19]

No Estado Democrático de Direito, as diversas forças sociais devem ter acesso à elaboração legislativa por meio da mídia, dos grupos de pressão, de seus representantes eleitos, dentre outros. Nesse momento, a diversidade de opiniões e valores deve ser levada em conta. No momento da aplicação, entretanto, permite-se que apenas os elementos normativos incidam.

Em Alexy, a impropriedade da valoração normativa fica clara na própria metodologia de aplicação do princípio jurídico. O princípio é definido como mandado de otimização. Em caso de conflito entre princípios, será a diferença de graus entre eles que resolverá qual irá prevalecer.[20]

Habermas[21] critica Alexy[22] dizendo que, apesar da diferenciação empreendida entre norma e valor, a solução da tensão entre princípios na teoria alexyana é um procedimento axiológico, pois

---

19. Marcelo Cattoni explica que "os discursos de justificação jurídico-normativa se referem à validade das normas, e se desenvolvem com o aporte de razões e formas de argumentação de um amplo espectro (morais, éticas e pragmáticas), através das condições de institucionalização de um processo legislativo estruturado constitucionalmente, à luz do princípio democrático [...]. Já discursos de aplicação se referem à adequabilidade de normas válidas a um caso concreto, nos termos do Princípio da Adequabilidade, sempre pressupondo um 'pano de fundo de visões paradigmáticas seletivas' [...]". (OLIVEIRA, Marcelo Andrade Cattoni de. *Direito constitucional*. Belo Horizonte: Mandamentos, 2002, p. 85)
20. ALEXY, Robert. *Teoría de los derechos fundamentales*. Madrid: Centro de Estudios Constitucionales, 1993, p. 89-91.
21. HABERMAS, Jürgen. *Direito e democracia*: entre facticidade e validade. Tradução de Flávio Beno Siebeneichler. Rio de Janeiro: Tempo Brasileiro, 1997, (Tempo Universitário), v. 1, p. 314-323.
22. Ronald Dworkin também apresenta divergências sensíveis em relação à teoria de Alexy. Bernardo Gonçalves Fernandes e Flávio Quinaud Pedron expressam muito bem essa polarização entre deontologistas e axiologistas: "É importante esclarecer que a leitura que Dworkin faz dos princípios jurídicos em nada se confunde com a leitura de Alexy. Dworkin, assumindo as consequências do giro linguístico, afirma que a diferença entre princípios e regras decorre simplesmente de uma ordem *lógico-argumentativa* e não *morfológica*, como, por exemplo, defende Alexy (1988). Ou seja, é apenas na argumentação – e através dela – que podemos considerar se estamos diante de uma regra ou de um princípio. Logo, não existem regras mágicas (semânticas) como quer o jurista de Kiel. Outra informação fundamental é que para o Dworkin a aplicação dos princípios jurídicos não se dá de maneira proporcional, nem demanda a construção de um instrumental como a regra de proporcionalidade de Alexy; eles são aplicados através de uma construção hermenêutica, que busca desenvolver para aquela comunidade uma ideia de direito como um conjunto sistêmico e harmônico de princípios. Logo, não há que se falar em princípios como mandamentos (ou comandos) de otimização, pois eles não se confundem com valores, conservando a sua natureza binária típica do Direito. A questão toda deve ser resolvida na dimensão da adequação do princípio (GÜNTHER, 1993) e não da ponderação." (FERNANDES, Bernardo Gonçalves; PEDRON, Flávio Quinaud. *O Poder Judiciário e(m) crise*: reflexões de Teoria da Constituição e Teoria Geral do Processo sobre o acesso à justiça

Se é possível uma aplicação gradual dos princípios, eles não podem ser caracterizados como normas jurídicas. Uma vez que as normas jurídicas se referem ao conceito de *dever*, como pressupõe o próprio Alexy, então elas somente podem ser cumpridas ou descumpridas.[23]

Haveria uma contradição entre a diferenciação norma/valor e o funcionamento dos princípios, no posicionamento de Alexy.

Habermas vê a diferenciação em três pontos: 1) a norma jurídica possui um agir obrigatório, enquanto no valor o agir é teleológico, pois busca a adequação dos meios aos fins; 2) a norma possui validade binária e o valor validade gradual; e 3) a norma possui obrigatoriedade absoluta e o valor obrigatoriedade relativa.[24]

> Normas e princípios possuem uma força de justificação maior do que a de valores, uma vez que podem pretender, além de uma *especial dignidade de preferência*, uma *obrigatoriedade geral*, devido ao seu sentido deontológico de validade; valores têm que ser inseridos, caso a caso, numa ordem transitiva de valores. E, uma vez que não há medidas racionais para isso, a avaliação realiza-se de modo arbitrário ou irrefletido, seguindo ordens de precedência e padrões consuetudinários.[25]

Otimizar princípio é estabelecer graus de valência típicos dos valores e não da imperatividade típica da norma jurídica. Do mesmo lado, não é legítima a aplicação de princípios bioéticos na solução de conflitos a que o Direito é chamado a solucionar.

3. PRINCÍPIOS DA BIOÉTICA: BENEFICÊNCIA, NÃO MALEFICÊNCIA, AUTONOMIA, JUSTIÇA E RESPONSABILIDADE

Como salientado no Capítulo 1 (item 2: Histórico da Bioética), os princípios da Bioética ganham força como metodologia de ação com o Relatório Belmont. Esse documento estadunidense foi fruto de vários encontros de sua Comissão Nacional para a Proteção dos Interesses Humanos de Pesquisa Comportamental e Biomédica (*National Commission for the Protection of Human Subjects of Biomedical and Behavioral Research*). Após quatro anos de trabalho – reunidos no Centro Belmont de Convenções, na cidade de Elkridge, Estado de Mariland –, os pesquisadores apresentaram o relatório final, em 1978.

O Relatório contém o que consideramos como os princípios básicos da Bioética: beneficência, autonomia e justiça.

O princípio da beneficência impõe ao profissional da saúde ou ao biólogo o dever de dirigir esforços no sentido de beneficiar o ser pesquisado. Beneficência vem do latim *bonum facere*, literalmente "fazer o bem".

---

e as recentes reformas do Poder Judiciário à luz de: Ronald Dworkin, Klaus Günther e Jürgen Habermas. Rio de Janeiro: Lumen Juris, 2008, p. 211-212).
23. GALUPPO, Marcelo Campos. *Igualdade e diferença*: Estado Democrático de Direito a partir do pensamento de Habermas. Belo Horizonte: Mandamentos, 2002, p. 180.
24. HABERMAS, Jürgen. *Direito e democracia*: entre facticidade e validade. Tradução de Flávio Beno Siebeneichler. Rio de Janeiro: Tempo Brasileiro, 1997, (Tempo Universitário), v. 1, p. 316-317.
25. HABERMAS, Jürgen. *Direito e democracia*: entre facticidade e validade. Tradução de Flávio Beno Siebeneichler. Rio de Janeiro: Tempo Brasileiro, 1997, p. 321.

Dessa forma, o Relatório Belmont não distinguiu a beneficência da não maleficência, sendo o primeiro voltado para a ação – fazer o bem – e o segundo para a omissão – não fazer o mal. Diego Gracia, no entanto, valoriza a distinção:

> A tradição médica ocidental tem mantido, de modo praticamente uniforme desde suas origens na medicina hipocrática até a atualidade, que favorecer e não prejudicar são duas obrigações morais distintas. Uma é a obrigação de favorecer, outra a de não prejudicar. O modo de articular as duas tem variado ao longo da história. A tese mais tradicional foi a de que a obrigação imperativa do médico é favorecer, e o não prejudicar é uma obrigação subsidiária quando o favorecer não é possível. Modernamente, a tese é mais precisamente o contrário: a obrigação primária é não prejudicar, e nunca se faz o favorecer sem o consentimento do paciente.[26]

Assim, como obrigação primária, não só se afirma que o médico deve abster-se de procedimentos duvidosos, que pouco ou nada trazem de benefício para o paciente, como também se tem que o biólogo ou o médico veterinário não pode utilizar animais em pesquisas ou cirurgias meramente especulativas ou exploratórias, que não apresentem um fim verdadeiramente vantajoso para o animal ou para a espécie do animal envolvido.

Dessa forma, afirmar-se que o homem tem um fim em si mesmo e não pode ser encarado como simples objeto de pesquisa. *Mutatis mutandi*, também os animais não podem ser instrumentalizados; submetidos a procedimentos dolorosos e extenuantes sem o objetivo de, diretamente, favorecer a melhoria da qualidade de vida.

Como dever ético secundário está a beneficência, que rege a conduta médica, mas subordinada ao consentimento do paciente. Essa visão, que afasta a pretensa primazia do princípio da beneficência sobre os demais princípios, rechaça o paternalismo e respeita a autonomia e as novas dimensões da justiça.

O princípio da autonomia pode ser entendido como o reconhecimento de que a pessoa possui capacidade para se autogovernar. Assim, de modo livre e sem influências externas, preceitua-se o respeito pela capacidade de decisão e ação do ser humano.

A relação médico-paciente sofre substancial transformação com a consideração desse princípio. A relação de autoridade perde espaço para a consideração do paciente como sujeito partícipe do processo de tratamento. Para tanto, o processo de intervenção deve ser transparente, permitindo que o paciente tenha o máximo de informações antes de decidir. Daí a exigência do consentimento livre e esclarecido.

No Brasil, infelizmente o consentimento livre e esclarecido tem-se convertido em mais um documento a ser assinado pelo paciente, sem real preocupação de verificar sua compreensão dos riscos e demais opções de tratamento. Em geral, o termo de consentimento é redigido em linguagem de difícil compreensão para o cidadão comum, que, apreensivo pela doença que o acomete e até pelas dores que sente, quer ver agilizado seu processo de internação. Nesse momento, junto de vários procedimentos, filas e temores, é-lhe apresentado um documento padronizado, que não parece lhe dizer nada, pois não houve diálogo que conformasse sua consciência deliberativa.

---

26. GRACIA, Diego. *Pensar a bioética*: metas e desafios. São Paulo: São Camilo; Loyola, 2010, p. 250.

Marcos de Almeida ressalta o desconforto do médico em reconhecer a efetividade da autonomia e a necessidade da informação:

> [...] discussões francas e honestas com portadores de doenças fatais acerca de seu estado, seu prognóstico e possíveis caminhos de ação terapêutica, são emocionalmente muito desgastantes. É bem mais fácil cogitar *apenas das possibilidades amenas* de que de *todas* as possibilidades. A suposição de que as pessoas com enfermidades graves ou fatais ficarão mais felizes se forem enganadas é altamente suspeita [...]. Quase sempre a razão principal, o propósito maior por trás do disfarce benevolente é *a felicidade do médico, a supressão da sua própria inquietação e a evitação do seu óbvio desconforto em ter que lidar com o assunto*. Mais ainda, *habitualmente é só o paciente que é enganado*, enquanto um parente ou toda a família sabem a verdade completa.[27] (Grifos do autor)

O princípio da justiça refere-se ao meio e fim pelo qual se deve dar toda intervenção biomédica, isto é, maximizar os benefícios com o mínimo custo. Nesse "mínimo custo", devem ser abrangidos não apenas os aspectos financeiros, que quando bem equacionados permitem a igualdade de acesso aos serviços de saúde, mas também os custos sociais, emocionais e físicos. Ou seja, justa é a intervenção médica que leva em conta os valores do paciente, bem como sua capacidade de deliberação e unidade psicofísica.

Subjazem ao princípio da justiça problemas importantes na garantia de funcionalidade, eficiência e equidade: a administração dos escassos recursos de saúde; a imparcialidade na distribuição dos riscos e benefícios; a igualdade material, que reconhece as diferenças como socialmente válidas.

Valemo-nos, por fim, dos ensinamentos de John Rawls, que, ao escrever *A Teoria da Justiça*,[28] coloca como imprescritíveis alguns direitos individuais e sociais, que poderiam ser assim elencados: liberdade de pensamento e liberdade de consciência, que possibilitariam a tomada de decisões por parte dos indivíduos; liberdade de rendas e de riquezas, bem como de livre escolha de ocupações; e condições sociais para o respeito a todo indivíduo como pessoa moral.

Além dos princípios destacados no Relatório Belmont, reconhecemos a responsabilidade como outro princípio bioético.

Giovanni Berlinguer, ao escrever o artigo "A Ciência e a Ética da Responsabilidade", ensina que a palavra responsabilidade pode ser trabalhada em dois sentidos distintos. Pode, de um lado, significar "consciência", "empenho" ou "moralidade". De outro, é interpretada como "culpa" ou "erro". Daí pensar na responsabilidade do réu. De acordo com Berlinguer, é no segundo sentido que a ciência é questionada, porque, apesar dos seus inúmeros avanços e méritos, ela também é responsável por abusos, e os limites à liberdade da pesquisa passam a ser invocados.

Mas será que reprimir a ciência seria a solução para o não cometimento de abusos ou, ao contrário, seria uma maneira fácil de retirar a culpa da sociedade e também de reprimir a inteligência humana? Segundo Berlinguer:

---

27. ALMEIDA, Marcos de. Comentários sobre os princípios fundamentais da bioética: perspectiva médica. In: PESSINI, Léo; BARCHIFONTAINE, Christian de Paul de (Orgs.). *Fundamentos da bioética*. 2. ed. São Paulo: Paulus, 2002, (Nova práxis cristã), p. 61.
28. RAWLS, John. *Teoría de la justicia*. Madrid: Fondo de Cultura Económica, 1979.

A cada um desses benefícios, de fato, podem ser contrapostos danos, ainda que pequenos; e, sobretudo, o fato de que não há simetria entre uns e outros: com muita frequência, na verdade, os benefícios são vantajosos para alguns e onerosos para outros [...]. A liberdade da ciência, em outras palavras, não é algo a ser defendido: é algo a se conquistar.[29]

Outro autor que contribui para a elaboração do princípio da responsabilidade é o filósofo Hans Jonas, que, na obra "O Princípio Responsabilidade", desenvolve uma ética para a civilização tecnológica, visando as gerações presentes e futuras. Nesse confronto da antiga ética filosófica com a ética da sociedade tecnológica, tem-se que:

Tanto o conhecimento como o poder eram por demais limitados para incluir o futuro mais distante em suas previsões e o globo terrestre na consciência da própria causalidade. Em vez de ociosamente desvendar as consequências tardias no destino ignoto, a ética concentrou-se na qualidade moral do ato momentâneo em si, no qual o direito do contemporâneo mais próximo tinha de ser observado. Sob o signo da tecnologia, no entanto, a ética tem a ver com ações (não mais de sujeitos isolados) que têm uma projeção causal sem precedentes na direção do futuro, acompanhadas por uma consciência prévia que, mesmo incompleta, vai muito além daquela outrora existente. Ajunte-se a isso a magnitude bruta dos impactos de longo prazo e também, com frequência, a sua irreversibilidade. Tudo isso desloca a responsabilidade para o centro da ética, considerando-se aí os horizontes espaço-temporais que correspondem àqueles atos.[30]

A preocupação com as consequências do progresso tecnológico faz com que o autor apresente o seguinte imperativo: age de tal maneira que os efeitos de tua ação sejam compatíveis com a permanência de uma vida humana autêntica.

A ética em Jonas ganha matizes práticas, como a própria Bioética exige. E a responsabilidade, como atribuição de consequência a um dado comportamento, destaca-se nesse caminho de causalidades e predições.

4. PRINCÍPIOS DO BIODIREITO: PRECAUÇÃO, AUTONOMIA PRIVADA, RESPONSABILIDADE E DIGNIDADE

Diferentemente da Bioética, que tem sua principiologia clássica bem definida, especialmente pela proclamação do Informe Belmont, o Biodireito não possui documento que relate seus princípios ou que permita, ao menos, indicação e nomenclatura coincidentes em doutrina e jurisprudência.

Entendemos por optar pela seguinte divisão, tendo por critério a amplitude de conteúdo e atuação: princípio da precaução, princípio da autonomia privada[31] e princípio da responsabilidade. Pode-se, ainda, acrescentar o princípio da dignidade da pessoa humana, que é frequentemente chamado a compor conflitos biojurídicos.

---

29. BERLINGUER, Giovanni. A ciência e a ética da responsabilidade. In: NOVAES, Adauto (Coord.). *O homem-máquina*: a ciência manipula o corpo. São Paulo: Companhia das Letras, 2003, p. 192-193.
30. JONAS, Hans. *O princípio responsabilidade*: ensaio de uma ética para a civilização tecnológica. Rio de Janeiro: Contraponto/PUC-Rio, 2006, p. 22.
31. A respeito da autonomia privada ver a obra: NAVES, Bruno Torquato de Oliveira. *O direito pela perspectiva da autonomia privada*: relação jurídica, situações jurídicas e teoria do fato jurídico na segunda modernidade. 2. ed. Belo Horizonte: Arraes, 2014.

O primeiro traduz-se em uma limitação à ação do profissional, que deve adotar medidas de precaução em caso de risco de dano grave e irreversível.

Este princípio foi expressamente incorporado ao Direito Ambiental brasileiro em 1992, por ocasião da Conferência das Nações Unidas sobre o Meio Ambiente e o Desenvolvimento (Rio-92 ou ECO-92), realizada em junho de 1992, embora implicitamente o art. 225 da Constituição da República já o albergasse. O artigo 3º do Decreto Legislativo n. 1, de 3 de fevereiro de 1994, assim dispõe:

> As partes devem adotar medidas de precaução para prever, evitar ou minimizar as causas da mudança do clima e mitigar seus efeitos negativos. Quando surgirem ameaças de danos sérios ou irreversíveis, a falta de plena certeza científica não deve ser usada como razão para postergar essas medidas, levando em conta que as políticas e medidas adotadas para enfrentar a mudança do clima devem ser eficazes em função dos custos, de modo a assegurar benefícios mundiais ao menor custo possível [...].

A disposição estende-se para além dos problemas com o clima ou com o meio ambiente, atingindo o Biodireito como um todo, sempre que houver ameaça de prejuízo significativo e irreversível.

O princípio da precaução proporciona maior proteção que a simples prevenção, por se ocupar da probabilidade de mal sério e irreversível. Enquanto a prevenção importa na tomada de medidas para evitar um dano conhecido e esperado, a precaução impede, inclusive, comportamentos que, devido ao estado atual do conhecimento, não representam uma certeza, mas uma mera probabilidade de dano, que por ser sério e irreversível deve ser obstado. Assim, pelo princípio da prevenção, se medidas preventivas não forem adotadas, sabe-se do prejuízo consequente. Já na precaução impede-se a atividade mesmo sem essa certeza.

Para Salvador Darío Bergel:

> Nem a previsão nem a prevenção resultam adequadas para enfrentar riscos vinculados a situações de incerteza científica considerável.
>
> A previsão é contemporânea de uma ignorância cega sobre a existência do risco, ao passo que a prevenção é uma conduta racional diante de um mal que a ciência pode objetivar e mensurar, que se move dentro das incertezas da ciência.
>
> A precaução enfrenta outra natureza de incerteza: a incerteza dos próprios saberes científicos.[32]

A autonomia privada[33] é a concessão de poderes de atuação à pessoa. O ordenamento confere uma amplitude de comportamento ao ser humano.

Francisco Amaral define a autonomia privada como sendo o "princípio pelo qual o agente tem a possibilidade de praticar um ato jurídico, determinando-lhe o conteúdo, a forma e os efeitos".[34]

---

32. BERGEL, Salvador Darío. O princípio da precaução como critério orientador e regulador da biossegurança. In: ROMEO CASABONA, Carlos María; SÁ, Maria de Fátima Freire de (Coords.). *Desafios jurídicos da biotecnologia*. Belo Horizonte: Mandamentos, 2007, p. 357.
33. A respeito do princípio jurídico da autonomia privada, v. Cap. 4, item 2: "Autonomia Privada e Consentimento Livre e Esclarecido".
34. AMARAL, Francisco. *Direito civil*: introdução. 3. ed. Rio de Janeiro: Renovar, 2000, p. 337.

Preferimos a utilização de expressão autonomia privada em detrimento da antiga autonomia da vontade. Esta possui uma conotação psicológica, ligada ao momento do Estado Liberal em que a vontade ocupava lugar privilegiado, sendo suficiente para criar Direito, cabendo ao Estado apenas sancioná-la.

Assim, com a autonomia privada substitui-se a carga individualista da autonomia da vontade. Como escrito anteriormente:

> Ao Direito, pois, resta analisar a manifestação concreta da vontade, segundo critérios objetivos de boa-fé, e não suas causas e características intrínsecas. Não é objeto do direito perquirir sobre o conteúdo da consciência interna de cada ser. Daí decorre nossa preferência por esta posição e, consequentemente, pela expressão autonomia privada.
>
> [...] a vontade já não possui o mesmo *status* no mundo jurídico. A derrocada final veio com a nova hermenêutica, especialmente com os filósofos e psicólogos que trabalham a compreensão e veem a vontade como expressão culturalmente condicionada.
>
> [...] Entendemos que as nomenclaturas simplesmente demonstram a preferência por uma característica, sendo duas perspectivas do mesmo fenômeno. 'São expressões relativas a uma só e única realidade' (NORONHA, Fernando. *O direito dos contratos e seus princípios fundamentais*: autonomia privada, boa-fé, justiça contratual. São Paulo: Saraiva, 1994, p. 113), isto é, a autonomia privada é a atualização da autonomia da vontade.[35]

A determinação do que chamam "limites à autonomia privada" é efetuada pelo próprio ordenamento na constante tensão principiológica que as situações fáticas vêm determinar. Em vez de "limitações", que traz a ideia de confrontação externa, preferimos o termo "conformações", que traduz melhor a ideia de que o conteúdo da autonomia privada é determinado internamente, pela conformidade com o próprio ordenamento, que estabelece qual o conteúdo dos poderes conferidos aos particulares.[36]

No âmbito jurídico, o princípio da responsabilidade, em ampla significação, revela o dever jurídico em que se coloca a pessoa, a fim de satisfazer as obrigações convencionadas ou suportar as sanções legais impostas por seu descumprimento.

Da ética de Hans Jonas à responsabilidade jurídica, sobreleva-se o aspecto da causalidade, da proporcionalidade e da imputabilidade das consequências atribuíveis à conduta. Juridicamente, a previsão normativa, como em qualquer ordem, é sempre incompleta, mas tem que encontrar repercussão diante da gravidade e irreversibilidade das intervenções das práticas da Biomedicina e das intervenções no meio ambiente.

Daí se pode inferir que a precaução e a responsabilidade percorrem caminhos diferentes rumo a um mesmo fim. Ambas se preocupam em minimizar os malefícios que as

---

35. NAVES, Bruno Torquato de Oliveira. Da quebra da autonomia liberal à funcionalização do direito contratual. In: FIUZA, César; SÁ, Maria de Fátima Freire de; NAVES, Bruno Torquato de Oliveira (Coords.). *Direito civil*: atualidades II – Da autonomia privada nas situações jurídicas patrimoniais e existenciais. Belo Horizonte: Del Rey, 2007, v. 2, p. 235-236.
36. NAVES, Bruno Torquato de Oliveira. Da quebra da autonomia liberal à funcionalização do direito contratual. In: FIUZA, César; SÁ, Maria de Fátima Freire de; NAVES, Bruno Torquato de Oliveira (Coords.). *Direito civil*: atualidades II – Da autonomia privada nas situações jurídicas patrimoniais e existenciais. Belo Horizonte: Del Rey, 2007, v. 2, p. 238.

intervenções na saúde e no meio ambiente podem ocasionar, mas a precaução impede a atividade que possui a potencialidade de dano, enquanto o princípio da responsabilidade age *a posteriori*, quando a lesão já se concretizou.

Fundados em Berlinguer, podemos ver, também, que a responsabilidade, como consciência, implica na compreensão dos atos praticados e na assunção de suas consequências. O agente só pode ser pessoalmente responsabilizado se é capaz de discernir e agir segundo esse discernimento.

Por fim, o princípio da dignidade da pessoa humana[37], que está expresso no artigo 1º, III, da Constituição Federal, é a garantia de pleno desenvolvimento dos vários aspectos da pessoa. Protege-se todo o arcabouço de manifestações do ser humano, em sua vertente física, psíquica e espiritual. Todavia, essa proteção só é possível se tal garantia puder estender-se a outros, garantindo uma sociedade plural.

Note-se, pois, que a dignidade do ser humano aplica-se apenas em um contexto de liberdade e igualdade, isto é, na garantia de iguais liberdades fundamentais, vista procedimentalmente.

Qualquer decisão que privilegie a liberdade de um em detrimento da do outro, afronta a igualdade.

Como todo princípio, será o caso concreto que determinará com precisão seu conteúdo. Assim, os invocaremos em vários momentos ao longo do livro, oportunidade em que ganharão maior concretude.

5. A TEORIA DISCURSIVA APLICADA AO BIODIREITO

Para compreensão das teorias discursivas no Direito, retomaremos alguns aspectos já discutidos no item 2 deste capítulo. A tensão entre axiologia e normatividade está presente nas teorias discursivas e vamos explorá-la.

Temos "teorias do discurso" porque o Direito pode ser definido como um discurso realizado entre partícipes privilegiados por um *locus* comum. A norma, como elemento histórico, é obrigatoriamente interpretada, e essa interpretação é parte importante desse discurso jurídico. Kelsen[38] mesmo chegou a afirmar que norma é o sentido jurídico que se atribui a um fato. Ou, de outra forma, toda norma deve ser interpretada, pois há que se determinar o sentido do enunciado normativo.

O Direito possui um conteúdo construído em um constante debate histórico. Ao depararmos com um texto tomamos as palavras e expressões no sentido que nos é familiar. Formulamos expectativas de conteúdo no intento de prever um todo coerente. Trazemos para a interpretação pré-estruturas de compreensão; compreendemos a partir de nossas experiências de vida, de nossas visões de mundo.

---

37. Ver o tratamento dado à dignidade nos itens 3 e 4 do Capítulo 3.
38. KELSEN, Hans. *Teoria pura do direito*. 6. ed. Tradução de João Baptista Machado. São Paulo: Martins Fontes, 1998, (Ensino Superior), p. 387-397.

O discurso é, portanto, contextualizado historicamente ou, como diria Gadamer,[39] a interpretação é situada e sitiada pela história pessoal e do contexto.

A hermenêutica contemporânea percebe a historicidade da compreensão. Compreendemos a partir de nossas experiências históricas, que devem sempre ser revistas. O controle das posições prévias se faz pela receptividade à alteridade do texto, ou seja, pela confrontação com o objeto da interpretação. Em um processo circular, o texto é compreendido segundo a realidade do intérprete que, por sua vez, influencia essa realidade, transformando-a. "O homem cresce sobre si mesmo, é um novelo de 'experiências'. E cada nova experiência é uma experiência que nasce sobre o fundo das anteriores e as reinterpreta."[40]

A superação do caráter de "verdade jurídica" que o Direito atribuía à lei acabou destacando o papel dos princípios como instrumentos do discurso. O princípio deixou de ser um preceito metajurídico, que era chamado a atuar quando não houvesse lei, para ser considerado como norma capaz de incidir sobre um caso concreto dando-lhe solução ou até mesmo fundamentando a aplicação de outras normas.

Robert Alexy entende que, embora os princípios sejam normas jurídicas, eles se diferenciam das regras por atuarem como *mandados de otimização*, que ordenam que algo se realize da melhor forma possível (podem ser cumpridos em diferentes graus. A medida devida de seu cumprimento não só depende das possibilidades reais, como também das jurídicas). Por outro lado, as regras são cumpridas ou não; se válidas, devem ser aplicadas nos seus exatos termos.[41]

A distinção se tornaria ainda mais nítida, segundo Alexy, quando se busca a solução que pode vir a existir na aplicação de dois princípios ou duas regras contraditórias, ou seja, por meio do conflito de normas.

---

39. GADAMER, Hans-Georg. *Verdade e método*: traços fundamentais de uma hermenêutica filosófica. 3. ed. Petrópolis: Vozes, 1997, p. 400-556.
40. REALE, Giovanni; ANTISERI, Dario. Hans Georg Gadamer e a teoria da hermenêutica. In: REALE, Giovanni; ANTISERI, Dario. *História da filosofia*. 4. ed. São Paulo: Paulus, 1991, (Coleção Filosofia), v. 3, cap. 22, p. 628.
41. "O ponto decisivo para a distinção entre regras e princípios é que os princípios são normas que ordenam que algo seja realizado na maior medida possível, dentro das possibilidades jurídicas e reais existentes. Portanto, os princípios são mandados de otimização, que estão caracterizados pelo fato de que podem ser cumpridos em diferente grau e que a medida devida de seu cumprimento não só depende das possibilidades reais, senão também das jurídicas. O âmbito das possibilidades jurídicas é determinado pelos princípios e regras opostos. Ao contrário, as regras são normas que só podem ser cumpridas ou não. Se uma regra é válida, então se deve fazer exatamente o que exige, nem mais, nem menos. Portanto, as regras contêm determinações no âmbito do fática e juridicamente possível. Isso significa que a diferença entre regras e princípios é qualitativa e não de grau. Toda norma é ou uma regra ou um princípio". Tradução livre de: "El punto decisivo para la distinción entre reglas y principios es que los principios son normas que ordenan que algo sea realizado en la mayor medida posible, dentro de las posibilidades jurídicas y reales existentes. Por lo tanto, los principios son mandados de optimización, que están caracterizados por el hecho de que pueden ser cumplidos en diferente grado y que la medida debida de su cumplimiento no sólo depende de las posibilidades reales sino también de las jurídicas. El ámbito de las posibilidades jurídicas es determinado por los principios y reglas opuestos. En cambio, las reglas son normas que sólo pueden ser cumplidas o no. Si una regla es válida, entonces debe hacerse exactamente lo que ella exige, ni más ni menos. Por lo tanto, las reglas contienen determinaciones en el ámbito de lo fáctica y jurídicamente posible. Esto significa que la diferencia entre reglas y principios es cualitativa y no de grado. Toda norma es o bien una regla o un principio." ALEXY, Robert. *Teoría de los derechos fundamentales*. Madrid: Centro de Estudios Constitucionales, 1997, p. 86-87.

Como a regra pode ser cumprida ou descumprida, o conflito entre regras contraditórias apresenta duas soluções: a) uma das regras conflitantes deve ser declarada inválida e eliminada do ordenamento jurídico; ou b) deve-se incluir uma cláusula de exceção, a fim de eliminar o conflito então existente.

Em se tratando de colisão de princípios, outra é a solução apontada por Alexy. Como os princípios são, na sua conceituação, mandados de otimização, não há que falar em invalidade no caso de colisão ou tensão. O que ocorre é que um dos princípios cede lugar ao outro, diante das circunstâncias do caso concreto. É a *ponderação*, prevalecendo o princípio de maior peso na realidade fática e jurídica existente.[42]

Na colisão de princípios não há declaração de invalidade do princípio e sua consequente eliminação do ordenamento jurídico. O que existe é uma relação de precedência condicionada, de acordo com as circunstâncias fáticas então existentes. Não há, todavia, relações absolutas de precedência, essas se constituem diante do caso concreto. Alexy afirma que, quando se tem dois princípios que levam a resultados contraditórios, nenhum deles é inválido, nenhum tem prevalência absoluta.

Marcelo Galuppo sintetiza o entendimento de Alexy da seguinte maneira:

> Isso significa que, para Alexy, o conflito de regras se dá na dimensão da validade e o de princípios, na dimensão do peso (Alexy, 1993b:89 e 91). Essa ideia de peso significa que o conflito entre princípios será resolvido tendo em vista a sua *hierarquização*. Não uma hierarquização absoluta, é verdade, mas uma hierarquização tendo em vista o caso concreto, realizada pelo procedimento de *ponderação* dos princípios envolvidos na situação.
>
> A ponderação,[43] como concebida por Alexy, refere-se a 'qual dos interesses, *abstratamente do mesmo nível*, possui *maior peso no caso concreto*' (Alexy, 1993b:90. Grifos meus). Como já disse, essa precedência não é absoluta. Ao contrário, trata-se, como entende o autor, de uma precedência condicionada, cuja determinação 'consiste em que, tomando-se em conta o caso, indiquem-se as *condições*

---

42. "Exatamente por isso a solução do conflito entre princípios difere da solução do conflito entre regras: é que este último tem existência em abstrato, enquanto o conflito entre princípios só tem existência e, portanto, solução no caso concreto. Por conterem *determinações* do âmbito fático e jurídico, duas regras em conflito não podem ser ao mesmo tempo válidas, a não ser que seja inserida uma cláusula interpretativo-argumentativa de exceção em uma delas (Alexy, 1993b:88). Os princípios em conflito, ao contrário, não deixam de ser ambos válidos por serem conflituosos, o que significa que a validade dos princípios, ao contrário da validade das regras, não depende da (in)validade de outras normas *do mesmo grau*." GALUPPO, Marcelo Campos. *Igualdade e diferença*: Estado Democrático de Direito a partir do pensamento de Habermas. Belo Horizonte: Mandamentos, 2002, p. 174.
43. Realmente, Alexy preocupa-se em encontrar uma forma racional de ponderação, a fim de que não lhe seja imputada a pecha de defensor de teorias discricionárias e *decisionistas* do Direito. Para o autor, a fundamentação racional se traduz quando apresenta suas razões de *preferibilidade*: "Assim, para a fundamentação de um enunciado de preferência condicionado e, portanto, para a fundamentação da regra correspondente, pode, por exemplo, fazer-se referência à vontade do legislador constitucional, às consequências negativas de uma determinação alternativa de preferência, aos consensos dogmáticos e a decisões anteriores. Na medida em que ele sucede, a fundamentação de um enunciado de preferência condicionado não se diferencia da fundamentação de regras semânticas estabelecidas para dar maior precisão a conceitos vagos." Tradução livre de: "Así, para la fundamentación de un enunciado de preferencia condicionado y, por lo tanto, para la fundamentación de la regla correspondiente, puede, por ejemplo, hacerse referencia a la voluntad del legislador constitucional, a las consecuencias negativas de una determinación alternativa de preferencia, a los consensos dogmáticos y decisiones anteriores. En la medida en que ello sucede, la fundamentación de un enunciado de preferencia condicionado no se diferencia de la fundamentación de reglas semánticas establecidas para dar mayor precisión a conceptos vagos." *Teoría de los derechos fundamentales*. Madrid: Centro de Estudios Constitucionales, 1997, p. 159.

sob as quais um princípio precede a outro. Sob outras condições, a questão da precedência pode ser solucionada inversamente' (Alexy, 1993b:92).[44]

Os princípios não contêm mandados definitivos, senão *prima facie*.[45] Ao contrário, as regras estabelecem razões definitivas, devendo ser aplicadas sempre que presentes as condições fáticas e jurídicas necessárias para sua incidência.

A lei de ponderação descrita por Alexy pode ser expressa da seguinte forma: "Quanto maior é o grau da não satisfação ou de afetação de um princípio, tanto maior tem que ser a importância da satisfação do outro."[46]

Alexy, em sua obra "Teoria dos Direito Fundamentais", pretende demonstrar que princípios não são a mesma coisa que valores. Para ele, os primeiros pertencem ao âmbito deontológico (do *dever-ser*), e os segundos são inerentes ao campo axiológico, uma vez que expressam comando do *bem*.[47]

Uma crítica primeira à Teoria de Alexy revela-se no fato de que, embora, aparentemente, tente afastar a correspondência entre norma e valor, ele utiliza um procedimento axiológico para aplicação de normas jurídicas. Isto é, como Habermas alerta, as leis de colisão e de ponderação implicam uma concepção axiológica do Direito. Ora, se há ponderação, há preferência de um princípio em relação a outro. Havendo preferência, via de consequência, está-se diante de valores:

---

44. GALUPPO, Marcelo Campos. *Igualdade e diferença*: Estado Democrático de Direito a partir do pensamento de Habermas. Belo Horizonte: Mandamentos, 2002, p. 175.
45. "Del hecho de que un principio valga para un caso no se infiere que lo que el principio exige para este caso valga como resultado definitivo". ALEXY, Robert. *Teoría de los derechos fundamentales*. Madrid: Centro de Estudios Constitucionales, 1997, p. 99.
46. Tradução livre de: "Cuanto mayor es el grado de la no satisfacción o de afectación de un principio, tanto mayor tiene que ser la importancia de la satisfacción del otro." ALEXY, Robert. *Teoría de los derechos fundamentales*. Madrid: Centro de Estudios Constitucionales, 1997, p. 161.

    Ao dizer sobre a lei de ponderação, Alexy traz dois princípios distintos, quais sejam, a liberdade de imprensa e a segurança externa. Por meio de gráficos, demonstra que ambos os princípios estão no mesmo nível, de forma que a afetação da liberdade de imprensa só se justifica em benefício da segurança externa, se o grau de importância desta for muito alto: "*a* e *b*, se aceitam ambos os princípios como abstratamente da mesma hierarquia, não podem discutir que um muito reduzido grau de satisfação ou uma afetação muito intensa da liberdade de imprensa em benefício da segurança externa é admissível apenas se o grau de importância relativa da seguridade é muito alto. Podem, entretanto, ter opiniões diferentes acerca de quando o grau de importância relativa da segurança externa é muito alto, o que se mostra em suas diferentes curvas de indiferença de primeiro nível." Tradução livre de: "a y b, si aceptan ambos principios como abstractamente de la misma jerarquía, no pueden discutir que un muy reducido grado de satisfacción o una afectación muy intensa de la libertad de prensa en beneficio de la seguridad externa es sólo admisible si el grado de importancia relativa de la seguridad externa es muy alto. Pueden, sin embargo, tener opiniones diferentes acerca de cuándo el grado de importancia relativa de la seguridad externa es muy alto, lo que se muestra en sus diferentes curvas de indiferencia de primer nivel." ALEXY, Robert. *Teoría de los derechos fundamentales*. Madrid: Centro de Estudios Constitucionales, 1997, p. 163.
47. "A diferença entre princípios e valores reduz-se, assim, a um ponto. O que no modelo dos valores é *prima facie* o melhor e, no modelo dos princípios, *prima facie* devido; e o que no modelo dos valores é definitivamente o melhor é, no modelo dos princípios, definitivamente devido. Assim, pois, os princípios e os valores diferenciam-se apenas em virtude de seu caráter deontológico e axiológico respectivamente." Tradução livre de: "La diferencia entre principios y valores se reduce así a un punto. Lo que en el modelo de los valores es *prima facie* lo mejor es, en el modelo de los principios, *prima facie* debido; y lo que en el modelo de los valores es definitivamente lo mejor es, en el modelo de los principios, definitivamente debido. Así pues, los principios y los valores se diferencian sólo en virtud de su carácter deontológico y axiológico respectivamente." ALEXY, Robert. *Teoría de los derechos fundamentales*. Madrid: Centro de Estudios Constitucionales, 1997, p. 147.

Essa interpretação vem ao encontro do discurso da 'ponderação de valores', corrente entre juristas, o qual, no entanto, é frouxo. Quando princípios colocam um valor, que deve ser realizado de modo otimizado e quando a medida de preenchimento desse mandamento de otimização não pode ser extraída da própria norma, a aplicação de tais princípios no quadro do que é faticamente possível impõe uma ponderação orientada por um fim. E, uma vez que nenhum valor pode pretender uma primazia incondicional perante outros valores, a interpretação ponderada do direito vigente se transforma numa *realização* concretizadora de *valores*.[48]

Princípios têm sentido deontológico. É certo que normas válidas obrigam seus destinatários a um determinado comportamento. Valores, por sua vez, têm sentido teleológico, determinando relações de preferência, mostrando que alguns bens são mais atrativos que outros.

Segundo Habermas:

> Normas e valores distinguem-se respectivamente, em primeiro lugar, por suas referências ao agir obrigatório ou teleológico; em segundo lugar, pela codificação respectivamente binária ou gradual de suas pretensões de validade; em terceiro lugar, por sua obrigatoriedade respectivamente absoluta ou relativa; e, em quarto lugar, pelos critérios aos quais o conjunto de sistema de normas ou valores deve satisfazer. Por se distinguirem segundo essas qualidades lógicas, eles não podem ser aplicados da mesma maneira.[49]

O pensamento de Habermas, portanto, reside no fato de que normas ou são válidas ou inválidas (como o princípio), ao passo que valores podem ser escalonados, de acordo com a preferibilidade, correspondendo a uma avaliação em relação ao peso e ao graduamento ou à graduação.

Segundo Marcelo Galuppo: "Evidentemente, os princípios não precisam ser concebidos como contraditórios no plano da justificação, mas devem ser vistos como concorrentes no plano da sua aplicação."[50]

Mas, como tornar isso possível, ou seja, como abolir a Teoria de Alexy dos princípios como mandados de otimização,[51] para tratá-los como concorrentes, de modo que, de acordo com o caso concreto, um princípio ceda lugar ao outro, por meio de exceções de aplicação?

Nesse sentido, Dworkin compreende do Direito como um sistema aberto de princípios. Segundo Lúcio Chamon Júnior:

---

48. HABERMAS, Jürgen. *Direito e democracia*: entre facticidade e validade. Tradução de Flávio Beno Siebeneichler. Rio de Janeiro: Tempo Brasileiro, 1997, (Tempo Universitário), v. 1, p. 315.
49. HABERMAS, Jürgen. *Direito e democracia*: entre facticidade e validade. Tradução de Flávio Beno Siebeneichler. Rio de Janeiro: Tempo Brasileiro, 1997, (Tempo Universitário), v. 1, p. 317.
50. GALUPPO, Marcelo Campos. *Igualdade e diferença*: Estado Democrático de Direito a partir do pensamento de Habermas. Belo Horizonte: Mandamentos, 2002, p. 184.
51. "Se é possível uma aplicação gradual dos princípios, eles não podem ser caracterizados como normas jurídicas. Uma vez que as normas jurídicas se referem ao conceito de *dever*, como pressupõe o próprio Alexy, então elas somente podem ser cumpridas ou descumpridas. O dever, e consequentemente as normas e em especial os princípios, possuem um código binário, e não um código gradual." GALUPPO, Marcelo Campos. *Igualdade e diferença*: Estado Democrático de Direito a partir do pensamento de Habermas. Belo Horizonte: Mandamentos, 2002, p. 180.

[...] um sistema capaz de a cada novo caso, difícil ou não, se reconstruir na busca por uma decisão capaz de ser assumida como a decisão correta àquele caso, se afastando, assim, da dificuldade que o positivismo impôs à legitimidade da prática jurídica ao pretender decisões diversas como capazes de cobrar 'igual' validade a qualquer caso que seja. Obviamente que o que Dworkin pressupõe nessa sua proposta é a assunção séria do projeto construtivo de uma Sociedade de homens livres e iguais, em face do qual o Direito há que ser reinterpretado e reconstruído caso a caso num esforço interpretativo representado pela figura metafórica de Hércules.[52]

O Direito assumido como um sistema aberto de princípios exige, no discurso de aplicação da norma, um "ideal de coerência normativa", o que significa dizer que todas as normas são em princípio aplicáveis, mas que em face das especificidades do caso concreto, existirá *a* norma adequada, capaz de ser assumida como a resposta correta, não havendo que se falar, assim, em otimização de princípios.

A importância de Hércules é clara. Na busca pela decisão correta terá ele que mergulhar nos argumentos das partes, que entender o contexto e os pressupostos que sua decisão exige, sem que, com isso deixe de ser imparcial. E, sua decisão deverá ser coerente com o que a Modernidade exige do Direito: a busca por iguais liberdades fundamentais.

---

52. CHAMON JUNIOR, Lúcio Antônio. *Teoria geral do direito moderno*: por uma reconstrução crítico-discursiva na alta modernidade. 2. ed. Rio de Janeiro: Lumen Juris, 2007, p. 198.

Capítulo 3
DIREITOS DA PERSONALIDADE E PERSONALIDADE: DO NASCITURO AO MORTO

Importa que nos consciencializemos do significado do HOMEM e de sua inserção em uma comunidade livre, tal como se lê no artigo 1º da DECLARAÇÃO de Paris, tudo expressivamente reafirmado no Documento de Argel. Não se trata de HOMEM-INDIVÍDUO-ABSTRATO, termo que acoberta interesses de classe, dominantes no terreno político, ou no da preeminência dos que detêm e se beneficiam do CAPITAL opressor. O que está em causa é o HOMEM-PESSOA-CONCRETA, titular de direitos civis e políticos (artigos 2º a 21), mas também de direitos econômicos, sociais e culturais (artigos 22 a 28), sob o signo da LIBERDADE, da IGUALDADE e da FRATERNIDADE (artigo 1º).[1]

1. INTRODUÇÃO E CONCEITOS INICIAIS

Direitos da personalidade são aqueles que têm por objeto os diversos aspectos da pessoa humana, caracterizando-a em sua individualidade e servindo de base para o exercício de uma vida digna. São direitos de personalidade a vida, a intimidade, a integridade física, a integridade psíquica, o nome, a honra, a imagem, os dados genéticos e todos os seus demais aspectos que projetam a sua personalidade no mundo.

Como já alertamos em outra oportunidade:

> [...] personalidade e direitos de personalidade, apesar de intrincados são institutos distintos.
>
> Num primeiro sentido, tem-se o atributo de constituição do sujeito enquanto partícipe de relações e situações jurídicas – a personalidade. A pessoa é o ente dotado de personalidade e, como tal, apta a possuir direitos e deveres na ordem jurídica. Em outro sentido, veem-se aspectos próprios da pessoa atuando como objeto de relações ou situações jurídicas – os direitos de personalidade.
>
> Dito de outra forma: o primeiro enfoca a pessoa em seu aspecto subjetivo, permitindo que alguém seja *sujeito* de relações e situações jurídicas. Já os direitos de personalidade concentram-se no aspecto objetivo, isto é, são *objeto* de relações e situações jurídicas.[2]

O Código Civil de 2002 foi o primeiro instrumento legislativo brasileiro a trazer a expressão "direitos da personalidade", regulando-os nos arts. 11 a 21.

---

1. Trecho do discurso de paraninfo proferido pelo Prof. Edgar de Godói da Mata-Machado aos formandos de 1979 da Faculdade de Direito da UFMG. AFONSO, Elza Maria Miranda. O direito fundado na dignidade do homem. *Revista da Faculdade Mineira de Direito* (PUC Minas), Belo Horizonte, n. 3 e 4, v. 2, p. 39-51, 1º e 2º sem. 1999, p. 49.
2. NAVES, Bruno Torquato de Oliveira. *Direitos de personalidade e dados genéticos*. Belo Horizonte: Escola Superior Dom Helder Câmara, 2010, p. 17.

A defesa e a proteção da dignidade da pessoa humana e dos direitos da personalidade alcançaram grande importância nos últimos tempos em razão dos avanços científicos e tecnológicos experimentados pela humanidade que, se de um lado, trazem benefícios vários, de outro, potencializam riscos e danos a que podem estar sujeitos os indivíduos. Várias discussões permeiam o tema, tais como: Podemos pensar a vida como o simples respirar, como a garantia da "batida de um coração"? Quais os limites à redesignação do estado sexual? O embrião é pessoa? A clonagem de seres humanos pode ser o meio para a cura de doenças?

Para introduzir o assunto, entendemos por bem consultar o "Houaiss" e investigarmos, ainda que de forma rápida, o sentido de "dignidade", palavra-chave para a construção do pensamento que norteará este capítulo. Dignidade significa "qualidade moral que infunde respeito; consciência do próprio valor; honra, autoridade, nobreza".[3]

Ao lado desse substantivo abstrato, outra palavra deve ser considerada, porque também derivada do verbo "dignificar", que é o termo "dignificação", ou seja, tornar digno. É que o processo de dignificação, por sua vez, nos levará a concepções sobre *dignidade da vida*, conceito que sempre instiga a atenção de muitos, exatamente porque não se apresenta de maneira unívoca, haja vista a multiplicidade de valores culturais, religiosos e éticos desenvolvidos nas sociedades plurais e democráticas.

Além dos assuntos biojurídicos inicialmente questionados, outros são discutidos sob o manto da dignidade humana e dos direitos da personalidade. Não raras são as discussões no foro trabalhista sobre a possibilidade ou não de o empregador compelir funcionárias à revista pessoal, com despimento de roupas íntimas sob ameaça de dispensa por justa causa, justificando a atitude em regulamentos de segurança do patrimônio empresarial. Nas varas de família, discute-se se uma pessoa pode ou não ser obrigada, "debaixo de vara", a realizar exame de DNA para fins de investigação de paternidade, também sob a luz dos direitos da personalidade.[4]

Lembramos, também, o emblemático caso do "arremesso de anão", citado por Gustavo Tepedino, em que também se discutia o valor da pessoa humana. Trata-se de decisão do Conselho de Estado da França que confirmou Ato Administrativo baixado pelo Prefeito da cidade de Morsang-sur-Orge, que proibiu a realização de um inusitado espetáculo que ocorria em determinada discoteca da região, chamado de "arremesso de anão". Certo é que o indivíduo de pequena estatura era transformado em projétil e arremessado, pela plateia, de um ponto a outro da boate.[5]

---

3. HOUAISS, Antônio; VILLAR, Mauro de Salles. *Dicionário Houaiss da língua portuguesa*. Rio de Janeiro: Objetiva, 2001, p. 1040.
4. Sobre o assunto, Taisa Maria Macena de Lima manifesta-se: "Na verdade, tanto a identidade genética quanto a intimidade e a intangibilidade do corpo humano são componentes da dignidade da pessoa, de modo que a dignidade do investigado e a dignidade do investigante estão em confronto. Impossível atender a um sem o sacrifício do outro." (LIMA, Taisa Maria Macena de. Filiação e Biodireito: uma análise das presunções em matéria de filiação em face da evolução das ciências biogenéticas. In: SÁ, Maria de Fátima Freire de Sá; NAVES, Bruno Torquato de Oliveira. *Bioética, biodireito e o Código Civil de 2002*. Belo Horizonte: Del Rey, 2004, p. 275.) Ver, ainda: BRASIL. STF, HC n. 71.373-4, RS, de 10/11/1994 (*DJU*, 22/11/1994, p. 45686).
5. TEPEDINO, Gustavo. Direitos humanos e relações jurídicas privadas. In: TEPEDINO, Gustavo. *Temas de direito civil*. Rio de janeiro: Renovar, 1999, p. 55-71.

Ao analisar o caso, Tepedino afirma a necessidade de se proceder análises interdisciplinares, com vistas à harmonização de fontes nacionais e supranacionais, afirmando, ainda, que o conceito de ordem pública se expande para os domínios da atividade privada. Disse isso porque, no caso em comento, o próprio anão recorreu ao Tribunal Administrativo, obtendo êxito, ao argumento de que sua atividade não perturbava a "boa ordem, a tranquilidade ou a salubridade" pública. Sua defesa foi no sentido de que lhe deveria ser respeitado o direito ao trabalho. Segundo comentários de Tepedino "a tutela da dignidade humana, só por si, segundo a jurisprudência francesa até então vigente, não integrava o conceito de ordem pública".[6] Em grau de recurso, o Conselho de Estado reformou a decisão ao argumento de que o respeito à dignidade da pessoa é componente da noção de ordem pública e, no exercício do poder de polícia, agiu certo a autoridade municipal que interditou o "espetáculo".

Sobre essa questão, um alerta: não podemos, aprioristicamente, construir um substrato axiológico do que seja dignidade. Precisamos entender que não temos mais um *ethos* comum, capaz de nos determinar a concepção de vida boa vigente. Como muito bem afirmou Lúcio Chamon Júnior:

> para reconhecermos *iguais liberdades* não podemos estabelecer como limites destes mesmos direitos a *nossa* compreensão daquilo que é *bom*. Do contrário, não estaríamos reconhecendo *todos* como capazes de *iguais direitos*: afinal teríamos um privilégio, qual seja, o de determinar, da nossa perspectiva parcial porque valorativa, aquilo que seria 'bom' ou o 'bem' aos outros, vedando a estes esse exato direito de decidirem acerca daquilo que *eles* entendem como mais valioso, como sua 'melhor compreensão de vida boa'.[7]

Até quando pensaremos na dignidade sob o ponto de vista axiológico e não dentro de um contexto normativo e procedimentalista?

2. CONSIDERAÇÕES HISTÓRICAS

O entendimento do homem como sujeito de dignidade é fruto de larga evolução.

Na Antiguidade clássica, os primeiros vestígios de preocupação pelo respeito à dignidade do ser humano, por meio da criação de leis destinadas a resguardar direitos e proteger os indivíduos, podem ser encontrados nos Códigos de Hammurabi (Babilônia e Assíria) e Manu (Índia) e nas Leis das XII Tábuas (Itália Meridional). Embora tratassem de formas insuficientes e obviamente não aplicáveis hodiernamente, porque não produzem mais os efeitos que a atual consciência jurídica exige, tiveram o condão de ser as primeiras expressões de defesa da dignidade do indivíduo.

Pensando-se o homem como ser absoluto, cuja liberdade resultava dos desígnios de Deus, surge o jusnaturalismo cristão. Contudo, nesse período da história eram constantes as violações dos mais elementares direitos fundamentais.

---

6. TEPEDINO, Gustavo. Direitos humanos e relações jurídicas privadas. In: TEPEDINO, Gustavo. *Temas de direito civil*. Rio de Janeiro: Renovar, 1999, p. 59.
7. CHAMON JUNIOR, Lúcio Antônio. Prefácio à segunda edição. In: SÁ, Maria de Fátima Freire de. *Direito de morrer*. 2. ed. Belo Horizonte: Del Rey, 2005, p. xxiv.

A transformação da realidade teve início na Inglaterra, por intermédio do esboço de uma Constituição moderna. Posteriormente a esse fato, Gutemberg inventa uma nova técnica para elaboração de livros, contribuindo para o aperfeiçoamento da imprensa. A consequência disso? Circulação de novas ideias, com maior rapidez. A realidade social passa a ser objeto de indagação, em que se destaca Descartes dentre os teóricos do Iluminismo, provocando completa revisão do direito natural que passa a ser visto como produto da razão. É nesse contexto que surgem as ideias de Hobbes, Locke, Montesquieu e Rousseau.

Com o jusracionalismo, dá-se início às garantias formais dos direitos humanos que, naquela época, eram entendidos como sinônimos de direitos individuais fundamentais.[8]

Seguindo a conquista teórica dos pensadores franceses, os Estados Unidos declaram sua independência, plasmada na Declaração dos Direitos do Homem e do Cidadão.

O processo de materialização dos direitos fundamentais traz o aparecimento do Estado Liberal. Ao tratar do assunto, José Luiz Quadros ensina que:

> O Estado Liberal típico, não vai fazer, em suas constituições, nenhum dispositivo referente à ordem econômica. As declarações de Direito Fundamental não fazem menção ao aspecto econômico. Esse tipo de Estado vai se caracterizar pela omissão como regra de conduta só se preocupando com a manutenção da ordem através do poder de polícia, e a manutenção da soberania através das forças armadas.[9]

Os direitos fundamentais, no Estado Liberal, eram consubstanciados nos direitos individuais de liberdade e igualdade, além do direito de propriedade, considerado absoluto e intocável.[10]

A omissão do Estado em relação aos problemas econômico-sociais ocasionará misérias sociais e um capitalismo desumano, fato agravado pela Revolução Industrial.

Diante desse quadro, após a Primeira Guerra Mundial a tônica da discussão é desviada para o dever do Estado em garantir as novas exigências da coletividade: ao lado dos direitos individuais e dos direitos políticos (esses últimos afirmados nas democracias liberais), surgem os direitos sociais, aparecendo como mecanismo de realização dos direitos individuais de toda população. Como fruto dessa mudança, surgem as Constituições do México (1917) e de Weimar (1919).

Segundo José Alfredo de Oliveira Baracho:

> Aos princípios que consagram a atitude abstencionista do Estado impõe-se o do art. 151 da Constituição de Weimar: a vida econômica deve ser organizada conforme os princípios de justiça, objetivando garantir a todos uma existência digna.[11]

---

8. MAGALHÃES, José Luiz Quadros. *Direitos humanos*. São Paulo: Juarez de Oliveira, 2000, p. 25.
9. MAGALHÃES, José Luiz Quadros. *Direitos humanos*. São Paulo: Juarez de Oliveira, 2000, p. 27-28.
10. "Temos então a liberdade de locomoção, a liberdade de empresa, ou seja, a liberdade de comércio e de indústria, a liberdade de consciência, a liberdade de expressão, de reunião, de associação, o direito à propriedade privada, a inviolabilidade de domicílio, e entre outros direitos do indivíduo isolado, a igualdade perante a lei." MAGALHÃES, José Luiz Quadros. *Direitos humanos*. São Paulo: Juarez de Oliveira, 2000, p. 28.
11. BARACHO, José Alfredo de Oliveira. Teoria geral do constitucionalismo. *Revista de Informação Legislativa*, Brasília, ano 23, n. 91, jul./set. 1986, p. 46.

Konder Comparato, ao tratar do tema, leciona o seguinte:

> O reconhecimento dos direitos humanos de caráter econômico e social foi o principal benefício que a humanidade recolheu do movimento socialista, iniciado na primeira metade do século XIX. O titular desses direitos, com efeito, não é o ser humano abstrato, com o qual o capitalismo sempre conviveu maravilhosamente; é o conjunto dos grupos sociais esmagados pela miséria, a doença, a fome e a marginalização. Os socialistas perceberam, desde logo, que esses flagelos sociais não eram cataclismos da natureza nem efeitos necessários da organização racional das atividades econômicas, mas sim verdadeiros dejetos do sistema capitalista de produção, cuja lógica consiste em atribuir aos bens de capital um valor muito superior ao das pessoas.
>
> [...] Os direitos humanos de proteção do trabalhador são, portanto, fundamentalmente anticapitalistas, e, por isso mesmo, só puderam prosperar a partir do momento histórico em que os donos do capital foram obrigados a se compor com os trabalhadores. Não é de admirar, assim, que a transformação radical das condições de produção no final do século XX, tornando cada vez mais dispensável a contribuição da força de trabalho e privilegiando o lucro especulativo, tenha enfraquecido gravemente o respeito a esses direitos pelo mundo afora.[12]

Juntamente com o aparecimento dos direitos sociais, que também compõem os direitos fundamentais dos seres humanos, tem início a internacionalização dos direitos humanos, por meio da criação da OIT (Organização Internacional do Trabalho), Declaração de Filadélfia (1944) e reformas da Reunião de Paris (1945) da OIT, dentre outras.[13]

Contudo, o Estado Social não se mantém por muito tempo, porquanto a crise econômica de 1928-1929 dá vazão à influência do fascismo do Estado Totalitário, introduzido na Itália e Alemanha, nas décadas de 1920 e 1930, respectivamente. As características mais marcantes desse tipo de Estado são a opressão e a violência, com o total desrespeito aos direitos individuais, sociais e políticos.

E foi depois da Segunda Guerra Mundial que se buscou estabelecer um "núcleo fundamental de Direitos Internacionais do Homem"[14]. Surge a Declaração Universal dos Direitos Humanos, em 1948[15], e outras convenções e pactos, além de organizações não estatais que tiveram por objetivo a divulgação de ideias e educação em direitos humanos.

---

12. COMPARATO, Fábio Konder. *A afirmação histórica dos direitos humanos*. São Paulo: Saraiva, 1999, p. 42.
13. "Com a criação da Organização Internacional do Trabalho, em 1919, a proteção do trabalhador assalariado passou também a ser objeto de uma regulação convencional entre os diferentes Estados. Até o início da 2ª Guerra Mundial, a OIT havia aprovado nada menos que sessenta e sete convenções internacionais, das quais apenas três não contaram com nenhuma ratificação. Várias delas, porém, foram ratificadas por mais de uma centena de Estados, como a Convenção n. 11, de 1921, sobre o direito de associação e de coalização dos trabalhadores agrícolas (113 ratificações); a Convenção n. 14, de 1921, sobre descanso semanal nas empresas industriais (112 ratificações); a Convenção n. 19, de 1925, sobre a igualdade de tratamento entre trabalhadores estrangeiros e nacionais em matéria de indenização por acidentes do trabalho (113 ratificações); a Convenção n. 26, de 1928, sobre métodos para fixação de salários mínimos (101 ratificações); e a Convenção n. 29, de 1930, sobre trabalho forçado ou obrigatório (134 ratificações)". COMPARATO, Fábio Konder. *A afirmação histórica dos direitos humanos*. São Paulo: Saraiva, 1999, p. 43.
14. MAGALHÃES, José Luiz Quadros. *Direitos humanos*. São Paulo: Juarez de Oliveira, 2000, p. 34-35.
15. Recomendamos ao leitor o texto de Elza Maria Miranda Afonso, *O Direito fundado na dignidade do homem*, apresentado originalmente no Seminário "Edgar de Godói da Mata-Machado: o homem e o pensador". A Profª. Elza destaca a importância da Declaração Universal dos Direitos do Homem para a construção da doutrina do personalismo comunitário, de fundo cristão e democrático, defendida pelo eminente professor. Assim: "A Declaração de 1948 não era um retorno ao passado, mas um fato inovador, que abria as portas para uma nova era. Nela o indivíduo abstrato cedia lugar à realidade existencial concreta do Homem. Essa Declaração representava,

Em que pesem os inúmeros pactos e declarações realizados após a guerra, outros problemas advieram da influência dos países ricos sobre os pobres, ocasionando repressão, fome, violência e injustiças sociais. Nesse contexto, a tarefa que se apresenta aos estudiosos dos direitos humanos é a busca incessante pela formação de consciências, no sentido de demonstrar que os direitos do homem devem ser tratados de modo adequado, o que seria, para nós, traduzido na busca por iguais liberdades fundamentais.

Por fim, resta uma advertência: didaticamente, a proximidade entre direitos da personalidade, direitos fundamentais e direitos humanos não gera entre essas categorias uma identidade. Enquanto os direitos da personalidade referem-se apenas aos aspectos da pessoa considerada em si mesma, os direitos fundamentais e direitos humanos abrangem outros direitos essenciais ao homem, mas enquanto ser político e social. Assim, o direito de reunião, o direito de voto, o direito de greve são direitos fundamentais, pois postos pela Constituição da República, e direitos humanos, pois reconhecidos na esfera internacional, entretanto não são direitos da personalidade. Há, pois, uma parcela convergente entre os objetos dessas três categorias, mas há, também, uma parcela de direitos que se afasta dos direitos da personalidade.[16]

3. A DIGNIDADE DA PESSOA HUMANA E A CONSTITUIÇÃO FEDERAL DE 1988

Como vimos no Capítulo 2 (4. Princípios do Biodireito), a dignidade humana tem aplicação tão somente em um contexto de liberdade e igualdade, isto é, em um procedimento garantidor de iguais liberdades fundamentais.

No intuito de proteger a pessoa humana, a Constituição Federal de 1988, já no preâmbulo, traz representada a construção de um Estado Democrático de Direito,

> destinado a assegurar o exercício dos direitos sociais e individuais, a liberdade, a segurança, o bem-estar, o desenvolvimento, a igualdade e a justiça como valores supremos de uma sociedade fraterna, pluralista e sem preconceitos, fundada na harmonia social e comprometida, na ordem interna e internacional, com a solução pacífica das controvérsias [...].

Dentre os fundamentos da República, alicerce do Estado Democrático de Direito encontram-se presentes a cidadania (art. 1º, II, CR) e a dignidade da pessoa humana (art. 1º, III, CR).

No Título II, o capítulo *Dos Direitos e Deveres Individuais e Coletivos* estabelece, no *caput* do art. 5º, que "Todos são iguais perante a lei, sem distinção de qualquer natureza, garantindo-se aos brasileiros e aos estrangeiros residentes no País, a inviolabilidade do direito à vida, à liberdade, à igualdade, à segurança e à propriedade privada".

Não podemos olvidar, portanto, que valores como liberdade, igualdade e dignidade foram erigidos à categoria de *princípios constitucionais*. Nessa esteira de raciocínio, merece reiterar o pensamento de Habermas, que centra seu raciocínio sobre a natureza

---

como diz o Professor Edgar, 'a volta da Pessoa Humana concreta ao centro da especulação jurídica'." *Revista da Faculdade Mineira de Direito* (PUC Minas), Belo Horizonte, n. 3 e 4, v. 2, p. 39-51, 1999, p. 42.

16. NAVES, Bruno Torquato de Oliveira. *Direitos de personalidade e dados genéticos*. Belo Horizonte: Escola Superior Dom Helder Câmara, 2010, p. 18-27.

dos princípios, firmando sua posição deontológica em contraposição ao paradigma axiológico de Alexy. Em outras palavras, princípios jurídicos são normas jurídicas e não valores, exigindo uma mudança de postura do operador do Direito:

> Princípios ou normas mais elevadas [...] possuem um sentido deontológico, ao passo que os valores têm um sentido teleológico. Normas válidas obrigam seus destinatários, sem exceção e em igual medida [...], ao passo que valores devem ser entendidos como preferências compartilhadas intersubjetivamente [...]. Normas surgem com uma pretensão de validade binária, podendo ser válidas ou inválidas; em relação a proposições normativas, [...] nós só podemos tomar posição dizendo 'sim' ou 'não' [...]. Os valores, ao contrário, determinam relações de preferência, as quais significam que determinados bens são mais atrativos do que outros [...]. Posso orientar o meu agir concreto por normas ou por valores, porém a orientação da ação não é a mesma nos dois casos. A pergunta: 'O que eu devo fazer numa situação dada?' não se coloca [...] nem obtém a mesma resposta. [...] No caso de normas, 'correto' é quando partimos de um sistema de normas válidas, e a ação é igualmente boa para todos; ao passo que, numa constelação de valores, típica para uma cultura ou forma de vida, é 'correto' o comportamento que, em sua totalidade e a longo prazo, é bom para nós.[17]

O artigo 4º, II, da Constituição Federal privilegia o ser humano em sua dignidade, ao afirmar que suas relações internacionais têm como princípio a prevalência dos direitos humanos, o que é corroborado pelo § 2º do artigo 5º, no sentido de que "os direitos e garantias expressos nesta Constituição não excluem outros decorrentes do regime e dos princípios por ela adotados, ou dos tratados internacionais em que a República Federativa do Brasil seja parte".

4. A TEORIA GERAL DOS DIREITOS DA PERSONALIDADE E A TEORIA DO DIREITO GERAL DE PERSONALIDADE

A dignidade da pessoa humana é tutelada tanto na esfera pública quanto na privada, afigurando-se esta última, construção recente, fruto de elaborações doutrinárias germânica e francesa da segunda metade do século XIX, sendo correto dizer que "por direitos de personalidade entendem-se as faculdades jurídicas cujo objeto são os diversos aspectos da própria pessoa do sujeito, bem assim da sua projeção essencial no mundo exterior"[18].

Contudo, gostaríamos de privilegiar o estudo da personalidade humana como *valor unitário*. Pietro Perlingieri, ao se referir às fases de descodificação, assegura que seu último momento se verificou ao final da Segunda Guerra Mundial, com a consequente criação de pactos e convenções internacionais, além das importantes declarações universais de direitos. A partir daí, a dicotomia "direito civil-direito político" deve ser superada, porque ambos são conexos e imprescindíveis à realização da pessoa humana:

> Nas declarações de valor prevalentemente político, mas dentro de certos limites também jurídicos, na consciência da unidade do problema – que anteriormente foi visto atomisticamente –, se dá ênfase

---
17. HABERMAS, Jürgen. *Direito e democracia*: entre facticidade e validade. Tradução de Flávio Beno Siebeneichler. Rio de Janeiro: Tempo Brasileiro, 1997, p. 316-317.
18. TELLES JÚNIOR, Godofredo. Direito subjetivo. In: *Enciclopédia Saraiva de Direito*. São Paulo: Saraiva, v. 28, p. 315.

de tempos em tempos, ao aspecto político, social, econômico ou jurídico. O valor da pessoa não é mais expresso somente em termos especulativos-filosóficos, mas em proposições políticas, jurídicas e também de interesse prevalentemente econômico. Há a nítida sensação que a dicotomia direitos civis – direitos políticos deva ser superada: pois esses direitos políticos são estreitamente conexos aos direitos civis e vice-versa. A partir dessa perspectiva moderna, se afirma, de maneira definitiva, a personalidade como valor e como valor unitário.[19]

Nesse fio condutor, interessante tratarmos do cunho monista dos direitos da personalidade, segundo o qual a personalidade possui valor unitário. A Constituição de Bonn (de 1949) é, sobre esse tema, uma das mais interessantes. O regime nazista e a Segunda Guerra Mundial levaram os alemães a enfrentar o problema do desprezo pela vida humana e pela personalidade. Este despertar para a nova realidade traduziu-se em ampla proteção dos diversos aspectos da personalidade.[20]

E assim surgiu, a partir da Lei Fundamental de Bonn, com a introdução pelo Tribunal Federal, também na prática alemã, o Direito Geral de Personalidade. Em seu artigo 1º, declara a intangibilidade da dignidade do homem e, o artigo 2º, por sua vez, reconhece o livre desdobramento da personalidade.

A Teoria em tela tem campo vasto, não se traduzindo como simples proteção do indivíduo contra o Estado, concepção essa defendida pela doutrina tradicional, seguida por professores de direito público na década de 1950. Afigura-se, além da proteção acima mencionada, preceito legítimo também nas relações entre os particulares.

Para ela, a dicotomia defendida pela doutrina tradicional entre direitos da personalidade públicos e direitos da personalidade privados encontra-se superada ao fundamento de que a noção de Estado Social não comporta esse tipo de divisão. Depreende-se, daí, que as normas emanadas da Constituição e, ainda, aquelas declinadas nas convenções internacionais, as quais representam fonte do Direito alemão, são regras que interessam ao Estado, considerado em si mesmo e considerado em suas relações com os particulares, mas, também, no que diz respeito aos particulares, nas relações entre si.

O Direito Geral de Personalidade, por força da jurisprudência do Tribunal Federal, tornou-se vigente e obrigatório.[21]

---

19. Tradução livre de: "Nelle Dichiarazioni, di valore prevalentemente politico ma entro certi limiti anche giuridico, nella consapevolezza dell'unitarietà del problema – che in precedenza era stato prospettato atomisticamente –, si pone l'accento, di volta in volta, sull'aspetto politico, sociale, economico o giuridico. Il valore della persona non è piú espresso soltanto in termini speculativo-filosofici, ma in proposizioni politiche, giuridiche ed anche d'interesse prevalentemente economico. Si há la netta sensazione che la dicotomia diritti civili-diritti politici debba essere superata: taluni diritti politici sono strettamente conessi a diritti civili, e viceversa. Da questa prospettiva moderna si afferma in maniera definitiva la personalità come valore e come valore unitario." PERLINGIERI, Pietro. *La personalita'umana nell'ordinamento giuridico*. Camerino: Universita'degli studi di Camerino, [s/d], p. 44-45.
20. "La personalità è una, è un valore unitario. Conseguenza pratica è che i diritti della personalità non sono tipici, cioè soltanto quelli previsti dalla légge: la tutela della persona è tutela di un valore unitario, estendendosi, in fatto, anche a taluni aspetti della personalità che non sono espressamente considerati dal legislatore." PERLINGIERI, Pietro. *La personalita'umana nell'ordinamento giuridico*. Camerino: Universita'degli studi di Camerino, [s/d], p. 83.
21. A Suíça adota a teoria do Direito Geral de Personalidade, o qual é expressamente consagrado no artigo 28 do seu Código Civil. A Itália vem desenvolvendo referida doutrina, com especial destaque aos pensamentos de Gianpiccollo e Perlingieri, inspirados na concepção alemã, embora predomine no País a teoria que fraciona e tipifica os

A grande vantagem do Direito Geral de Personalidade é que, em razão de sua amplitude, ele atua subsidiariamente na falta da previsão específica de um determinado direito da personalidade em espécie. Neste caso, o ordenamento amplia a possibilidade de proteção aos aspectos do ser humano por não depender de direitos especiais de personalidade, podendo-se recorrer a um repositório modelo.

Tanto no Direito alemão, quanto no brasileiro, o recurso ao Direito Geral de Personalidade far-se-ia com a dignidade do ser humano. Mas qual o significado de *dignidade do homem*, quando se está diante de uma infinidade de valores em sociedades plurais? Significativamente, por dignidade do homem entendeu-se "o maior dos valores", ou o "princípio jurídico supremo", ou, ainda, o "princípio constitucional supremo".

Hasso Hofmann,[22] ao comentar os artigos 1º e 2º da Lei Fundamental, afirma a existência de duas teorias que explicam a dignidade do homem: a *"teoria della dote (Mitgifttheorie)"* e a *"teoria della prestazione (Leistungstheorie)"*. A primeira se destaca pela tentativa de explicar a dignidade do homem como uma particular qualidade que é concedida a ele pela natureza ou pelo Criador. Daí vem a ideia do homem criado à imagem e semelhança de Deus, e do indivíduo como valor absoluto, de acordo com a máxima kantiana. A segunda teoria afirma que a dignidade do homem é resultado do seu próprio agir, no momento em que determina seu comportamento, capaz de construir sua identidade.

Diante da abrangência do termo, a Corte Constitucional Federal define a dignidade do homem de maneira negativa, pela descrição de suas lesões, quais sejam: *degradação*, *crueldade*, *desumanidade*, dentre outros. A Corte Constitucional procura relacionar esses conceitos gerais à fórmula kantiana de que o homem não pode ser mero objeto do agir do Estado.

Mas, ao que nos parece, o grande desafio dos nossos operadores do Direito está em entender a dignidade não somente como uma qualidade do ser humano ou como "uma condição do espírito", tal como preconiza a *teoria della dote*, acima mencionada, mas entender que se funda no reconhecimento social, por meio da valoração positiva, na busca de respeito social. A dignidade deve ser buscada em meio às relações sociais, compreendida, portanto, como uma categoria do próximo, na comunhão dos indivíduos. Somente assim poderemos buscar soluções legítimas para questões intrincadas, como aquelas mencionadas na introdução deste texto. Nas palavras do Professor Hasso Hofmann: "Pode-se depreender que a dignidade humana não pode ser pensada desvinculada de uma comunidade concreta de reconhecimento e significação."[23]

---

direitos da personalidade em função dos diversos atributos. Para o primeiro autor citado, não há que se falar em tipificação dos direitos da personalidade. Exemplifica suas ideias, comparando a tutela a um fundo de comércio, onde se protege a totalidade do bem, sem qualquer fracionamento em diversos direitos separados do fundo de comércio, não podendo ser diferente com a personalidade, que representa um todo. GIANPICCOLLO. *La tutela giuridica della persona umana. Apud* SZANIAWSKI, Elimar. *Direitos de personalidade e sua tutela.* São Paulo: Revista dos Tribunais, 1993, p. 66 *et seq.*

22. HOFMANN, Hasso. La promessa della dignità umana. La dignità dell'uomo nella cultura giuridica tedesca. *Rivista Internazionale di Filosofia del Diritto*, Roma, série 4, ano 76, p. 625, out./dez. 1999.
23. Tradução livre de: "Ne discende che la dignità umana non può essere pensata svincolata da una comunità concreta di riconoscimento e significazione." HOFMANN, Hasso. La promessa della dignità umana. La dignità dell'uomo

Contudo, é perigoso definir a dignidade por aspectos valorativos de "*degradação, crueldade, desumanidade*", travestida de norma, como o fez o Tribunal alemão. Reiteradas vezes afirmamos que a dignidade, no Biodireito, só pode ser vista em um contexto de aplicação.

5. CARACTERÍSTICAS DOS DIREITOS DA PERSONALIDADE[24]

Os direitos da personalidade são: a) absolutos; b) necessários; c) vitalícios; d) intransmissíveis; e) irrenunciáveis; f) extrapatrimoniais; g) imprescritíveis e h) impenhoráveis.

  a) **absolutos.** Podem ser considerados direitos absolutos não no sentido de serem desprovidos de limites, posto que todo direito é limitado ou condicionado, mas são absolutos no sentido de que são oponíveis *erga omnes*.

Assim, pela clássica concepção personalista da relação jurídica[25], o vínculo se forma de pessoa a pessoa, o que implica na existência de direitos relativos, oponíveis relativamente a algumas pessoas específicas, e direitos absolutos, oponíveis à coletividade indistintamente.

Entendem os teóricos da relação jurídica de direito absoluto que haveria, de um lado, o titular do direito subjetivo da personalidade e, de outro, um sujeito passivo universal, cuja obrigação negativa consiste na abstenção de qualquer ato prejudicial ao direito em questão.

  b) **necessários.** Uma vez não sendo possível a sua ausência no indivíduo, têm como características a necessariedade. Dito de outra forma, são direitos essenciais à constituição e manutenção da própria dignidade do ser humano.

  c) **vitalícios.** Até mesmo em razão de sua essencialidade para a vida digna, são direitos inextinguíveis, salvo pela morte do próprio titular. São mesmo direitos que acompanham a vida da pessoa, desde a sua aquisição até a morte.

Não se pode afirmar, todavia, que todos os direitos da personalidade são inatos, isto é, nascem com a pessoa, pois há situações, como os direitos de autor, em que a aquisição do direito implica na realização de um trabalho intelectual, expresso em algum meio ou suporte. No entanto, uma vez preenchidos os requisitos para titularizar o direito autoral, sua faceta extrapatrimonial – e por isso direito da personalidade – permanece com o autor até o seu falecimento.

  d) **intransmissíveis.** A intransmissibilidade é outro elemento presente. É que a transmissão supõe que uma pessoa se ponha no lugar de outra, o que é vedado

---

nella cultura giuridica tedesca. *Rivista Internazionale di Filosofia del Diritto*, Roma, série 4, ano 76, p. 634, out./dez. 1999.

24. Para aprofundamento deste assunto ver: NAVES, Bruno Torquato de Oliveira Naves; SÁ, Maria de Fátima Freire de. *Direitos da personalidade*. Belo Horizonte: Arraes, 2017.

25. Sobre a concepção personalista de relação jurídica e sobre a noção de direitos relativos e absolutos na doutrina de Teoria Geral do Direito, veja NAVES, Bruno Torquato de Oliveira. *O direito pela perspectiva da autonomia privada*: relação jurídica, situações jurídicas e teoria do fato jurídico na segunda modernidade. 2. ed. Belo Horizonte: Arraes, 2014.

em se tratando de personalidade. Destarte, os direitos da personalidade não se transmitem sequer por ato *causa mortis*. Nascem e desaparecem *ope legis*, embora desfrutem de algum resguardo depois da morte.[26]

e) **irrenunciáveis**. A ausência da faculdade de disposição é justificada pela irrenunciabilidade. São direitos que permanecem na esfera do seu titular, independentemente da sua vontade. No exato momento em que o indivíduo nasce, passa a adquirir esses direitos e, ainda que queira, não pode fazer cessar sua existência.

Brunello Stancioli salienta a diferença entre a renúncia da titularidade dos direitos da personalidade e a renunciabilidade do exercício dos direitos da personalidade. No primeiro caso, renunciar à titularidade representaria a perda definitiva do direito em questão, que, devido à sua essencialidade, pode acarretar a própria ausência de significado da personalidade.

No segundo caso, a renúncia integra o exercício da autonomia privada, sendo válida. "tome-se, v. g., a renúncia ao direito de falar (voto de silêncio), comum em certas ordens religiosas, como a dos frades cartuxos. Há a afirmação da própria pessoa humana [...], que busca uma condição de vida boa, considerada mais digna."[27]

Daí a afirmação de José de Oliveira Ascensão de que o "titular pode renunciar ao exercício de um direito de personalidade, mas não pode renunciar ao direito em si".[28]

f) **extrapatrimoniais**. Também são considerados como extrapatrimoniais ou não-pecuniários, porque insuscetíveis de avaliação econômica. Apesar de os direitos da personalidade poderem produzir consequências econômicas, eles não são passíveis de aferição ou avaliação quantitativa nesta esfera.

g) **imprescritíveis**. As pretensões e ações que se irradiam deles são imprescritíveis. Portanto, é impossível sua extinção pelo não exercício do titular, mesmo permanecendo inerte em sua defesa haverá continuidade dos direitos da personalidade.

h) **impenhoráveis**. Por fim, da intransmissibilidade e inalienabilidade deflui-se que os direitos de personalidade são impenhoráveis, não se podendo admitir qualquer execução judicial sobre os mesmos.

6. O PROBLEMA DO NASCITURO: PERSONALIDADE E ONTOLOGIA

O Direito Civil atravessa um momento de reflexão acerca de suas categorias gerais. Toda a base de conceitos formulada na parte geral dos códigos civis vem sendo repensada em termos hermenêuticos, em razão do distanciamento produzido pela doutrina entre teoria e prática. Isso porque as categorias abstratas serviram, durante muito tempo, para enquadrar situações da vida às relações jurídicas antevistas por um legislador que beirava a onisciência.

---

26. A respeito dos efeitos dos direitos de personalidade após a morte, veja o item 7 deste capítulo.
27. STANCIOLI, Brunello. *Renúncia ao exercício de direitos da personalidade*: ou como alguém se torna o que quiser. Belo Horizonte: Del Rey, 2010, p. 98.
28. ASCENSÃO, José de Oliveira. *Direito civil*: teoria geral. 2. ed. v. 1: Introdução, as pessoas, os bens. Coimbra: Coimbra, 2000, p. 93.

É certo que não só o Direito Civil, mas toda a Teoria do Direito muito devem a Kelsen, Savigny, Windscheid, Jhering e a tantos outros autores consagrados, pela tentativa de trazer, ao Direito, coerência e segurança. Acontece que essa construção se fez moralizante e axiológica, tanto por estabelecer relações de prioridade e hierarquia quanto por interpretar o Direito em termos de regra-exceção; e, interpretar o Direito como regra-exceção, implicaria em, antecipadamente, trazer soluções que não observassem os contextos e os contornos de um caso específico. Assim, todas as situações não previstas na "moldura" normativa seriam excepcionadas sem abalar a completude do direito comum.

Hoje, a falência do positivismo científico é sinalizada por uma série de incoerências sistêmicas, fazendo com que os juristas se desvinculem dos ideais que, outrora, geraram tais incoerências:

> Afinal, na medida em que o ideal de norma perfeita somente pode ser vislumbrado mediatamente pela cisão complementar dos discursos de justificação dos de aplicação, não cabe mais interpretar os direitos subjetivos como interesses ou introjetar uma carga utilitarista na interpretação do Direito que de JHERING a ALEXY se faz tão nítida.[29]

Neste capítulo trabalharemos um aspecto específico da personalidade: sua incidência no nascituro.

Podemos perceber que a fundamentação da pessoa sempre esteve conectada a uma visão naturalizante, isto é, que a condição de sujeito de direitos foi, em uma concepção jusracionalista, inerente ao ser humano. Do desenvolvimento de pessoa como direito natural a que o ordenamento vem apenas reconhecer, passamos a consideração de que entes coletivos também poderiam ser titulares de direitos.

O positivismo, tentando distanciar-se da visão jusnaturalista, concebeu categorias normativas generalizantes que compreenderam a personalidade como "atribuição ou investidura do direito";[30] ser pessoa significa ter aptidão para titularidade de direitos e deveres.

No Direito Civil brasileiro, ao que parece, tanto o Código Civil de 1916, no artigo 4º, quanto o Código de 2002, em seu artigo 2º, determinaram o início da personalidade com o nascimento, ressalvando, entretanto, desde a concepção, os direitos do nascituro.

A práxis, no entanto, demonstrou incongruências: se o nascituro pode receber doação; ser legatário; ver-se representado por um curador ao ventre em caso de conflito de interesses com a mãe ou mesmo em caso de incapacidade dessa; possuir capacidade de ser parte em ação judicial – sendo autor em ação de alimentos e ação de investigação e reconhecimento de paternidade, e réu em ação anulatória de testamento ou de contrato de doação que o contemple; como não lhe atribuir personalidade? Tal pergunta não é nova, porque foi trabalhada pela teoria concepcionista.

---

29. CHAMON JUNIOR, Lúcio Antônio. *Teoria geral do direito moderno*: por uma reconstrução crítico-discursiva na alta modernidade. Rio de Janeiro: Lumen Juris, 2006, p. 107.
30. AMARAL, Francisco. *Direito civil*: introdução. 5. ed. rev. aum. e atual. Rio de Janeiro: Renovar, 2003, p. 219.

Veremos, de forma sucinta, as teorias que explicam o início da personalidade do ser humano.

6.1 A personalidade jurídica e a personalidade do nascituro na fundamentação clássica

A questão da personalidade jurídica, na Idade Média, era trabalhada de maneira difusa, sem sequer haver sua categorização de forma precisa. Ali, ser pessoa era condição restrita a certa classe, em que a ideia de igualdade se fazia dentro dos estamentos sociais. Exemplo disso era a falta de atribuição de personalidade aos escravos, que como bens, guarneciam o patrimônio de um sujeito proprietário.

Com a formação do capitalismo, o trabalhador, desligado dos meios de produção, adquiriu liberdade formal em razão de sua força de trabalho. A burguesia emergente clamava pelo fim da escravidão como meio de valorar pecuniariamente a força de trabalho.

> A implantação do modo de produção capitalista acarretou assim a necessidade de universalização destes conceitos: todos passam necessariamente a ser proprietários, ou de bens que lhe permitam subsistir, ou de força de trabalho que vendam. Por isso todos passam a ser sujeitos jurídicos, todos passam a ter capacidade negocial.[31]

A todo homem foi reconhecida a condição de sujeito de direitos, originariamente por vincular-se à capacidade de exercício do direito de propriedade. A pessoa era essencial na participação de relações jurídicas patrimoniais e, por isso, generalizou-se a atribuição de capacidade.

O abstracionismo pandectista culminou na elaboração da teoria clássica da relação jurídica, explicada pela existência de dois sujeitos contrapostos, dotados de personalidade. Daí podermos afirmar que, necessariamente, a regra construiu-se na consideração de duas pessoas naturais, não abarcando situações "excepcionais", tais quais a do nascituro e a dos entes despersonalizados.

Sendo a personalidade e a capacidade criações da necessidade patrimonial burguesa, despiciendo seria pensar em situações que envolvessem o nascituro, até porque esse ser não contribuiria para o desenvolvimento econômico. Mais uma vez, ressaltamos que todas as questões atinentes à personalidade e, portanto, envolvendo sujeitos de direito, eram travadas no campo patrimonial.

É interessante perceber como as reivindicações burguesas desaguaram na exigência de racionalização, justificada pelo jusnaturalismo. Assim, só o direito natural poderia justificar direitos patrimoniais anteriores ao próprio Estado, devendo este apenas reconhecer-lhes, por meio da codificação, validade. A personalidade foi inserida nos códigos civis como exigência do direito natural: todos os homens são essencialmente livres, cabendo-lhes, pois, personalidade.

Todavia, a generalização codificadora acabou por produzir a contestação do próprio direito natural. O código era a fonte perfeita do Direito, desnecessária, pois, qualquer

---

31. PRATA, Ana. *Tutela constitucional da autonomia privada*. Lisboa: Almedina, 1982, p. 8.

interpretação. A verdade científica fora pretensamente incorporada ao cotidiano jurídico. O Direito aproximara-se das ciências naturais e seu método deveria ser descrito em fórmulas simples, garantidoras de segurança jurídica. As categorias positivas conteriam definições reais, ou seja, a realidade seria traduzida por conceitos fechados, capazes de atingir a própria essência do objeto descrito.

Ora, a crise do positivismo se fez presente pelas mesmas críticas que positivistas dirigiram ao direito natural. A cientificização do Direito criou uma ampla esfera de exclusões.

É claro, porém, que "definir um conceito não é a mesma coisa que descrever uma realidade, pois a descrição da realidade depende de como definimos o conceito e não o contrário. Ou seja, a descrição da realidade varia conforme os usos conceituais".[32]

A noção naturalizante da personalidade perpassou do fundamento jusnaturalista ao juspositivista, chegando ao nosso tempo com força respeitável. O Estado Democrático de Direito reconhece que o ordenamento jurídico só ganha sentido em um contexto linguístico; descrições adquirem sentido tão somente na argumentação, mas parece que nossa Ciência do Direito disso tem-se esquecido. Afirmações de que a personalidade é inerente, natural ou consentânea à própria realidade humana reduzem o Direito à esfera moral.

Assim, pautados em Jussara Meirelles,[33] dividimos em três grandes grupos as teorias que explicam a situação do nascituro: a) doutrina natalista; b) doutrina da personalidade condicional; e c) doutrina concepcionista.

Os natalistas (a) fazem surgir a personalidade do nascimento. Logo, nascituro não é pessoa, ainda que receba alguma proteção legal. Fundamentam, inclusive, que sua realidade biológica é distinta dos seres nascidos. Mas, para nós, esse argumento não passa de uma ontologização, uma vez que trazem os natalistas uma essência única para o ser humano, diferenciando-o daquele em formação. Ora, a personalidade não se define em si mesma, mas é uma construção histórico argumentativa.

Podemos perceber, na doutrina natalista, algumas justificativas para a proteção do nascituro, sem, no entanto, outorgar-lhe personalidade, quais sejam: o nascituro não teria personalidade, mas tão somente expectativa de direito; o nascituro seria tutelado em virtude de um interesse público na proteção da vida.

Criticamos a primeira concepção amparados em Francisco Amaral:

> Ora, expectativa de direito é direito subjetivo com eficácia suspensa ou em formação. Nesse sentido, o disposto no § 2º do art. 6º da LICC. Falar-se em condição ou em expectativa de direito é reconhecer-se o nascituro como titular de direitos em formação, o que pressupõe titularidade, obviamente, personalidade. [...] só pode ser titular de direitos quem tiver personalidade, donde concluir-se que, formalmente, o nascituro tem personalidade jurídica. Não se pode, assim, de modo lógico, negar-se

---

32. FERRAZ JUNIOR, Tercio Sampaio. *Introdução ao estudo do direito*: técnica, decisão, dominação. 3. ed. São Paulo: Atlas, 2001, p. 36.
33. MEIRELLES, Jussara Maria Leal de. *A vida humana embrionária e sua proteção jurídica*. Rio de Janeiro: Renovar, 2000, p. 52-53.

ao nascituro a titularidade jurídica. O nascimento não é condição para que a personalidade exista, mas para que se consolide.[34]

A noção de interesse público na proteção da vida do nascituro, por sua vez, nada mais é que um lugar comum para se tentar justificar um paternalismo, típico do Estado Social, e uma posição funcionalista sem qualquer fundamentação. Ora, o caráter normativo do Direito esvazia-se na busca comunitarista de valores universalizantes. A consideração de valores homogêneos desprivilegia o pluralismo jurídico caracterizador do próprio Estado Democrático de Direito.

Segundo Lúcio Chamon Junior:

> Se argumentativamente podemos perceber que haveria uma violação a estes 'direitos', a justificativa para tal, a razão a ser apresentada, seria a existência de um 'dano', ou 'ameaça de dano', disseminada, difusa, difundida e incapaz de ser determinada pontualmente. Pois bem. Este argumento de um 'dano' ou *possibilidade de lesão a direitos de várias pessoas* [...] trata-se de uma razão *política*, que serve, e de maneira fenomenal, para justificar decisões *políticas*, mas não decisões jurídicas.[35]

A doutrina da personalidade condicional (b) defende o início da personalidade a partir da concepção, desde que a criança nasça com vida. Dessa forma, afirma-se que os efeitos da personalidade já existem, juridicamente, mas tais efeitos cessariam caso o nascituro nasça sem vida. Logo, os direitos já existiriam, mas o término de sua eficácia está subordinado ao nascimento sem vida, isto é, uma condição resolutiva de "nascer sem vida".

Ora, condição é a cláusula voluntariamente aposta em negócio jurídico que subordina seus efeitos a evento futuro e incerto. Sendo resolutiva, a condição faz cessar esses mesmos efeitos. Assim, se nascesse sem vida, não se poderia falar em aquisição de direitos. Ao contrário, nascendo vivo, seus direitos se confirmariam.

Vemos, pois, uma impropriedade terminológica. Primeiro, porque não se trata de negócio jurídico. Só o negócio jurídico aceita a aposição de modalidades ou elementos acidentais. Segundo, porque a condição é modalidade voluntária e não necessária. Não advém de imposição ou requisito legal. A teoria da personalidade condicional considera como condição algo que a doutrina ensina ser um pressuposto legal ou uma *conditio iuris*. Condição e *conditio iuris* não se confundem e não se pode explicar esta por aquela.

Finalmente, pela doutrina concepcionista (c), a personalidade se inicia desde a concepção. O nascituro é pessoa, pois gerado, embora não nascido. Mais à frente, neste mesmo capítulo, voltaremos a tratar dessa doutrina por razões metodológicas.

6.2 A personalidade como centro de imputação normativa

A concepção tradicional de relação jurídica está intimamente ligada à de direito subjetivo, por ser este um aspecto daquela. É que a relação jurídica é o vínculo entre dois

---
34. AMARAL, Francisco. *Direito civil*: introdução. 5. ed. rev. aum. e atual. Rio de Janeiro: Renovar, 2003, p. 223.
35. CHAMON JUNIOR, Lúcio Antônio. *Imputação objetiva e risco no direito penal*: do funcionalismo à teoria discursiva do delito. Belo Horizonte: Mandamentos, 2005, p. 310-311.

ou mais sujeitos, estabelecido em virtude de um objeto. Ressalte-se que são elementares à constituição da relação jurídica a presença de sujeitos em contraposição.

Para essa concepção personalista ou intersubjetiva, são sujeitos da relação jurídica aqueles entes dotados de personalidade jurídica, que estabelecem entre si um vínculo reconhecido pelo ordenamento como vicissitude ou efeito jurídico. Dessa forma, para tal corrente, os sujeitos são os entes a que o ordenamento outorga direitos e deveres, sendo denominado sujeito ativo aquele que detém o poder de exigir determinado comportamento e sujeito passivo aquele que possui o dever de observá-lo.

Orlando Gomes teceu várias críticas a essa concepção, afirmando ser desnecessária a noção ontologizante e subjetivizante da relação jurídica.

> A maior dificuldade para defini-la promana da confusão entre o significado comum do vocábulo e seu sentido técnico. Resulta, em grande parte, de falsa generalização. Uma vez que as relações jurídicas são predominantemente relações humanas, de pessoa para pessoa, de sujeito para sujeito, supõe-se que todas hão de ser um vínculo pessoal. De fato, a relação social é, por definição, a que se trava entre homens, mas isso não significa que o Direito rege apenas relações sociais, nem que outras sujeições, como a de coisa ao homem possam ter igual qualificação no vocabulário jurídico. Não há coincidência necessária entre relação humana e relação jurídica.[36]

A relação jurídica constituir-se-ia, então, de construção dogmático-jurídica, que elege conceitos formais e técnicos, mas também seria formada pela historicidade do Direito, abandonando a falsa busca por ontologias jurídicas.

Assim, além da relação jurídica, haveria situações anômalas, que dispensam a intersubjetividade; seriam as situações subjetivas. Apesar de Orlando Gomes não adentrar com minúcias nesse campo, seriam situações subjetivas o direito potestativo, o ônus, o interesse legítimo, o poder, a faculdade, a sujeição, além do direito subjetivo e do dever jurídico.

Em uma concepção mais contemporânea, Pietro Perlingieri, em sua obra *Perfis do Direito Civil*, esboça uma teoria da situação jurídica subjetiva[37] e a confronta ao conceito de relação jurídica. A situação jurídica subjetiva é categoria geral de avaliação do agir humano; é um centro de interesses tutelado pelo ordenamento jurídico. Sempre há, na situação jurídica, um interesse que se manifesta em comportamento. Esse é o elemento essencial da situação. O sujeito é elemento acidental, pois há interesses tutelados pelo Direito que ainda não possuem um titular. Para Perlingieri, esta é a situação dos nascituros, que podem até receber doação (artigo 542 do Código Civil). Há, no caso, um interesse tutelado, mas seu titular ainda não existe, pois só se constitui "sujeito", a partir do nascimento com vida.[38]

Já a relação jurídica é relação entre situações subjetivas. Não há necessidade de dois sujeitos, mas de centros de interesses. "O sujeito é somente um elemento externo

---

36. GOMES, Orlando. *Introdução ao direito civil*. 16. ed. Rio de Janeiro: Forense, 2000, p. 95.
37. Perlingieri usa, indistintamente, os termos "situação subjetiva" e "situação jurídica".
38. PERLINGIERI, Pietro. *Perfis do direito civil*: introdução ao direito civil constitucional. Tradução de Maria Cristina De Cicco. Rio de Janeiro: Renovar, 1999, p. 107.

à relação porque externo à situação; é somente o titular, às vezes ocasional, de uma ou de ambas as situações que compõem a relação jurídica."³⁹

Uma relação jurídica poderia ser a relação entre a situação jurídica de direito subjetivo e a situação jurídica de dever jurídico. Assim, a relação jurídica, segundo esse autor, é a normativa harmonizadora das situações jurídicas, ou seja, a ligação entre duas situações jurídicas.

Reconhecemos, com Perlingieri, que o Direito não pode limitar-se a afirmar como partícipes de situações jurídicas apenas os entes nascidos. Acrescentamos: o reconhecimento de iguais liberdades pressupõe a inclusão daqueles que, na argumentação, podem assumir posições jurídicas, o que, no caso do nascituro, é suficiente para outorgar-lhe personalidade.

Ora, se o sistema cria um rol de categorias e lá inclui apenas certos entes, detentores de direitos subjetivos, também cria um rol paralelo de entes que foram abstratamente excluídos de participar do fenômeno jurídico, sem que isso seja necessariamente verdade. Uma vez mais, afirmamos: o nascituro pode receber doação; ser legatário; ver-se representado por um curador ao ventre em caso de conflito de interesses com a mãe ou mesmo em caso de incapacidade dessa; possuir capacidade de ser parte em ação judicial – sendo autor em ação de alimentos e ação de investigação e reconhecimento de paternidade, e réu em ação anulatória de testamento ou de contrato de doação que o contemple. Portanto, não há como lhe negar personalidade.

Superando a tradição, poderemos enxergar que a personalidade, vista como um centro de imputação de liberdades e não liberdades, não se restringe a direitos e deveres correlatos, abrangendo até mesmo situações já mencionadas como o ônus e a sujeição. Pensemos em uma situação hipotética em que o nascituro, devidamente representado, proponha ação judicial de reconhecimento de paternidade. No caso, haverá um direito subjetivo de ação, mas não necessariamente um direito subjetivo material, que deverá ser comprovado quando o nascituro desincumbir-se do ônus da prova.

Ou, em caso de transmissão de herança, o princípio da *saisine* atribui aos herdeiros, de pleno direito, todos os direitos sucessórios no momento da morte, independentemente da vontade ou mesmo do conhecimento dos herdeiros. Logo, o nascituro adquire a herança, ficando pendente apenas o ônus do registro a partir do nascimento. Nem se argumente que, nesse caso, trata-se de expectativa de direito porque, para a existência desta, imprescindível o sujeito. O nascituro, portanto, é centro de imputação, e as situações jurídicas das quais participa, seja como direito, dever, ônus, sujeição e faculdade, dependerão do caso concreto.

O distanciamento entre teoria e prática torna-se claro quando constatamos as razões inseridas em vários acórdãos. Um bom exemplo se encontra no caso de recebimento de seguro-obrigatório por acidente automobilístico (DPVAT) em que tenha havido morte ou dano à integridade do nascituro. O Superior Tribunal de Justiça já pacificou que o

---

39. PERLINGIERI, Pietro. *Perfis do direito civil*: introdução ao direito civil constitucional. Tradução de Maria Cristina De Cicco. Rio de Janeiro: Renovar, 1999, p. 115.

nascituro não tem somente expectativas de direito, no que vem sendo acompanhado pelos tribunais de justiça dos estados. Por todos, segue decisão do Paraná:

> AÇÃO DE COBRANÇA – SEGURO OBRIGATÓRIO DPVAT – MORTE – NASCITURO – DIREITO À INDENIZAÇÃO – CASO EM QUE A SOLUÇÃO DA LIDE DIZ RESPEITO À EXISTÊNCIA DO NASCITURO ENQUANTO PESSOA – INTELIGÊNCIA DO ARTIGO 2º DO CÓDIGO CIVIL – PRECEDENTES DESTA TRU E DO STJ – SENTENÇA PARCIALMENTE REFORMADA.
>
> 1. O artigo 2º do Código Civil dispõe que "a personalidade civil da pessoa começa do nascimento com vida; mas a lei põe a salvo os direitos do nascituro". Assim, havendo lide relacionada a direitos de personalidade, não tem o nascituro somente expectativa de direitos, sendo, no tocante aos mesmos, de forma efetiva, sujeito de direito.
>
> Todos os fatos relacionados à sua vida, desde o momento da concepção, geram consequências jurídicas. No caso em tela, impedida a vida extrauterina, fato incontroverso, legítima a pretensão de recebimento da indenização.[40]

Outro acórdão, inovador à época, dessa vez do Tribunal de Justiça do Rio Grande do Sul, enfrentou questão relativa ao registro de natimorto. A discussão se verificou em razão de aborto espontâneo, ocorrido na 14ª semana de gravidez. O Tribunal rechaçou a alegação do Ministério Público e do Magistrado singular que se ampararam em um critério médico ao afirmarem que natimorto é o nascituro que vem a morrer após a 22ª semana de gestação. Em razão disso, deram provimento ao apelo dos pais para que lhes fosse confeccionada certidão de natimorto, conforme artigo 33, V e artigo 53, § 1º, da Lei n. 6.015/73.

> O fato de a idade gestacional ser de 14 semanas (fls. 08 e 41) quando da sua interrupção não pode conduzir ao juízo de que não se trata de um nascituro com personalidade jurídica, porque a medicina, conforme exposto pelo Ministério Público e pelo Magistrado singular, caracteriza como natimorto somente após a 22ª semana de gestação.
>
> [...] A verdade é que o conceito de natimorto colhido da medicina – a partir da 22ª semana de gestação – não pode afastar a pretensão em exame, se a nova legislação civil confere personalidade jurídica ao nascituro desde a concepção.[41]

Independente de muitos acórdãos e posições doutrinárias referirem-se expressamente à teoria concepcionista em suas fundamentações não a entendemos necessária no discurso de aplicação da norma. Ora, sendo o nascituro um centro de imputação, como já afirmamos, despicienda a filiação a alguma teoria para atribuir-lhe personalidade. Esta se faz diante de situações jurídicas a ele previstas normativamente.

---

40. PARANÁ. 2ª Turma Recursal. *Recurso inominado n. 20110014300-2*. Ação de cobrança – Seguro obrigatório DPVAT – Morte – Nascituro – Direito à indenização – Caso em que a solução da lide diz respeito à existência do nascituro enquanto pessoa – Inteligência do artigo 2º do Código Civil – Precedentes desta TRU e do STJ – Sentença parcialmente reformada. Recorrente: Nobre Seguradora do Brasil S/A. Recorrido: Jacqueline Rosa. Rel.: Telmo Zaions Zainko, Cascavel, 8 dez. 2011. Disponível em: <https://portal.tjpr.jus.br/jurisprudencia/j/32011001430020201201131/Ac%C3%B3rd%C3%A3o-20110014300-2>. Acesso em: 18 set. 2014.
41. RIO GRANDE DO SUL. Tribunal de Justiça. *Apelação cível n. 70013955192*. Certidão de natimorto. Confecção indeferida em razão da idade gestacional. Apelantes: Iolanda Elizabete Carvalho da Silva e Francisco de Assis da Rosa Costa. Apelada: a Justiça. Relator: Dr. José S. Trindade, Porto Alegre, 22 jun. 2006. Diário da Justiça, 4 jul 2006.

Reforça esse entendimento, o reconhecimento de doutrina e jurisprudência quanto às várias situações jurídicas em que o nascituro pode ser titular. Em 2002, na I Jornada de Direito Civil, foi aprovado o Enunciado 1, que bem demonstra a insuficiência das categorias clássicas do Direito Civil: "A proteção que o Código defere ao nascituro alcança o natimorto no que concerne aos direitos da personalidade, tais como nome, imagem e sepultura."

O Enunciado traz dois aspectos muito importantes para a análise da temática. A primeira é reconhecer ao nascituro a proteção de direitos da personalidade e, num segundo ponto, estender tal proteção ao natimorto, o que desvencilha a titularização de situações subjetivas do nascimento com vida. Aparentemente, segundo o Enunciado n. 1, poderíamos defender a teoria concepcionista, uma vez que o fato jurídico "nascimento", com ou sem vida, não teria relevância para a titularização dos direitos da personalidade.

Mas a teoria concepcionista também tem seus problemas, pois a aquisição de direitos e deveres, ou mais propriamente situações ativas e passivas, dar-se-ia completamente na concepção, seja referente a direitos da personalidade ou mesmo direitos patrimoniais.

Maria Helena Diniz desenvolve um raciocínio que merece destaque:

> Poder-se-ia até mesmo afirmar que na vida intrauterina tem o nascituro e na vida extrauterina, tem o embrião, concebido *in vitro*, *personalidade jurídica formal*, no que atina aos direitos da personalidade, visto ter carga genética diferenciada desde a concepção, seja ela *in vivo* ou *in vitro* (Projeto de Lei n. 6.960/2002, art. 2º, Recomendação n. 1.046/89, n. 7, do Conselho da Europa; Pacto de São José da Costa Rica, art. 4º, I), passando a ter *personalidade jurídica material*, alcançando os direitos patrimoniais (RT, 593: 258) e obrigacionais, que se encontravam em estado potencial, somente com o nascimento com vida (CC, art. 1.800, § 3º). Se nascer com vida adquire personalidade jurídica material, mas se tal não ocorrer, nenhum direito patrimonial terá.[42]

A distinção entre personalidade formal e material pode, à primeira vista, ser uma tentativa de releitura das categorias tradicionais, tentando aproximar a realidade do Direito às novas situações concretas, mas não soluciona o problema. Ao cindir a personalidade em dois aspectos, cria patamares ou graus de personalidade. Assim, alguém poderia ser considerado juridicamente como mais pessoa que outra, pois em um primeiro momento a personalidade permitiria a titularização somente de situações existenciais, deixando para momento posterior, ou seja, nascimento com vida, situações patrimoniais.

Uma questão interessante para se discutir é a situação dos alimentos gravídicos e de sua titularidade. O Superior Tribunal de Justiça abordou a questão, em 2014, da forma seguinte:

> 1. A despeito da literalidade do art. 2º do Código Civil – que condiciona a aquisição de personalidade jurídica ao nascimento –, o ordenamento jurídico pátrio aponta sinais de que não há essa indissolúvel vinculação entre o nascimento com vida e o conceito de pessoa, de personalidade jurídica e de titularização de direitos, como pode aparentar a leitura mais simplificada da lei.
>
> 2. Entre outros, registram-se como indicativos de que o direito brasileiro confere ao nascituro a condição de pessoa, titular de direitos: exegese sistemática dos arts. 1º, 2º, 6º e 45, caput, do Código Civil; direito

---

42. DINIZ, Maria Helena. *Curso de direito civil brasileiro*. 24. ed. São Paulo: Saraiva, 2007, p. 196.

do nascituro de receber doação, herança e de ser curatelado (arts. 542, 1.779 e 1.798 do Código Civil); a especial proteção conferida à gestante, assegurando-se-lhe atendimento pré-natal (art. 8º do ECA, o qual, ao fim e ao cabo, visa a garantir o direito à vida e à saúde do nascituro); *alimentos gravídicos, cuja titularidade é, na verdade, do nascituro e não da mãe* (Lei n. 11.804/2008); no direito penal a condição de pessoa viva do nascituro – embora não nascida – é afirmada sem a menor cerimônia, pois o crime de aborto (arts. 124 a 127 do CP) sempre esteve alocado no título referente a "crimes contra a pessoa" e especificamente no capítulo "dos crimes contra a vida" – tutela da vida humana em formação, a chamada vida intrauterina.[43] (grifo nosso)

No entanto, em 2017, o Superior Tribunal de Justiça parece ter mudado de posicionamento:

RECURSO ESPECIAL. CONSTITUCIONAL. CIVIL. PROCESSUAL CIVIL. ALIMENTOS GRAVÍDICOS. GARANTIA À GESTANTE. PROTEÇÃO DO NASCITURO. NASCIMENTO COM VIDA. EXTINÇÃO DO FEITO. NÃO OCORRÊNCIA. CONVERSÃO AUTOMÁTICA DOS ALIMENTOS GRAVÍDICOS EM PENSÃO ALIMENTÍCIA EM FAVOR DO RECÉM-NASCIDO. MUDANÇA DE TITULARIDADE. EXECUÇÃO PROMOVIDA PELO MENOR, REPRESENTADO POR SUA GENITORA, DOS ALIMENTOS INADIMPLIDOS APÓS O SEU NASCIMENTO. POSSIBILIDADE. RECURSO IMPROVIDO.

1. Os alimentos gravídicos, previstos na Lei n. 11.804/2008, visam a auxiliar a mulher gestante nas despesas decorrentes da gravidez, da concepção ao parto, sendo, pois, a gestante a beneficiária direta dos alimentos gravídicos, ficando, por via de consequência, resguardados os direitos do próprio nascituro.

2. Com o nascimento com vida da criança, *os alimentos gravídicos concedidos à gestante serão convertidos automaticamente em pensão alimentícia em favor do recém-nascido, com mudança, assim, da titularidade dos alimentos*, sem que, para tanto, seja necessário pronunciamento judicial ou pedido expresso da parte, nos termos do parágrafo único do art. 6º da Lei n. 11.804/2008.

3. Em regra, a ação de alimentos gravídicos não se extingue ou perde seu objeto com o nascimento da criança, pois os referidos alimentos ficam convertidos em pensão alimentícia até eventual ação revisional em que se solicite a exoneração, redução ou majoração do valor dos alimentos ou até mesmo eventual resultado em ação de investigação ou negatória de paternidade.

4. Recurso especial improvido.[44] (grifo nosso)

Não nos parece haver sentido na mudança de posicionamento. A Lei n. 11.804/2008, apesar de atribuir a legitimidade para cobrança de alimentos à gestante, não é capaz de alterar a titularidade dos mesmos, que pertence ao nascituro. Indicativo disso é a redação do parágrafo único do art. 6º: "Após o nascimento com vida, os alimentos gravídicos *ficam convertidos* em pensão alimentícia em favor do menor até que uma das partes solicite a sua revisão." (grifo nosso)

Os alimentos, conforme a redação acima, não mudam de titularidade, mas apenas se convertem do nascituro para o nascido. Ademais, o direito aos alimentos é intransmissível em razão de seu caráter personalíssimo.

Além disso, a obrigação de alimentos em relação ao nascituro não é só do pai, mas também da mãe, o que também está expresso no parágrafo único do art. 2º da Lei n. 11.804/2008. Logo, não faria sentido dizer que ela é a titular dos alimentos, pois também é obrigada a contribuir.

---
43. BRASIL. Superior Tribunal de Justiça. REsp 1415727/SC. Rel. Ministro Luis Felipe Salomão. 4ª turma. j. 04/09/2014.
44. BRASIL. Superior Tribunal de Justiça. *REsp. n. 1.629.423-SP*. Rel. Min. Marco Aurélio Bellizze. j. 06/06/2017.

O exemplo dos alimentos gravídicos demonstra que não se trata de aquisição apenas de direitos existenciais (direitos da personalidade) antes do nascimento, mas também de direitos de cunho patrimonial (direito obrigacional).

Não é possível afirmar que o nascituro é pessoa em relação aos direitos da personalidade e não o ser em outras situações, como em direitos patrimoniais. Ou se é pessoa ou não se é pessoa. A personalidade é una, não comportando o fracionamento em formal e material. Não há uma categoria intermediária.

O nascituro poderá titularizar direitos, patrimoniais ou existenciais, compatíveis com a sua condição. Mesmo quanto aos direitos da personalidade isso também vai se verificar. Terá o nascituro direito à vida, à imagem, à integridade psicofísica, mas não terá direito à livre manifestação do pensamento ou será titular de direito moral de autor, por óbvio.

Percebe-se, portanto, que a norma jurídica, por várias vezes, confere direitos e determina obrigações a depender da situação em que o nascituro figura como titular no caso concreto: receber doação; ser legatário; ser representado por um curador ao ventre, em caso de conflito de interesses com a mãe ou mesmo em caso de incapacidade desta; possuir capacidade de ser parte em ação judicial – sendo autor em ação de investigação e reconhecimento de paternidade, e réu em ação anulatória de testamento ou de contrato de doação que o contemple.

Refutamos possíveis críticas que possam advir de autores que afirmam ser o nascituro detentor apenas de capacidade processual. Ora, se há direitos reclamáveis a via própria é a jurisdicional. Assim, a *legitimatio ad processum* só se faz presente na análise do caso concreto, não se sustentando sua distinção em relação à *legitimatio ad causam*.[45] A *legitimatio ad processum* implica, no mínimo, na possibilidade de ter direitos. Se não há essa possibilidade fática, não haverá tal legitimação. E sabemos que apenas à pessoa pode-se atribuir direitos. Logo, se há a possibilidade judiciária de se discutir situações jurídicas, ao nascituro não cabe apenas capacidade processual, mas personalidade civil.

Lúcio Chamon Junior referindo-se às ideias de Lamartine Corrêa afirma que "não tem sentido em se falar em uma 'personalidade de Direito Processual' que não corresponda à de 'Direito Material', pois se se pode ser parte também se pode ser titular de direitos e deveres".[46]

Resta abordar, ainda que de forma superficial, a situação do embrião *in vitro*. Há autores que entendem não existir diferenciação entre nascituro e embrião. É o caso de Silmara Chinellato[47]. Flávio Tartuce[48] tem posição semelhante, embora discorde quanto aos direitos patrimoniais.

---

45. CHAMON JUNIOR, Lúcio Antônio. *Teoria geral do direito moderno*: por uma reconstrução crítico-discursiva na alta modernidade. Rio de Janeiro: Lumen Juris, 2006, p. 186.
46. CHAMON JUNIOR, Lúcio Antônio. *Teoria geral do direito moderno*: por uma reconstrução crítico-discursiva na alta modernidade. Rio de Janeiro: Lumen Juris, 2006, p. 137.
47. CHINELLATO, Silmara Juny. *A tutela civil do nascituro*. São Paulo: Saraiva, 2001.
48. TARTUCE, Flávio. *Direito civil*. v. 1: Lei de introdução e parte geral. 11ª ed. São Paulo: Método, 2015.

Em muitas ocasiões manifestamos opinião contrária, em que pese o respeito e admiração por estes autores. Entendemos que, abstratamente, não há, no ordenamento brasileiro, esferas de liberdades e não liberdades concedidas ao embrião, isto é, pelo menos até o momento não vislumbramos situações jurídicas subjetivas que possam ser exercidas ou suportadas pelo embrião.

6.3 Considerações finais sobre o nascituro

- A questão-problema de o nascituro ter ou não personalidade de maneira alguma é nova e é calcada em prisma naturalizante, o que a faz distanciar da normatividade própria do Direito. Talvez seria mais acertado mudar a pergunta: em que condições alguém seria detentor de personalidade?
- Partimos de pressupostos diferentes da teoria tradicional da personalidade: a personalidade não é algo natural ao homem, como aptidão inerente ao ser humano para ser sujeito de direitos e deveres, mas um referencial de imputação, construído na práxis jurídico-discursiva.[49] Ninguém é ontologicamente pessoa; não há uma essência do ser que o torne pessoa no mundo jurídico, mas uma construção histórico-argumentativa a partir de uma situação jurídica concreta.
- Raciocinando a partir de situações jurídicas, as teorias que procuram explicar o início da personalidade (natalista, personalidade condicional ou concepcionista) são desnecessárias para atribuição da personalidade, porque essa somente se conforma diante da realidade situacional.
- As teorias biológicas[50] que explicam o início da personalidade jurídica são úteis em um discurso de justificação, pois a justificam moral, física ou psicologicamente. Se o direito subjetivo não paira sobre nós, mas é alcançado argumentativamente, não precisamos recorrer àquelas teorias (natalista, personalidade condicional ou concepcionista) para atribuir personalidade ao nascituro. Esse, como referencial de imputação, pode participar de situações jurídicas, e é isso que lhe confere personalidade.

7. SOBREVIDA DOS DIREITOS DA PERSONALIDADE: A QUESTÃO DO MORTO

Aqui, procuraremos trabalhar outro aspecto dos direitos da personalidade: sua sobrevida. É que, e já dissemos acima, quando elaboramos o item sobre o nascituro, referidos direitos são assumidos pela tradição como "direitos subjetivos que têm por objeto os bens e valores essenciais da pessoa, no seu aspecto físico, moral e intelectual".[51] Assim,

---

49. CHAMON JUNIOR, Lúcio Antônio. *Teoria geral do direito moderno*: por uma reconstrução crítico-discursiva na alta modernidade. Rio de Janeiro: Lumen Juris, 2006, p. 149.
50. Sobre as diversas teorias biológicas que buscam explicar o início da vida humana, indicamos: LORENTZ, Joaquim Toledo. O início da vida humana. In: SÁ, Maria de Fátima Freire de (Coord.). *Biodireito*. Belo Horizonte: Del Rey, 2002, p. 329-359.
51. AMARAL, Francisco. *Direito civil*: introdução. 5. ed. rev. aum. e atual. Rio de Janeiro: Renovar, 2003, p. 250.

enquanto tais, o titular de um direito deteria o poder de agir em garantia de bens que compõem a "essência de sua personalidade", como o direito à vida e ao próprio corpo.

Pela teoria clássica, sabe-se que os direitos da personalidade pressupõem a existência da pessoa, em sentido jurídico. Dito de outra forma: a personalidade é o atributo jurídico que permite que alguém seja sujeito de direitos e deveres e os direitos da personalidade, componentes da personalidade, têm por objeto os diversos aspectos da pessoa humana. Logo, há uma relação de titular e objeto de direito entre, respectivamente, a personalidade e os direitos da personalidade.

Depara-se, no entanto, com um paradoxo: se apenas a pessoa pode ser titular de direitos que guarnecem seus próprios atributos físicos e psíquicos, como explicar a situação normativa que supostamente protege esses aspectos no morto?

A personalidade jurídica termina com a morte (artigo 6º do Código Civil brasileiro). Logo, com ela extinguem-se todos os direitos e deveres que lhe são inerentes, inclusive os direitos da personalidade. Além do mais, diz-se, comumente, que os direitos da personalidade não admitem transferência, só podendo ser exercidos por seu titular.

Por várias vezes, todavia, o ordenamento protege ao que aparenta ser uma "continuidade da personalidade do morto". Assim, o parágrafo único do artigo 12 do Código Civil brasileiro prescreve:

> Art. 12. Pode-se exigir que cesse a ameaça, ou a lesão, a direito da personalidade, e reclamar perdas e danos, sem prejuízo de outras sanções previstas em lei.
>
> Parágrafo único. Em se tratando de morto, terá legitimação para requerer a medida prevista neste artigo o cônjuge sobrevivente, ou qualquer parente em linha reta, ou colateral até o quarto grau.

Ainda quanto à honra e imagem do morto, especificamente, o parágrafo único do artigo 20 expressa:

> Art. 20. Salvo se autorizadas, ou se necessárias à administração da justiça ou à manutenção da ordem pública, a divulgação de escritos, a transmissão da palavra, ou a publicação, a exposição ou a utilização da imagem de uma pessoa poderão ser proibidas, a seu requerimento e sem prejuízo da indenização que couber, se lhe atingirem a honra, a boa fama ou a respeitabilidade, ou se se destinarem a fins comerciais.
>
> Parágrafo único. Em se tratando de morto ou de ausente, são partes legítimas para requerer essa proteção o cônjuge, os ascendentes ou os descendentes.

Detecta-se, aparentemente, um conflito entre o conceito doutrinário de personalidade, até então pacífico, e a localização dos direitos da personalidade no ordenamento jurídico. Como explicar direitos da personalidade de quem não é mais pessoa?

7.1 Direitos da personalidade após a morte e sua fundamentação clássica

A doutrina clássica, superada uma primeira controvérsia, estabeleceu que os direitos da personalidade seriam direitos subjetivos, isto é, comporiam relações jurídicas intersubjetivas, na posição de sujeito ativo, o detentor do direito, e sujeitos passivos determinados ou não, com o dever de se absterem de quaisquer atos lesivos à dignidade da pessoa.

Mas, e o morto, como atribuir a ele direitos subjetivos? Haveria reflexos de direitos a justificar a tutela jurídica, uma vez lesada a honra ou a imagem do indivíduo que ele foi?

Pela teoria clássica, tudo pode ser explicado em termos de relação jurídica, ou seja, dois sujeitos, dotados de personalidade, se relacionando em polos distintos. Afirmam, ainda, que os direitos da personalidade são intransmissíveis e se esvaem com a morte.

No entanto, os adeptos dessa mesma teoria buscam explicar a situação do morto por meio de quatro fundamentos: a) não haveria um direito da personalidade do morto, mas um direito da família, atingida pela ofensa à memória de seu falecido membro; b) outros afirmam que há tão somente reflexos *post mortem* dos direitos da personalidade, embora personalidade não exista de fato; c) há quem diga que os direitos da personalidade, que antes estavam titularizados na pessoa, com sua morte passam à titularidade coletiva, já que haveria um interesse público no impedimento de ofensas a aspectos que, ainda que não sejam subjetivos, guarnecem a própria noção de ordem pública; e, por fim, d) com a morte, transmitir-se-ia a legitimação processual, de medidas de proteção e preservação, para a família do defunto.[52]

Analisaremos as quatro fundamentações, de forma sucinta. Pela primeira opção (a), a família seria vítima em razão de ofensa à memória do morto. Mas referida ofensa traria a possibilidade de representatividade por parte da família em defender essa memória? Haveria um direito subjetivo violado em razão de ofensa a alguém que já morreu e que, portanto, não mais possui personalidade jurídica?

Sobre esse aspecto, Adriano De Cupis justifica a possibilidade de manifestação da família pelo sentimento de piedade que tem pelo falecido. Ao discorrer sobre direito à imagem afirma:

> Com a morte da pessoa o direito à imagem atinge o seu fim. Determinadas pessoas que se encontram em relação de parentesco com o extinto, têm direito de consentir ou não na reprodução, exposição ou venda do seu retrato e, não consentindo, podem intentar as ações pertinentes. [...]. Isto, naturalmente, não significa que o direito à imagem se lhe transmita, mas simplesmente que aqueles parentes são colocados em condições de defender o sentimento de piedade que tenham pelo defunto. Trata-se, em suma, de um direito novo, conferido a certos parentes depois da morte da pessoa.[53]

Não obstante a tentativa louvável de conferir coerência à argumentação referente aos direitos da personalidade – tema que tornou célebre Adriano De Cupis – não podemos concordar com o surgimento de um novo direito porque, ao que parece, encontra-se despido de qualquer conteúdo, criado, simplesmente, para satisfazer à fundamentação da tutela judiciária.

Ao se dizer que há reflexos de direitos da personalidade (b), embora essa já não mais exista, pressupõe-se que pode haver consequência sem causa. Se o acessório segue o principal, e repetimos isso sem pensar, porque inserido na tradição, estamos a criar uma nova categoria de "reflexos de direitos sem direitos" ou, pior, "reflexos de direitos sem personalidade"?

---

52. Tal divisão em quatro fundamentações se faz presente por razões didáticas, sem que, com isso, possamos afirmar a existência de correntes doutrinárias claras e bem definidas.
53. DE CUPIS, Adriano. *Os direitos da personalidade*. Campinas: Romana Jurídica, 2004, p. 153-154.

Como terceira corrente, a noção de titularidade coletiva de direitos (c) nada mais é que um lugar comum para se tentar justificar um paternalismo, típico do Estado Social, e uma posição funcionalista sem qualquer fundamentação. É estranho passar a titularidade de informações personalíssimas, definidoras da própria pessoa, a uma coletividade que não possui sequer os mesmos interesses. Seria desconsiderar a autonomia da pessoa e a contemporânea noção de sociedade pluralista.

Por fim, apresenta-nos a ideia de que a *legitimatio* é transmitida aos parentes (c). Caio Mário da Silva Pereira chega mesmo a afirmar que o direito de ação é transferido a determinadas pessoas.[54] O problema dos "direitos da personalidade do morto" resumir-se-ia a uma questão de tutela processual.

Em edições anteriores dessa obra, chegamos a nos alinhar à posição de Lúcio Chamon Junior[55]. Segundo esse autor, reconhecer à família *legitimatio ad processum* implica, no mínimo, na possibilidade de haver *direitos* em questão. Mas revendo essa posição, admitimos ser possível a existência de outras situações subjetivas que não o próprio direito subjetivo. A legitimidade processual tem existência própria e distinta do direito material. Além do mais, há interesses e expectativas de direitos que podem proporcionar a alguém a atuação processual. É o caso dos legitimados referidos pelos parágrafos únicos dos arts. 12 e 20 do Código Civil.

Dessa maneira, ao revermos a posição, admitimos a existência de um interesse legítimo (situação jurídica subjetiva) da família e, portanto, de alteração da legitimidade. Mas mantemos o entendimento de que direito não há. Ele se extinguiu com a morte. Resta agora um interesse, cuja legitimação processual é dada às pessoas especificadas no Código.

Em relação à honra, por exemplo. Direito realmente não há. O morto não tem honra, mas existe um interesse legítimo da família, que, por ter sido violado, merece a reação de seus legitimados.

Não se precisa ver reconhecido ao morto, ou à sua família, direitos da personalidade, para reconhecermos que o interesse legítimo foi infringido por alguém.

À família não são transferidos "direitos da personalidade", mas é-lhe atribuída uma esfera de liberdade processual na defesa do interesse que se refira à "figura" do morto. Logo, o que se tem é, tão somente, o deferimento de uma legitimidade processual na defesa dessa situação jurídica autônoma de interesse.

---

54. "Não obstante seu caráter personalíssimo, os direitos de personalidade projetam-se na família do titular. Em vida, somente este tem o direito de ação contra o transgressor. Morto ele, tal direito pode ser exercido por quem ao mesmo esteja ligado pelos laços conjugais, de união estável ou de parentesco. Ao cônjuge supérstite, ao companheiro, aos descendentes, aos ascendentes e aos colaterais até o quarto grau, transmite-se a *legitimatio* para as medidas de preservação e defesa da personalidade do defunto." PEREIRA, Caio Mário da Silva. *Instituições de direito civil*: introdução ao direito civil; teoria geral do direito civil. 20. ed. rev. e atual. por Maria Celina Bodin de Moraes. Rio de Janeiro: Forense, 2004, v. 1, p. 243.
55. CHAMON JUNIOR, Lúcio Antônio. *Teoria geral do direito moderno*: por uma reconstrução crítico-discursiva na Alta Modernidade. Rio de Janeiro: Lumen Juris, 2006.

7.2 A desnecessidade da pessoa como titular das situações jurídicas subjetivas

Para discorrer sobre esse item, remetemos o leitor ao tópico "A personalidade como centro de imputação normativa" em que trabalhamos a questão do nascituro, porque, a fundamentação ali inserida, também deve ser utilizada na discussão do tema em tela. E a pergunta que devemos nos fazer é: Existirão direitos da personalidade imputados a alguém que já morreu?

Se enfrentarmos, corajosamente, a tradição, enxergaremos que nem sempre direitos e deveres estão correlatos; pode haver infração de deveres, sem violação de direitos, pois o dever corresponderia a uma "posição caracterizada pela inexistência de uma esfera de liberdade o que implica uma obrigação – em sentido amplo – que uma vez descumprida gera a possibilidade de responsabilização por vias institucionais",[56] pois:

> Sempre caso a caso é que podemos argumentar se uma infração de dever também implicou em uma violação de direito e vice-versa; antes, são estas questões incapazes de serem resolvidas no nível de uma Teoria do Direito que não se pretenda como ocupante do *locus* argumentativo dos afetados.[57]

Não se precisa reconhecer ao morto, ou à sua família, direitos da personalidade, para reconhecermos uma esfera de não liberdade infringida por alguém. O morto não é o titular de um direito, mas sobre ele consubstancia-se a situação de dever jurídico. Este dever tem-no como objeto de proteção. Dessa forma, não faz sentido se avaliar a personalidade do morto, seja na sua integralidade, seja como mero reflexo. Para melhor entendimento, poderíamos fazer um paralelo entre o morto e a situação do nascituro ou dos chamados entes despersonalizados. Naquele caso, cessaram-se quaisquer possibilidades de exercício de uma autonomia privada. Se o Direito imputa situações jurídicas ao nascituro ou aos entes despersonalizados[58] o faz, jurídica e principiologicamente, em razão do exercício futuro da autonomia de uma pessoa física (nascituro) ou da realização de uma atividade personificada. Portanto, se alguém lesiona a "honra ou a imagem do morto", não ofende direitos – até porque esses não existem –, mas viola deveres.

A situação jurídica, repita-se, pode contemplar violação de deveres institucionais, independentemente da existência de personalidade e de direitos correlatos. O morto não tem personalidade, não é detentor de direitos, não se insere em uma relação jurídica intersubjetiva, não obstante a imputação de responsabilidade àquele que infringiu uma esfera de não liberdade.

À família não são transferidos "direitos da personalidade", mas é-lhe atribuída uma esfera de liberdade processual na defesa da não infração de deveres que se refiram à "figura" do morto. Logo, o que se tem é tão somente o deferimento de uma legitimidade processual na defesa dessa situação jurídica de dever, na qual o morto se insere, em face do juízo de reprovabilidade objetivada normativamente.

---

56. CHAMON JUNIOR, Lúcio Antônio. *Teoria geral do direito moderno*: por uma reconstrução crítico-discursiva na alta modernidade. Rio de Janeiro: Lumen Juris, 2006, p. 108.
57. CHAMON JUNIOR, Lúcio Antônio. *Teoria geral do direito moderno*: por uma reconstrução crítico-discursiva na alta modernidade. Rio de Janeiro: Lumen Juris, 2006, p. 114.
58. Sob essa denominação, referimo-nos à massa falida, ao condomínio, à herança jacente etc.

Capítulo 4
RELAÇÃO MÉDICO-PACIENTE

Amamos o médico não pelo seu saber, não pelo seu poder, mas pela solidariedade humana que se revela na sua espera meditativa. E todos os seus fracassos (pois não estão, todos eles, condenados a perder a última batalha?) serão perdoados se, no nosso desamparo, percebermos que ele, silenciosamente, permanece e medita, junto conosco.[1]

1. RELAÇÃO MÉDICO-PACIENTE: ONTEM E HOJE[2]

Em tempos passados, era muito comum as pessoas se dirigirem aos médicos com grande temor reverencial, mostrando-se gratos e sempre devedores de alguma consideração em relação a seus serviços.

A relação médico-paciente construíra-se sobre o respeito e a amizade – premissas indispensáveis. Não havia espaço para desconfianças e muito menos para questionamentos, afinal, a relação social da qual participavam, médico e paciente, não admitia dúvidas sobre a qualidade dos serviços prestados que, além de tudo, vinham acompanhados de duradoura amizade. Trata-se do médico de família.

Embora seja possível a manutenção da amizade e da consideração, o fantástico desenvolvimento científico, o surgimento de grandes hospitais e centros de saúde e a necessidade cada vez mais premente de vinculação a algum plano de saúde fez com que o profissional da Medicina se distanciasse de seu paciente. Modifica-se, assim, a denominação dos sujeitos da relação jurídica, que passam a figurar como usuário (paciente) e prestador de serviços (médico). A ótica agora é a de uma sociedade consumista, cada vez mais consciente de seus direitos e mais exigente quanto aos resultados.

O que frequentemente se diz, nos dias de hoje, é que a tecnologia, com suas aparelhagens cada vez mais sofisticadas, substituiu, em muito, o contato do médico com o paciente. O calor humano do profissional tornou-se mais distante. É certo que o desenvolvimento tecno-científico é necessário, mas deve ser posto à disposição da saúde e bem estar da pessoa, trazendo por consequência, melhoria em sua qualidade de vida.

As crescentes especializações dos médicos, embora necessárias, causam afastamento lógico entre este e o paciente. O médico deixou de ser aquele profissional de confiança da família, mas o "especialista", indicado por alguém, ou encontrado, por coincidência,

---

1. ALVES, Rubem. *O retorno e terno*. 14. ed. Campinas: Papirus, 1998, p. 119.
2. Parte da concepção aqui exposta encontra-se em SÁ, Maria de Fátima Freire de. *Direito de morrer* (1ª e 2ª edições publicadas pela Editora Del Rey) e, posteriormente, em SÁ, Maria de Fátima Freire de; MOUREIRA, Diogo Luna. *Autonomia para morrer*. 2. ed. Belo Horizonte: Del Rey, 2015.

numa dessas visitas a determinado hospital, ou aquele conveniado ao plano de saúde do paciente.

A interposição institucional, seja pública ou privada, nos moldes em que se encontra, impõe certo incômodo na relação médico-paciente. O que se vê é o doente sendo tratado pelo nome da doença ou pelo apartamento ou enfermaria. Não há tempo sequer do paciente conhecer seu médico, nem este de saber o nome de quem está tratando.

Os meios de comunicação trazem a intimidade da vida das pessoas ao conhecimento de todos. Muitas vezes veiculam campanhas contra a classe médica. O resultado é a hostilidade para com os profissionais, que têm suas condutas generalizadas a partir de maus exemplos.

Todos esses fatores criam constrangimentos na relação médico-paciente. É preciso competência, maturidade e sensibilidade, principalmente, por parte do profissional no sentido de redirecionar esta relação.

Outro aspecto que coloca em voga a relação médico-paciente diz respeito à concepção de "vida boa" de cada um, em especial nas situações de terminalidade da vida. Uma forte corrente médica alega que, em razão do juramento de Hipócrates, a vida deve ser preservada de toda maneira. Asseveram ser a vida um bem absoluto e supremo. Outra corrente, mais restrita, entende que a vida tem dimensão muito mais biográfica que biológica, razão pela qual, não se pode prolongar a vida de um doente terminal pelo simples fato de mantê-lo vivo. Somos concordes com esta última corrente, como se verá também em capítulo mais à frente, em razão do compromisso que a Modernidade tem para com o Direito, qual seja, o de garantir iguais liberdades fundamentais.

Não há um *ethos* comum de determinação de vida boa, razão pela qual esta não pode ser sempre compreendida como o simples respirar, isto é, não somente como garantia de sobrevida, ou como garantia da "batida de um coração". A discussão, que permeia a garantia do direito à vida, versa a respeito de sua qualidade e dignidade, como construção diuturna. Surge, pois, um questionamento intrigante: pacientes terminais têm direito de morrer em paz e com dignidade? Ou devem sobreviver, mesmo que vegetativamente, até a parada respiratória ou a morte encefálica?

Uma *unidade de terapia intensiva* (UTI) moderna deixa marcas indeléveis em quem a visita. Ali se encontram doentes em estado crítico, que só estão vivos por estarem ali. Vivos, mas cercados de complexos aparelhos eletrônicos. São fios e tubos que entram e saem de orifícios, pontos na pele e cavidades do paciente. Respiradores e marca-passos cardíacos continuamente ligados, com batidas na mesma cadência. Alguns indivíduos conscientes e outros inconscientes. Vários possuem lesões cuja sequela se pode dimensionar além de quadros clínicos que inspiram cuidados diários: um dia os rins não funcionam bem, em outro o doente é acometido por inevitáveis infecções decorrentes da fragilidade do corpo, e assim por diante.

Há casos de pacientes com lesões provenientes de doenças degenerativas, cujas curas não foram encontradas pela Medicina, e veem suas vidas se esvaindo, passo a passo, lentamente, em meio a perdas e retomadas de consciência. Em decorrência dessas mesmas doenças, passam, gradativamente, a depender da boa vontade de outrem, para que as representem ou as assistam, conforme o caso, sob o ponto de vista jurídico. Há situações que nem a assistência nem a representação podem ser tidas como garantidoras de seus direitos.

Não se pode olvidar, ainda, do aspecto da dependência física, porque, pessoas assim, deixam de ter controle sobre suas sensações e estímulos, voltando ao tempo de criança, necessitando que alguém promova-lhes a higiene pessoal, alimentem-nas e vistam-nas, ainda que seja apenas um avental para cobrir o corpo magro.

Não se está dizendo que pessoas "hospedadas" em uma UTI não tenham chances de viver bem. Claro que não. Aliás, hodiernamente, o conceito de UTI é outro. Em muitos casos, ela é o passaporte para a vida. A argumentação que ora se faz não diz respeito a estas pessoas que, a título de exemplo, tiveram enfarto e ali se encontram monitoradas, no aguardo de recuperação, com grande chance de ocorrer, em que pese o quadro inspirador de cuidados, mas àquelas pessoas na iminência da morte ou àquelas que vivem apenas porque ligadas a aparelhos, deixando de ser um ser humano autônomo, já que as máquinas "fazem parte" de seu corpo.

Referimo-nos à UTI, mas se pode estender o raciocínio àqueles indivíduos que já receberam "alta médica", não porque se curaram ou obtiveram melhora física ou mental, mas porque a vida deles, a partir dali, será vivida no leito, em companhia de enfermeiros vinte e quatro horas por dia, alimentados por meio de sondas e sem qualquer consciência.

Pior sorte é a dos que não têm condições de pagar acompanhantes ou enfermeiros, sem dinheiro para adquirir alimentação industrial, oxigenação e remédios. Há os que não têm família, e por isso são deixados em qualquer instituição governamental, sem cuidados, até que a morte lhes traga o descanso. E, ainda, os que têm família, mas essa não os quer mais...

Pode-se dizer que tais condições, que não são raras, permitem o desfrute de uma vida digna? Como se definir vida digna, à luz do Direito?

A vida deve ser encarada em seu ocaso, para que lhe seja devolvida a dignidade perdida. São muitos os doentes que se encontram jogados em hospitais, expostos a uma perspectiva de sofrimento, em terapias intensivas e em emergências. O desdobramento disso? Uma parafernália tecnológica que os prolonga e os acrescenta. Inutilmente.

2. AUTONOMIA PRIVADA E CONSENTIMENTO LIVRE E ESCLARECIDO[3]

No campo biológico, o poder de autodeterminação do paciente pode ser sintetizado na expressão "consentimento livre e esclarecido".

---

3. Para uma visão mais abrangente da autonomia privada sugere-se a obra "NAVES, Bruno Torquato de Oliveira. *O direito pela perspectiva da autonomia privada*: relação jurídica, situações jurídicas e teoria do fato jurídico na segunda modernidade. 2. ed. Belo Horizonte: Arraes, 2014." e o segundo volume da coleção *Direito Civil: atualidades*. Parte da concepção aqui exposta encontra-se naquela primeira obra e no seguinte capítulo da segunda: NAVES, Bruno Torquato de Oliveira. Da quebra da autonomia liberal à funcionalização do direito contratual. In: NAVES, Bruno Torquato de Oliveira; FIUZA, César; SÁ, Maria de Fátima Freire de (Coords.). *Direito civil*: atualidades II – Da autonomia privada nas situações jurídicas patrimoniais e existenciais. Belo Horizonte: Del Rey, 2007, v. 2, p. 229-251.

Essa expressão, porém, recebe outra nomenclatura no Direito, mais abrangente e própria – a autonomia privada ou autonomia da vontade.

Mas há diferença entre as expressões *autonomia privada* e *autonomia da vontade*? Apesar de alguns autores usarem-nas indistintamente, "a expressão 'autonomia da vontade' tem uma conotação subjetiva, psicológica, enquanto a autonomia privada marca o poder da vontade no Direito de um modo objetivo, concreto e real".[4] Surgiram em momentos históricos distintos: a autonomia da vontade no nascedouro do Liberalismo e a autonomia privada na crise da Modernidade ou, juridicamente, no Estado Democrático de Direito. Assim, em um contexto atual, ao Direito resta analisar a manifestação concreta da vontade e não suas causas e características intrínsecas. Não é objeto do Direito perquirir sobre o conteúdo da consciência interna de cada ser. Daí decorre nossa preferência pela expressão autonomia privada.

Devemos destacar que se trata de um princípio, isto é, uma norma jurídica imperativa que atua como diretriz para outras normas e como solucionadora direta de problemas jurídicos, com aplicação imediata a um caso concreto, que determinará seu conteúdo.

Como dissemos ao tratar do princípio da autonomia privada no Capítulo 2, esta confere ao sujeito a possibilidade de determinar conteúdo, forma e/ou efeitos do ato jurídico. Podendo, numa situação concreta, o sujeito determinar somente conteúdo e efeitos, ficando a determinação da forma como função da lei. Ou prescrevendo forma e efeitos, restando ao sujeito o exercício da autonomia privada no referente ao conteúdo. Ou outras combinações de conteúdo, forma e efeitos determinados ora pelo ordenamento, ora pelo sujeito de direitos.

> A autonomia privada constitui-se, portanto, em uma esfera de atuação do sujeito no âmbito do direito privado, mais propriamente um espaço que lhe é concedido para exercer a sua atividade jurídica. Os particulares tornam-se, desse modo, e nessas condições, legisladores sobre seus próprios interesses.[5]

Mas como deve se manifestar a autonomia privada do paciente?

Observemos, primeiro, a experiência estadunidense com a Lei do PSDA.

2.1   PSDA – *Patient Self-Determination Act*

Em 1º de dezembro de 1991, entrou em vigor o texto normativo estadunidense, que trata das relações médico-paciente – *The Patient Self-Determination Act* ou Ato de Autodeterminação do Paciente.

Joaquim Clotet faz uma cronologia dos atos que o antecederam:

> O Estado da Califórnia reconheceu, em 1976, o direito do paciente de recusar o tratamento que o mantinha com vida *Natural Death Act*. Em 1983, a Comissão Presidencial para o Estudo de Problemas Éticos na Medicina publicou o informe *Deciding to Forego Life Sustaining Treatment*, que expõe as opiniões claras e razoáveis da Bioética na forma de recomendações. Em 1985, a Sociedade Médica de Massachusetts aprovou a seguinte resolução, motivada pelo caso Paul Brophy: 'A Sociedade Médica de

---
4. AMARAL, Francisco. *Direito civil*: introdução. 3. ed. Rio de Janeiro: Renovar, 2000, p. 337-338.
5. AMARAL, Francisco. *Direito civil*: introdução. 3. ed. Rio de Janeiro: Renovar, 2000, p. 337.

Massachusetts reconhece o direito de autonomia dos pacientes terminais e dos indivíduos em estado vegetativo que tenham manifestado previamente sua vontade de recusar o tratamento, incluído o uso da hidratação parenteral e alimentação enteral por sondas entéricas. O cumprimento desta resolução por um médico não constitui uma prática contrária à ética, sempre que o médico e a família estejam de comum acordo quanto ao tratamento a ser prestado.' Em 1986, o Conselho de Assuntos Éticos e Judiciais da Associação Médica Americana publicou, entre outras, as seguintes orientações: 'Ainda no caso em que a morte não seja iminente, mas no qual o estado de coma do paciente é, sem dúvida alguma, irreversível, existindo garantias para confirmar a precisão do diagnóstico, e contato e assessoria daqueles que têm a responsabilidade do cuidado do paciente, não é contrário à ética sustar o tratamento médico que prolonga a vida.'[6]

Assim, a autonomia privada do paciente foi, gradativamente, sendo reconhecida, culminando com a formulação do PSDA.

O PSDA reconheceu a autonomia privada do paciente, inclusive para recusar tratamento médico. Os centros de saúde, quando da admissão do paciente, registram suas opções e objeções a tratamentos em caso de incapacidade superveniente de exercício da própria autonomia – são as *advance directives* – previstas nessa Lei.

As *advance directives* permitem que o paciente antecipe suas decisões, caso posteriormente não possa manifestar sua vontade. Elas consubstanciam-se em três instrumentos: 1) *living will*; 2) *durable power of attorney for health care*; 3) *advanced core medical directive*.

O *living will* ou "testamento em vida" pretende estabelecer os tratamentos médicos indesejados, caso o paciente incorra em estado de inconsciência ou esteja em estado terminal. São mais comuns as disposições sobre recusa de intubação e de ressuscitação (*do not ressuscitate orders*).

Pelo *durable power of attorney for health care* (poder duradouro do representante para cuidados com a saúde – ou, simplesmente, mandato duradouro) estabelece-se um representante para decidir e tomar as providências cabíveis pelo paciente.

A *advanced core medical directive* (diretiva do centro médico avançado) diz respeito ao estado terminal. Por esse instrumento o paciente estabelece os procedimentos a que não quer se submeter e nomeia um representante. Trata-se, portanto, de um documento mais completo, voltado para pacientes terminais, que reúne as disposições do "testamento em vida" e do mandato duradouro.

O PSDA acompanhou as transformações ocorridas na relação médica, que redefiniram a posição do paciente, inserindo-o como partícipe do processo decisório e atribuindo-lhe direitos. Entretanto, a autodeterminação exige certos requisitos de validade, que determinam quando e quem pode exercer a autonomia privada. Vejamos esses requisitos.

2.2 Requisitos de validade da autonomia privada

O exercício da autonomia privada, como manifestação humana que pretende produzir efeitos jurídicos, exige requisitos de validade especiais, que excepcionam ou apenas complementam os requisitos dos atos jurídicos em geral, determinados no artigo

---
6. CLOTET, Joaquim. Reconhecimento e institucionalização da autonomia do paciente: um estudo da "the patient self-determination act". *Bioética*, Brasília, v. 1, n. 2, 1993.

104 do Código Civil. São eles: informação, discernimento e ausência de condicionadores externos diretos.

No momento em que emitir sua decisão, o paciente deve estar esclarecido do diagnóstico, do tratamento mais adequado a se implementar e de seus efeitos, positivos e negativos. A decisão deve ser revestida do maior número possível de informações, que devem ser passadas de forma clara e abrangente, avaliando as opções de tratamento, riscos e benefícios.

Esse requisito não se restringe, portanto, ao fato do profissional de saúde "passar" a informação ao paciente. A informação deve ser construída dialogicamente e não unilateralmente. Assim, não basta que o profissional relate dados, mas que se comunique com o paciente de forma acessível.

O paciente precisa ter discernimento para a tomada de decisão. Discernimento significa estabelecer diferença; distinguir, fazer apreciação. Exige-se que o paciente seja capaz de compreender a situação em que se encontra. Em Direito, a capacidade de fato de exercício traduz-se em presunção de discernimento, no entanto, diante do quadro clínico, o médico deverá atestar se o nível de consciência do paciente permite que ele tome decisões.

Daí Brunello Stancioli dizer que, na relação médico-paciente, interessa a capacidade de entendimento, que denota o poder de decisão fundado na maturidade e educação. Isto é, a capacidade específica para consentir no tratamento, pois o grau de cognição assim o permite.[7]

Por fim, a autonomia privada requer que não haja condicionadores externos diretos à manifestação externa de vontade, isto é, a vontade deve ser livre, não podendo comportar quaisquer vícios, sejam sociais ou do consentimento. Os únicos condicionantes admitidos são os da própria consciência do paciente.

É claro que, psicologicamente, toda decisão se baseia e, por isso, é condicionada por variados elementos, internos e externos. Todavia, quando os condicionantes forem externos, sua incidência não deve ser de tal forma direta que induza à tomada de decisão. Esse é, por exemplo, o caso da coação, que em condições de vulnerabilidade do paciente, pode adquirir feições mais sutis.

Por isso já dissemos[8], pautados em Miracy Barbosa de Sousa Gustin, que a autonomia privada se constitui da interação da autonomia crítica com a autonomia de ação. A autonomia crítica é o poder do homem de se compreender e compreender o mundo à sua volta, ou seja, é o poder de avaliar a si e o mundo, estabelecendo relações a partir de seus pré-conceitos.

A autonomia de ação é o poder de estabelecer dado comportamento, portanto, determinada pela compreensão de mundo, isto é, pela autonomia crítica.

---

7. STANCIOLI, Brunello Souza. *Relação jurídica médico-paciente*. Belo Horizonte: Del Rey, 2004, p. 46.
8. NAVES, Bruno Torquato de Oliveira. Da quebra da autonomia liberal à funcionalização do direito contratual. In: NAVES, Bruno Torquato de Oliveira; FIUZA, César; SÁ, Maria de Fátima Freire de (Coords.). *Direito civil*: atualidades II – Da autonomia privada nas situações jurídicas patrimoniais e existenciais. Belo Horizonte: Del Rey, 2007, v. 2, p. 236-237.

[...] o grau de compreensão que uma pessoa tem de si mesmo, de sua cultura e das relações interativas que é capaz de estabelecer com os demais é uma variável que afeta positiva, ou negativamente, seu limite de autonomia. Essa é a esfera da autonomia crítica, que não se refere somente ao poder de ação de um indivíduo, mas também e principalmente, a seu poder de apreender e de ordenar conceptualmente seu mundo, sua pessoa e suas interações e de deliberar de forma consciente sobre sua forma de vida. As categorias da autonomia de ação e da autonomia crítica são inseparáveis: há uma interação entre elas que inviabiliza qualquer tentativa de análise parcelada.[9]

Autonomia não é autossuficiência, mas relação com os outros e consigo mesmo. É processo consciente de justificação de deliberações. Conceito que se forma na história e pela história, mas que não pode ser condicionada por outra condição que não a própria história pessoal do paciente, sem desconsiderar o contexto maior.

2.3 Direitos e deveres

Pautado na autonomia privada do paciente, que atua como partícipe no processo de tratamento, a intervenção médica deve observar certas condições:

a) o paciente, o representante ou o responsável precisa ser informado do diagnóstico, da evolução da enfermidade, das alternativas de tratamento, seus riscos, benefícios e possíveis sequelas;

b) a intenção do agente de saúde voltar-se-á para uma finalidade positiva, devendo os efeitos positivos da intervenção ser proporcionalmente superiores aos efeitos negativos;

c) a técnica interventiva terá de ser imprescindível, não podendo ser substituída por outra com menos efeitos negativos.

O direito à informação é constitucionalmente assegurado (CR, art. 5º, XIV), e os pacientes têm o direito de saber o que se passa com eles. A verdade é fundamental, contudo, o médico precisa saber se conduzir, no sentido de não despejar, naquele encontro, palavras frias e calculistas, a fim de não alarmar ainda mais a pessoa que já se encontra fragilizada.

Ligado ao direito à informação, encontra-se o direito ao consentimento. Surge, daí, a figura do *consentimento informado*, termo aplicado, pela primeira vez, em 1957, por um juiz americano:

> Um médico viola seu dever para com o paciente e é sujeito de responsabilidades se não proporciona qualquer dado que seja necessário para fundamentar um consentimento inteligente ao tratamento proposto. [...] Na discussão dos riscos deve-se empregar uma certa dose de discrição consistente na completa revelação dos fatos que é necessária para um Consentimento Informado.[10]

O consentimento informado, hoje melhor denominado tecnicamente como consentimento livre e esclarecido, é elemento central na relação médico-paciente, sendo resultado de um processo de diálogo e colaboração, visando satisfazer a vontade e os

---

9. GUSTIN, Miracy Barbosa de Sousa. *Das necessidades humanas aos direitos*: ensaio de sociologia e filosofia do direito. Belo Horizonte: Del Rey, 1999, p. 31.
10. SANTOS, Maria Celeste Cordeiro. *O equilíbrio do pêndulo, a bioética e a lei*. São Paulo: Ícone, 1998, p. 97.

valores do paciente.[11] Lembramos que, em relação a *consentimento livre e esclarecido*, o termo jurídico de valor semântico semelhante e mais apropriado é *autonomia privada*.

Cumpre trazer à baila os dispositivos do Código de Ética Médica (Resolução CFM n. 2.217/2018), especificamente seus artigos 22 e 24, inseridos no Capítulo IV (Direitos Humanos) que proíbe o médico de:

> Art. 22. Deixar de obter consentimento do paciente ou de seu representante legal após esclarecê-lo sobre o procedimento a ser realizado, salvo em caso de risco iminente de morte.
>
> Art. 24. Deixar de garantir ao paciente o exercício do direito de decidir livremente sobre sua pessoa ou seu bem-estar, bem como exercer sua autoridade para limitá-lo.

Segundo Dalgimar Beserra de Menezes:

> Outra dificuldade que se surpreende guarda relação com a mania numérica ou estatística, de caráter mecanicista e oriunda de uma espécie de burrice ou de compreensão imperfeita e reducionista dos fenômenos biológicos. O médico é compelido a dizer que o paciente tem três, seis meses, um ano de vida, ou que suas chances de cura são 30, 40, 50% etc. Assume o papel de juiz que sentencia e marca a data da execução, de senhor da vida e da morte. Dito de outro jeito, investe-se de atitude de certeza frente ao que é muitas vezes imperdoável. Que estejam contados os dias do paciente, como se sabe que frequentemente sucede, não se discute. Contudo, as pedras têm de ser cantadas com muito cuidado.[12]

O médico deve buscar cautela. O caso lhe dirá como agir. O respeito ao paciente e à sua família – porque há situações em que, devido à evolução da doença, não há razão para causar mais desconforto ao moribundo, o que implica no conhecimento dos familiares acerca do problema – é fundamental. O artigo 34 do Código de Ética Médica dispõe que é vedado ao médico "Deixar de informar ao paciente o diagnóstico, o prognóstico, os riscos e os objetivos do tratamento, salvo quando a comunicação direta possa lhe provocar dano, devendo, nesse caso, fazer a comunicação a seu representante legal".

O profissional de Medicina não pode esquecer que muito maior que todos os avanços biotecnológicos é o ser humano, que ri, chora, sofre, tem depressão, medo e esperanças. Precisa de carinho, cuidado e atenção. Essas também são obrigações do médico, afinal, não é por acaso que sua profissão é chamada de ciência humanitária.

Note-se, ainda, que a morte é etapa inafastável da vida. É dever do médico aceitá-la, não utilizando procedimentos que prolonguem a dor e o sofrimento. Nesse sentido é a *Declaração de Direitos da Pessoa Moribunda*.

> Tenho o direito de ser tratado como ser humano até a minha morte.
>
> Tenho o direito de conservar a esperança, seja qual for sua variação.

---

11. "En este contexto, el consentimiento informado es la piedra angular de la expresión jurídica. Se define como el derecho a obtener información en relación con todos los hechos médicamente relevantes, a ser informado y a responder a dicha información mediante el consentimiento. Estos derechos y su contexto médico han sido desarrollados por la literatura general a un nivel muy técnico, concretamente en lo relativo a sus implicaciones jurídicas. Pero normas y valores sociales de nuestra cultura, normas jurídicas, la atención médica y consideraciones éticas confluyen en esta cuestión." BROEKMAN, Jan M. *Bioetica con rasgos jurídicos*. Traducción de Hans Lindahl. Madrid: Dilex, 1998, p. 137.

12. MENEZES, Dalgimar Beserra. A ética médica e a verdade do paciente. In: CONSELHO FEDERAL DE MEDICINA (Org.). *Desafios éticos*. Brasília: Cultura, 1993, p. 217.

Tenho o direito de exprimir os meus sentimentos e emoções a respeito de minha morte próxima, à minha maneira.

Tenho o direito de participar das decisões concernentes a meu tratamento.

Tenho o direito de exigir a continuada assistência médica e de enfermagem, mesmo que as metas de cura possam ser alteradas para metas de conforto.

Tenho o direito de não morrer sozinho.

Tenho o direito de ser libertado da dor.

Tenho o direito de ter minhas perguntas respondidas honestamente.

Tenho o direito de não ser enganado.

Tenho o direito de ser ajudado, assim como a minha família, a aceitar a morte.

Tenho o direito de morrer em paz e com dignidade.

Tenho o direito a manter minha individualidade e não ser julgado por minhas decisões, que podem ser contrárias às crenças dos outros.

Tenho o direito de ser assistido por pessoas carinhosas, sensíveis e que terão alguma satisfação em ajudar-me a enfrentar a morte.

Tenho o direito de ser cuidado por aqueles que possam manter um sentimento de esperança, independente de qualquer mudança que ocorra.

Tenho o direito de exigir que a inviolabilidade de meu corpo seja respeitada após a morte.

Tenho o direito de discutir e aumentar minhas experiências religiosas e/ou espirituais, independente do que possam significar para os outros.[13]

Esta Declaração foi criada em Lansing, na década de 1970, num *workshop* sobre "O Doente Terminal e a Pessoa que o Ajuda", patrocinado pelo Southwestern Michigan

---

13. Tradução livre de: "I have the right to be treated as a living human being until I die.
   I have the right to maintain a sense of hopefulness however changing its focus may be.
   I have the right to express my feelings and emotions about my approaching death in my own way.
   I have the right to participate in decisions concerning my care.
   I have the right to expect continuing medical and nursing attention even though cure goals must be changed to comfort goals.
   I have the right not to die alone.
   I have the right to be free from pain.
   I have the right to have my questions answered honestly.
   I have the right not to be deceived.
   I have the right to have help from and for my family in accepting my death.
   I have the right to die in peace and with dignity.
   I have the right to retain my individuality and not be judged for my decisions which may be contrary to the beliefs of others.
   I have the right to be cared for by caring, sensitive, knowledgeable people who will attempt to understand my needs and will be able to gain some satisfaction in helping me face my death."
   Consta que o "The American Journal of Nursing", na edição de janeiro de 1975 (v. 75, n. 1, p. 99) acrescentou estes três direitos, já traduzidos acima:
   "I have the right to be cared for by those who can maintain a sense of hopefulness, however changing this might be.
   I have the right to expect that the sanctity of the human body will be respected after death.
   I have the right to discuss and enlarge my religious and/or spiritual experiences, whatever these may mean to others." THE DYING PERSON'S BILL OF RIGHTS. Disponível em: <http://www.beyondindigo.com/articles/article.php/artID/200643/p/2 >. Acesso em: 27 out. 2008.

Inservice Education Council e orientado por Amelia J. Barbus, professora associada de enfermagem da Waine State University, de Detroit, e expressa bem os deveres médicos não só de assistência, mas de transparência, com ampla informação ao paciente e à sua família.

2.4 A confidencialidade na relação médico-paciente

Um aspecto de grande relevância na relação médico-paciente diz respeito à confidencialidade dos dados clínicos. Ao longo da história, o sigilo não teve uma conceituação uniforme, tendo sido considerado, durante muitos séculos, apenas uma característica moral da Medicina, ao lado do sacerdócio, profissões consideradas na sua excelência.

Essa ideia somente foi modificada no mundo moderno que passou a enxergar esse segredo como um direito do cidadão à intimidade. Porém, a proteção ao sigilo médico não teve a mesma força conferida ao segredo que amparava o sacerdote, o juiz e o advogado. Ensina Diego Gracia que:

> À diferença do que se passou com sacerdotes, advogados etc., considerou-se que os médicos deviam colaborar com a justiça no esclarecimento dos delitos, ainda que isso os obrigasse a romper o segredo. [...] Somente nas últimas décadas, e como consequência dos avanços da genética, teve início um forte movimento de proteção do segredo médico, equiparando-o no possível ao de sacerdotes, advogados e procuradores.[14]

Hodiernamente, o segredo não pode ser visto somente como um direito do paciente, mas também como um dever do médico (direito-dever). O Código de Ética Médica trata do assunto no Capítulo IX, artigos 73 a 79. Contudo, dois artigos merecem ser transcritos, vedando-se ao médico:

> Art. 73. Revelar fato de que tenha conhecimento em virtude do exercício de sua profissão, salvo por motivo justo, dever legal ou consentimento, por escrito, do paciente.
>
> Parágrafo único. Permanece essa proibição: a) mesmo que o fato seja de conhecimento público ou o paciente tenha falecido; b) quando de seu depoimento como testemunha (nessa hipótese, o médico comparecerá perante a autoridade e declarará seu impedimento); c) na investigação de suspeita de crime, o médico estará impedido de revelar segredo que possa expor o paciente a processo penal.
>
> Art. 74. Revelar sigilo profissional relacionado a paciente criança ou adolescente, desde que estes tenham capacidade de discernimento, inclusive a seus pais ou representantes legais, salvo quando a não revelação possa acarretar dano ao paciente.

Não resta dúvida que os dados clínicos devem ser protegidos, seja em relação à saúde, de maneira geral, seja em relação aos dados genéticos. Contudo, a discussão que permeia o tema verte sobre quais circunstâncias o segredo poderia ser violado. O Código de Ética menciona "motivo justo" para flexibilização do sigilo. O que seria justo motivo? Também menciona "dever legal", mas logo abaixo determina que o médico se declare impedido diante de autoridade competente.

Quanto à questão voltada ao paciente menor, andou bem o Código de Ética, ao reconhecer-lhe autonomia, conquanto haja discernimento.

---

14. GRACIA, Diego. *Pensar a bioética*: metas e desafios. São Paulo: São Camilo; Loyola, 2010, p. 333.

Códigos internacionais não definem as possíveis exceções, deixando a análise a cargo das legislações de cada País. O alerta que fazemos é que a violação do sigilo somente poderá ser procedida de modo excepcional, com ordem judicial, e, ainda assim, buscando-se preservar, na maior medida possível, a intimidade do paciente.

2.5 Dados do paciente e sua proteção

A temática sobre dados do paciente vem ganhando relevo a partir da promulgação da Lei Geral de Proteção de Dados Pessoais (LGPD – Lei n. 13.709/2018) e também da entrada em vigor da Lei do Prontuário Eletrônico do Paciente (Lei n. 13.787/2018). Vamos aos aspectos que mais interessam a esse tópico.

A LGPD possui sessenta e cinco artigos divididos em dez capítulos, que se volta para o tratamento de dados pessoais, inclusive nos meios digitais, com o objetivo de proteger os direitos fundamentais de liberdade e de privacidade e o livre desenvolvimento da pessoa natural (art. 1º).

Traz como fundamentos da proteção de dados pessoais: o respeito à privacidade; a autodeterminação informativa; a liberdade de expressão, de informação, de comunicação e de opinião; a inviolabilidade da intimidade, da honra e da imagem; o desenvolvimento econômico e tecnológico e a inovação; a livre iniciativa, a livre concorrência e a defesa do consumidor; e os direitos humanos, o livre desenvolvimento da personalidade, a dignidade e o exercício da cidadania pelas pessoas naturais (art. 2º).

Dado pessoal é conceito amplo, abarcando qualquer tipo de informação sobre a pessoa natural. O significado é restringido às situações existenciais quando recebe a qualificação de dado sensível. Taisa Maria Macena de Lima e Maria de Fátima Freire de Sá, sobre os dados sensíveis inseridos no prontuário do paciente, manifestam-se:

> Em princípio, em prontuário de paciente, não se cogita inserir dados políticos e sindicais, mas, eventualmente, pode ser fundamental indicar a construção religiosa ou filosófica de uma pessoa que porventura tenha objeções de consciência a determinados medicamentos ou procedimentos médicos.[15]

Sobre prontuário do paciente, o Conselho Federal de Medicina, em 2002, emitiu a Resolução n. 1.638, que o definiu como:

> [...] o documento único constituído de um conjunto de informações, sinais e imagens registradas, geradas a partir de fatos, acontecimentos e situações sobre a saúde do paciente e a assistência a ele prestada, de caráter legal, sigiloso e científico, que possibilita a comunicação entre membros da equipe multiprofissional e a continuidade da assistência prestada ao indivíduo.

Prontuário, do latim *promptuarium*, é o documento que contém dados pertinentes a uma pessoa, trazendo a ideia de informações acessíveis de imediato. Seu objetivo prin-

---

15. LIMA, Taisa Maria Macena de; SÁ, Maria de Fátima Freire de. Prontuário eletrônico do paciente e proteção dos dados pessoais sensíveis no Brasil. In: SÁ, Maria de Fátima Freire de; NOGUEIRA, Roberto Henrique Pôrto; SOUZA, Iara Antunes; NAVES, Bruno Torquato de Oliveira (Coords.). *Biodireito*: diálogos entre liberdades e responsabilidades. Belo Horizonte: Conhecimento, 2020, p. 4. Também publicado em língua inglesa: LIMA, Taisa Maria Macena de; SÁ, Maria de Fátima Freire de. Electronic health records and protection of sensitive personal data in Brazil. *Revista Derecho y Genoma Humano*, Bilbao, n. 51, p. 61-75, 2019.

cipal é organizar e sistematizar todo o histórico de saúde da pessoa. Tais informações podem servir de suporte à pesquisa e ao gerenciamento dos serviços de saúde.

Com a evolução da relação médico-paciente, a expressão então conhecida por "prontuário médico" foi substituída por "prontuário do paciente", posto que, embora seja preenchido pelo profissional de saúde, os dados ali contidos são de titularidade daquele. O paciente pode requerer a exibição do prontuário e, verificando alguma informação inexata ou incorreta, poderá também pedir sua retificação ou supressão.

Em 2007, a Resolução CFM 1.821/2007 autorizou o uso de sistema informatizados para o prontuário do paciente. No entanto, até hoje o Brasil busca implementar um sistema eletrônico central com informações compartilhadas.

Em 27 de dezembro de 2018, o prontuário eletrônico deixou de ser normatizado tão somente pelo conselho da classe médica para receber uma disciplina legal, por meio da Lei n.13.787, que regula o prontuário eletrônico do paciente e estabelece normas sobre a sua digitalização e a sua utilização.

A Lei n.13.787/2018 contém apenas sete artigos que se destinam, precipuamente, a traçar diretrizes para a documentação digital, abordando temas como: a) digitalização, de forma a assegurar a integridade, a autenticidade e a confidencialidade do documento digital; b) requisitos técnicos para a digitalização, prevendo certificado digital a ser emitido no âmbito da Infraestrutura de Chaves Públicas Brasileira (ICP-Brasil) ou outro padrão legalmente aceito, além dos requisitos que vierem a ser fixados em Regulamento; c) possibilidade de destruição de documentos originais após a digitalização, precedida de análise por uma comissão permanente de revisão de prontuários e avaliação de documentos; d) preservação de documentos considerados de valor histórico pela comissão; e) segurança do sistema informatizado de modo a proteger os documentos digitalizados do acesso, do uso, da alteração, da reprodução e da destruição não autorizados; f) equivalência de valor probatório entre o documento escrito e o digitalizado; g) período de armazenamento dos prontuários, podendo ser eliminados após vinte anos contados do último registro.

Muitos dos aspectos mencionados acima dependem de regulamentação ainda inexistente, bem como de uma comissão permanente cujos parâmetros de criação e composição não foram claramente definidos na Lei, razão pela qual, embora vigente, sua operabilidade fica comprometida, mas não impede sua imediata aplicação. O "[...] prontuário eletrônico já é uma realidade e seu mau uso significa a violação dos direitos da personalidade do titular dos dados médicos."

As duas leis não utilizam a expressão "dados do paciente" ou "dados médicos", no entanto estes são subespécies do gênero "dados pessoais sensíveis", pois

> [...] são capazes de revelar o estado (passado, presente e/ou futuro) de saúde física e psíquica de seu titular, bem como, cuja divulgação possa fazer surgir uma condição físico-psíquica capaz de conduzir à discriminação ou causar prejuízo ao seu titular, familiares ou pessoas próximas.[16]

---

16. SCHAEFER, Fernanda. Proteção de dados de saúde como direito fundamental. *Cadernos da Escola de Direito e Relações Internacionais*, Curitiba, v. 1, n. 17, p. 139-157, 2012, p. 143.

O § 4º do art. 11 da LGPD aborda o uso compartilhado de dados sensíveis, o que pode ser útil para otimização de tratamento, dispensando-se exames e investigações já realizadas por outro profissional.

> §4º É vedada a comunicação ou o uso compartilhado entre controladores de dados pessoais sensíveis referentes à saúde com o objetivo de obter vantagem econômica, *exceto nas hipóteses relativas a prestação de serviços de saúde, de assistência farmacêutica e de assistência à saúde*, desde que observado o §5º deste artigo, incluídos os serviços auxiliares de diagnose e terapia, em benefício dos interesses dos titulares de dados, e para permitir:
> I – a portabilidade de dados quando solicitada pelo titular; ou
> II – as transações financeiras resultantes do uso e da prestação de serviços de que trata este parágrafo. (grifo nosso)

No entanto, o risco à violação de privacidade é sério e foi alertado por Taisa Maria Macena de Lima e Maria de Fátima Freire de Sá:

> A leitura do parágrafo 4º parece revelar uma permissão ampla para o compartilhamento, entre os controladores, dos dados clínicos, desde que este se dê sem objetivos econômicos. No entanto, as hipóteses de compartilhamento de dados clínicos, com objetivos econômicos, afiguram-se tão genéricas que se chega à conclusão de que, na prática, o compartilhamento dos dados sobre saúde da pessoa, com ou sem objetivo econômico, é amplamente autorizado. Nos termos da Lei é mais difícil o compartilhamento, entre os controladores, do endereço da pessoa ou de sua filiação partidária do que a informação sobre seu tipo sanguíneo. Isso significa dizer que os profissionais da medicina terão amplo acesso aos dados dos pacientes, nos termos da Lei Geral de Proteção de Dados Pessoais – LGPD.

Embora a redação do dispositivo leve à abertura quase irrestrita dos dados aos profissionais de saúde, uma interpretação sistemática é exigência à validade do próprio texto, sob pena de violar direitos fundamentais e direitos da personalidade. Um sistema de informação com restrição à liberdade de acesso deve ser arquitetado de forma a registrar cada acesso por certificados e senhas, capazes de identificar o usuário e respectivos objetivos.

Apesar da abertura do compartilhamento de dados pessoais sensíveis aos profissionais de saúde, a Lei proíbe o tratamento dos dados pelas operadoras de planos privados de assistência à saúde (art. 11, §5º).

3. OBJEÇÃO DE CONSCIÊNCIA

Poderia o médico deixar de proceder à transfusão de sangue em paciente que se diz Testemunha de Jeová? Deveria ou não respeitar sua vontade, em se tratando de pessoa maior e capaz? Acaso fizesse dita transfusão, poderia ser responsabilizado por causar danos irreparáveis à integridade psicofísica do paciente que se encontrava sob seus cuidados? E o contrário? Poderia ser condenado, por ter respeitado a vontade do paciente? Essas são perguntas que não se calam e, por isso mesmo, vamos enfrentá-las.

No mundo ocidental nos deparamos com duas seitas religiosas que suscitam o conflito de objeção de consciência. A primeira, conhecida por todos e mencionada acima, é a denominada *Testemunhas de Jeová*. A outra é conhecida por *Christian Science*.

Os Testemunhas de Jeová têm origem no final do século XIX na América do Norte, e hoje possuem seguidores em grande parte do mundo europeu, assim como na América do Sul. Seus integrantes consideram proibida a transfusão de sangue, e se baseiam em algumas passagens da Bíblia. Assim, no livro do Gênesis (9:3-4) está escrito: "Todo animal movente que está vivo pode servir-vos de alimento. Como no caso da vegetação verde, deveras vos dou tudo. Somente a carne com sua alma – seu sangue – não deveis comer." Também no Levítico (17:10) outra passagem é aclamada: "Todo israelita ou todo estrangeiro que habita no meio deles, que comer qualquer espécie de sangue, voltarei minha face contra ele, e exterminá-lo-ei do meio de seu povo."

Para essa comunidade religiosa, são três as situações possíveis: 1ª) se o médico proceder a transfusão de sangue em um indivíduo contra sua vontade, o Testemunha de Jeová não desrespeitou a própria consciência, razão pela qual não se pode condená-lo; 2ª) se um membro religioso aceita sangue em um momento de debilidade e arrepende-se posteriormente, há que se lhe oferecer ajuda espiritual; e 3ª) se um Testemunha de Jeová aceitar a transfusão de maneira voluntária, sem dúvidas ou pesar, estará desrespeitando princípio moral de sua fé que, voluntariamente, decidiu seguir, razão pela qual deverá ser excluído da seita. Não obstante tal ato, acaso venha a se arrepender posteriormente, poderá voltar a praticar a fé.[17]

A organização religiosa *Christian Science* (*Church of Christ Scientist*), fundada em Boston, em 1879, por Mary Baker Eddy, possui adeptos em mais de cinquenta países, principalmente na América e Europa ocidental. Também entende não ser possível a transfusão de sangue, mesmo em situação extrema de perigo de vida. Nesse caso, o alcance da objeção de consciência é muito mais extenso do que no que se refere aos Testemunhas de Jeová, porque consideram que qualquer doença pode ser curada mediante oração, defendendo a ilicitude de tratamentos médicos generalizados. Somente alguns de seus membros aceitam a ingestão de remédios para alívio da dor.[18]

Feitas as considerações iniciais, há que se enfrentar, agora, o aspecto da autonomia privada. Entendemos que o respeito à autonomia do paciente deve ser estendido aos seus valores religiosos, que não podem ser desconsiderados ou minimizados pelo profissional da Medicina. Contudo, mister se faz distinguir dois aspectos da objeção de consciência. Analisaremos a situação de pessoas adultas capazes e dos menores de idade.

---

17. GALÁN CORTÉS, Julio César. *Responsabilidad médica y consentimiento informado*. Madrid: Civitas, 2001, p. 239.
18. Galán Cortés afirma que: "[...] também caberia comentar partidáriosou seguidores de determinadas confissões que se negam a receber produtos biológicos derivados de animais proscritos por suas convicções religiosas (administração de insulina ou implantação de válvulas cardíacas de origem suína etc.), ou aquelas mulheres que se negam, por pudor, a qualquer tipo de exame por parte de médicos homens não pertencentes à sua própria seita." Tradução livre de: "[...] también cabría reseñar partidarios o seguidores de determinadas confesiones que se niegan a recibir productos biológicos derivados de animales proscritos por sus convicciones religiosas (administración de insulina o implantación de válvulas cardíacas de origen porcino etc.), o aquellas mujeres que se niegan, por pudor, a cualquier tipo de exploración física por parte de médicos varones no pertenecientes a su propia secta." (GALÁN CORTÉS, Julio César. *Responsabilidad médica y consentimiento informado*. Madrid: Civitas, 2001, p. 240.)

3.1 Objeção de consciência de pacientes capazes

Entendemos ser possível a objeção à transfusão de sangue por parte de pessoas maiores e capazes, em razão do princípio da autonomia privada. Contudo, é imprescindível que a manifestação seja expressa e nunca presumida. O documento de identidade religiosa representa uma forma expressa de manifestação de vontade e merece ser respeitado. Opinião distinta tem Julio César Galán Cortés, que defende a tese de que tal documento representa apenas indício de negativa:

> Em todo caso, a oposição à transfusão de sangue por parte de pessoas maiores e em plenas condições mentais deve ser atualizada e não se presumir automaticamente sua vontade, mesmo quando sejam portadores de carteiras identificativas de sua identidade religiosa, o que constitui um indício de sua negativa, pois o sujeito pode mudar sua vontade a qualquer momento, ainda mais quando está em jogo a sua vida.[19]

Assim, temos duas situações. A primeira, quando se tratar de paciente maior, que esteja em pleno gozo de suas faculdades mentais. Nesse caso, apresentando o mesmo suas premissas de contrariedade em não receber sangue de outrem, deve o médico cientificá-lo das consequências que essa atitude pode causar à sua vida e respeitar sua decisão. A segunda situação que vislumbramos, é a de paciente maior, mas inconsciente. Aqui temos duas outras situações. Caso haja prova acerca da crença adotada pelo paciente, seja por meio de documento de identificação religioso, seja por meio de declaração firmada pela pessoa, registrada em cartório, ou declaração que tenha a assinatura de duas testemunhas, onde rechaça qualquer tratamento que tenha por finalidade a transfusão sanguínea, não vemos alternativa senão privilegiar sua vontade. Caso contrário, ou seja, inexistindo provas, o ato deve ser praticado.

Nossa opinião é coerente, portanto, com um dos fundamentos constitucionais da República Federativa do Brasil, qual seja a dignidade da pessoa humana. Também a liberdade é princípio constitucional que deve ser materialmente interpretado. Ora, submeter alguém a uma transfusão de sangue mediante o emprego da força significa fazê-la objeto de tratos desumanos e degradantes. A possibilidade de decidir o próprio destino diante das encruzilhadas da vida é um ato que afeta a liberdade mais íntima de autodeterminação. Trata-se de decisão que não tem por base critérios sociológicos, mas encontra-se na seara dos direitos da personalidade.

Em nosso auxílio, assim preconiza a legislação colombiana, no artigo 50 do Decreto 1.571, de 1993:

> Artigo 50. Quando um receptor, no uso normal de suas faculdades mentais, em liberdade e consciência, decide não aceitar a transfusão de sangue ou de seus hemoderivados, deverá respeitar-se sua decisão, sempre e quando esta se faça expressamente por escrito, depois que o médico responsável o haja advertido sobre os riscos existentes.

---

19. Tradução livre de: "En todo caso, la oposición a la transfusión sanguínea por parte de personas mayores de edad y en plenas condiciones mentales debe ser actualizada y no presumirse automáticamente su voluntad, aun cuando sean portadores de tarjetas identificativas de su identidad religiosa, lo que constituye un indicio de su negativa, pues el sujeto puede cambiar su voluntad en cualquier momento, y más cuando se halle en juego su vida" (GALÁN CORTÉS, Julio César. *Responsabilidad médica y consentimiento informado*. Madrid: Civitas, 2001, p. 241).

Parágrafo. Quando as decisões do paciente a este respeito hajam sido tomadas com antecedência e para que tenham efeitos na eventualidade em que se requereria a transfusão, o médico deverá respeitá-la se consta de documento escrito autenticado por notário ou subscrito perante testemunhas. Em todo caso, os riscos existentes deverão ser-lhe advertidos.[20]

Ao analisar questões de objeção de consciência, o Tribunal Constitucional alemão vem entendendo que a Lei Fundamental de Bonn trouxe a liberdade como princípio jurídico. Segundo o Tribunal, cada pessoa pode eleger seu modo de vida de acordo com sua consciência, que se traduz na liberdade de crença, qualquer que seja ela.[21]

A jurisprudência italiana, segundo Galán Cortés, sustenta, em sua maioria, que deve ser reconhecido o desejo expresso de paciente adulto que se recusa a receber transfusão de sangue, ainda que esse ato determine o falecimento da pessoa.[22]

Questões interessantes foram suscitadas pelos tribunais estadunidenses. Para a jurisprudência deste país, ante a recusa de tratamento médico, deve-se respeitar a oposição livremente expressa pelo paciente, a não ser que a presença de um "interesse público de maior importância" reclame intervenção judicial. Assim, quando se tratar de adulto, capaz e sem filhos, os tribunais norte-americanos sustentam a legitimidade da decisão pessoal. Nesse sentido é o caso *Matter of Melideo*. A Suprema Corte de Nova Iorque negou pedido de autorização feito pelo hospital para transfusão de sangue em Kathleen Melideo, casada, de vinte e três anos, que sofria hemorragia uterina em consequência de operação, e que, por isso, precisava urgentemente do procedimento. Segundo a Corte, não se pode ordenar judicialmente transfusões de sangue contra os desejos de um adulto que as recusa em razão de crença religiosa, se não for possível provar a existência de conflito de interesses que justifique a intromissão do Estado.[23]

De acordo com a jurisprudência estadunidense, o *compelling state interest* pode ser encontrado quando o Tribunal toma para si a responsabilidade da tutela de paciente inconsciente, ou quando estiver em jogo o bem-estar dos filhos menores daquele que precisa da transfusão. Apesar de interessante o posicionamento ora relatado, imperioso

---

20. Tradução livre de: "ARTÍCULO 50. Cuando un receptor en uso normal de sus facultades mentales, y en forma libre y consciente, decide no aceptar la transfusión de sangre o de sus hemoderivados, deberá respetarse su decisión, siempre y cuando ésta obre expresamente por escrito, después que el médico tratante le haya advertido sobre los riesgos existentes.
    PARAGRAFO. Cuando las decisiones del paciente a este respecto haya sido tomada con anticipación y para que tenga efectos en la eventualidad en que se requiera la transfusión, el médico deberá respetarla si consta en documento escrito autenticado notarialmente o suscrito ante dos testigos. En todo caso los riesgos existentes deberán ser advertidos." (COLÔMBIA. *Decreto 1571*, de 12 de agosto de 1993. Por el cual se Reglamenta Parcialmente el Título IX de la Ley 09 de 1979, en cuanto a Funcionamiento de Establecimientos Dedicados a la Extracción, Procesamiento, Conservación y Transporte de Sangre Total o de sus Hemoderivados, se Crean la Red Nacional de Bancos de Sangre y el Consejo Nacional de Bancos de Sangre y se dictan otras disposiciones sobre la materia. Disponível em: <http://www.alcaldiabogota.gov.co/sisjur/normas/Norma1.jsp?i=14527>. Acesso em: 29 out. 2008.) Também se encontra em: GALÁN CORTÉS, Julio César. *Responsabilidad médica y consentimiento informado*. Madrid: Civitas, 2001, p. 241-242.
21. GALÁN CORTÉS, Julio César. *Responsabilidad médica y consentimiento informado*. Madrid: Civitas, 2001, p. 247.
22. Galán Cortés cita decisões judiciais de Roma, de 3 de abril de 1997 e do Tribunal de Messina, de 11 de julho de 1995. GALÁN CORTÉS, Julio César. *Responsabilidad médica y consentimiento informado*. Madrid: Civitas, 2001, p. 247.
23. GALÁN CORTÉS, Julio César. *Responsabilidad médica y consentimiento informado*. Madrid: Civitas, 2001, p. 248.

deixar claro que tais aspectos restam subjetivos. Poderíamos nos deparar com casos em que pais não estivessem com a guarda dos filhos. E aí? Estaria, nesse caso, configurada a ausência de interesse público?

De volta ao Brasil, o Conselho Federal de Medicina editou a Resolução n. 2.232, de 16 de setembro de 2019, que estabelece normas éticas para a recusa terapêutica por pacientes e a objeção de consciência por médico. Finalmente o órgão de classe entendeu pela prevalência da vontade do paciente capaz sobre a recomendação médica.

> Art. 1º A recusa terapêutica é, nos termos da legislação vigente e na forma desta Resolução, um direito do paciente a ser respeitado pelo médico, desde que esse o informe dos riscos e das consequências previsíveis de sua decisão.
>
> Art. 2º É assegurado ao paciente maior de idade, capaz, lúcido, orientado e consciente, no momento da decisão, o direito de recusa à terapêutica proposta em tratamento eletivo, de acordo com a legislação vigente.
>
> Parágrafo único. O médico, diante da recusa terapêutica do paciente, pode propor outro tratamento quando disponível.

Essa sempre foi a nossa posição. No entanto, o Conselho Federal de Medicina se contradiz quando busca razões para não aceitação da recusa terapêutica do paciente em caso de perigo de morte: "Art. 11. Em situações de urgência e emergência que caracterizarem iminente perigo de morte, o médico deve adotar todas as medidas necessárias e reconhecidas para preservar a vida do paciente, independentemente da recusa terapêutica."

Outro ponto positivo da Resolução foi a tentativa de formalizar a recusa terapêutica com certa flexibilidade quantos aos meios considerados válidos:

> Art. 12. A recusa terapêutica regulamentada nesta Resolução deve ser prestada, preferencialmente, por escrito e perante duas testemunhas quando a falta do tratamento recusado expuser o paciente a perigo de morte.
>
> Parágrafo único. São admitidos outros meios de registro da recusa terapêutica quando o paciente não puder prestá-la por escrito, desde que o meio empregado, incluindo tecnologia com áudio e vídeo, permita sua preservação e inserção no respectivo prontuário.

3.2 Objeção de consciência de pacientes incapazes

Tormentosa é a questão de crianças cujos pais professam religiões que proíbem transfusões de sangue. Nessas circunstâncias, diversamente do que entendemos quanto ao item anterior, há que se proteger o melhor interesse da criança, preservando-lhe a vida, e a razão é simples. Não se sabe se, no futuro, os filhos seguirão a religião na qual foram criados. Cabe ao médico, portanto, realizar os procedimentos que o caso requeira, com ampla liberdade e independência.

Países da Europa e da América do Norte discutem o tema. França, Portugal e Espanha entendem que no caso de oposição dos pais ao tratamento do filho menor, por razões de consciência, há que se proteger o menor. Afirmam que esse tem direito a especial proteção por parte da sociedade e do Estado, contra todas as formas de discriminação e opressão, e contra o abuso de autoridade da família e de terceiros.

Segundo Carlos María Romeo Casabona:

> É unânime a opinião de que o poder familiar não faculta aos pais a tomada de decisões irreversíveis que possam pôr em sério perigo a vida de seus filhos menores ao dar prioridade a outros interesses, ainda que sejam relevantes e pretendidamente em favor do próprio menor, por exemplo, manter-se tanto os pais como o filho fiéis ao credo religioso professado por aqueles e no que previsivelmente havia sido – ou estaria sendo – educado seu filho.[24]

A Constituição italiana afirma no artigo 32, que a proteção da saúde se insere no rol dos direitos fundamentais. O § 2º desse mesmo artigo assegura que ninguém poderá ser obrigado a determinado tratamento médico se não houver disposição legal. Diz ainda que a lei não poderá, em nenhum caso, violar os limites impostos por respeito à pessoa humana. Não obstante a construção legal, em se tratando de menores e incapazes, doutrina e jurisprudência vêm entendendo que se houver conflito entre o *direito à liberdade religiosa* e o bem jurídico *vida*, tal conflito deve ser resolvido em favor do segundo.

Para ilustrar a questão Julio César Galán Cortés traz à baila sentença da *Corte de Casación de Cagliari*, datada de 13 de dezembro de 1983, que condena os pais da menina Isabella Oneda, ambos Testemunhas de Jeová, como responsáveis pela sua morte, a três anos e oito meses de prisão. Restou demonstrado que os pais não concordaram com a ordem médica de proceder transfusões de sangue na menina que sofria de anemia grave, apesar da determinação do Tribunal Tutelar de Menores. Diante da demora na realização do procedimento, o falecimento foi inevitável.[25]

Os tribunais estadunidenses trazem casos ricos sobre a recusa dos pais a tratamento médico dos filhos, por professarem fé que não permite a transfusão de sangue. No caso *Sampson vs. Sampson*, a Suprema Corte de Nova Iorque confirmou a autorização outorgada por juiz da vara de família para que Kevin Sampson, de quinze anos de idade, fosse operado para correção de deformidade física que o afastou da escola desde os nove anos. A mãe, Testemunha de Jeová, recusava-se a autorizar a cirurgia, que requeria transfusão de sangue.[26]

---

24. Tradução livre de: "Es unánime la opinión de que el ejercicio de la patria potestad no faculta a los padres para tomar decisiones irreversibles que puedan poner en serio peligro la vida de sus hijos menores al dar prioridad a otros intereses, incluso aunque sean relevantes y pretendidamente en favor del propio menor, por ejemplo, mantenerse tanto los padres como al hijo, fieles al credo religioso profesado por aquéllos y en el que previsiblemente habría sido – o estaría siendo – educado su hijo." ROMEO CASABONA, Carlos María. Libertad de conciencia y actividad biomédica. In: SÁ, Maria de Fátima Freire (Coord.). *Biodireito*. Belo Horizonte: Del Rey, 2002, p. 30.
25. GALÁN CORTÉS, Julio César. *Responsabilidad médica y consentimiento informado*. Madrid: Civitas, 2001, p. 258-259.
26. "[...] os tribunais norte-americanos não mantêm uma posição clara e unívoca sobre estes casos, nos quais não existe uma necessidade imperiosa e urgente de tratamento, dando relevância, na hipótese, ao 'melhor interesse' do menor, enquanto em outros se outorga especial proeminência à opinião do menor, se sua maturidade assim o aconselhar." Tradução livre de: "[...] los Tribunales norteamericanos no mantienen una posición clara y unívoca ante estos casos, en los que no existe una necesidad imperiosa y urgente de tratamiento, dando relevancia, en unos supuestos, al 'mejor interés' del menor, mientras que en otros se otorga especial preeminencia a la opinión del menor, si sus condiciones de madurez así lo aconsejan." GALÁN CORTÉS, Julio César. *Responsabilidad médica y consentimiento informado*. Madrid: Civitas, 2001, p. 262-263.

Sabemos bem que situações como essas não podem ser vistas de maneira tão simples. Será que não poderíamos distinguir capacidade de discernimento? Parafraseando o Professor João Baptista Villela, alguém dorme incapaz com dezessete anos, e no dia seguinte acorda capaz? A Constituição Federal de 1988 garante a dignidade, em interpretação que se estende para uma concepção de garantia da integridade e do bem-estar psicofísico. Claro que por questões de política legislativa precisamos determinar quando começa a capacidade plena do indivíduo. Mas isso não quer dizer que seu discernimento deva ser sempre atrelado à capacidade ditada pela norma, de forma a impossibilitar o exame de questões polêmicas pelo Judiciário.[27]

No entanto, a Resolução CFM n. 2.232/2019 trata com igual rigidez quaisquer pessoas incapazes.

> Art. 3º Em situações de risco relevante à saúde, o médico não deve aceitar a recusa terapêutica de paciente menor de idade ou de adulto que não esteja no pleno uso de suas faculdades mentais, *independentemente de estarem representados ou assistidos por terceiros*.
>
> Art. 4º Em caso de discordância insuperável entre o médico e o representante legal, assistente legal ou familiares do paciente menor ou incapaz quanto à terapêutica proposta, o médico deve comunicar o fato às autoridades competentes (Ministério Público, Polícia, Conselho Tutelar etc.), visando o melhor interesse do paciente. (grifo nosso)

A expressão "independentemente de estarem representados ou assistidos por terceiros", que se dirige tanto aos pacientes juridicamente incapazes quanto aos pacientes incapazes de se manifestar traz um problema quanto à eficácia do mandato duradouro (ou procurador para cuidados de saúde). Significa que os médicos devem desconsiderar a representação validamente constituída e autorizada pelo próprio Conselho Federal de Medicina, na Resolução CFM n. 1.995/2012, sobre diretivas antecipadas de vontade.

Também a Resolução CFM n. 2.232/2019 iguala todo juridicamente incapaz quanto à competência para tomada de decisões médicas. Ora, o discernimento é visto no caso concreto e a autonomia progressiva da criança e do adolescente, garantida pelo Estatuto da Criança e do Adolescente, não pode ser desconsiderada.

De toda forma, em princípio, somos pela prevalência de processos universais de tratamento médico em crianças que necessitam de transfusão sanguínea, mesmo que seus pais professem religiões que a proíbam. Só assim lhes poderá ser assegurado o exercício futuro da autonomia privada. Entendemos, todavia, que há pessoas que, mesmo incapazes legalmente, têm discernimento suficiente para expressar vontade contrária ao tratamento médico preconizado. A decisão final, se proferida pelo Judiciário, deve buscar a justiça para o caso concreto.

---

27. Recomenda-se a leitura do artigo de Javier Sánchez-Caro, intitulado "El consentimiento previo a la intervención y la protección de los incapaces", no qual ensina, amparado na Convenção de Oviedo, que: "la opinión del menor debe adquirir progresivamente más peso en la decisión final, cuanto mayor sea su edad y capacidad de discernimiento". SÁNCHEZ-CARO, Javier. El consentimiento previo a la intervención y la protección de los incapaces. In: ROMEO CASABONA, Carlos María. *El convenio de derechos humanos y biomedicina*. Bilbao/Granada: Carlos María Romeo Casabona, 2002, p. 120.

3.3 Objeção de consciência do médico

Ao médico também é possível o exercício da objeção de consciência. Não poderia ser diferente, afinal ele também é detentor de valores pessoais que podem ser confrontados pela decisão do outro, o seu paciente.

O Código de Ética Médica traz, dentre seus princípios fundamentais, a objeção de consciência, com as limitações inseridas no inciso VII:

> VII – O médico exercerá sua profissão com autonomia, não sendo obrigado a prestar serviços que contrariem os ditames de sua consciência ou a quem não deseje, excetuadas as situações de ausência de outro médico, em caso de urgência ou emergência, ou quando sua recusa possa trazer danos à saúde do paciente. (Cap. I)

A Resolução CFM 1.451/1995, que estabelece as normas para o funcionamento dos estabelecimentos de saúde de Pronto Socorro, diferencia situações de urgência e situações de emergência. Considera-se urgência "a ocorrência imprevista de agravo à saúde com ou sem risco potencial de vida, cujo portador necessita de assistência médica imediata". Já a emergência é "a constatação médica de condições de agravo à saúde que impliquem em risco iminente de vida ou sofrimento intenso, exigindo, portanto, tratamento médico imediato".

> O que basicamente diferencia as duas situações é o risco de morte, apesar da Resolução em comento se utilizar, equivocadamente, da expressão "risco de vida". Na urgência, esse risco de morte é potencial, ou seja, é possível, a assistência médica deve ser iniciada naquele instante, para que o quadro do paciente não se agrave ao ponto de colocar sua vida em real risco. Como exemplos dessa situação, podemos citar dores abdominais agudas e cólicas renais. Já na emergência, o risco de morte é iminente, ou seja, real, o evento morte já se desencadeia, e a intervenção médica deve ser praticada de maneira rápida e intensa. São exemplos de emergência, a parada cardiorrespiratória, as hemorragias volumosas e os infartos, que podem causar danos irreversíveis ao paciente, inclusive sua morte.[28]

Ao comentar a objeção de consciência do médico que pode trazer danos à saúde do paciente, Frederico Ferri de Resende se manifesta:

> Trata-se de exceção que deve ser analisada com ressalvas, sob pena de inviabilizar o próprio exercício daquele direito. [...] Se se entender que qualquer espécie de lesão à saúde do paciente, independentemente do seu grau de gravidade, for considerado dano à saúde do enfermo, não haveria espaço para o exercício da objeção de consciência, isso porque qualquer tipo de dano certo e efetivo seria capaz de provocar algum prejuízo.
>
> Veja-se que, nesse particular, devemos tratar a lesão à saúde do paciente nas situações de gravidade, vinculadas às situações de urgência e emergência, conforme alhures tratado.
>
> Conclui-se que a recusa do atendimento ao paciente por ditames de consciência poderá ser exercida naquelas situações eletivas, ou seja, quando não houver riscos iminentes à saúde do enfermo.[29]

---

28. RESENDE, Frederico Ferri de. *O direito de objeção de consciência do médico no exercício da profissão e a preservação da autonomia privada do paciente*. Dissertação (Mestrado em Direito) – Pontifícia Universidade Católica de Minas Gerais, Belo Horizonte, 2016, p. 57.
29. RESENDE, Frederico Ferri de. *O direito de objeção de consciência do médico no exercício da profissão e a preservação da autonomia privada do paciente*. Dissertação (Mestrado em Direito) – Pontifícia Universidade Católica de Minas Gerais, Belo Horizonte, 2016, p. 60.

O Código de Ética Médica traz, ainda, outro dispositivo em que reconhece ser direito do médico: "IX – Recusar-se a realizar atos médicos que, embora permitidos por lei, sejam contrários aos ditames de sua consciência." (Cap. II)

Reafirmando a autonomia do médico, a Resolução CFM n. 2.232/2019 também se ocupou do tema, especificamente para a objeção de atendimento em caso de recusa terapêutica do paciente: "Art. 8º Objeção de consciência é o direito do médico de se abster do atendimento diante da recusa terapêutica do paciente, não realizando atos médicos que, embora permitidos por lei, sejam contrários aos ditames de sua consciência."

Se entendermos a recusa terapêutica como uma objeção de consciência do paciente, o médico exercerá a objeção de não mais atender aquele que se objetou ao tratamento.

Esse direito encontra limites no dever de comunicação do fato à instituição de saúde, para que o paciente não fique sem o amparo de outro profissional, de modo a garantir sua assistência. (art. 9º da Resolução CFM n. 2.232/2019)

4. *LEADING CASE*: RE 1212272-AL[30]

Em 2018, no Juizado Especial Federal de Maceió, Malvina Lúcia Vicente da Silva ajuizou ação de obrigação de fazer com pedido de tutela de urgência antecipada em face da União Federal, na qual alegou a necessidade de cirurgia de substituição de válvula aórtica. No entanto, por ser Testemunha de Jeová há mais de quatro anos, desejava realizar seu tratamento de saúde sem transfusões de sangue.

Segundo a autora, a equipe médica que a assistia, apesar de reconhecer os perigos inerentes ao tratamento transfusional, afirmou ter condições de realizar seu procedimento cirúrgico utilizando estratégias clínicas alternativas à transfusão de sangue de terceiros, sob a condição de que autora assinasse um Termo de Consentimento Esclarecido para utilização de hemoterapia, por receio de eventual responsabilização.

Após evolução acentuada da patologia, a autora foi internada, no dia 21/01/2018, tendo sido iniciado processo pré-operatório, com vistas a aumentar a produção de glóbulos vermelhos. Antes de ser encaminhada para o centro cirúrgico, a paciente reiterou ao médico sua crença, pedindo-lhe que suas "Diretivas Antecipadas e Procuração para Tratamento de Saúde" fossem inseridas em seu prontuário.

Contudo, em razão de exigência da Administração da Santa Casa para que assinasse um termo de aceitação de transfusão sanguínea, a cirurgia não se realizou e a paciente teve alta em 23/01/2018.

Na fundamentação jurídica do seu pedido, a autora argumentou, em síntese, que: os entes estatais são responsáveis solidários pela saúde, conforme reconhecido no RExt 855.178; negar tratamento de saúde unicamente pelo critério religioso ofende os mandamentos constitucionais da dignidade da pessoa humana (CF, art. 1º, III), pois, ainda que haja situação de risco no entender do médico, não há lugar no ordenamento jurídico para a prática de transfusão de sangue forçada em paciente adulto; o Conselho

---
30. Nosso agradecimento a Manoel Antônio Silva Macêdo por, gentilmente, elaborar os contornos do caso.

Federal de Medicina, em sua Recomendação n. 01/2016, especifica que o Termo de Consentimento Livre e Esclarecido deve conter, dentre outros requisitos, a liberdade em consentir o tratamento, sem qualquer penalização ou sem prejuízo a seu cuidado; a Portaria de Consolidação n. 01/2017, do Ministério da Saúde, garante ao paciente o consentimento livre, voluntário e esclarecido, sem que sejam imputadas à pessoa sanções morais, financeiras ou legais (art. 6º, V); a 63ª Assembleia Mundial da Saúde, realizada, em 21/05/2010, pela Organização Mundial de Saúde, exortou os Estados Membros, dentre eles o Brasil, a entre outras medidas:

> [...] (6) promover a disponibilidade de alternativas de transfusão, incluindo, quando apropriado, transfusão autóloga e gestão do sangue do paciente; (7) apoiar a introdução de alternativas de transfusão, incluindo, onde apropriada, transfusão autóloga, práticas seguras de transfusão e administração de sangue do paciente; (8) incentivar pesquisas sobre novas tecnologias para a produção de sangue seguro e substitutos efetivos;

E mais: a Lei n. 10.205/2001, que regulamenta o art. 199, § 4º da Constituição Federal, prevê o implemento de procedimentos hemoterápicos especiais, como aféreses, transfusões autólogas (art. 3º, III); a Portaria n. 346 do Ministério da Saúde incluiu na "Tabela de Procedimentos, Medicamentos, Órteses, Próteses e Materiais Especiais" do SUS os códigos dos materiais de autotransfusão e de circulação extracorpórea, utilizados nos procedimentos cirúrgicos que gerenciam o sangue do próprio paciente, evitando as transfusões de sangue doado; a Portaria de Consolidação n. 5/2017 do Ministério da Saúde, Anexo IV, determina que "nas cirurgias eletivas deverão ser consideradas ações que reduzam o consumo de componentes sanguíneos alogênicos, como métodos que diminuam o sangramento no intraoperatório ou a realização de transfusão autóloga" (art. 7º).

Assim, a autora requereu tutela de urgência antecipada, para determinar que o procedimento cirúrgico fosse imediatamente realizado pela equipe médica responsável, ou, em caráter alternativo, o custeio do procedimento cirúrgico em estabelecimento privado de saúde, sem transfusões de sangue e sem o condicionamento da assinatura do Termo de Consentimento para utilização de hemoderivados, sob pena de multa diária e sequestro de verbas em valor suficiente para cumprimento da decisão. No mérito, requereu o reconhecimento da procedência do pedido, para declarar o seu direito de escolher tratamento médico sem transfusão de sangue homólogo e, consequentemente, determinar a realização da cirurgia sem uso de transfusões de sangue, sem o condicionamento da assinatura do Termo de Consentimento para utilização de hemoderivados.

Na contestação da União, esta sustentou ser parte ilegítima para compor o polo passivo, uma vez que não se pede o fornecimento de medicamento ou tratamento médico, caso em que são partes legítimas o Estado de Alagoas e o Município. Argumentou também que não ter havido qualquer recusa ou impedimento de sua parte. Arguiu, ainda, a incompetência absoluta do juizado especial, ante a complexidade do pedido inicial. No mérito, afirmou ser imprescindível que o paciente assine o Termo de Consentimento para realização do procedimento sem a transfusão de sangue, declarando-se ciente dos riscos que correrá em razão de sua decisão, também para salvaguardar a equipe médica, o hospital e os entes públicos quanto à futura responsabilização. Com relação à intervenção em políticas públicas, argumentou que o fato de os direitos sociais exigirem prestações positivas do Estado deve levar em consideração não apenas a conveniência e oportunidade de adoção da medida, mas, principalmente, a dimensão econômica, significando que a efetiva realização das prestações reclamadas depende, em última análise, da conjuntura econômica e financeira (reserva do possível). Sustentou, ainda, a necessidade de realização de perícias médica e econômica para a procedência dos pedidos constantes da inicial. Requereu o acolhimento das preliminares supracitadas, com a extinção do feito, sem julgamento de mérito, e, se ultrapassadas estas, que fossem julgados totalmente improcedentes os pedidos da Autora.

A autora apresentou réplica à contestação, sustentando a legitimidade passiva da União para compor a lide. Afirmou que não há complexidade na causa, eis que a recusa de atendimento que sobreveio se deu, não por haver dúvidas quanto à necessidade do procedimento, mas pela postura intolerante e burocrática da Administração do hospital. Quanto à alegação de ofensa à reserva financeira do possível, afirmou não requerer, neste pleito, nenhuma prestação de saúde que não esteja prevista nas Políticas Públicas, não sendo oponível o argumento da reserva do possível nem o princípio da separação dos poderes. Por fim, reiterou o pedido de antecipação dos efeitos da tutela pretendida, em caráter liminar.

A sentença julgou improcedentes as pretensões autorais, por ter entendido o magistrado que, conquanto não se negue a possibilidade da fé professada não há opções médicas diferentes da transfusão de sangue, que possam garantir a vida da autora.

A autora interpôs recurso, no qual afirmou ser a sentença contrária ao Direito e às provas dos autos. Afirma não haver impasse médico, levantado inadvertidamente pelo juízo recorrido, menos ainda impasse jurídico, já que a Recorrente declarou expressamente em juízo que está ciente e assume integralmente os eventuais riscos da sua escolha de tratamento sem sangue. Argumentou que os cirurgiões não afirmam e nenhum médico pode garantir a inexistência de riscos em procedimentos médicos. Assim, afirmou haver impropriedade técnica na sentença, quando a mesma é fundamentada em uma suposta obrigação de resultado na cirurgia. Entende que a solução desta questão passa pela interpretação constitucional da "inviolabilidade do direito à vida", descrita no *caput* do art. 5º da Constituição Federal, que não trata de mera acepção biológica, antes abrangendo sua plenitude moral, emocional e espiritual. Por fim, requereu a declaração de seu direito de escolher tratamento médico sem transfusão de sangue homólogo, ou, alternativamente, seja determinado o custeio integral de todas as despesas para realização de cirurgia em estabelecimento privado, sem o condicionamento da assinatura do Termo de Consentimento para utilização de hemoderivados, sob pena de, em caso de descumprimento, incorrer em multa diária a ser fixada por este juízo, além de sequestro de verbas em valor suficiente para cumprimento da decisão.

A União apresentou contrarrazões recursais.

A Turma Recursal da Seção Judiciária de Alagoas, à unanimidade, negou provimento ao recurso, no sentido de que a concessão de um tratamento diferenciado fere o princípio da isonomia na prestação de serviços públicos, além do que o tratamento da enfermidade de que é portadora a autora tem alternativa viável e não esgotada no SUS.

Em Recurso Extraordinário a autora submeteu à questão ao Supremo Tribunal Federal com a seguinte indagação: É legítima a recusa à transfusão de sangue no tratamento de saúde por parte de paciente Testemunha de Jeová?

A União apresentou suas contrarrazões ao Recurso Extraordinário interposto pela parte autora.

Depois de muitas discussões sobre a similitude deste processo com o Tema 952, de repercussão geral ainda sem julgamento, o Recurso finalmente foi admitido no Supremo, após a aplicação da técnica hermenêutica do *distinguishing*, pelo Presidente da Turma Recursal de Alagoas.

Entendeu-se que o julgamento do Tema 952 – que versa sobre conflito entre a liberdade religiosa e o dever do Estado de assegurar prestações de saúde universais e igualitárias – não é capaz de pacificar a questão em litígio, que envolve somente a autonomia da recorrente para recusar tratamento médico.

O Min. Gilmar Mendes, considerando a relevância da matéria e a representatividade da Associação das Testemunhas Cristãs de Jeová, deferiu o pedido para sua admissão no feito na condição de *amicus curiae*.

Posteriormente, o STF, por unanimidade, reputou constitucional a questão referente ao direito de autodeterminação confessional dos Testemunhas de Jeová em submeter-se a tratamento médico realizado sem transfusão de sangue, reconhecendo, ainda, a repercussão geral desta questão suscitada (Tema 1069).

O Min. Gilmar Mendes assinalou, ainda, a existência de *distinguishing* entre a questão analisada referente à possibilidade de paciente submeter-se a tratamento médico disponível na rede pública sem a necessidade de transfusão de sangue, em respeito a sua convicção religiosa, e a discussão no RE 979.742-RG (Tema 952), relacionada à possibilidade de a liberdade de convicção religiosa autorizar o custeio, pelo Estado, de tratamento médico indisponível no sistema público.

A Associação Nacional de Juristas Evangélicos também foi admitida na condição de *amicus curiae*.

A Procuradoria-Geral da República opinou pelo provimento do recurso extraordinário, por concluir que a recorrente está esclarecida sobre todos os possíveis riscos, sendo possível sua recusa em submeter-se a transfusão sanguínea, em respeito à sua autodeterminação e a sua liberdade de crença, além do que o procedimento cirúrgico sem a utilização de hemoderivados é disponibilizado pelo Sistema Único de Saúde, cuja viabilidade técnico-científica foi atestada pelo médico responsável. Sugeriu, por fim, a fixação das seguintes teses:

> I – É permitido ao paciente recusar-se a se submeter a tratamento de saúde, por motivos religiosos, como manifestação positiva de sua autodeterminação e de sua liberdade de crença.
>
> II – A recusa a tratamento de saúde, por motivos religiosos, é condicionada à decisão inequívoca, livre, informada e esclarecida do paciente; ao não envolvimento de crianças, adolescentes ou incapazes; e à ausência de risco à saúde pública e à coletividade.
>
> III – É possível a realização de procedimento médico, disponibilizado a todos pelo sistema público de saúde, com a interdição da realização de transfusão sanguínea ou outra medida excepcional, caso haja

viabilidade técnico-científica de sucesso, anuência da equipe médica com a sua realização e decisão inequívoca, livre, informada e esclarecida do paciente.

Após a manifestação da Procuradoria-Geral da República, o processo encontra-se concluso com o Relator Min. Gilmar Mendes, desde 07/07/2020. Aguardemos a decisão final.

5. CONSIDERAÇÕES FINAIS

A Medicina terá sempre uma dívida de gratidão para com a tecnologia, porque sem ela, não poderíamos vislumbrar a existência de especialidades como a Medicina nuclear, a genética, a microbiologia, entre outras. Além do mais, a modernização na seara terapêutica, cirúrgica e os meios para verificação de diagnósticos não deixam dúvidas de que vivemos no tempo da biotecnologia.

Essa constatação, se por um lado traz benefícios, por outro evidencia o distanciamento entre médico e paciente. Com todo o aparato instrumental que tem em seu poder, o médico é induzido a uma mudança de atitude, fato que provoca o aparecimento de uma cultura diferente. Sua visão holística relacional é substituída pela frieza e objetividade do exame clínico, visto que, ao estar amparado pela máquina, o profissional é levado a acreditar que tudo sabe e tudo pode.

O impacto da evolução da Medicina é atestado pela sociedade como um todo. Hospitais conveniados e planos de saúde acessíveis, novas legislações e formas de gestão dos serviços públicos de saúde, além do acirramento das relações de consumo, fazem parte do novo contexto, e é o médico a peça-chave, o liame entre a sociedade e o doente. Eis aqui sua primeira grande dificuldade: compatibilizar os interesses do doente, que tem com ele um contrato de valor moral e jurídico, e a vontade da sociedade organizada, que lhe atribui responsabilidades, mostrando-lhe, sempre, que suas condutas serão oneradas pela lei.

Assim, o desenvolvimento técnico-científico leva a uma ideologização da Medicina e das leis, onde o que efetivamente se busca é a aferição de poder e resultados, a despeito de exames detidos nas pessoas e de suas expectativas para com a própria vida. Em razão disso, o médico se vê, por vezes, obrigado a pôr em prática a defesa de consciência ou de objeção de consciência, e em seu socorro encontram-se os códigos de ética médica, de caráter deontológico, que representam normas de comportamento a garantir ao indivíduo uma consciência imparcial do profissional da Medicina diante de pressões de interesses partidários ou de ideologias políticas.

É com fulcro no Código de Ética Médica e no Juramento de Hipócrates que o profissional justifica sua decisão de não respeitar a vontade do paciente, aqui, em caso de recusa do mesmo ao procedimento de transfusão de sangue. Mas não estaríamos na contramão da história? Acaso não seria o doente o ator principal da administração da saúde? Claro que o médico também é sujeito dessa relação jurídica, mas seu papel é o de colaborar com o sujeito principal, e não o tratar como um objeto de direitos. Não podemos nos esquecer que vivemos em uma sociedade pluralista, com correntes culturais diversas, e o juízo crítico aos valores humanos merece ser observado.

Aliás, sobre o Juramento de Hipócrates, muito interessante é a interpretação que lhe é dada por Diego Gracia:

> A tese que me proponho defender é que o Juramento é um documento histórico como outro qualquer, que só faz sentido situado no contexto em que foi escrito e que sofreu, como não podia ser diferente, a passagem do tempo, mas que continua a manter sua vigência em um ponto fundamental: a busca da excelência. A tese central desse documento é que os profissionais têm de aspirar à excelência e que qualquer coisa abaixo disso deve ser considerada insuficiente por definição. Essa é sua grande mensagem. Foi isso o que fez que sobressaíssem os médicos hipocráticos, seu afã de perfeição e excelência, e essa é a grande lição que ainda hoje nos transmite seu texto.[31]

Não há desrespeito à busca pela excelência médica quando o médico respeita a vontade do paciente maior e capaz, nos limites do que expusemos no item anterior, razão pela qual entendemos não haver justificativa para a responsabilização do profissional. Ressaltamos, todavia, que há várias decisões judiciais que hierarquizam princípios constitucionais, dando prevalência à inviolabilidade do direito à vida, com interpretação estreita, apenas sob o aspecto biológico, com total esquecimento da dimensão biográfica da vida de cada ser humano.

---

31. GRACIA, Diego. *Pensar a bioética*: metas e desafios. São Paulo: São Camilo; Loyola, 2010, p. 267.

Capítulo 5
ABORTO E ANENCEFALIA[1]

A realidade é sempre maior que todos os nossos esquemas e compensa ir a ela diretamente, sem esquemas preconcebidos.[2]

1. ABORTO: CONCEITO E SÍNTESE HISTÓRICA

A palavra *aborto* tem sua origem no latim *abortus* e significa privação (*ab*) do nascimento (*ortus*). Trata-se da extração ou expulsão prematura do nascituro do corpo da mãe, causando-lhe a morte. Pode ocorrer por causas naturais ou ser provocado.

A caracterização do aborto não é unânime. Porém, medicamente, costuma-se considerar aborto, ou abortamento, a interrupção da gravidez até a 20ª ou 24ª semana.

O aborto espontâneo é aquele que decorre de causas naturais, em que o próprio corpo da gestante se encarrega de provocar a morte e expulsão do concebido. Normalmente tem origem ambiental ou genética. Ambiental, quando advém de causas do próprio organismo da gestante, como a má formação uterina, doenças infecciosas ou problemas hormonais. O aborto espontâneo por razões genéticas vem de descobertas relativamente recentes da Medicina, ligando-se especialmente a anomalias cromossômicas.

Para a Bioética e o Biodireito, será considerada mais relevante a interrupção da gravidez provocada por uma conduta humana, por impor uma questão de escolha ou uma conduta moral. Por essa razão, concentraremos nossas atenções no abortamento voluntário.

É certo que a prática do aborto é antiga, mas não há registros mais precisos de abortamento a não ser a partir do século XIX. Desconhecendo o processo de fecundação e mesmo de desenvolvimento do nascituro, a tentativa de aborto não era nada segura. Por isso, acredita-se que era mais frequente, e por isso foi documentada, a prática do infanticídio.

Há relatos de infanticídio e mesmo de sua regulação por normas jurídicas. A Lei das XII Tábuas, por exemplo, elaborada em Roma entre os anos de 451 e 449 a.C., previu na Tábua IV, em sua primeira norma: "É permitido ao pai matar o filho que nasceu disforme, mediante o julgamento de cinco vizinhos."

---

1. A respeito da personalidade e dos direitos do nascituro, ver o Capítulo 3, item 6.
2. GRACIA, Diego. *Pensar a bioética*: metas e desafios. São Paulo: São Camilo; Loyola, 2010, p. 381.

Enquanto *nasciturus*, o Direito Romano considerava o ser em formação como parte das entranhas femininas; logo, estaria sujeito ao poder do *paterfamilias*. Por essa razão, qualquer prática abortiva dependeria de sua autorização.

O uso de ervas e medicamentos abortivos é relatado desde a Antiguidade, embora hoje já se tenha constatado que muitos desses artifícios não provocavam o aborto ou eram mais perigosos para a saúde da mulher que propriamente um meio abortivo.

Aristóteles[3] (384-322 a.C.) defendeu que o corpo recebe da alma o ser. Ela seria a origem e a fonte das operações vitais. Baseado no pensamento aristotélico, Tomás de Aquino[4] (1225-1274) afirma que o homem possui uma única alma, mas que pode ser distinguida em três variações, e afirma que a matéria do feto vai recebendo-as progressivamente. Assim, entre a concepção e a perfeição alcançada com o recebimento da alma intelectiva decorreriam cerca de quarenta dias após a concepção do homem e de oitenta dias após a concepção da mulher (tese da animação mediata ou retardada). Logo, a essência humana não seria dada com a fecundação, mas adquirida durante a gestação, o que justificou por muito tempo o aborto realizado nos primeiros momentos da gestação, quando o ser humano ainda não estaria perfeito. O Direito Canônico, no entanto, não isentava de pena a provocação da morte do feto, mas reduzia a penalidade, considerando o fato como "quase homicídio".

A Lei das Sete Partidas (Sétima partida, VIII, 6 e 8) – outorgada por Afonso X, o Sábio, em Castela, entre os anos de 1256 e 1258, e adotada posteriormente em Portugal – punia com a morte a mulher grávida que bebesse intencionalmente ervas ou outra coisa abortiva, ou que se ferisse com a intenção de matar o nascituro. Se o aborto decorresse de agressão do marido, ou adviesse de erva ou medicamento administrado por médico ou cirurgião, deveria o agente ser desterrado para uma ilha por cinco anos.

Na Teologia, o tema também é controvertido, havendo quem afirme que somente na Modernidade o Cristianismo deu ao aborto um tratamento mais homogêneo e sancionador. No item 7 da *Declaração sobre o Aborto Provocado* da Congregação para a Doutrina da Fé, de 1974, há uma breve síntese histórica da posição da Igreja Católica sobre o tema:

> É certo que, na altura da Idade Média em que era opinião geral não estar a alma espiritual presente no corpo senão passadas as primeiras semanas, se fazia uma distinção quanto à espécie do pecado e à gravidade das sanções penais. Excelentes autores houve que admitiram, para esse primeiro período, soluções casuísticas mais suaves do que aquelas que eles davam para o concernente aos períodos seguintes da gravidez. Mas, jamais se negou, mesmo então, que o aborto provocado, mesmo nos primeiros dias da concepção fosse objectivamente falta grave. Uma tal condenação foi de facto unânime. De entre os muitos documentos, bastará recordar apenas alguns. Assim: o primeiro Concílio de Mogúncia, em 847, confirma as penas estabelecidas por Concílios precedentes contra o aborto; e determina que seja imposta a penitência mais rigorosa às mulheres "que matarem as suas crianças ou que provocarem a eliminação do fruto concebido no próprio seio". O Decreto de Graciano refere estas palavras do Papa

---

3. "E por isso a alma é a primeira atualidade de um corpo natural que tem em potência vida." (ARISTÓTELES. *De anima*. São Paulo: Editora 34, 2006, p. 72 (412a 16)).
4. São Tomás de Aquino (2001, p. 983 (q. 118 a.2 ad.2)) assevera as operações vitais do embrião já procedem de sua própria alma: "Por lo tanto, hay que admitir que el alma preexiste en el embrión, primero como nutritiva; después, como sensitiva, y, por último, como intelectiva." (TOMÁS DE AQUINO, Santo. *Suma de Teologia*. 4. ed. Madrid: Biblioteca de Autores Cristianos, 2001, t. 1, p. 980-985 (q.118)).

Estêvão V: "É homicida aquele que fizer perecer, mediante o aborto, o que tinha sido concebido". Santo Tomás, Doutor comum da Igreja, ensina que o aborto é um pecado grave contrário à lei natural. Nos tempos da Renascença, o Papa Sisto V condena o aborto com a maior severidade. Um século mais tarde, Inocêncio XI reprova as proposições de alguns canonistas "laxistas", que pretendiam desculpar o aborto provocado antes do momento em que certos autores fixavam dar-se a animação espiritual do novo ser. Nos nossos dias, os últimos Pontífices Romanos proclamaram, com a maior clareza, a mesma doutrina. Assim: Pio XI respondeu explicitamente às mais graves objecções; Pio XII excluiu claramente todo e qualquer aborto directo, ou seja, aquele que é intentado como um fim ou como um meio para o fim; João XXIII recordou o ensinamento dos Padres sobre o carácter sagrado da vida, "a qual, desde o seu início, exige a acção de Deus criador". E bem recentemente, ainda, o II Concílio do Vaticano, presidido pelo Santo Padre Paulo VI, condenou muito severamente o aborto: "A vida deve ser defendida com extremos cuidados, desde a concepção: o aborto e o infanticídio são crimes abomináveis".

No Brasil, o Código Criminal do Império, de 1830, não tipificava o aborto praticado pela própria gestante. No art. 199 tipificou como delito o aborto de terceiro, que com o consentimento da gestante, recebia pena de 1 a 5 anos de prisão com trabalho; e sem o consentimento da gestante, a pena duplicava. Este artigo previa o aborto consumado ou tentado, mas o art. 200 previu como crime autônomo o fornecimento de drogas abortivas ou outros meios para produzir aborto, ainda que este não viesse a se efetivar. Neste caso, a pena seria de 2 a 6 anos de prisão com trabalho, ou de 4 a 12, se praticado por médico, boticário ou cirurgião.

O Código Penal brasileiro de 1890 também não criminalizou o autoaborto e além de dois tipos penais semelhantes ao do Código do Império, previu ainda outro dispositivo, mais geral, em que na pena distinguiu se o aborto produziu ou não a "expulsão do fruto da concepção". Assim, se houvesse a expulsão, a pena era de prisão celular por 2 a 6 anos; se não houvesse a expulsão, a pena variava entre 6 meses e um ano.

2. CLASSIFICAÇÃO E LEGISLAÇÃO BRASILEIRA ATUAL

Considerando-se a literatura médica, seguida por alguns bioeticistas, as situações de aborto podem ser agrupadas em quatro grandes grupos: a) Interrupção eugênica da gestação; b) Interrupção terapêutica da gestação; c) Interrupção seletiva da gestação; e d) Interrupção voluntária da gestação.[5]

A primeira, o aborto eugênico, se dá na tentativa preconceituosa de "melhoramento" da espécie. Funda-se em valores étnicos, racistas ou presunções qualitativas.

A interrupção terapêutica é a que se dá em proteção à saúde da mãe, pois a continuidade da gestação põe em risco a integridade física e/ou psíquica da gestante.

A interrupção seletiva da gestação ocorre em hipóteses de anomalias fetais, como o caso da anencefalia, que será tratado mais adiante.

E, por fim, a interrupção voluntária da gestação, que se funda no exercício da autonomia da gestante e na liberdade do planejamento familiar.

---

5. DINIZ, Débora; ALMEIDA, Marcos de. Bioética e aborto. In: COSTA, Sergio Ibiapina Ferreira; OSELKA, Gabriel; GARRAFA, Volnei (Coords.). *Iniciação à bioética*. Brasília: Conselho Federal de Medicina, 1998, p. 125-137.

A legislação brasileira sobre aborto quase que se limita às prescrições do Código Penal, que, em regra, o considera como crime, tipificando três figuras: aborto provocado pela gestante ou com seu consentimento (art. 124), aborto sofrido sem o consentimento da gestante (art. 125), e aborto consentido (art. 126).

O primeiro se dirige à gestante que realiza a conduta ou permite que alguém a realize. Os outros dois são voltados para terceiros que realizam a conduta, sem ou com o consentimento da gestante.

Por outro lado, o Direito Penal brasileiro estabelece, expressamente, duas situações em que o aborto é considerado lícito:

> Art. 128. Não se pune o aborto praticado por médico:
> *Aborto necessário*
> I – se não há outro meio de salvar a vida da gestante;
> Aborto no caso de gravidez resultante de estupro
> II – se a gravidez resulta de estupro e o aborto é precedido de consentimento da gestante ou, quando incapaz, de seu representante legal.

A primeira hipótese ocorre para garantia da vida da gestante, por isso é denominado aborto terapêutico ou necessário. É uma forma de se tentar salvar a vida da gestante, que é posta em risco pelas condições da gestação.

No caso de estupro que ocasione gravidez, o Direito Penal brasileiro também isenta de pena o médico que o provoca.

Como o tema ressalta posições emotivas e acaloradas, não são raras as qualificações valorativas para as espécies de aborto. No caso de aborto em gestação originada de estupro, muitos o denominam de aborto sentimental, humanitário ou ético. O abuso sexual comum em conflitos armados deu ensejo a essa "espécie" de aborto e, com ele, um movimento em defesa da liberdade da mulher, que carregaria em seu ventre um fruto indesejado, que faz surgir a triste lembrança da violência por que passou.

3. O *HABEAS CORPUS* 124.306-RJ, DE 2016

Em 2016 foi impetrado *habeas corpus* com a finalidade de afastar a prisão que se deu em razão de prática de aborto, no primeiro trimestre de gravidez.

O Relator, Ministro Marco Aurélio, concedeu a ordem, mas após a vista do Min. Luís Roberto Barroso, a 1ª Turma do Supremo Tribunal Federal acompanhou sua fundamentação, no sentido de que não estão presentes os requisitos que legitimam nem o *habeas corpus* nem a prisão cautelar, já concedida. Por maioria de votos, a Turma concedeu, de ofício, a desconstituição da prisão preventiva, sob os seguintes fundamentos:

> 2. Em primeiro lugar, não estão presentes os requisitos que legitimam a prisão cautelar, a saber: risco para a ordem pública, a ordem econômica, a instrução criminal ou a aplicação da lei penal (CPP, art. 312). Os acusados são primários e com bons antecedentes, têm trabalho e residência fixa, têm comparecido aos atos de instrução e cumprirão pena em regime aberto, na hipótese de condenação.

No entanto, em decisão maximalista, o Ministro Luís Roberto Barroso, aludindo a exemplos de países democráticos que permitem a interrupção da gravidez no primeiro trimestre de gestação (Estados Unidos, Alemanha, Reino Unido, Canadá, França, Itália, Espanha, Portugal, Holanda e Austrália), cria doutrina no sentido de entender que a "criminalização [do aborto], nessa hipótese, viola diversos direitos fundamentais da mulher, bem como o princípio da proporcionalidade." E discorre, ainda, sobre o impacto da criminalização na vida de mulheres sem acesso a clínicas privadas.

> 4. A criminalização é incompatível com os seguintes direitos fundamentais: os direitos sexuais e reprodutivos da mulher, que não pode ser obrigada pelo Estado a manter uma gestação indesejada; a autonomia da mulher, que deve conservar o direito de fazer suas escolhas existenciais; a integridade física e psíquica da gestante, que é quem sofre, no seu corpo e no seu psiquismo, os efeitos da gravidez; e a igualdade da mulher, já que homens não engravidam e, portanto, a equiparação plena de gênero depende de se respeitar a vontade da mulher nessa matéria.
>
> 5. A tudo isto se acrescenta o impacto da criminalização sobre as mulheres pobres. É que o tratamento como crime, dado pela lei penal brasileira, impede que estas mulheres, que não têm acesso a médicos e clínicas privadas, recorram ao sistema público de saúde para se submeterem aos procedimentos cabíveis. Como consequência, multiplicam-se os casos de automutilação, lesões graves e óbitos.
>
> 6. A tipificação penal viola, também, o princípio da proporcionalidade por motivos que se cumulam: (i) ela constitui medida de duvidosa adequação para proteger o bem jurídico que pretende tutelar (vida do nascituro), por não produzir impacto relevante sobre o número de abortos praticados no país, apenas impedindo que sejam feitos de modo seguro; (ii) é possível que o Estado evite a ocorrência de abortos por meios mais eficazes e menos lesivos do que a criminalização, tais como educação sexual, distribuição de contraceptivos e amparo à mulher que deseja ter o filho, mas se encontra em condições adversas; (iii) a medida é desproporcional em sentido estrito, por gerar custos sociais (problemas de saúde pública e mortes) superiores aos seus benefícios.

4. AÇÃO DE ARGUIÇÃO DE DESCUMPRIMENTO DE PRECEITO FUNDAMENTAL N. 54 – ANENCEFALIA

Na linha da interrupção seletiva da gestação, em razão de anomalias graves, importante questão é a avaliação da validade jurídica do aborto. O Supremo Tribunal Federal (STF) julgou esse tema quanto à anencefalia e seus argumentos e consequências vêm sendo estendidos a outras situações de malformações graves, que impeçam a manutenção da vida extrauterina ou produzem a morte prematura do recém-nascido.

A anencefalia pode ser descrita como uma má-formação fetal em relação ao tubo neural, causando desenvolvimento incompleto do cérebro, da medula e/ou de suas camadas protetoras. Por essa razão, o tecido cerebral fica exposto, gerando anomalia facial. Ações reflexas, como a respiração e reflexos motores, podem se manifestar. Sua incidência gera invariavelmente a morte prematura.

Em 17 de junho de 2004, a Confederação Nacional dos Trabalhadores na Saúde – CNTS – ingressou em juízo com uma Arguição de Descumprimento de Preceito Fundamental. Trata-se de ação constitucional, prevista no artigo 102, § 1º da Constituição da República, cujo objetivo é o de evitar ou reparar lesão a preceito fundamental, resultante de ato do Poder Público, tal como preconizam os artigos 1º e 3º da Lei n. 9.882/99.

Segundo Luís Roberto Barroso, então advogado da CNTS, o pedido requeria um posicionamento do Supremo Tribunal Federal quanto à possibilidade de antecipação terapêutica do parto em razão de anencefalia do feto e às consequências jurídicas para os profissionais da saúde. Elencou como preceitos vulnerados os artigos 1º, IV (dignidade da pessoa humana), 5º, II (Princípios da legalidade, liberdade e autonomia), 6º, *caput* e 196 (direito à saúde), todos da Constituição da República. Como ato do Poder Público causador da lesão, o conjunto normativo dos artigos 124, 126, *caput*, e 128, I e II, do Código Penal.

Em nota prévia, o então advogado, hoje, ministro do STF, deixou claro que a argumentação desenvolvida não questionava o tratamento dado ao aborto pelo direito positivo. A questão que se colocava, a seu ver, não era de aborto, mas sim, de *antecipação terapêutica de fetos anencefálicos*, situação circunscrita ao domínio da Medicina. De toda maneira, imprescindível o posicionamento do STF:

> Nada obstante, o pronunciamento do Supremo Tribunal Federal tornou-se indispensável na matéria, que tem profundo alcance humanitário, para libertá-las de visões idiossincráticas, causadoras de dramático sofrimento às gestantes e de ameaças e obstáculos à atuação dos profissionais de saúde. (Petição Inicial, p. 4)

Cumpre desde já salientar que o termo *antecipação terapêutica de parto* foi proposto pela antropóloga Débora Diniz e pelo jurista Diaulas Costa Ribeiro[6] com o objetivo de retirar o estigma e o peso que causam a palavra aborto. O termo é passível de críticas[7], apesar de escolhido pela autora da ação (CNTS) por questões metodológicas, não equiparando a situação vivenciada por inúmeras gestantes que carregam no ventre um feto anencefálico – situação muito específica – aos outros casos de interrupção de gestação, tipificados como crime no Código Penal brasileiro.

Na propositura da ação, o conceito de anencefalia foi assim descrito:

> A *anencefalia* é definida na literatura médica como a má-formação fetal congênita por defeito do fechamento do tubo neural durante a gestação, de modo que o feto não apresenta os hemisférios cerebrais e o córtex, havendo apenas resíduo do tronco encefálico. Conhecida vulgarmente como "ausência de cérebro", a anomalia importa na inexistência de todas as funções superiores do sistema nervoso central – responsável pela consciência, cognição, vida relacional, comunicação, afetividade e emotividade. Restam apenas algumas funções inferiores que controlam parcialmente a respiração, as funções vasomotoras e a medula espinhal. Como é intuitivo, a anencefalia é incompatível com a vida extrauterina, sendo fatal em 100% dos casos. (p. 4-5 da petição inicial).

Portanto, diante da inviabilidade de vida extrauterina e da certeza do exame diagnóstico, foi requerida a "declaração de inconstitucionalidade da interpretação" dos artigos 124, 126 e 128 do Código Penal. Segundo o pedido, não havia como interpretá-los como impeditivos para a antecipação do parto por não se tratar de aborto. À gestante,

---

6. DINIZ, Débora; RIBEIRO, Diaulas Costa. *Aborto por anomalia fetal*. Brasília: Letras Livres, 2004.
7. Há quem considere a antecipação terapêutica de parto em caso de anencefalia como espécie de aborto. Nesse sentido, não haverá previsão de exclusão de punibilidade e, portanto, trata-se de crime contra a vida, com responsabilização penal para o médico e gestante. Outra corrente considera a anencefalia fetal uma situação *sui generis*, não sendo possível enquadrá-la na proibição legal.

caberia o direito de decidir sobre a continuidade da gestação ou sua interrupção, sem necessidade de autorização judicial prévia.

O pedido também se baseou nos riscos para a saúde da mulher. Impor à gestante a permanência do feto em seu útero poderia gerar angústia, frustração e dor, uma violência à dignidade e à saúde psicofísica da mãe, que teria que suportar nove meses de gestação, mesmo sabendo que o bebê não teria como sobreviver.

O relator do acórdão, Ministro Marco Aurélio, inicialmente indeferiu o pedido de diversas entidades para figurarem no processo como *amicus curiae*. A justificativa do indeferimento foi o art. 7º, § 2º da Lei n. 9.868/99.

Dada vista ao Procurador Geral da República, este pugnou pelo indeferimento do feito. Sua alegação foi pela primazia do direito à vida do feto, mesmo que essa vida fosse breve. Também afirmou não haver respaldo constitucional ou legal para o pedido.

O pedido liminar foi julgado em julho de 2004, ocasião em que o Ministro Marco Aurélio reconheceu a relevância da questão e sobrestou todos os processos e decisões sobre o tema, não transitados em julgado. Também reconheceu o direito da gestante de se valer da antecipação terapêutica do parto, desde que a anomalia fosse comprovada por laudo médico.

A medida liminar foi revogada em setembro do mesmo ano. Questões sobre a importância de audiência pública e a admissão de entidades como *amicus curiae* foram suscitadas. De fato, foram ouvidos diferentes grupos sociais, principalmente comunidades científicas e de cunho religioso, nesse último caso, por tratar-se o Brasil de Estado laico.

Também se entendeu conveniente a designação de audiência para apreciar questão de ordem relativa à admissibilidade da ADPF e da manutenção ou revogação da liminar concedida. Assim, em 27 de abril de 2005, o Supremo Tribunal Federal admitiu a ADPF e, por maioria, vencido o Ministro Cezar Peluso, referendou a primeira parte da liminar, mantendo o sobrestamento dos processos e decisões não transitadas em julgado no tocante à antecipação terapêutica de parto de fetos anencefálicos. Quanto a segunda parte, foi revogada a decisão que concedia à gestante o direito de interromper a gravidez de fetos com a anomalia citada, vencidos os Ministros Marco Aurélio, Carlos Britto, Celso de Mello e Sepúlveda Pertence.

Na sessão de julgamento ocorrida em abril de 2012, alguns pronunciamentos merecem destaque[8]:

Ministro Marco Aurélio:

> Aborto é crime contra a vida. Tutela-se a vida em potencial. No caso do anencéfalo, não existe vida possível. O feto anencéfalo é biologicamente vivo, por ser formado por células vivas, e juridicamente morto, não gozando de proteção estatal. [...] O anencéfalo jamais se tornará uma pessoa. Em síntese, não se cuida de vida em potencial, mas de morte segura. Anencefalia é incompatível com a vida.

---

8. Pronunciamentos orais realizados na sessão de julgamento. SANTOS, Débora. Supremo decide por 8 a 2 que aborto de feto sem cérebro não é crime. *G1*, Brasília, 12/04/2012. Disponível em: <http://g1.globo.com/brasil/noticia/2012/04/supremo-decide-por-8-2-que-aborto-de-feto-sem-cerebro-nao-e-crime.html>.

Ministro Luiz Fux:

Um bebê anencéfalo é geralmente cego, surdo, inconsciente e incapaz de sentir dor. Apesar de que alguns indivíduos com anencefalia possam viver por minutos, a falta de um cérebro descarta completamente qualquer possibilidade de haver consciência. [...] Impedir a interrupção da gravidez sob ameaça penal equivale à tortura.

Ministra Carmen Lúcia:

Faço questão de frisar que este Supremo Tribunal Federal não está decidindo permitir o aborto. [...] Não se cuida aqui de obrigar. Estamos deliberando sobre a possibilidade jurídica de um médico ajudar uma pessoa que esteja grávida de feto anencéfalo de ter a liberdade de seguir o que achar o melhor caminho.

Ministro Celso de Melo:

O crime de aborto pressupõe gravidez em curso e que o feto esteja vivo. E mais, a morte do feto vivo tem que ser resultado direto e imediato das manobras abortivas [...]. A interrupção da gravidez em decorrência da anencefalia não satisfaz esses elementos.

Ministro Ricardo Lewandowski:

Uma decisão judicial isentando de sanção o aborto de fetos anencéfalos, ao arrepio da legislação existente, além de discutível do ponto de vista científico, abriria as portas para a interrupção de gestações de inúmeros embriões que sofrem ou viriam sofrer outras doenças genéticas ou adquiridas que de algum modo levariam ao encurtamento de sua vida intra ou extrauterina.

Ministro Cézar Peluso:

Ao feto, reduzido no fim das contas à condição de lixo ou de outra coisa imprestável e incômoda, não é dispensada de nenhum ângulo a menor consideração ética ou jurídica nem reconhecido grau algum da dignidade jurídica que lhe vem da incontestável ascendência e natureza humana. Essa forma de discriminação em nada difere, a meu ver, do racismo e do sexismo e do chamado especismo.

O mérito da ação somente foi julgado em 2012 e o acórdão publicado em 30 de abril de 2013:

> ESTADO – LAICIDADE. O Brasil é uma república laica, surgindo absolutamente neutro quanto às religiões. Considerações. FETO ANENCÉFALO – INTERRUPÇÃO DA GRAVIDEZ – MULHER – LIBERDADE SEXUAL E REPRODUTIVA – SAÚDE – DIGNIDADE – AUTODETERMINAÇÃO – DIREITOS FUNDAMENTAIS – CRIME – INEXISTÊNCIA. Mostra-se inconstitucional interpretação de a interrupção da gravidez de feto anencéfalo ser conduta tipificada nos artigos 124, 126 e 128, incisos I e II, do Código Penal.
>
> Decisão
>
> Após o voto do Senhor Ministro Marco Aurélio (Relator), que julgava procedente o pedido para declarar a inconstitucionalidade da interpretação segundo a qual a interrupção da gravidez de feto anencéfalo é conduta tipificada nos artigos 124, 126, 128, incisos I e II, todos do Código Penal, no que foi acompanhado pelos Senhores Ministros Rosa Weber, Joaquim Barbosa, Luiz Fux e Cármen Lúcia, e o voto do Senhor Ministro Ricardo Lewandowski, que julgava improcedente o pedido, o julgamento foi suspenso. Impedido o Senhor Ministro Dias Toffoli. Falaram, pela requerente, o Dr. Luís Roberto Barroso e, pelo Ministério Público Federal, o Procurador-Geral da República, Dr. Roberto Monteiro Gurgel Santos. Plenário, 11.04.2012.
>
> O Tribunal, por maioria e nos termos do voto do Relator, julgou procedente a ação para declarar a inconstitucionalidade da interpretação segundo a qual a interrupção da gravidez de feto anencéfalo é

conduta tipificada nos artigos 124, 126, 128, incisos I e II, todos do Código Penal, contra os votos dos Senhores Ministros Gilmar Mendes e Celso de Mello que, julgando-a procedente, acrescentavam condições de diagnóstico de anencefalia especificadas pelo Ministro Celso de Mello; e contra os votos dos Senhores Ministros Ricardo Lewandowski e Cezar Peluso (Presidente), que a julgavam improcedente. Ausentes, justificadamente, os Senhores Ministros Joaquim Barbosa e Dias Toffoli. Plenário, 12.04.2012.[9]

Após o julgamento da ADPF, o Conselho Federal de Medicina editou Resolução que define os critérios de diagnóstico de anencefalia.

5. RESOLUÇÃO CFM N. 1.989/2012 E ANENCEFALIA

Em 10 de maio de 2012, o CFM editou a Resolução n. 1.989, que dispõe "sobre o diagnóstico de anencefalia para a antecipação terapêutica do parto".

A exposição de motivos da Resolução expressa:

> A partir dessa decisão [ADPF 54], a interrupção da gravidez saiu do âmbito de uma decisão jurídica, ou estritamente judicial, para tornar-se um protocolo dos programas de atenção à saúde da mulher, exigindo, deste Conselho, a definição dos critérios médicos para o diagnóstico dessa malformação fetal, bem como a criação de diretrizes específicas para a assistência médica à gestante.

De acordo com a Resolução, o médico poderá, independentemente de autorização do Estado, interromper a gravidez em caso de diagnóstico inequívoco de anencefalia, desde que a pedido da gestante.

O diagnóstico de anencefalia se faz por meio de exame ultrassonográfico, a partir da 12ª semana de gestação, devendo conter:

> I – duas fotografias, identificadas e datadas: uma com a face do feto em posição sagital; a outra, com a visualização do polo cefálico no corte transversal, demonstrando a ausência da calota craniana e de parênquima cerebral identificável;
>
> II – laudo assinado por dois médicos, capacitados para tal diagnóstico.

O art. 3º garante o direito à informação e resguarda à gestante a liberdade de escolha acerca da decisão a tomar, se interromper ou manter a gravidez, ou adiar a decisão para outro momento. Pode, inclusive, solicitar outra opinião.

O ato de interrupção da gravidez deve ser documentado em ata, contendo o consentimento da gestante e/ou de seu representante.

6. *SLIPPERY SLOPE*: EXTENSÃO DOS EFEITOS DA DECISÃO DA ADPF 54 PARA OUTRAS SÍNDROMES

Questões relevantes sobre o tema merecem ser problematizadas. Um dos argumentos – quiçá o mais utilizado pela Corte – para entender pela possibilidade de a gestante

---

9. BRASIL. Supremo Tribunal Federal. *Arguição de Descumprimento de Preceito Fundamental n. 54*. Brasília. Requerente: Confederação Nacional dos Trabalhadores na Saúde – CNTS. Rel. Min. Marco Aurélio. Julgado em 12/04/2012. Disponível em: <http://redir.stf.jus.br/paginadorpub/paginador.jsp?docTP=TP&docID=3707334>. Acesso em 21 out. 2014.

interromper a gravidez foi o de que a anencefalia inviabiliza ou torna tênue e curta a vida do bebê. Ganhou respaldo, portanto, a observância do direito à saúde psicofísica da mulher. Pois bem. A partir de então, muitos vem interpretando ser possível a extensão dos efeitos da decisão da ADPF 54 a fetos que padecem de outras anomalias graves. Esse fenômeno é conhecido em Bioética como *slippery slope*, traduzido como ladeira escorregadia. Mas estender os efeitos de uma decisão para outros casos *semelhantes*, daria ensejo à prática da eugenia?

Pensemos em síndromes graves, como as Síndromes de Patau e de Edwards. A Síndrome de Patau foi descrita por Klaus Patau, em 1960. Trata-se de doença genética que se caracteriza por inúmeras malformações fetais envolvendo o sistema nervoso central, o sistema cardiovascular, o sistema urogenital, dentre outros. A Síndrome de Edwards, resultante de trissomia do cromossoma 18, foi descrita inicialmente pelo geneticista britânico John H. Edwards, também no ano de 1960. Ambas as síndromes conduzem à morte prematura.

Em 2014, o Tribunal de Justiça de São Paulo julgou o Mandado de Segurança n. 2029986-77.2014.8.26.0000, impetrado contra o juiz de 1ª instância que negara o pedido de interrupção de gravidez de uma gestante que carregava um feto diagnosticado com a Síndrome de Edwards. O fundamento do indeferimento do pedido em 1ª instância foi a ausência de previsão legal para o conhecido "aborto eugênico", na legislação pátria.

O diagnóstico foi realizado na 22ª semana de gestação e os exames apontaram a incompatibilidade da vida extrauterina do feto, pelo que a gestante pediu alvará para a interrupção da gravidez, sob o argumento que de a gestação lhe acarretaria sérios riscos físicos e psicológicos.

O Tribunal concedeu a segurança para que a interrupção da gravidez fosse realizada. O relator, Desembargador Pedro Menin, assim embasou seu voto:

> Observa-se que, no presente caso, mais do que sentimentos, cuidava-se de aborto terapêutico, cuja natureza corresponde a causa especial de exclusão de ilicitude, contida no inciso I, do artigo 128 do Código Penal, já que a inviabilidade da vida do feto, não pode justificar os riscos trazidos à saúde da gestante, nem emocional, nem sentimental, tampouco físico, os quais, provavelmente ocorreriam, caso em que a medida não fosse tomada a tempo hábil.[10]

Em 2015, em Processo 0356331-96.2015.8.19.0001, foi requerido, pela gestante e seu companheiro, a interrupção da gravidez com apoio em laudo médico que atestava ser o feto portador de Agenesia Renal Bilateral (ausência de ambos os rins).

O parecer médico afirmou que a condição diagnosticada era incompatível com a vida em cem por cento dos casos, levando a óbito intraútero ou no período nenonatal precoce. Tanto o Ministério Público quanto o curador do nascituro opinaram favoravelmente ao pedido, argumentando o primeiro com a hipótese de atipicidade de conduta,

---

10. SÃO PAULO. Tribunal de Justiça. *Mandado de Segurança n. 2029986-77.2014.8.26.0000*. Relator: Pedro Menin. Órgão julgador 16ª Câmara de Direito Criminal. Data do julgamento: 08/04/2014. Disponível em: <https://esaj.tjsp.jus.br/cjsg/getArquivo.do?cdAcordao=7488417&cdForo=0&vlCaptcha=SJQYW>. Acesso em: 18 jul. 2014.

por falta de lesão ao bem jurídico vida e, o segundo, afirmando pela existência de causa excludente da ilicitude.

A decisão reconheceu ser o pedido similar ao discutido pela ADPF 54, que tratou da interrupção da gravidez em caso de anencefalia.

Concluiu-se pela semelhança entre ambas, posto envolverem condições de inviabilidade de vida extrauterina.

O laudo médico definiu a Agenesia Renal Bilateral (ARE) como sendo:

> O defeito precoce da morfogênese definido pela ausência dos rins, ureteres e bexiga, normalmente associado com a sequência de oligodramnia. Essas são estruturas essenciais para o desenvolvimento pulmonar intrauterino, e sua ausência compromete de maneira letal o concepto. É uma condição congênita, com incidência estimada entre um caso para quatro mil a um para dez mil fetos ocorrendo por causas variadas.[11]

De volta à pergunta inicial: a extensão dos efeitos de uma decisão (no caso, da ADPF 54) para outros casos semelhantes, daria ensejo à prática da eugenia? Não necessariamente. É possível a ampliação, mas é fundamental que isso seja feito caso a caso, com problematização específica e o rigor de um diagnóstico certo e laudos suplementares que atestem a inviabilidade da vida extrauterina. Ademais, estando-se diante de casos extremos, haveria razão para não atribuir direitos à gestante, negando-lhe a possibilidade de escolher entre ter ou não a criança? Apesar de todo o avanço das Ciências da Saúde, a gravidez não deixa de ter riscos, mas esses riscos são assumidos pela mulher na expectativa de que a criança nasça e se torne alguém. Determinar que a gestante corra os riscos inerentes à gravidez, quando a frustração da vida extrauterina é incontroversa pode não ser a melhor opção, cabendo à gestante o direito de velar pela sua saúde psicofísica.

---

11. RIO DE JANEIRO. 4ª Vara Criminal do Rio de Janeiro. *Processo 0356331-96.2015.8.19.0001*. Juiz Edison Ponte Burlamaqui, j. 27/08/2015.

Capítulo 6
REPRODUÇÃO HUMANA ASSISTIDA

> A evolução do conhecimento científico – somado ao fenômeno da globalização, ao declínio do patriarcalismo e à redivisão sexual do trabalho – fez uma grande transformação da família, especialmente a partir da segunda metade do século passado. Como será a família desse novo século [...]? Não é necessário mais sexo para reprodução, e o casamento legítimo não é mais a única maneira de se legitimar as relações sexuais. [...] Afora a nostalgia de que a família na qual cada um de nós foi criado é a melhor, sua travessia para o novo milênio se faz em um barco que está transportando valores totalmente diferentes, como é natural dos fenômenos de virada de século. A travessia nos deixa atônitos, mas traz consigo um valor que é uma conquista, ou seja, a família não é mais essencialmente um núcleo econômico e de reprodução em que sempre esteve instalada a suposta superioridade masculina. Nessa travessia, carregamos a 'boa nova' de que ela passou a ser muito mais o espaço para o desenvolvimento do companheirismo, do amor e, acima de tudo, embora sempre tenha sido assim, e será, o núcleo formador da pessoa e fundante do sujeito.[1]

1. INTRODUÇÃO

O final do século XX foi palco de inúmeras e aceleradas transformações advindas dos avanços biotecnológicos. E, nesse contexto, a reprodução assistida trouxe consigo, além das avançadas técnicas que permitem a realização do sonho de se ter um filho, a possibilidade de efetivação de experiências genéticas que envolvam embriões humanos.

As recentes descobertas relacionadas à Genética clínica colocam-nos diante da possibilidade de abertura da "caixa de Pandora", porquanto dos fatos novos, novos e inquietantes conflitos emergem. Certo é que precisamos refletir, principalmente quando nos conscientizamos que a Bioética e o Biodireito têm a *diversidade* e a *pluralidade de pensamentos* como ponto comum. Ora, somos seres históricos e culturais, e os conhecimentos que produzimos ou descobrimos serão contaminados pelos nossos valores, também históricos e culturais. Não podemos mais, em pleno terceiro milênio, incorrer no erro de acharmos que algo é definitivo. Nada é.

Eis aqui um capítulo da história da humanidade que nos faz pensar, a cada dia, quais os limites que imporemos a nós mesmos perante o uso e a obtenção de embriões humanos. As técnicas de reprodução humana assistida auxiliam casais e mulheres sozinhas a terem filhos e, a contrapartida disso, em muitas situações, é a existência de embriões excedentes, não utilizados nos procedimentos médicos.

---

1. PEREIRA, Rodrigo da Cunha. Direito de família do século XXI. In: FIUZA, César; SÁ, Maria de Fátima Freire; NAVES, Bruno Torquato de Oliveira (Coords.). *Direito civil*: atualidades. Belo Horizonte: Del Rey, 2003, p. 235-236.

Neste capítulo, abordaremos de maneira sucinta algumas técnicas de reprodução assistida, o panorama legislativo e os entraves que envolvem a questão.

A reprodução assistida é "o conjunto de técnicas que favorecem a fecundação humana, a partir da manipulação de gametas e embriões, objetivando principalmente combater a infertilidade e propiciando o nascimento de uma nova vida humana".[2]

Há vários métodos de reprodução assistida e, neste espaço, citaremos apenas os mais conhecidos, sendo eles: a Transferência dos Gametas para dentro da Trompa, denominado GIFT (*Gamete Intrafallopian Transfer*); a Transferência do Zigoto para dentro da Trompa, ZIFT (*Zygote Intrafallopian Transfer*); a Injeção Intracitoplasmática de Espermatozoide, ICSI (*Intracytoplasmic Sperm Injection*); e, por último, mas talvez o mais importante, a Fertilização *in vitro*, FIV.

A técnica de GIFT é usada para mulheres com infertilidade sem causa determinada, ou aparente, ou, ainda, em razão da presença de leve endometriose. "Nesse procedimento, o óvulo e os espermatozoides selecionados após a coleta são reunidos em um mesmo cateter e imediatamente transferidos para a trompa, ambiente natural da fecundação."[3]

No método ZIFT, "a primeira divisão do zigoto, que dará origem ao embrião, acontecerá já em seu ambiente natural, dentro da trompa. Ali, as células passarão a multiplicar-se, enquanto o embrião em formação caminhará em direção ao útero".[4]

Na ICSI o espermatozoide é introduzido diretamente no óvulo por meio de uma agulha. Essa técnica também é conhecida como micromanipulação do óvulo. Segundo Olmos:

> Sua utilização recente inclui até mesmo alguns casais que eram considerados estéreis em razão das baixíssimas quantidades de espermatozoides produzidas pelo parceiro ou da falta de motilidade dos gametas masculinos para impulsionar a entrada no óvulo.[5]

A FIV – fertilização *in vitro* – é o "método que promove em laboratório o encontro entre os espermatozoides e um óvulo colhido após tratamento com indutores".[6] Ocorrida a fertilização procede-se à transferência do embrião para o útero. Essa técnica será utilizada uma vez esgotadas todas as possibilidades em relação ao uso das demais. Ela deve ser vista como uma possibilidade secundária se outras técnicas, menos invasivas, puderem ser utilizadas com sucesso.

---

2. RIBEIRO, Gustavo Pereira Leite. Breve comentário sobre aspectos destacados da reprodução humana assistida. In: SÁ, Maria de Fátima Freire de (Coord.). *Biodireito*. Belo Horizonte: Del Rey, 2002, p. 286.
3. OLMOS, Paulo Eduardo. *Quando a cegonha não vem*: os recursos da medicina moderna para vencer a infertilidade. São Paulo: Carrenho, 2003, p. 197.
4. OLMOS, Paulo Eduardo. *Quando a cegonha não vem*: os recursos da medicina moderna para vencer a infertilidade. São Paulo: Carrenho, 2003, p. 198.
5. OLMOS, Paulo Eduardo. *Quando a cegonha não vem*: os recursos da medicina moderna para vencer a infertilidade. São Paulo: Carrenho, 2003, p. 199.
6. OLMOS, Paulo Eduardo. *Quando a cegonha não vem*: os recursos da medicina moderna para vencer a infertilidade. São Paulo: Carrenho, 2003, p. 189.

2. O PANORAMA LEGISLATIVO BRASILEIRO

2.1 O Código Civil de 1916 e o Código Civil de 2002

As codificações brasileiras adotam o entendimento clássico de que sujeito de direito é aquele que a ordem jurídica define como tal. Ao vincular personalidade e titularidade, tanto o Código de 1916 quanto o de 2002, apontam três categorias distintas: pessoa natural, nascituro e prole eventual. Nada dizem sobre a condição do embrião humano.

Sob o ponto de vista tradicional, entende-se por pessoa natural todo indivíduo capaz de direitos e obrigações. O Código Civil estabelece o nascimento com vida como fator determinante do início da personalidade, assegurando, todavia, os direitos do nascituro.

Assim, costuma-se afirmar que o Direito brasileiro adota a teoria natalista, opinião contestada por muitos,[7] em detrimento da teoria da personalidade condicional, impropriamente denominada concepcionista, e da teoria verdadeiramente concepcionista. Entende esta última que a personalidade começa a partir da concepção. A teoria da personalidade condicional também sustenta que o início da personalidade se verifica a partir da concepção, mas subordinada ao nascimento com vida. Já a corrente natalista preceitua, como mencionado, que a personalidade depende do nascimento com vida, afirmando que o nascituro não é pessoa.

A prole eventual constitui todo ente humano que pode vir a ser concebido. É o ente humano futuro. O Código Civil brasileiro admite a aquisição de bens por testamento por pessoa não nascida que o testador designe, cujo genitor ou genitores estejam vivos no momento da abertura da sucessão,[8] bem como a doação à filiação futura, efetuada em contemplação de casamento a se realizar.[9]

Em resumo, portanto, o Direito brasileiro reconhece e protege os direitos das pessoas naturais (pessoas nascidas), assegura situações subjetivas do nascituro (aquele que se encontra no ventre da mãe), como também garante vantagens à prole eventual (seres não concebidos). Mas, e o embrião? Impossível caracterizá-lo como pessoa natural porque inexiste o nascimento com vida; não é nascituro porque não se encontra no ventre materno; não pode ser caracterizado como prole eventual, porquanto já houve concepção.

Jussara Meirelles afirma a insuficiência e a desnecessidade quanto ao esforço hermenêutico extensivo das categorias tradicionais mencionadas. Segundo a autora:

> Para melhor demonstrar o problema, impõe-se traçar um paralelo entre a situação do nascituro e a do embrião pré-implantatório. Ao nascituro, ainda que se entenda que a atribuição de personalidade coincide com a nidação e os seus direitos patrimoniais são subordinados à condição resolutiva verifi-

---

7. Por todos: AMARAL, Francisco. *Direito civil*: introdução. 5. ed. Rio de Janeiro: Renovar, 2003. Segundo referido autor, "O nascimento não é condição para que a personalidade exista, mas para que se consolide", p. 223.
8. "Art. 1.799. Na sucessão testamentária podem ainda ser chamados a suceder:
   I – os filhos, ainda não concebidos, de pessoas indicadas pelo testador, desde que vivas estas ao abrir-se a sucessão; [...]."
9. "Art. 546. A doação feita em contemplação de casamento futuro com certa e determinada pessoa, quer pelos nubentes entre si, quer por terceiro a um deles, a ambos, ou aos filhos que, de futuro, houverem um do outro, não pode ser impugnada por falta de aceitação, e só ficará sem efeito se o casamento não se realizar."

cada pelo nascimento sem vida, a titularidade está sujeita a acontecimentos incertos cuja efetivação não está na dependência direta da vontade alheia.

Já ao se aplicar as mesmas referências ao embrião *in vitro*, a situação tornar-se-ia completamente diferente. Sua transferência ao útero estaria sujeita, dentre outros fatores, à vontade dos interessados no desenvolvimento do novo ser, que poderiam ser os titulares dos gametas fecundantes ou não. Saliente-se, portanto, que o embrião pré-implantatório teria a possibilidade de vir ou não a se tornar sujeito de direitos, em circunstâncias como as apontadas, dependendo do interesse direto que apresentassem pessoas que juridicamente com ele viriam a se relacionar.

Não se trata, então, de sujeitar a personalidade jurídica a acontecimentos naturais, como o nascimento com vida, a morte, ou até mesmo a nidação. A transferência ao útero dependeria, além dos fatores biológicos, da intenção de quem a realizasse e de quem se submetesse a tal intervenção médica.[10]

Como já explicitado no Capítulo 3 ("6.1. A personalidade jurídica e a personalidade do nascituro na fundamentação clássica"), não concordamos com a afirmação de que haveria uma condição resolutiva de "nascer sem vida" para cessação dos efeitos dos direitos patrimoniais, mas é certo que as categorias tradicionais são insuficientes para regular a dinâmica das situações dos embriões humanos. O Código Civil de 2002 tratou do tema de forma tópica e assistemática, instituindo presunção de filiação dos embriões, frutos de inseminação artificial homóloga e heteróloga, embora haja a mais completa ausência de regulação da matéria no Direito Sucessório.

A única oportunidade que o referido Código aborda o tema ocorre ao tratar das presunções, no artigo 1.597, que pela sua relevância merece transcrição integral:

> Art. 1.597. Presumem-se concebidos na constância do casamento os filhos:
>
> I – nascidos cento e oitenta dias, pelo menos, depois de estabelecida a convivência conjugal;
>
> II – nascidos nos trezentos dias subsequentes à dissolução da sociedade conjugal, por morte, separação judicial, nulidade e anulação do casamento;
>
> III – havidos por fecundação artificial homóloga, mesmo que falecido o marido;
>
> IV – havidos, a qualquer tempo, quando se tratar de embriões excedentários, decorrentes de concepção artificial homóloga;
>
> V – havidos por inseminação artificial heteróloga, desde que tenha prévia autorização do marido.

Interessa-nos aqui os incisos III a V que tratam da presunção de filiação em relação ao embrião. O inciso III não requer maiores delongas, pois prevê que os filhos, advindos de inseminação artificial homóloga, presumem-se concebidos na constância do casamento. A maior problemática situa-se nos demais incisos: o IV determina a presunção de filiação quanto aos embriões excedentários, oriundos de inseminação artificial homóloga; e o V prevê a abrangência da presunção de filiação àqueles nascidos de inseminação heteróloga, com prévia concordância do marido.

No que se refere à inseminação artificial heteróloga – na qual se utiliza material genético de terceiro – a filiação é garantida pela assinatura do "Termo de Consentimento Livre e Esclarecido", que define a paternidade, impondo a responsabilidade pela criação, assistência e educação dos filhos, por conseguinte, o *munus* da autoridade parental.

---

10. MEIRELLES, Jussara Maria Leal de. *A vida humana embrionária e sua proteção jurídica*. Rio de Janeiro: Renovar, 2000, p. 77-78.

Constata-se, portanto, que o Código Civil, na parte de Direito de Família, tratou do assunto de forma bastante superficial. Contudo, criou-se uma enorme incongruência, considerando que um dos efeitos do estado de filiação é a sucessão – seja dos descendentes pelos ascendentes, seja dos ascendentes pelos descendentes – o Direito Sucessório se calou perante as inovações do Direito de Família. Diante disso, o que fazer? Como interpretar o sistema, de modo a se tentar atribuir-lhe coerência?

O artigo 1.798 apresenta uma tentativa de solução, visto que atribui capacidade sucessória "às pessoas nascidas ou já concebidas no momento da abertura da sucessão". Ora, se os embriões são seres já concebidos – pois a concepção ocorre no momento da junção do óvulo ao espermatozoide – também eles teriam capacidade sucessória em relação a seus genitores, quando do falecimento desses. Mas, como seria isso? A herança ficaria reservada, o inventário seria sobrestado até o momento em que a mãe, ou uma mulher por meio de útero de substituição, resolvesse gerar aquele embrião?

O Código quedou-se silente. Alguns comparam tal situação à prole eventual, já aventada. Para essa, o Código determina que, na ausência de determinação em contrário do testador, a herança ficará a cargo de um curador especial durante o período de 2 (dois) anos.[11] Esgotado esse tempo, e se a prole não for concebida, a herança ou o legado retornam para o "monte-mor", para seguir a ordem da sucessão legítima, determinada pelos arts. 1.790 ou 1.829. Como impor um tempo predeterminado de nascimento a um filho do *de cujus*? Este não estaria sendo tratado de forma diferenciada dos demais, violando dispositivo constitucional que determina a igualdade da filiação?

2.2 Projetos de Lei do Senado 90, de 1999 e 1184, de 2003

2.2.1 *Projeto original e substitutivos*

O Projeto 90, de 1999, representou, sem sombra de dúvida, grande avanço em matéria de regulamentação da atividade de fertilização artificial. Recebeu elogios e críticas por parte da Comissão de Constituição, Justiça e Cidadania, ganhando nova redação por meio de substitutivos.

Desde 2003 esse Projeto tramita na Câmara dos Deputados – sob a numeração de Projeto de Lei 1.184 –, onde foi acrescido de vários projetos, apensados.

Este Projeto inicial tratou de regular o uso das técnicas de reprodução assistida, tendo como pilares principais o fato de tal técnica somente poder ser empregada em casos

---

11. "Art. 1.800. No caso do inciso I do artigo antecedente, os bens da herança serão confiados, após a liquidação ou partilha, a curador nomeado pelo juiz.

    § 1º Salvo disposição testamentária em contrário, a curatela caberá à pessoa cujo filho o testador esperava ter por herdeiro, e, sucessivamente, às pessoas indicadas no art. 1.775.

    § 2º Os poderes, deveres e responsabilidades do curador, assim nomeado, regem-se pelas disposições concernentes à curatela dos incapazes, no que couber.

    § 3º Nascendo com vida o herdeiro esperado, ser-lhe-á deferida a sucessão, com os frutos e rendimentos relativos à deixa, a partir da morte do testador.

    § 4º Se, decorridos dois anos após a abertura da sucessão, não for concebido o herdeiro esperado, os bens reservados, salvo disposição em contrário do testador, caberão aos herdeiros legítimos."

de infertilidade que não decorresse da passagem da idade reprodutiva e na prevenção ou no tratamento de doenças genéticas ou hereditárias. Regulou, também, a proteção do bem-estar da criança nascida em virtude do emprego da reprodução assistida; a submissão da técnica ao mecanismo do consentimento informado; a admissão de doações de gametas e embriões, bem como a preservação ou destruição de gametas e de embriões excedentes, uma vez que, a cada ciclo reprodutivo da mulher receptora, só poderia ser permitida a implantação de no máximo três embriões; a autorização de gestação por substituição, sem remuneração, desde que houvesse parentesco até segundo grau entre as duas mulheres envolvidas. Os beneficiários da técnica podiam ser mulheres ou casais que tinham a procriação como objetivo.

Chamou-nos atenção, entre outros dispositivos, o artigo 9º, que assim prescrevia:

> Art. 9º Os estabelecimentos que praticam Reprodução Assistida ficam autorizados a preservar *gametas e embriões humanos*, doados ou depositados apenas para armazenamento, pelos métodos permitidos em regulamento.
>
> § 1º Não se aplicam aos embriões originados *in vitro*, antes de sua introdução no aparelho reprodutor da mulher receptora, os direitos assegurados ao nascituro na forma da lei.
>
> § 2º O tempo máximo de preservação de *gametas e embriões* será definido em regulamento.
>
> § 4º (sic) O número total de embriões produzidos em laboratório durante a fecundação in vitro será comunicado aos usuários para que se decida quantos embriões serão transferidos a fresco, devendo o restante ser preservado, salvo disposição em contrário dos próprios usuários, que *poderão optar pelo descarte, a doação para terceiros ou a doação para pesquisa*.
>
> § 5º Os *gametas e embriões* depositados apenas para armazenamento só poderão ser entregues ao indivíduo ou casal depositante, sendo que, neste último caso, conjuntamente os dois membros do casal que autorizou seu armazenamento.
>
> § 6º *É obrigatório o descarte de gametas e embriões*:
>
> I – doados há mais de dois anos;
>
> II – sempre que for solicitado pelos doadores;
>
> III – sempre que estiver determinado no documento de consentimento informado;
>
> IV – nos casos conhecidos de falecimento de doadores ou depositantes;
>
> V – no caso de falecimento de pelo menos uma das pessoas que originaram embriões preservados.
>
> (grifos nossos)

Forçoso concluir que o legislador, ao redigir o artigo 9º, apresentou três propostas que procuraram dar destino aos embriões excedentes: *o descarte, a doação para pesquisas e a doação para terceiros que sofrem de infertilidade*.

Analisemos, primeiramente, o *caput* do artigo 9º, quando permitia que os estabelecimentos que praticam a reprodução assistida preservassem gametas e embriões humanos, doados ou depositados apenas para armazenamento, pelos métodos permitidos em regulamento. Certo é que, na forma como se encontrava, o dispositivo viabilizava a criopreservação de gametas e embriões, visando constituir bancos de sêmen, de óvulos e de embriões humanos.

Prescrevia, ainda, o § 1º que não se aplicariam aos embriões *in vitro*, antes de sua introdução no aparelho reprodutor da mulher, os direitos assegurados ao nascituro. Referido parágrafo foi questionado por Elimar Szaniawsky:

Não se pode discriminar, não se pode criar categorias de pessoas em desenvolvimento, dividindo-as em um embrião inserido no útero de mulher e em um embrião que está se desenvolvendo *in vitro*, considerando o primeiro embrião uma pessoa e o segundo, não! Não pode a lei garantir a um embrião a vida plena, punindo penalmente àquele que interromper seu desenvolvimento e, de outro lado, autorizar legalmente a faculdade de matar o outro embrião. Ambos os embriões possuem o mesmo grau de personalidade, são sujeitos de direito e possuem idêntico direito à vida e de nascer.[12]

Ao redigir o § 2º, o legislador limitou o tempo para preservação de gametas e embriões. O § 4º (3º?), em sua parte final, permitia aos usuários (por que não, beneficiários?) a opção pelo descarte, pela doação para terceiros ou pela doação para pesquisa. Eis aqui os limites que o legislador brasileiro tentou impor à investigação com embriões humanos. O texto em análise sofreu críticas de parte da doutrina, como se vê:

> Com a fecundação as células germinativas deixam de ser mero material genético transformando-se em um ser vivo que não pode ser objeto de direito de propriedade. Os embriões são seres humanos em desenvolvimento que surgem depois de realizada a doação de sêmen ou óvulos, ou da entrega de material genético pelos contratantes ao depositário, resultantes da fecundação das células masculina e feminina, constituindo-se em um novo ser humano, não mais sendo apenas células germinativas. O material genético, que se constitui apenas de células germinativas, difere dos embriões, não se confundindo com os mesmos. Desse modo, deve ser vedada a livre disposição dos embriões pelos próprios pais biológicos. Não pode o legislador criar nenhuma distinção, nem discriminação, entre embrião inseminado no ventre da mulher do embrião que se desenvolve *in vitro*, ambos são idênticos, tanto sob o ponto de vista biológico como ético.[13]

A ideia de doar embriões a terceiros é passível de problemas. Poderíamos vislumbrar impasses de ordem genética, como o incesto, se estivermos diante de um doador que contribuiu com sêmen utilizado em outras mulheres. É certo que a previsão limitativa existe, todavia o risco sempre permanece.

Outro aspecto especificado no Projeto 90/99 referia-se à doação dos embriões excedentes para pesquisas científicas.[14] Alegava-se que são muitos os benefícios que esse ato pode significar na cura de doenças. A questão formulada pela doutrina mais conservadora é a seguinte: será que faz sentido a produção desenfreada de embriões, sabendo-se que muitos deles não serão implantados no útero da mulher, e, por consolo então, destinemos a eles o fim altruísta de contribuir com a Medicina?

Elimar Szaniawsky afirma que:

---

12. SZANIAWSKY, Elimar. O embrião excedente – o primado do direito à vida e de nascer. Análise do artigo 9º do Projeto de Lei do Senado 90/99. *Revista Trimestral de Direito Civil*, Rio de Janeiro, ano 2, v. 8, p. 83-107, out./dez. 2001, p. 100.
13. SZANIAWSKY, Elimar. O embrião excedente – o primado do direito à vida e de nascer. Análise do artigo 9º do Projeto de Lei do Senado 90/99. *Revista Trimestral de Direito Civil*, Rio de Janeiro, ano 2, v. 8, p. 83-107, out./dez. 2001, p. 102-103.
14. Sobre o assunto, Christian Starck entende que: "en el caso de que se llegase a la conclusión de que un embrión tras la fecundación por falta de un útero previsto para él, se quede sin ninguna oportunidad de desarrollo, podría plantearse su utilización, teniendo en cuenta los fines y seriedad de la investigación. Por lo demás son válidos los mismos criterios que se emplean para la investigación con cadáveres o para el trasplante de órganos de fallecidos." STARCK, Christian. El estatuto moral del embrión. *Revista de Derecho y Genoma Humano*, Bilbao, n. 15, p. 139-149, jul./dic. 2001, p. 149.

A *embrioterapia*, embora se mostre extremamente promissora para a cura de diversas doenças graves, não nos convence como única e última solução nas diferentes modalidades terapêuticas, que procuram restaurar a saúde plena do ser humano. Outras técnicas terapêuticas já desenvolvidas, que estão se desenvolvendo, ou que estão por surgir, possibilitarão a cura de muitas doenças graves a exemplo do que a história da medicina relata, como a descoberta da penicilina, dos antibióticos, que não sacrificam a vida de outros seres humanos, mesmo em estado embrionário.[15]

É recorrente a ideia de que a produção de embriões se dá para outros fins, inclusive o da embrioterapia, pelo fato de não haver, no Brasil, legislação específica que regulamente a reprodução humana assistida.

A nosso sentir, existe um aparente equívoco nessa concepção. Os embriões não se destinam, originariamente, à embrioterapia, mas à reprodução humana assistida. Os excedentários das técnicas de reprodução humana assistida é que poderiam ser objeto de investigação. Jamais se permitiu que embriões fossem gerados para fins não reprodutivos.

O § 5º do Projeto de Lei 90, de 1999, determinava que apenas ao casal ou à pessoa depositante poderiam ser entregues os gametas e embriões até então depositados.

Por fim, o § 4º afirmava ser *obrigatório* o descarte de gametas e embriões, nos casos ali elencados (quando doados há mais de dois anos; quando solicitado pelos doadores; sempre que previsto no documento de consentimento informado; em caso de falecimento de doadores ou depositantes; quando do falecimento de pelo menos uma das pessoas que originaram embriões preservados).

Em razão de inúmeras críticas, quando o referido projeto foi analisado pelas comissões legislativas surgiram *substitutivos ao Projeto*. Sobre alguns deles falaremos agora.

Em primeiro lugar, o uso da técnica de Procriação Medicamente Assistida foi estendido para o homem e a mulher em união estável. Assim, não só os cônjuges, mas também aqueles que vivam em união estável poderão fazer uso da referida técnica.

O primeiro substitutivo inviabilizou a doação de embriões. É que esses teriam que ser produzidos em número igual ou inferior a três, em cada ciclo reprodutivo da mulher. Não mais poderiam ser congelados para ulterior utilização, devendo ser introduzidos a fresco na beneficiária, evitando, assim, procedimentos como a redução embrionária.

O artigo 14 afirma:

> Art. 14. Na execução de técnica de Procriação Medicamente Assistida, poderão ser produzidos e transferidos até três embriões, respeitada a vontade da mulher receptora, a cada ciclo reprodutivo.
>
> § 1º Serão obrigatoriamente transferidos a fresco todos os embriões obtidos, obedecido o critério definido no *caput* deste artigo.
>
> § 2º Não se aplicam aos embriões originados *in vitro*, antes de sua introdução no aparelho reprodutor da mulher receptora, os direitos assegurados ao nascituro na forma da lei.

O artigo 9º, outrora transcrito, convertido em artigo 15, sofreu modificações, passando a viger da seguinte maneira:

---

15. SZANIAWSKY, Elimar. O embrião excedente – o primado do direito à vida e de nascer. Análise do art. 9º do Projeto de Lei do Senado 90/99. *Revista Trimestral de Direito Civil*, Rio de Janeiro, ano 2, v. 8, p. 83-107, out./dez. 2001, p. 97.

Art. 15. Os estabelecimentos que praticam a Procriação Medicamente Assistida ficam autorizados a preservar *gametas humanos*, doados ou depositados apenas para armazenamento, pelos métodos permitidos em regulamento.

§ 1º Os *gametas* depositados apenas para armazenamento só poderão ser entregues à pessoa depositante, não podendo ser destruídos sem sua autorização.

§ 2º É obrigatório o descarte de *gametas*:

I – sempre que for solicitado pelo doador ou depositante;

II – sempre que estiver determinado no documento de consentimento livre e esclarecido;

III – nos casos conhecidos de falecimento de doador ou depositante, ressalvada a hipótese em que este último tenha autorizado, em testamento, a utilização póstuma de seus gametas pela esposa ou companheira.

As mudanças processadas relegaram para outro dispositivo legal a investigação com embriões humanos. Esse Projeto analisou, também, questões relativas à filiação e ao consentimento livre e esclarecido.

2.2.2 Projeto de Lei 1.184/2003

As últimas mudanças em relação à reprodução assistida encontram-se inseridas no Projeto de Lei 1.184, de 2003, que reitera vários aspectos já abordados na proposta inicial do Projeto 90/99.

A esse Projeto foram apensados os Projetos de Lei 2.855, de 1997; 4.664, de 1997; 4.665, de 2001; 120, de 2002; 6.296, de 2002; 1.135, de 2003; 2.061, de 2003; 4.686, de 2004; 4.889, de 2005; 5.624, de 2005, 3.067, de 2008; 7.701, de 2010; 3.977, de 2012; 4.892, de 2012; 115, de 2015; 7.591, de 2017 e 5.768, de 2019.

Eis os aspectos mais polêmicos que foram, enfim, pacificados nesse projeto: Em primeiro lugar, quanto aos beneficiários da técnica, após crítica aos projetos substitutivos, no sentido de que se estaria ferindo dispositivo constitucional ao preterir as mulheres sozinhas do uso da técnica, o inciso II do artigo 1º atribuiu a denominação de beneficiários: "às mulheres ou aos casais que tenham solicitado o emprego da Reprodução Assistida." A conclusão óbvia é que tanto mulheres sozinhas, sejam solteiras, separadas, divorciadas ou viúvas, assim como casais em união estável ou os que tenham contraído matrimônio, podem ser sujeitos da técnica.

Interessante é o disposto no inciso III do artigo 2º, que determina a avaliação física e psicológica da mulher, por meio de exames clínicos e complementares, para saber se a mesma encontra-se em condições de ser mãe.

O Projeto apresentava um retrocesso, a nosso sentir. A gestação de substituição estava proibida pelo artigo 3º,[16] o que não ocorria nos projetos anteriores.[17] Vale salientar que a Resolução 1.358/92 do Conselho Federal de Medicina, que vigeu por dezoito

---

16. Art. 3º. É proibida a gestação de substituição.
17. *Projeto de Lei do Senado 90/99, autoria Senador Lúcio Alcântara.*
    Art. 1º. [...]
    § 1º Para os efeitos desta Lei, atribui-se a denominação de:
    [...]

anos, a Resolução 1957/2010, que a substituiu, a Resolução 2.013/2013, que revogou esta última, e, por fim, a Resolução 2.121/2015 aventam a possibilidade de doação temporária de útero, o que vem sendo feito, diga-se de passagem, pelas Clínicas de Reprodução Humana.

Essa falha foi reparada no Projeto de Lei 115, de 2015, que abre capítulo específico para a cessão temporária de útero. No entanto, alguns entraves burocráticos são criados, dentre eles, a necessidade de formalização do pacto de gestação de substituição e sua homologação judicial.

2.3 Resolução 2.168/2017, do CFM

No âmbito internacional, o direito à procriação é reconhecido como integrante dos direitos humanos, a exemplo do julgado da Corte Interamericana de Direitos Humanos (2012) que assim se manifestou no caso "Artavia Murillo y otros ("fecundación *in vitro*") vs. Costa Rica".

No caso do Brasil, a Constituição Federal de 1988 estabelece no art. 227, § 7º o direito ao planejamento familiar, o que veio a ser regulado pela Lei 9.293/1996. Trata-se, pois, de direito fundamental, concebido como direito subjetivo atribuído por norma constitucional, e que guarda papel central no sistema jurídico.

Os métodos alternativos de reprodução humana têm alargado o direito à liberdade de procriação. No entanto, as tentativas de regulamentação não passam de diversos projetos de lei, hoje todos apensados no Projeto de Lei 1.184/2003, ainda em lenta tramitação, e a prática jurídica continua se apoiando na doutrina, em legislações esparsas e nas resoluções do Conselho Federal de Medicina, que estabelecem critérios para o uso da técnica.

IV – gestação ou maternidade de substituição ao caso em que uma doadora temporária de útero tenha autorizado sua inseminação artificial ou a introdução, em seu aparelho reprodutor, de embriões fertilizados *in vitro*, com o objetivo de gerar uma criança para os usuários.
Art. 7º Fica permitida a gestação de substituição em sua modalidade não remunerada conhecida como doação temporária de útero, nos casos em que exista um problema médico que impeça ou contraindique a gestação na usuária e desde que haja parentesco até o segundo grau entre ela e a mãe substituta ou doadora temporária do útero.
Parágrafo único. A gestação de substituição não poderá ter caráter lucrativo ou comercial, ficando vedada sua modalidade remunerada conhecida como útero ou barriga de aluguel.
Projeto de Lei do Senado 90 (Substitutivo), de 1999, de autoria do Senador Roberto Requião.
Art. 1º [...]
Parágrafo único. Para os efeitos desta Lei, atribui-se a denominação de:
II – gestação de substituição ao caso em que uma mulher denominada genitora substituta, tenha autorizado sua inseminação artificial ou a introdução, em seu aparelho reprodutor, de embriões fertilizados *in vitro*, com o objetivo de gerar uma criança para os beneficiários, observadas as limitações do art. 3º desta Lei.
Art. 3º Fica permita a gestação de substituição em sua modalidade não remunerada, nos casos em que exista um problema médico que impeça ou contraindique a gestação na beneficiária e desde que haja parentesco até o segundo grau entre os beneficiários e a genitora substituta.
Parágrafo único. A gestação de substituição não poderá ter caráter lucrativo ou comercial, ficando vedada a modalidade conhecida como útero ou barriga de aluguel.

Dessa forma, no Brasil, a reprodução humana assistida é regulamentada sobretudo pelas resoluções do Conselho Federal de Medicina, apesar destas terem, como destinatários diretos, apenas os médicos. A Resolução vigente é a 2.168, de 2017.

Este dispositivo deontológico (Resolução CFM 2.168/2017) revogou a Resolução CFM 2.121/2015, que tornou sem efeito a Resolução CFM 2.013/2013, que, por sua vez, havia revogado a Resolução CFM 1.957/2010, publicada depois de dezoito anos de vigência da então Resolução CFM 1.358/1992.

A Resolução CFM 2.013/2013 incluiu a sessão de julgamento do Supremo Tribunal Federal, de 5 de maio de 2011, "que reconheceu e qualificou como entidade familiar a união estável homoafetiva" (considerando 3).

Com os novos rearranjos familiares, reconhecidos pelo Direito brasileiro, casais homossexuais ou pessoas solteiras ganham acesso à reprodução humana assistida, que, com isso, transmuda-se de técnica voltada àqueles que têm problemas reprodutivos para uma alternativa de formação de novas estruturas familiares. Assim, de infertilidade funcional passa-se à infertilidade estrutural.[18]

A Resolução CFM 2.121 teve como objetivo central alterar a limitação etária estabelecida pela Resolução anterior e que, nesta parte, foi julgada inválida em decisão do TRF da 1ª Região[19] que, baseando-se na Recomendação do Enunciado 41 da I Jornada de Direito da Saúde do Conselho Nacional de Justiça, decidiu que a limitação de idade afronta o livre planejamento familiar.

Nos Princípios Gerais (n. 3, Item I), a vigente Resolução abriu espaço para, caso a caso, verificar a possibilidade de aplicação da técnica a mulheres com mais de cinquenta anos: "As exceções ao limite de 50 anos para participação do procedimento serão determinadas, com fundamentos técnicos e científicos, pelo médico responsável e após esclarecimento quanto aos riscos envolvidos."

No entanto, a Resolução CFM 2.121/2015 foi revogada, como dito acima, pela Resolução CFM 2.168/2017 que acrescentou dois argumentos para justificar a necessidade de mudanças às normas éticas para a utilização das técnicas de reprodução assistida, quais sejam, "o aumento das taxas de sobrevida e cura após os tratamentos das neoplasias malignas, possibilitando às pessoas acometidas um planejamento reprodutivo antes de intervenção com risco de levar à infertilidade" e o fato de que "as mulheres estão postergando a maternidade e que existe diminuição da probabilidade de engravidarem com o avanço da idade".

---

18. Em tradução livre: "Não há infertilidade e sim impossibilidade de conceber: uma mulher não pode engravidar por si só, como casal com outra mulher – casal de lésbicas – ou vivendo sozinha – ainda que necessitem de um doador de sêmen para submeter-se às técnicas, em todo caso nem dois homens podem engravidar mantendo Relações homossexuais." Texto original: "Es decir, no hay infertilidad, sino imposibilidad de concebir: una mujer no puede quedarse embarazada por sí sola, en pareja con otra mujer – parejas de lesbianas – o viviendo en solitario – aunque necesiten de un donante de semen para someterse a las técnicas, en todo caso –, ni dos hombres pueden quedarse embarazados manteniendo relaciones homosexuales." (CORRAL GARCÍA, Eduardo. El derecho a la reproducción humana. ¿Debe permitirse la maternidad sub-rogada?, *Revista de Derecho y Genoma Humano*, Bilbao, Núm. 38, p. 45-69, Enero-junio 2013, p. 47-48).
19. BRASIL. Tribunal Regional Federal da 1ª Região. *Agravo de Instrumento 0055717-41.2014.4.01.0000/MG*. Desembargadora Maria do Carmo Cardoso. Diário de Justiça. Publicado em 01 dez. 2014.

É importante destacarmos que uma resolução do CFM não pode inovar originariamente a ordem jurídica, pois deve se restringir ao papel regulatório do exercício da profissão médica. Inobstante isso, essas resoluções servem como parâmetro interpretativo para o Direito. Até porque as técnicas são uma realidade e a evolução da Medicina vem impactando o Direito, obrigando-o a pensar acerca da abrangência e dos limites das novas situações familiares.

Uma vez ressaltada a lacuna legislativa, resta interpretar a Resolução CFM 2.168/2017, com algumas remissões às resoluções anteriores. Os pontos polêmicos que merecem abordagem específica são: (2.3.1) a determinação de idade máxima das candidatas às técnicas de reprodução assistida; (2.3.2) o sigilo sobre a identidade dos doadores de gametas e de embriões, e também dos receptores; (2.3.3) a doação compartilhada de oócitos; (2.3.4) a possibilidade de descarte de embriões, após a criopreservação no período de cinco anos; (2.3.5) a questão da "doação temporária de útero", e os limites dessa doação; e, por fim, (2.3.6) a reprodução assistida *post mortem*.

2.3.1 Limitação de idade da gestante

A Resolução CFM 2013/2013 prescrevia que: "As técnicas de RA podem ser utilizadas desde que exista probabilidade efetiva de sucesso e não se incorra em risco grave de saúde para a paciente ou o possível descendente, *e a idade máxima das candidatas à gestação de RA é de 50 anos*." (I – Princípios Gerais, item 2, grifo nosso).

O texto era o da Resolução CFM 1.957/2010, porém acrescido da parte final, que determinava limite de idade para o uso da técnica, o que não podia ser válido juridicamente, em se tratando de uma resolução. A limitação de direitos das pacientes não pode ocorrer por intermédio de uma normativa de órgão autárquico, que tem abrangência tão somente de regulação interna.

A implantação de medidas preventivas para se evitar gravidez de risco nunca foi por nós questionada, mas sim a imposição de tal medida como norma que determina limitações ao direito fundamental à procriação, extrapolando a competência do órgão da classe médica e violando a liberdade de planejamento familiar.

A colocação de norma geral e abstrata desconhece as particularidades do caso médico. Se as partes, com pleno discernimento, consentirem no procedimento, e os exames indicarem possibilidade efetiva de sucesso do tratamento[20], não há porque negar às partes o direito fundamental à procriação.

Após muitas críticas, a Resolução CFM 2.121/2015, conquanto tenha mantido a idade máxima das candidatas à gestação de reprodução assistida a cinquenta anos, admitiu, caso a caso, a aplicabilidade da técnica, desde que verificados fundamentos técnicos e científicos e esclarecidos, acerca dos riscos, os envolvidos.

---

20. CUNHA, Leandro Reinaldo da; DOMINGOS, Terezinha de Oliveira. Reprodução humana assistida: a Resolução 2013/13 do Conselho Federal de Medicina (CFM). *Revista de Direito Brasileira*, ano 3, v. 6, p. 273-290, set.-dez. 2013.

Na Resolução CFM 2.168/2017 o dispositivo se manteve, ainda que com pequenas alterações na sua redação:

> § 1º A idade máxima das candidatas à gestação por técnicas de RA é de 50 anos.
>
> § 2º As exceções a esse limite serão aceitas baseadas em critérios técnicos e científicos fundamentados pelo médico responsável quanto à ausência de comorbidades da mulher e após esclarecimento ao(s) candidato(s) quanto aos riscos envolvidos para a paciente e para os descendentes eventualmente gerados a partir da intervenção, respeitando-se a autonomia da paciente.

2.3.2 Sigilo do doador de gametas

O sigilo está previsto na Resolução CFM 2.168/2017, no item 4 do Capítulo IV, destinado à doação de gametas ou embriões:

> Será mantido, obrigatoriamente, sigilo sobre a identidade dos doadores de gametas e embriões, bem como dos receptores. Em situações especiais, informações sobre os doadores, por motivação médica, podem ser fornecidas exclusivamente para médicos, resguardando-se a identidade civil do(a) doador(a).

Este dispositivo encontra-se em consonância com a legislação espanhola (Ley 14/2006)[21], que prevê, no artigo 5, que a doação será anônima, garantida a confidencialidade dos dados dos doadores. Informações gerais dos doadores podem ser obtidas pelas pessoas nascidas do uso da técnica ou por representantes legais, desde que resguardado o sigilo da identidade. Em casos excepcionais, notadamente em situações de perigo de morte ou situações de saúde que dependam da informação, é possível revelar a identidade dos doadores. Contudo, o caráter é restrito, não implicando publicidade, tampouco determinação de filiação.

2.3.2.1 Entraves ao anonimato a partir do Provimento CNJ 52/2016 e sua revogação pelo Provimento CNJ 63/2017

Em março de 2016 foi publicado o Provimento 52, do Conselho Nacional de Justiça, cujo objetivo principal foi proceder à uniformização, em todo o território nacional, do registro de nascimento e emissão de certidão a todas as crianças nascidas pelo uso das técnicas de reprodução assistida, filhos de casais heteroafetivos e homoafetivos.

No entanto, quanto à doação de gametas, o Provimento 52 criou um problema porquanto dispôs, em seu art. 2º, II, que, para fins de registro de criança nascida a partir de doação de gametas e também para emissão de certidão de nascimento, é indispensá-

---

21. "La donación será anónima y deberá garantizarse la confidencialidad de los datos de identidad de los donantes por los bancos de gametos, así como, en su caso, por los registros de donantes y de actividad de los centros que se constituyan.
   Los hijos nacidos tienen derecho por sí o por sus representantes legales a obtener información general de los donantes que no incluya su identidad. Igual derecho corresponde a las receptoras de los gametos y de los preembriones.
   Sólo excepcionalmente, en circunstancias extraordinarias que comporten un peligro cierto para la vida o la salud del hijo o cuando proceda con arreglo a las Leyes procesales penales, podrá revelarse la identidad de los donantes, siempre que dicha revelación sea indispensable para evitar el peligro o para conseguir el fin legal propuesto. Dicha revelación tendrá carácter restringido y no implicará en ningún caso publicidad de la identidad de los donantes." (artículo 5, 5)

vel a apresentação de declaração do diretor técnico da clínica de reprodução assistida contendo, dentre outros dados, o nome do(a) doador(a), com registro de seus dados clínicos de caráter geral e características fenotípicas, assim como o nome dos beneficiários.

O §1º do art. 2º determinou, também, a apresentação de termo de consentimento prévio assinado pelo(a) doador(a) de gameta, autorizando expressamente o registro da criança em nome de outrem. Os beneficiários e seus cônjuges/companheiros devem fazer o mesmo, ou seja, devem apresentar termo de consentimento/autorização do procedimento. Tudo por instrumento público.

Do que foi dito, é possível detectarmos alguns problemas: se o médico responsável deve informar a identidade do(a) doador(a); e se a apresentação de instrumentos públicos feitos por doador, donatários, cônjuges/companheiros ficarão arquivados nos Cartórios de Notas, como garantir o sigilo?

> Dessa forma, passa-se de um estado em que apenas os bancos de gametas ou clínicas de reprodução teriam acesso a dados sobre a identidade civil do doador, caso no qual todos os médicos envolvidos estariam obrigados a respeitar norma deontológica emitida pelo seu órgão representativo com determinação de garantia de sigilo, para outro em que qualquer pessoa teria acesso a essa identidade civil do doador, seja por meio dos documentos arquivados nos Cartórios de Registro Civil (todos os previstos no art. 2º) ou nos Tabelionatos de Notas (instrumentos públicos de consentimento/autorização) – sem que nenhuma norma de regência lhes determine a manutenção de sigilo desses dados.[22]

Não é apenas o Conselho Federal de Medicina que prevê o anonimato dos doadores. A Agência Nacional de Vigilância Sanitária – ANVISA –, em moldes semelhantes, também prevê o sigilo por meio do art. 15 da Resolução da Diretoria Colegiada 23, de 27 de maio de 2011. Com a publicação do Provimento 52 do CNJ, passou a viger no ordenamento norma que condiciona o registro de crianças nascidas pelo uso das técnicas de reprodução assistida à publicização da identidade do doador, "o que vem a representar forte abalo à garantia de anonimato que prevalecia como regra entre nós. Dentre as normas mencionadas, não há uma que prevaleça hierarquicamente, pois sequer possuem os mesmos destinatários."[23]

Diante dos inúmeros problemas causados pelo Provimento 52, o Conselho Nacional de Justiça instituiu o Provimento 63, de 14 de novembro de 2017, revogando o anterior.

O novo Provimento 63, composto por vinte e um artigos, traz seção dedicada à reprodução assistida (Seção III). No que concerne ao tópico que abordamos, o art. 17 determina a indispensabilidade de alguns documentos para o registro e a emissão de certidão de nascimento, dentre eles, "declaração, com firma reconhecida, do diretor técnico da clínica, centro ou serviço de reprodução humana em que foi realizada a reprodução

---

22. SÁ, Maria de Fátima Freire de; RETTORE, Anna Cristina de Carvalho. O impacto do provimento 52/2016 do CNJ na garantia de anonimato a doadores de gametas no Brasil: necessidade de uma definição. In: POLI, Leonardo Macedo; SÃO JOSÉ, Fernanda; LIMA, Renata Mantovani de (Orgs.). *Direito civil na contemporaneidade*. v. 4. Belo Horizonte: D'Plácido, 2017, p. 113-114.
23. SÁ, Maria de Fátima Freire de; RETTORE, Anna Cristina de Carvalho. O impacto do provimento 52/2016 do CNJ na garantia de anonimato a doadores de gametas no Brasil: necessidade de uma definição. In: POLI, Leonardo Macedo; SÃO JOSÉ, Fernanda; LIMA, Renata Mantovani de (Orgs.). *Direito civil na contemporaneidade*. v. 4. Belo Horizonte: D'Plácido, 2017, p. 120.

assistida, indicando que a criança foi gerada por reprodução assistida heteróloga, assim como o nome dos beneficiários" (inciso II).

Portanto, pelo disposto, não mais será necessário, para o registro da criança, o nome do(a) doador(a), com registro de seus dados clínicos de caráter geral e características fenotípicas, tal como era exigido pelo Provimento CNJ 52, medida que garante o sigilo das doações.

2.3.2.2 Anonimato dos doadores de gametas versus direito ao conhecimento da origem biológica

Os projetos de lei no Brasil defendem o sigilo dos doadores e receptores, contudo, diante da inércia do Poder Legislativo, resta o esforço hermenêutico para possíveis impasses.

O Estatuto da Criança e do Adolescente (ECA – Lei 8.069/1990), em seu artigo 48, trata da possibilidade de o adotado conhecer sua origem biológica, sem que isso importe em reconhecimento de filiação: "O adotado tem direito de conhecer sua origem biológica, bem como de obter acesso irrestrito ao processo no qual a medida foi aplicada e seus eventuais incidentes, após completar 18 (dezoito) anos."

Ora, se a permissão existe para o adotado, por que não existiria para a pessoa nascida em razão de doação de gametas, pela técnica de reprodução humana assistida?

Veja-se que o artigo 48 traz em seu bojo a expressão conhecimento de *origem biológica*. Ainda que a disposição acerca do sigilo seja defensável juridicamente, e também politicamente, até porque, o conhecimento do doador pode inviabilizar as doações, o ECA pode ser invocado analogicamente para fundamentar a investigação da origem biológica nas técnicas de RA.

Enquanto não há aprovação de lei específica sobre reprodução humana assistida, não resta dúvida que o ECA pode reger a questão. Se o Direito reconhece que em dadas circunstâncias é relevante que o adotado conheça sua origem biológica para sua sadia constituição psíquica e emocional, no caso concreto, circunstâncias fáticas semelhantes podem surgir e assim autorizar a mesma investigação para o filho gerado por técnica heteróloga de reprodução humana assistida. O princípio do melhor interesse da criança e do adolescente, tendo em vista a formação do menor, é justificativa bastante.

Em linha contrária, o entendimento de que a investigação seria sempre permitida, em toda e qualquer situação, por autorização do ECA, estaria a infringir uma esfera de liberdade do doador de gametas, a sua intimidade, sem apresentação de motivo justificável.

A Constituição Federal brasileira, embora tenha trazido a dignidade como fundamento da República, não aborda a questão da identidade pessoal, ao contrário da Constituição portuguesa que expressa, em seu artigo 26: "A lei garantirá a dignidade pessoal e a identidade genética do ser humano, nomeadamente na criação, desenvolvimento e utilização das tecnologias e na experimentação científica".

Em Portugal, além do previsto na Constituição, a Lei 32/2006 dispõe sobre as técnicas de reprodução humana assistida. Em sua primeira versão, embora se determinasse o sigilo como regra, já viabilizava o conhecimento da origem biológica em diversas situações, inclusive por "razões ponderosas reconhecidas por sentença judicial."

No entanto, um grupo de 30 deputados ajuizou ação declaratória de inconstitucionalidade (Ac. TC 225/2018, de 7/5)[24], questionando a validade das normas 1 a 4 do art. 15º. Segundo os autores, os dispositivos legais violariam o direito à identidade pessoal, o direito ao desenvolvimento da personalidade, o direito à identidade genética, o princípio da dignidade da pessoa humana, o princípio da igualdade e o princípio da proporcionalidade.

O Tribunal reconheceu a inconstitucionalidade da confidencialidade da doação de gametas, sob o fundamento de que a regra do anonimato revela ofensa aos direitos à identidade pessoal e ao desenvolvimento da personalidade da pessoa nascida por técnica de reprodução humana assistida. Dessa forma, o anonimato dos doadores apenas se justifica quando há razões ponderosas para tal.

De acordo com Maria de Fátima Freire de Sá e Diogo Luna Moureira:

> O Tribunal Constitucional português entendeu que o anonimato previsto no art. 15 da Lei 32/2006 gera ofensa ao direito à identidade pessoal, na medida em que este compreende o direito ao conhecimento da identidade dos progenitores. Registre-se que, para o Tribunal, a identidade pessoal abarca tanto o direito ao conhecimento da paternidade biológica quanto o direito ao estabelecimento de vínculo jurídico de filiação.
>
> Portanto, o que o anonimato estaria a ofender seria o direito ao conhecimento da paternidade biológica que, segundo o Tribunal[25], seria um "dado importante no processo de autodefinição individual, pois essa informação permite ao indivíduo encontrar pontos e referência seguros de natureza genética, somática, afetiva ou fisiológica, revelando-lhe as origens do seu ser"[26]

Com isso, a redação do art. 15º passou a viger da forma seguinte:

---

24. Declara a inconstitucionalidade, com força obrigatória geral, das seguintes normas da Lei 32/2006, de 26 de julho: dos ns. 4, 10 e 11 do artigo 8º, e, consequentemente, das normas dos nos 2 e 3 do mesmo artigo, na parte em que admitem a celebração de negócios de gestação de substituição a título excepcional e mediante autorização prévia; do n. 8 do artigo 8º, em conjugação com o n. 5 do artigo 14º da mesma Lei, na parte em que não admite a revogação do consentimento da gestante de substituição até a entrega da criança aos beneficiários; consequentemente, do n. 7 do artigo 8º; do n. 12 do artigo 8º; das normas do n. 1, na parte em que impõe uma obrigação de sigilo absoluto relativamente às pessoas nascidas em consequência de processo de procriação medicamente assistida com recurso à dádiva de gametas ou embriões, incluindo nas situações de gestação de substituição, sobre o recurso a tais processos ou à gestação de substituição e sobre a identidade dos participantes nos mesmos como dadores ou enquanto gestante de substituição, e do n. 4 do artigo 15º; não declara a inconstitucionalidade das normas dos restantes artigos da Lei 32/2006, de 26 de julho, mencionados no pedido; determina que os efeitos da declaração de inconstitucionalidade não se apliquem aos contratos de gestação de substituição autorizados pelo Conselho Nacional da Procriação Medicamente Assistida em execução dos quais já tenham sido iniciados os processos terapêuticos de procriação medicamente assistida a que se refere o artigo 14º, n. 4, da Lei 32/2006, de 26 de julho. PORTUGAL. Tribunal Constitucional. Ac. 225/2018. Disponível em: <http://www.tribunalconstitucional.pt/tc/acordaos/20180225.html>.
25. PORTUGAL. Tribunal Constitucional. Ac. 225/2018. Disponível em: <http://www.tribunalconstitucional.pt/tc/acordaos/20180225.html>.
26. SÁ, Maria de Fátima Freire de; MOUREIRA, Diogo Luna. O planejamento familiar e o anonimato dos doadores de gametas e embriões. In: RODRIGUES, Edwirges; SILVA, Marcelo Rodrigues da; OLIVEIRA FILHO, Roberto Alves de (Coords.). Temas relevantes sobre o direito das famílias. Belo Horizonte: D'Plácido, 2019, p. 155-156.

Artigo 15º

Confidencialidade

1 – Quem, por alguma forma, tomar conhecimento da identidade de participantes em técnicas de PMA, incluindo as situações de gestação de substituição, está obrigado a manter o sigilo sobre a identidade dos mesmos e sobre o próprio ato da PMA.

2 – As pessoas nascidas em consequência de processos de PMA com recurso a dádiva de gametas ou embriões podem, junto dos competentes serviços de saúde, obter as informações de natureza genética que lhes digam respeito, bem como, desde que possuam idade igual ou superior a 18 anos, obter junto do Conselho Nacional de Procriação Medicamente Assistida informação sobre a identificação civil do dador.

3 – As pessoas nascidas em consequência de processos de PMA, com recurso a dádiva de gametas ou embriões, desde que possuam idade igual ou superior a 16 anos, podem obter informação sobre eventual existência de impedimento legal a projetado casamento.

4 – Para efeitos do n. 2, entende-se como 'identificação civil' o nome completo do dador ou dadora.

5 – Sem prejuízo do disposto nos números anteriores, podem ainda ser obtidas informações sobre a identidade do dador por razões ponderosas reconhecidas por sentença judicial.

6 – O assento de nascimento não pode, em caso algum, incluindo nas situações de gestação de substituição, conter indicação de que a criança nasceu da aplicação de técnicas de PMA.

Entendemos que deve haver limitações à confidencialidade absoluta, "como em caso de enfermidades genéticas graves, para preservar a saúde e a vida do filho e do pai biológico, e para evitar possíveis casamentos incestuosos com filhos biológicos do doador".[27]

Contra a divulgação da identidade do doador, há uma razão pragmática – a quebra de sigilo pode reduzir em muito o número de doadores de gametas – e razões jurídicas – o direito à intimidade do doador, o direito à liberdade de planejamento familiar e o princípio da mínima intervenção do Estado nas entidades familiares. O afastamento do sigilo e a consequente revelação da identidade do doador só se justificam de forma casuística e temporária, o que exigirá boas razões fáticas e jurídicas para tal.

No entanto, é importante salientar que é forte o movimento, pelo mundo, no sentido de acabar com o anonimato dos doadores.

2.3.3 Doação compartilhada de oócitos

No Capítulo IV, sobre Doação de Gametas ou Embriões, a Resolução CFM 2.168/2017 traz a figura da doação compartilhada de oócitos. Eis o disposto no item 9:

> É permitida a doação voluntária de gametas, bem como a situação identificada como doação compartilhada de oócitos em RA, em que doadora e receptora, participando como portadoras de problemas de reprodução, compartilham tanto do material biológico quanto dos custos financeiros que envolvem o procedimento de RA. A doadora tem preferência sobre o material biológico que será produzido.

---

27. MARTINELLI, Lorhainy Ariane Lagassi. Aspectos jurídicos do anonimato do doador de sêmen na reprodução humana heteróloga, *Âmbito Jurídico*, Rio Grande, XIV, n. 95, dez 2011. Disponível em: <http://www.ambito-juridico.com.br/site/index.php?n_link=revista_artigos_leitura&artigo_id=10916>. Acesso em: 10 jun. 2014.

A questão só foi regulamentada pelo Conselho Federal de Medicina a partir da Resolução CFM 2.013/2013, embora acontecesse de fato. É comum mulheres com idade mais avançada precisarem de doação de gametas, e não é incomum mulheres novas precisarem do recurso da técnica em razão de problemas com o parceiro, por exemplo. Tem-se, portanto, uma potencial doadora de óvulos, em razão da idade fértil. A questão é: prevendo a Resolução que a doação nunca terá caráter lucrativo ou comercial, é possível que a receptora arque ou compartilhe – expressão utilizada na norma deontológica em questão – dos custos financeiros que envolvam o procedimento. Primeiramente, poder-se-ia questionar: o fato de compartilhar dos custos traria para a situação a figura de um contrato de compra e venda ou de prestação de serviços?

E ainda, para instigar o debate: a Constituição Federal de 1988 prevê em seu artigo 199, §4º que a doação de órgãos e tecidos será tratada em lei.[28] E a Lei 9.434/1997, com as modificações trazidas pela Lei 10.211/2001, nas disposições gerais, afirma a permissão quanto à disposição gratuita de tecidos, órgãos ou partes do corpo humano, para fins de transplante e tratamento, não estando compreendido entre os tecidos o sangue, o esperma e o óvulo. Portanto, num segundo questionamento, se inexiste proibição legal expressa para a venda de gametas, não se está diante da possibilidade de sua comercialização?

A resposta à primeira pergunta é negativa. Compartilhar custos não gera a figura contratual da compra e venda ou da prestação de serviços. O fato de a receptora arcar com parte dos custos financeiros das técnicas de R.A. da doadora não implica em contraprestação direta e equivalente.

Na compra e venda exige-se *preço*, seu elemento essencial, que implica na avaliação pecuniária de um bem e correspondente prestação do valor, mediante a entrega de um bem comercializável. É negócio comutativo, bem como a prestação de serviços.

No caso em questão, não há preço, pois inexiste a equivalência entre as prestações. E, apesar de haver uma vantagem para a doadora, que não despenderá recursos, o locupletamento destina-se somente à clínica de RA. Entre doadora e receptora poder-se-ia, no máximo, falar em doação com encargo, o que não descaracteriza a gratuidade do negócio.

Quanto ao questionamento acerca da possibilidade de um comércio de óvulos e gametas, Stancioli[29] o defende, exatamente porque tal material não se encontra abarcado pela Lei de Doação de Órgãos e Tecidos (Lei 9.434/1997). No entanto, o art. 199 da Constituição Federal estabelece em seu § 4º que:

> A lei disporá sobre as condições e os requisitos que facilitem a remoção de órgãos, tecidos e *substâncias humanas* para fins de transplante, pesquisa e tratamento, bem como a coleta, processamento e transfusão de sangue e seus derivados, sendo vedado todo tipo de comercialização. (grifo nosso)

---

28. § 4º A lei disporá sobre as condições e os requisitos que facilitem a remoção de órgãos, tecidos e substâncias humanas para fins de transplante, pesquisa e tratamento, bem como a coleta, processamento e transfusão de sangue e seus derivados, sendo vedado todo tipo de comercialização.
29. STANCIOLI, Brunello. Geração X: Lei não prevê crime para venda de óvulos. *Revista Consultor Jurídico*, 28 abril 2013. Disponível em: http://www.conjur.com.br/2013-abr-28/brunello-stancioli-lei-nao-preve-crime-venda-ovulos. Acesso em 17 abr. 2014.

A expressão "substâncias humanas" é excessivamente ampla e, por isso, gera a confusão de interpretações. Brunello Stancioli[30] levanta a contradição se comparada em relação a unhas, cabelos, saliva e suor. Vários são os produtos de origem biológica humana que são comercializados, como os hormônios humanos vendidos pela indústria farmacêutica: eritropoietina, vasopressina, hormônio do crescimento, dopamina, adrenalina, hormônio da tireoide, e dezenas de outros.[31]

De outro lado, quem defende a sua proibição argumenta que questões de direitos da personalidade não comportam fins pecuniários. Esse é o entendimento de Stefano Rodotà, não especificamente acerca de compra e venda de gametas, mas acerca de um possível comércio de órgãos e tecidos, mas seu argumento engloba a questão proposta:

> Perante nós abre-se um inédito 'mercado de direitos', no que os tradicionais direitos econômicos, inscritos na liberdade de comércio, mesclam-se com direitos fundamentais que, alheios à lógica do intercâmbio, buscam também uma infinita possibilidade de expansão.[32]

E ainda:

> O corpo já não é considerado intocável, e sim objeto em poder de uma pessoa que pode dele dispor em benefício de outros, ainda que dentro dos limites marcados pela lei, pela ordem pública e pelos bons costumes, exclua-se, pois, de início, qualquer forma de comercialização. A lógica é a da solidariedade social, orientada à garantia de um bem essencial, como é a saúde.[33]

Quanto à comercialização de gametas, o espaço para discussões está aberto.

2.3.4 Descarte de embriões

Três itens determinados na Resolução CFM 1957/2010, foram recepcionados pela Resolução CFM 2013/2013, com pequenas modificações, e repetidas na Resolução CFM 2.121/2015. Em síntese: as clínicas podem criopreservar espermatozoides, óvulos, embriões e tecidos gonádicos; os pacientes terão ciência do número total de embriões produzidos em laboratório e decidirão quantos deles serão transferidos a fresco[34], criopreservando-se os excedentes viáveis; quando da criopreservação, os pacientes

---

30. STANCIOLI, Brunello. Geração X: Lei não prevê crime para venda de órgãos. *Revista Consultor Jurídico*, São Paulo, 28 abr. 2013. Disponível em: <https://www.conjur.com.br/2013-abr-28/brunello-stancioli-lei-nao-preve-crime--venda-ovulos>. Acesso em 6 set. 2020.
31. Enfrentando a temática da disposição oneroso de partes do corpo, indicamos: OLIVEIRA, Lucas Costa de. *Mercado de órgãos e tecidos humanos*: entre o Direito, a Economia e a Ética. Dissertação (mestrado) – Pontifícia Universidade Católica de Minas Gerais, Belo Horizonte, 2017.
32. RODOTÀ, Stefano. *La vida y las reglas: entre el derecho y el no derecho*. Madrid: Trotta, 2010, p. 74. Original: "Ante nosotros se abre un inédito "mercado de los derechos", en el que los tradicionales derechos económicos, inscritos en la libertad de comercio, se mezclan con derechos fundamentales que, ajenos a la lógica del intercambio, buscan también una infinita posibilidad de expansión."
33. RODOTÀ, Stefano. *La vida y las reglas: entre el derecho y el no derecho*. Madrid: Trotta, 2010, p. 105. Original: "El cuerpo ya no es considerado intocable, sino objeto en poder de una persona que puede disponer de él en beneficio de otros, aunque dentro de los límites marcados por la ley, el orden público y las buenas costumbres, excluyendo pues, de entrada, cualquier forma de comercialización. La lógica es la de la solidaridad social, orientada a la garantía de un bien esencial, como es la salud."
34. Aqui, a ressalva inserida no item 6, dos Princípios Gerais, da Resolução CFM 2013/2013: O número máximo de oócitos e embriões a serem transferidos para a receptora não pode ser superior a quatro. Quanto ao número de embriões a serem transferidos faz-se as seguintes recomendações: a) mulheres com até 35 anos: até 2 embriões;

expressarão sua vontade quanto ao destino dos embriões, seja para doá-los, ou em caso de divórcio, doença grave ou falecimento.

A Resolução CFM 2.121/2015 dispôs no item 4, do Capítulo V, *in verbis*: "Os embriões criopreservados com mais de cinco anos poderão ser descartados se esta for a vontade dos pacientes. A utilização dos embriões em pesquisas de células-tronco não é obrigatória, conforme previsto na Lei de Biossegurança."

Sobre o tema, a Resolução CFM 2.168/2017 prevê, no capítulo V, itens 4 e 5, respectivamente: "Os embriões criopreservados com três anos ou mais poderão ser descartados se esta for a vontade expressa dos pacientes"; e, "Os embriões criopreservados e abandonados por três anos ou mais poderão ser descartados".

A possibilidade de utilização de embriões em pesquisas aparece no capítulo VI (diagnóstico genético pré-implantacional de embriões), item 1:

> As técnicas de RA podem ser aplicadas à seleção de embriões submetidos a diagnóstico de alterações genéticas causadoras de doenças – podendo nesses casos ser doados para pesquisa ou descartados, conforme a decisão do(s) paciente(s) devidamente documentada em consentimento informado livre e esclarecido específico.

A Lei de Biossegurança é a única norma superior que trata especificamente sobre pesquisas com células-tronco embrionárias, em seu artigo 5º:

> Art. 5º É permitida, para fins de pesquisa e terapia, a utilização de células-tronco embrionárias obtidas de embriões humanos produzidos por fertilização in vitro e não utilizados no respectivo procedimento, nas seguintes condições:
>
> I – sejam de embriões inviáveis; ou
>
> II – sejam embriões congelados há 3 (três) anos ou mais, na data da publicação desta Lei, ou que, já congelados na data da publicação desta Lei, depois de completarem 3 (três) anos, contados a partir da data de congelamento.
>
> § 1º Em qualquer caso, é necessário o consentimento dos genitores.

O objetivo, aqui, não será discutir os aspectos polêmicos que envolveram os dispositivos transcritos, até porque isso já foi feito em diversas ocasiões.[35] A questão a ser debatida é: pode o Conselho Federal de Medicina aventar a possibilidade de descarte de embriões, ainda que a Resolução preveja a obrigatoriedade da autorização dos genitores para tal?

É certo que a Lei de Biossegurança trata, tão somente, da possibilidade da utilização de embriões humanos para pesquisa. Ou seja, não há norma proibindo, ou mesmo permitindo expressamente, o descarte de embriões. Então, se é possível a pesquisa com

---

b) mulheres entre 36 e 39 anos: até 3 embriões; c) mulheres entre 40 e 50 anos: até 4 embriões; d) nas situações de doação de óvulos e embriões, considera-se a idade da doadora no momento da coleta dos óvulos.

35. Veja os trabalhos publicados sobre o tema: SÁ, Maria de Fátima Freire de; NAVES, Bruno Torquato de Oliveira. Investigaciones con células troncales embrionarias y la (in)constitucionalidad del artículo 5º de la Ley de Bioseguridad (parte I). *Revista de Derecho y Genoma Humano*, Bilbao, núm. 28, p. 177-191, Ene./Jun. 2008; SÁ, Maria de Fátima Freire de; MOUREIRA, Diogo Luna. Investigaciones con células troncales embrionarias en Brasil y la (in)constitucionalidad del artículo 5º de la Ley de Bioseguridad (Parte II). *Revista de Derecho y Genoma Humano*, Bilbao, núm. 29, p. 151/166, Jul./Dic. 2008.

embriões, não seria possível também o seu descarte, partindo-se de uma interpretação teleológica?

O então Ministro Eros Grau, quando do julgamento da ADI 3.510, que questionava a constitucionalidade da pesquisa com células-tronco embrionárias, autorizada pela Lei de Biossegurança, manifestou-se contrário ao descarte de embriões:

> Declaro a constitucionalidade do disposto no artigo 5º e parágrafos da Lei 11.105/05, estabelecendo, no entanto, em termos aditivos, os seguintes requisitos a serem atendidos na aplicação dos preceitos: [...]; [ii] a "fertilização in vitro" referida no caput do artigo 5º corresponde à terapia da infertilidade humana, em qualquer caso proibida a seleção genética, admitindo-se a fertilização de um número máximo de quatro óvulos fecundados por ciclo e a transferência, para o útero da paciente, de um máximo de quatro óvulos fecundados por ciclo; a redução e o descarte de óvulos fecundados são vedados.[36]

O Supremo Tribunal Federal, todavia, não julgava naquela circunstância o descarte de embriões, logo os "termos aditivos" do Min. Eros Grau não podem ser tomados senão como uma posição doutrinária.

É claro que o espaço ideal para decisões desse porte não é o restrito círculo do Conselho Federal de Medicina. Este órgão deve participar da decisão, mas não deveria vir de lá a tomada de posição. Por outro lado, são os médicos que estão com o problema: as clínicas de reprodução humana assistida já têm milhares de embriões criopreservados que não serão implantados. Assim, diante da inércia do Legislativo, fixou-se uma determinação, e há fundamentação para ela, ainda que lhe falte plena legitimidade.

2.3.5 Cessão temporária de útero

Há países em que a cessão temporária de útero (termo utilizado pela Resolução 2.168/2017, que substituiu o termo doação temporária de útero, utilizado nas resoluções anteriores) é proibida, seja por razões pragmáticas, para evitar conflitos positivos de maternidade, seja por razões histórico-culturais. Tais questões têm se aproximado, a cada dia, de situações patrimoniais, sendo as declarações de vontade em situações existenciais revestidas pela forma contratual, criando-se regulações rígidas e *a priori*.

Rodotà alerta para o risco de se considerar a criança, "objeto" do contrato, uma mercadoria qualquer, podendo ser subtraída à força pelo credor.[37]

A Resolução CFM 2.168/2017 permite, todavia, a gestação de substituição ou cessão temporária do útero, em situações que se façam necessárias, isto é, "desde que exista um problema médico que impeça ou contraindique a gestação na doadora genética, em caso de união homoafetiva ou pessoa solteira." (Capítulo VII, *caput*).

A Resolução CFM 2.121/2015 não trazia expressamente a possibilidade de utilização de cessão de útero para pessoas solteiras, o que, a nosso ver, era despiciendo. Isso

---

36. BRASIL. *Supremo Tribunal Federal*. Ação Direta de Inconstitucionalidade n. 3.510. Relator: Ministro Carlos Ayres Britto. Brasília, mar./maio 2008. Voto do Min. Eros Grau.
37. RODOTÀ, Stefano. *La vida y las reglas: entre el derecho y el no derecho*. Madrid: Trotta, 2010, p. 82. "En casos como éste, sin embargo, no se manifiesta tanto una insoportable crueldad jurídica, como la transformación del derecho en simple copia de esquemas mercantiles, en instrumento para la expulsión de cualquier valor que no pueda ser reconducido al cálculo económico."

porque, no capítulo II, item 1, da mesma Resolução, já estava prevista a possibilidade do uso da técnica a todas as pessoas capazes. Tratava-se de simples exercício de interpretação da norma.

O Conselho Federal de Medicina determina que as cedentes temporárias de útero devam pertencer à família de um dos parceiros em parentesco consanguíneo até quarto grau. Outras pessoas que não sejam parentes consanguíneos até o quarto grau continuam podendo ser doadoras temporárias de útero, desde que haja manifestação positiva do Conselho Regional de Medicina (item 1, capítulo VII, Resolução CFM 2.168/2017). Também determina que a cessão temporária do útero não poderá ter caráter lucrativo ou comercial (item 2, capítulo VII, Resolução CFM 2.168/2017). No entanto, não cabe ao Conselho Federal de Medicina restringir direitos. Sobre tais questões, veja-se:

> Inadmitindo-se a onerosidade do contrato de útero de substituição, exige-se, na prática, que a gestante substituta seja pessoa altamente generosa, uma verdadeira heroína que modifica sua vida e põe em risco a sua saúde para a felicidade do próximo. Ao que parece, o Conselho Federal de Medicina limitou a aplicação da técnica a pessoas aparentadas entre si por consanguinidade, pressupondo que estranhos não se sentiriam motivados a oferecer tanto, nada recebendo em troca. Ao mesmo tempo, tentou evitar que pessoas sem envolvimento emocional com o drama desses candidatos a pais aceitassem participar do processo apenas por razões econômicas.
>
> Mas, a imposição de parentesco entre os pais jurídicos e a gestante substituta afronta o princípio da igualdade, pois cria um óbice para as pessoas que não tenham parentes do sexo feminino até o quarto grau, óbice que somente pode ser afastado por decisão dos conselhos regionais de medicina, na análise do caso concreto.
>
> Ora, as restrições (gratuidade e parentesco) são meramente deontológicas e não jurídicas. E conquanto elas limitem a utilização do procedimento, do ponto de vista jurídico importam intolerável violação ao direito ao livre planejamento familiar dos candidatos a pais e ao direito sobre o próprio corpo das candidatas a gestantes substitutas.[38]

Na cessão temporária de útero, é possível vislumbrar uma análise de contratos coligados, como o fizeram as autoras acima citadas, de forma condicionada e excludente, isto é, a ausência de execução de um dos contratos inviabiliza a continuidade dos demais. São eles: (a) o negócio jurídico contratual entre a gestante substituta e os pais jurídicos da criança; (b) o contrato entre os pais jurídicos e a clínica/médico responsável pelo procedimento; e (c) a relação contratual entre a gestante substituta e a clínica/médico responsável pela técnica. Além disso, é possível pensar em cláusulas especiais do contrato entre gestante substituta e os pais jurídicos, tais como: remuneração pela cessão temporária do ventre; direito de arrependimento; irrevogabilidade do consentimento; cláusulas de restrição de liberdade; impossibilidade de utilização de óvulo da gestante substituta.[39]

---

38. LIMA, Taisa Maria Macena de; SÁ, Maria de Fátima Freire de. Gestação de substituição: uma análise a partir do direito contratual. In: CORDEIRO, Carlos José; GOMES, Josiane Araújo (Coords.). *Temas contemporâneos de direito das famílias 3*. São Paulo: Pillares, 2018, p. 469.
39. LIMA, Taisa Maria Macena de; SÁ, Maria de Fátima Freire de. Gestação de substituição: entre autonomia e vulnerabilidade. *VirtuaJus*, Belo Horizonte, v. 3, n. 4, p. 19-36, 1º sem. 2018.

2.3.6 Reprodução assistida post mortem

A Resolução CFM 2.168/2017 permite a reprodução assistida *post mortem*, desde que haja autorização prévia do(a) falecido(a) para o uso do material biológico criopreservado (Capítulo VIII, assim como previsto nas antigas Resoluções CFM 2.013/2013 e CFM 2.121/2015). A orientação é que os médicos devem obedecer a legislação vigente.

Como foi dito no início desse capítulo, a única norma que se ocupa do tema é o art. 1.597 do Código Civil, que trata da presunção de paternidade e, para tanto, afirma que são filhos: os havidos por fecundação artificial homóloga, mesmo que falecido o marido (inciso III); os havidos, a qualquer tempo, quando se tratar de embriões excedentários, decorrentes de concepção artificial homóloga (inciso IV); e os havidos por inseminação artificial heteróloga, desde que se tenha prévia autorização do marido (inciso V).

Afora questões de imprecisão terminológica dispostas no artigo 1.597, que não vêm ao caso abordar nesse espaço, o artigo permite, mesmo que falecido o marido, a fecundação artificial homóloga, posto haver algum material genético depositado em banco. Também admite como filhos aqueles havidos da técnica por meio da fertilização *in vitro*, cujos embriões ficaram congelados até o momento da transferência para o útero, de acordo com a vontade dos pais. E, por fim, ainda que a criança tenha sido gerada com o material genético de terceiro, através das técnicas de RA, a presunção de paternidade ocorre, desde que a autorização do marido tenha se feito presente.

Ora, no terceiro caso (hipótese do inciso V), encontra-se expressa a necessidade de autorização porque o material genético não era do companheiro, evitando-se, assim, posterior negativa de paternidade. Mas, nas duas situações anteriores, o artigo não menciona a necessidade de manifestação expressa, o que é atribuído como necessário pela doutrina, para a efetivação da transferência do material ao útero da mulher. Aliás, quando um casal busca o auxílio das técnicas de RA, as clínicas são obrigadas a manter termos de consentimento livre e esclarecido, devendo ali estar contida a vontade expressa dos usuários para qualquer tomada de decisão, em vida ou *post mortem*.

O consentimento é importante para a efetivação normativa da pessoalidade[40]; possibilita aos indivíduos humanos se assumirem como pessoas livres, que agem e são reconhecidas através dessa ação. Tudo isso deve ser pensado em um processo comunicativo no qual as pessoas se assumem como tais dentro de uma esfera de relações e o Direito é, nesse contexto, argumentativamente gerado e aplicado.

2.3.6.1 Estudo de caso: reconstrução judicial da vontade e utilização de sêmen após a morte

Kátia Adriana Lernerneier casou-se com Roberto Jefferson Niels em dezembro de 2004. Após certo tempo de relacionamento, resolveram ter filhos, mas as tentativas frustradas os levaram a procurar tratamento médico, quando então foram aconselhados a fazer inseminação artificial.

---
40. MOUREIRA, Diogo Luna. *Pessoas e autonomia privada*. Rio de Janeiro: Lumen Juris, 2011.

Roberto, no entanto, descobriu um melanoma em estágio avançado e, em razão dos riscos de esterilidade no tratamento, retirou e armazenou seu sêmen na Androlab – Clínica e Laboratório de Reprodução Humana e Andrologia, em 2009.

O tratamento do melanoma de Roberto acabou por postergar a tentativa de inseminação e, antes mesmo desta ocorrer, Roberto veio a óbito em fevereiro de 2010, sem deixar um termo de consentimento prévio, em que manifestasse seu interesse na inseminação *post mortem*.

Kátia manteve o sonho de ter um filho com Roberto, mas a Androlab negou-se a realizar o procedimento de inseminação, pois Roberto não havia deixado documento que indicasse o destino do sêmen após sua morte. Por essa razão, Kátia ajuizou ação de execução de obrigação de fazer junto à 13ª Vara Cível de Curitiba, requerendo liminar para obter acesso ao sêmen congelado de seu falecido marido, sem autorização expressa deste, e a consequente inseminação artificial.

Em janeiro de 2011, a liminar foi concedida, obviamente satisfativa, sem ouvir a parte contrária, nos seguintes termos:

> [...] não se pode senão entender que os sucessores do doador estejam legitimados a dispor do material genético, coletado em vida como garantia do propósito frustrado pelos tratamentos químio e radioterápico e pela morte prematura do esposo da autora, que esses tratamentos não puderam evitar. Em outros termos, podem os sucessores pretender utilizar o esperma congelado para concretizar a vontade de Roberto Jefferson Niels, ante o que prescrevem os arts. 1.829, II, 1.836, 1.837 e 1.845 do Código Civil, sendo a pretensão exercitável isoladamente pela autora, segundo o que estabelecem os arts. 1791, parágrafo único, e 1.314, caput, do mesmo Código.[41]

E em outra passagem afirma-se que o sêmen não pode ser entendido como herança, mas que:

> Prefere-se entrever nesse tratamento da matéria simplesmente a busca de algum regramento, diante da lacuna da lei, para a transmissão do direito de levar a cabo a vontade do falecido, sem que se deixe de reconhecer à autora o exercício de um direito próprio, mais forte e desligado do que possa lhe ter sido transferido por sucessão.(*sic*)[42]

Na contestação, sobrevinda após a liminar, a Adrolab afirma não ter se recusado ao procedimento, mas que não poderia entregar o sêmen de pessoa falecida sem autorização judicial.

A sentença foi prolatada em 6 de março de 2012, e seguiu a mesma linha de justificativa expressa na liminar com a alteração de que:

> [...] embora o juízo tenha liminarmente "determinado" à Androlab que procedesse à inseminação, fê-lo porque a ação foi instaurada sob uma perspectiva de recusa. [...] Não será, portanto, imposto à ré a obrigação de realizar a inseminação – no que a pretensão, portanto, improcede. Será a ré autorizada

---

41. PARANÁ. 13ª Vara Cível de Curitiba. *Autos 27862/2010*. Juiz Alexandre Gomes Gonçalves. Sentença prolatada em 6 mar. 2012.
42. PARANÁ. 13ª Vara Cível de Curitiba. *Autos 27862/2010*. Juiz Alexandre Gomes Gonçalves. Sentença prolatada em 6 mar. 2012.

a realizar o procedimento conforme o desejo da demandante, apesar da ausência de manifestação por escrito do marido falecido, que se entende suprida judicialmente.[43]

Assim, o juízo entendeu que havia uma "manifestação expressa" de vontade de Roberto quanto à paternidade, embora não houvesse deixado por escrito tal assentimento. Entendeu, ainda, que não houve realmente lide, pois a Androlab não se negou a realizar o procedimento de inseminação. Houve apenas a necessidade de suprimento judicial da vontade, já que esta não se manifestou por escrito.

Uma passagem da sentença que merece destaque utiliza o Código de Ética Médica de maneira extensiva às resoluções sobre reprodução humana assistida do CFM. O juízo expressa que tal normatização interna "não supre a falta de regulamentação legal da matéria nem corresponde a ela, pretendendo simplesmente regular a ética, não a legalidade da conduta do profissional da medicina ou dos procedimentos que realiza".[44]

De toda sorte, agiu bem a Clínica em não disponibilizar o material genético do falecido sem o suprimento judicial conferido. O caso não é abarcado pelo disposto no artigo 1.597 do Código Civil, o que explica a tentativa de reconstrução judicial da vontade do falecido.

2.3.7 Notas conclusivas sobre a Resolução CFM 2.168/2017

O Conselho Federal de Medicina tomou a dianteira do legislador na regulação da reprodução humana assistida no Brasil. Por vezes, tal regulação espraiou-se por caminhos de validade jurídica questionável, mas a necessidade prática de médicos e profissionais da reprodução humana assistida acabaram por impor a exigência de normatização.

Projetos de lei tramitam no Congresso Nacional há muitos anos, mas pouco se avançou nas discussões. A inércia do Poder Legislativo acabou por permitir que o marco regulatório adviesse de um órgão com menor legitimidade, o CFM, que representa apenas a classe médica e não o povo.

A Resolução CFM 2.168/2017, no entanto, tem muitos pontos positivos. Considerou a noção ampliada de família; preocupou-se em proteger os doadores de gametas; determinou uma forma de facilitar o acesso à técnica, com a chamada "doação compartilhada de oócitos"; procurou uma resposta ao problema do grande número de embriões criopreservados e não implantados; enfrentou a questão da "cessão temporária de útero"; e procurou dar maior segurança à reprodução assistida *post mortem*.

A ausência de uma legislação específica não proíbe o acesso e a prática da técnica, criando uma esfera de liberdade, que a Resolução tentou limitar. Pode-se dizer que se está diante de uma permissividade não alcançada em outros países. Talvez esse contraste tenha dado origem à prática do turismo reprodutivo, fenômeno que ocorre em países europeus e, porque não dizer, em países latino-americanos.

---

43. PARANÁ. 13ª Vara Cível de Curitiba. *Autos 27862/2010*. Juiz Alexandre Gomes Gonçalves. Sentença prolatada em 6 mar. 2012.
44. PARANÁ. 13ª Vara Cível de Curitiba. *Autos 27862/2010*. Juiz Alexandre Gomes Gonçalves. Sentença prolatada em 6 mar. 2012.

A Bélgica é conhecida por seu uso liberal da doação de óvulos e por suas avançadas técnicas em Medicina Reprodutiva. É exemplo de um país muito procurado por alemães em razão da proibição de doação de gametas na Alemanha.

Romeo Casabona, Rainer Paslack e Jürgen Simon citam o exemplo de mulheres inglesas que viajam com frequência à Espanha, outro país cuja legislação é bastante permissiva, para submeter-se ao tratamento. No entanto, como não querem filhos com aparência hispânica, as clínicas espanholas fazem propaganda com mulheres do leste europeu.[45]

Pelo que se expôs, é claro que nem todo o conteúdo da Resolução pode ser considerado o melhor, do ponto de vista da Bioética, ou válido, do ponto de vista do Biodireito.

Um passo importante foi dado. Ainda que incompleta e questionável, a Resolução permite, ao menos, ampliar a discussão para além dos limites do Conselho Federal de Medicina e do próprio Poder Legislativo.

Há muito escrevemos sobre o tema. Mudanças e evoluções são constantes. A cada dia alargam-se os sujeitos aptos à reprodução humana assistida. Todo o leque de projetos parentais pode ser repensado em outras especificidades biojurídicas.

Novas famílias, com o auxílio das técnicas de RA, "podem ser formadas em contextos de monoparentalidade, homoafetividade, heteroafetividade, simultaneidade e o que mais vier. Esse novo tempo, plural, nos ensina que a proteção do Direito deve recair sobre a pessoa, de quem as famílias são expressão."[46]

3. O EMBRIÃO É PESSOA EM SENTIDO JURÍDICO?[47]

Como já dissemos, o artigo 2º do Código Civil estabelece que a personalidade tem início do nascimento com vida. No entanto, sua interpretação não é tão simples se analisarmos sua disposição final quanto ao nascituro: "Art. 2º A personalidade civil da pessoa começa do nascimento com vida; *mas a lei põe a salvo, desde a concepção, os direitos do nascituro.*"

---

45. ROMEO CASABONA, Carlos María; PASLACK, Rainer; SIMON, Jürgen W. Reproductive Medicine and the law: egg donation in Germany, Spain and other European Countries. *Revista de Derecho y Genoma Humano*, Bilbao, Núm. 38, p. 15-42, Enero-junio 2013, p. 22.
46. SÁ, Maria de Fátima Freire de; NAVES, Bruno Torquato de Oliveira; MOUREIRA, Diogo Luna; SOUZA, Iara Antunes de. Novas famílias e reprodução assistida. In: CAETANO, João Pedro Junqueira et al (Orgs.). *Medicina reprodutiva*. São Paulo: Seguimento Farma / Sociedade Brasileira de Reprodução Humana, 2018, p. 613.
47. Em outra oportunidade, defendemos a ideia de que os embriões humanos seriam pessoas por nascer e, por isso, se assemelhariam às pessoas nascidas, por possuírem a mesma natureza. Chegamos até a nos posicionar no sentido de que o princípio da dignidade poderia ser estendido à categoria dos seres embrionários. Também defendemos, outrora, a ideia de Jussara Meirelles em relação à titularidade difusa do embrião, ou seja, reportar-se-ia a todos os seres humanos, indistintamente. Isso significava dizer que não havia como se permitir o descarte e a manipulação de embriões, ainda que esta última se verificasse com fins terapêuticos. Este posicionamento foi adotado pela coautora Maria de Fátima Freire de Sá no livro *Filiação e Biotecnologia*, da Editora Mandamentos, em parceria com a Professora Ana Carolina Brochado Teixeira. Outro artigo sobre o tema encontra-se no livro "Desafios Jurídicos da Biotecnologia", intitulado *Princípios éticos e jurídicos da manipulação genética*, p. 107-146, Editora Mandamentos, 2007, de autoria de Maria de Fátima Freire de Sá e Gustavo Pereira Leite Ribeiro.

Dessa forma, passamos agora a comparar a posição do nascituro e do embrião na ordem jurídica brasileira e a consideração do que venha a ser personalidade.

Personalidade jurídica é centro de imputação normativa[48] e, como tal, pode congregar situações jurídicas de direito subjetivo, dever jurídico, direito potestativo, sujeição, poder, ônus e faculdade.

Não podemos, no entanto, dizer que o ordenamento jurídico nacional protege o nascituro apenas como "algo tutelável". Em várias situações o Código Civil coloca-o como partícipe de situações jurídicas, como nos casos em que reconhece ao nascituro o direito de ter sua paternidade reconhecida (parágrafo único do artigo 1.609), receber doação (artigo 542), herança e legado, ter nomeado um curador (artigo 1.779). Assim, o nascimento não seria condição para a existência da personalidade, mas para sua consolidação.[49]

Diferente é a situação do embrião não gestado. É certo que o embrião humano é passível de tutela, porém o ordenamento jurídico não lhe imputa situações jurídicas. Assim, não há como o considerar detentor de direitos subjetivos, deveres jurídicos, direitos potestativos, sujeição, poderes, ônus ou faculdades.

Não basta, portanto, ser passível de tutela, como o são vários bens jurídicos a que o legislador protege. Animais e vegetais são protegidos; situações jurídicas dizem respeito a eles, no entanto não podemos dizê-los "pessoas", pois a norma jurídica não lhes imputou a possibilidade de participarem do universo jurídico. Não são, pois, dotados de personalidade. Podemos dizer o mesmo do embrião não gestado.

Isso não significa dizer, contudo, que o embrião é coisa. Embora, historicamente, o ordenamento civil tenha trabalhado com a dicotomia pessoa/coisa, isto é, considera os seres corpóreos ou como integrantes da categoria de pessoas em sentido jurídico, ou parte da categoria de bens, não podemos localizar os embriões nesta última categoria, pelo menos não dentro da categoria de bens formulada sobre os moldes dos códigos oitocentistas.

4. MONOPARENTALIDADE

A Resolução CFM 2.168/2017 estabelece que é permitido o uso das técnicas de reprodução humana assistida para relacionamentos homoafetivos e pessoas solteiras, respeitando-se o direito à objeção de consciência do médico. Esse dispositivo respeita a pluralidade de entidades familiares da Constituição Federal, inclusive quanto às famílias monoparentais.

A Constituição Federal de 1988 concedeu ampla autonomia aos indivíduos quanto ao planejamento familiar, entendendo como tal "o conjunto de ações de regulação da fecundidade que garanta direitos iguais de constituição, limitação ou aumento da prole pela mulher, pelo homem ou pelo casal" (artigo 1º, da Lei 9.263, de 12 de janeiro de

---
48. CHAMON JUNIOR, Lúcio Antônio. *Teoria geral do direito moderno*. Por uma reconstrução crítico-discursiva na alta modernidade. Rio de Janeiro: Lumen Juris, 2006.
49. AMARAL, Francisco. *Direito civil*: introdução. 5. ed. rev. aum. e atual. Rio de Janeiro: Renovar, 2003, p. 223.

1996, que regulamenta o § 7º do artigo 226/CF); e ainda ao dispor que a comunhão formada por qualquer dos pais e seus descendentes é uma das formas de entidade familiar. Temos, assim, as famílias monoparentais.

Portanto, em apenas dois artigos, a Constituição Federal de 1988 apreendeu a nova ordem social e reconheceu, ainda que tardiamente, a necessidade de acompanhar a evolução social, diante da pluralidade de situações ocorridas pela mudança de pensamento da sociedade como um todo. Certo é que as pessoas vêm demonstrando que não mais pretendem ficar presas a amarras sociais e ao imperativo cultural de que a única forma de constituição de família é o casamento. O estigma de solteiro não mais incomoda as pessoas como outrora, e o roteiro cultural do casamento vem sendo frequentemente revisto.

Direito é vida, e a vida é complexa demais para ser resumida a catálogos fechados de regras tal como foi a tentativa das codificações do século XIX. Especificamente em relação à família do Código Civil de 1916, tínhamos como características uma entidade familiar hierarquizada, com exercício do poder marital e do pátrio poder. Não que a mulher não detivesse poder algum, porque, afinal de contas, mesmo sendo considerada relativamente incapaz até 1962, detinha o poder doméstico, o que já significava alguma coisa na sociedade familiar.

Felizmente, ano após ano, as pessoas adquiriram a capacidade de "abrir o cofre" dos seus desejos, para privilegiarem seus vínculos afetivos optando, claramente, pela liberdade e pelo amor. A maioria delas compreende que, se encontrar a pessoa certa, poderá viver uma experiência maravilhosa, com todos os votos de uma união feliz: amor, intimidade, companheirismo e integração; mas compreende também que se, por circunstâncias, não for bem sucedida, pode, de outras formas, descobrir seu lugar no mundo, assumindo responsabilidades sem paralisar a própria vida.

Desse contexto de mudanças nascem as famílias monoparentais, cuja existência é amparada pela nova ordem jurídica constitucional. Como afirma Gustavo Tepedino, o centro da tutela jurisdicional deslocou-se do casamento para as relações familiares.[50]

Atualmente, a tendência é dissociar-se a família parental da família conjugal, ou seja, a separação, o divórcio, a dissolução da união estável geram uma dissociação entre o casal, mas não entre o pai ou a mãe em relação aos filhos. Esse laço é eterno, porquanto é construído a cada dia, sedimentado na convivência e nos cuidados cotidianos. Por isso, a família parental ganha especial relevo no contexto dos vários tipos de relações familiares: as uniões livres estão cada vez mais frequentes; temos a figura da mãe solteira, que pode ser voluntária ou involuntária; a viuvez; a adoção, possível para o solteiro, separado, divorciado ou viúvo, além da separação e do divórcio. Todas essas situações geram tipos de famílias monoparentais.

Mas quais seriam os limites, se é que eles existem, do artigo 226, § 4º da Constituição Federal? Haveria possibilidade de limitação de tipos de famílias consideradas

---

50. TEPEDINO, Gustavo. A disciplina civil-constitucional das relações familiares. In: TEPEDINO, Gustavo. *Temas de direito civil*. 3. ed. Rio de Janeiro: Renovar, 2004, p. 397.

monoparentais? Seria constitucional entender apenas como tais aquelas que resultassem do convívio da mãe ou do pai viúvo com o filho? Da mãe ou do pai separado com o filho? Ou seja, regular apenas situações já existentes, ou possibilitar abertura a novas formas familiares, como é o caso de gravidez voluntária de mulher só (viúva, separada, divorciada ou solteira)? Seria o direito de procriação um direito fundamental?

Não é à toa que dedicamos um item para esse tema. Especificamente aqui, trataremos da situação de mulher sozinha que pretende engravidar por meio de técnicas de reprodução assistida. Para construirmos nosso pensamento, convidamos o leitor à desconstrução de paradigmas obsoletos, enraizados na forma de pensar e constantemente utilizados pela nossa sociedade, frutos de um tempo de Estado liberal. Só assim poderemos interpretar a Constituição de 1988, quando privilegiou a pluralidade de estilos de vida e de crenças, caracterizadores de uma realidade social contemporânea e de um verdadeiro Estado Democrático de Direito.

4.1 A desconstrução e a reconstrução de paradigmas

Falamos, logo acima, em roteiros culturais utilizados por nós ao longo de nossa existência. Esses roteiros, muitas vezes, são legados de nossos pais e avós. Assim, adquirimos certos "pré-conceitos" que usamos como verdadeiros dogmas, sem que sejam revistos.

Quais seriam os imperativos que sugerem a impossibilidade de o Estado dar guarida às famílias monoparentais provenientes de inseminações em mulheres solteiras? Argumentos como *a criança já nasce sem pai*; *o direito de ter filho não é absoluto*; *o desenvolvimento da criança estará prejudicado*, são frequentes.

Há, também, argumentos de grandes pensadores do Direito[51] que afirmam que a Constituição Federal de 1988, ao proteger a família monoparental, não teve a intenção de incentivar sua proliferação. Outro entendimento que não deve ser desprezado, embora ao longo deste item traremos nossa razão de discordância, é o de Jussara Meirelles que entende que "as intervenções médicas, por meio de reprodução humana assistida, devem representar a última alternativa para a pessoa, e não um modo alternativo de reproduzir".[52]

O Estatuto da Criança e do Adolescente (ECA) também é invocado por alguns autores que afirmam que, ao se permitir a utilização da técnica assistida de reprodução em mulher só, flagrante é o desrespeito ao princípio do melhor interesse da criança. Assim, na visão de muitos, não configuraria melhor interesse da criança nascer sem pai, mas seria melhor para ela, na falta de pai e mãe, ser adotada por pessoa só...

---

51. Como exemplo, citamos o posicionamento de Eduardo de Oliveira Leite: "Afasta-se o invocar precipitado e equivocado do art. 226, parágrafo 4º do texto constitucional como argumento legitimador da inseminação artificial da mulher solteira, separada ou divorciada. Enfim, mulher só. O dispositivo constitucional, de forma louvável, apenas inseriu na esfera da proteção estatal, as famílias 'monoparentais'; em momento algum as reconheceu com vistas a proliferação das mesmas." LEITE, Eduardo de Oliveira. *Procriações artificiais e o direito*. São Paulo: Revista dos Tribunais, 1995, p. 354.
52. MEIRELLES, Jussara Maria Leal de. Filhos da Reprodução Assistida. In: PEREIRA, Rodrigo da Cunha (Coord.). *Família e cidadania*: o novo CCB e a *vacatio legis*. Belo Horizonte: IBDFAM/Del Rey, 2002, p. 395.

Longe de nós desprezar as construções argumentativas acima mencionadas. Acreditamos que há alguma razão para que pessoas pensem assim. O que não concordamos é que esses sejam argumentos que valham para proibir a formação de famílias monoparentais decorrentes de inseminações em mulheres sozinhas.

Em primeiro lugar, valendo-nos das palavras de João Baptista Villela: "todo o direito não patrimonial de família é prenhe de situações para as quais a coerção não oferece qualquer resposta satisfatória."[53]

A partir dessa premissa, Villela desenvolve o conceito de responsabilidade jurídica para afirmar que:

> É, entretanto, urgentemente necessário reconhecer que uma ordem jurídica baseada na coerção é indigna da transcendental grandeza do homem. Se se quer para o futuro expressões convivenciais inspiradas no amor e na justiça, na dignidade e na confiança, tem-se que restituir ao homem a superior liberdade de responder, ele próprio, aos deveres que decorrem da vida em sociedade.[54]

Ora, a liberdade é da essência do indivíduo, e não é de outra forma que o Direito deve entender. O valor liberdade foi erigido à categoria de princípio constitucional, inserido no *caput* do artigo 5º da Carta Federal. Não é despiciendo lembrar o leitor da existência dos artigos 1º e 2º da Lei 9.263, de 12 de janeiro de 1996, que regulamentam o § 7º do artigo 226 da Constituição Federal.[55]

Ademais, não há provas concretas, mas mera especulação, no fato de que uma criança que tenha como mãe mulher só, possa ser socialmente mais desajustada que outra rejeitada pelo pai biológico.[56] Aliás, procriação, paternalismo e paternidade são coisas diversas e exatamente por isso é que hoje está tão claro para o Direito que pai e mãe são reconhecidos pelo ambiente de amor, pela circunstância de servir, não importando tanto mais os laços de sangue. Se é fato que da técnica de reprodução assistida nascerá uma criança sem pai, é fato também que ela pode ter todo o amor daquela mãe que, conscientemente, escolheu trazê-la ao mundo. Não há rejeição de eventual pai que contraiu relações sexuais casuais com a mulher e negou-se a reconhecer o filho; não

---

53. VILLELA, João Baptista. Direito, coerção & responsabilidade: por uma ordem social não-violenta. *Revista da Faculdade de Direito* (UFMG), Belo Horizonte, v. 4, n. 3, p. 13-38, 1982, p. 17.
54. VILLELA, João Baptista. Direito, coerção & responsabilidade: por uma ordem social não-violenta. *Revista da Faculdade de Direito* (UFMG), Belo Horizonte, v. 4, n. 3, p. 13-38, 1982, p. 31-32.
55. Art. 1º O planejamento familiar é direito de todo cidadão, observado o disposto nesta lei.
    Art. 2º Para fins desta lei, entende-se planejamento familiar como o conjunto de ações de regulação da fecundidade que garanta direitos iguais de constituição, limitação ou aumento da prole pela mulher, pelo homem ou pelo casal.
    Parágrafo único. É proibida a utilização das ações a que se refere o *caput* para qualquer tipo de controle demográfico.
56. "É de se indagar se essas mães, ou pais, sozinhos, que vivem com seus descendentes constituiriam mesmo uma família. Como já dissemos neste trabalho, para a Psicanálise, o que determina a constituição de uma família é a sua estruturação psíquica. Isto é, importa saber se cada membro ocupa o seu lugar de filho, de pai ou de mãe. A não-presença física do pai, ou a sua permanência, não é definidora da situação; este pai ou esta mãe não precisam ser, necessariamente, biológicos. Qualquer um pode ocupar este lugar, desde que exerça tal função. [...] Não é, portanto, desarrazoadamente que o Estado veio dar proteção e considerar como família, também, a comunidade formada pelos pais e seus descendentes." PEREIRA, Rodrigo da Cunha. *Direito de família*: uma abordagem psicanalítica. 2. ed. Belo Horizonte: Del Rey, 1999, p. 74-75.

há descaso do pai que, embora reconhecendo o filho, não exerce as funções inerentes à paternidade responsável, mas limita-se ao pagamento de pensão alimentícia.

Ao longo da vida, a imagem do pai pode ser encontrada em outra pessoa que tenha vocação para tal. Lembramos, por oportuno, as palavras de João Baptista Villela: "pensar que a paternidade possa estar no coincidir de sequências genéticas constitui, definitivamente, melancólica capitulação da racionalidade crítica neste contraditório fim-de-século."[57]

4.2 Liberdade e responsabilidade

Cindy Rodriguez, do *The Boston Globe*, retrata a vida de Erik Wissa (Massachusetts). Trata-se de um pai solteiro vivendo no novo século: penteia os cabelos da filha, leva-a para a escola e aulas de teatro, trabalha o dia inteiro e ainda corre para casa para preparar o jantar.

Segundo a jornalista, Erik ainda pinta as unhas da filha de roxo e, ao terminar, ouve o seguinte: "Papai, agora é a sua vez". O pai admite que deixa a filha pintar suas unhas, removendo o esmalte assim que ela termina o serviço.

Há algum tempo, situações como essa eram retratadas apenas nos filmes, cujos homens eram tidos como desajeitados e pouco competentes para com as funções da casa. Sim, porque era das mulheres a obrigação de criação dos filhos. O papel do homem sempre foi o de prover o bem-estar da família. Eis o roteiro cultural seguido pela maioria.

Em razão de casos assim, preconceitos relativos ao gênero vêm sendo eliminados no Judiciário. Ora, há muito que a família, célula da sociedade, tanto é aquela que provém do casamento, como a que resulta de união estável entre homem e mulher, quanto o laço que se estabelece entre qualquer dos pais e seus descendentes.

Talvez o caso de Erik não cause mais tanto desconforto na sociedade, ainda que muitos não entendam como uma mãe possa abdicar do contato diário com o filho, deixando-o com o ex-marido ou ex-companheiro.

Lado outro, caso interessante de monoparentalidade foi o ocorrido com Chicão, filho de Cássia Eller, cantora brasileira já falecida, que vivia relação homossexual com Maria Eugênia. A notoriedade da história se deu pela disputa da tutela da criança pela companheira de Cássia com o avô materno. Tratava-se de tutela porque o pai de Chicão era pré-morto em relação à Cássia, razão pela qual não havia quem exercesse o poder parental.

Em sede de liminar, o juiz da 1ª Vara da Infância e da Juventude da cidade do Rio de Janeiro decidiu pela concessão da guarda provisória à Maria Eugênia, ao fundamento de que assim estaria atendido o princípio do melhor interesse da criança, porquanto Chicão a tinha como referência materna. O avô materno, por seu turno, não tinha

---

57. VILLELA, João Baptista. O modelo constitucional da filiação: verdade e superstições. *Revista Brasileira de Direito de Família* (IBDFAM), Belo Horizonte, n. 2, p. 121-142, jul./set. 1999, p. 133.

convivência familiar com o neto, manifestando desejo de tê-lo sob seus cuidados após a morte de Cássia.

Chicão foi ouvido em Juízo e exteriorizou sua vontade de permanecer com Maria Eugênia, o que motivou o acordo celebrado entre as partes, culminando com a nomeação da companheira da mãe como tutora da criança.

Nesse caso, temos fatos relevantes que merecem comentários. O primeiro diz respeito à subversão da ordem expressa no artigo 1.731 do Código Civil, que determina, na falta de tutor nomeado pelos pais, sejam os parentes consanguíneos os incumbidos ao exercício da tutela, com ordem de prelação para os ascendentes e, na falta desses, os colaterais até o 3º grau, preferindo os de grau mais próximo ao mais remoto. Assim, sob o ponto de vista estritamente legal, seria o avô a pessoa apta a tutelar o neto.

O segundo é o mais importante, porque envolve preconceitos contra o homossexualismo. Certamente, o "caso Chicão" foi uma quebra de paradigmas e abriu espaço para amplo debate sobre a possibilidade de tutela e adoções por pessoas responsáveis, independente da opção sexual e do estado civil.

Os avanços biotecnológicos propiciaram a chamada "produção independente", expressão essa originalmente usada para designar atitudes de mulheres que engravidavam por métodos tradicionais, mas que assumiam sozinhas os filhos. Hoje, perante as técnicas de reprodução assistida, o alcance da expressão também abarca as mulheres sozinhas férteis e inférteis.

E tais técnicas podem também ser aplicadas aos homens, porquanto a Lei 9.263, de 12 de janeiro de 1996, que regula o artigo 226, § 7º, da Constituição Federal de 1988 afirma que o planejamento familiar, além de ser direito de todo cidadão, é destinado tanto à mulher, como ao homem, quanto ao casal. O homem, então, pode valer-se de útero de substituição para ter o filho.

Paulo Eduardo Olmos relata um caso bastante interessante, envolvendo a possibilidade de utilização da técnica da gestação por outrem, como solução para a infertilidade e para viabilizar a vida. Tratava-se de duas primas que moravam em cidades diferentes, uma em São Paulo e a outra em Fortaleza. Uma delas tinha má-formação do sistema embrionário que desenvolve o útero, o qual era muito pequeno e não permitia a gestação. Sua prima tinha boa saúde reprodutiva e resolveu ajudá-la. Ambas passaram pelo tratamento e, formado o embrião via artificial, foi feita a transferência e a gravidez foi muito bem-sucedida. Para que os pais biológicos participassem do processo de gestação, a prima grávida e seu marido mudaram-se para Fortaleza. Após este relato, conclui o médico:

> Esse foi um bom exemplo de quanto a pessoa que se dispõe a ajudar uma parente nessas circunstâncias precisa estar disposta a doar-se, tanto na preparação quanto durante nove meses de gestação, sempre desejando sinceramente que a outra realize o sonho de ser mãe.[58]

Percebemos que o fator motivador ao uso das técnicas de reprodução assistida é a busca pela realização de um projeto parental, seja ele por homens, por mulheres ou

---

58. OLMOS, Paulo Eduardo. *Quando a cegonha não vem*: os recursos da medicina moderna para vencer a infertilidade. São Paulo: Carrenho, 2003, p. 207.

casais. Ele pode se realizar de várias formas, inclusive por meio de adoção. Contudo, o Direito não pode interferir na esfera mais íntima da pessoa, para ditar a forma que ela terá um filho, pois o projeto parental é individual e compõe o conteúdo da personalidade de cada um.

Eis a razão porque citamos logo acima trechos do célebre artigo de João Baptista Villela, *Direito, Coerção & Responsabilidade*. Precisamos, muito antes de proibir, conscientizar o homem de seus deveres morais, pois, no momento em que a coerção se instala fora da consciência humana, o indivíduo vê-se castrado de seus imperativos interiores:

> A coerção externa como que outorga ao homem carta branca para ser desonesto, já que a desonestidade – no fundo um conceito de referência estritamente interior – estaria submetida às correções do aparelho repressor externo. E, porque lhe concede essa franquia interna, implicitamente passa a considerá-lo um infrator, que é preciso vigiar e cujas atividades trazem a marca original da suspeição. Daí estruturar-se o direito, em larga medida, com base nas ideias de má-fé, conflito e desconfiança. Seus fins, contudo, são a harmonia e o bem-estar do corpo político, somente possíveis onde e quando se crê no homem.[59]

Não pregamos, aqui, a absoluta falta de coerção. Isso é claramente impossível. Mas, em matéria de largo espectro como essa, se o Estado não conscientizar médicos, casais, mulheres e homens que procuram a utilização das técnicas, sempre teremos a desventura de vivermos com a terrível possibilidade de descarte e manipulação de embriões para fins eugênicos. Outrossim, nunca saberemos se as pessoas que buscaram o auxílio da reprodução assistida eram capazes de entender a extensão e a responsabilidade do exercício da paternidade e da maternidade.

Muitos Projetos de Lei mencionados têm pontos positivos na sua essência. Mas as decisões sobre procriação e planejamento familiar decisões devem ser pessoais, sendo papel do Estado orientar. Se assim for feito, talvez um dia teremos a grata satisfação de sabermos que muitas de nossas crianças estão sendo adotadas por casais, homens ou mulheres que preferiram essa prática à difícil e tormentosa, porém esperançosa, técnica de reprodução. Mas, a escolha é de cada um, devendo o Estado interferir nas relações individuais apenas quando a sua ação se revelar indispensável para a salvaguarda de direitos gravemente ameaçados.[60]

A lei não impedirá a prática de atos que ela própria proíbe. Portanto, o alerta que enviamos aos operadores do Direito é de que não fechem os olhos para as novas situações que descortinam, para que não ocorram julgamentos como o de um juiz que se deparou com a situação de um casal que desejava a separação, e a guarda do filho comum

---

59. VILLELA, João Baptista. Direito, coerção & responsabilidade: por uma ordem social não-violenta. *Revista da Faculdade de Direito* (UFMG), Belo Horizonte, v. 4, n. 3, p. 13-38, 1982, p. 26-27.
60. Nesse sentido, Ana Thereza Meirelles Araújo explicita que, por vezes, é necessária a intervenção do Estado na esfera privada para impedir a violação de certo bens jurídicos e a realização de práticas eugênicas: "A tônica para a condução do planejamento familiar em sede de procriação artificial tem sido dada unicamente pela vontade das partes, o que culminou na constatação da possibilidade de violação ou vilipêndio de bens jurídicos constitucionalmente assegurados, qual seja, a integridade do patrimônio genético humano. Tudo isso porque o curso da decisão que envolve a reprodução tem evidenciado a manifestação de práticas eugênicas, que podem ocorrer em diferentes fases do processo reprodutivo, antes mesmo da concepção, após ela, e, ainda durante a fase gestacional." (ARAÚJO, Ana Thereza Meirelles. *Neoeugenia e reprodução humana artificial*: limites éticos e jurídicos. Salvador: Juspodivm, 2014. p. 64-65).

transformou-se em acirrada disputa. Ao analisar o caso, o julgador tomou ciência de que a criança nasceu do uso das técnicas de reprodução assistida. É que, devido às graves deficiências na qualidade do espermatozoide, a solução foi recorrer a banco de sêmen. A mulher, por sua vez, não tinha óvulos para a fecundação e decidiu valer-se de uma "ovodoadora". Mas, não parava por aí. A criança não poderia ser gestada no próprio útero. A solução viável foi o uso do útero de substituição. Como podem ver, estamos diante de um caso radical. E a sentença do juiz, pasmem os leitores, foi no sentido de que a criança era verdadeiramente órfã de pai e mãe.[61]

---

61. OLMOS, Paulo Eduardo. *Quando a cegonha não vem*. Os recursos da medicina moderna para vencer a infertilidade. São Paulo: Carrenho, 2003, p. 215-216.

Capítulo 7
CÉLULAS-TRONCO E ASPECTOS GERAIS DA LEI DE BIOSSEGURANÇA

Os conhecimentos científicos parecem perturbar nossa autocompreensão tanto mais quanto mais próximos estiverem de nos atingir. A pesquisa sobre o cérebro nos dá lições sobre a fisiologia de nossa consciência. Mas será que isso muda aquela consciência intuitiva da autoria e da imputabilidade que acompanha todas as nossas ações?[1]

1. INTRODUÇÃO

Ao analisarmos a Lei de Biossegurança, Lei 11.105, sancionada pelo Presidente da República em 24 de março de 2005, vislumbramos vários problemas e poucas respostas. Abordaremos os pontos-chave do diploma, como as indagações sobre a liberação de alimentos transgênicos, a manipulação de células-tronco embrionárias e o impacto econômico das modificações introduzidas. Contudo, pretendemos construir apenas um panorama de seus preceitos reguladores, a partir de críticas que nos parecem apropriadas.

Durante a tramitação da Lei no Congresso Nacional, o Presidente da República assinou Medida Provisória[2], em 2005, liberando o plantio da soja transgênica da safra 2004/2005 e a comercialização do produto até 31 de janeiro de 2006, atitude que também foi alvo de louvores, por parte de agricultores e proprietários, e críticas, por grande parte dos ambientalistas e da sociedade[3].

Sem dúvida que uma nova regulamentação era inevitável. Num mundo em que a economia de mercado impõe a competitividade também no campo da pesquisa, o estabelecimento de normas é vital, especialmente para países periféricos.

No tocante às células-tronco embrionárias, em 30 de maio de 2005, o então Procurador-Geral da República, Cláudio Fonteles, protocolizou petição questionando a constitucionalidade do artigo 5º da Lei de Biossegurança, que permite sua utilização em pesquisas e terapias obtidas de embriões humanos excedentes das técnicas de fertilização *in vitro*.

---

1. HABERMAS, Jürgen. *O futuro da natureza humana*. São Paulo: Martins Fontes, 2004, p. 141.
2. Medida Provisória 223, de 14 de outubro de 2004, convertida na Lei 11.092, de 12 de janeiro de 2005.
3. O plantio de soja transgênica estava sendo realizado no Brasil por meio de medidas provisórias. Com a Lei, o Poder Executivo pode prorrogar a autorização sem a necessidade de medida provisória. O Congresso Nacional, que antes pelos menos tinha a função de converter a Medida Provisória em lei, foi dispensado de participar da autorização.

O Procurador-Geral da República mostrou-se indignado com o tratamento normativo dado ao embrião humano crioconservado, excedente de fertilização *in vitro*. A utilização desse, em pesquisas e terapias, implicava, necessariamente – pelo menos ao tempo de promulgação da Lei e propositura da Ação Direta de Inconstitucionalidade – na destruição do embrião.

Sob o argumento de que "*a vida humana* acontece na, e a partir da, fecundação", o artigo 5º da Lei de Biossegurança ofenderia o artigo 1º, III, e o *caput* do artigo 5º da Constituição Federal. O membro da Procuradoria-Geral da República considerou, pois, embriões humanos como seres constitucionalmente idênticos ao ser humano nascido, buscando, para tanto, auxílio em opiniões de médicos, geneticistas e biólogos.

Interessante, ainda, destacar que não houve nenhuma opinião que, mais detidamente, se dedicasse a tecer argumentos jurídicos em colaboração aos apresentados por profissionais de outras áreas. Pela peça inicial da ADI, já podemos avaliar uma posição que se tem tornado cada vez mais comum no meio jurídico: *a busca de "certezas" na Biologia*.

O tão esperado julgamento da ADI 3.510 foi marcado para março de 2008, ocasião em que se manifestaram pela constitucionalidade do artigo 5º o Ministro Relator Dr. Carlos Ayres de Britto e a Presidente do Supremo Tribunal Federal à época, Ministra Ellen Gracie. A seção foi suspensa em razão de pedido de vista do Ministro Carlos Alberto Menezes Direito.

Retomado o julgamento em 28 de maio de 2008, os Ministros Menezes Direito e Ricardo Lewandowski votaram pela parcial procedência do pedido de inconstitucionalidade do artigo 5º da Lei de Biossegurança. A Ministra Cármen Lúcia Rocha e o Ministro Joaquim Barbosa julgaram-no improcedente. Pela improcedência manifestaram, também, os Ministros Eros Grau e Cezar Peluso, porém, com determinadas ressalvas, nos termos dos seus votos. O julgamento foi suspenso e retomado no dia seguinte, 29 de maio de 2008. Colhidos os votos dos demais Ministros (Min. Celso Mello, Min. Marco Aurélio e Min. Gilmar Mendes), o Supremo Tribunal Federal, por maioria e nos termos do voto do Relator, julgou improcedente o pedido constante na Ação Direta de Inconstitucionalidade 3.510-0, vencidos parcialmente, em diferentes extensões, os Ministros Menezes Direito, Ricardo Lewandowski, Eros Grau, Cezar Peluso e Gilmar Mendes.

Todo esse percurso trilhado no julgamento da Ação Direta de Inconstitucionalidade demonstra que o debate jurídico acerca da (in)constitucionalidade do artigo 5º da Lei de Biossegurança foi acirrado e as divergências constantes nos votos dos Ministros do Supremo Tribunal Federal merecem ser destacadas.

Importante esclarecer que, muito embora a ADI 3.510 tenha sido julgada em 29 de maio de 2008, nos restringiremos à análise de alguns votos. Acreditamos que as decisões ora apresentadas são suficientes para demonstrar a necessidade de avanços na compreensão deontológica da problemática afeta às pesquisas com células-tronco embrionárias, a começar pela diferenciação do tratamento jurídico dado ao nascituro daquele despendido ao embrião não gestado, pois enquanto o primeiro é centro de imputação normativa, passível de ser detentor de personalidade jurídica, o segundo, embora tutelado, não pode ser tratado como pessoa em sentido jurídico.

2. "MITOLOGIAS JURÍDICAS DA MODERNIDADE"

O título desse tópico é realmente instigante. Lamentamos, apenas, não ser de nossa autoria, e sim o título que Paolo Grossi atribuiu a seu livro. No entanto, a intitulação é perfeita para o que gostaríamos de alertar. Ao entrar para a Faculdade de Direito, geralmente trazemos a nítida vinculação da ideia de justiça às noções de lei e coerção. Foi assim conosco e assim continua a se suceder com a maioria de nossos alunos.

Superada a perspectiva medieval, na qual o Direito poderia ser caracterizado pela razoabilidade da *lex*, ou seja, "a determinada e rigidíssima correspondência do seu conteúdo a um modelo que nem o príncipe, nem o povo, nem a classe dos juristas criam, mas são chamados simplesmente a descobrir na ontologia da criação"[4], os sinais da modernidade aparecem no Direito, como que tentando retirar do indivíduo todo o pessimismo medieval.

Não há uma ontologia jurídica, como o jusnaturalismo, em suas várias vertentes, pretendeu. Aquela comunidade de juristas que lia os sinais dos tempos a partir de textos romanos e canônicos dignos de respeito – "mesmo tendo como custo a possibilidade de ir além ou contra os textos que frequentemente assumem o reduzido papel momentâneo da validade formal"[5] – tem agora um novo príncipe, com características distintas do anterior.

No mundo moderno, que começou sua marcha a partir do século XIV, o novo príncipe não mais se encontra em diálogo com a natureza e com a sociedade. O príncipe moderno busca a substituição do diálogo com esses, pela criação de normas autoritárias que o assegurem. A *lex* dos medievais passa a ser substituída pela *loy* dos modernos. Os conteúdos e as finalidades, bem estabelecidos na razoabilidade e no bem comum, são substituídos pela "volição autoritária do detentor da nova soberania e caracterizada pelos atributos da generalidade e da rigidez"[6], sem qualquer legitimação social. A lei legitima-se por si só.

É essa evolução que faz com que o Direito se contraia e se resuma à lei. E lei enquanto lei, só pode ser resultado da herança do absolutismo, com características de rigidez e substituição do pluralismo pelo monismo. "E, em clima de conquista e ostentada secularização, será sacra a lei intrinsecamente injusta, assim como será sacra a lei redigida e promulgada por um soberano idiota."[7]

Em dado contexto, com o Direito se resumindo à lei, é melhor que desconfiemos do ordenamento, porque detrás da idealização esconde-se o Estado monoclassista, elitista, que defende interesses de ricas minorias. Maior cego é aquele que não vê que a lei,

---
4. GROSSI, Paolo. *Mitologias jurídicas da modernidade*. Tradução de Arno Dal Ri Júnior. Florianópolis: Fundação Boiteaux, 2004, p. 36.
5. GROSSI, Paolo. *Mitologias jurídicas da modernidade*. Tradução de Arno Dal Ri Júnior. Florianópolis: Fundação Boiteaux, 2004, p. 34.
6. GROSSI, Paolo. *Mitologias jurídicas da modernidade*. Tradução de Arno Dal Ri Júnior. Florianópolis: Fundação Boiteaux, 2004, p. 42.
7. GROSSI, Paolo. *Mitologias jurídicas da modernidade*. Tradução de Arno Dal Ri Júnior. Florianópolis: Fundação Boiteaux, 2004, p. 44.

muitas vezes, não passa de uma pseudoverdade, tuteladora de interesses daqueles que detêm o poder, e não a vontade da maioria. Da realidade ôntica – presente na natureza das coisas – passamos ao autoritarismo iluminista.

É contra essa noção que devemos lutar e o pluralismo nos impõe melhor realidade: o Direito deve ser concebido com um conteúdo dinâmico de normas, que surgem pelo diálogo de interpretações e, como tal, insere-se em um contexto maior. Interpretar é projetar nossa noção de mundo, logo o pluralismo deve privilegiar o debate e a argumentação.

Ora, o Direito é experiência, é dimensão social. Não pode ser visto unicamente como poder ou como sistema de categorias formais. Não podemos reduzi-lo à forma e por meio dela legitimá-lo; a paisagem jurídica não é tão simples e clara, mas complexa e plural.

Seria verdadeiramente legítima a Lei de Biossegurança? Ou ainda: como legitimar uma legislação em uma sociedade plural e complexa?

3. ASPECTOS GERAIS DA LEI DE BIOSSEGURANÇA

Como aspectos gerais, a Lei de Biossegurança estabelece normas de segurança e mecanismos de fiscalização sobre construção, cultivo, produção, manipulação, transporte, transferência, importação, exportação, armazenamento, pesquisa, comercialização, consumo, liberação no meio ambiente e descarte de organismos geneticamente modificados, tendo como diretrizes o estímulo ao avanço científico na área de biossegurança e biotecnologia, a proteção à vida e à saúde humana, animal e vegetal, e a observância do princípio da precaução para a proteção do meio ambiente (artigo 1º).

Dividiremos nossa exposição em duas partes: neste capítulo analisaremos as pesquisas com células-tronco embrionárias e a questão da inconstitucionalidade do artigo 5º da Lei de Biossegurança, deixando para o capítulo subsequente o estudo sobre os organismos geneticamente modificados (OGM) e sua repercussão no meio ambiente.

3.1 A questão da inconstitucionalidade do artigo 5º: medicalização do direito?

Novamente frisamos que, embora entrelaçados, Direito e Medicina possuem maneiras próprias de solução de problemas. Se a questão é jurídica, obviamente que a decisão *deve* ser jurídica. Mas qual a razão para essas divagações? É simples. Os fundamentos da Ação Direta de Inconstitucionalidade 3.510 têm fundo biológico e pouco, de jurídico.

A peça processual contém treze laudas e faz alusão aos artigos 1º, III, e 5º da Constituição Federal, a dignidade da pessoa humana e a inviolabilidade do direito à vida, respectivamente, como sendo os preceitos constitucionais inobservados no que diz respeito ao embrião humano. Como fundamentação para a inconstitucionalidade material, o Procurador-Geral da República desfia um rosário de autores especializados em Ginecologia, em Bioética, em Biologia Celular, em perícia em sexualidade humana e em cirurgia para, unidos em coro, dizerem que a vida humana acontece na, e a partir da fecundação e que, portanto, inadmissível seria o descarte de embriões.

Apenas como exemplo, citamos abaixo um dos autores pesquisados pelo Procurador:

> Os biólogos empregam diferentes termos – como por exemplo zigoto, embrião, feto etc. –, para caracterizar diferentes etapas da evolução do óvulo fecundo. Todavia esses diferentes nomes não conferem diferentes dignidades a essas diversas etapas.
>
> Mesmo não sendo possível distinguir nas fases iniciais os formatos humanos, nessa nova vida se encontram todas as informações, que se chama 'código genético', suficientes para que o embrião saiba como fazer para se desenvolver. Ninguém mais, mesmo a mãe, vai interferir nesses processos de ampliação do novo ser. A mãe, por meio de seu corpo, vai oferecer a essa nova vida um ambiente adequado (o útero) e os nutrientes necessários. Mas é o embrião que administra a construção e executa a obra. Logo, o embrião não é 'da mãe'; ele tem vida própria. O embrião 'está' na mãe, que o acolhe pois o ama.
>
> Não se trata, então, de um simples amontoado de células. O embrião é vida humana.[8]

O interessante é que se esqueceu o Procurador-Geral de dizer que, mesmo na Medicina Genética, no estudo da Embriologia e da Biologia, há vozes dissonantes, que trazem outras tantas teorias divergentes.

Mas as teorias divergentes foram aclaradas pelo Ministro Relator ao atribuir à substanciosa audiência pública, acirrado debate entre duas correntes de pensamento. Uma, que defende a ideia de que a vida começa desde a concepção, como proposto na peça inicial, e a outra que afirma que, embora o embrião *in vitro* seja algo vivo, não pode ser considerado como possuidor da mesma realidade que o nascituro. Para ilustrar o debate, o Ministro Relator transcreve o pensamento de duas cientistas, cada qual a defender uma corrente, o que confirma o que já dissemos: mesmo no campo da genética as divergências são acentuadas.[9]

Mas, seria esse o caminho para a solução da questão? A medicalização do Direito?

Ao que nos parece, a posição do Ministro Relator é consonante com a nossa ao afirmar: "[...] a questão não reside exatamente em se determinar o início da vida do *homo sapiens*, mas em saber que aspectos ou momentos dessa vida estão validamente protegidos pelo Direito infraconstitucional e em que medida."[10]

Também a resposta da Ministra Ellen Gracie é negativa. Eis um aspecto do seu voto:

> Não há, por certo, uma definição constitucional do momento inicial da vida humana e não é papel desta Suprema Corte estabelecer conceitos que não estejam explícita ou implicitamente plasmados na Constituição Federal. Não somos uma Academia de Ciências.[11]

Tal posicionamento, pelo menos na exata medida em que o transcrevemos, confirma o pensamento de que o Direito não deve ficar atrelado, para decidir, unicamente, à busca de certezas na biologia.

---

8. RAMOS, Dalton Luiz de Paula *apud* BRASIL. Ministério Público Federal. *Petição inicial da ADI 3510*. Procurador-Geral da República: Cláudio Fonteles. Brasília, 16 de maio de 2005.
9. BRASIL. Supremo Tribunal Federal. *Ação Direta de Inconstitucionalidade 3.510*. Relator: Ministro Carlos Ayres Britto. Brasília, mar./maio 2008. Voto do Ministro Carlos Ayres Britto, p. 10-11.
10. BRASIL. Supremo Tribunal Federal. *Ação Direta de Inconstitucionalidade 3.510*. Relator: Ministro Carlos Ayres Britto. Brasília, mar./maio 2008. Voto do Ministro Carlos Ayres Britto, p. 26.
11. BRASIL. Supremo Tribunal Federal. *Ação Direta de Inconstitucionalidade 3.510*. Relator: Ministro Carlos Ayres Britto. Brasília, mar./maio 2008. Voto da Ministra Ellen Gracie, p. 2.

3.2 Experimentação com células-tronco embrionárias

Centraremos, agora, nossa exposição na análise dos dispositivos referentes à investigação e à experimentação genéticas, tendo por base células-tronco embrionárias humanas, pois é sobre esse assunto que versa a Ação Direta de Inconstitucionalidade 3.510.

Células-tronco embrionárias são células com capacidade para se diferenciar em qualquer tecido. O artigo 5°, como já referido, não deixa dúvidas sobre a possibilidade de sua utilização em pesquisas.

> Art. 5° É permitida, para fins de pesquisa e terapia, a utilização de células-tronco embrionárias obtidas de embriões humanos produzidos por fertilização *in vitro* e não utilizados no respectivo procedimento, nas seguintes condições:
>
> I – sejam de embriões inviáveis; ou
>
> II – sejam embriões congelados há 3 (três) anos ou mais, na data da publicação desta Lei, ou que, já congelados na data da publicação desta Lei, depois de completarem 3 (três) anos, contados a partir da data de congelamento.
>
> § 1° Em qualquer caso, é necessário o consentimento dos genitores.

É curiosa a "opção" legislativa, e – porque não dizer – do Ministério Público! Ora, se a Lei de Biossegurança permite a pesquisa em embriões humanos congelados, a conclusão é óbvia: ela permite que, na reprodução assistida, haja embriões excedentes ou sobrantes.

Assim, o Procurador-Geral da República preocupou-se com a experimentação médica de células-tronco embrionárias, mas não se ocupou de uma prática muito mais antiga e difundida, que também leva milhares de embriões à morte: a fertilização *in vitro*.

Vimos no capítulo anterior que em razão do elevado custo para realização da fertilização *in vitro*, produzem-se vários embriões por vez. Assim, os embriões excedentes são criopreservados para uma futura utilização.

Portanto, alguns embriões serão implantados no útero materno e outros serão conservados como uma espécie de "reserva", caso a primeira implantação não seja bem sucedida. Dessa forma, o custo da técnica reduz um pouco, pois não será mais necessário estimular uma superovulação feminina, com retirada de óvulos maduros e inseminação posterior.

A redação original do Projeto de Lei 1.184/2003, que versa sobre Reprodução Humana Assistida, não permite que sejam feitos embriões em número superior a dois. Assim, no uso da técnica, mister se faz a produção e a transferência de apenas dois embriões por ciclo, não se permitindo, pois, a criação de novos embriões com o objetivo de congelá-los para uma futura e eventual oportunidade de sua inserção no útero feminino (artigo 13).[12]

---

12. Segue a íntegra do artigo 13: "Art. 13. Na execução da técnica de Reprodução Assistida, poderão ser produzidos e transferidos até 2 (dois) embriões, respeitada a vontade da mulher receptora, a cada ciclo reprodutivo.
    § 1° Serão obrigatoriamente transferidos a fresco todos os embriões obtidos, obedecido o critério definido no *caput* deste artigo.

Se convertido em Lei, o referido Projeto corrigirá a incoerência do Ministério Público, que vê problemas na destruição de embriões utilizados em pesquisas, mas não entende ser problemática a morte de embriões excedentes nas clínicas de fertilização.

O Ministro Relator analisa a questão respondendo afirmativamente à pergunta que ele mesmo se fez, qual seja: "há base constitucional para um casal de adultos recorrer a técnicas de reprodução assistida que incluam a fertilização artificial ou *in vitro*?" Invoca a liberdade quanto ao planejamento familiar (artigo 226, § 7º, da Constituição Federal de 1988). Seu voto é no sentido de que:

> I – a fertilização *in vitro* é peculiarizado meio ou recurso científico a serviço da ampliação da família como entidade digna da 'especial proteção do Estado' (base que é toda a sociedade);
>
> II – não importa, para o Direito, o processo pelo qual se viabilize a fertilização do óvulo feminino (se natural o processo, se artificial). O que importa é possibilitar ao casal superar os percalços de sua concreta infertilidade, e, assim, contribuir para a perpetuação da espécie humana.[13]

E conclui dizendo que ao casal não deve ser imposto o dever de utilizar-se de todos os óvulos ao final fecundados.[14]

A questão que pode ser novamente levantada – e que talvez seja o que realmente importa para a análise da ADI – é a dúvida quanto à situação do embrião como pessoa humana. Será que podemos dizê-lo "pessoa", em sentido jurídico?

Lembramos que a personalidade jurídica é centro de imputação normativa e, diferentemente do nascituro – a que o Direito atribui situações jurídicas – o embrião humano é passível de tutela, porém o ordenamento jurídico não lhe imputa situações jurídicas.

Sobre esse aspecto o Ministro Carlos Britto expõe o entendimento de que pessoas físicas ou naturais abrangem:

> tão somente aquelas que sobrevivem ao parto feminino e por isso mesmo contempladas com o atributo a que o art. 2º do Código Civil Brasileiro chama de 'personalidade civil' [...]. Donde a interpretação de que é preciso vida pós-parto para o ganho de uma personalidade perante o Direito.[15]

E conclui: "sujeito que não precisa mais do que de sua própria faticidade como nativivo para instantaneamente se tornar um rematado centro de imputação jurídica".[16]

---

§ 2º Os embriões originados *in vitro*, anteriormente à sua implantação no organismo da receptora, não são dotados de personalidade civil.

§ 3º Os beneficiários são juridicamente responsáveis pela tutela do embrião e seu ulterior desenvolvimento no organismo receptor.

§ 4º São facultadas a pesquisa e experimentação com embriões transferidos e espontaneamente abortados, desde que haja autorização expressa dos beneficiários.

§ 5º O tempo máximo de desenvolvimento de embriões *in vitro* será definido em regulamento." (BRASIL. *Projeto de Lei 1.184*, de 2003).

13. BRASIL. Supremo Tribunal Federal. *Ação Direta de Inconstitucionalidade 3.510*. Relator: Ministro Carlos Ayres Britto. Brasília, mar./maio 2008. Voto do Ministro Carlos Ayres Britto, p. 48.
14. BRASIL. Supremo Tribunal Federal. *Ação Direta de Inconstitucionalidade 3.510*. Relator: Ministro Carlos Ayres Britto. Brasília, mar./maio 2008. Voto do Ministro Carlos Ayres Britto, p. 48-49 e 58.
15. BRASIL. Supremo Tribunal Federal. *Ação Direta de Inconstitucionalidade 3.510*. Relator: Ministro Carlos Ayres Britto. Brasília, mar./maio 2008. Voto do Ministro Carlos Ayres Britto, p. 22.
16. BRASIL. Supremo Tribunal Federal. *Ação Direta de Inconstitucionalidade 3.510*. Relator: Ministro Carlos Ayres Britto. Brasília, mar./maio 2008. Voto do Ministro Carlos Ayres Britto, p. 23.

4. UMA ANÁLISE DO ARTIGO 5º DA LEI DE BIOSSEGURANÇA E OS PRIMEIROS VOTOS NA ADI 3.510

Quanto ao inciso I, do artigo 5º, perguntamo-nos: quais os critérios para se definir um embrião como inviável? Estaríamos retornando à subordinação da personalidade jurídica à viabilidade humana do Direito da Antiguidade? Embora pensemos na infelicidade do termo apresentado, acreditamos que só poderemos entender como inviáveis aqueles incapazes de desenvolvimento, por apresentarem anomalias incompatíveis com a vida, e não comprometimentos que evidenciem deficiências psicofísicas, sob pena de sua utilização configurar-se em eugenia negativa.

O inciso II causa estranheza ao dispor que os embriões congelados há "três anos ou mais" serão os "premiados" com o *status* de cobaias de pesquisas genéticas. Por que "três anos ou mais"? A quantificação de anos de congelamento é estreita e leva-nos à conclusão de que estamos diante de política legislativa, sem qualquer explicação plausível.

Em seu voto, o Ministro Carlos Ayres Britto trabalha com "o risco da gradativa perda da capacidade reprodutiva e quiçá da totipotência do embrião que ultrapassa um certo período de congelamento".[17] Demonstra posicionamento de geneticistas que defendem a inviabilidade embrionária em razão do tempo de congelamento dos mesmos.

A nosso ver, esse posicionamento é complicado por ser de cunho exclusivamente biológico. A afirmação de que a viabilidade de embriões congelados há mais de três anos é muito baixa, pode ser facilmente contestada. A exemplo disso, em 10 de março de 2008 foi veiculada na *Folha Online* a seguinte notícia: "Embrião congelado por oito anos produz bebê."[18]

Por último, a determinação do § 1º, no sentido de ter por premissa a autorização dos genitores para que os embriões excedentes sejam objetos de pesquisa, demonstra a coisificação dos seres embrionários. Nesse compasso, eles pertencem aos progenitores, que têm total poder de disposição.

Cabe aqui um alerta: aparentemente, ao leitor desavisado, pode parecer que estamos em contradição por não considerarmos o embrião pessoa em sentido jurídico e ao mesmo tempo indignarmo-nos com a possível coisificação do mesmo. Porém, o fato de não o considerarmos pessoa não conduz diretamente à assertiva de que os embriões não mereçam proteção. Há apenas uma constatação de que o ordenamento jurídico não lhe atribui situações jurídicas e, consequentemente, não o faz sujeito de direito.

Uma das formas de se proteger os embriões é limitar, quanto ao número, sua produção *in vitro* e, nas pesquisas com embriões excedentes, realizadas em nome do avanço científico, impedir a prática de eugenia liberal, já que os "novos príncipes" são aqueles que detêm o grande capital e aqueles que manipulam os meios de comunicação,

---

17. BRASIL. Supremo Tribunal Federal. *Ação Direta de Inconstitucionalidade 3.510*. Relator: Ministro Carlos Ayres Britto. Brasília, mar./maio 2008. Voto do Ministro Carlos Ayres Britto, p. 43.
18. EMBRIÃO congelado por 8 anos produz bebê. *Folha Online*, São Paulo, 10 mar. 2008. Disponível em: <www1.folha.uol.com.br/folha/ciencia/ult306u380351.shtml>. Acesso em: 14 mar. 2008.

na crença de que somos um auditório desqualificado e, portanto, suscetíveis à sedução do discurso fácil e unilateral.

Segundo a Ministra Ellen Gracie[19], a Lei de Biossegurança traz mecanismos de proteção ao embrião humano ao restringir o uso dos mesmos às atividades de pesquisa e de terapia; ao utilizar aqueles excedentes das técnicas, vez que não aproveitados no tratamento; ao dispor que a pesquisa somente poderá ser feita no embrião considerado inviável, inclusive com fixação de lapso temporal que denote a impossibilidade de transferência do mesmo (o que foi objeto de críticas de nossa parte); ao determinar imprescindível o consentimento dos genitores para a realização da pesquisa; e, por fim, ao categorizar como crime a comercialização de embriões humanos e a engenharia genética no mesmo, em célula germinal ou zigoto.[20]

4.1 As vozes dos demais ministros na ADI 3.510[21]

O Ministro Ricardo Lewandowski reconheceu quão problemática é a utilização de células-tronco embrionárias em pesquisas científicas, uma vez que elas "ensejam profundas interrogações acerca da natureza e do fim da vida humana, dos limites da manipulação do patrimônio genético da humanidade e, ainda, do significado de nossa existência coletiva".[22]

No plano jurídico-positivo brasileiro, admitiu Lewandowski que há fortes razões normativas para se defender os argumentos de que a vida tem início a partir da concepção. Isso porque, o artigo 4º, 1, da Convenção Americana de Direitos Humanos estabelece que "toda pessoa tem direito que se respeite a sua vida. Esse direito deve ser protegido pela lei e, em geral, desde a concepção". Assim, sendo o Brasil signatário de tal Convenção, em virtude da ratificação datada de 25 de setembro de 2002, tal norma ingressou no ordenamento jurídico nacional "*não como* simples *lei ordinária, mas como regra de caráter supra legal ou*, até mesmo, *como norma dotada de dignidade constitucional*, segundo recente entendimento empossado por magistrados desta Suprema Corte".[23]

Portanto, outra não foi à conclusão de Lewandowski senão a de que, do ponto de vista estritamente legal, a vida começa na concepção, isto é, a partir do encontro do espermatozoide com o óvulo, independentemente do local de tal encontro, seja *in utero*, seja *in vitro*. Para ele, "[...] o debate deve centrar-se no *direito à vida* entrevisto como um *bem coletivo*, pertencente à sociedade ou mesmo à humanidade como um

---

19. BRASIL. Supremo Tribunal Federal. *Ação Direta de Inconstitucionalidade 3.510*. Relator: Ministro Carlos Ayres Britto. Brasília, mar./maio 2008. Voto da Ministra Ellen Gracie.
20. BRASIL. Supremo Tribunal Federal. *Ação Direta de Inconstitucionalidade 3.510*. Relator: Ministro Carlos Ayres Britto. Brasília, mar./maio 2008. Voto da Ministra Ellen Gracie, p. 7-8.
21. Os itens 6 e 7 foram escritos, também, com Diogo Luna Moureira: SÁ, Maria de Fátima Freire de; MOUREIRA, Diogo Luna. Investigaciones con células troncales embrionarias en Brasil y la (in)constitucionalidad del artículo 5º de la Ley de Bioseguridad (Parte II). *Revista de Derecho y Genoma Humano*, Bilbao, núm. 29, p. 151/166, Jul./Dic. 2008.
22. BRASIL. Supremo Tribunal Federal. *Ação Direta de Inconstitucionalidade 3.510*. Relator: Ministro Carlos Ayres Britto. Brasília, mar./maio 2008. Voto do Ministro Ricardo Lewandowski, p. 6.
23. BRASIL. Supremo Tribunal Federal. *Ação Direta de Inconstitucionalidade 3.510*. Relator: Ministro Carlos Ayres Britto. Brasília, mar./maio 2008. Voto do Ministro Ricardo Lewandowski, p. 20.

todo, sobretudo tendo em conta os riscos potenciais que decorrem da manipulação do código genético humano".[24]

Como pode ser visto, a premissa da qual partiu a tese empossada pelo Ministro Lewandowski na defesa do *direito* à vida é, preponderantemente, política, o que deve ser repensado, pois a tutela da vida biológica se difere da vida juridicamente tutelada. A vida resguardada no artigo 5º, *caput* da Constituição da República do Brasil, é um direito na medida em que é encarada como uma esfera de liberdade individual que permite com que a pessoa dela possa usufruir e assumir a sua existência enquanto ser irrepetível.

Tratar a vida como um bem coletivo, pertencente à sociedade ou mesmo à humanidade, é encará-la, sob um enfoque político, que pode revelar um dever, isto é, uma esfera de não liberdade imposta ao indivíduo por meio da obrigação de viver.

A Ministra Cármen Lúcia Antunes Rocha evidenciou essa percepção ao estabelecer que a inviolabilidade do direito à vida, questionada pelo Procurador-Geral da República, não pode ser interpretada a partir da ideia de direito absoluto. Desse modo, nega que a Lei 11.105/2005 ofenda o direito à vida mencionado no texto constitucional, pois:

> A Constituição garante não apenas o direito à vida, mas assegura a liberdade para que o ser humano dela disponha liberdade para se dar ao viver digno. Não se há falar apenas em dignidade da vida para a célula-tronco embrionária, substância humana que, no caso em foco, não será transformada em vida, sem igual resguardo e respeito àquele princípio aos que buscam, precisam e contam com novos saberes, legítimos saberes para a possibilidade de melhor viver ou até mesmo de apenas viver.[25]

Entendemos que a forma como a vida humana foi tratada merece ser rediscutida, uma vez que ela não se confunde com direitos imputados às pessoas na sua existência compartilhada. Se hoje o discurso político e jurídico no Estado brasileiro assenta-se em pilares democráticos, é evidente que o povo pode, por meio de um processo legislativo legítimo, deliberar sobre a utilização de embriões excedentes de técnicas de fertilização *in vitro* sem que isso afronte o direito constitucional à vida.

Outro argumento empossado pelo Procurador-Geral e que foi enfrentado pelo Ministro Lewandowski trata-se da dignidade humana, resguardada no Direito brasileiro como fundamento da República (artigo 1º, III, CR/88). Para Lewandowski, a dignidade humana não pode ser trabalhada como regra nem como princípio, mas deve ser compreendida como *postulado*, isto é, uma *metanorma* que estabelece a maneira pela qual as outras normas devem ser aplicadas. Assim, assumiu a dignidade humana como sendo a "matriz unificadora dos direitos fundamentais", a começar pela tutela jurídica da vida, que não pode ser considerada um bem jurídico atribuído à determinada pessoa, mas como um valor que diz respeito à coletividade. Portanto, a dignidade é "*um valor que*

---

24. BRASIL. Supremo Tribunal Federal. *Ação Direta de Inconstitucionalidade 3.510*. Relator: Ministro Carlos Ayres Britto. Brasília, mar./maio 2008. Voto do Ministro Ricardo Lewandowski, p. 23.
25. BRASIL. Supremo Tribunal Federal. *Ação Direta de Inconstitucionalidade 3.510*. Relator: Ministro Carlos Ayres Britto. Brasília, mar./maio 2008. Voto da Ministra Cármen Lúcia, p. 17.

transcende a pessoa compreendida como ente individual, consubstanciando verdadeiro parâmetro ético de observância obrigatória em todas as interações sociais".[26]

Uma vez mais argumentos valorativos são empossados por Lewandowski na defesa da dignidade humana como postulado. Tratar a dignidade humana como uma *metanorma* é colocá-la sobre um patamar hierárquico normativo que na ordem constitucional não deve subsistir. A dignidade humana é um princípio constitucional que concorre com os demais princípios componentes do sistema constitucional, de modo a ser com eles compatíveis.

Admitindo também a dignidade humana como um valor absoluto e buscando em Kant a sua fundamentação filosófica (o homem como fim em si mesmo), Cármen Lúcia sustentou, por outro lado, que a utilização de células-tronco embrionárias em tratamentos voltados à recuperação da saúde não agridem a dignidade humana, mas, ao contrário, valoriza-a, posto que, seria melhor o aproveitamento dos embriões nas pesquisas do que descartá-los, pois assim os embriões estariam sendo utilizados para a dignidade da vida.

Mais uma vez, o caráter valorativo esteve presente na decisão.

A partir da compreensão do direito à vida como um bem coletivo e de dignidade como postulado, várias ponderações limitativas do texto normativo foram apresentadas pelo Ministro Lewandowski, dentre as quais sobressai o limite temporal de congelamento posto pelo legislador para a utilização dos embriões crioconservados. Dispôs o artigo 5º, II, da Lei 11.105/2005 que os embriões a serem utilizados nas pesquisas serão aqueles congelados há três anos ou mais, na data da publicação da Lei, ou que, já congelados na data da publicação dela, depois de completarem três anos contados a partir da data de congelamento.

É inegável que a limitação temporal imposta pelo legislador nesse inciso está um tanto quanto confusa e perde a integridade que a norma deveria efetivar, pois, de acordo com o texto da Lei, os embriões que forem congelados *depois da data da publicação da Lei* não poderão ser utilizados em tais pesquisas, ainda que há mais de três anos.

Porém, não foi a isso que se ateve o Ministro Lewandowski. Para ele, essa limitação de três anos afigurou-se infundada, "sem sentido e destituído de justificativa razoável, pois não há qualquer explicação lógica para conferir-se tratamento diferenciado aos embriões tendo em conta apenas os distintos estágios da criopreservação em que se encontram".[27] E partindo da concepção axiológica de direito à vida e de dignidade humana, concluiu que, havendo a possibilidade de embriões criopreservados há mais de treze anos logrado sobreviver hígidos e transformado em crianças saudáveis, apenas os embriões inviáveis, isto é, aqueles que tiveram o seu desenvolvimento interrompido por ausência espontânea de clivagem após período superior a vinte e quatro horas contados da fertilização dos oócitos é que podem ser utilizados em tais pesquisas.

---

26. BRASIL. Supremo Tribunal Federal. *Ação Direta de Inconstitucionalidade 3.510*. Relator: Ministro Carlos Ayres Britto. Brasília, mar./maio 2008. Voto do Ministro Ricardo Lewandowski, p. 28.
27. BRASIL. Supremo Tribunal Federal. *Ação Direta de Inconstitucionalidade 3.510*. Relator: Ministro Carlos Ayres Britto. Brasília, mar./maio 2008. Voto do Ministro Ricardo Lewandowski, p. 48.

Ao contrário da tese defendida por Lewandowski, a Ministra Cármen Lúcia acatou o lapso temporal previsto no artigo 5º, II, da Lei 11. 105/2005, afirmando que o prazo de três anos nela estabelecido decorre do fato de que após esse período o sucesso da utilização do embrião congelado se torna pequeno, de modo a não haver problemas quanto à utilização dos embriões, nos termos da Lei, e, consequentemente, sem ofensa ao direito à vida.

Por fim, o Ministro Ricardo Lewandowski posicionou-se pela parcial procedência do pedido formulado na Ação Direta de Inconstitucionalidade, mantendo a constitucionalidade do texto normativo sem redução, não obstante, conferiu ao mesmo a seguinte *interpretação*:

> i) art. 5º, *caput*: as pesquisas com células-tronco embrionárias somente poderão recair sobre embriões humanos inviáveis ou congelados logo após o início do processo de clivagem celular, sobejantes de fertilizações *in vitro* realizadas com o fim único de produzir o número de zigotos estritamente necessário para a reprodução assistida de mulheres inférteis;
>
> ii) inc. I do art. 5º: o conceito de 'inviável' compreende apenas os embriões que tiverem o seu desenvolvimento interrompido por ausência espontânea de clivagem após período superior a vinte e quatro horas contados da fertilização dos oócitos;
>
> iii) inc. II do art. 5º: as pesquisas com embriões humanos congelados são admitidas desde que não sejam destruídos nem tenham o seu potencial de desenvolvimento comprometido;
>
> iv) § 1º do art. 5º: a realização de pesquisas com as células-tronco embrionárias exige o consentimento 'livre e informado' dos genitores, formalmente exteriorizado;
>
> v) § 2º do art. 5º: os projetos de experimentação com embriões humanos, além de aprovados pelos comitês de ética das instituições de pesquisa e serviços de saúde por eles responsáveis, devem ser submetidos à prévia autorização e permanente fiscalização dos órgãos públicos mencionados na Lei 11.105, de 24 de março de 2005.[28]

A Ministra Cármen Lúcia Antunes Rocha julgou improcedente o pedido declaratório de inconstitucionalidade, considerando válidos os dispositivos normativos questionados, mas apresentou interpretação quanto à palavra terapia incluída no *caput* e no § 2º do artigo 5º, de modo que essa somente poderá se referir a tratamento levado a efeito por procedimentos terapêuticos cuja utilização tenha sido consolidada pelos métodos de pesquisa científica aprovada nos termos da legislação vigente.

Declarou, também, a constitucionalidade do artigo 5º da Lei 11.105/2005, o Ministro Eros Grau, mas apresentou ponderações interpretativas ao mencionado dispositivo normativo, sendo algumas delas interessante notar. Primeiramente, deixa claro o Ministro que no contexto da Lei 11.105/2005 o embrião é apenas o óvulo fecundado fora do processo de desenvolvimento vital, posto que congelado e à margem de qualquer movimento que possa caracterizar a formação da existência. Assim, afirmou que "não há vida humana no *óvulo fecundado* fora de um útero que o artigo 5º da Lei 11.105/2005 chama de *embrião*. A vida estancou nesses óvulos".[29] Dessa forma, afirmou que "não

---

28. BRASIL. Supremo Tribunal Federal. *Ação Direta de Inconstitucionalidade 3.510*. Relator: Ministro Carlos Ayres Britto. Brasília, mar./maio 2008. Voto do Ministro Ricardo Lewandowski, p. 56.
29. BRASIL. Supremo Tribunal Federal. *Ação Direta de Inconstitucionalidade 3.510*. Relator: Ministro Carlos Ayres Britto. Brasília, mar./maio 2008. Voto do Ministro Eros Grau, p. 8-9.

tem sentido cogitarmos em relação a esses 'embriões' [...], nem de vida humana a ser protegida, nem de dignidade atribuível a alguma pessoa humana".[30]

Não obstante, Eros Grau, igualmente aos demais julgadores, evidenciou a preocupação com a ausência de normatização das práticas decorrentes da reprodução humana assistida no Brasil, ficando a cargo do Supremo Tribunal Federal estabelecer limites para as pesquisas e terapias mencionadas no artigo 5º da Lei 11.105/2005, conferindo a elas "coerência com a Constituição".[31] E nessa empreitada, chegou a uma conclusão interessante quanto aos embriões a serem utilizados nas pesquisas mencionadas no artigo 5º. Igualmente à conclusão de Lewandowski, Eros Grau empossou a interpretação de que os embriões tidos como inviáveis, ou seja, aqueles cujo desenvolvimento tenha cessado por ausência não induzida de divisão após o período superior a vinte e quatro horas, poderiam ser utilizados indiscriminadamente para a extração de células-tronco. Ao contrário, aqueles que não o forem, somente poderiam ser utilizados caso não decorresse a sua destruição.

Ora, se o embrião, como dito pelo próprio Ministro Eros Grau, não tem vida humana a ser protegida nem dignidade atribuível a alguma pessoa humana, por que os embriões viáveis não poderiam ser destruídos para a obtenção de células-tronco?

Interessante notar que essa posição assumida por Eros Grau de não destruição do embrião viável não foi algo isolado, posto que Menezes Direito ao julgar parcialmente procedente o pedido constante na Ação Direta de Inconstitucionalidade afirmou que as pesquisas deveriam ser mantidas, sem que houvesse a destruição dos embriões humanos viáveis.

O Ministro Cezar Peluso também julgou improcedente o pedido contido na Ação Direta de Inconstitucionalidade e algumas características peculiares do seu voto merecem destaque. Para ele, o caso em análise demanda a reconstrução ou, propriamente, a construção dos conceitos de vida e de pessoa "nos supremos limites materiais do ordenamento constitucional".[32] Desse modo, a pergunta nevrálgica a ser respondida pela Corte no julgamento da ADI era se a tutela constitucional da vida se aplica, na integralidade do seu alcance, à classe dos embriões, e mais especificamente, à dos embriões inviáveis e aos crioconservados.[33]

Com o intuito de oferecer resposta a tal problemática, posicionou-se no sentido de que a tutela da vida constante no artigo 5º da Constituição brasileira não pode dissociar-se do pressuposto da condição humana, isto é, de seres viventes, de pessoa. E embrião crioconservado não é pessoa e nem possui vida atual. Desse modo, "como, para efeito da ampla e integral tutela outorgada da Constituição da República, deve haver *vida, e* vida

---

30. BRASIL. Supremo Tribunal Federal. *Ação Direta de Inconstitucionalidade 3.510*. Relator: Ministro Carlos Ayres Britto. Brasília, mar./maio 2008. Voto do Ministro Eros Grau, p. 9.
31. BRASIL. Supremo Tribunal Federal. *Ação Direta de Inconstitucionalidade 3.510*. Relator: Ministro Carlos Ayres Britto. Brasília, mar./maio 2008. Voto do Ministro Eros Grau, p. 9.
32. BRASIL. Supremo Tribunal Federal. *Ação Direta de Inconstitucionalidade 3.510*. Relator: Ministro Carlos Ayres Britto. Brasília, mar./maio 2008. Voto do Ministro Cezar Peluso.
33. BRASIL. Supremo Tribunal Federal. *Ação Direta de Inconstitucionalidade 3.510*. Relator: Ministro Carlos Ayres Britto. Brasília, mar./maio 2008. Voto do Ministro Cezar Peluso.

de *pessoa humana*, a falta de qualquer um dos componentes desta conjunção invalida o fundamento básico da demanda".[34]

Ainda que admita não ser o embrião pessoa, Peluso apresentou-se convencido de que os embriões devem ser tratados com certa dignidade por força de retilínea imposição constitucional.

Finalmente, Gilmar Mendes alertou os demais ministros para o fato de que, no Brasil, somente o artigo 5º da Lei de Biossegurança trata da questão embrionária, ao passo que outros países da América e da Europa (como exemplo, a legislação espanhola) tratam o assunto em legislação mais consistente, o que foi motivo de críticas por parte do referido julgador.

Para o Ministro Gilmar Mendes, dar ao artigo 5º da Lei de Biossegurança uma interpretação conforme a Constituição é a maneira mais hábil a solucionar o impasse por ela gerado e não acatar o pedido contido na ADI. Foi, também, enfático ao afirmar que a declaração de inconstitucionalidade do artigo 5º da Lei de Biossegurança causaria indesejado "vácuo normativo", que seria mais danoso à ordem jurídica do que a manutenção da sua vigência:

> O vazio jurídico a ser produzido por uma decisão simples de declaração de inconstitucionalidade/ nulidade dos dispositivos normativos impugnados torna necessária uma solução diferenciada, uma decisão que exerça uma 'função reparadora' ou, como esclarece Blanco de Morais, 'de restauração corretiva da ordem jurídica afetada pela decisão de inconstitucionalidade'.[35]

Gilmar Mendes também chamou a atenção para o fato de a legislação de outros países estabelecer uma *cláusula de subsidiariedade* de forma a permitir as pesquisas com embriões humanos nos casos em que outros meios científicos não sejam adequados ao fim a que se destinam. Assim, teceu críticas no sentido de que "a lei brasileira deveria conter dispositivo explícito nesse sentido, como forma de tratamento responsável sobre o tema".[36]

Tem razão o Ministro Gilmar Mendes. O Brasil é carecedor de normas reguladoras das técnicas de reprodução humana assistida. Foi visível o esforço argumentativo de todo o Tribunal para a manutenção do artigo 5º da Lei brasileira de Biossegurança, e em todos os votos tal problemática esteve presente.

5. A PROBLEMÁTICA DA FERTILIZAÇÃO IN VITRO NO BRASIL E A "INCONSTITUCIONALIDADE PARCIAL" DO ARTIGO 5º DA LEI 11.105/2005

Em um contexto democrático de Estado e de Direito, o ordenamento jurídico deve-se pautar pela realização da *integridade* do sistema normativo que promana da

---

34. BRASIL. Supremo Tribunal Federal. *Ação Direta de Inconstitucionalidade 3.510*. Relator: Ministro Carlos Ayres Britto. Brasília, mar./maio 2008. Voto do Ministro Cezar Peluso.
35. BRASIL. Supremo Tribunal Federal. *Ação Direta de Inconstitucionalidade 3.510*. Relator: Ministro Carlos Ayres Britto. Brasília, mar./maio 2008. Voto do Ministro Gilmar Mendes.
36. BRASIL. Supremo Tribunal Federal. *Ação Direta de Inconstitucionalidade 3.510*. Relator: Ministro Carlos Ayres Britto. Brasília, mar./maio 2008. Voto do Ministro Gilmar Mendes.

Constituição. Desse modo, a manutenção da unidade do ordenamento jurídico correlaciona-se com as possibilidades da Constituição, notadamente no que diz respeito às suas contextualizações hermenêuticas.

A interpretação de normas infraconstitucionais pode deflagrar inconstitucionalidade, dependendo do resultado dos processos de interpretação e aplicação normativos. É por tal razão que determinadas normas infraconstitucionais têm a sua validade resguardada em virtude da interpretação a elas conferida, ou seja, trata-se da atribuição de uma *interpretação conforme a Constituição* por meio da qual normas, em princípio, inconstitucionais, têm sua validade resguardada. Nessa senda, afirma Paulo Bonavides:

> Uma norma pode admitir várias interpretações. Destas, algumas conduzem ao reconhecimento de inconstitucionalidade, outras, porém, consentem tomá-la por compatível com a Constituição. [...]. A norma, interpretada 'conforme a Constituição', será portanto considerada constitucional. Evita-se por esse caminho a anulação da lei em razão de normas dúbias nela contidas, desde naturalmente que haja possibilidade de compatibilizá-las com a Constituição.[37]

Aliada a essa possibilidade de interpretação conforme a Constituição está a *declaração de inconstitucionalidade parcial sem redução de texto*, por meio da qual o texto impugnado é mantido em sua redação originária (sem redução de texto), mas para manter a sua constitucionalidade exclui-se algumas interpretações, isto é, aquelas não conformes com a Constituição. A tal propósito, Gilmar Ferreira Mendes assegura que pela declaração de inconstitucionalidade parcial "declara-se, muitas vezes, a inconstitucionalidade de determinadas possibilidades de interpretação com a eliminação de ampla constelação de casos do âmbito de aplicação da norma".[38]

A utilização desse mecanismo de declaração parcial de inconstitucionalidade da norma jurídica visa resguardar a sua integridade constitucional sem alterar o seu texto, e essa possibilidade hermenêutica foi adotada por muitos Ministros do STF no julgamento da ADI 3.510, posto que várias ressalvas foram apresentadas por muitos que se posicionaram pela constitucionalidade do artigo 5º da Lei 11.105/2005 (Ministros Menezes Direito, Ricardo Lewandowski, Eros Grau, Cezar Peluso e Gilmar Mendes).

E quanto a isso, ponderações devem ser feitas com acuidade. Se de um lado o Procurador-Geral preocupou-se tão somente com a experimentação médica de células-tronco embrionárias, os Ministros do STF se ativeram, também, ao método pelo qual os embriões alvo da Lei 11.105/2005 são produzidos.

Acreditamos que, nesse sentido, o Brasil enfrenta o mesmo problema vivido pela Espanha quando a técnica da reprodução humana assistida era regulamentada tão somente pela Lei 35/88 que não estabelecia um número determinado de embriões a serem gerados por ciclo, o que favoreceu um crescente número de embriões crioconservados. Enquanto na Espanha a possível solução veio com a Lei 45/2003[39], em que se limitou a

---

37. BONAVIDES, Paulo. *Curso de direito constitucional*. 13. ed. São Paulo: Malheiros, 2003, p. 518.
38. MENDES, Gilmar Ferreira. *Jurisdição constitucional*. São Paulo: Saraiva, 1996, p. 199.
39. A atual legislação que regulamenta as técnicas de reprodução humana assistida é a Lei 14/2006, que no art. 3º preceitua: "2. En el caso de la fecundación in vitro y técnicas afines, sólo se autoriza la transferencia de un máximo de tres preembriones en cada mujer en cada ciclo reproductivo".

produção de três embriões por ciclo, no Brasil, vários Ministros do Supremo Tribunal Federal começaram a fazer as vezes de legislador, na medida em que mantiveram a constitucionalidade do artigo 5º da Lei 11.105/2005, por meio da *interpretação conforme a Constituição*, regulando, inclusive, o procedimento que dá origem aos embriões excedentários que deram causa à polêmica debatida na ADI 3.510.

Uma vez mais essa problemática foi revolvida e influenciou o julgamento da Ação Direta de Inconstitucionalidade 3.510, de modo que alguns Ministros chegaram a suprir essa ausência legislativa no Brasil manifestando-se pela improcedência do pedido constante na ADI, mas fazendo ressalvas, como, por exemplo, a do Ministro Eros Grau:

> Declaro a constitucionalidade do disposto no artigo 5º e parágrafos da Lei 11.105/05, estabelecendo, no entanto, em termos aditivos, os seguintes requisitos a serem atendidos na aplicação dos preceitos: [...]; [ii] a 'fertilização *in vitro*' referida no *caput* do artigo 5º corresponde à terapia da infertilidade humana, em qualquer caso proibida a seleção genética, admitindo-se a fertilização de um número máximo de quatro óvulos fecundados por ciclo e a transferência, para o útero da paciente, de um máximo de quatro óvulos fecundados por ciclo; a redução e o descarte de óvulos fecundados são vedados.[40]

Marco Aurélio Mello, por sua vez, apresentou críticas à possibilidade de concessão de interpretação conforme a Constituição ao afirmar que tal possibilidade de manutenção da constitucionalidade da norma infraconstitucional deve ser vista com restrições. É que o STF corre o risco de redesenhar a norma impugnada e contrariar a Constituição Federal ao assumir o papel de legislador positivo. Assim, ressaltou que "a interpretação conforme pressupõe texto normativo ambíguo a sugerir, portanto, mais de uma interpretação, e ditame constitucional cujo alcance se mostra incontroverso",[41] o que não era o caso em comento. Não obstante, ponderou não ser "de todo impróprio o Supremo, ao julgar, fazer recomendações. Não é órgão de aconselhamento. Em processo como estes, de duas uma: ou declara a constitucionalidade ou a inconstitucionalidade, total ou parcial, do ato normativo abstrato atacado".[42]

Inegavelmente, o debate promovido pelo Supremo Tribunal Federal serviu para a promoção da democracia no Brasil.

6. DA RESPONSABILIDADE PENAL

Em seis artigos o legislador tipifica os ilícitos e atribui sanções.

O artigo 24 prescreve que a utilização do embrião humano em desacordo com o disposto no artigo 5º da Lei sujeita o infrator à pena de detenção de um a três anos e multa. A redação do artigo 5º apresenta um conteúdo incerto, como veremos adiante. Talvez poderíamos ler esse dispositivo como uma norma penal em branco e caberia a outra norma a determinação desse conteúdo.

---

40. BRASIL. Supremo Tribunal Federal. *Ação Direta de Inconstitucionalidade 3.510*. Relator: Ministro Carlos Ayres Britto. Brasília, mar./maio 2008. Voto do Ministro Eros Grau, p. 12-13.
41. BRASIL. Supremo Tribunal Federal. *Ação Direta de Inconstitucionalidade 3.510*. Relator: Ministro Carlos Ayres Britto. Brasília, mar./maio 2008. Voto do Ministro Marco Aurélio.
42. BRASIL. Supremo Tribunal Federal. *Ação Direta de Inconstitucionalidade 3.510*. Relator: Ministro Carlos Ayres Britto. Brasília, mar./maio 2008. Voto do Ministro Marco Aurélio.

Como forma de evitar uma possível eugenia, ou mesmo práticas abusivas e invasivas, o artigo 25 proíbe a experimentação com células germinais, zigotos ou embriões humanos, estabelecendo pena de reclusão de um a quatro anos e multa.

A clonagem está proibida por meio do artigo 26, que prevê punição de dois a cinco anos de reclusão e multa para aquele que a realizar.

A clonagem possui duas espécies: clonagem reprodutiva e clonagem terapêutica. A primeira é a forma de reprodução assexuada que objetiva a obtenção de um novo indivíduo. Já a clonagem terapêutica é o processo de produção de células-tronco de embriões, com finalidade terapêutica. Atualmente ambas as espécies se encontram proibidas no ordenamento brasileiro.

O artigo 27 assevera que a liberação ou o descarte de OGM no meio ambiente, em desacordo com as normas estabelecidas pela CTNBio e pelos órgãos e entidades de registro e fiscalização, tem como consequência a reclusão de um a quatro anos e multa.

A previsão do tipo culposo, no § 1º, punível com detenção de dois a quatro anos e multa, foi vetada pelo Presidente da República por ferir o princípio da proporcionalidade. Era, no mínimo, estranho o fato do tipo doloso prever pena mínima inferior ao tipo culposo e, na previsão de pena máxima, haver correspondência de previsão, ambos em quatro anos. A diferença estava apenas no fato do dolo ser punível com pena de reclusão e a hipótese culposa estabelecer pena de detenção. Consta nas razões do veto:

> Embora o tipo penal não contenha nenhuma inconstitucionalidade ou ilegalidade, o mesmo não pode ser dito do preceito sancionador.
>
> Inicialmente, a pena cominada é desnecessária, em sua quantidade, em face da gravidade do delito. Ao mais, a pena mostra-se inadequada, em relação à pena cominada para a mesma figura delitiva na sua modalidade dolosa: a pena mínima do crime doloso é inferior à pena mínima da forma culposa.[43]

Assim, também a ausência do Estudo de Impacto Ambiental para a liberação ou descarte de OGM, se requerido pela CTNBio, pode dar razão à aplicação da norma do artigo 27.

Haverá agravamento da pena se resultar danos à propriedade alheia, ao meio ambiente ou culminar lesão corporal de natureza grave ou morte de outrem.

O artigo 28 atribui a pena de reclusão de dois a cinco anos e multa àquele que utilizar, comercializar, registrar, patentear e licenciar tecnologias genéticas de uso proibido.

Como derradeiro, o artigo 29 prevê a pena de reclusão de um a dois anos e multa, para aquele que produzir, armazenar, transportar, comercializar, importar ou exportar OGM ou seus derivados, sem autorização ou em desacordo com as normas estabelecidas pela CTNBio e pelos órgãos e entidades de registro e fiscalização.

Seria o Direito Penal o mecanismo adequado para frear o impulso dos grandes empreendedores da biotecnologia? A título de exemplo, será que a pena de reclusão de dois a cinco anos para aquele que conseguir a proeza de clonar um ser humano superará

---

43. Mensagem 167, de 24 de março de 2005, do Presidente da República.

a fama do seu criador? É claro que não. Assim, a conclusão óbvia é: a solução não está no Direito Penal, apesar de sua proteção poder integrar esse processo.

7. CONSIDERAÇÕES FINAIS

> Ordenamento é uma noção que tem a ordem no seu coração; e ordem, justo por não poder prescindir da realidade a ser ordenada, justo por ser, necessariamente, escuta e recepção de instâncias provenientes da realidade, põe-se como preciosa mediação entre autoridade e sociedade, não assumindo o aspecto desagradável da coerção.[44]

A Lei 11.105, de 24 de março de 2005 – Lei de Biossegurança – foi objeto de críticas quando de sua promulgação, principalmente, por envolver, em uma única legislação, a discussão sobre pesquisas com células-tronco embrionárias e o aspecto dos alimentos transgênicos.

É curioso, por exemplo, que um diploma tão importante, que pretende durabilidade, contenha dispositivo de eficácia temporária, como a autorização para plantio de soja geneticamente modificada para a safra 2004/2005 (artigo 36).

Sabemos que ser e dever ser necessariamente se interpenetram e é nesse contexto que devemos pensar a Lei de Biossegurança. Assuntos polêmicos como os nela inseridos requerem amplo debate, sendo temerosa a fabricação legislativa por parlamentares como se fossem eles os únicos "jusprodutores", acima de qualquer suspeita.

Na forma em que se encontra a Lei de Biossegurança, infelizmente somos forçados a acreditar que, ultrapassada a fase do "Estado" medieval, em que o príncipe era aquele que interpretava o Direito vigente em constante diálogo com a natureza ou com a divindade; ultrapassada também a fase moderna, na qual o príncipe se investia do poder de legislador autoritário; podemos pensar que hoje, sem medo de errar, que ainda há príncipes, que reinam sobre a economia e aprovam leis sem considerar outros interesses.

A Lei trouxe dispositivos que acreditamos serem benéficos para a sociedade. Porém, será que essa é a forma democrática de se tratar assuntos tão relevantes?

A reflexão da sociedade, em seus vários segmentos, impõe-se como a única medida a legitimar assuntos que envolvem interesses de gerações presentes e futuras. E é dever do Legislativo estimular tal reflexão.

De toda forma, mais um capítulo da tenra democracia brasileira foi construído, no entanto em ordem inversa. A discussão ampla ocorreu após sua entrada em vigor, pelo Supremo Tribunal Federal. Embora não concordemos com as razões expostas pelo então Procurador-Geral da República, na petição inicial, também se deve a ele a utilização de um mecanismo interessante para a democracia – as audiências públicas. No entanto, essas audiências teriam sido muito mais oportunas e profícuas, se partissem do Poder Legislativo, órgão que deve considerar todos os valores aventados pela sociedade pluralista na elaboração normativa.

---

44. GROSSI, Paolo. *Mitologias jurídicas da modernidade*. Tradução de Arno Dal Ri Júnior. Florianópolis: Fundação Boiteaux, 2004, p. 80.

A estatística do processo de elaboração da Lei 11.105/2005 não é, por si só, um indício democrático.[45] Os assuntos ali postos foram discutidos apenas com pequenos grupos, que mais diretamente apresentavam seus interesses.

Enfim, entendemos proveitosa a discussão empreendida. Como se depreende do relatório do julgamento, em sede de informações, o Presidente da República defendeu a constitucionalidade do texto impugnado. Fato relevante foi a admissão, no processo, na posição de *amici curiae*, várias entidades da sociedade civil brasileira, uma maneira de garantir o pluralismo cultural e político.

---

45. A Lei 11.105/2005 foi aprovada no Congresso Nacional por 96% dos Senadores e 85% dos Deputados. BRASIL. Supremo Tribunal Federal. *Ação Direta de Inconstitucionalidade 3.510*. Relator: Ministro Carlos Ayres de Britto. Brasília, mar./maio 2008. Voto do Ministro Marco Aurélio.

Capítulo 8
ORGANISMOS GENETICAMENTE MODIFICADOS

A modernidade alcança esse novo estágio [...] quando é capaz de enfrentar o fato de que a ciência, por tudo o que se sabe e se pode saber, é apenas uma versão dentre muitas.

[...] A modernidade atinge esse novo estágio quando é capaz de enfrentar o fato de que o aumento do conhecimento expande o campo da ignorância, que a cada passo rumo ao horizonte novas terras desconhecidas aparecem e que, para colocar a coisa de maneira mais genérica, a aquisição do conhecimento não pode se exprimir de nenhuma outra forma que não a da consciência de mais ignorância.[1]

1. ORGANISMOS GENETICAMENTE MODIFICADOS

Organismos geneticamente modificados (OGM) ou transgênicos são organismos criados em laboratório por meio de técnicas de engenharia genética, nas quais sua estrutura natural é manipulada a fim de obter características específicas.

A expressão envolve todas as entidades biológicas capazes de transferir seu material genético, exceto os seres humanos. E a modificação produzida não abrange formas naturais de replicação, como o acasalamento ou recombinação natural.

Utilizaremos, neste capítulo, as expressões "organismo geneticamente modificado" e "transgênico" como sinônimos, embora seja possível, semanticamente, diferenciá-los.

"Transgênico" é formado pelo prefixo latino "trans", que significa "movimento oblíquo (de través) ou para além de". É, pois, o organismo cujo genoma foi alterado pela introdução de fragmentos de material genético de outra espécie de organismo. Já OGM, tecnicamente, é produzido por qualquer alteração em seu genoma, seja pela introdução de fragmentos gênicos de outros organismos ou mesmo a alteração de sua própria sequência genética, sem que outra espécie seja participante.

Assim, todo transgênico é OGM, mas nem todo OGM é transgênico, nesse sentido estrito.

A alteração genômica pode operar-se em animal – para produção de substâncias de interesse farmacêutico, como repositórios de órgãos humanos ou facilitadores de crescimento e imunidade (em peixes, gado etc.) –, em vegetal – para resistência a pragas, melhor adaptação a condições bióticas (como clima e solo), aceleração de desenvolvimento, características favoráveis ao comércio em geral – em bactérias – como auxiliares

---

1. BAUMAN, Zygmunt. *Modernidade e ambivalência*. Rio de Janeiro: Jorge Zahar, 1999, p. 258.

em tratamentos, produtores de substâncias farmacológicas, redutoras de toxinas – e em outros organismos vivos.

Devemos destacar que os enunciados da nova Lei de Biossegurança referem-se tão somente às modificações genéticas causadas pela intervenção humana em laboratório. Assim, processos naturais de mutação, ou métodos tradicionais de cultivo, como os conhecidos "enxertos" no cultivo de vegetais, não são considerados OGM, exceto quando a transformação se der com o auxílio de um OGM.

As pesquisas científicas continuam avançando rapidamente em diversos segmentos no que tange à genética, como pesquisas com células-tronco, fecundação *in vitro*, entre outras.

Relativamente à alteração genética em vegetais e animais, presente em diversos países, debates no âmbito da sociedade civil e científica são cada vez mais frequentes. Muitas são as incertezas que os OGM suscitam, pois não se sabe ao certo as consequências que o consumo humano e a liberação destes organismos no meio ambiente podem causar.

Para os defensores, relativamente aos vegetais, tem-se que estes representam uma alternativa ao embate "aumento da população mundial" X "produção". Obter uma quantidade satisfatória de vegetais em tempo inferior ao de cultivo de um organismo não modificado é viável, possível e real, sendo ainda menos oneroso para o produtor agrícola.

Em contrapartida, entre os pesquisadores é consenso que os vegetais geneticamente modificados não são totalmente seguros. Entre os principais riscos da inserção de um ou mais genes no código genético de um organismo, está a produção de substâncias tóxicas ou intolerantes, impróprias para o consumo.

2. A LEI DE BIOSSEGURANÇA E A CTNBIO – COMISSÃO TÉCNICA NACIONAL DE BIOSSEGURANÇA

No Brasil, a Política Nacional do Meio Ambiente foi traçada, em 1981, pela Lei 6.938, que rege as interações da vida em todas as suas formas.

A Constituição Federal, de 1988, trouxe, no § 1º do art. 225, o dever do Poder Público de "II – preservar a diversidade e a integridade do patrimônio genético do País e fiscalizar as entidades dedicadas à pesquisa e manipulação de material genético".

Os OGMs foram introduzidos no Brasil em 1996, com o plantio de soja geneticamente modificada no Rio Grande do Sul. À época, o plantio foi realizado sem a necessária autorização e análise de segurança, sendo posteriormente "legalizado" por meio de medidas provisórias que garantiram a colheita e a comercialização.[2]

Na regulação de OGM, destaca-se a Lei de Biossegurança (Lei 11.105/2005), que dispôs sobre a Política Nacional de Biossegurança, os OGM e os órgãos responsáveis pela normatização e fiscalização das pesquisas e liberação de OGMs.

---

2. PELLANDA, Patrícia Santos Précoma. A sociedade de risco e o princípio da informação: uma abordagem sobre a segurança alimentar na produção de transgênicos no Brasil. *Veredas do Direito*, Belo Horizonte, v. 10, n. 19, p. 89-114, jan.-jul. 2013, p. 93.

A Lei de Biossegurança trouxe dois temas-chave: a manipulação de células-tronco embrionárias e organismos geneticamente modificados. A discussão sobre a constitucionalidade da manipulação de embriões, por meio da ADI 3.510, acabou por desviar as atenções e pouco se refletiu, publicamente, acerca dos OGMs.

É de se salientar que a referida Lei, de uma maneira estranhamente inovadora, foi a responsável por converter em lei a Medida Provisória que havia autorizado o plantio de soja geneticamente modificada na safra 2004/2005. Isto é, o artigo 36 inseriu uma norma de eficácia temporária no corpo de um diploma legislativo importante, que não supõe tal perenidade.

O principal regulador de OGM no Brasil é a Comissão Técnica Nacional de Biossegurança – CTNBio – órgão colegiado, de caráter consultivo e deliberativo, que assessora o Governo Federal na formulação, atualização e implementação da Política Nacional de Biossegurança. É composta por 27 membros da sociedade civil e do Governo Federal, tendo competência para fixar normas de segurança e emitir pareceres técnicos sobre OGM, meio ambiente, saúde, direitos do consumidor, Biologia etc.

Dentre as principais matérias de competência da CTNBio, destacam-se:

a) estabelecer normas para as pesquisas e demais projetos relacionados com OGM e derivados de OGM;

b) estabelecer critérios de avaliação e monitoramento de risco de OGM e seus derivados;

c) proceder à análise da avaliação de risco, caso a caso, relativamente a atividades e projetos que envolvam OGM e seus derivados e emitir decisão técnica a respeito.

A competência da CTNBio é normativa, deliberativa e consultiva. Assim, cabe à Comissão estabelecer normas para quaisquer projetos relacionados a OGM e derivados, monitoramento de seus riscos, acompanhamento das instituições envolvidas, definir níveis de biossegurança e promover avaliação de risco, caso a caso, relativamente a atividades e projetos que envolvam OGM e seus derivados.

3. DIVERSIDADE BIOLÓGICA E OGM

É inconteste a afirmação de que o manejo da diversidade de espécies vegetais tem sido causa determinante para a sustentação dos sistemas agrícolas, o que acontece desde os primórdios da agricultura. Segundo os estudiosos em ecossistema, é em razão dessa diversidade que os agricultores conseguem enfrentar os limites e aproveitar as potencialidades que as condições socioambientais locais oferecem. O curioso disso é que essa é uma opção consciente dos agricultores, não sendo apenas o resultado de processos evolucionários.[3]

---

3. ALMEIDA, Paula; TARDIN, José Maria; PETERSEN, Paulo. Conservando a biodiversidade em ecossistemas cultivados. In: BENSUSAN, Nurit (Org.). *Seria melhor mandar ladrilhar? Biodiversidade como, para que, por quê*. Brasília: UnB, 2002, p. 147. Segundo os autores, ainda na mesma página, "Quando se fala de agricultura familiar no Brasil, a situação não é muito diferente. A produção agrícola familiar está baseada na integração de

Os fatores que determinam a opção pela diversificação são, em primeiro lugar, a unidade agrícola familiar vista como um sistema econômico de produção e de consumo. "A preservação e a valorização de subsistemas voltados para o mercado e para o autoconsumo da família e a manutenção do equilíbrio de suas inter-relações é uma condição fundamental para a reprodução socioeconômica do sistema em seu conjunto".[4] O outro fator está ligado à pouca importação de insumos externos, fazendo com que os agricultores explorem os produtos e serviços proporcionados pela biodiversidade. Também de acordo com pesquisadores, a diversificação das atividades traz maior flexibilidade aos sistemas para que reajam às situações adversas e potencializem as condições favoráveis.

Feitas essas considerações, vale dizer que os OGMs são resultado de uma simplificação por meio da especialização do cultivo em forma de monocultura, atividade que predomina sobre a diversidade, comprometendo o equilíbrio ambiental. De acordo com Maurício Mercadante:

> A agricultura dita moderna, capital intensiva, de alta produtividade, baseada da monocultura de espécies que, para produzirem, exigem o aporte maciço de água, fertilizantes químicos e pesticidas, dá sinais de que ultrapassou o limite de equilíbrio, a capacidade de homeostase dos sistemas agroecológicos. Os sintomas podem ser detectados na contaminação do solo e das águas, na erosão e degradação da estrutura física dos solos, no envenenamento dos trabalhadores agrícolas, na contaminação dos alimentos, na perda da biodiversidade e erosão genética.[5]

Ora, se o melhoramento genético depende da conservação da diversidade biológica, estamos no caminho inverso, ou pelo menos, equivocado, já que comprometemos, a cada dia, o meio ambiente, com um processo desenfreado de artificialização. Nossa agricultura é resultado de muitos anos de seleção, melhoramento, cruzamento dirigido, como já foi dito acima. Mas, na busca desenfreada por ganhos econômicos, ousamos dizer que o homem começa a comprometer as condições de vida, não só as nossas, como também a do planeta. Acreditamos ser esse o principal impasse causado pelos OGMs. Ainda segundo Maurício Mercadante:

Além de destruir as plantas silvestres, o homem está acabando com a variabilidade das plantas cultivadas. O agricultor tradicional vem domesticando e conservando, ao longo de séculos, milhares de variedades de plantas cultivadas. Uma pequena propriedade cultivada no sistema tradicional abriga uma diversidade biológica muitas vezes superior ao de uma grande propriedade dedicada ao cultivo de uma única variedade. Junto com as plantas silvestres, as variedades tradicionais são uma fonte fundamental de genes para o melhoramento genético das plantas cultivadas. Além de cada vez mais vulnerável ao ataque de pragas e doenças e dependente de insumos químicos, irrigação e outros aportes externos de energia, a agricultura industrial está destruindo a segunda

---

policultivos – manejando, além de diversas espécies agrícolas, muitas variedades de cada uma delas – com a criação de diversas espécies animais e com o uso múltiplo das plantas nativas."
4. ALMEIDA, Paula; TARDIN, José Maria; PETERSEN, Paulo. Conservando a biodiversidade em ecossistemas cultivados. In: BENSUSAN, Nurit (Org.). *Seria melhor mandar ladrilhar?* Biodiversidade como, para que, por quê. Brasília: UnB, 2002, p. 147-148.
5. MERCADANTE, Maurício. Da agricultura neolítica aos organismos transgênicos. In: BENSUSAN, Nurit (Org.). *Seria melhor mandar ladrilhar?* Biodiversidade como, para que, por quê. Brasília: UnB, 2002, p. 163.

fonte de matéria-prima fundamental para a superação dessas ameaças e dificuldades, vale dizer, a variabilidade genética das plantas cultivadas mantida pelo agricultor tradicional.[6]

As consequências do desenvolvimento e do plantio de organismos geneticamente modificados, por meio da monocultura, são inúmeras. Poderíamos buscar subsídios técnicos para dizer do impacto ambiental e social que dito avanço pode causar, assim como enfrentar os problemas econômicos que os OGM causarão à sociedade, principalmente aos agricultores, que passarão a depender de insumos de grandes corporações; à população, que poderá sofrer efeitos indesejáveis na saúde, ainda não previstos em pesquisas científicas desenvolvidas até o momento; e à natureza, visto que os OGM não são inseridos na natureza por meio de seleção natural.

Quem ganha com tudo isso? A população é que não é...

Vale dizer que as declarações, convênios e tratados internacionais de há muito divulgam a necessidade de observância do princípio da precaução, que surge como consequência da busca pela proteção da vida e do meio ambiente perante certas atividades caracterizadas pela incerteza científica e suas possíveis repercussões. De acordo com Romeo Casabona:

> O princípio da precaução não parte de uma absoluta falta de previsão sobre o futuro, pois se baseia na suspeita dos riscos que pode comportar uma determinada atividade, em geral com consequências de especial magnitude e incontroláveis e, talvez, irreversíveis. Em conclusão, o recurso ao princípio da precaução pressupõe que se tenha identificado os efeitos potencialmente perigosos derivados de um fenômeno, um produto ou um processo, e que a avaliação científica não permita determinar o risco com a certeza suficiente.[7]

Esse é o princípio que explica o fato da Constituição Federal, no inciso IV, do § 1º do artigo 225, requerer estudo prévio de impacto ambiental para atividades que apresentem potencial risco de degradação do meio ambiente.

O Estudo de Impacto Ambiental (EIA) é um instrumento da Política Nacional de Meio Ambiente, requerido pela Lei 6.938, de 31 de agosto de 1981, que estabelece essa política, configura-se em um estudo anterior à atividade de risco, que visa diagnosticar e fiscalizar toda e qualquer intervenção humana passível de dano considerável ao meio ambiente.

Há várias resoluções do Conselho Nacional de Meio Ambiente, CONAMA, que estabelecem critérios para sua realização, vinculando a concessão de licenças ao EIA. No caso de atividades e empreendimentos com organismos geneticamente modifica-

---

6. MERCADANTE, Maurício. Da agricultura neolítica aos organismos transgênicos. In: BENSUSAN, Nurit (Org.). *Seria melhor mandar ladrilhar?* Biodiversidade como, para que, por quê. Brasília: UnB, 2002, p. 163-164.
7. Tradução livre de: "El principio de precaución no parte de una absoluta falta de previsión sobre el futuro, pues se basa en la sospecha de los riesgos que puede comportar una actividad determinada, por lo general con consecuencias de especial magnitud e incontrolables y tal vez irreversibles. En conclusión, el recurso al principio de precaución presupone que se han identificado los efectos potencialmente peligrosos derivados de un fenómeno, un producto o un proceso, y que la evaluación científica no permite determinar el riesgo con la certeza suficiente." (ROMEO CASABONA, Carlos María. *Los genes y sus leyes*. El derecho ante el genoma humano. Bilbao-Granada: Comares, 2002, p. 36-37).

dos, ou seus derivados, é a Resolução do CONAMA 305, de 12 de junho de 2002, que regulamenta esse estudo.

Conforme o artigo 2º da Resolução 001/86 do CONAMA, impacto ambiental é:

> Qualquer alteração das propriedades físicas, químicas e biológicas do meio ambiente, causada por qualquer forma de matéria ou energia resultante das atividades humanas que, direta ou indiretamente, afetem a saúde, segurança e o bem-estar da população; as atividades sociais e econômicas; a biota; as condições estéticas e sanitárias do meio ambiente e a qualidade dos recursos ambientais.

É claro que o legislador ordinário deve determinar quais são as atividades que exigem tal diagnóstico. Em relação ao OGM, a competência para tal determinação coube à CTNBio, o que contraria os princípios da Política Nacional de Meio Ambiente (PNMA).

Em respeito ao princípio da precaução, a PNMA estabelece risco presumido: seria o Relatório de Impacto no Meio Ambiente (RIMA), produzido a partir do EIA, que permite conhecer os riscos reais do empreendimento ou atividade. Assim, deve-se realizar o EIA para saber se se trata ou não de atividade potencialmente degradadora.

E não poderia ser diferente, pois segundo o princípio da precaução, havendo "ameaças de danos sérios ou irreversíveis, a falta de plena certeza científica não deve ser usada como razão para postergar essas medidas"[8] de precaução.

Não se trata de prevenção, mas de precaução, como explica Paulo Affonso Leme Machado: "Em caso de certeza de dano ambiental, este deve ser prevenido, como preconiza o princípio da prevenção. Em caso de dúvida ou de incerteza, também se deve agir prevenindo. Essa é a grande inovação do princípio da precaução."[9]

A Lei de Biossegurança deu à CTNBio competência para identificar as atividades de engenharia genética que são potencialmente degradadoras (artigo 16, § 1º, III).

É certo que a CTNBio é um órgão técnico multidisciplinar, todavia, não há como prever o risco de tecnologias tão recentes. A intenção do legislador foi resolver o conflito existente entre a Lei 6.938/81, que classificava a introdução de OGM como atividade potencialmente poluidora, e a antiga Lei de Biossegurança (Lei 8.974/95), que já atribuía à CTNBio competência para identificar, caso a caso, atividade potencialmente poluidora.[10]

Os produtores que cultivam OGM veem o EIA como um entrave burocrático, que traz prejuízos econômicos. Entretanto, o sistema jurídico exige a coerência com a norma que fundamenta tal exigência – o princípio da precaução.

Não nos colocamos contra os OGMs, até porque sabemos das possibilidades que se afiguram com a alteração genética de cultivares. A Constituição, todavia, traçou um procedimento administrativo para sua liberação, mas os interesses econômicos falaram mais alto.

---

8. Art. 3º da Convenção-quadro das Nações Unidas sobre Mudança do Clima, assinada em Nova Iorque, em 1992, e ratificada pelo Congresso Nacional sob Decreto Legislativo 1, de 3 de fevereiro de 1994.
9. MACHADO, Paulo Affonso Leme. *Direito ambiental brasileiro*. 8. ed. rev. atual. e ampl. São Paulo: Malheiros, 2000, p. 55.
10. Item 20 do Anexo VIII da Lei 6.938/81, introduzido pela Lei 10.165/2000.

4. PROCESSO DE APROVAÇÃO DE UM OGM NO BRASIL

A Lei de Biossegurança diferencia, quanto à finalidade, atividades de pesquisa e atividades de uso comercial de OGM. As primeiras relacionam-se tão somente com experimentação realizada em laboratório, regime de contenção ou campo, como parte do processo de obtenção ou de avaliação de biossegurança dos OGM e seus derivados, sem fins comerciais. Abrangem construção, cultivo, manipulação, transporte, transferência, importação, exportação, armazenamento, liberação e descarte de organismos geneticamente modificados no meio ambiente.

Já as atividades de uso comercial são aquelas que se relacionam com a disponibilização dos produtos geneticamente modificados para consumo, correspondendo a todas aquelas atividades não dispostas no §1º, artigo 1º da Lei 11.105/2005, mais cultivo, manipulação, transporte, transferência, comercialização, importação, exportação, armazenamento, liberação e descarte com finalidade de consumo.

As entidades autorizadas a explorar as atividades e projetos relacionados aos OGM e seus derivados, no que tange ao ensino, pesquisa científica, desenvolvimento tecnológico e produção industrial, são as de direito público ou privado, por força do artigo 2º do aludido diploma, ficando vedada a exploração por pessoas físicas em atuação autônoma e independente. Isso porque tais atividades são consideradas de risco, devendo este ser analisado caso a caso, como exposto no tópico anterior. E, a análise do risco é de competência do Estado, responsável maior pela preservação da diversidade e integridade do patrimônio genético do país e principal fiscalizar das entidades dedicadas à pesquisa e manipulação de material genético, na medida em que determina as regras para tal.

Os interessados em desenvolver projetos e pesquisas devem requerer, juntamente à CTNBio (Comissão Técnica Nacional de Biossegurança), o Certificado de Qualidade em Biossegurança – CQB, que será emitido pela Comissão após análise técnica de risco e grau de biossegurança que a atividade exige, assim como medidas de segurança e restrições de uso.

A decisão da CTNBio é técnica, consonante com a maioria absoluta dos votos de seus membros, vinculando os demais órgãos e entidades envolvidas no controle e fiscalização das atividades, devendo estes emitirem as autorizações e registros, além de fiscalizá-las, de acordo com a lei que as regulamenta.

Se a CTNBio decidir que o projeto é potencialmente causador de significativa degradação ambiental, quando se tratar do uso comercial, poderá solicitar ao CNBS – Conselho Nacional de Biossegurança – uma análise acerca dos aspectos de conveniência e oportunidade socioeconômicas e do interesse nacional na liberação daquele OGM.

Após, se o parecer do CNBS for favorável, encaminhará sua manifestação aos órgãos e entidades de registro e fiscalização.

Contudo, se o parecer for desfavorável, será remetido para a CTNBio para que esta informe ao requerente. Poderá, também, como vimos, o projeto ser objeto de Estudo de Impacto Ambiental (EIA). Porém, a CTNBio tem competência para julgar em última e definitiva instância acerca da necessidade de realização do Estudo.

Cabe salientar que o CNBS é órgão vinculado à Presidência da República, assessorando, pois, o Presidente da República na formulação e implementação da Política Nacional de Biossegurança. Assim, sua decisão não é técnica. Trata-se de um parecer acerca da conveniência e oportunidade de desenvolvimento daquele projeto ou atividade posto em análise a pedido da CTNBio. Decidindo a CTNBio favoravelmente, a princípio o CNBS não deve intervir.

Entretanto, pode o CNBS, de acordo com o inciso III do art. 8º da Lei de Biossegurança, "avocar e decidir, em última e definitiva instância, com base em manifestação da CTNBio e, quando julgar necessário, dos órgãos e entidades referidos no artigo 16 desta Lei, no âmbito de suas competências, sobre processos relativos a atividades que envolvam o uso comercial de OGM e seus derivados." Isso significa que, mesmo com a autonomia técnica conferida à CTNBio pelo legislador, não está excluído o controle político relativo às suas decisões e pareceres.

Deste modo, contra as decisões técnicas da CTNBio, cabe atuação do CNBS e recurso dos órgãos de registro e fiscalização, no prazo de 30 dias, contados da publicação da análise da CTNBio. Estes órgãos são competentes para registrar e fiscalizar as atividades de pesquisa e liberação comercial de OGM no Brasil, assim como subsidiar a CTNBio na definição dos quesitos na avaliação de risco de biossegurança de OGM e seus derivados.

Aplicam, ainda, as penalidades previstas na Lei de Biossegurança e mantêm atualizado o SIB – Sistema de Informações em Biossegurança –, "destinado à gestão das informações decorrentes das atividades de análise, autorização, registro, monitoramento e acompanhamento das atividades que envolvam OGM e seus derivados", como preceitua o *caput* do artigo 19 da Lei de Biossegurança.

As entidades e instituições que obtiverem autorização para explorarem as atividades e pesquisas relacionadas à OGM e seus derivados deverão criar uma Comissão Interna de Biossegurança – CIBio –, cujas atribuições, de acordo com o artigo 18 do indigitado diploma são:

- manter informados os trabalhadores e demais membros da coletividade, quando suscetíveis de serem afetados pela atividade, sobre as questões relacionadas com saúde e segurança, bem como sobre os procedimentos em caso de acidentes;
- estabelecer programas preventivos e de inspeção para garantir o funcionamento das instalações sob sua responsabilidade, dentro dos padrões e normas de biossegurança;
- encaminhar à CTNBio documentos para efeito de análise, registro ou autorização do órgão competente, quando couber;
- manter registro do acompanhamento individual de cada atividade ou projeto em desenvolvimento que envolvam OGM ou seus derivados;
- notificar à CTNBio, aos órgãos e entidades de registro e fiscalização e às entidades de trabalhadores o resultado de avaliações de risco a que estão submetidas as pessoas expostas, bem como qualquer acidente ou incidente que possa provocar a disseminação de agente biológico;

- investigar a ocorrência de acidentes e as enfermidades possivelmente relacionados a OGM e seus derivados e notificar suas conclusões e providências à CTNBio.

Deste modo, para o desenvolvimento de atividades que se refiram a OGM e derivados, os envolvidos deverão obedecer e observar todas as normas que abarcam o tema, para que não incorram nos crimes definidos na Lei de Biossegurança. Cabe ressaltar que, mesmo observando os critérios e preceitos legais, a responsabilidade civil objetiva poderá ser apurada.

Em resumo, estão envolvidos no processo de liberação de OGM no Brasil: entidades de direito público ou privado, a CTNBio, o CNBS e os órgãos de fiscalização e registro elencados na Lei de Biossegurança.

5. BIOSSEGURANÇA, PRINCÍPIO DA TRANSPARÊNCIA E ROTULAGEM DE ALIMENTOS GENETICAMENTE MODIFICADOS[11]

Também é fundamental ressaltar que a problemática dos organismos geneticamente modificados se refere diretamente ao direito à saúde e ao Direito do Consumidor.

Internacionalmente, um dos documentos pioneiros e mais relevantes na biossegurança de alimentos geneticamente modificados é o Protocolo de Cartagena sobre Biossegurança, relativo à Convenção da Diversidade Biológica e aprovado em 29 de janeiro de 2000 e em vigor desde setembro de 2003.

O texto do Protocolo objetiva "contribuir para assegurar um nível adequado de proteção no campo da transferência, da manipulação e do uso seguros dos organismos vivos modificados resultantes da biotecnologia moderna que possam ter efeitos adversos na conservação e no uso sustentável da diversidade biológica, levando em conta os riscos para a saúde humana, e enfocando especificamente os movimentos transfronteiriços" (art. 1º).

Destacando o uso sustentável da diversidade biológica e a avaliação e manejo dos riscos das atividades relacionadas a organismos geneticamente modificados, o Protocolo reconhece a necessidade de se estabelecer um intercâmbio de informações, garantindo a segurança desses organismos no transporte e importação de alimentos geneticamente modificados.

Toda relação de consumo deve se fundar na transparência, isto é, deve a relação proporcionar informações seguras às partes, visando lealdade e respeito na relação entre os interessados. Este princípio decorre da boa-fé contratual. O Código de Defesa do Consumidor refere-se expressamente a ele no artigo 4º.

A transparência nas relações contratuais deve permear todas as fases do negócio contratual, desde sua formação até o momento pós-contratual. Garante-se, pois, o direito à informação adequada e clara sobre o objeto do contrato, com especificação correta de

---

11. Ver ainda: BIZAWU, Kiwonghi; LOPES, André Luiz. Manipulação genética e organismos geneticamente modificados à luz do direito à informação do consumidor. *Revista Thesis Juris*, São Paulo, v. 3, n. 1, p. 166-190, jan./jun. 2014.

quantidade, características, composição, qualidade e preço, bem como sobre os riscos que apresentam.

Nesse sentido, é o que estabelece o art. 40 da Lei de Biossegurança: "Art. 40. Os alimentos e ingredientes alimentares destinados ao consumo humano ou animal que contenham ou sejam produzidos a partir de OGM ou derivados deverão conter informação nesse sentido em seus rótulos, conforme regulamento."

A rotulagem adequada, contendo a informação de que o alimento possui traços de substâncias transgênicas garante a autonomia do consumidor, que pode optar conscientemente pelo produto que vai adquirir e pelo risco que admite correr.

A Lei Orgânica de Segurança Alimentar (Lei 11.346/2006) reconhece como direito fundamental a alimentação adequada. Tal direito é disposto como "inerente à dignidade da pessoa humana e indispensável à realização dos direitos consagrados na Constituição Federal" (art. 2º).

Inicialmente, o Brasil colocou-se contrariamente à necessidade de rotulagem para OGMs no debate acerca das modificações no *Codex Alimentarius* do Programa da Organização das Nações Unidas para Agricultura e Alimentação (FAO).

Ações judiciais e pressões da sociedade civil fizeram com que o Brasil adotasse postura semelhante a de países europeus na rotulagem de alimentos OGMs.

Em 2001, por intermédio do Decreto 3.871, de 18 de julho, veio a regulação brasileira sobre a rotulagem dos alimentos geneticamente modificados, quando o percentual de ingredientes geneticamente modificados, individualmente considerados, fosse superior a 4%. Em 2003, o Decreto 4.680, de 24 de abril, revogou o Decreto 3.871 e reduziu, para a rotulagem, a porcentagem exigida de ingredientes geneticamente modificados para 1%:

> Art. 2º Na comercialização de alimentos e ingredientes alimentares destinados ao consumo humano ou animal que contenham ou sejam produzidos a partir de organismos geneticamente modificados, com presença acima do limite de um por cento do produto, o consumidor deverá ser informado da natureza transgênica desse produto.
>
> § 1º Tanto nos produtos embalados como nos vendidos a granel ou in natura, o rótulo da embalagem ou do recipiente em que estão contidos deverá constar, em destaque, no painel principal e em conjunto com o símbolo a ser definido mediante ato do Ministério da Justiça, uma das seguintes expressões, dependendo do caso: "(nome do produto) transgênico", "contém (nome do ingrediente ou ingredientes) transgênico(s)" ou "produto produzido a partir de (nome do produto) transgênico".
>
> § 2º O consumidor deverá ser informado sobre a espécie doadora do gene no local reservado para a identificação dos ingredientes.
>
> § 3º A informação determinada no § 1º deste artigo também deverá constar do documento fiscal, de modo que essa informação acompanhe o produto ou ingrediente em todas as etapas da cadeia produtiva.
>
> § 4º O percentual referido no caput poderá ser reduzido por decisão da Comissão Técnica Nacional de Biossegurança – CTNBio.

O próprio *Codex Alimentarius* da ONU, em 2011, foi alterado, juntamente com outras normas do Programa da Organização das Nações Unidas para Agricultura e Alimentação, para se exigir a rotulagem em alimentos que sejam obtidos por meio da biotecnologia ou que contenham, por meio de transferência, a presença de qualquer alergênico.

6. RESPONSABILIDADE NA LIBERAÇÃO DE PESQUISAS E COMÉRCIO DE OGM E SEUS DERIVADOS[12]

A Lei de Biossegurança inseriu no ordenamento pátrio normas de segurança e fiscalização das atividades relacionadas a OGM. Tais dispositivos devem ser seguidos pelos entes e órgãos envolvidos na liberação de pesquisas e comércio de organismos geneticamente modificados e seus derivados, sob pena de responsabilidade criminal se incorrerem em culpa por inobservância desses preceitos.

Entretanto, agindo estes órgãos e entidades em conformidade com a legislação vigente, uma vez que ocorra dano em decorrência da realização de alguma atividade que por eles tenha sido autorizada, ainda há a responsabilização civil dos mesmos.

A CTNBio é integrante do Ministério da Ciência e Tecnologia, o que a caracteriza como entidade da Administração Pública direta que, por força do artigo 37, §6º da Constituição da República de 1988, possui responsabilidade objetiva:

> Art. 37 A administração pública direta e indireta de qualquer dos Poderes da União, dos Estados, do Distrito Federal e dos Municípios obedecerá aos princípios da legalidade, impessoalidade, moralidade, publicidade e eficiência e, também, ao seguinte:
>
> [...] § 6º As pessoas jurídicas de direito público e direito privado prestadoras de serviços públicos responderão pelos danos que seus agentes, nessa qualidade, causarem a terceiros, assegurado o direito de regresso contra o responsável nos casos de dolo ou culpa.

O dispositivo constitucional acolheu a responsabilidade independente de culpa do Estado, ou responsabilidade objetiva, segundo o regime do risco administrativo. Então, para avaliação da responsabilidade que pode decorrer da liberação de OGMs, é essencial considerar a questão dos riscos envolvidos na atividade.

Para análise do nível de segurança e certeza científica sobre dado conhecimento, torna-se imperioso ressaltar que se vive em uma sociedade de risco, logo, não há como afastar completamente os riscos biotecnológicos. Muitas vezes é impossível, inclusive, mensurar tal risco, pois sua definição não é apenas científica. É no mínimo ingênua a ideia de que cabe exclusivamente à Ciência a definição do que é risco, sua quantificação e a delimitação de quando ele ocorre.

Beck[13] salienta três inconvenientes dessa suposição de que fórmulas técnicas conduzirão a conhecimentos seguros sobre o tema: o perigo de uma "ecocracia", em

---
12. Sobre a temática da responsabilidade civil, de forma mais aprofundada, sugere-se a leitura de: NAVES, Bruno Torquato de Oliveira; CÂMARA, Lívia Máris Barbosa. Responsabilidade civil pela liberação de transgênicos no meio ambiente e para o consumo. In: NETTO, Felipe Peixoto Braga; SILVA, Michael César (Orgs.). *Direito privado e contemporaneidade*: desafios e perspectivas do direito privado no século XXI. Belo Horizonte: D'Plácido, 2014, p. 95-107.
13. BECK, Ulrich. ¿La sociedad del riesgo global como sociedad cosmopolita? Cuestiones ecológicas en un marco de incertidumbres fabricadas. In: BECK, Ulrich. *La sociedad del riesgo global*. Madrid: Siglo Veintiuno de España, 2002, p. 29-73.

que a Ciência define os limites do ser e do conhecer; a desvalorização das percepções culturais e do diálogo intercultural; enfoques que conduzam a modelos culturais ocultos da natureza.

A teoria do risco fundamenta a responsabilidade objetiva, que é determinada pela ausência da necessidade de culpa para que o dano causado em decorrência da ação ou omissão do agente seja reparado ou indenizado. A probabilidade de dano é seu fundamento e, nesse sentido, aquele que desenvolve uma atividade de risco o assume e se obriga a reparar danos havidos em razão de sua atividade, sejam eles fruto da violação de um dever imposto – o dever de observância a normas técnicas de segurança – ou sejam causados por atividade lícita e permitida.

Neste sentido, o artigo 20 da Lei de Biossegurança prevê: "Art. 20. Sem prejuízo da aplicação das penas previstas nesta Lei, os responsáveis pelos danos ao meio ambiente e a terceiros responderão, solidariamente, por sua indenização ou reparação integral, independentemente da existência de culpa."

Mesmo em exercício regular de direito, a obrigação de indenizar ou reparar nasce quando da ocorrência do dano. Note-se, ademais, que assim como no artigo 37, §6º da CF/88, a responsabilidade objetiva do parágrafo único do art. 927 do Código Civil é amparada pela teoria do risco. Ou seja, aquele que desenvolver atividade que seja potencialmente causadora de danos responderá por eles quando havidos do desenvolvimento da atividade, desde que a atividade naturalmente seja de risco.

No tocante às atividades relacionadas aos OGM, a Resolução 305/2002 do CONAMA – Conselho Nacional do Meio Ambiente – considera a liberação de OGM no meio ambiente atividade potencialmente causadora de significativo impacto ambiental, uma vez que a concessão de licença ambiental para espécie geneticamente modificada necessita de estudo de impacto ambiental (EIA). Por consequência, essas atividades enquadram-se também no parágrafo único do art. 927 do Código Civil.

Entretanto, a realização do estudo fica a critério da CTNBio. Nesse sentido, a revolta de Patrícia Luciane de Carvalho que entende não ser possível tal opção, sendo obrigatória a realização do EIA.

> Nesta análise tem-se uma particularidade típica do Brasil, a de ignorar a normatização existente, principalmente a imposta pela Constituição Federal. Em decorrência, tem-se que o Estado é e será o maior responsável pelos prejuízos ao meio ambiente, principalmente a esfera legislativa, por autorizar, de forma absolutamente contrária ao que impõe a Carta Magna, o uso indiscriminado, sem prévio conhecimento científico de organismos geneticamente modificados – OGM, e de forma obscura e omissa à sociedade.[14]

Cabe salientar que o estudo prévio de impacto ambiental é uma exigência[15] constitucional que busca reafirmar a precaução no que tange às atividades potencialmente

---

14. CARVALHO, Patrícia Luciene de. Poluição genética: análise do plantio transgênico. In: IACOMINI, Vanessa (Coord.). *Propriedade intelectual e biotecnologia*. Curitiba: Juruá, 2009, p. 173.
15. Prevê a Constituição da República: "Art. 225. Todos têm direito ao meio ambiente ecologicamente equilibrado, bem de uso comum do povo e essencial à sadia qualidade de vida, impondo-se ao Poder Público e à coletividade o dever de defendê-lo e preservá-lo para as presentes e futuras gerações.

danosas. Portanto, não é uma faculdade sujeita à discricionariedade da Administração, seus órgãos e entidades. Ao contrário, é uma obrigação.

O CONAMA, órgão responsável pela delimitação de atividades relacionadas a OGM, já as considerou como sendo de risco. Concluímos que poderá haver responsabilidade de todos aqueles envolvidos na cadeia de efetivação de projetos que se refiram a OGM. Todos os envolvidos, desde os órgãos que emitem autorizações até a pessoa jurídica, privada ou estatal, que desenvolvam a atividade potencialmente degradadora, poderão ser responsabilizadas.

A Lei de Biossegurança previu, ainda, em seu artigo 20, que "sem prejuízo da aplicação das penas previstas nesta Lei, os responsáveis pelos danos ao meio ambiente e a terceiros responderão, solidariamente, por sua indenização ou reparação integral, independente da existência de culpa."

E o art. 27 do aludido diploma dispõe sobre a responsabilidade penal dos envolvidos:

> Art. 27. Liberar ou descartar OGM no meio ambiente, em desacordo com as normas estabelecidas pela CTNBio e pelos órgãos e entidades de registro e fiscalização:
> Pena – reclusão, de 1 (um) a 4 (quatro) anos, e multa.
> § 1º (VETADO)
> § 2º Agrava-se a pena:
> I – de 1/6 (um sexto) a 1/3 (um terço), se resultar dano à propriedade alheia;
> II – de 1/3 (um terço) até a metade, se resultar dano ao meio ambiente;
> III – da metade até 2/3 (dois terços), se resultar lesão corporal de natureza grave em outrem;
> IV – de 2/3 (dois terços) até o dobro, se resultar a morte de outrem.

Pelo exposto, podem vir a responder pelos prejuízos causados: a) a pessoa responsável diretamente pela liberação do OGM; b) o Estado, em razão da conduta de seus órgãos reguladores e fiscalizadores, inclusive a CTNBio.

Se o ente público tiver expedido licença para a liberação do OGM, a responsabilidade do Estado será objetiva. Nesse caso, não há que se discutir se a licença foi concedida de forma regular ou irregular.

Todavia, se o prejuízo surgiu da ausência de fiscalização ou da falta de procedimentos administrativos que pudessem conter o risco, parece que a jurisprudência do Supremo Tribunal Federal aponta para a responsabilidade subjetiva do Estado.

> Tratando-se de ato omissivo do poder público, a responsabilidade civil por tal ato é subjetiva, pelo que exige dolo ou culpa, esta numa de suas três vertentes, a negligência, a imperícia ou a imprudência, não sendo, entretanto, necessário individualizá-la, dado que pode ser atribuída ao serviço público, de forma genérica, a falta do serviço. A falta do serviço – *faute du service* dos franceses – não dispensa o

---

§ 1º – Para assegurar a efetividade desse direito, incumbe ao Poder Público:
[...] IV – *exigir*, na forma da lei, para instalação de obra ou atividade potencialmente causadora de significativa degradação do meio ambiente, estudo prévio de impacto ambiental, a que se dará publicidade" (grifo nosso).

requisito da causalidade, vale dizer, do nexo de causalidade entre a ação omissiva atribuída ao poder público e o dano causado a terceiro.[16]

Cabe ressaltar que os dispositivos da Lei de Biossegurança, que conferem discricionariedade à CTNBio, a despeito do que é preceituado na Constituição da República e de normas já vigentes no país, não eximem esta Comissão de eventual obrigação solidária de reparar ou indenizar os danos havidos da consecução das atividades que são de risco. Uma vez que a CTNBio considere dispensável um estudo prévio sobre determinada atividade e, com o decorrer do tempo, esta se manifestar nociva ao meio ambiente e aos seres humanos, estará incorrendo também em responsabilidade objetiva, pois em decorrência de sua autorização a atividade foi implementada e os prejuízos suportados.

Pode-se inferir que as políticas públicas que disciplinam matéria relacionada a meio ambiente devem ser quanto mais preventivas possível, exigindo que o princípio da precaução seja sempre observado.

Diante da problemática exposta, cabe a reflexão acerca do que é a responsabilidade civil do Estado e de quais funções ela desempenha, nos moldes atuais. Será que é um instrumento eficaz de reparação e/ou repressão dos danos causados pela liberação dos OGMs?

Quando falamos de responsabilidade civil do Estado estamos, na verdade, partilhando os riscos e os ônus da atividade administrativa por todos os cidadãos. O Estado somos nós, o que não se confunde com a figura temporária dos governantes.

O dano decorrente da liberação do OGM em razão da atuação da CTNBio e dos órgãos fiscalizadores de OGM recai sobre todo o povo, pode ultrapassar fronteiras e gerações. Responsabilizar o Estado pode ser insuficiente, já que nós, como prejudicados, seríamos os próprios "pagadores".

Além disso, a reparação, propriamente dita, de danos advindos da liberação de OGMs é notoriamente impossível. Uma vez liberados no meio ambiente, alguns OGM se propagam de tal forma que sua contenção é inviável.

---

16. RE 369.820, Rel. Min. Carlos Velloso, julgamento em 4/11/03, DJ de 27/2/04. No mesmo sentido: RE 409.203, Rel. Min. Joaquim Barbosa, julgamento em 7/3/06, 2ª Turma, DJ de 20/4/07; RE 395.942-AgR, Rel. Min. Ellen Gracie, julgamento em 16/12/08, 2ª Turma, DJE de 27/2/09; RE 140.270, Rel. Min. Marco Aurélio, julgamento em 15/4/96, 2ª Turma, DJ de 18/10/96. Há, todavia, no próprio Tribunal, decisões em sentido contrário, o que talvez demonstre certa confusão sobre o sentido da responsabilidade objetiva e de seus requisitos, que também exigem a prova do nexo de causalidade, salvo nos casos expressos em lei.

Capítulo 9
DADOS GENÉTICOS HUMANOS[1]

Mesmo que o diálogo entre o filósofo e o jurista, bem como entre estes e as suas circunstâncias (pessoais e sociais) seja marcado por convergências e divergências de toda ordem, é certo que tal debate, ainda mais quando travado na esfera pública e pautado pela prática racional discursiva (necessariamente argumentativa) constitui o melhor meio de, pelo menos numa sociedade democrática, estabelecer os contornos nucleares da compreensão das diversas dimensões da dignidade e de sua possível realização prática para cada ser humano. Assim, não há mais – ao contrário do que alguns parecem crer – como desconhecer e nem desconsiderar o papel efetivo do Direito no que diz com a proteção e promoção da dignidade.[2]

1. INTRODUÇÃO

Ao tratarmos de dados genéticos humanos, mais uma vez em pauta está a questão da dignidade da pessoa humana, tão debatida por juristas do mundo inteiro. Poderíamos até começar com um primeiro tópico intitulado *relações entre dignidade humana e desafios genéticos*. Contudo, novamente recorremos à proposta por Hasso Hofmann[3] que, em termos teóricos, distingue a dignidade como dádiva e como prestação.

A dignidade como dádiva se verifica a partir de qualidades ou características da pessoa humana, não sendo fruto da escolha de cada um, afigurando-se verdadeiro dom. A dignidade como prestação ressalta a experiência de cada pessoa, na busca da construção da própria identidade e está vinculada às relações sociais, no convívio com o próximo.

Mas por que estamos a dizer isso? Qual a relação entre dignidade e identidade genética?

Podemos dizer que o conceito de identidade genética traz no seu bojo uma correspondência ao genoma de cada ser humano, ou seja, o fundamento biológico ínsito a cada um. Estamos diante da constatação de que todos temos um genoma irrepetível.

Em outro sentido, a expressão "identidade genética" pode ser designado para caracterizar a mesma constituição genética entre dois ou mais seres. É o mundo da clonagem.

---

1. Para aprofundamento do tema "dados genéticos humanos" sugerimos a leitura das obras: NAVES, Bruno Torquato de Oliveira. *Direitos de personalidade e dados genéticos*. Belo Horizonte: Escola Superior Dom Helder Câmara, 2010 e NICOLÁS JIMÉNES, Pilar. *Protección jurídica de los datos genéticos de carácter personal*. Madrid: Comares, 2006.
2. SARLET, Ingo Wolfgang. As dimensões da dignidade da pessoa humana: uma compreensão jurídico-constitucional aberta e compatível com os desafios da biotecnologia. In: SARMENTO, Daniel; PIOVESAN, Flávia. *Nos limites da vida*: aborto, clonagem humana e eutanásia sob a perspectiva dos direitos humanos. Rio de Janeiro: Lumen Juris, 2007, p. 210-211.
3. HOFFMAN, Hasso. La promessa della dignità umana. La dignità dell'uomo nella cultura giuridica tedesca. *Rivista Internazionale di Filosofia del Diritto*, Roma, série 4, ano 76, p. 620-650, out./dez 1999.

Afigura-se, aqui, o direito à identidade como um direito à diferença, sendo vedadas a repetibilidade programada e a alteração dessa base biológica, a não ser, no último caso, se se tratar de escopos terapêuticos.

Finalmente, como terceira acepção, vislumbramos o termo identidade genética como nível prévio à identidade pessoal, sendo aquela substrato fundamental desta. Nessa seara, o que importa é saber a origem genética, a verdade sobre a própria progenitura. Também diz respeito à possibilidade de saber ou de se recusar saber sobre diagnósticos e prognósticos de doenças e pesquisas realizadas. Mas não só isso, porquanto a identidade de uma pessoa não se reduz aos seus aspectos genéticos. Também influem na formação pessoal complexos fatores educativos e ambientais, assim como os laços afetivos, sociais, espirituais e culturais, que conservam uma dimensão de liberdade.

O conhecimento dos dados genéticos suscita, também, problemas relacionados a uma nova dimensão da intimidade. Intimidade é a esfera individual de projeção do indivíduo em sua relação interior. O direito à intimidade genética construiu-se a partir do princípio constitucional da intimidade, e pode ser definido como o direito de determinar as condições de acesso à informação genética. Está ligado de maneira estreita ao princípio da dignidade humana, razão pela qual sua interpretação traz consequências relevantes na determinação dos sujeitos ativo e passivo.

Quem seriam os sujeitos ativos do direito à intimidade genética? O problema está em determinar se o sujeito é a pessoa natural ou o ser humano. As consequências são claras. Se entendermos que somente a pessoa natural pode ser sujeito ativo do direito à intimidade genética, a conclusão que se extrai é óbvia: há entes que também podem ser qualificados como "humanos", ou "pessoas por nascer", porque são possuidores de um genoma diferenciado, mas desprovidos da proteção que se dá aos seres nascidos. De acordo com esse raciocínio, todos os seres não nascidos poderiam ser objeto de manipulação genética.

Outro aspecto que devemos enfrentar é o relativo ao direito à informação genética. Uma vez realizada a pesquisa com o consentimento do sujeito ativo, o resultado da mesma deve ser-lhe disponibilizado. Mas, e se houver recusa quanto à vontade de saber a verdade sobre os dados genéticos? O direito de não saber dos resultados das pesquisas afigura-se direito personalíssimo, devendo, portanto, ser sempre respeitado?

Esse direito de não saber levanta especial polêmica quando se trata de análises ou provas genéticas. É que certas provas genéticas podem gerar informações essenciais não só ao interessado, sujeito da pesquisa, mas também a terceiros, como familiares e descendentes. E aí se instala o dilema. O que fazer se o indivíduo se nega a conhecer o resultado da pesquisa e ainda não permite que se disponibilize a informação aos familiares que poderiam se ver afetados?

Todos esses novos problemas só podem ser visualizados em razão do estado do conhecimento acerca das informações genéticas do ser humano – os dados genéticos. E esse conhecimento deu-se, especialmente, com o Projeto Genoma Humano, que a partir de 1990 cataloga e analisa os dados genéticos contidos nas células humanas. Passamos a analisá-lo.

2. PROJETO GENOMA HUMANO

Em meados do século XVII, a criação do microscópio lança a pesquisa científica rumo à menor unidade da vida. O microcosmo descoberto abre à Medicina as fronteiras da citologia.

Muito se evoluiu da teoria celular à genética clássica. Mendel (1822-1884) bem representa essa passagem à genética científica, descrevendo que as características do indivíduo lhe são transmitidas hereditariamente, com fatores do pai e da mãe, combinados pelas células sexuais.[4]

A descoberta dos cromossomos por Wilhem Waldeyer, em 1888, e a descrição do funcionamento e estrutura do DNA, em 1953, por James D. Watson e Francis H. C. Crick foram eventos determinantes no desenvolvimento da genética.

Desde 1980, a França trabalhava com sequenciamento genético. Em 1984, Robert Sinsheimer idealizou a criação de um instituto que pudesse fazer o sequenciamento do genoma humano. No entanto, sua ideia não se consolidou como ele idealizara, mas foi amadurecida por outros pesquisadores e, em 1986, o Departamento de Energia dos Estados Unidos organizou um encontro científico, em Santa Fé, para discutir questões concernentes à pesquisa do genoma humano. Seu principal interesse no mapeamento genético era a busca de uma melhor compreensão de como se dão os "efeitos da radiação sobre os seres humanos e seus genes".[5] Outros órgãos e instituições se interessaram pela pesquisa, pois apesar de demandar tempo e dinheiro, esse seria o maior projeto desenvolvido na área biológica.

O tema apresentado à comunidade de pesquisadores prosperou, e foram calorosos os debates. Sua importância era óbvia e, constatando-a, os Institutos Nacionais de Saúde decidiram tomar a dianteira das pesquisas.

Em 1988, com o intuito de aprofundamento das pesquisas criou-se a organização conhecida como HUGO (*Human Genome Organization*), sob a direção inicial de James Watson, e contando com a participação de pesquisadores de diversos países. Esse período também é marcado pelo crescente interesse dos países em realizar a pesquisa internamente, ganhando espaço, além dos Estados Unidos, no Japão, no Canadá, na Grã-Bretanha, na Alemanha, na França e na Itália. Todavia, oficialmente, o Projeto Genoma Humano (PGH) teve início em 1990 com a participação inicial do Canadá, dos Estados Unidos, da França, da Inglaterra, da Itália e do Japão. Aos poucos, mais de 50 Estados ingressaram no Projeto, inclusive o Brasil.

O PGH consistiu no mapeamento, sequenciamento e descrição do genoma humano.

O mapeamento genético significou representar graficamente o posicionamento dos genes no genoma humano. Esse processo de mapeamento implicou em fragmentar

---

4. GUÉRIN-MARCHAND, Claudine. *Manipulações genéticas*. Tradução de Catarina Dutilh Novaes. Bauru: EDUSC, 1999, p. 20.
5. ALBANO, Lilian Maria José. *Biodireito*: os avanços da genética e seus efeitos ético-jurídicos. São Paulo: Atheneu, 2004, p. 24.

o DNA, catalogar as seis bilhões de bases que o compõem e reconstituir sua sequência original.

Após a determinação da posição e do espaçamento dos genes, teve início o sequenciamento, isto é, desfazer-se a dupla hélice de DNA, colocando as bases químicas (adenina, timina, citosina e guanina) em sequência para que pudesse ser lida a informação contida no cromossomo.

Por fim, foram decifradas e interpretadas as informações obtidas, relacionando-as ao fenótipo, definido como as características visíveis e não visíveis do ser humano.

Em 2000, cinco anos antes do previsto, as primeiras fases do PGH estavam concluídas.

Interessante perceber o conflito econômico que permeou a discussão da liberação de informações sobre o sequenciamento genético. Cientistas franceses e americanos divergiram, desde o início, sobre a reserva de patentes de sequenciamentos.

Conta Moser que, antes do PGH, outros projetos com objetivos semelhantes, mas sem cooperação internacional, foram instituídos. A França largou na frente, em 1980, ao criar o Centro do Polimorfismo Humano (CEPH), com finalidade de decifrar o genoma e localizar genes defeituosos. Em 1988, por meio de empreendimentos privados, foi criado, na França, o *Généthon*, laboratório de pesquisa que tornaria público os resultados da pesquisa, sem reserva de patentes. Em 28 de outubro de 1992, a CEPH repassou dois mil sequenciamentos à UNESCO.[6]

De forma diversa ocorreu nos EUA. Em 1987, começou a funcionar o *US Genome Project*, com claro objetivo de patentear as informações obtidas.

> Em 1991, o Dr. Craig Venter, que então estava nos "National Institutes of Health", apresentou ao Escritório de Patentes dos Estados Unidos (USPTO) um pedido de patentes para 337 sequências parciais de genes humanos, obtidas por transcrição reversa (pela ação da transcriptase reversa sobre os RNAm correspondentes). Em 1992, o pedido ampliou-se para 2700 novos fragmentos, que por sua forma de obtenção é geralmente designado de etiquetas de *expressed sequence tags* (EST), marcas ou etiquetas de sequências expressas, porque cada uma corresponde a algumas centenas de pares de bases da versão funcional do gene, ou seja, aquela que uma vez transcrito em um RNA primário (pelo RNA-polimerase) é maturado até o RNAm por remoção de íntrons (sequências intercaladas na versão genômica do gene, que são separadas durante o processo de corte e *splicing*).[7]

Divergências, sobre a patenteabilidade de sequências genéticas, entre Craig Venter e James Watson levaram este a deixar a direção da HUGO e, mais tarde, Venter fundou

---

6. MOSER, Antônio. *Biotecnologia e bioética*. Para onde vamos? Petrópolis: Vozes, 2004, p. 21-30.
7. Tradução livre de: "En 1991, el Dr. Craig Venter, a la sazón en los NIH, presentó a la Oficina de Patentes norteamericana (USPTO) una solicitud de patentes para 337 secuencias parciales de genes humanos, obtenidas mediante transcripción inversa (por acción de la reverso transcriptasa sobre los ARNm correspondientes). En 1992 la solicitud se amplió a 2700 nuevos fragmentos, que por su manera de obtención se denominaron en general de *expressed sequence tags* (EST), marcas o etiquetas de secuencias expresadas, porque cada una corresponde a unos cuantos cientos de pares de bases de la versión funcional del gen, es decir aquella que una vez transcrita en ARN primario (por la ARN-polimerasa), madura hasta ARNm por eliminación de los intrones (secuencias intercaladas en la versión genómica del gen, que son escindidas durante el proceso de corte y empalme o *splicing*)" (IÁÑEZ PAREJA, Enrique. *Patentes e biotecnología*. 2000. Disponível em: <http://www.ugr.es/~eianez/Biotecnologia/biopatentes_1.htm>. Acesso em: 12 jul. 2007. Em 1994, os NIH retiraram a solicitação dessas patentes).

uma empresa privada objetivando a obtenção de sequências genéticas.[8] O capítulo 11 dedica-se ao estudo mais aprofundado das patentes de material genético.

Importante destacar que, embora se tenha concluído o sequenciamento do genoma humano, ainda é desafiadora a compreensão de quais genes são ativos e a determinação de como e quando são ativados. Também não se sabe a influência dos genes sobre as proteínas que são por eles codificadas.

As dúvidas parecem maiores quando se analisa a função das sequências de DNA que não codificam proteínas – os íntrons.[9]

> a maioria dos biólogos moleculares os considera sobras evolucionárias, ou DNA-lixo. Os íntrons foram considerados remanescentes de uma época anterior à evolução da vida celular, quando fragmentos de informações codificadoras de proteínas se reuniram nos primeiros genes. [...]
>
> Em termos simples, a charada é esta: menos de 1,5% do genoma humano codifica proteínas, mas a maioria dele é transcrita em RNA. Ou o genoma humano (e o dos outros organismos complexos) está cheio de transcrição inútil, ou esses RNAs desempenham alguma função inesperada.[10]

Assim, o anúncio do fim do Projeto Genoma Humano é apenas o primeiro passo na compreensão da complexa arquitetura do ser humano. Há um longo e desconhecido caminho a trilhar, mas as poucas e incertas informações decifradas já são capazes de revolucionar a visão que o homem tem de si mesmo.[11]

3. LEGISLAÇÃO SOBRE DADOS GENÉTICOS HUMANOS

Vê-se que o surgimento de novas tecnologias genéticas tem promovido conflitos e dúvidas no âmbito jurídico que não encontram respaldo no aparato legislativo para sua resolução.

No Brasil, a legislação que aborda especificamente os dados genéticos é a Resolução do Conselho Nacional de Saúde (CNS) 340, de 8 de julho de 2004, que estabelece normas para pesquisas genéticas com seres humanos, e as Leis n.os 7.210/1984 (Lei de Execução Penal) e 12.037/2009 (Lei de Identificação Criminal), modificadas pela Lei 12.654/2012, que dispõem sobre a identificação criminal e criam banco de perfis genéticos para tanto.

---

8. Logo que deixou a pesquisa pública da HUGO, Craig Venter fundou o Instituto de Pesquisa Genômica (*The Institute of Genome Research* – TIGR) e, mais recentemente, a *Celera Genomics*.
9. Em oposição aos *éxons*, que são sequências de DNA que codificam fragmentos de proteínas.
10. MATTICK, John S. Páginas ocultas no livro da vida. *Scientific American*, São Paulo, Edição Especial n. 16, p. 18-25, [200-], p. 20.
11. José Geraldo de Freitas Drumond confirma as surpresas que os dados genéticos nos revelaram, pelo Projeto Genoma Humano (PGH) e a perplexidade diante de genes que aparentemente não têm função definida: "[...] devido à concorrência estabelecida entre institutos de pesquisa públicos e privados, o PGH teve sua finalização antecipada para o ano 2000, quando se obteve a decifração de exatos 26.383 genes codificadores de proteínas, estando em análise outros 12.731 genes hipotéticos, para um possível total de 39.114 identificáveis dos cerca de 100 (cem) mil anteriormente previstos, confirmando-se que a maior parte das sequências do código genético não tem qualquer significação aparente." DRUMOND, José Geraldo de Freitas. A percepção pública das biotecnologias. In: ROMEO CASABONA, Carlos María; SÁ, Maria de Fátima Freire de (Coords.). *Desafios jurídicos da biotecnologia*. Belo Horizonte: Mandamentos, 2007, p. 217.

Por não haver um tratamento legislativo mais amplo no país, o estudo partirá de documentos internacionais – em especial a *Declaração Universal sobre o Genoma Humano e os Direitos Humanos*, aprovada na 29ª Conferência-Geral da UNESCO, em 11 de novembro de 1997; e a *Declaração Internacional sobre os Dados Genéticos Humanos*, aprovada na 32ª Conferência-Geral da UNESCO, em 16 de outubro de 2003 – mas, em primeiro lugar, analisaremos de forma sucinta outras legislações internacionais sobre o tema.

Vários são os documentos internacionais que recomendam procedimentos e práticas nas pesquisas envolvendo seres humanos. Pode-se regredir historicamente ao *Código de Nuremberg*, de 1947, que cuidou das experimentações com seres humanos, estabelecendo as bases do consentimento informado.

Entidades de classe também elaboraram documentos relevantes como a *Declaração de Helsinque*, aprovada na 18ª Assembleia Geral da Associação Médica Mundial (WMA) e emendada em outras Assembleias da Associação até seu texto atual, de outubro de 2000. Essa Declaração, mais detalhada que o *Código de Nuremberg*, também se dedica ao consentimento e ao procedimento investigativo envolvendo seres humanos, mas reconhece a vulnerabilidade dos pesquisados (artigo 8º) e a necessidade de avaliação da pesquisa por um comitê independente de ética (artigo 13); regula a pesquisa com incapazes (artigos 24, 25 e 26); e estabelece cuidados médicos adicionais, que, independentemente dos resultados da pesquisa, devem ser utilizados para prevenção, diagnóstico e terapia (artigos 28 a 32).

Citamos, ainda, a *Declaração de Inuyama*, aprovada em 1990, no Japão, pelo Conselho da Organização Internacional de Ciências Médicas, sobre mapeamento genético, experimentação genética e terapia gênica; e a *Declaração de Bilbao sobre o Direito ante o Projeto Genoma Humano*, de 1993. Esta última menciona a intimidade como patrimônio pessoal e afasta a utilização dos dados genéticos com fins discriminatórios.

Em abril de 1997, foi elaborada em Oviedo a *Convenção sobre os Direitos do Homem e a Biomedicina*, proposta pelo Conselho da Europa. A Convenção, em vigor desde 1º de dezembro de 1999, trata de quaisquer intervenções na área de saúde, incluindo tratamentos e investigações científicas. Vários artigos são dedicados à manifestação do consentimento para as intervenções. Seu Capítulo IV refere-se ao genoma humano, havendo artigos que regulam a não discriminação em virtude do patrimônio genético (artigo 11º); os testes preditivos de doenças genéticas ou propensão a elas (artigo 12º); intervenções modificativas do genoma humano (artigo 13º) e a proibição de seleção de sexo em reprodução humana assistida (artigo 14º).

Devido à importância, influência e especificidade, destacam-se a *Declaração Universal sobre o Genoma Humano e os Direitos Humanos*, de 1997, e a *Declaração Internacional sobre os Dados Genéticos Humanos*, de 2003. Ambas foram aprovadas em conferências-gerais da UNESCO e centram-se no respeito à dignidade humana e na proteção dos direitos humanos, quando da coleta, tratamento, utilização e conservação de dados genéticos humanos e de amostras biológicas.

3.1 Declaração Universal sobre o Genoma Humano e os Direitos Humanos

Marco na normatização jurídica dos dados genéticos, a *Declaração Universal sobre o Genoma Humano e os Direitos Humanos*, de 1997, logo em seu artigo 1º, classifica o genoma humano como patrimônio da humanidade. Fica, entretanto, a advertência de Galán Juárez:

> No momento se convencionou que o genoma humano, ínsito a todos os seres humanos hoje existentes e aos que existirão, é patrimônio da humanidade. Neste sentido não pode ser ficar exclusivamente em mãos da iniciativa privada, nem deverá ser explorado comercialmente. Inobstante, a investigação que se faça a partir dele não é patrimônio da humanidade: aqui radica o perigo.[12]

Preocupada com possíveis discriminações, essa Declaração estabelece a necessidade de se garantir o respeito à dignidade e aos direitos humanos, independentemente das características genéticas do indivíduo. Tais características não representam a totalidade do homem, ser único e irrepetível, e que não pode ser representado apenas biologicamente.

Quanto às características do genoma humano, o documento cita a evolutividade e a extracomercialidade. É evolutivo, pois submetido a mutações e reputa-se *res extra commercium*, devendo ser proibida sua transação financeira.

Para investigação, tratamento e diagnóstico que intervenha no genoma humano, o artigo 5º incorpora os princípios da beneficência e da autonomia, determinando a avaliação prévia dos riscos e benefícios da intervenção, bem como da necessidade do consentimento prévio, livre e esclarecido das pessoas envolvidas.

Ninguém deve ser discriminado em razão de suas características genéticas. Além disso, os dados genéticos que possam identificar o indivíduo deverão ser mantidos em sigilo. E qualquer dano sofrido em razão da intervenção no genoma, é passível de reparação de caráter indenizatório (artigos 6º, 7º, 8º).

O artigo 9º deve ser analisado com cautela, visto que restringe os princípios do consentimento e da confidencialidade:

> Com vistas a proteger os direitos humanos e as liberdades fundamentais, qualquer restrição aos princípios de consentimento e confidencialidade só poderá ser estabelecida mediante lei, por razões imperiosas, dentro dos limites estabelecidos no direito público internacional e a convenção internacional de direitos humanos.

Interessante perceber que a Declaração abre caminho para a intervenção do Estado na personalidade do ser humano. Assim, em nome do denominado "interesse público", abre-se mão do consentimento e da confidencialidade. Rememore-se que a autonomia pública, princípio fundante da democracia, é constituída pelo exercício de plurais "autonomias privadas".

---

12. Tradução livre de: "Por el momento se acordó que el genoma humano, que atañe a todos los seres humanos hoy existentes ya los que existirán, es patrimonio de la humanidad. En este sentido no puede quedar exclusivamente en manos de la iniciativa privada, ni deberá explorarse comercialmente. Sin embargo, la investigación que se haga a partir de él no es patrimonio de la humanidad: aquí radica el peligro.". (GALÁN JUÁREZ, Mercedes. *Intimidad*: nuevas dimensiones de un viejo derecho. Madrid: Ramón Aceres, 2005, p. 230.)

O acesso aos resultados da pesquisa é garantido no artigo 12, *a*: "Toda pessoa deve ter acesso aos progressos da Biologia, da Genética e da Medicina em matéria de genoma humano, respeitando-se sua dignidade e direitos."

Ainda sobre o acesso, mas tendo como base outros Estados, preocupa-se, a Declaração, em promover a cooperação internacional quanto ao tratamento de pessoas portadoras de doenças genéticas, incentivos às pesquisas referentes ao genoma humano. O "Capítulo E" enfatiza a necessidade da cooperação dos países desenvolvidos àqueles que estão em desenvolvimento, quanto aos estudos e resultados.

Por fim, a *Declaração Universal sobre o Genoma Humano e os Direitos Humanos* incentiva os Estados a adotarem os princípios estabelecidos e a promoverem sua divulgação.

3.2 Declaração Internacional sobre os Dados Genéticos

Abordaremos, agora, a *Declaração Internacional sobre os Dados Genéticos*, de 2003. Mais específica que a Declaração anterior, esta é dividida em 27 artigos, distribuídos em sete capítulos.

O primeiro capítulo estabelece disposições gerais, informando os objetivos e alcances da Declaração, a definição de certos termos, tais como dados, teste, rastreio e aconselhamento genéticos.

Dados genéticos humanos são definidos como as "informações relativas às características hereditárias dos indivíduos, obtidas pela análise de ácidos nucleicos ou por outras análises científicas" (artigo 2º, I). São, concomitantemente, informações de um indivíduo e de um grupo, por caracterizarem toda uma descendência.

O artigo 3º admoesta que as características genéticas não são capazes de descrever por completo a identidade pessoal, que é composta por fatores complexos.

Os dados genéticos podem indicar predisposições genéticas dos indivíduos; podem ter para a família consequências importantes que se perpetuam durante gerações; podem conter informações cuja relevância não se conheça no momento de extrair as amostras biológicas e também podem ser importantes do ponto de vista cultural para as pessoas ou grupos (artigo 4º).

Os dados genéticos têm a capacidade de identificar indivíduos, revelar futuras enfermidades e fornecer informações sobre parentesco, uma vez que englobam quaisquer informações genéticas, desde as mais gerais às mais específicas. Daí falar-se em identidade genética, que trataremos mais à frente.

O segundo capítulo preconiza sobre o fornecimento e a retirada de consentimento pelo indivíduo que se submeterá ao tratamento e como proceder para obter consentimento caso os envolvidos sejam incapazes ou menores.

Cabe ao investigado escolher se quer ou não conhecer os resultados da investigação. Daí a importância do aconselhamento genético,

> que consiste em explicar as consequências possíveis dos resultados de um teste ou de um rastreio genético, suas vantagens e seus riscos e, se for caso disso, ajudar o indivíduo a assumir essas consequências a longo prazo. O aconselhamento genético tem lugar antes e depois do teste ou do rastreio

genético além de assessoramento profissional na hipótese de consequências importantes para a saúde da pessoa (art. 2º, XIV).

Os Estados devem adotar medidas que promovam o acesso de seus titulares aos dados genéticos e proteômicos e que mantenham a privacidade dos mesmos, coibindo seu fornecimento a companhias de seguro, empregadores e instituições de ensino (artigos 13º, 14º e 15º).

Os dados genéticos podem ser utilizados como prova em procedimentos judiciais ou para fins de Medicina legal, mas devem ser destruídos assim que se tornem desnecessários (artigos 12º e 21).

Por fim, destaca-se a necessidade de divulgação da Declaração, cooperação internacional nas pesquisas e partilha dos benefícios dos testes e exames realizados.

4. DADOS GENÉTICOS HUMANOS E DIREITOS DA PERSONALIDADE

Os dados genéticos humanos compõem a complexa estrutura de identificação de um indivíduo, apresentando informações a partir da análise de seu DNA. Essas informações genéticas determinam o funcionamento de todo o organismo, mas, como já alertava o citado artigo 3º da *Declaração Internacional sobre Dados Genéticos Humanos*, são apenas um componente da identidade.

Para melhor compreensão dos dados genéticos, será exposto um pouco do funcionamento e estrutura dos genes.

Em organismos complexos, eucariontes, o material genético está confinado no núcleo celular. Esse material genético é o cromossomo, que, nos seres humanos, são em 23 pares. O cromossomo constitui-se de ácido desoxirribonucleico (DNA) e proteínas. Setores específicos do DNA, referentes a informações específicas, são chamados genes.

Cada cromossomo possui uma grande quantidade de genes, responsáveis pela transmissão das características hereditárias. Nos 23 pares de cromossomos há, aproximadamente, 25 mil genes.[13]

Há muito que se especulava ser a molécula de DNA, no interior do cromossomo, que explicaria a transmissão das características de geração a geração.

Somente com a descoberta, em 1950, da estrutura do DNA, a Genética pôde solucionar muitas de suas inquietações.

A estrutura molecular do DNA consiste em dois filamentos entrelaçados, formando uma dupla hélice. Cada filamento de DNA é composto de diferentes sequências de nucleotídeos: adenina, guanina, timina e citosina. O nucleotídeo é a subdivisão do filamento de DNA que contém um desses quatro componentes químicos. Cada nucleotídeo de um filamento une-se a outro específico do outro filamento por ligações químicas, denominadas pontes de hidrogênio.

---
13. MATTICK, John S. Páginas ocultas no livro da vida. *Scientific American*, São Paulo, Edição Especial n. 16, p. 18-25, [200-], p. 20.

O DNA codifica diferentes aminoácidos[14] a partir das variadas sequências de nucleotídeos possíveis. Esses, por sua vez, em razão da sua sequência, originam proteínas diversas. E, por fim, são essas proteínas a matéria-prima do corpo humano.

A interpretação dessas sequências permite avaliar a propensão a doenças genéticas e até corrigi-las por meio da inserção de novo material genético, alterando a antiga estrutura. Essa intervenção médica de modificação genética, conhecida por terapia gênica, só se tornou possível após o conhecimento dos dados genéticos.

Dados genéticos são, portanto, informações obtidas, ou passíveis de se obter, do DNA e RNA humanos. A proteção jurídica não se faz presente apenas quando o material genético é transformado em informação; a mera potencialidade de se converter em informação já produz efeitos jurídicos. Assim, não é necessário que alguém tome conhecimento da informação, a simples potencialidade dela existir pode, no caso concreto, ser juridicamente relevante. Por essa razão protege-se a intimidade genética ou se garante ao indivíduo a possibilidade de recusar a análise genética.

Dessa forma, dado genético e material genético não são coincidentes; aquele é o resultado da transformação deste em informação ou, ao menos, a potencialidade de transformar o material genético em informação.

Essa informação, segundo Aitziber Emaldi Cirión, pode traduzir-se em: a) *Predição do futuro*, pois diagnostica não somente doenças existentes, mas também predisposições às doenças; b) *Informação secundária*, "quando se investiga em um paciente a relação de um ou vários polimorfismos com a resposta a um medicamento"[15]; c) *Informação sobre a família biológica*, determina a ascendência genética a partir da comparação de perfis genéticos.

Já se afirmou que os direitos da personalidade congregam os diversos aspectos da pessoa humana, consistentes em bens que guarnecem a própria personalidade. São direitos considerados tradicionalmente como necessários, vitalícios, indisponíveis, extrapatrimoniais e intransmissíveis.

Há perfeita correspondência entre os dados genéticos, a definição e as características dos direitos da personalidade. Aqueles são informações vitais para o desenvolvimento da vida humana; são necessários, já que toda a matéria viva é regida, biologicamente, pelas informações de seus genes; são vitalícios, pois se constituem em bens que acompanham o curso da vida humana; são indisponíveis e intransmissíveis, pois sua disposição ou transmissão implicaria na cessação da vida de seu titular; e, por fim, são extrapatrimoniais, devido à impossibilidade de avaliação econômica, por isso são considerados bens fora do comércio.

---

14. Existem vinte diferentes tipos de aminoácidos que, combinados das mais diversas formas entre si, com lipídios e com outras substâncias, dão origem a inúmeras proteínas.
15. EMALDI CIRÍON, Aitziber. Biotecnologia e medicina individualizada. Panorama ético-jurídico. In: ROMEO CASABONA, Carlos María; SÁ, Maria de Fátima Freire de (Coords.). *Desafios jurídicos da biotecnologia*. Belo Horizonte: Mandamentos, 2007, p. 201.

Se os direitos da personalidade são bens definidores da própria pessoa, por isso projeção jurídica do ser, os dados genéticos encaixar-se-iam perfeitamente nessa categoria, pois definem um aspecto individual e caracterizador do ser humano.

5. IDENTIDADE GENÉTICA

O conceito de identidade genética traz em seu bojo a correspondência ao genoma de cada ser humano, ou seja, o fundamento biológico ínsito a cada um. Constata-se que todos têm um genoma irrepetível, salvo os casos de gêmeos monozigóticos, que, embora apresentem identidade de material genético nuclear, podem distinguir-se pelo DNA mitocondrial.

O direito à identidade afigura-se como um direito à diferença, sendo vedadas a repetibilidade programada e a alteração dessa base biológica, a não ser, no último caso, se se tratar de escopos terapêuticos.

A identidade genética compõe um nível prévio à identidade pessoal, atuando como seu substrato. Nessa seara, importa conhecer a origem genética e os dados genéticos ligados às doenças.

A identidade pessoal, como adverte a *Declaração Internacional sobre Dados Genéticos Humanos*,

> [...] não se pode reduzir a identidade de uma pessoa a características genéticas, uma vez que ela é constituída pela intervenção de complexos factores educativos, ambientais e pessoais, bem como de relações afectivas, sociais, espirituais e culturais com outros indivíduos, e implica um elemento de liberdade. (art. 3º)

A identidade genética compõe um dos vários elementos definidores da pessoa. Desde a concepção, os dados genéticos determinarão características do ser humano, que serão desenvolvidas e modificadas durante sua vida. Tais informações serão, ainda, transmitidas aos descendentes por meio de seus gametas, que, se unindo ao gameta de outro ser humano, permitirá a formação de um novo ser, também com identidade única.

Pode-se mesmo afirmar que a Genética forma um outro sistema de parentesco, não mais baseado em graus, como o sistema romano. No sistema genético, o parentesco é representado pela proporção de genes idênticos. Assim, os filhos herdarão 50% do material genético de seus pais e apresentarão 25% de material genético idêntico ao de seus avós, enquanto entre tios e sobrinhos haverá 12,5% de correspondência. Cada relação de parentesco pode ser descrita nessa proporção de informações genéticas comuns.[16]

É claro que o parentesco jurídico não é determinado apenas pelo parentesco genético, já que a adoção e a socioafetividade são determinantes naquela relação. A determinação da proporção de genes idênticos entre dois indivíduos "busca a exata

---

16. VARSI ROSPIGLIOSI, Enrique. *Derecho genético*. 4. ed. actual. ampl. y rev. Lima: Grijley, 2001, p. 197-198.

relação entre a identidade ontogenética (individualidade) e a identidade filogenética (parentalidade)".[17]

Os dados genéticos têm a capacidade de identificar indivíduos, revelar futuras enfermidades e fornecer informações sobre parentesco, uma vez que englobam quaisquer informações genéticas, desde as mais gerais até as mais específicas. Assim, pode-se dizer que possuem as características de serem *únicos, preditivos, estruturais, probalísticos e geracionais*.[18]

Os dados genéticos são *únicos* porque apresentam informações genéticas do ser humano enquanto espécie, sendo, nesse sentido, patrimônio da humanidade. São *estruturais* por guardarem características especiais de um indivíduo diferenciando-o dos outros, tornando-o singular. São *probabilísticos* por apresentarem, de forma aproximada, as possibilidades do desenvolvimento de alguma enfermidade. E, por fim, são *geracionais* por informar a herança genética do indivíduo e a sua interligação genética com seus parentes.[19]

Em outro sentido, a expressão "identidade genética" pode ser designada para caracterizar a mesma constituição genética entre dois ou mais seres. É o mundo da clonagem. Afigura-se, aqui, o direito à identidade como um direito à diferença, sendo vedadas a repetibilidade programada e a alteração dessa base biológica, a não ser, no último caso, se se tratar de escopos terapêuticos.

6. INTIMIDADE GENÉTICA

Como se viu, a Biotecnologia modificou o espaço privado. O corpo humano ganhou outra dimensão com a possibilidade de se atingir as informações que ordenaram a própria estrutura corporal, bem como suas características.

O reconhecimento da autonomia privada, como poder de autodeterminação do indivíduo, volta-se também para o controle desses dados genéticos e a tomada de decisão após sua coleta. Em se tratando de diagnóstico genético, há, antes do procedimento, o direito subjetivo à informação prévia e completa do procedimento a ser realizado. Essas informações compõem a própria autonomia, já que seu exercício requer, além do discernimento, consciência da situação envolvida, com as vantagens e os riscos envolvidos.[20] Daí a importância do aconselhamento genético prévio, realizado por uma equipe capacitada e com informações claras e acessíveis.

---

17. Tradução libre de: "busca la exacta relación entre la indentidad ontogenética (individualidad) y la identidad filogenética (parentalidad)." (VARSI ROSPIGLIOSI, Enrique. *Derecho genético*. 4. ed. actual. ampl. y rev. Lima: Grijley, 2001, p. 198).
18. HAMMERSCHMIDT, Denise. Alguns aspectos da informação, intimidade e discriminação genética no âmbito jurídico internacional. *Revista dos Tribunais*, São Paulo, ano 94, v. 837, p. 11-42, jul. 2005, p. 17.
19. HAMMERSCHMIDT, Denise. Alguns aspectos da informação, intimidade e discriminação genética no âmbito jurídico internacional. *Revista dos Tribunais*, São Paulo, ano 94, v. 837, p. 11-42, jul. 2005, p. 17-20.
20. A Resolução CNS 466/2012, que revogou as Resoluções CNS ns.196/96, 303/2000 e 404/2008, traz as figuras do "assentimento" e do "consentimento" livre e esclarecido, definindo-os: "II.2 – assentimento livre e esclarecido – anuência do participante da pesquisa, criança, adolescente ou legalmente incapaz, livre de vícios (simulação, fraude ou erro), dependência, subordinação ou intimidação. Tais participantes devem ser esclarecidos sobre a

Após a coleta das informações genéticas, tem o sujeito pesquisado direito potestativo de conhecer ou não conhecer os dados genéticos.

Sabe-se que, sendo os dados genéticos geracionais, pode a informação colhida ser útil à descendência para tomada de medidas preventivas. Por outro lado, a revelação dos dados genéticos a terceiros, sem prévia e expressa concordância do sujeito pesquisado, pode ser considerada como afronta à intimidade do indivíduo. O espaço privado ganha mais essa nuance: a intimidade individual atinge o nível genético.

O direito à intimidade, garantido na Constituição Federal de 1988 por meio do disposto no inciso X[21] do artigo 5º, é a esfera individual de projeção do indivíduo em sua relação interior. O direito à intimidade genética decorre desse princípio constitucional e pode ser definido como o direito de determinar as condições de acesso à informação genética. Está ligado de maneira estreita ao princípio da dignidade humana.

Também a Resolução CNS 466/2012 protege a confidencialidade e a privacidade de qualquer pesquisa que envolva seres humanos, dispondo:

> III.2 – As pesquisas, em qualquer área do conhecimento envolvendo seres humanos, deverão observar as seguintes exigências:
>
> [...]
>
> i) prever procedimentos que assegurem a confidencialidade e a privacidade, a proteção da imagem e a não estigmatização dos participantes da pesquisa, garantindo a não utilização das informações em prejuízo das pessoas e/ou das comunidades, inclusive em termos de autoestima, de prestígio e/ou de aspectos econômico-financeiros;

Numa seara mais restrita, o Conselho Nacional de Saúde (CNS) ainda tem uma normativa que se volta especificamente para a proteção dos dados genéticos, a Resolução CNS 340, de 8 de julho de 2004:

> III.4 – Aos sujeitos de pesquisa deve ser oferecida a opção de escolher entre serem informados ou não sobre resultados de seus exames.
>
> [...]
>
> III.11 – Os dados genéticos resultantes de pesquisa associados a um indivíduo identificável não poderão ser divulgados nem ficar acessíveis a terceiros, notadamente a empregadores, empresas seguradoras e instituições de ensino, e também não devem ser fornecidos para cruzamento com outros dados armazenados para propósitos judiciais ou outros fins, exceto quando for obtido o consentimento do sujeito da pesquisa.
>
> III.12 – Dados genéticos humanos coletados em pesquisa com determinada finalidade só poderão ser utilizados para outros fins se for obtido o consentimento prévio do indivíduo doador ou seu representante legal e mediante a elaboração de novo protocolo de pesquisa, com aprovação do Comitê de Ética em

---

natureza da pesquisa, seus objetivos, métodos, benefícios previstos, potenciais riscos e o incômodo que esta possa lhes acarretar, na medida de sua compreensão e respeitados em suas singularidades" (II – Dos Termos e Definições).

"II.5 – consentimento livre e esclarecido – anuência do participante da pesquisa e/ou de seu representante legal, livre de vícios (simulação, fraude ou erro), dependência, subordinação ou intimidação, após esclarecimento completo e pormenorizado sobre a natureza da pesquisa, seus objetivos, métodos, benefícios previstos, potenciais riscos e o incômodo que esta possa acarretar" (II – Dos Termos e Definições).

21. "X – são invioláveis a intimidade, a vida privada, a honra e a imagem das pessoas, assegurado o direito a indenização pelo dano material ou moral decorrente de sua violação" (CR 1988).

Pesquisa e, se for o caso, da CONEP. Nos casos em que não for possível a obtenção do TCLE, deve ser apresentada justificativa para apreciação pelo CEP.

O direito de não conhecer os resultados de análises genéticas, previsto no item III.4 da Resolução CNS 340/2004, pode apresentar problemas, pois as informações obtidas podem ser essenciais não só ao interessado, sujeito pesquisado, mas também a terceiros, como familiares e descendentes. E aí se instala o dilema. O que fazer se o indivíduo se nega a conhecer o resultado da pesquisa e ainda não permite que se disponibilize a informação aos familiares que poderiam se ver afetados? Sobre esse assunto Julio César Galán Cortés[22] invoca o Convênio Europeu sobre Direitos Humanos e Biomedicina, e afirma que, em casos assim, a informação deve ser passada aos familiares, resguardando-se ao máximo o direito de não saber do sujeito da pesquisa. Admite, como solução, notificação aos familiares que permita impedir que padeçam de uma enfermidade grave, que, provavelmente, não poderia ser evitada de outro modo.

Os dados genéticos obtidos do estudo do genoma de uma pessoa a ela pertencem e não a seus familiares. Contudo, o direito de acesso aos dados genéticos e o direito à intimidade não são absolutos, razão pela qual, no caso concreto, pode haver razão para que a informação seja disponibilizada à família.

Além do problema relativo a descendentes, a utilização dos dados genéticos pode também beneficiar terceiros, como o empregador, que se utiliza de análises genéticas como critério de seleção, ou as administradoras de planos de saúde e seguro de vida. Por essa razão, é importante a determinação do item III.11 a transferência dos dados genéticos a empregadores e seguradoras.

É claro que não é legítima essa intromissão de terceiros na intimidade alheia. Mantovani expressa bem o abuso utilitarista por trás dessas intromissões:

> [...] contra o utilitarismo coletivista ou majoritário, são rechaçadas as intervenções extraconsensuais, que já ocorreram, e que continuam ocorrendo, como demonstra uma vasta narrativa (que se pense, por exemplo, em alguns experimentos) em nome do progresso; e inversamente, contra o utilitarismo individual-hedonista, que, em nome do consentimento do sujeito, tende, como já se destacou, a uma liberação cada vez mais ampla de intervenções nele.[23]

Não se pode firmar uma ofensa a direitos personalíssimos em um pretenso "interesse público" ou em um utilitarismo coletivista.[24]

A discriminação genética eleva o patrimônio genético a critério definidor de oportunidades e deveres. A desigualdade instaura-se pela determinação de que características genéticas podem fazer com que um indivíduo seja escolhido ou preterido para certa relação ou situação jurídica.

---

22. GALÁN CORTÉS, Julio César. *Responsabilidad médica y consentimiento informado*. Madrid: Civitas, 2001, p. 348.
23. MANTOVANI, Ferrando. Sobre o genoma humano e manipulações genéticas. In: ROMEO CASABONA, Carlos María (Org.). *Biotecnologia, direito e bioética*. Belo Horizonte: Del Rey, 2002, p. 162.
24. Para crítica do interesse público, ver: NAVES, Bruno Torquato de Oliveira. "Princípio do interesse público" no direito contratual? Pela revisão da "utilidade social" dos contratos. In: NAVES, Bruno Torquato de Oliveira; FIUZA, César; SÁ, Maria de Fátima Freire de (Coords.). *Direito civil*: atualidades III – princípios jurídicos no direito privado. Belo Horizonte: Del Rey, 2009, p. 303-316.

Houve, por fim, dois projetos de lei que abordaram especificamente o problema da intimidade em relação aos dados genéticos e sua alteração em desconformidade com o ordenamento jurídico. O Projeto de Lei do Senado 149, de 1997, de autoria do Senador Lúcio Alcântara, definia crimes contra a discriminação genética. Seis eram os artigos do Projeto que tipificavam condutas e cominavam penas de detenção e multa. Abordava questões relativas a seguro, plano de saúde, ingresso ou permanência de aluno em estabelecimento de ensino público ou privado, inscrição em concurso público ou outras formas de recrutamento e seleção de pessoal, casamento ou convivência social, sempre relacionados à informação genética.

Já o Projeto de Lei do Senado 231, de 2000, proposto pelo Senador Juvêncio da Fonseca, garantia que os dados fossem disponibilizados somente pela vontade do consumidor, proibindo-se a exigência prévia da análise genética do segurado, a fim detectar doenças, para só então ser ou não incluído no quadro de planos e premiações da seguradora.[25]

Ambos os projetos não encontraram apelo político suficiente para ir a Plenário, tendo sido arquivados em 2007.

Ainda na seara da identidade pessoal, caso emblemático ocorreu aqui no Brasil, na cidade de Goiânia. Uma mulher de nome Vilma dizia ser mãe de Roberta. Provou-se, no entanto, que a suposta filha era, na realidade, Aparecida, subtraída dos braços de sua verdadeira mãe de uma maternidade, quando do seu nascimento. O fato foi provado graças à atuação da Polícia Civil de Goiás que procedeu a coleta do material genético de Roberta, cuja finalidade era provar os laços de parentesco com a mãe biológica.

A atitude seria corriqueira se um dado importante não estivesse em cena: Roberta, já maior e capaz, negou-se a ceder material para a realização do exame, porquanto não tinha interesse em comprovar sua verdadeira filiação. O exame foi realizado sem o seu conhecimento, cujo material foi colhido da saliva encontrada em guimba de cigarro consumido por Roberta, e jogado fora, nas dependências da Delegacia.

O caso levantou polêmica em relação aos métodos utilizados pelo delegado. Contudo, sua justificativa foi no sentido de que, em momento algum, houve invasão à privacidade ou à intimidade de Roberta, eis que o material fora coletado por meio de objetos abandonados por ela própria.

Mas será que Roberta não deveria autorizar a coleta de material, ainda que a guimba do cigarro tenha sido jogada, aleatoriamente, em um cinzeiro da Delegacia? Acaso ela não era vítima de uma situação? Pelo que se sabe, contra ela não pairava qualquer tipo de acusação criminal. Por outro lado, não se trataria de *res derelictae*? Certo é que já se havia instaurado inquérito policial para averiguação de crime. Isso, por si só, não justificaria o exame, mormente quando a mãe, usurpada do direito de criar a filha, teria também direito fundamental a conhecer sua descendência?

---

25. "Art. 1º A Lei 9.656, de 3 de junho de 1998, passa a vigorar acrescida do seguinte art. 14-A: 'Art. 14-A. É vedada a exigência de teste genético para detecção prévia de doenças para o ingresso nos planos ou seguros privados de assistência à saúde.'"

Fato incontroverso é que houve um crime. Se por um lado não podemos permitir a invasão à intimidade e à privacidade das pessoas a qualquer custo, por outro, o Direito foi desrespeitado no momento em que houve a prática de fato definido como crime e que precisa de solução. No entanto, nem todos os meios de obtenção de provas são legitimados pela ordem jurídica. O delegado não pode valer-se de suas prerrogativas na persecução criminal para obter provas ilícitas, que atingem direitos da personalidade sem autorização judicial.

Um direito só pode ceder lugar a outro quando, no caso concreto, a adequação ao sistema de direitos fundamentais se faz em um procedimento jurisdicional e não em um procedimento axiológico de ponderação.[26] Não podemos tentar solucionar a questão pelo confronto de valores da mãe e de valores de Roberta, senão incorreríamos no erro de buscar soluções pela valoração de dores e sofrimentos. Tentar perceber nuances subjetivas das partes envolvidas não é tarefa para o Direito.

O material deixado por Roberta continha sua carga genética e, naquela circunstância, mesmo fora de seu corpo, dele fazia parte. Na forma como procedeu o delegado, houve violação dos princípios da intimidade e da privacidade, constitucionalmente assegurados. As provas processuais não podem ser buscadas por meio de procedimentos escusos.

Por outro lado, a autorização judicial para a análise do material coletado legitimaria o exame com preservação, ao menos temporária, do direito de não saber de Roberta. Se positiva a identificação familiar, caberia a Roberta escolher entre a filiação socioafetiva e a biológica. A mãe, entretanto, só teria a similitude genética dos dados de ascendência, sem implicação necessária em maternidade. Esse seria o efeito do fato criminoso, sem adentrar em questões axiológicas de justiça ou injustiça.

O caso que acabamos de relatar viola os princípios da intimidade e da privacidade, constitucionalmente assegurados. As provas processuais não podem ser buscadas a qualquer custo, por meio de procedimentos escusos, sob pena de retornarmos a uma época na qual toda sorte de abusos acontecia, cujos fatos gostaríamos de esquecer.

Outra situação esdrúxula ocorreu com a prisão da cantora mexicana Glória Trevi, aqui no Brasil. Não obstante presa e impedida de receber visitas íntimas, a cantora apareceu grávida. Especulou-se sobre a paternidade de seu filho, recaindo as suspeitas nas

---

26. Não cabe ao Delegado de Polícia escolher entre valores a que o Direito protege normativamente. Assim, é contrário ao Estado Democrático de Direito o argumento de que a proteção da ordem pública ou o interesse coletivo sobrepõe-se à intimidade de Roberta. Mesmo no campo axiológico, não se pode dizer que a ordem jurídica optou por tal prevalência e, com muito mais razão, essa afirmativa é falsa se adentrarmos no universo jurídico. Sarmento expõe: "Na imensa maioria dos casos, a coletividade se beneficia com a efetiva proteção dos interesses dos seus membros. Até porque, o interesse público, na verdade, é composto pelos interesses particulares dos membros da sociedade, razão pela qual se torna em regra impossível dissociar os interesses públicos dos privados." (SARMENTO, Daniel. Interesses públicos vs. Interesses privados na perspectiva da teoria e da filosofia constitucional. In: SARMENTO, Daniel (Org.). *Interesses públicos versus interesses privados*: desconstruindo o princípio da supremacia do interesse público. Rio de Janeiro: Lumen Juris, 2007, p. 83-84) As normas jurídicas que contêm interesses aparentemente públicos não podem negligenciar o sistema de direitos fundamentais. Da mesma forma, normas que contêm interesses aparentemente privados não podem descuidar do entorno social em que se faz contextualizado.

pessoas de um delegado da Polícia Federal e do empresário de Glória. Também foi dito que poderia ter ocorrido uma inseminação artificial, realizada por meio de uma caneta...

A questão foi levada ao Supremo Tribunal Federal, cujo julgamento produziu a seguinte ementa:

> Reclamação. Reclamante submetida ao processo de Extradição 783, à disposição do STF. 2. Coleta de material biológico da placenta, com propósito de se fazer exame de DNA, para averiguação de paternidade do nascituro, embora a oposição da extraditanda. 3. Invocação dos incisos X e XLIX do art. 5º, da CF/88. 4. Ofício do Secretário de Saúde do DF sobre comunicação do Juiz Federal da 10ª Vara da Seção Judiciária do DF ao Diretor do Hospital Regional da Asa Norte – HRAN, autorizando a coleta e entrega de placenta para fins de exame de DNA e fornecimento de cópia do prontuário médico da parturiente. 5. Extraditanda à disposição desta Corte, nos termos da Lei 6.815/80. Competência do STF, para processar e julgar eventual pedido de autorização de coleta e exame de material genético, para os fins pretendidos pela Polícia Federal. 6. Decisão do Juiz Federal da 10ªVara do Distrito Federal, no ponto em que autoriza a entrega da placenta, para fins de realização de exame de DNA, suspensa, em parte, na liminar concedida na Reclamação. Mantida a determinação ao Diretor do Hospital Regional da Asa Norte, quanto à realização da coleta da placenta do filho da extraditanda. Suspenso também o despacho do Juiz Federal da 10ªVara, na parte relativa ao fornecimento de cópia integral do prontuário médico da parturiente. 7. Bens jurídicos constitucionais como "moralidade administrativa", "persecução penal pública" e "segurança pública" que se acrescem, – como bens da comunidade, na expressão de Canotilho, – ao direito fundamental à honra (CF, art. 5º, X), bem assim direito à honra e à imagem de policiais federais acusados de estupro da extraditanda, nas dependências da Polícia Federal, e direito à imagem da própria instituição, em confronto com o alegado direito da reclamante à intimidade e a preservar a identidade do pai de seu filho. 8. Pedido conhecido como reclamação e julgado procedente para avocar o julgamento do pleito do Ministério Público Federal, feito perante o Juízo Federal da 10ªVara do Distrito Federal. 9. Mérito do pedido do Ministério Público Federal julgado, desde logo, e deferido, em parte, para autorizar a realização do exame de DNA do filho da reclamante, com a utilização da placenta recolhida, sendo, entretanto, indeferida a súplica de entrega à Polícia Federal do "prontuário médico" da reclamante.[27]

Para a descoberta da verdade, sobrevindo o parto, a placenta de Glória Trevi foi crioconservada, com o objetivo de apurar-se a paternidade da criança. O argumento da Corte foi no sentido de que a placenta, fora do corpo da mulher, era *res derelictae*, porquanto o material seria descartado e perderia sua utilidade. Assim, a intimidade genética de Glória Trevi foi desconsiderada para garantir a honra, a intimidade e a dignidade dos vários envolvidos. Também se entendeu pela existência de direitos fundamentais do nascituro e a garantia de seu conhecimento genético.

O caso é relatado e analisado por João Baptista Villela que, a certo momento, afirma:

> As coisas não são apenas coisas. Carregam também um destino e são dotadas de memória. Objetos que guardam uma história conosco não podem ser postos a falar de nossa intimidade sem que nisso consintamos. [...] Quem penetra o santuário da privacidade, diretamente ou por interpostos objetos, está avançando sobre um território interdito e se fazendo autor de lesão maior ou menor à dignidade humana.[28]

---

27. BRASIL. Supremo Tribunal Federal. *Reclamação QO 2040/DF*. Rel. Min. Néri da Silveira. J. 21/2/2002. Partes: Reclamante: Glória de Los Ángeles Treviño Ruiz; Reclamado: Juiz Federal da 10ª Vara da Seção Judiciária do Distrito Federal.
28. VILLELA, João Baptista. A placenta e os direitos da mulher. *Del Rey Revista Jurídica*, Belo Horizonte, ano 4, n. 9, p. 9-10, set.-nov. 2002, p. 9-10.

7. DIREITO A NÃO DISCRIMINAÇÃO GENÉTICA

A discriminação genética eleva o patrimônio genético a critério definidor de oportunidades e deveres. A desigualdade instaura-se pela determinação de que características genéticas podem fazer com que um indivíduo seja escolhido ou preterido para certa relação ou situação jurídica. Exemplo disso, poderíamos citar o exame admissional, que condicionasse a contratação às condições genéticas do indivíduo.

Uma das mais completas legislações sobre o assunto da discriminação é a lei estadunidense conhecida como GINA – *Genetic Information Nondiscrimination Act*, de 2008. A Lei aborda, em sua primeira parte, a discriminação genética em contratos de planos de saúde, vedando o estabelecimento de prestações ou seus reajustes com base em informações genéticas. Na segunda parte, a Lei dedica-se a não discriminação nas relações de trabalho, proibindo a segregação, seleção, classificação ou dispensa de empregados em razão de seus dados genéticos.

A GINA faz a distinção entre dados genéticos e dados médicos, abordando as consequências de seu conhecimento por parte do empregador, de forma diferente:

> Um empregador, agência de emprego, organização do trabalho ou comitê de gestão conjunta não deve ser considerado como violador deste título [*Title II – Prohibiting Employment Discrimination on the Basis of Genetic Information*] baseado no uso, aquisição ou divulgação de informações médicas, que não são informações genéticas, sobre uma doença manifestada, desordem, ou condição patológica de um empregado, incluindo uma doença manifestada, desordem ou condição patológica que tenha ou possa ter uma base genética.[29]

No Brasil, a Constituição Federal de 1988 compreende o princípio da igualdade como direito fundamental, a teor do disposto no artigo 5º. Referido princípio supõe o direito de obtenção de tratamento igual, sem discriminação. Na seara dos dados genéticos, a discriminação está relacionada, em primeiro lugar, com a informação: sua obtenção, o acesso a ela e, principalmente, seu uso abusivo ou indevido.

O repúdio à discriminação genética é afirmado na *Declaração Internacional sobre os Dados Genéticos Humanos*, por meio do disposto no artigo 7º:

> Deverão ser feitos todos os esforços no sentido de impedir que os dados genéticos e os dados proteômicos humanos sejam utilizados de um modo discriminatório que tenha por finalidade ou por efeito infringir os direitos humanos, as liberdades fundamentais ou a dignidade humana de um indivíduo, ou para fins que conduzam à estigmatização de um indivíduo, de uma família, de um grupo ou de comunidades.

Carlos María Romeo Casabona, em artigo intitulado *Protección jurídica del genoma humano en el Derecho Internacional*, discorre sobre a questão, invocando o artigo 11 do Convênio Europeu sobre Direitos Humanos e Biomedicina, de 4 de abril de 1997, que

---

29. Tradução livre de: "An employer, employment agency, labor organization, or joint labor-management committee shall not be considered to be in violation of this title based on the use, acquisition, or disclosure of medical information that is not genetic information about a manifested disease, disorder, or pathological condition of an employee or member, including a manifested disease, disorder, or pathological condition that has or may have a genetic basis."

afirma: "Não discriminação. Proíbe-se toda forma de discriminação de uma pessoa em razão de seu patrimônio genético."[30]

Em conclusão, podemos dizer que o princípio é aplicável aos aspectos atinentes à realização, obtenção de informações e resultados de análises genéticas. Significa dizer que não haverá possibilidade de utilização dos resultados dos testes genéticos para servir de qualificação a contratos de trabalho, como também as companhias de seguro não poderão valer-se dos testes para auferir lucros em relação aos seguros de vida e de saúde.

O Convênio Europeu sobre Direitos Humanos e Biomedicina traz outros artigos que sugerem a impossibilidade da prática discriminatória, sendo eles: os artigos referentes às provas genéticas, intervenções sobre o genoma humano e proibição da seleção de sexo da descendência.

O artigo 12 do referido Convênio prescreve:

> Provas genéticas preditivas
>
> Somente poderão fazer provas preditivas de enfermidades genéticas ou que permitam identificar o sujeito como portador de um gene responsável por uma enfermidade, ou detectar uma predisposição ou suscetibilidade genética a uma enfermidade, se o fim for médico ou de investigação médica e com assessoramento genético apropriado.[31]

Portanto, a autorização para provas preditivas se dá apenas em três situações: (1) em caso de enfermidade genética existente; (2) ser o indivíduo portador de um gene responsável por uma enfermidade; e (3) em caso de predisposição ou suscetibilidade genética a uma enfermidade. No primeiro caso não se trata verdadeiramente de prova preditiva, pois se refere às enfermidades já constatadas no indivíduo que se submete ao exame.

Segundo Carlos María Romeo Casabona, diante da disposição do artigo 12, inexiste a possibilidade de realização de provas genéticas como requisito prévio a um contrato de trabalho ou de seguro[32]. Não obstante isso, para o autor, a prática de provas genéticas no contexto laboral estaria permitida quando:

> São úteis ao trabalhador para tomar decisões sobre sua saúde laboral, como, por exemplo, situações que digam respeito a medidas preventivas em relação ao meio ambiente de trabalho com o propósito de evitar ou reduzir seus efeitos, pedir a mudança para outro posto de trabalho ou, ainda, renunciar a ele.

---

30. Tradução livre de: "No discriminación. Se prohíbe toda forma de discriminación de una persona a causa de su patrimonio genético." (ROMEO CASABONA, Carlos María. Protección jurídica del genoma humano en el derecho internacional: El Convenio Europeo sobre Derechos Humanos y Biomedicina. In: ROMEO CASABONA, Carlos María. *Genética y derecho*. Madrid: Consejo General del Poder Judicial, v. 36, 2001, p. 316).
31. Tradução livre de: "Pruebas genéticas predictivas. Solo podrán hacerse pruebas predictivas de enfermedades genéticas o que permitan identificar al sujeto como portador de un gen responsable de una enfermedad, o detectar una predisposición o una susceptibilidad genética a una enfermedad, con fines médicos o de investigación médica y con un asesoramiento genético apropriado."
32. No Brasil, o Conselho Nacional de Saúde aprovou a Resolução 340/2004, cujo conteúdo restringe-se à regulamentação de projetos de pesquisa em genética humana. Dentre outros aspectos, a Resolução determina a privacidade dos dados genéticos, proibindo seu acesso a terceiros, "notadamente a empregadores, empresas seguradoras e instituições de ensino, e também não devem ser fornecidos para cruzamento com outros dados armazenados para propósitos judiciais ou outros fins, exceto quando for obtido o consentimento do sujeito da pesquisa." (Resolução CNS 340/2004, item III.10).

São úteis para que os empregadores ou as autoridades competentes adotem medidas de melhoria, preventivas e de higiene na atividade produtiva e no ambiente laboral.[33]

As disposições quanto à intervenção sobre o genoma humano estão a cargo do artigo 13 do Convênio. Este afirma que somente haverá intervenção que tenha por objetivo modificar o genoma humano por razões preventivas, diagnósticas ou terapêuticas e também quando não tenha por finalidade a introdução de uma modificação no genoma da descendência.

Esta regulação reflete o medo existente em relação à modificação do patrimônio genético da espécie humana, e tem por objetivo a proteção das gerações futuras. De acordo com Carlos Romeo Casabona:

> Quer dizer, se permite exclusivamente a terapia gênica em linha somática, ficando proibidas as modificações que intentam a perfeição ou a melhora.
>
> Tampouco estão permitidas as intervenções gênicas em linha germinal (neste caso tanto curativa como não curativa, e pelo menos algumas dessas últimas poderiam ser qualificadas de eugênicas) se afetam ao genoma da descendência, salvo modificações que poderiam ocorrer de forma acidental. A redação inicial do Legislador proibia direta e expressamente a modificação em linha germinal. O texto aprovado se conforma em determinar que não se altere o genoma da descendência.[34]

A seleção de sexo da descendência não é admitida (artigo 14 do Convênio). A única exceção se verifica nos casos em que essa seja necessária para evitar enfermidade hereditária grave vinculada ao sexo.

Salientamos, por fim, que o Projeto de Lei do Senado 149, de 1997, citado anteriormente, em seu artigo 6º, proibia qualquer restrição ao acesso ao trabalho em empresas públicas ou privadas devido às características genéticas, e ainda penalizava quem transgredisse essa regra:

> Art. 6º Recusar, negar ou impedir inscrição em concurso público ou em quaisquer outras formas de recrutamento e seleção de pessoal com base em informação genética do postulante, bem como, com base em informações dessa natureza, obstar, impedir o acesso ou a permanência em trabalho, emprego, cargo ou função, na Administração Pública ou na iniciativa privada.
>
> Pena – detenção, de um mês a um ano, e multa.

---

33. Tradução livre de: "Si sirven al trabajador para tomar decisiones respecto a su salud laboral, como, por ejemplo, respecto a medidas preventivas en relación con el entorno laboral con el propósito de evitar o reducir sus efectos, pedir el traslado a otro puesto trabajo o, incluso, renunciar a él.
    Si sirven para que los empleadores o las autoridades competentes adopten medidas de mejora, preventivas y de higiene en la actividad productiva y en el ambiente laboral." (ROMEO CASABONA, Carlos María. Protección jurídica del genoma humano en el derecho internacional: El Convenio Europeo sobre Derechos Humanos y Biomedicina. In: ROMEO CASABONA, Carlos María. *Genética y derecho*. Madrid: Consejo General del Poder Judicial, v. 36, 2001, p. 318-319).
34. Tradução livre de: "Es decir, se permite exclusivamente la terapia génica en la línea somática, quedando dentro de lo prohibido las modificaciones perfectivas o de mejora.
    Tampoco están permitidas las intervenciones génicas en la línea germinal (en este caso, tanto curativas como no curativas, y por lo menos algunas de éstas últimas podrían calificarse de eugenésicas) si afectan al genoma de la descendencia, salvo modificaciones que pudieran ocurrir de forma accidental. La redacción inicial del Borrador prohibía directa y expresamente la modificación de la línea germinal. El texto aprobado se conforma con que no se altere el genoma de la descendencia." (ROMEO CASABONA, Carlos María. Protección jurídica del genoma humano en el derecho internacional: El Convenio Europeo sobre Derechos Humanos y Biomedicina. In: ROMEO CASABONA, Carlos María. *Genética y derecho*. Madrid: Consejo General del Poder Judicial, v. 36, 2001, p. 320).

8. IDENTIFICAÇÃO GENÉTICA PARA FINS CRIMINAIS[35]: LEI 12.654/2012

São dois os sistemas de identificação criminal por perfil genético no Direito Processual Penal brasileiro. A Lei 12.037/2009, com redação da Lei 12.654/2012, trata da prova (art. 3º, II e 5º, parágrafo único) e a Lei 7.210/1984, com redação da Lei 12.654/2012, aborda especificamente os fins de identificação (art. 9º-A).

A utilização da tecnologia genética em investigações criminais teve início com a Lei 12.654/2012, que previu a hipótese de identificação por meio de perfil genético, inserindo dispositivos na Lei 7.210/1984 (Lei de Execução Penal) e na Lei 12.037/2009 (Lei de Identificação Criminal). Tal possibilidade gerou a premissa de contrariedade no sentido de que a extração do material genético, de forma compulsória, para fins de identificação criminal, fere o direito à intimidade do réu.

O assunto é tão relevante que tem previsão na Declaração Internacional sobre Dados Genéticos Humanos que, em seu artigo 12, afirma que a "colheita de amostras biológicas *in vivo* ou *post mortem* só deverá ter lugar nas condições previstas no direito interno, em conformidade com o direito internacional relativo aos direitos humanos."

Pela redação da Lei 12.654, a coleta de material genético é possível, tanto na investigação criminal, quanto após a condenação definitiva. Assim, na primeira hipótese está-se diante de uma abertura dada ao juiz, desde que demonstrada a necessidade da medida e, na segunda, a Lei determina o armazenamento, em banco de dados, do material genético coletado de pessoas condenadas por crimes considerados graves pela legislação pátria.

É inconteste a confiabilidade, a precisão e a celeridade do exame genético e não se pode negar seus benefícios, também no campo criminal, porque tal exame "não se limita a individualizar o perfil genético, ele também pode ser aplicado à atividade investigativa e probatória para a análise do material biológico encontrado no local do crime ou coletado diretamente da pessoa, auxiliando o esclarecimento do caso penal."[36]

No entanto, a garantia do direito à intimidade, como direito fundamental, traz a necessidade de limites ao uso da técnica, a fim de se evitar atos abusivos.

Ao discorrer sobre a Lei 12.654/2012, Emílio de Oliveira e Silva critica a falta de amplo debate – sobre questões fundamentais para a identificação genética e o funcionamento dos bancos de dados com finalidade criminal – necessário no plano de justificação da norma, e elenca o resultado de tal deficiência:

> (i) ausência de um regime jurídico que discipline o procedimento de coleta, armazenamento, manipulação, aplicação e eliminação das informações genéticas; (ii) normatização insuficiente e uso de terminologia equivocada; (iii) confusão entre os atos de identificação criminal e as medidas de antecipação de prova; (iv) inexistência de mecanismos de participação do investigado, acusado ou condenado na realização da identificação genética, inclusive para possibilitar-lhes a nomeação de assistentes técnicos que poderiam melhor avaliar e interpretar os resultados da análise pericial; (v) ausência de previsão da criação de biobancos que sirvam para a preservação de amostras biológicas que possam ser objeto de contraperícias; (vi) insuficiência de medidas para a proteção das informações genéticas,

---

35. Título do livro de Emílio de Oliveira e Silva. Belo Horizonte: Del Rey, 2014.
36. SILVA, Emílio Oliveira e. *Identificação genética para fins criminais*. Belo Horizonte: Del Rey, 2014, p.172.

inclusive na guarda e na administração dos bancos de dados; (vii) ausência de normatização dos tipos de pesquisas realizadas nos bancos de dados de perfil genético; (viii) previsão de um juiz inquisidor que pode tomar a iniciativa da identificação genética, ainda na fase investigativa; (ix) ausência de previsão legal para a criação de um banco de dados exclusivo para a localização e identificação de pessoas desaparecidas; (x) critério de permanência das informações genéticas no banco de dados que não atende nem a investigação criminal, nem a intimidade genética.[37]

De fato, são muitos os aspectos a serem questionados e que ficaram sem respostas. A Lei trouxe novidades, mas o grande desafio é sua aplicação sem que sejam violados direitos fundamentais. De grande importância, portanto, a observância dos princípios do contraditório, da argumentação ampla e da isonomia no decorrer do processo.

9. CONSIDERAÇÕES FINAIS

A tendência de soluções para entraves relacionados aos direitos da personalidade é a adoção de uma metodologia axiológica, intentando atingir a justiça, compreendida como princípio bioético.

A ideia de valores universais, aventada por Kant, foi abandonada com o advento da Filosofia da Linguagem e da Nova Hermenêutica. Não há um consenso do justo e a universalização é inviável pela precariedade da forma com que exprimimos o mundo.

A Biotecnologia está sempre desafiando normas e visões preestabelecidas, o que reflete na transformação da própria concepção de identidade do ser humano. Compreendendo a evolução do paradigma estatal de proteção do homem, percebemos diferentes fases acerca da delimitação da identidade humana.

No Brasil-Império, o Direito determinava a identidade pelas posses. Saliente-se que não estamos nos referindo à personalidade, mas aos critérios jurídicos que exteriorizam tal personalidade. Naquele momento, a identificação do ser humano referia-se à sua vinculação ao núcleo familiar e patrimonial. O voto censitário atribuía identidade política àquele que possuísse renda líquida anual de, no mínimo, cem mil réis.[38] O pai de família identificava todo o seu clã; não apenas com o patronímico,[39] mas com a representação jurídica de seus membros.

---

37. SILVA, Emílio Oliveira e. *Identificação genética para fins criminais*. Belo Horizonte: Del Rey, 2014, p.173-174.
38. "Art. 92. São excluidos de votar nas Assembléas Parochiaes.
    I. Os menores de vinte e cinco annos, nos quaes se não comprehendem os casados, e Officiaes Militares, que forem maiores de vinte e um annos, os Bacharel Formados, e Clerigos de Ordens Sacras.
    II. Os filhos familias, que estiverem na companhia de seus pais, salvo se servirem Officios publicos.
    III. Os criados de servir, em cuja classe não entram os Guarda livros, e primeiros caixeiros das casas de commercio, os Criados da Casa Imperial, que não forem de galão branco, e os administradores das fazendas ruraes, e fabricas.
    IV. Os Religiosos, e quaesquer, que vivam em Communidade claustral.
    V. Os que não tiverem de renda liquida annual cem mil réis por bens de raiz, industria, commercio, ou Empregos." (BRASIL. Constituição (1824). *Constituição politica do imperio do Brazil*. Disponível em: <http://www.planalto.gov.br/ccivil_03/Constituicao/Constituiçao24.htm>. Acesso em: 14 jun. 2007).
39. Interessante destacar que a própria etimologia do vocábulo *patronímico* expressa bem essa vinculação do poder familiar do pai. O termo forma-se da união das palavras gregas "patro" e "ónoma", formando "patrónumikós" e significava "tirado do nome do pai". No latim, a origem é a mesma, derivando de "pater". A pessoa era indicada pela identidade familiar. (HOUAISS, Antônio; VILLAR, Mauro de Salles. *Dicionário Houaiss da língua portuguesa*. Rio de Janeiro: Objetiva, 2001, p. 2151).

Após a industrialização brasileira vivida nos anos de 1930 e 1940, verificou-se um movimento de intervencionismo que retirou a identidade pessoal de sua vinculação patriarcal e patrimonial, mas transferiu o problema para o Estado-protetor, interveniente nas relações privadas, determinante para a identidade social.

Desde a década de 1980, o ordenamento brasileiro se vê inserido em um movimento de retomada da pessoa enquanto ser humano. Assim, deixa o Direito de identificar a pessoa como proprietário, contratante ou pai de família, para considerar o indivíduo em todos os seus aspectos.

Adentrando tardiamente nesse processo, o Direito brasileiro avança, agora, para as fronteiras da identidade genética.

No Brasil, muitos aspectos relacionados à identidade genética têm sido discutidos, e um deles versa sobre a doação de gametas e embriões nas técnicas de reprodução humana assistida que traz, como consequência, de um lado, o direito ao sigilo dos doadores e, de outro, o direito ao conhecimento da origem genética do ser gerado pelo uso da técnica.

Muitos são os argumentos para a defesa do direito ao conhecimento da origem genética. De acordo com Pietro Perlingieri[40], a pessoa tem o direito a conhecer suas próprias origens não somente genéticas, mas culturais e sociais, por serem fatores que influenciam na formação de cada ser. Para este autor, o patrimônio genético não é indiferente ao futuro e às condições de vida nas quais a pessoa opera.

O conhecimento da origem genética tem efeitos práticos também, tais como evitar o incesto, viabilizar a aplicação dos impedimentos para o casamento, prever ou evitar doenças hereditárias e outras razões vinculadas à saúde.

Também se defende o conhecimento pela legítima curiosidade pessoal, permitindo que a pessoa conheça de onde veio e construa sua própria identidade.

Outro argumento, talvez o mais substancial, é o de que a descoberta da origem genética é fundante de todo ser humano, por proporcionar o livre desenvolvimento da personalidade.

De outro lado, as doações de gametas são viabilizadas muito em razão da garantia do sigilo da identidade do doador. A doação de gametas reveste-se de caráter altruísta, e o intuito é ajudar casais que não conseguem procriar pela infertilidade, ou pessoas sozinhas que precisam de material genético de um terceiro. Nessa esfera, encontra-se o direito à intimidade e ao anonimato do doador, que jamais poderá ser considerado pai da criança que nascer, como se abstrai das várias legislações que regulamentam a matéria.

Importante frisar que o estado de filiação decorre da estabilidade dos laços afetivos construídos no cotidiano de pai e filho. Essa situação é vinculada ao direito de família. O direito ao conhecimento da origem genética vincula-se ao direito da personalidade, portanto, situações distintas. "As normas de regência e os efeitos jurídicos não se confundem nem se interpenetram".[41]

---
40. PERLINGIERI, Pietro. *Perfis do direito civil*. 2ª ed. Rio de Janeiro: Renovar, 2002, p. 117.
41. LÔBO, Paulo Luiz Netto. Direito ao estado de filiação e direito à origem genética: uma distinção necessária. *Revista CEJ*, Brasília, n. 27, out./dez. 2004. p. 47-56. Disponível em: <http://www2.cjf.jus.br/ojs2/index.php/revcej/article/viewFile/633/813>. Acesso em: 15 fev. 2014, p. 53.

Contudo, mesmo sabendo que não haverá vínculo jurídico, o doador poderá não querer ter a sua identidade revelada. Mas conhecer a origem genética significa conhecer a identidade do doador? É possível dar informações ao ser gerado sobre dados clínicos, garantindo o sigilo do doador?

Não se pode pretender um uso abusivo ou indiscriminado do direito ao conhecimento da origem genética. Há que se atentar para as questões envolvidas, ou seja, os direitos tanto da criança quanto do doador de gametas. Mas de antemão é possível dizer que ninguém será obrigado a ter ou manter contato com outra pessoa; isto é, o doador de gametas não poderá ser compelido, nem mesmo judicialmente, a relacionar-se com a criança nascida pelo uso da técnica que utilizou seu material genético.

Conhecer a origem genética não implica, necessariamente, em conhecer a identidade do doador. Informações de dados clínicos podem ser importantes para diagnósticos corretos e para o tratamento preciso de doenças e males hereditários. Isso não implica na revelação da identidade civil do doador que não possui vínculo jurídico com o ser nascido.

Assim, a permissão de uso de gametas doados não cria conflito entre o direito ao conhecimento da origem genética do ser concebido e a garantia de sigilo do doador.

Capítulo 10
INVESTIGAÇÃO, MANIPULAÇÃO E ACONSELHAMENTO GENÉTICOS

O novo homem

O homem será feito
em laboratório.
Será tão perfeito
como no antigório.
[...] Dispensa-se amor,
ternura ou desejo.
Seja como flor
(até num bocejo)
salta da retorta
um senhor garoto.
Vai abrindo a porta
com riso maroto:
'Nove meses, eu?
Nem nove minutos.'
Quem já conheceu
melhores produtos?
A dor não preside
sua gestação.
Seu nascer elide
o sonho e a aflição.
Nascerá bonito?
Corpo bem talhado?
Claro: não é mito,
é planificado.
Nele, tudo exato,
medido, bem-posto:
o justo formato,
o *standard* do rosto.
Duzentos modelos,
todos atraentes.
(Escolher, ao vê-los,
nossos descendentes.)

Quer um sábio? Peça.
Ministro? Encomende.
Uma ficha impressa
a todos atende.
Perdão: acabou-se
a época dos pais.
Quem comia doce
já não come mais.
Não chame de filho
este ser diverso
que pisa o ladrilho
de outro universo.
Sua independência
é total: sem marca
de família, vence
a lei do patriarca.
Liberto da herança
de sangue ou de afeto,
desconhece a aliança
de avô com seu neto.
Pai: macromolécula;
mãe: tubo de ensaio
e, *per omnia secula*,
livre, papagaio,
sem memória e sexo,
feliz, por que não?
pois rompeu o nexo
da velha Criação,
eis que o homem feito
em laboratório
sem qualquer defeito
como no antigório,
acabou com o Homem.
Bem feito.[1]

---

1. ANDRADE, Carlos Drummond de. *Poesia completa*. Rio de Janeiro: Nova Aguilar, 2003, p. 637-640.

1. INTRODUÇÃO

Este capítulo apresenta diversas temáticas relacionadas à investigação e à manipulação de genes humanos para fins de pesquisa ou tratamento: a investigação genética de forma ampla, abordando a liberdade de pesquisa e seus limites éticos e jurídicos; o aconselhamento genético; o diagnóstico genético embrionário e suas consequências jurídicas; a terapia gênica; e a clonagem humana.

A investigação genética, como subdivisão da investigação científica, pauta-se na liberdade de pesquisa constitucionalmente garantida com os limites bioéticos e jurídicos trazidos por normas internacionais e nacionais.

A *Declaração Internacional sobre Dados Genéticos Humanos*, no artigo 2º, XIV, define aconselhamento genético como o:

> procedimento que consiste em explicar as consequências possíveis dos resultados de um teste ou de um rastreio genético, suas vantagens e seus riscos e, se for caso disso, ajudar o indivíduo a assumir essas consequências a longo prazo. O aconselhamento genético tem lugar antes e depois do teste ou do rastreio genético.

O aconselhamento genético pode ser pré-conceptivo, conforme resulte de diagnóstico realizado antes da concepção; pré-implantatório, se realizado após a concepção *in vitro*, mas antes da implantação; ou pré-natal, feito depois da implantação no útero, já com testes no nascituro.

Em análise cronológica, o aconselhamento genético pode vir antes, durante ou depois do diagnóstico genético. O aconselhamento virá antes do diagnóstico, quando seu objetivo é alertar, aos que o buscam, as implicações e dilemas que o diagnóstico pode suscitar. É esclarecer, inclusive, o direito a saber e não saber e suas consequências. Virá durante e posteriormente ao diagnóstico quando o médico tem o conhecimento parcial ou total, pautado na anamnese e/ou em exames, e uma vez ciente das opções o paciente pode decidir.

Sendo o diagnóstico genético embrionário, pode-se falar em: diagnóstico pré-implantatório (DGPI) ou diagnóstico pré-natal, em sentido estrito. O DGPI é a submissão de um embrião, no seu estágio inicial de desenvolvimento, a um exame genético de precaução. Há, também, a possibilidade de o diagnóstico de uma doença genética ocorrer em um embrião já implantado – o diagnóstico genético pré-natal em sentido estrito.

O exame genético é muito requerido por casais que querem evitar o risco de transmissão de doenças hereditárias, especialmente aquelas ligadas ao sexo. Caso se confirme alguma doença, em diagnóstico pré-implantatório, os casais podem decidir pela não implantação do embrião no útero materno, poupando a mãe, inclusive, de riscos de uma possível interrupção de gravidez. Se a anomalia se apresentar em diagnóstico pré-natal, duas serão as opções: aborto, na forma e momento permitidos pelo ordenamento, ou o tratamento genético, normalmente por meio da terapia gênica.

A terapia gênica é o instrumento capaz de promover a alteração do material genético "doente" por meio da inserção de nova sequência de DNA. Se realizada em células-tronco, a alteração será transmitida no momento da replicação genética e da diferenciação celular.

As células-tronco são aquelas com aptidão de autorreplicação, isto é, são células que se caracterizam pela capacidade de gerar cópias idênticas de si mesmas e com potencialidade de diferenciar-se em vários tipos de células ou tecidos humanos. Podem elas ser obtidas de embriões concebidos em laboratório e, geralmente, não utilizados nos processos de reprodução assistida, bem como podem ser extraídas de alguns tecidos do corpo humano, como medula óssea e cordão umbilical. Contudo, as células-tronco adultas possuem capacidade de diferenciação bastante limitada, enquanto as células-tronco embrionárias podem diferenciar-se em quase todos os tecidos que formam o complexo corpo humano, recebendo, respectivamente, as denominações de pluripotentes e totipotentes.

As células-tronco totipotentes são encontradas no embrião, durante as primeiras fases de divisão celular, até o terceiro ou quarto dia do seu desenvolvimento, e a pesquisa com esse tipo de célula vem sendo conduzida com o intuito primeiro de desenvolver terapias contra doenças ainda incuráveis ou mesmo prevenir outros tantos males que atingem a saúde do ser humano. Espera-se compreender o que leva determinada célula-tronco a diferenciar-se num específico tipo de tecido humano, e assim aprimorar as técnicas de terapia gênica para utilizar células-tronco como substitutas em tecidos lesionados ou doentes.

Por último, a clonagem é um processo de reprodução – de células, de tecidos ou mesmo do completo organismo – que resulta na obtenção de cópias geneticamente idênticas. Pode ser natural ou induzida por meio de manipulação e, nesse caso, é delimitada pela técnica que é empregada: clonagem terapêutica ou clonagem reprodutiva.

2. INVESTIGAÇÃO GENÉTICA E LIBERDADE DE PESQUISA

O respeito às minorias e à pluralidade só é possível garantindo-se a concepção de vida boa para cada um. Não é juridicamente aceitável, em um Estado Democrático de Direito, a imposição do conteúdo de valores universalizantes. Logo, o desafio da época em que vivemos é trazer a concepção do Direito como racionalidade de fins, ao autorizar, ordenar ou proibir uma conduta, bem diversa da racionalidade instrumental defendida pela Medicina que busca, tão somente, a eficácia da medida tomada.

Enquanto o paradigma liberal preocupava-se em estabelecer, aprioristicamente, quais os objetivos e como atingi-los, a democracia contemporânea reconhece que a autonomia privada legitima a própria manutenção do Estado de Direito.

Na realização de análises que buscam obter dados genéticos vislumbramos dois tipos de liberdade: a liberdade geral do indivíduo e a liberdade específica do investigador. A primeira é predicado de todo ser humano; a segunda concerne aos pesquisadores e instituições que desenvolvem técnicas, procedimentos e produtos.

O princípio constitucional da liberdade tem como pressuposto o livre desenvolvimento da personalidade, que, em análise sintética, atribui aos indivíduos o direito de tomar decisões em todas as esferas da vida privada, desde que não haja proibição legal. Voltando para o aspecto dos dados genéticos, implica dizer que a pessoa é livre, tanto para ser sujeito de pesquisas dirigidas a saber quanto para recusar-se a ser submetida às pesquisas, com o intuito de não saber de diagnósticos pessoais. Ou ainda, submeter-se a exames, mas renunciar ao direito de saber do diagnóstico e dos dados colhidos. Em todas essas situações, estamos diante da possibilidade de exercício da autodeterminação.

Aliás, os dados genéticos somente poderão ser coletados, utilizados e conservados para os fins de diagnóstico e assistência sanitária; investigação médica e outras formas de investigação científica, como estudos de caráter antropológico; medicina forense e procedimentos civis ou penais ou outras atuações legais. Estas últimas – investigações legais – devem ser tratadas de acordo com a legislação interna de cada país, ressalvando o fato de terem que ser compatíveis com os direitos humanos (artigo 5º da *Declaração Internacional sobre Dados Genéticos Humanos* – DIDGH).

A liberdade do pesquisador, tratada como direito seu, garantida no inciso IX da Constituição Federal de 1988,[2] encontra limite no consentimento do sujeito, que deve ser prévio à intervenção genética, expresso e totalmente livre, adequadamente informado e escrito (artigo 8º da DIDGH). Pode ser revogável a qualquer tempo (artigo 9º da DIDGH).

No Brasil, a norma que regula as pesquisas envolvendo seres humanos é a Resolução 466, de 12 de dezembro de 2012, do Conselho Nacional de Saúde (CNS), que assim entende por consentimento livre e esclarecido:

> II.5 – anuência do participante da pesquisa e/ou de seu representante legal, livre de vícios (simulação, fraude ou erro), dependência, subordinação ou intimidação, após esclarecimento completo e pormenorizado sobre a natureza da pesquisa, seus objetivos, métodos, benefícios previstos, potenciais riscos e o incômodo que esta possa acarretar.

A efeito de exemplo, tomando em consideração as normas espanholas e os tratados internacionais, Carlos Ruiz Miguel elenca os seguintes requisitos que o consentimento deve reunir:

> 1. prévio à intervenção genética; 2. expresso; 3. totalmente livre, o que implica que todos os sujeitos envolvidos na análise genética evitarão qualquer influência sobre o sujeito que será analisado; 4. adequadamente informado sobre os fins, natureza, consequências (eventuais benefícios ou malefícios), perigos ou riscos previstos e alternativas possíveis da intervenção. Assim mesmo será informado de seus direitos e das responsabilidades que poderão gerar. Tudo isto exige que a informação seja compreensível; 5. informado sobre as condições de tratamento da informação obtida; 6. informado sobre a identidade do pesquisador responsável pela análise e de quem deva informar ao sujeito e sanar suas dúvidas e perguntas; 7. revogável, sem que seja preciso expressar a causa da revogação e sem que possa derivar responsabilidade nem quaisquer prejuízos; 8. escrito; 9. prestado de forma confiável, bem como por uma autoridade que conte com a confiabilidade necessária para determinar a concorrência dos requisitos anteriores ou, na falha destes, perante testemunhas independentes da equipe de análise que possam certificar essa circunstância.[3]

---

2. Artigo 5º, inciso IX, da CF/88: "é livre a expressão da atividade intelectual, artística, científica e de comunicação, independentemente de censura ou licença."
3. Tradução livre de: "1. previo a la intervención genética; 2. expreso; 3. totalmente libre, lo que implica que todos los sujetos implicados en el análisis genético evitarán cualquier influencia sobre el sujeto que va a ser analizado; 4. adecuadamente informado acerca del fin, naturaleza, consecuencias (eventuales beneficios o incomodidades), peligros o riesgos previstos, y alternativas posibles de la intervención; así mismo se le informará de sus derechos y de las responsabilidades que pudieran generarse; todo esto exige que la información sea comprensible; 5. informado sobre las condiciones de

Tratando-se de pessoa que não se encontra em condições de outorgar seu consentimento, esse deve ser suprido por meio de representação legal. O adulto que não estiver em condições de emitir sua vontade na realização de pesquisas deve participar, na maior medida possível, do procedimento de autorização. No mesmo sentido, a opinião do menor deve ser levada em conta na proporção de sua idade, maturidade e discernimento.

Por esta razão a Resolução CNS 466/2012 estabelece que a pesquisa deve preferencialmente envolver pessoas com plena autonomia, só se admitindo pessoas incapazes ou vulneráveis nos casos em que os benefícios sejam diretamente revertidos a essas mesmas pessoas.

Certo é que a prática de testes genéticos em crianças e adultos incapazes só se justifica quando, da pesquisa, surjam consequências importantes para a saúde dos mesmos. Dessa assertiva decorre o princípio da vulnerabilidade, entendido como a situação de pessoas ou grupos que, por quaisquer razões ou motivos, tenham sua capacidade de autodeterminação reduzida, seja por fatores internos ou externos à pessoa.

Mas a exigência do consentimento não seria a única forma de limitação à liberdade da pesquisa. O direito à honra, à intimidade e à própria imagem do sujeito ativo deve ser preservado, sob pena de violação de direitos personalíssimos.

3. MANIPULAÇÃO GENÉTICA

A manipulação genética é tema de constante discussão, seja pelas possibilidades que se descortinam de sua prática, seja pelos riscos dela decorrentes. Manipular geneticamente, em sentido amplo, significa toda técnica de manejo de células, gametas ou embriões, incluindo as técnicas de reprodução assistida.

Em sentido estrito, manipulação genética refere-se às técnicas de engenharia genética consistentes na modificação de material genético, de tal forma que possa ser passado aos descendentes do organismo manipulado. Utilizaremos, neste trabalho, a definição ampla.

O Convênio Europeu sobre Direitos Humanos e Biomedicina, em seu artigo 13, traz disposições quanto à intervenção sobre o genoma humano e afirma que somente poderá ser procedida intervenção que tenha por objetivo modificar o genoma humano por razões preventivas, diagnósticas ou terapêuticas e também quando não tenha por finalidade a introdução de uma modificação no genoma da descendência.[4] Logo, fica proibida a terapia gênica em células germinativas, em razão de alto risco para as gerações futuras.

---

tratamiento de la información obtenida; 6. informado sobre la identidad del investigador responsable del análisis y de quien deba informar al sujeto y contestar a sus dudas y preguntas; 7. revocable, sin que sea preciso expresar la causa de la revocación y sin que se pueda derivar responsabilidad ni perjuicio algunos; 8. escrito; 9. prestado de forma fiable, bien ante una autoridad que cuente con la fiabilidad necesaria para determinar la concurrencia de los anteriores requisitos o, en su defecto, ante testigos independientes del equipo de análisis que puedan certificar esa circunstancia." (RUIZ MIGUEL, Carlos. Los datos sobre características genéticas: libertad, intimidad y no discriminación. In: ROMEO CASABONA, Carlos María (Org.). *Genética y derecho*. Madrid: Consejo General del Poder Judicial, 2001, v. 36, p. 24-25).

4. Art. 13. Intervenciones sobre el genoma humano – Únicamente podrá efectuarse una intervención que tenga por objeto modificar el genoma humano por razones preventivas, diagnósticas o terapéuticas y sólo cuando no tenga por finalidad la introducción de una modificación en el genoma de la descendencia.

Segundo Dworkin, no entanto:

> Não há nada de errado na aspiração independente de tornar as vidas das gerações futuras mais longas e mais repletas de talento e, por conseguinte, realizações. Pelo contrário, se brincar de Deus significa lutar por aprimorar nossa espécie, trazer aos nossos projetos conscientes a resolução de aperfeiçoar o que Deus, de maneira deliberada, ou a natureza, às cegas, fez evoluir no decorrer dos tempos, então, o primeiro princípio do individualismo ético rege tal luta, e seu segundo princípio proíbe, na ausência de provas concretas de perigo, que se impeçam os cientistas e os médicos de travá-la.[5]

Com frequência, a manipulação genética é colocada como instrumento de busca de uma realização própria espelhada nos filhos e não como meio de tratamento. Logo, se a permissão de interferência no genoma em busca de contribuição para a saúde da criança – por exemplo, para evitar doença hereditária (eugenia negativa) – pode ser vista como benéfica, por outro lado, podemos também pensar no limite tênue que norteia o que é bom ou ruim.

> Uma intervenção genética não abre o espaço de comunicação para dirigir-se à criança planejada como uma segunda pessoa e incluí-la num processo de compreensão. [...] As intervenções eugênicas de aperfeiçoamento prejudicam a liberdade ética na medida em que submetem a pessoa em questão a intenções fixadas por terceiros, que ela rejeita, mas que são irreversíveis, impedindo-a de se compreender livremente como o autor único de sua própria vida. Pode ser que seja mais fácil identificar-se com capacidades e aptidões do que com disposições ou até qualidades; porém, para a ressonância psíquica da pessoa em questão, importa apenas a intenção que estava ligada ao propósito da programação. Somente no caso de se evitar males extremos e altamente generalizados, é que surgem bons motivos para se aceitar o fato de que o indivíduo afetado concordaria com o objetivo eugênico.[6]

E conclui o autor:

> Práticas de eugenia de aperfeiçoamento não podem ser 'normalizadas' de modo legítimo no âmbito de uma sociedade pluralista e democraticamente constituída, que concede a todo cidadão igual direito a uma conduta de vida autônoma, porque a seleção das disposições desejadas *a priori* não pode ser desatrelada do prejulgamento de determinados projetos de vida. [...] Hoje, precisamos nos perguntar se eventualmente as gerações futuras vão se conformar com o fato de não mais se conceberem como atores únicos de suas vidas – e também não serem mais responsabilizados como tal. Será que essas gerações se contentarão com uma relação interpessoal, que não se adapta mais às condições igualitárias da moral e do direito? E será que a forma gramatical de nosso jogo moral de linguagem não se alteraria de modo geral – e a compreensão dos sujeitos capacitados para a linguagem e para a ação enquanto seres não teria importância para os fundamentos normativos?[7]

Há, ainda, a situação do diagnóstico de doença genética em embriões já implantados, em cujos casos a manipulação genética aventaria a possibilidade de cura ou redução dos males. Como se constata, as promessas e os problemas que podem advir da manipulação genética tornam imperiosa uma discussão profunda, a fim de buscar condições de aceitabilidade de normas que porventura serão construídas. Lembramos

---

5. DWORKIN, Ronald. *A virtude soberana*: a teoria e a prática da igualdade. Tradução de Jussara Simões. São Paulo: Martins Fontes, 2005, p. 644.
6. HABERMAS, Jürgen. *O futuro da natureza humana*. São Paulo: Martins Fontes, 2004, p. 86-88.
7. HABERMAS, Jürgen. *O futuro da natureza humana*. São Paulo: Martins Fontes, 2004, p. 91-92.

que o Direito legítimo é aquele que, prioritariamente, garante o pluralismo e, por conseguinte, o direito da minoria.

3.1 CRISPR-Cas 9

Em 1987, a sequência genética palindrômica foi identificada, por pesquisadores japoneses, na bactéria *Escherichia coli*. Percebeu-se, em certas sequências de DNA, pedaços de genes que não pertenciam naturalmente ao genoma da bactéria. No início dos anos 2000, o pesquisador espanhol Francisco Mojica identificou o CRISPR em outras espécies.[8]

A função dessa sequência genética estranha ao organismo foi denominada de CRISPR, isto é, *Clustered Regularly Interspaced Short Palindromic Repeats*[9] e foi associada a uma capacidade de defesa natural de determinados organismos contra os vírus. Trata-se de uma capacidade de adaptação ou resistência do organismo ao invasor, com uma memória genética dos patógenos que já o infectaram. Assim, as bactérias, ao serem novamente atacadas pelos invasores, mostraram-se resistentes.

> Já se sabia, contudo, que o processo para a resistência das bactérias dependia da atuação de moléculas-guia de RNA. Um estudo verificou que o RNA seria o responsável por coordenar o reconhecimento e a destruição das infecções viróticas, e que isso envolveria o sistema de defesa CRISPR. As moléculas de RNA eram produzidas pelas células, por meio do CRISPR, para combater as sequências do DNA do vírus invasor. (BROUNS et al, 2008).
>
> [...] Além do CRISPR e da participação do RNA em seu desempenho, a atenção dos pesquisadores também deveria se debruçar sobre o *Cas* genes, que está presente na região dos genomas da bactéria e que contém tipos especiais de proteínas denominadas enzimas, que funcionam como catalizadores das reações moleculares nas células. Assim, ao compreenderem o papel da proteína *Cas* nesse processo, poderiam entender como o CRISPR funciona realmente. (DOUDNA, STERNBERG, 2017, p. 62).[10]

Descobriu-se que o CRISPR tem a capacidade de "cortar" qualquer sequência genética. Faltava, então, entender como são implantados os espaçadores de DNA nas defesas das bactérias. Foi aí que se descobriu que as proteínas *Cas* são fundamentais para produzir o trecho de RNA codificado em trans, atuando na localização da nova sequência. Assim, as proteínas *Cas* atuam no corte do DNA alvo, de tal modo que se inative os genes invasores, impedindo sua ação.

A proteína *Cas9* foi a que demonstrou mais funcionalidade nesse processo.

Uma vez descoberto o processo natural de replicação e inserção da sequência genética, os pesquisadores valeram-se da *Cas9* para manipular e cortar artificialmente outras sequências de DNAs.

---

8. MOJICA, Francisco J. et al. Biological significance of a family of regularly spaced repeats in the genomes of Archaea, Bacteria and mitochondria. *Molecular Microbiology*, v. 36, n. 1, p. 244-246, 2000. Disponível em: <https://onlinelibrary.wiley.com/doi/pdf/10.1046/j.1365-2958.2000.01838.x>. Acesso em: 10 jan. 2019.
9. Repetições Palindrômicas Curtas Agrupadas e Regularmente Interespaçadas.
10. REIS, Émilien Vilas Boas; NAVES, Bruno Torquato de Oliveira. CRISPR-Cas9, biossegurança e bioética: uma análise jusfilosófica-ambiental da engenharia genética. *Veredas do Direito*, Belo Horizonte, v. 16, n. 34, p. 123-152, jan.-abr. 2019, p. 128.

O trabalho conjunto de vários pesquisadores – Jennifer Doudna, Emmanuelle Charpentier, Martin Jinek e vários outros – levou à construção da nova tecnologia de edição genética.

Émilien Vilas Boas Reis e Bruno Torquato de Oliveira Naves relatam o primeiro uso da técnica de manipulação genética em seres humanos:

> Em 28 de outubro de 2016 a técnica CRISPR-Cas9 foi testada pela primeira vez em um ser humano. Uma equipe chinesa, liderada pelo oncologista Lu You, da Universidade de Sichuan, em Chengdu, modificou células com a técnica CRISPR para combater um câncer de pulmão em um paciente. O processo consistiu na retirada de células imunes do sangue do paciente, que foram manipuladas com o CRISPR-Cas9. Dessa forma, foi desativado (cortado) um determinado gene, que tem como função codificar a proteína PD-1. Tal proteína, eventualmente, prejudica a resposta imune das células, provocando a proliferação de cânceres. As células editadas foram cultivadas e seu número aumentado. Posteriormente, elas foram novamente injetadas no paciente. A esperança da equipe é que as células editadas sem o PD-1 ataquem o câncer. (CIRANOSKI, 2016).[11]

No entanto, a técnica tornou-se famosa nos meios não científicos com uma ousadia, aparentemente não responsável, de um experimento do pesquisador chinês, He Jiankui. No final de 2018, ele anunciou a implantação de embriões manipulados com a técnica CRISPR-Cas9, que permitiu a desabilitação do gene CCR5, responsável pelo acesso do vírus HIV ao organismo. O objetivo da técnica foi tornar a criança resistente à doença, mesmo com genitores portadores de HIV.[12]

Jiankui utilizou pais com HIV e mães sem o vírus para gerar embriões pela fertilização *in vitro*, e, em seguida, a técnica CRISPR-Cas9 foi implementada. Quando os embriões tinham de 3 a 5 dias de idade, verificou-se a edição e deu-se, aos casais, a opção de implantarem ou não os embriões. 16 de 22 embriões foram editados e 11 embriões foram usados em seis tentativas de implante. Enfim, a gestação levada a cabo gerou duas crianças, gêmeas.[13]

As reações negativas se propagaram mundo afora, questionando a forma de recrutamento dos envolvidos, a possibilidade de desencadear novas doenças, a falta de transparência dos experimentos, sua correta submissão aos órgãos e instituições de controle e o alto risco da manipulação embrionária.

Mesmo que não se tenha a confirmação acerca da pesquisa de Jiankui e de seus resultados, sabe-se que a técnica apresenta grande potencial e pode ser considerada revolucionária em razão de sua precisão e baixo custo.

No Brasil, a pesquisa de Jiankui, com manipulação genética embrionária é considerada crime pelo art. 25 da Lei de Biossegurança, com pena de reclusão de 1 a 4 anos.

---

11. REIS, Émilien Vilas Boas; NAVES, Bruno Torquato de Oliveira. CRISPR-Cas9, biossegurança e bioética: uma análise jusfilosófica-ambiental da engenharia genética. *Veredas do Direito*, Belo Horizonte, v. 16, n. 34, p. 123-152, jan.-abr. 2019, p. 132.
12. MARCHIONE, Marilynn. Chinese researcher claims first gene-edited babies. *Associated Press*. 26 Nov. 2018. Disponível em: <https://www.apnews.com/4997bb7aa36c45449b488e19ac83e86d>. Acesso em: 20 jan. 2019.
13. MARCHIONE, Marilynn. Chinese researcher claims first gene-edited babies. *Associated Press*. 26 Nov. 2018. Disponível em: <https://www.apnews.com/4997bb7aa36c45449b488e19ac83e86d>. Acesso em: 20 jan. 2019.

("Art. 25. Praticar engenharia genética em célula germinal humana, zigoto humano ou embrião humano.")

4. ACONSELHAMENTO GENÉTICO E DIAGNÓSTICO GENÉTICO

As interações entre a Medicina Reprodutiva e a Genética têm sido cada vez mais frequentes e necessárias. O aconselhamento genético, na definição da *American Society of Human Genetics*, é: "O processo de comunicação que lida com problemas humanos associados com a ocorrência, ou risco de ocorrência, de uma doença genética em uma família."

Nesse processo, Melissa Machado Viana e Marcos José Burle de Aguiar trazem cinco maneiras de auxílio ao indivíduo ou à família:

(1) compreender os fatos médicos, incluindo diagnóstico, provável curso da doença e condutas disponíveis;

(2) apreciar o modo como a hereditariedade contribui para a doença e o risco de recorrência para parentes específicos;

(3) entender as alternativas para lidar com o risco de recorrência;

(4) escolher o curso de ação que pareça apropriado em virtude do seu risco e objetivos familiares, padrões éticos e religiosos, atuando de acordo com essa decisão; e

(5) ajustar-se, da melhor maneira possível, à situação imposta pela ocorrência do distúrbio na família, bem como à perspectiva de recorrência da doença.[14]

Aitziber Emaldi-Cirión sintetiza em cinco as fases do aconselhamento genético: (a) o médico informa aos pacientes a possibilidade de se realizar exames preditivos; (b) o paciente é submetido aos exames genéticos, após prévio consentimento livre e esclarecido, extraindo-se as provas médicas que promovem o diagnóstico genético do paciente, com detecção de possíveis doenças, deficiências e causas, possibilidade de transmissão à descendência etc.; (c) aconselhamento genético em sentido estrito, como ensina Romeo Casabona, em que há interpretação e valoração dos resultados obtidos e indicação dos procedimentos adequados ao paciente; (d) consentimento do paciente de forma livre e esclarecida acerca de qual procedimento médico será adotado, podendo, inclusive, optar pela não realização de nenhum deles; e (e) a execução do ato médico decorrente.[15]

O diagnóstico genético pode ser pré-conceptivo, pré-implantatório ou pré-natal. O primeiro é a investigação que ocorre antes da concepção, com o objetivo de detectar possíveis doenças ou deficiências genéticas, hereditárias ou cromossômicas, que podem ser passadas aos descendentes. Detectado algum problema genético transmissível, dependendo da enfermidade ou deficiência, podem os pais evitar a gravidez ou recorrer a

---

14. VIANA, Melissa Machado; AGUIAR, Marcos José Burle de. Genética em reprodução humana. In: CAETANO, João Pedro Junqueira; MARINHO, Ricardo Mello; PETRACCO, Alvaro; LOPES, Joaquim Roberto Costa; FERRIANI, Rui Alberto (Orgs.). *Medicina reprodutiva*. São Paulo: Segmento Farma e SBRH, 2018, p. 49.
15. EMALDI-CIRIÓN, Aitziber. A responsabilidade dos profissionais sanitários no marco do assessoramento genético. In: ROMEO CASABONA, Carlos Maria; QUEIROZ, Juliane Fernandes (Coord.). *Biotecnologia e suas implicações ético-jurídicas*. Belo Horizonte: Del Rey, 2004. p. 63-127, p. 64.

técnicas de reprodução assistida com seleção terapêutica de embriões ou, ainda, buscar a doação de gametas, recebendo um gameta de terceiro para fecundação heteróloga.

O diagnóstico genético pré-implantatório (DGPI) é um teste preditivo para detecção de anomalia grave em embriões gerados por técnicas de reprodução *in vitro* e que ainda não foram transferidos ao útero materno.

O diagnóstico genético pré-natal é aquele realizado no nascituro, durante seu desenvolvimento no útero, objetivando a verificação de deficiência congênita. As técnicas utilizadas são, por vezes, mais invasivas, representando risco para o nascituro. Por isso, são recomendadas em casos bastante específicos.[16] Além disso, deve-se proceder a ponderações pragmáticas, pois caso seja detectada uma enfermidade ou deficiência, as medidas cabíveis são apenas o aborto, que muitos países não permitem, ou a manipulação genética terapêutica, que envolve riscos.

Afora tais situações excepcionais, há sempre o risco de o diagnóstico genético desencadear uma eugenia liberal. Jürgen Habermas alerta-nos:

> A mim interessa especialmente a questão que trata do modo como a neutralização biotécnica da distinção habitual entre 'o que cresceu naturalmente' e 'o que foi fabricado', entre o subjetivo e o objetivo, muda a autocompreensão ética da espécie que tínhamos até agora e afeta a autocompreensão de uma pessoa geneticamente programada. Não podemos excluir o fato de que o conhecimento de uma programação eugênica do próprio patrimônio hereditário limita a configuração autônoma da vida do indivíduo e mina as relações fundamentalmente simétricas entre pessoas livres e iguais.[17]

Inobstante a preocupação com o futuro da natureza humana, o caminho não tem retorno. O incremento da biotecnologia possibilitará, cada vez mais, novas maneiras de diluir o limite entre o natural e o fabricado.

4.1 Diagnóstico genético pré-conceptivo

O aconselhamento genético realizado antes da fusão dos gametas masculino e feminino, *in vitro* ou *in vivo*, objetiva analisar a transmissão de enfermidades genéticas à descendência. Por meio dele, conhecem-se os riscos e possibilidades de se conceber um filho com deficiências ou enfermidades genéticas.

O aconselhamento pré-concepcional é recomendado especialmente em casos de: a) idade reprodutiva materna elevada; b) consanguinidade[18] e teste de portador[19]; c)

---

16. SOUZA, Iara Antunes de. *Aconselhamento genético e responsabilidade civil*: as ações de concepção indevida (*wrongful conception*), nascimento indevido (*wrongful birth*) e vida indevida (*wrongful life*). Belo Horizonte: Arraes, 2014, p. 42-44.
17. HABERMAS, Jürgen. *O futuro da natureza humana*. São Paulo: Martins Fontes, 2004, p. 32-33.
18. "Neste aconselhamento é construído um heredograma para identificação do grau de consanguinidade e identificar a presença de possíveis doenças autossômicas recessivas ou outras doenças presentes nas famílias e estimados os riscos e condutas possíveis." (VIANA, Melissa Machado; AGUIAR, Marcos José Burle de. Genética em reprodução humana. In: CAETANO, João Pedro Junqueira; MARINHO, Ricardo Mello; PETRACCO, Alvaro; LOPES, Joaquim Roberto Costa; FERRIANI, Rui Alberto (Orgs.). *Medicina reprodutiva*. São Paulo: Segmento Farma e SBRH, 2018, p. 50)
19. "O objetivo primário da realização do teste de portador é informar o indivíduo ou o casal, do risco de possíveis doenças genéticas na futura prole e relatar as opções reprodutivas para que o casal tome sua decisão com autonomia. Sendo assim, o aconselhamento genético pré e pós-teste é fundamental." (VIANA, Melissa Machado; AGUIAR,

história familiar de doenças genéticas; d) amenorreia[20] primária e menopausa precoce; e) falência ovariana prematura; e f) infertilidade.[21]

Uma vez diagnosticada a enfermidade genética antes da concepção, permite-se, aos genitores (ou genitor) o exercício do livre planejamento familiar.

Amparados em Romeo Casabona e outros, podemos listar as possibilidades de decisões permitidas pelo diagnóstico genético pré-conceptivo:

I) Quando não diagnosticada doença ou deficiência: a gravidez;

II) Quando se diagnostica a possibilidade de transmissão de doença ou deficiência:

a) recorrer às técnicas de reprodução assistida, em que será possível a seleção terapêutica de embriões;

b) recorrer à esterilização, para se evitar a gravidez;

c) utilizar métodos anticonceptivos, para se evitar a gravidez; e/ou

d) assumir o risco da concepção e nascimento de uma descendência com doenças ou deficiências.[22]

4.2 Diagnóstico genético pré-implantatório

O DGPI implica na biópsia de uma ou duas células em um embrião de três dias, período em que possui entre seis e doze células. Passa-se ao exame propriamente dito, que pode realizar-se por duas técnicas: a FISH (*Fluorescent "In Situ" Hibridization*), para diagnóstico de patologias cromossômicas; e a PCR (*Polimerase Chain Reaction*), para detecção de patologias gênicas.

Acredita-se que a extração de célula para realização do exame pré-implantatório não acarreta alteração do desenvolvimento do embrião, contudo, é um procedimento

---

Marcos José Burle de. Genética em reprodução humana. In: CAETANO, João Pedro Junqueira; MARINHO, Ricardo Mello; PETRACCO, Alvaro; LOPES, Joaquim Roberto Costa; FERRIANI, Rui Alberto (Orgs.). *Medicina reprodutiva*. São Paulo: Segmento Farma e SBRH, 2018, p. 50).

20. "A causa genética mais frequente de amenorreia primária é a síndrome de Turner, doença caracterizada por ausência total ou parcial de um cromossomo X." (VIANA, Melissa Machado; AGUIAR, Marcos José Burle de. Genética em reprodução humana. In: CAETANO, João Pedro Junqueira; MARINHO, Ricardo Mello; PETRACCO, Alvaro; LOPES, Joaquim Roberto Costa; FERRIANI, Rui Alberto (Orgs.). *Medicina reprodutiva*. São Paulo: Segmento Farma e SBRH, 2018, p. 50).

21. VIANA, Melissa Machado; AGUIAR, Marcos José Burle de. Genética em reprodução humana. In: CAETANO, João Pedro Junqueira; MARINHO, Ricardo Mello; PETRACCO, Alvaro; LOPES, Joaquim Roberto Costa; FERRIANI, Rui Alberto (Orgs.). *Medicina reprodutiva*. São Paulo: Segmento Farma e SBRH, 2018.

22. ROMEO CASABONA, Carlos María; EMALDI-CIRIÓN, Aitziber; EPIFANIO, Leire; ESCAJEDO, San; JIMÉNEZ, Pilar Nicolás; MALANDA, Sergio Romeo; MORA, Asier Urruela. De la medicina curativa a la medicina preventiva: Consejo genético. In: *La ética y el derecho ante la biomedicina del futuro*. Cátedra Interuniversitaria Fundación BBVA Diputación Foral de Bizkaia de Derecho y Genoma Humano. Bilbao: Universidade de Deusto, 2006, p. 189-226. Tais opções também são listadas no capítulo "Responsabilidade civil e reprodução humana assistida", do qual se retirou muito dos conceitos aqui referidos. Para um aprofundamento nessas questões, recomenda-se a leitura do texto completo: SÁ, Maria de Fátima Freire de; SOUZA, Iara Antunes de. Responsabilidade civil e reprodução humana assistida: a (in)aplicabilidade das ações de *wrongful conception* ou *pregnancy* e *birth* nos tribunais brasileiros. In: MARTINS, Guilherme Magalhães; ROSENVALD, Nelson (Coords.). *Responsabilidade civil e novas tecnologias*. Indaiatuba: Foco, 2020, p. 382-397.

de risco, além de que poucas são as soluções que podem ser obtidas para os embriões comprometidos pelas alterações genéticas.[23]

Este diagnóstico genético, em si, traz poucos riscos, no entanto, resta saber qual medida poderá ser adotada caso o procedimento aponte alguma patologia genética. Daí a indagação de Habermas:

> À aplicação da técnica de pré-implantação vincula-se a seguinte questão normativa: É compatível com a dignidade humana ser gerado mediante ressalva e, somente após um exame genético, ser considerado digno de uma existência e de um desenvolvimento? Podemos dispor livremente da vida humana para fins de seleção? Uma questão semelhante se faz quanto ao aspecto do 'consumo' de embriões (inclusive a partir das próprias células somáticas) para suprir a vaga esperança de um dia poder-se produzir e enxertar tecidos transplantáveis, sem ter de enfrentar o problema de transpor as barreiras da rejeição a células estranhas.[24]

Após a concepção, mas antes da implantação, o conselheiro genético poderá sugerir ao paciente as seguintes medidas:

> I) Se não for detectada qualquer deficiência ou doença: a gravidez;
>
> II) Se for detectada a possibilidade de transmissão de deficiência ou doença:
>
> a) a realização de terapia gênica sobre o embrião;
>
> b) a seleção de embriões;
>
> c) a não transferência de embriões;
>
> d) a implantação do embrião e posterior realização de um diagnóstico pré-natal; e/ou
>
> e) a seleção de sexo do embrião por motivos terapêuticos.[25]

O DGPI pode proporcionar tanto a manipulação genética, em sentido estrito, quanto a simples seleção de embriões e, consequentemente, o descarte daqueles que não se integraram ao objetivo pretendido.

É importante salientar que, no Brasil, o Conselho Federal de Medicina, pela Resolução CFM 2.168/2017, permite, ainda que de maneira restrita, a seleção terapêutica de embriões, e os não selecionados podem ser doados para pesquisa ou descartados, conforme decisão do paciente.[26]

O DGPI é fundamental para se selecionar o embrião que tenha HLA compatível para o tratamento.[27] Pessoas que apresentem alterações genéticas, transmissíveis à descendência, que possam causar doenças graves ou morte precoce, podem recorrer ao DGPI e realizar a seleção embrionária (artigo 29º, 1).

---

23. ZEGERS-HOCHSCHILD, Fernando. Dilemas de la reproducción asistida. *Cadernos de Saúde Pública*, Rio de Janeiro, v. 14, n. 1, Suplemento 1, p. 7-23, jan./mar. 1998, p. 11.
24. HABERMAS, Jürgen. *O futuro da natureza humana.* São Paulo: Martins Fontes, 2004, p. 29.
25. SÁ, Maria de Fátima Freire de; SOUZA, Iara Antunes de. Responsabilidade civil e reprodução humana assistida: a (in)aplicabilidade das ações de *wrongful conception* ou *pregnancy e birth* nos tribunais brasileiros. In: MARTINS, Guilherme Magalhães; ROSENVALD, Nelson (Coords.). *Responsabilidade civil e novas tecnologias.* Indaiatuba: Foco, 2020, p. 387.
26. Ver mais sobre o assunto no Capítulo intitulado "Reprodução Humana Assistida".
27. PEREIRA, André; RAPOSO, Vera. *A lei portuguesa de procriação medicamente assistida (A Lei 23/2006, de 26 de julho).* Disponível em: <https://woc.uc.pt/fduc/getFile.do?tipo=1&id=950>. Acesso em: 29 ago. 2007.

Há quem descubra nessa autorização um risco imanente, no seguimento do argumento do *slipery slope*: ao consentir na destruição de embriões com malformações graves, nada parece impedir que mais tarde se venha igualmente a tolerar a destruição dos que sejam portadores de qualquer anomalia, por mais ligeira que seja, ou inclusive das pessoas deficientes, doentes ou demasiado idosas, num infindável processo de eugenismo e de selecção artificial.[28]

Em 2006, em Portugal, promulgou-se a Lei 32, de 26 de julho, que regula as técnicas de procriação medicamente assistida. A procriação medicamente assistida com fins de mero melhoramento genético está proibida (artigo 7º, 2), o que segue as disposições do Convênio Europeu sobre Direitos Humanos e Biomedicina. Mas é permitida nos

> casos em que haja risco elevado de doença genética ligada ao sexo, e para a qual não seja ainda possível a detecção directa por diagnóstico pré-natal ou diagnóstico genético pré-implantação, ou quando seja ponderosa a necessidade de obter grupo HLA (*human leukocyte antigen*) compatível para efeitos de tratamento de doença grave. (artigo 7º, 3)

A seleção de sexo da descendência é inadmitida pelo artigo 14 do Convênio, que ainda cria uma única exceção, nos casos em que a seleção seja necessária para evitar enfermidade hereditária grave vinculada ao sexo.[29] Esse também é o sentido que se depreende do disposto no artigo 15 do Projeto de Lei da Câmara 1.184/2003 que tramita no Brasil: "a pré-seleção sexual será permitida nas situações clínicas que apresentem risco genético de doenças relacionadas ao sexo."

4.3 Diagnóstico genético pré-natal

O diagnóstico genético pré-natal faz-se, muitas vezes, por meio de técnicas invasivas (amniocentese[30], sangue fetal, dentre outras), com grande risco para o nascituro (aborto espontâneo, morte no útero e natimortos) e para a gestante (preformismo visceral, descolamento da placenta, ruptura prematura de placenta, infecção, AVC e morte da mãe, contrações uterinas, parto prematuro, hemorragia pós-parto).[31]

> O médico poderá, diante das provas obtidas, aconselhar o paciente a continuar a gravidez, uma vez não tendo sido detectada nenhuma deficiência ou doença. Por outro lado, em caso de detecção de alguma deficiência ou doença, as opções podem ser o aborto por indicação eugenésica, caso seja permitido pelo ordenamento jurídico, ou a iniciação da terapia fetal (terapia gênica) (CASABONA et al., 2006, p. 197). De toda forma, ainda que cientes de um diagnóstico de doença ou deficiência, os genitores podem dar seguimento a gestação.[32]

---

28. PEREIRA, André; RAPOSO, Vera. *A lei portuguesa de procriação medicamente assistida (A Lei 23/2006, de 26 de julho)*. Disponível em: <https://woc.uc.pt/fduc/getFile.do?tipo=1&id=950>. Acesso em: 29 ago. 2007.
29. Art. 14. Não seleção de sexo – Não se admitirá a utilização de técnicas de assistência médica à procriação para escolher o sexo da pessoa que vai nascer, salvo nos casos em que seja preciso para evitar uma enfermidade grave vinculada ao sexo. Tradução livre de: "Art. 14. No selección de sexo – No se admitirá la utilización de técnicas de asistencia médica a la procreación para elegir el sexo de la persona que va a nacer, salvo en los casos en que sea preciso para evitar una enfermedad hereditaria grave vinculada a sexo."
30. A amniocentese é o procedimento de retirada de líquido amniótico com cerca de 16 semanas de gravidez para detecção de doenças genéticas.
31. ROMEO CASABONA, Carlos María. *El derecho y la bioética ante los límites de la vida humana*. Madrid: Centro de Estudios Ramón Areces, 1994.
32. SÁ, Maria de Fátima Freire de; SOUZA, Iara Antunes de. Responsabilidade civil e reprodução humana assistida: a (in)aplicabilidade das ações de *wrongful conception* ou *pregnancy* e *birth* nos tribunais brasileiros. In: MARTINS,

5. IMPLICAÇÕES DO DIAGNÓSTICO GENÉTICO EMBRIONÁRIO: CASOS DE *WRONGFUL CONCEPTION*, *WRONGFUL BIRTH* E *WRONGFUL LIFE*

As ações de *wrongful conception, wrongful birth* e *wrongful life* decorrem de falhas no aconselhamento ou no diagnóstico genético e se referem à responsabilização civil.

A ação de *wrongful conception* (concepção indevida), também denominada *wrongful pregnancy*, advém de equivocado aconselhamento ou diagnóstico genético, resultando em gravidez indesejada. Os genitores são autores da demanda e sustentam que não haveria a gravidez sem o erro do médico. A fundamentação da demanda tem dois argumentos: a gestação de um embrião com doença, sequela ou deficiência e a violação do direito ao livre planejamento familiar. A natureza da indenização é material e moral.[33]

Na ação de *wrongful birth* (nascimento injusto ou indevido), os genitores procuram responsabilizar o médico por falha no aconselhamento ou diagnóstico genético. A indenização também tem cunho moral e material, pautando-se no nascimento indevido de criança doente ou com deficiência.

Por fim, na ação de *wrongful life* (vida injusta ou indevida), tem-se a própria pessoa nascida da falha de aconselhamento ou diagnóstico genético como autora. O pedido diz respeito à própria vida do autor, condenado a viver em uma situação de enfermidade ou deficiência em virtude da falha, sem que essa fosse devidamente informada ao indivíduo ou casal genitor.

Passamos a relatar alguns casos em que os procedimentos médicos em torno do diagnóstico genético apresentaram falhas, suscitando a análise do Judiciário.[34]

A rubéola é uma doença capaz de causar má-formação do feto, e uma mulher contraiu-a durante sua primeira gravidez, tendo dado à luz uma criança com problemas. Quando sua filha já contava com quatro anos de idade, a senhora Perruche esperava outro bebê. Por temor ao contágio, o casal solicitou a manifestação do médico sobre um possível problema fetal. Este, após exames laboratoriais, informou-a de que não havia com que se preocupar, considerando-a imunizada contra a rubéola. Contudo, Nicolás Perruche nasceu surdo, quase cego e com retardo mental, em razão de doença congênita. Essa triste história ocorreu na França, e veio à baila ao final do ano 2000, por meio de sentença do Tribunal de Cassação, que concedeu ao jovem Nicolás considerável indenização.

Situação semelhante ocorreu na Espanha por meio de ação proposta pela Senhora Josefa contra o Serviço Valenciano de Saúde e dois médicos. A alegação da autora consistia no fato de que sua gestação era de alto risco, dada sua idade avançada – quarenta e

---

Guilherme Magalhães; ROSENVALD, Nelson (Coords.). *Responsabilidade civil e novas tecnologias*. Indaiatuba: Foco, 2020, p. 390.
33. EMALDI-CIRIÓN, Aitziber. A responsabilidade dos profissionais sanitários no marco do assessoramento genético. In: ROMEO CASABONA, Carlos Maria; QUEIROZ, Juliane Fernandes (Coord.). *Biotecnologia e suas implicações ético-jurídicas*. Belo Horizonte: Del Rey, 2004, p. 94.
34. Para mais julgados sobre o assunto, recomenda-se a excelente obra de Iara Antunes de Souza, "*Aconselhamento genético e responsabilidade civil*: as ações de concepção indevida (*wrongful conception*), nascimento indevido (*wrongful birth*) e vida indevida (*wrongful life*)", publicada em 2014 pela Editora Arraes.

cinco anos –, além de já ter tido um filho com problemas mentais. Por isso, procurou o Hospital Universitário de Valência para que pudesse ser orientada por médicos. Um deles pediu a realização de exames, cujos resultados, ocorridos em 7 de julho de 1989, não foram informados à gestante. Consta dos autos do processo que a mulher compareceu novamente ao hospital, em 14 de julho, na tentativa de conhecer o conteúdo do teste genético, mas outra médica que substituía o profissional que requereu os exames não lhe deu informações. Finalmente, ao tomar conhecimento dos resultados dos exames e das reais condições do feto, já não era possível proceder legalmente à interrupção da gravidez, por haver transcorrido o prazo estabelecido para tal, de acordo com o Código Penal espanhol.

Eis abaixo parte do fundamento adotado pelo Tribunal que concedeu indenização aos pais da criança:

> [...] surge no presente caso um prejuízo ou dano, como é o nascimento de um ser que padece de síndrome de Down (mongolismo); o que se poderia evitar dada a disposição da mãe de interromper a gravidez dentro dos parâmetros normais. [...]
>
> De toda forma, dado o nascimento de um ser com as deficiências já descritas e a vontade antecedente da mãe de evitá-lo legalmente, assim como a conduta médica que impediu qualquer providência da mãe e que muito bem tem sido qualificada na sentença recorrida como "atuação profissional irregular", faz com que surja o que o Tribunal de Primeira Instância de Luxemburgo denomina, em sua sentença de 6 de julho de 1995, a suposta violação do princípio de proteção à confiança legítima, que se estende a todo particular que se encontra em uma situação de reclamar a defesa de seus interesses.[35]

Os casos descritos acima exemplificam pedidos de indenizações em razão de responsabilidade médica. Poderíamos pensar em algumas hipóteses: 1) casos de esterilização mal executada do homem ou da mulher, que acabam conduzindo a uma gravidez não desejada. Assim, embora nasça um filho sadio, sua vinda não estava nos planos do casal (*wrongful conception*); 2) casos de erro de DGPI propriamente dito. Nesse segundo item (*wrongful birth* e *wrongful life*), ressaltamos a importância do chamado aconselhamento genético, tendo como objetivo o acompanhamento psicossocial para obtenção do consentimento e comunicação de possíveis problemas relacionados com a existência ou o risco de doença genética em uma família ou futura criança.

A expressão *wrongful life* foi utilizada, pela primeira vez, no caso Zepeda v. Zepeda, apesar de não se tratar de situação de erro de diagnóstico pré-natal. Verificou-se em um pleito entre filho e pai, em que o primeiro sugeria ter sofrido danos graves por ter

---

35. Tradução livre de: "[...] surge en el presente caso un perjuicio o daño, como es el nacimiento de un ser que padece el síndrome de Down (mongolismo); lo que se hubiera podido evitar dada la disposición de la madre a interrumpir el embarazo dentro de los parámetros normales. [...]

    De todo lo cual, dado el nacimiento de un ser con las deficiencias ya descritas, y la voluntad antecedente de la madre de evitarlo legalmente, así como la conducta médica que impidió lo anterior y que muy bien ha sido calificada en la sentencia recurrida como "actuación profesional irregular", hace que surja lo que el Tribunal de Primera Instancia de Luxemburgo denomina en su sentencia de 6 de Julio de 1995 la supuesta violación del principio de protección de la confianza legítima, que se extiende a todo particular que se encuentre en una situación de reclamar la defensa de sus intereses" (YÁGÜEZ, Ricardo de Angel. Demandas por responsabilidad en relación con los diagnósticos preimplantatorios y prenatales y el consejo genético. In: ROMEO CASABONA, Carlos María (Org.). *Genética y derecho*. Madrid: Consejo General Del Poder Judicial, 2001, p. 265-266).

nascido de uma relação ilegítima do pai. O pedido de indenização foi denegado pelo Tribunal de Illinois (1963), temeroso de ser surpreendido por avalanches de ações com o mesmo objeto.[36]

O caso Gleitman v. Cosgrove (1967) é semelhante ao de Nicolás Perruche. Em consequência de rubéola contraída pela mãe, o demandante nasceu com problemas físicos e mentais. A alegação consistia no fato de que o médico assegurou que não havia qualquer risco na gravidez e que a infecção não traria consequências maléficas ao feto. Eis os argumentos adotados pelo Tribunal de Nova Jersey para negar o pedido:

> Em primeiro lugar, entendeu-se que o demandante não sofria danos 'reconhecíveis pela lei'. Considerou-se, também, que não cabia a indenização, tanto pela dificuldade prática de avaliar os danos como pela 'impossibilidade lógica' de comparar a vida com a não existência. O tribunal entendeu, por fim, que os princípios de ordem pública relativos à santidade da vida militavam contra a reclamação do filho.[37]

No caso Becker v. Schwartz, a demandante foi acometida pela Síndrome de Down e alegou negligência do médico ao não informar os pais dos riscos de problemas genéticos em filhos nascidos de mulheres com mais de trinta e cinco anos, além da disponibilidade de provas para detecção de existência de tais enfermidades. O Tribunal de Apelação de Nova Iorque reformou a decisão que havia julgado procedente o pedido de indenização ao mesmo fundamento do caso anterior, ou seja, sob a alegação de que a demandante não sofria nenhum dano legalmente reconhecível. Segundo o Tribunal, "se é melhor não haver nascido do que haver nascido com graves deficiências constitui um mistério, que é mais adequado deixar nas mãos dos filósofos e dos teólogos".[38]

No Direito estadunidense, ações judiciais de *wrongful birth* são comuns e, de modo geral, os tribunais vêm entendendo pela condenação de médicos ao pagamento de gastos extraordinários ocasionados pelo nascimento de uma criança enferma. Já as situações de *wrongful life* não têm a mesma sorte. Exigem um esforço argumentativo muito maior, pois poderia uma criança alegar que seria melhor para ela não ter nascido do que viver

---

36. Segundo Ricardo Yágüez: "[…] na ação de *wrongful birth* a culpa do médico consiste em um erro 'que conduz ao nascimento' do filho dos pais demandantes e na ação de *wrongful life* o erro médico que se invoca é o de "conducir à vida" o próprio filho enfermo demandante." Tradução livre de: "[...] en la acción de *wrongful birth* la culpa del médico consiste en un error 'que ha conducido al nacimiento' del hijo de los padres demandantes; y en la acción de *wrongful life* el error del médico que se invoca es el de 'que ha conducido a la vida' del propio hijo enfermo demandante." YÁGÜEZ, Ricardo de Angel. Demandas por responsabilidad en relación con los diagnósticos preimplantatorios y prenatales y el consejo genético. In: ROMEO CASABONA, Carlos María (Org.). *Genética y derecho*. Madrid: Consejo General Del Poder Judicial, 2001, p. 246.
37. Tradução livre de: "En primer lugar, entendió que el demandante no sufría daños 'reconocibles por la ley'. Se consideró también que no cabía la indemnización, tanto por la dificultad práctica de medir los daños como por la 'imposibilidad lógica' de comparar la vida con la no existencia. El tribunal entendió, por fin, que los principios de orden público relativos a la santidad de la vida militaban en contra de la reclamación del hijo." (YÁGÜEZ, Ricardo de Angel. Demandas por responsabilidad en relación con los diagnósticos preimplantatorios y prenatales y el consejo genético. In: ROMEO CASABONA, Carlos María (Org.). *Genética y derecho*. Madrid: Consejo General Del Poder Judicial, 2001, p. 248).
38. Tradução livre de: "si es mejor no haber nacido que haber nacido con graves deficiencias constituye un misterio, que es más adecuado dejar en manos de los filósofos y de los teólogos". (YÁGÜEZ, Ricardo de Angel. Demandas por responsabilidad en relación con los diagnósticos preimplantatorios y prenatales y el consejo genético. In: ROMEO CASABONA, Carlos María (Org.). *Genética y derecho*. Madrid: Consejo General Del Poder Judicial, 2001, p. 249).

doente? Existiria mesmo o direito de não nascer? E se o diagnóstico do médico não deixasse dúvidas sobre a doença congênita no feto e ainda assim seus pais resolvessem pela manutenção da gravidez, o filho poderia pleitear indenização contra os pais?

Analisemos os argumentos para concessão ou indeferimento do pedido indenizatório e os requisitos para responsabilização civil que devem fundamentar as decisões.

5.1 Responsabilidade civil nos casos de *wrongful conception*, *wrongful birth* e *wrongful life*

O erro de diagnóstico genético ou a falha na sua revelação a tempo de se tomar providências traz esse sentimento de injustiça e a vontade de se ver ressarcido daquela situação considerada como ilegítima e injusta.

Vejamos, separadamente, as situações de *wrongful conception*, *wrongful birth* e *wrongful life*.

Nas ações de *wrongful conception*, pretende-se a responsabilização por duas diferentes condutas médicas. A primeira seria pela falha em aconselhamento, diagnóstico ou procedimento terapêutico que produz uma gestação indevida, já que não se desejava a concepção. São exemplos: o erro no diagnóstico de infertilidade, a falha na laqueadura de trompas ou na vasectomia. A segunda situação é de aconselhamento errado à não concepção, por erro de diagnóstico ou de sua interpretação, que conduz à crença de que a gravidez não deve ser levada a cabo. Exemplifica-se pelo resultado falso positivo de doenças genéticas.

Há, nesses casos, violação do livre planejamento familiar. Assim, a responsabilidade civil pauta-se na ofensa à autonomia, que conduz a dano moral e material.

No *wrongful birth*, os pais requerem a responsabilização pautados em erro de diagnóstico pré-implantatório ou pré-natal, por não terem recebido a correta informação dos médicos em relação ao embrião implantado ou não.

Em caso de erro de diagnóstico, poder-se-ia levantar a questão da inexistência de nexo de causalidade entre a conduta do médico e a enfermidade genética. Assim, por tal alegação, o médico não seria causador do dano ao embrião concebido ou ao embrião gestado, pois este decorreria de fato natural e não de conduta sua. No entanto, o prejuízo a ser discutido não é a anomalia genética, mas a falha que levou os pais a não serem informados dos resultados do exame ou a serem falsamente informados. Os pais projetam erroneamente a realidade em virtude da ação ou da omissão dos médicos.

Isso, por si só, já é capaz de produzir o dever de reparar, pois estão presentes todos os requisitos para a responsabilização, isto é, uma conduta médica, omissiva ou comissiva, que gerou uma falsa expectativa, frustrando a autonomia dos pais na tomada de providências e preparação para o nascimento. Há, pois, lesão à autonomia privada, à boa-fé objetiva e ao planejamento familiar.

O dano é eminentemente existencial, embora haja consequências materiais, como os gastos extraordinários com a enfermidade da criança.

Saliente-se que, quando afirmamos que há condições para configuração do dano moral (existencial), não o fazemos por entender que o diagnóstico errôneo ou tardiamente cientificado trará dor e sofrimento aos pais. Dano moral não é a dor moral ou psicológica; esta pode ser tão somente a consequência do dano, que foi gerado pela ofensa ao direito da personalidade ou ao direito de família puro.[39]

Dessa forma, a dor é um dos efeitos que geralmente advêm da lesão aos direitos personalíssimos acima referidos,[40] mas podem não advir. Se vincularmos o dano moral a um estado psicológico da vítima, a violação de um mesmo bem de diferentes titulares pode ser sancionada em certa situação e não o ser em outra idêntica, em que a vítima não sentiu o sofrimento psíquico. Configurar-se-ia uma situação esdrúxula, pois ficaríamos à mercê da sensibilidade do titular do direito violado: se muito sensível a vítima, grande seria o dano e consequentemente a indenização; mas se a vítima for indiferente a certas ofensas, não haveria que se falar em dano moral.

Para evitar tais incongruências, o dano não deve advir da dor, da angústia ou do sofrimento, mas deve advir do simples fato da lesão a um direito da personalidade ou a um direito de família puro. A mera violação a esses direitos, eminentemente extrapatrimoniais, produzem um dano moral.

Logo, para que se configure o direito à reparação em casos de *wrongful birth*, os pais devem provar que houve um comportamento do médico que impediu ou limitou o exercício de sua autonomia privada, do qual decorre o consentimento livre e esclarecido.

O livre exercício da autonomia pressupõe discernimento e conhecimento da situação, bem como ausência de condicionantes externos diretos. O médico tem, portanto, o dever de informar o diagnóstico e os prognósticos, explicitando os riscos de cada intervenção possível. Tudo deve ser feito de forma clara e acessível ao paciente ou aos seus responsáveis.

A responsabilidade civil pode também decorrer do descumprimento do dever de informar, que compõe a boa-fé e a transparência das relações contratuais. Há casos de intervenção médica que podem gerar a responsabilização do profissional de saúde não porque o resultado foi insatisfatório, mas porque não foi informado ao paciente que tal resultado seria possível. Assim, se o paciente dava como certo um resultado e, em razão da falta de informação médica ou de informação deficiente, outro resultado foi alcançado, ainda que este seja medicamente aceitável, a responsabilidade advirá da negligência na informação. Talvez se a informação fosse completa, não teria havido consentimento para a intervenção médica em pauta.

---

39. Ver a questão do dano moral em: NAVES, Bruno Torquato de Oliveira; LIMA, Taisa Maria Macena de. Direito à reparação civil do nascituro por morte do genitor em acidente de trabalho: dano moral e personalidade do nascituro. In: FIUZA, César; SÁ, Maria de Fátima Freire de; NAVES, Bruno Torquato de Oliveira (Coords.). *Direito civil*: atualidades IV – teoria e prática no direito privado. Belo Horizonte: Del Rey, 2010, v. 4, p. 343-375.
40. Sobre a ilicitude da lesão a direito de personalidade, Felipe Peixoto Braga Netto afirma mesmo que "A culpa, em se tratando de violações a direitos da personalidade, é fator que não entra em consideração. O ato não deixa de ser contrário ao direito em razão de culpa. O sistema não tolera tais agressões, mantendo o caráter da contrariedade do ato, ainda que involuntário." (NETTO, Felipe Peixoto Braga. *Teoria dos ilícitos civis*. Belo Horizonte: Del Rey, 2003, 94-95). No entanto, como o próprio autor demonstra, a consequência da ilicitude não será, necessariamente, a indenização. Há outros efeitos possíveis e já sancionados pelo ordenamento. A "teoria dos ilícitos civis" traçada pelo autor merece especial atenção, mas que descabe neste livro. Confira toda a construção na obra mencionada.

O fato de ser retirada dos pacientes a decisão de não implantar o embrião por desconhecer o diagnóstico correto fere o direito deles ao livre planejamento familiar, além de comprometer e integridade física da gestante, que é submetida a uma gravidez e ao nascimento de um filho não desejado; e a integridade psicológica dos genitores, que serão surpreendidos com o nascimento de um filho doente ou deficiente.[41]

Como reflexo patrimonial do *wrongful birth*, é admissível indenização que vise ressarcir os gastos extraordinários em razão do nascimento de crianças enfermas. O valor supriria os gastos especiais exigidos pela doença.

No Brasil, para os casos de *wrongful birth*, embora não haja norma expressa para aborto quanto a doenças genéticas graves, a Arguição de Descumprimento de Preceito Fundamental (ADPF) 54 tem servido de precedente para o embasamento de outros julgados sobre interrupção de gravidez. Nestes casos, haveria uma abertura à "antecipação terapêutica do parto" por doença genética grave em virtude de condição incompatível com a vida, ou mesmo casos mais difíceis, em que a criança, apesar de nascer com vida, apresente consideráveis limitações ao seu desenvolvimento.

Hipótese mais complicada é a do *wrongful life*. Nesse, o próprio nascido requer a reparação. No entanto, não tem o autor de tais demandas o mesmo fundamento da indenização por *wrongful birth*. Nestas há uma afronta à autonomia dos pais na implantação do embrião, na interrupção da gravidez ou na opção pela manipulação genética. Já nas ações de *wrongful life*, o autor é o próprio indivíduo que nasceu com a anomalia genética e os legitimados passivos são os profissionais ou pessoas jurídicas, que erraram no diagnóstico genético ou na transmissão da informação, e os genitores. E, nesse caso, o autor não pode alegar obstáculo ao exercício de sua autonomia, já que ele não a possuía no momento do diagnóstico. Ainda que se entenda que houve lesão à autonomia futura do embrião, agora autor da demanda, essa autonomia estaria pautada na "faculdade de não nascer".

Tal conjuntura torna difícil a possibilidade de procedência de pedidos de *wrongful life* não porque a vida é um "dom de Deus", ou porque "a vida tem valor absoluto". Esses argumentos de valor são pessoais e não há uma ontologia ou um valor extensível a todos que permita essa alegação; o próprio pluralismo é prova disso. Essa axiologia não poderia servir como fundamentação para a denegação de pedidos como esses, sob pena de incorrermos em pragmatismo sem limites.[42]

O que ocorre é que não há autonomia jurídica em casos de *wrongful life*, diferentemente dos casos de *wrongful birth*, nos quais o pedido de indenização é formulado

---

41. SOUZA, Iara Antunes de. *Aconselhamento genético e responsabilidade civil*: as ações de concepção indevida (*wrongful conception*), nascimento indevido (*wrongful birth*) e vida indevida (*wrongful life*). Belo Horizonte: Arraes, 2014, p. 115.
42. A sentença do caso Zeitzev teve a seguinte fundamentação: "A condição de qualquer um que tenha tido a oportunidade de ver a glória do nascer do sol e a beleza das nuvens azuis e experimentar a vida com toda sua força e seu sabor é sempre melhor que a daquele a quem se tem negado tal oportunidade." Tradução livre de: "La condición de cualquiera que ha tenido la oportunidad de ver la gloria de la salida del sol y la belleza de las nubes azules y experimentar la vida con todo su fuerza y su sabor es siempre mejor que la de aquel a quien se ha negado tal oportunidad." YÁGÜEZ, Ricardo de Angel. Demandas por responsabilidad en relación con los diagnósticos preimplantatorios y prenatales y el consejo genético. In: ROMEO CASABONA, Carlos María (Org.). *Genética y derecho*. Madrid: Consejo General Del Poder Judicial, 2001, p. 253.

pelos pais. Por essa razão, não se vislumbra dano decorrente de *wrongful life*, posto que ao embrião ou ao nascituro não é dada a possibilidade jurídica de escolher pelo seu próprio nascimento.

No entanto, ao discorrerem sobre danos decorrentes da não utilização da edição gênica, Graziella Clemente e Nelson Rosenvald defendem que, uma vez diagnosticada deficiência genética e esta não sendo reparada pelo uso da técnica disponível, haverá responsabilidade civil: "É possível delinear tanto as hipóteses de cabimento da irreversibilidade do dano ter sido gerada a partir da não utilização da técnica quanto suas consequências jurídicas no âmbito da responsabilidade civil."[43] Neste caso, poder-se-ia visualizar duas situações: a dos pais que não foram informados da possibilidade de edição gênica, o que configuraria *wrongful birth*; e a do nascido, que poderia acionar os pais ou os médicos, que, sabendo da existência da técnica, dela não fizeram uso, o que corresponderia ao caso de *wrongful life*.

6. TERAPIA GÊNICA[44]

Entre os benefícios advindos do conhecimento das informações contidas nos genes humanos destaca-se a técnica da terapia gênica, que consiste no tratamento de doenças, herdadas ou adquiridas, em que se manipulam os genes defeituosos a fim de alcançar a cura ou estagnação da anomalia.

Acentua-se a relevância da técnica ao constatar-se que muitas doenças têm como origem problemas genéticos.

Duas são as espécies básicas de terapia gênica: a terapia somática e a terapia germinativa. A primeira se caracteriza como a alteração genética em células que possuem material genético completo (2N), isto é, no caso do ser humano, 46 cromossomos. Já a terapia gênica germinativa é aquela que se opera em células reprodutoras (N), seja nos gametas propriamente ditos – óvulos e espermatozoides, ou nas estruturas celulares que o antecedem, como o ovócito. Portanto, na terapia somática a mudança no material genético atinge exclusivamente o indivíduo envolvido no tratamento; já na germinativa toda a descendência pode ser envolvida, pois a modificação é passada às gerações futuras.

A terapia em células somáticas é realizada por um vetor, retrovírus ou adenovírus, que insere novo material genético nas células doentes.

Os vírus atuam como vetores eficientes por possuírem uma programação genética que lhes leva a transferir seu material genético para o organismo infectado.

> A maioria dos vírus infecta uma célula, reproduz-se e então destrói a hospedeira para permitir que os 'vírus-filhos' escapem e infectem outras células; os retrovírus, por sua vez, costumam ser mais delicados e gentis, pelo menos para com a célula hospedeira, pois as novas cópias virais são remetidas sem destruí-la. Isso não significa que um retrovírus seja mais ameno para o organismo hospedeiro; às

---

43. CLEMENTE, Graziella Trindade; ROSENVALD, Nelson. Edição gênica e os limites da responsabilidade civil. In: MARTINS, Guilherme Magalhães; ROSENVALD, Nelson (Coords.). *Responsabilidade civil e novas tecnologias*. Indaiatuba: Foco, 2020, p. 251.
44. Nesse tópico trabalhamos as técnicas tradicionais de terapia gênica, sem a utilização do CRISPR-Cas9.

vezes justamente o oposto é verdade, como demonstram os efeitos do HIV, talvez o mais conhecido retrovírus. Todavia, significa que os genes virais – e qualquer gene extra que o vírus possa ser induzido a transportar – se tornam parte permanente do genoma da célula não destruída.[45]

O mesmo ocorre com os adenovírus, que possuem ampla capacidade de propagação de seu material genético sem destruição das células do organismo invadido. A diferença entre eles reside no fato do retrovírus possuir material genético mais simples, o RNA, enquanto o adenovírus possui estrutura molecular genética mais elaborada, o DNA.

Na terapia em células somáticas, os pesquisadores retiram boa parte do genoma do vírus, mantendo apenas sua capacidade de reprodução e transferência, e inserem o material genético saudável a ser transportado. Ao infectar as células do paciente, o vírus se encarrega de transferir o material genético que está portando para as células doentes do organismo, modificando sua estrutura.

Mencionam Watson e Berry[46] que a primeira bem-sucedida terapia gênica ocorreu em 1990, nos *National Institutes of Health* (NIH). As pacientes foram duas crianças que sofriam da deficiência de adenosina deaminase (ADA), Ashanti DeSilva, de quatro anos, e Cindy Cutshall, de nove anos. A ADA, que ocorre pela ausência de uma enzima, "desativa" o sistema imunológico, deixando o paciente vulnerável a qualquer doença.

Células do sistema imunológico das duas meninas foram colhidas e cultivadas em laboratório, e depois infectadas por retrovírus contendo o material genético desejado. O DNA do retrovírus foi transferido às células, que foram reinseridas nas pacientes. Várias infusões foram feitas durante alguns meses. Paralelamente à terapia gênica, as meninas foram submetidas à substituição enzimática, por exigência do NIH.

Watson e Berry relatam os resultados:

> Posso atestar pessoalmente que Cutshall parecia uma menina muito saudável de onze anos quando ela e sua família visitaram Cold Spring Harbor, em 1992. Onze anos depois, porém, os resultados não se mostraram tão conclusivos. O funcionamento do sistema imunológico de DeSilva está próximo do normal, mas somente cerca de um quarto de suas células T proveio da terapia gênica. O sangue de Cutshall tem uma proporção ainda menor de células T provenientes da terapia, embora seu sistema imunológico também esteja funcionando bem. Contudo, é difícil dizer exatamente quanto dessa melhora se deve à terapia gênica e quanto é uma decorrência do tratamento enzimático contínuo. O resultado, pois, é ambíguo demais para ser interpretado como um sucesso inequívoco da terapia gênica.[47]

Alguns problemas podem ser apontados nesse tipo de terapia, como demonstra o próprio caso de DeSilva e Cutshall. As células submetidas ao tratamento possuem pequeno tempo de vida, o que significa que o material genético sadio geralmente não consegue atingir a totalidade das células doentes. Também é clara a dificuldade em se atingir somente aquelas que necessitam do gene substituto. No caso de DeSilva e Cutshall, as células a serem tratadas podiam ser obtidas facilmente, por se tratarem de células do sistema imunológico.

---

45. WATSON, James D.; BERRY, Andrew. *DNA*: o segredo da vida. São Paulo: Companhia das Letras, 2005, p. 376.
46. WATSON, James D.; BERRY, Andrew. *DNA*: o segredo da vida. São Paulo: Companhia das Letras, 2005, p. 376.
47. WATSON, James D.; BERRY, Andrew. *DNA*: o segredo da vida. São Paulo: Companhia das Letras, 2005, p. 377-378.

Por fim, a terapia gênica somática apresenta incalculável potencial oncogênico. Podemos perceber esse risco a partir de um caso ocorrido na França, em 2000. No Hospital Necker, de Paris, sob a chefia de Alain Fischer, dois bebês com ADA foram submetidos à terapia. A inovação ficou por conta da utilização de células-tronco da medula óssea dos bebês. Assim, quando as células-tronco se reproduzissem, gerariam automaticamente células com genes saudáveis, numa "correção genética autorregenerante."[48]

Os resultados da terapia foram incríveis nos primeiros anos, mas em 2002, descobriu-se que um dos bebês apresentava quadro de leucemia. Embora o risco oncogênico seja real, no caso da ADA o resultado obtido ainda pode ser considerado vantajoso, em razão de suas características e dificuldades com tratamentos.

Apesar de ser técnica experimental, a modificação permanente da integridade da pessoa em linha somática, como destaca Romeo Casabona, não é ilícita, nem configura crime de lesão corporal,[49] mas deve ser valorizada com prudência, devido aos riscos ainda imprevistos:

> Ou seja, permite-se apenas a terapia gênica em linhas somáticas, ficando proibidas as modificações de aperfeiçoamento e de melhoria. Também não se permitem as intervenções gênicas em linha germinal (neste caso, tanto curativas como não curativas, e pelo menos algumas destas poderiam ser chamadas de eugênicas) se afetam o genoma da descendência, salvo alterações que possam ocorrer acidentalmente. A redação inicial do Projeto proibia direta e expressamente a modificação da linha germinal. O texto aprovado [da Convenção Europeia dos Direitos do Homem e a Biomedicina] conforma-se com que não se altere o genoma da descendência, sugerindo assim que a mudança daquela não implica, necessariamente, em alteração deste.[50]

Infinitamente maiores são os riscos que a terapia gênica germinativa pode apresentar, pois a modificação dos gametas pode resultar alterações inesperadas, como malformações e doenças até então desconhecidas. Há, inclusive, o risco de gerar problemas recessivos, a se manifestarem apenas em gerações futuras. Em voga está, também, o argumento de que a terapia gênica germinativa conduziria à eugenia, processo de seleção dos "melhores".

---

48. WATSON, James D.; BERRY, Andrew. *DNA*: o segredo da vida. São Paulo: Companhia das Letras, 2005, p. 380.
49. ROMEO CASABONA, Carlos María. O desenvolvimento do direito diante das biotecnologias. In: ROMEO CASABONA, Carlos María; SÁ, Maria de Fátima Freire de (Coords.). *Desafios jurídicos da biotecnologia*. Belo Horizonte: Mandamentos, 2007, p. 39.
50. Tradução livre de: "Es decir, se permite exclusivamente la terapia génica en la línea somática, quedando dentro de lo prohibido las modificaciones perfectivas o de mejora. Tampoco están permitidas las intervenciones génicas en la línea germinal (en este caso, tanto curativas como no curativas, y por lo menos algunas de éstas últimas podrían calificarse de eugenésicas) si afectan al genoma de la descendencia, salvo modificaciones que pudieran ocurrir de forma accidental. La redacción inicial del Borrador prohibía directa y expresamente la modificación de la línea germinal. El texto aprobado [de lo Convenio Europeo sobre Derechos Humanos y Biomedicina] se conforma con que no se altere el genoma de la descendencia, sugiriendo así que la modificación de aquélla no comporta necesariamente la del segundo" (ROMEO CASABONA, Carlos María. Protección jurídica del genoma humano en el Derecho Internacional: El Convenio Europeo sobre Derechos Humanos y Biomedicina. In: ROMEO CASABONA, Carlos María (Org.). *Genética y derecho*. Madrid: Consejo General del Poder Judicial, 2001, v. 36, p. 320).

7. CLONAGEM HUMANA[51]

O assunto ora em análise é, há tempos, objeto de discussão por parte da sociedade como um todo e, de certa forma, traz em si, uma nebulosa mitificação. Poderíamos iniciar nosso debate com as seguintes indagações: até o domínio da técnica da clonagem seria admissível utilizá-la experimentalmente, pressupondo que inúmeros abortos pudessem vir a ocorrer? Assim como as tentativas para se clonar a ovelha Dolly, seria aceitável nos depararmos com indivíduos deformados que só vieram ao mundo numa tentativa instrumentalizadora? Imaginemos as inúmeras tentativas dos cientistas até se chegar ao clone chamado Dolly. Para o homem, seria assim?

Em relação aos aspectos sociais, poderíamos questionar o alcance da técnica. Seria acessível a todos ou se manteria restrita a um pequeno grupo de pessoas detentor de poder econômico? A clonagem perpetuaria características desejáveis como inteligência e aspectos físicos em geral? Em isso acontecendo, estaríamos diante de uma eugenia positiva?

E no caso da clonagem para fins terapêuticos? Faríamos dos embriões excedentes meros instrumentos de pesquisa e investigação? Não teriam eles direito de nascer, uma vez considerados seres humanos em desenvolvimento?

Restringiremos nossa abordagem aos problemas bioéticos, sociais e políticos suscitados pelo tema, só adentrando na seara biológica quando seus conceitos e procedimentos forem essenciais à nossa perspectiva.

7.1. Panorama jurídico da clonagem no Brasil

Até o advento da Lei de Biossegurança, Lei 11.105, de 24 de março de 2005, o assunto da clonagem era puramente especulativo no Brasil, mas sua utilização poderia ser procedida por meio de uma teoria argumentativa da Constituição Federal de 1988. Essa, por sua vez, como é sabido, traz a dignidade da pessoa humana como fundamento da República. Daí a velha discussão envolvendo vários aspectos biojurídicos: tal dignidade se estenderia ao embrião humano pré-implantatório?

A Lei de Biossegurança foi cautelosa ao proibir a clonagem humana, levando-nos a entender que essa proibição não se limita à clonagem reprodutiva, mas se estende também à clonagem terapêutica. Isso porque o *caput* do artigo 5º permite, para fins de pesquisa e terapia, a utilização de células-tronco embrionárias obtidas de embriões humanos apenas pela técnica de fertilização *in vitro*.[52]

---

51. O texto-base deste capítulo foi publicado, em 2007, na obra: SARMENTO, Daniel; PIOVESAN, Flávia (Coords.). *Nos limites da vida*: aborto, clonagem humana e eutanásia sob a perspectiva dos direitos humanos. Rio de Janeiro: Lumen Juris, 2007, p. 265-275.
52. A fertilização *in vitro* é definida pelo Decreto 5.591/2005, em seu artigo 3º, inciso X, como "a fusão dos gametas realizada por qualquer técnica de fecundação extracorpórea". Logo, exigem-se dois gametas que, em fusão, produzam novo organismo e não cópia extraída de processo de clonagem.

Em sentido contrário, Luiz Régis Prado e Denise Hammerschmidt[53] entendem que é juridicamente válida a realização da clonagem terapêutica, desde que conformada em embriões excedentários, respeitadas as limitações do art. 5º. Dessa forma, a conduta não seria típica, porque permitida pela própria Lei de Biossegurança. "A clonagem terapêutica estaria permitida, desde que realizada em embriões excedentários de técnicas de reprodução assistida que sejam inviáveis, haja o consentimento dos pais e seja aprovada pelos comitês de bioética."[54] Esse não é o nosso entendimento.

De toda forma, o artigo 6º da Lei de Biossegurança proíbe, expressamente, a clonagem humana, sem distinguir suas espécies.

7.2. Clonagem reprodutiva

A primeira questão que nos propusemos a responder versa sobre o nascimento de cópias deformadas de indivíduos ou abortos decorrentes das técnicas de clonagem humana reprodutiva. Sobre esse aspecto, Dworkin, em *A virtude soberana*, traça a seguinte opinião:

> Não está claro até que ponto se pode confiar no precedente de Dolly para prever os prováveis resultados das experiências com a clonagem humana. Os conhecimentos técnicos provavelmente aumentarão; por outro lado, a clonagem humana pode tornar-se exponencialmente mais difícil do que a clonagem de ovelhas. Foram necessárias centenas de tentativas para produzir uma ovelha, mas, pelo que entendi, as outras se perderam devido a abortos, e não foi produzida nenhuma ovelha deformada porém viável. [...] De qualquer forma, porém, esses riscos não são suficientes, sozinhos, para justificar a proibição de pesquisas futuras que poderiam aprimorar nossa opinião sobre elas, e talvez a nossa capacidade de impedir ou reduzir quaisquer ameaças que sejam de fato genuínas. [...] Ademais, se estamos avaliando os riscos de danos que as experiências ou os exames podem produzir, também precisamos contemplar a esperança de que a evolução e o aprimoramento das técnicas de engenharia genética venham a diminuir muito o número de defeitos e deformidades com que nascem as pessoas hoje em dia ou com os quais crescem inexoravelmente. O balanço dos riscos pode muito bem pender para o lado favorável às experiências.[55]

Para nós, essa questão está diretamente correlacionada à aplicação dos princípios da responsabilidade e da precaução, amplamente discutidos no universo biojurídico. Aliás, sinteticamente, este último surgiu como meio de se proteger as gerações presentes e futuras das atividades que, devido à sua incerteza científica, apresentam risco potencial. O princípio da responsabilidade, em ampla significação, revela o dever jurídico em que se coloca a pessoa, a fim de satisfazer a obrigação convencionada ou suportar as sanções legais a ela impostas.

Especificamente quanto à clonagem, a atuação desses princípios fundamentaria sua proibição, pois a precaução não estaria garantida diante de tantos riscos sérios e

---

53. PRADO, Luiz Regis; HAMMERSCHIMIDT, Denise. A clonagem terapêutica e seus limites de permissibilidade na lei de biossegurança brasileira. In: *Anais do XVI Congresso Nacional do CONPEDI*. Florianópolis: Fundação Boiteux, 2007, p. 5134-5149.
54. SÁ, Maria de Fátima Freire de; OLIVEIRA, Lucas Costa de. Escassez de órgãos e clonagem terapêutica: uma conexão possível? *Revista Iberoamericana de Bioética*, n. 3, p. 1-13, 2017, p. 8.
55. DWORKIN, Ronald. *A virtude soberana*: a teoria e a prática da igualdade. Tradução de Jussara Simões. São Paulo: Martins Fontes, 2005, p. 626-627.

irreversíveis, que são empiricamente demonstrados em pesquisas científicas. Estreitamente ligado à precaução está a responsabilidade para com as gerações presentes e futuras, porquanto o risco em se clonar é demasiadamente grande para um resultado questionável.

Nesse aspecto, ousamos divergir da argumentação desenvolvida por Dworkin porque uma vez duvidosas as consequências da clonagem humana reprodutiva, melhor seria sua proibição, ao menos temporariamente. Aliás, não nos parece seguro afirmar que da clonagem humana reprodutiva não resultariam indivíduos deformados, porque pesquisas demonstram o nascimento de pequenos monstros em cachorros e macacos. A própria Dolly sofreu consequências nefastas em razão de sua origem. Inesperadamente seus tecidos envelheceram mais rapidamente que o normal, e seus criadores acabaram por sacrificá-la.

> Para essas clonagens bem-sucedidas, foram necessários centenas de óvulos de cada animal, entre os quais se obtiveram alguns embriões viáveis que foram implantados em fêmeas. Só uma ovelha, uma gata e uma vaca conseguiram levar a gravidez a termo: com cachorros e macacos, o resultado foram monstros. Com camundongos, todos os clones inicialmente considerados normais apresentaram sérias deficiências e morreram.[56]

O segundo ponto levantado na abertura do tópico "Clonagem" diz respeito à universalização do acesso da técnica a todos, dentro de uma ampla concepção de justiça distributiva. É muito comum que apenas uma pequena parcela da população receba os benefícios do desenvolvimento tecnológico, acentuando, ainda mais, o abismo entre classes sociais. Mas, a pergunta é: proibiríamos a clonagem porque seu benefício estaria restrito a poucos?

Esse argumento nos parece frágil, porquanto nivelaríamos a igualdade por baixo. Ou seja, mesmo que o acesso fosse limitado a poucos, as consequências das pesquisas, cedo ou tarde, acabariam por beneficiar classes mais pobres. Ademais, o processo de desenvolvimento científico inclui várias etapas a serem vencidas, que, por sua vez, podem se traduzir em resultados múltiplos, não representados apenas por um único produto final.

A proibição da clonagem humana reprodutiva não se deve dar sob esse argumento porque "o remédio para a injustiça é a redistribuição, e não a recusa dos benefícios para alguns sem ganhos correspondentes para outros"[57].

O terceiro e último argumento proposto por nós a respeito da clonagem reprodutiva é a análise da configuração de eugenia positiva, determinando aspectos fenotípicos e de personalidade do indivíduo por meio da repetição de modelos. Aqui caberia a pergunta: estaríamos brincando de Deus quando buscamos padrões de beleza e inteligência na clonagem?

---

56. FERREIRA, Alice Teixeira; EÇA, Lilian Piñero Marcolin; RAMOS, Dalton Luiz de Paula. Clonagem terapêutica. *Boletim do Núcleo Fé e Cultura da Pontifícia Universidade Católica de São Paulo*, São Paulo, ano 1, n. 8, jan./mar. 2004. Disponível em: <http://www.pucsp.br/fecultura/0402clon.htm>. Acesso em: 19 jan. 2006.
57. DWORKIN, Ronald. *A virtude soberana:* a teoria e a prática da igualdade. Tradução de Jussara Simões. São Paulo: Martins Fontes, 2005, p. 628.

Talvez essa seja a indagação mais complexa a ser respondida, porque nos leva a uma série de outros questionamentos. Padrões de beleza não são estáticos, não se encerram em si mesmos. Então, o clone desejado de hoje poderá não o ser amanhã.

A argumentação mais forte, contrária à técnica nesse aspecto, ressalta o padrão diferenciado que as pessoas devem ter, para preservar a diversidade da espécie. Ora, a repetição de seres implicaria um empobrecimento do genoma humano. Não obstante, mesmo sendo forte, essa hipótese é rechaçada por Dworkin ao fundamento de que as combinações de educação e vivência são mais marcantes que as combinações genéticas para formação de uma pessoa. Logo, o clone será, como todo ser humano, alguém em busca de sua individualidade, o que, por si só, garantiria a diversidade da espécie.

Além do mais, Dworkin afirma que não haverá um total controle sobre as características desejáveis, seja na manipulação de embriões, seja na clonagem humana reprodutiva:

> Devemos fazer uma pausa para anotar as hipóteses científicas contidas nesse temor: ele presume não só que é possível um planejamento genético total, mas que as diversas propriedades do fenótipo preferido podem ser reunidas na mesma pessoa, por meio desse projeto, como se cada uma dessas propriedades fosse produto de um só alelo, cuja posse tornasse tal propriedade pelo menos muito provável, e isso pudesse ser especificado e tivesse tal consequência, independentemente da especificação ou da expressão fenotípica dos outros alelos. Todas essas hipóteses parecem improváveis e sua combinação ainda mais.[58]

Ainda que Dworkin entenda não ser essa uma razão para a proibição da clonagem humana reprodutiva, não encontramos justificativa na finalidade para a utilização da técnica nessa hipótese. Parece-nos por demais egocêntrico e instigaria o exacerbamento das vaidades a busca da repetição que se encerraria em padrões externos, já que os padrões internos, como já tratamos, são construídos pela interação com o meio.

Mas o que afinal é brincar de Deus? Quando o homem descobriu a cura para inúmeras doenças ele estava brincando de Deus? Ao desenvolver sua inteligência dominando a natureza e criando instrumentos que o auxiliam na vida cotidiana, estaria ele brincando de Deus?

Brincar de Deus permitiu ao homem desenvolver sua inteligência. Uma vez mais destacamos a importância dos princípios da precaução e da responsabilidade, pois as decisões que tomamos e as atividades por nós desenvolvidas pressupõem um comprometimento moral com os riscos e consequências dos nossos atos. Parafraseando Dworkin "esse limite fundamental entre acaso e escolha é a espinha dorsal da nossa ética e da nossa moralidade, e qualquer alteração profunda nessa fronteira é um deslocamento grave".[59]

Talvez a única hipótese que vislumbramos, no momento, para a aceitação da clonagem humana reprodutiva seria na ocorrência de uma doença genética recessiva que recaia sobre um dos cônjuges e, portanto, impeça que esse tenha seu material genético aproveitado na construção do projeto parental. Sabemos que outras possibilidades

---

58. DWORKIN, Ronald. *A virtude soberana:* a teoria e a prática da igualdade. Tradução de Jussara Simões. São Paulo: Martins Fontes, 2005, p. 629-630.
59. DWORKIN, Ronald. *A virtude soberana:* a teoria e a prática da igualdade. Tradução de Jussara Simões. São Paulo: Martins Fontes, 2005, p. 632.

existem como a fertilização por meio de material genético de terceiros, mas a clonagem estaria dentro das possibilidades de escolha do casal.

7.3 Clonagem terapêutica e manipulação de células-tronco

Antes de adentrarmos no tema da clonagem terapêutica, imperioso distinguirmos os meios pelos quais se pode manipular geneticamente seres vivos para utilização de células-tronco.

Células-tronco são aquelas que detêm capacidade de gerar cópias idênticas de si mesmas, podendo diferenciar-se em vários tecidos. Assim, as células-tronco possuem a potencialidade de recuperar órgãos e tecidos danificados. Vislumbra-se, com o desenvolvimento das pesquisas com células-tronco, o tempo em que não haveria carência de órgãos para transplante.

No entanto, nem todas as células-tronco possuem a mesma capacidade de diferenciação. As células-tronco encontradas em embriões de três a quatro dias de vida possuem alta capacidade de diferenciação celular, podendo transformar-se em quaisquer tecidos. Com o desenvolvimento do embrião essa capacidade torna-se mais restrita. Dessa forma, um indivíduo adulto também possui células-tronco, todavia, essas detêm menor potencial de cura, já que podem se transformar em poucos tecidos.

O maior exemplo de células-tronco adultas são as encontradas na medula óssea, mas sua diferenciação é limitada.

Pelo exposto, podemos perceber que a utilização de células-tronco pode ocorrer fora do processo de clonagem, pois, como destacamos, indivíduos adultos também as possuem. Três são os meios de obter células-tronco: a) de indivíduos adultos; b) de embriões excedentes das técnicas de reprodução assistida; c) de embriões advindos de clonagem terapêutica, isto é, por meio da transferência do núcleo de célula já diferenciada, de um adulto ou de um embrião, para um óvulo sem núcleo.[60]

Embora a clonagem tenha sido proibida pela Lei de Biossegurança, a utilização de células-tronco embrionárias é permitida no Brasil, desde que obtida de embriões excedentes das técnicas de fertilização *in vitro*, inviáveis ou congelados há mais de três anos. Dessa forma, um dos maiores objetivos da clonagem terapêutica – a produção de órgãos para transplantes ou a recomposição desses a partir de células-tronco – ainda pode ser alcançado.

A esse respeito vale ressaltar a contradição da Lei de Biossegurança, apontada por Heloisa Helena Barboza:

> Não mais parece consistente a alegação de sacrifício do embrião na medida em que, a mesma lei que proibiu a clonagem humana em seu art. 6º, autorizou a utilização de células-tronco, obtidas de embriões humanos produzidos por fertilização *in vitro*, considerados inviáveis, ou que estejam congelados há três anos ou mais, a teor do art. 5º. Não poderiam embriões humanos obtidos por transferência de

---

60. Além da substituição do núcleo do óvulo pelo de outra célula, a clonagem também pode ocorrer pela separação de células embrionárias em estágio inicial de multiplicação celular. Assim, de forma semelhante aos gêmeos univitelinos, as células separadas dariam origem a novos embriões, com idêntico patrimônio genético.

núcleo somático ser considerados ou incluídos na categoria dos 'inviáveis', uma vez que não foi ainda comprovada a possibilidade de seu pleno desenvolvimento?[61]

Em artigo publicado na internet, o então Ministro da Ciência e Tecnologia, Sr. Eduardo Campos, manifesta seu contentamento com a aprovação da Lei de Biossegurança, mas considera-a apenas o primeiro passo e afirma que "mais cedo ou mais tarde, em uma perspectiva de médio ou de longo prazos, o Brasil deverá preparar-se para esse segundo passo [a clonagem terapêutica]".[62]

Mas o otimismo do autor não nos contagia, pelo menos, até o momento. Isso porque são inúmeras as incertezas da prática, como já dissemos, e também pela perspectiva instrumentalizadora da utilização de embriões humanos. A manipulação de células-tronco adultas não nos aflige e, portanto, não nos ateremos a ela.

Já a utilização de células-tronco embrionárias, como resultado de fertilização *in vitro*, coloca, mais uma vez, a própria reprodução humana assistida em debate, pois a manipulação embrionária acarretaria uma inevitável perda de embriões. Mesmo não os considerando como ser humano dotado de personalidade, não vemos como permitir que embriões sejam gerados por técnicas de fertilização *in vitro* como instrumento para a produção de órgãos. Estaríamos gerando uma potencial vida humana sem a correspondente possibilidade de vir a ser.

Um argumento favorável à manipulação dos mesmos, o que poderia ensejar a clonagem terapêutica, versa no sentido de que, se sobrantes das técnicas de fertilização *in vitro* realizadas com sucesso, porque não os utilizar na formação de novos órgãos? Não seriam eles descartados?

Em princípio, parece-nos adequada a colocação, porque é preciso diferenciar a produção de embriões em escala para fins de manipulação dos embriões excedentes das técnicas de reprodução assistida. A finalidade dos embriões excedentes, argumentariam alguns, era reprodutiva, não foram criados com objetivo diverso da procriação e isso, por si só, os diferencia daqueles que foram gerados, desde o início, visando a investigação e experimentação. Ocorre que nada nos garante que, uma vez proibida a primeira, a fertilização *in vitro* seja utilizada como repositório de embriões para manipulação.

Destacamos a importância do Projeto de Lei 1.184/2003, a respeito das técnicas de reprodução humana assistida, que limita em dois o número de embriões a serem produzidos e introduzidos a fresco no útero. Inexistindo embriões excedentários, não haveríamos mais que discutir o problema. Porém, os já existentes não escapariam da investigação e experimentação científicas, pois sabemos da impossibilidade de se implantar todos eles e, diante do descarte puro e simples, preferimos optar pela permissão de manipulá-los cientificamente.

---

61. BARBOZA, Heloisa Helena. Clonagem humana: uma questão em aberto. In: SARMENTO, Daniel; PIOVESAN, Flávia (Coords.). *Nos limites da vida*: aborto, clonagem humana e eutanásia sob a perspectiva dos direitos humanos. Rio de Janeiro: Lumen Juris, 2007, p. 204.
62. CAMPOS, Eduardo. *Em busca do tempo perdido*. Agência Ciência e Tecnologia, Brasília. Disponível em: <http://agenciact.mct.gov.br/index.php?action=/content/view&cod_objeto=24310>. Acesso em: 19 jan. 2006.

A discussão acerca da clonagem para obtenção de células-tronco embrionárias tem mais ou menos as mesmas bases: não se deve produzir embriões com finalidades distintas da procriação.

Logo, podemos concordar com a manipulação genética em laboratório, desde que não haja a formação de zigoto ou fecundação, mas não concordamos com a instrumentalização do ser humano.

> [...] a possibilidade de originar embriões clonados como fontes de linhagens celulares para um possível desenvolvimento de tecidos (ou mesmo órgãos) para transplante em caso de doença da pessoa de quem provém o genoma replicado, é confrontada pela proteção jurídica que se reconhece ao embrião *in vitro*, que se traduz na proibição da fertilização de óvulos para fins diferentes da procriação. Nestes termos, então, não parece aceitável.
>
> No entanto, fica a difícil questão de saber se a clonagem de células diferenciadas de adultos para desenvolver células pluripotentes e tecidos humanos para fins de seu posterior transplante para o próprio doador adulto já envolve ou não a criação de embriões, e com isso o procedimento permaneceria também sob a proibição apontada. Nesse sentido, é significativo, embora não se saiba se é suficientemente relevante, o fato de serem células que seriam direcionadas, desde o início, ao desenvolvimento de certas linhagens celulares, mas ao mesmo tempo seriam células indiferenciadas (blastômeros) que caracterizam o embrião em suas primeiras fases de desenvolvimento. A primeira conclusão é de se constatar a necessidade de se continuar a aprofundar nessas possibilidades técnicas (por exemplo, que uma célula somática pode ser indiferenciada e não é necessário recorrer à formação de um embrião) e suas consequências morais e jurídicas, para definir qual a realidade ontológica que se identifica com o embrião e qual não se identifica.[63]

Argumenta-se que a clonagem terapêutica evitaria a rejeição, tão constante no atual procedimento de transplante. Nesse, o receptor é obrigado a viver sob efeito de drogas imunossupressoras, que impedem que o corpo rejeite o órgão ou tecido geneticamente estranho. Na clonagem, as células-tronco implantadas são geneticamente iguais às do receptor. Nessa esteira, seria justo deixar uma pessoa pretendente a transplante na angustiante fila de órgãos se a clonagem terapêutica pode salvar-lhe a vida?

Antes de julgarmos se a clonagem é justa ou injusta – o que por si só é controvertido – acreditamos que uma análise mais superficial já enfrentaria de forma resoluta o problema, isto é, *a clonagem é necessária*?

---

63. Tradução livre de: "la posibilidad de originar embriones clónicos como fuentes de líneas celulares para un posible desarrollo de tejidos (o, incluso, tal vez también de órganos) para su trasplante en caso de enfermedad de la persona de quien proviene el genoma replicado, se enfrenta con la protección jurídica que se reconoce al embrión in vitro, que se traduce en la prohibición de fecundación de óvulos con fines distintos a la procreación; en estos términos no parece, pues, aceptable.
Sin embargo, queda la difícil cuestión de si la clonación de células diferenciadas de adultos para desarrollar células pluripotentes y tejidos humanos con el fin de su trasplante posterior al propio adulto donante, comporta o no ya la creación de embriones, y con ello el procedimiento quedaría también bajo la prohibición acabada de señalar. A este respecto es significativo, aunque no se sabe si suficientemente relevante, el hecho de que son células que estarían dirigidas desde el principio al desarrollo de determinadas líneas celulares, pero al mismo tiempo serían células indiferenciadas (blastómeros) que caracterizan al embrión en sus primeras fases de desarrollo. La primera conclusión ha de ser la de constatar la necesidad de proseguir profundizando en estas posibilidades técnicas (p. ej., que pueda indiferenciarse una célula somática y no sea preciso recurrir a la formación de un embrión) y en sus consecuencias morales y jurídicas, con el fin de delimitar la realidad ontológica que se identifica con el embrión y cuál no." ROMEO CASABONA, Carlos Maria. *Aspectos actuales de los transplantes*. Disponível em: <http://www.medicos.sa.cr/asodm/revista/27.htm>. Acesso em: 23 nov. 2001.

As objeções que opomos à clonagem terapêutica referem-se à instrumentalização do embrião humano, cuja finalidade difere da procriação. Não será o nobre objetivo a justificar que embriões sejam gerados para manipulação.

As pesquisas com células-tronco devem ocorrer com células adultas e com os embriões sobrantes da reprodução assistida. Neste último caso, espera-se que, com o desenvolvimento das técnicas de reprodução assistida e com as limitações jurídicas ao número de embriões a serem gerados, em breve não haja mais embriões remanescentes da fertilização *in vitro*.

A clonagem não é, pois, um procedimento necessário. Há outros meios, embora no momento pareçam menos eficientes, de se atingir o resultado da reposição de órgãos e tecidos doentes ou deteriorados.

7.4. Considerações finais

Todos os temas relacionados ao Biodireito esbarram na perspectiva de proteção ou violação de direitos humanos. O ponto comum de debate de vários aspectos – como a relação médico-paciente, a possibilidade de objeção de consciência, a perspectiva de conduzir a própria morte, a manifestação em se proceder à doação de órgãos – versa, não raro, sobre a autodeterminação da pessoa. Mas, em se tratando de clonagem, *quem é a pessoa*? Quem detém tal autodeterminação?

Deparamo-nos com duas pessoas envolvidas, quais sejam, aquele que pretende clonar a si próprio e o pesquisador, ávido por resultados científicos. Mas como enfrentar o problema em relação a uma possível futura pessoa, que não se autodetermina? Eis o ponto nevrálgico da questão da clonagem. Ou nós concordamos em instrumentalizar o ser humano, na sua forma mais incipiente, e nos damos por satisfeitos, ou não nos resta outra possibilidade que não a de defender a proibição da clonagem, amparados nos princípios da precaução e da responsabilidade.

Se fôssemos pragmáticos a ponto de entendermos que a clonagem detém inúmeras vantagens, importando a aceitação dos riscos, precisaríamos nos conformar com as possíveis deformidades, abortos e práticas eugênicas que surgissem, assumindo, de forma responsável, todos os resultados. Vale dizer:

> Na medida em que a produção e a utilização de embriões para fins de pesquisas na área médica se disseminam e se normalizam, ocorre uma mudança na percepção cultural da vida humana pré-natal e, por conseguinte, uma perda da sensibilidade moral para os limites dos cálculos do custo-benefício.[64]

Sempre que o assunto clonagem entra em pauta, parte-se para a apuração matemática de resultados, como em uma compensação aritmética de custo-benefício de valores morais. Buscando-se rigidamente tal equação diante de um código binário, assumindo a posição favorável à clonagem, teremos que aceitar quaisquer resultados positivos e negativos de tal técnica, inclusive a consequente "perda de sensibilidade moral" aventada por Habermas. A questão é: estamos dispostos a assumir esse risco?

---

64. HABERMAS, Jürgen. *O futuro da natureza humana*. Tradução de Karina Jannini. São Paulo: Martins Fontes, 2004, p. 29.

Capítulo 11
PATENTEAMENTO DE MATERIAL GENÉTICO E DE ORGANISMOS VIVOS

Quando se fala na inviolabilidade do Homem, diferentes respostas podem ser dadas àquilo que, de facto, é violado: a sua dignidade, a sua integridade, a sua autonomia etc. Em sede de direitos de patente, duas destas respostas são importantes, a saber: as que decorrem da violação da *dignidade* da pessoa humana e da sua *autonomia* respectivamente.[1]

1. INTRODUÇÃO

A pré-modernidade brasileira construiu-se em torno dos engenhos de cana-de-açúcar, dos senhores do café, dos latifúndios e do poder patriarcal. Com isso, a ideia clássica de objeto de direito, desde sempre, se identificou com a noção de coisa material.

Embora a tradição jurídica tenha se constituído sobre a perspectiva econômica dos bens corpóreos, o tempo vem nos mostrando que, diretamente proporcional à capacidade criativa do homem, encontramos um leque muito maior de consequências jurídicas na propriedade imaterial. Hoje, as denominações, marcas nominativas, know-how, patentes em muito superam o valor e a importância social de ativos outrora dominantes.

A perspectiva desse capítulo pautar-se-á na discussão de uma questão de propriedade intelectual – a patente – traduzida em uma concessão do Estado àquele que, pela invenção, preenche os requisitos de novidade, atividade inventiva e aplicação industrial, conforme o artigo 8º da Lei 9.279/96. Pelo registro da invenção, seu titular recebe uma carta-patente que lhe garante a exclusividade da exploração industrial, permitindo-se, todavia, que outros explorem a invenção mediante contrato de licença.

Mas não cabe aqui discutirmos a fundo os aspectos conceituais da patente, porquanto não é esse o objeto da investigação, mas, sim, discutir a possibilidade jurídica e as consequências de pedidos de patentes em relação ao material genético humano e aos organismos vivos.

Dessa forma, importante rememorarmos as menções feitas, no Capítulo 9, ao Projeto Genoma Humano, que teve, como proposta, a análise da estrutura de DNA humano com o intuito de determinar e descobrir o seu patrimônio genético. Como reiteradamente manifesta-se a imprensa, estamos diante da tentativa de decifrar três milhões e quinhentos mil caracteres, o que corresponderia a uma enciclopédia de 2.000 volumes de 500 páginas

---
1. MARQUES, J. P. Remédio. *Patentes de genes humanos?* Coimbra: Coimbra, 2001, (Centro de Direito Biomédico), v. 4, p. 97-98.

cada um, com combinações de apenas quatro letras: ATGC (Adenina, Timina, Guanina e Citosina). A ordem das mesmas determina as sequências genéticas com as instruções mais importantes para todos nós, porque são elas que nos permitem viver e pensar.

E diante das pesquisas que vêm sendo desenvolvidas, os impactos são inevitáveis e as indagações ganham proporções assustadoras: o ser humano, no todo ou em parte, pode ser patenteado? É possível patentear organismos vivos ou partes deles limitando o acesso à informação? Há sustentabilidade para a discussão que se coloca em torno da diferença entre invenção e descobrimento?

2. PATENTES BIOTECNOLÓGICAS NO BRASIL

Como já afirmamos, patente é um título outorgado pelo poder público àquele que desenvolveu uma invenção, objetivando sua exclusiva exploração industrial, embora, por si só, não conceda ao titular o direito de exploração comercial, restringindo-se a conferir-lhe a faculdade de proibir que outros o façam.

No Brasil, a Lei de Propriedade Industrial foi promulgada em 14 de maio de 1996 sob o número de 9.279. Dita legislação é clara em afirmar que apenas a invenção será patenteável. Mas o que é invenção?

A invenção é uma produção intelectual nova, que foi obtida a partir do engenho humano e tem aplicação industrial. As invenções podem ser classificadas em duas modalidades:

- Privilégio de invenção, que deve atender aos requisitos de novidade, atividade inventiva e aplicação industrial.
- Modelo de utilidade, que é uma nova forma, disposição ou configuração de um objeto, ou de parte dele, envolvendo ato inventivo, que resulte em melhoria funcional no seu uso ou fabricação. Também tem como requisitos a novidade, o ato inventivo e a utilização industrial.

A proteção do modelo de utilidade só pode ser concedida a um objeto de uso prático, que acarretem ato inventivo, resultando em melhoria funcional no seu uso ou fabricação.

Procedimentos e sistemas devem ser patenteados como invenção e não como modelo de utilidade, já que estes exigem "objeto de uso prático".

Passemos à análise dos requisitos novidade, atividade inventiva e aplicação industrial.

A novidade implica em originalidade, isto é, não pode ser acessível ao público antes da data do pedido da patente (artigo 11). Pode ser parcial ou total. O conhecimento acessível ao público por qualquer meio é denominado estado da técnica ou arte prévia. Logo, a novidade implica no distanciamento do estado da técnica.

O artigo 12 da Lei de Propriedade Industrial não considera como estado da técnica a divulgação, da invenção ou do modelo de utilidade, ocorrida durante os doze meses antecedentes à data de depósito ou a da prioridade do pedido de patente. A este interregno de doze meses denomina-se "período de graça".

A atividade inventiva, embora guarde semelhanças com a novidade, com ela não se confunde. Nova é a invenção considerada inédita, já a atividade inventiva é a operação criativa que modifica o estado da técnica conhecido. "Neste sentido, a atividade inventiva é a introdução criativa da novidade, é a obtenção não óbvia de uma nova solução para um determinado problema."[2]

Por fim, para ser patenteável a invenção deve possuir aplicação industrial, podendo ser utilizada ou produzida em indústria (artigo 15), entendendo-se essa como qualquer atividade física de caráter técnico, distinto do campo artístico.

Percebe-se, pois, que se exige criação intelectual de aplicação prática ou industrial. Não se aceita a patente de algo preexistente, ainda que ignorado. A invenção implica em trabalho modificador e não em simples descoberta.

O artigo 18 da Lei é expresso em estabelecer o que não configura matéria patenteável:

> I – o que for contrário à moral, aos bons costumes e à segurança, à ordem e à saúde públicas;
>
> II – as substâncias, matérias, misturas, elementos ou produtos de qualquer espécie, bem como a modificação de suas propriedades físico-químicas e os respectivos processos de obtenção ou modificação, quando resultantes de transformação do núcleo atômico; e
>
> III – *o todo ou parte dos seres vivos*, exceto os microrganismos transgênicos que atendam aos três requisitos de patenteabilidade – novidade, atividade inventiva e aplicação industrial – previstos no art. 8º e que não sejam mera descoberta.
>
> Parágrafo único – Para os fins desta lei, microrganismos transgênicos são organismos, exceto o todo ou parte de plantas ou de animais, que expressem, mediante intervenção humana direta em sua composição genética, uma característica normalmente não alcançável pela espécie em condições naturais.[3] (Grifos nossos)

Nítida é a diferença entre a invenção, que pressupõe criação do novo, e a descoberta, que apenas reconhece fenômenos ou características existentes, mas ainda não revelados. Por essa razão admite-se a patente de micro-organismos transgênicos, por esses agruparem os requisitos de novidade, atividade inventiva e aplicação industrial.

> Aqui, a noção de descobrimento tem sido utilizada para excluir do patenteamento os produtos e substâncias obtidas pelo homem em sua intervenção direta. Este argumento foi utilizado especialmente para excluir a matéria viva natural preexistente. Não obstante o princípio da não patenteabilidade das substâncias naturais se encontrar em quase todos os sistemas de patentes, sua justificação e sua exata extensão são muito variáveis. Na realidade, não cumprem com as condições de patenteabilidade pela ausência de novidade ou de atividade inventiva. Também os fenômenos e forças naturais não são invenções como tais; mas servem evidentemente como fundamento às invenções que as aplicam e que se podem patentear-se.[4]

---

2. SOUZA, Edson; APPEL, Patrícia Pontual; SOUZA, Tatiana A. Silveira de. Proteção da inovação biotecnológica. *Revista da ABPI*, Rio de Janeiro, n. 70, p. 19-27, maio/jun. 2004.
3. BRASIL. *Lei 9.279*, de 14 de maio de 1996. Regula direitos e obrigações relativos à propriedade industrial. Disponível em: <http://www.planalto.gov.br/ccivil_03/Leis/L9279.htm>. Acesso em: 27 fev. 2007.
4. Tradução livre de: "Aquí, la noción de descubrimiento ha sido utilizada para excluir del patentamiento a los productos y sustancias obtenidas por el hombre sin su activa intervención. Este argumento fue especialmente utilizado para excluir a la materia viviente natural preexistente. No obstante que el principio de la no patentabilidad de las sustancias naturales se encuentra en casi todos los sistemas de patentes, su justificación y su exacta

Dito isso, como abordar a patenteabilidade de organismo vivo? Trata-se de invenção ou descoberta?

Após todas as considerações acima tecidas, entendemos que não há atividade inventiva no mapeamento, sequenciamento e descrição do genoma de qualquer organismo vivo, o que vedaria, portanto, seu patenteamento. A mesma vedação não abrange, a nosso ver, as técnicas de mapeamento e sequenciamento do genoma.

Esse entendimento é corroborado por Maria Helena Diniz:

> O ser vivo, o corpo humano, o genoma, o material genético humano e os processos biológicos naturais não são invenções (art. 10, I e IX, da Lei 9.279/96); logo, a concessão de patentes sobre eles seria inaceitável juridicamente. O corpo humano, as sequências de material genético humano, de função ou de ADN não são patenteáveis, por não haver atividade inventiva no ato de isolar ou de sequenciar um gene. [...] Os organismos vivos não são invenções humanas, mas produtos da natureza, e a biotecnologia somente copia e efetua a recombinação das 'peças' soltas desse instrumento que é a vida.[5]

É bom entender que patentear não implica em apropriação, mas em um direito de excluir que outros explorem comercialmente a aplicação de determinada invenção. A patente divulga o conhecimento, tornando-o público. Assim, várias novas técnicas podem ser desenvolvidas a partir dessa divulgação.

A ideia de que substâncias naturais não podem ser patenteadas é, no mínimo, simplista e, sem dúvida, longe da realidade. Há substâncias que, embora existentes na natureza, não se encontram isoladas, mas em um conjunto complexo de moléculas ou matérias.

> A chave está no fato de que a patente é concedida não ao produto em seu estado natural (que costuma estar mesclado com inúmeras outras substâncias), mas no produto isolado e purificado. Nesta situação haverá atividade inventiva. Este é o caso de muitos medicamentos, começando pela centenária aspirina (1910), a adrenalina (1911) e depois com os antibióticos (entre os anos 1940 e 1950) e muitos outros (prostaglandinas, digitalina etc.).[6]

Dessa forma, argumentam alguns, o isolamento da substância é considerado atividade inventiva e sua novidade diz respeito à inexistência da mesma naquele estado que permite sua utilização.

---

extensión son muy variables. En realidad, no cumplen con las condiciones de patentabilidad por la ausencia de novedad o de actividad inventiva. Tampoco los fenómenos y fuerzas naturales no son invenciones como tales; pero sirven evidentemente como fundamento a las invenciones que las aplican y que sí pueden patentarse." SAGLIO, Adolfo A. *Patentamiento de material genético*, 2004. Disponível em: <http://www.biotech.bioetica.org/docta28.htm>. Acesso em: 23 maio 2007.

5. DINIZ, Maria Helena. *O estado atual do biodireito*. São Paulo: Saraiva, 2001, p. 444-445.
6. Tradução livre de: "La clave está en que la patente se concede no al producto en su estado natural (en el que suele estar mezclado con cientos o miles de otras sustancias), sino al producto aislado y purificado, en tanto para ello hay que aplicar actividad inventiva. Este es el caso de muchos medicamentos, empezando por la centenaria aspirina (1910), la adrenalina (1911) y siguiendo con los antibióticos (desde años 40-50) y muchos más (prostaglandinas, digitalina etc.)". IÁÑEZ PAREJA, Enrique. *Patentes y biotecnología*. 2000. Disponível em: <http://www.ugr.es/~eianez/Biotecnologia/biopatentes_1.htm>. Acesso em: 12 jul. 2007.

3. PATENTES BIOTECNOLÓGICAS NO CONTEXTO INTERNACIONAL[7]

As regulamentações observadas no panorama mundial no que se refere ao licenciamento da patente biotecnológica demonstram que em diversos países é possível o patenteamento de material biológico, mas o que também se observa é que em alguns países ainda existe uma resistência à aceitação da patente biotecnológica por motivos de ordem ética, moral e até legal vigente.

Desse modo, para iniciarmos a análise do contexto internacional no âmbito de aceitação da patente biotecnológica e para que se verifiquem alguns aspectos característicos do sistema patentário exterior, trazemos as experiências dos Estados Unidos e da União Europeia.

3.1 Estados Unidos

Os Estados Unidos possuem em suas bases um forte sistema patentário gerado pelo alto índice de qualificação do potencial científico, o que repercute na produção e difusão de biotecnologias.

Segundo o *Estudo Comparativo dos Critérios de Patenteabilidade para Invenções Biotecnológicas em Diferentes Países*, nos Estados Unidos a matéria "patente biotecnológica" é assim regulada em âmbito legal: o título 35 do Código dos Estados Unidos (*United States Code*); pelas regras do título 37 do Código Federal das Regras de Patentes, Marcas e Direitos Autorais, que regula o Escritório Estadunidense de Patentes (USPTO) e pelos julgados da corte americana.

A matéria é também mencionada na Constituição dos Estados Unidos, no artigo 1º, seção 8 que dispõe: "Promover o progresso da ciência e das artes úteis, garantindo, por tempo limitado, aos autores e inventores, o direito exclusivo aos seus escritos ou descobertas."

Os critérios de análise da aceitação da patente no sistema estadunidense se materializam por meio da análise da invenção ou descoberta de qualquer processo, máquina, manufatura ou composição da matéria que seja nova, útil e não óbvia, além de qualquer melhoria dos mesmos, desde que seja nova e útil. O invento deve apresentar também clara suficiência descritiva e não ambígua que inclua um método preferido de execução e seja reproduzível por um técnico no assunto. (USC)

Dessa análise, percebe-se que o único óbice observado na legislação americana quanto ao patenteamento de biotecnologias se dá em relação à supressão do patenteamento de sequências de ácido nucleico de ocorrência presumível (sem a necessidade de interferência, onde a presença do ácido se dá em função de algo inato) e plantas silvestres.

A primeira concessão de patente biotecnológica a definir a linha de trabalho do USPTO foi a decisão do processo *Diamond vs. Chakrabarty*, em 1980, considerada histórica e um importante precedente. A decisão permitiu a patente de qualquer ser vivo

---
7. Sobre o tema Biotecnologia consultar a clássica obra: ROMEO CASABONA, Carlos María; SÁ, Maria de Fátima Freire (Coords.). *Desafios jurídicos de biotecnologia*. Belo Horizonte: Mandamentos, 2007.

ou produto da natureza, desde que a intervenção humana seja suficiente para modificar ou incorporar uma característica existente.

As exceções de patenteabilidade reconhecidas pela Suprema Corte dos Estados Unidos limitavam-se a: (a) ideias abstratas, (b) leis da natureza e (c) fenômenos físicos.

Por meio do caso *Mayo vs. Prometheus*, iniciou-se um período de maior restrição às patentes biotecnológicas.

O laboratório *Prometheus* detinha duas patentes sobre métodos de ministração das drogas tiopurina e tioguanina a pacientes com retocolite ulcerativa ou outras doenças autoimunes. Pacientes apresentavam diferentes níveis de metabolização das drogas, o que dificultava o tratamento. Estas, uma vez ingeridas e metabolizadas pelo paciente, necessitavam de uma exata definição de dosagem para sua eficácia, sob pena de efeitos colaterais graves, em caso de alta dosagem, ou de ineficácia quando de dosagem baixa. O laboratório desenvolveu método para tal verificação por meio da análise dos níveis metabólicos do paciente.[8]

O pedido das patentes envolveu três etapas: 1) instruções aos médicos sobre a administração da substância nos pacientes; 2) determinação dos níveis metabólicos presentes no sangue do paciente; e 3) descrição das concentrações que determinam se a dose é perigosa ou ineficaz, indicando se é necessário aumentar ou diminuir a dosagem.

Após a concessão de patentes à Prometheus, a Mayo Collaborative Services desenvolveu e divulgou o seu próprio teste de diagnóstico baseado nas patentes daquela, o que deu causa ao ajuizamento de ação de violação de patente.

Em primeira instância, a Mayo obteve ganho de causa, por se entender que as patentes foram indevidamente concedidas, porquanto descreviam leis da natureza, isto é, matéria não patenteável.

A decisão foi revertida em sede de apelação, ao fundamento de que as invenções em questão poderiam ser patenteadas por passarem pelo teste "máquina-ou-transformação" (*machine-or-transformation test*)[9].

Levado o caso à Suprema Corte, considerou-se que as etapas do processo patenteado são manifestações de leis da natureza; a Prometheus apenas desencadeou o processo. "Não houve, de fato, uma modificação, o acréscimo de propriedades suficientes para tornar essa lei da natureza patenteável."[10]

---

8. NAVES, Bruno Torquato de Oliveira; GOIATÁ, Sarah Rêgo. *Patentes de genes humanos: estudo do caso das patentes dos genes BRCA1 e BRCA2*. XXII Congresso Nacional CONPEDI. Disponível em: <http://www.publicadireito.com.br/artigos/?cod=6d9bffd3b6ec2641>. Acesso em: 25 set. 2020.
9. "Máquina-ou-transformação consiste em um teste que foi largamente utilizado pela jurisprudência americana na interpretação do art. 101 do *US Patent Act,* entendendo que uma invenção relativa a um processo somente é patenteável se está relacionada a uma determinada máquina ou aparato, ou se transforma um determinado objeto em algo ou substância diferente." (BRITO, Nathalia Bastos do Vale. *Patrimônio genético humano, biodiversidade e propriedade intelectual*: uma discussão acerca das patentes e a privatização do patrimônio da espécie. Dissertação (Mestrado em Direito), Escola Superior Dom Helder Câmara. Belo Horizonte, 2017, p. 146-147).
10. BRITO, Nathalia Bastos do Vale. *Patrimônio genético humano, biodiversidade e propriedade intelectual*: uma discussão acerca das patentes e a privatização do patrimônio da espécie. Dissertação (Mestrado em Direito), Escola Superior Dom Helder Câmara. Belo Horizonte, 2017, p. 147.

Outro caso decisivo para a determinação do posicionamento dos Estados Unidos junto à patenteabilidade de partes de organismos vivos foi o *Myriad vs. AMP*.

Mark Skolnick e outros pesquisadores da Universidade de Utah estabeleceram a relação familiar com o diagnóstico de câncer. Em 1994, Skolnick e outros três colaboradores fundaram a Myriad Genetics Inc., e sequenciaram o gene BRCA1, que anos antes fora apresentado em pesquisas lideradas por Mary-Claire King, da Universidade da Califórnia, e relacionado ao câncer de mama. Alterações nos genes BRCA1 e BRCA2 (*Breast Cancer Type*) contribuem para a predisposição ao câncer, especialmente o de mama.

As patentes referiam-se ao DNA isolado das sequências dos genes BRCA1 e BRCA2 e aos métodos de comparação e análise dessas sequências, capazes de identificar a presença de mutações correlatas à predisposição ao câncer de mama ou de ovário.

Em 12 de maio de 2009, a *Association for Molecular Pathology* (AMP) e outras organizações[11] ajuizaram ação judicial requerendo a nulidade das patentes sob a alegação de que se tratavam de produtos naturais.

Em decisão de 29 de março de 2010, o juiz federal dos Estados Unidos invalidou as patentes ao argumento de que as mesmas recaíam sobre lei da natureza.

As detentoras das patentes defenderam que o ato de isolar o DNA transforma a molécula e a torna patenteável e que há precedentes, desde 1980 (caso *Diamond v. Chakrabarty*), que permitem patentes sobre seres vivos, no todo ou em parte.

O juiz argumentou que o DNA isolado possui a mesma sequência de nucleotídeos que o filamento completo, até porque uma sequência diferente não produziria os mesmos resultados. Ou seja: o DNA isolado não é muito diferente do DNA original, tal como ele existe na natureza, que constitui objeto não patenteável.

A Myriad Genetics recorreu ao Tribunal Federal de Apelações (*Court of Appeals for the Federal Circuit*), contestando a competência do tribunal e sua decisão. Em 29 de julho de 2011, o Tribunal reformou parcialmente a decisão do juiz federal, entendendo pela invalidade de patentes de sequências de genes isolados, bem como os créditos relativos aos métodos de diagnóstico por comparação e análise das sequências.

A *American Civil Liberties Union* (ACLU) requereu, em 7 de dezembro de 2011, um *writ of certiorari*, isto é, uma espécie de mandado de revisão encaminhado à Suprema Corte americana, que em 26 de março de 2012 assim se manifestou: "*Writ of certiorari* concedido. O julgamento está anulado e o caso deve ser remetido ao Tribunal Federal de Apelações para nova apreciação, à luz do caso *Mayo Collaborative Services v. Prometheus Laboratories, Inc.*"[12]

---

11. A ação foi tão importante que várias instituições e pessoas físicas juntaram-se contra a Myriad ao longo do processo, nas suas várias fases, como partes. São elas: American College of Medical Genetics; Association for Molecular Pathology; American Society for Clinical Pathology; Breast Cancer Action; College of American Pathologists; Lisbeth Ceriani; Wendy Chung, M.D., Ph.D.; Arupa Ganguly, Ph.D.; Genae Girard; Haig H. Kazazian, Jr., M.D.; David H. Ledbetter, Ph.D.; Runi Limary; Ellen T. Matloff, M.S.; Our Bodies Ourselves (Boston Women's Health Book Collective); Harry Ostrer, M.D.; Kathleen Raker; Elsa Reich, M.S.; Vicky J. Thomason; Stephen T. Warren, Ph.D.
12. Tradução livre de: "The petition for a writ of certiorari is granted. The judgment is vacated, and the case is remanded to the United States Court of Appeals for the Federal Circuit for further consideration in light of Mayo Collaborative Services v. Prometheus Laboratories, Inc."

Desta forma, a Suprema Corte, com base em sua própria decisão do caso Mayo v. Prometheus, que inovava frente a seus entendimentos anteriores, anulou a julgamento, remetendo o caso à reanálise do Tribunal Federal de Apelações. Sua nova decisão, por maioria, entendeu que o patenteamento era possível, pois o gene isolado difere do gene nativo. Bergel sintetiza os argumentos principais:

- Não se patenteou um gene humano, mas algo diferente: um gene isolado, que se diferencia do gene nativo porque o processo de extração produz mudanças em sua estrutura molecular (ainda que não em seu código genético);
- Os "produtos naturais purificados" têm características distintas se comparadas com o produto impuro, o que resulta de significativa utilidade potencial. As sequências de DND isoladas têm propriedades muito diferentes que são diretamente responsáveis por uma nova e significativa utilidade;
- Em razão da diferente estrutura química do DNA isolado ser um produto da intervenção humana, ele conduz a uma utilidade diferente e benéfica. Por isso, considera-se que os pequenos fragmentos de DNA isolados constituem material patenteável.[13]

Assim, apesar de reconhecer o mérito da descoberta dos genes, não seria justificável a patente do mesmo, por não se tratar de uma atividade de invenção.

O processo chegou à Suprema Corte, que, em 13 de junho de 2013, entendeu que a sequência genética isolada pela Myriad era produto da natureza. Por não haver nenhuma alteração na informação codificada pelos genes BRCA1 e BRCA2, nem mesmo em sua estrutura e composição química, não se trata de ato inventivo.

3.2 União Europeia

Após a Segunda Guerra Mundial alguns países se reuniram objetivando pleitear uma referência mundial em nível econômico e político, sendo a mesma materializada em 1950. Instituída a União Europeia, estabeleceu-se uma unificação do sistema europeu de patentes chamada de Convenção Europeia de Patentes.

Sendo a EPO (*European Patent Office*) elencam-se os seguintes países signatários da Convenção Europeia de Patentes: Alemanha, Áustria, Bélgica, Bulgária, Chipre, Dinamarca, Eslováquia, Eslovênia, Espanha, Estônia, Finlândia, França, Grécia, Holanda,

---

13. Tradução livre de:
   "• No se ha patentado un gen humano, sino algo diferente: un gen aislado que difiere del gen nativo porque el proceso de extracción produce cambios en su estructura molecular (aunque no en su código genético);
   • Los "productos naturales purificados" tienen características distintivas diferentes comparadas con el producto impuro, lo que resulta de significativa utilidad potencial. Las secuencias de ADN aisladas tienen propiedades muy diferentes que son directamente responsables de una nueva y significativa utilidad;
   • Debido a que la diferente estructura química del ADN aislado es un producto de la intervención del hombre, ello conduce a una utilidad diferente y beneficiosa. En razón de ello se considera que los pequeños fragmentos de ADN aislados constituyen materia patentable. (BERGEL, Salvador Darío. Enfoque ético-jurídico de la sentencia de la Corte Suprema de los Estados Unidos sobre patentabilidad de genes humanos. *Revista Bioética*, v. 22, n. 1, p. 18-27, 2014. Disponível em: <http://www.scielo.br/pdf/bioet/v22n1/a03v22n1.pdf>. Acesso em: 23 set. 2020).

Hungria, Irlanda, Islândia, Itália, Liechtenstein, Lituânia, Luxemburgo, Malta, Mônaco, Polônia, Portugal, Reino Unido, República Checa, Romênia, Suíça, Suécia e Turquia.

A Diretiva 98/44/CE, de 6 de julho de 1998, promulgada pelo Parlamento Europeu, relativa à proteção jurídica das invenções biotecnológicas, dispõe de forma muito expressiva quanto aos benefícios do patenteamento de biotecnologias ante o desenvolvimento e progresso gerado pelas mesmas, dispõe também sobre a necessidade de investimentos nos setores de pesquisas biotecnológicas que se materializam por meio de uma proteção jurídica eficaz.

> A Diretiva Europeia de Patentes sobre a proteção legal de invenções biotecnológicas representa importante contribuição para codificar um critério uniforme para o mínimo ético, o qual deve ser considerado na lei de patentes relativa às invenções humano-genéticas, sem, contudo, restringir muito a proteção patenteária essencial nessa área significativa. (SIMON, 2005, p. 470)

Não obstante os benefícios anteriormente dispostos, a Diretiva também salienta sobre as questões éticas, sobre os tratados que restringem o âmbito de abrangência da patente biotecnológica. Especificando da seguinte maneira as restrições a proteção patenteária biotecnológica:

> Artigo 4º
> 1. Não são patenteáveis:
> a) As variedades vegetais e as raças animais;
> b) Os processos essencialmente biológicos de obtenção de vegetais ou de animais.
> 2. As invenções que tenham por objecto vegetais ou animais são patenteáveis se a exequibilidade técnica da invenção não se limitar a uma determinada variedade vegetal ou raça animal.
> 3. O disposto na alínea b) do n. 1 não prejudica a patenteabilidade de invenções que tenham por objecto um processo microbiológico ou outros processos técnicos, ou produtos obtidos mediante esses processos.
>
> Artigo 5º
> 1. O corpo humano, nos vários estádios da sua constituição e do seu desenvolvimento, bem como a simples descoberta de um dos seus elementos, incluindo a sequência ou a sequência parcial de um gene, não podem constituir invenções patenteáveis.
> 2. Qualquer elemento isolado do corpo humano ou produzido de outra forma por um processo técnico, incluindo a sequência ou a sequência parcial de um gene, pode constituir uma invenção patenteável, mesmo que a estrutura desse elemento seja idêntica à de um elemento natural.
> 3. A aplicação industrial de uma sequência ou de uma sequência parcial de um gene deve ser concretamente exposta no pedido de patente.
>
> Artigo 6º
> 1. As invenções cuja exploração comercial seja contrária à ordem pública ou aos bons costumes são excluídas da patenteabilidade, não podendo a exploração ser considerada como tal pelo simples facto de ser proibida por disposição legal ou regulamentar.
> 2. Nos termos do disposto no n. 1, consideram-se não patenteáveis, nomeadamente:
> a) Os processos de clonagem de seres humanos;
> b) Os processos de modificação da identidade genética germinal do ser humano;
> c) As utilizações de embriões humanos para fins industriais ou comerciais;

d) Os processos de modificação da identidade genética dos animais que lhes possam causar sofrimentos sem utilidade médica substancial para o Homem ou para o animal, bem como os animais obtidos por esses processos.

A Convenção Europeia de Patentes (EPC) possui um caráter de unificação do sistema europeu de patentes e possui como um de seus focos a regulamentação da matéria patentária biotecnológica, explicitando inclusive as restrições para o patenteamento da mesma como procedimentos cirúrgicos, diagnósticos entre outros. Como expõe Simon:

> O EPC permite principalmente patentes sobre invenções gene-tecnológicas, métodos para produção de fármacos (patentes de processo) e para os próprios fármacos (patentes de produto).
> São ilícitas, todavia, as patentes sobre descobertas, Art. 52 II, procedimentos cirúrgicos, de diagnósticos e terapêuticos, Art. 52 IV, procedimentos principalmente biológicos, procriação de plantas e animais, e tipos de plantas e espécies de animais, Art. 53. (2005, p. 473)

Nos moldes dos países que foram analisados, aferimos que o sistema patenteário internacional constitui-se assim de políticas com características bem definidas, especialmente no que tange a delimitação do âmbito de abrangência da proteção intelectual de biotecnologias.

Na dinâmica de restrição do patenteamento de específicos materiais biológicos nos países estudados observa-se a incidência do crivo ético, objetivando um progresso idôneo quanto às bases morais e políticas.

Como se viu, a Diretiva 98/44/CE, em seu artigo 5º, permite, expressamente, o patenteamento de uma sequência total ou parcial de um gene isolado. Assim, desde que isolado e com função definida de tal forma que haja utilidade industrial, é o material considerado novo e a patente é permitida.

Carlos María Romeo Casabona levanta dúvidas acerca dessa novidade:

> Inobstante a crítica que se faz, na realidade o que interessa de um gene ou da sequência parcial de um gene não é o continente, sua própria estrutura enquanto tal, mas seu conteúdo: a informação, e esta, ainda que isolada em laboratório ou possa reproduzir-se por um procedimento técnico, não é nova, é uma informação já existente em um gene, ou na sequência parcial de um gene que já existia na natureza.[14]

Ao lado da controvérsia acerca da patenteabilidade dos dados genéticos, parece haver certo consenso de que o isolamento de proteínas pode dar ensejo à sua patente. Há certo contrassenso nessa aceitação. As proteínas produzidas pelo corpo humano são codificadas pelo DNA. Dessa forma, não há diferença sensível entre se patentear os dados proteômicos e os dados genéticos, já que estes darão origem àqueles.

Saglio expõe conclusões interessantes sobre o tema:

---

14. Tradução livre de: "Sin embargo la crítica que se hace es que en realidad lo que interesa de un gen, o de la secuencia parcial de un gen no es el continente, su propia estructura en cuanto tal, sino su contenido: la información y esta información, aunque se aísle en el laboratorio o se pueda reproducir por un procedimiento técnico, no es nueva, es una información que ya existía en el gen, o en la secuencia parcial de un gen que ya existía en la naturaleza." ROMEO CASABONA, Carlos María. Protección jurídica de las invenciones biotecnológicas. *Actas de las Reuniones del Comité Científico* (Sociedad Internacional de Bioética), Gijón, n. 5, 2000. Disponível em: <http://www.sibi.org/pub/cas.htm>. Acesso em: 19 jun. 2007.

I – Se o material genético codifica uma nova proteína, o DNA (RNA) correspondente é novo e implica atividade inventiva (mas a proteína ou o pedaço de DNA têm que ser caracterizados);

II – Se o material genético codifica uma proteína conhecida, mas que não está isolada em sua forma pura e sua sequência não fora definida, o DNA que a codifica é novo e implica atividade inventiva, também;

III – Se o material genético codifica uma proteína conhecida, caracterizada e sua sequência fora definida, o DNA que a codifica é novo, mas não implica em atividade inventiva;

IV – Se um gene que codifica uma proteína já fora isolado e purificado, ainda que não tenha sido definida sua sequência, a posterior definição de sua sequência não implica atividade inventiva;

V – Se um gene com atividade nova e inesperada é selecionado de uma sequência conhecida, o próprio gene é novo e implica atividade inventiva.[15]

O simples sequenciamento do material genético, por si só, não caracteriza atividade inventiva, pois apenas expõe um conhecimento, sem efetiva alteração da matéria natural preexistente. Ao contrário, se o material genético codifica nova proteína, presentes estarão os elementos essenciais à caracterização da invenção.

O patenteamento de fragmentos de DNA (EST) foi objeto de controvérsias desde o início do Projeto Genoma Humano, quando, em 1991, Craig Venter requereu a patente de mais de três centenas de sequências de genes. Iáñez Pareja relata que a primeira patente de EST foi concedida em 6 de outubro de 1998, pelo *United States Patent and Trademark Office* (USPTO), à Incyte Pharmaceuticals.[16]

Em 1998 e 1999, a USPTO emitiu diretrizes sobre a patente de EST, fixando que é necessária a comprovação da utilidade industrial, com a descrição da função do fragmento de DNA, e essa utilidade deve ser expressiva e substancial.

Na Europa, há quem levante uma aparente contradição entre a Diretiva europeia 98/44 e Convenção Europeia de Bioética, que estabelece que "o corpo humano e suas partes não deverão ser objeto de lucro" (artigo 21). Não nos parecem contraditórias as normativas, já que a Convenção é mais genérica e a Diretiva 98/44/CE é norma específica, que veda a patente sobre o todo do corpo humano e sobre a descoberta de seus elementos, incluindo sequências genéticas, mas permite a patente de elementos isolados do corpo humano ou produzidos por processos técnicos, desde que tenham aplicação industrial clara (artigo 5º).

---

15. Tradução livre de: "(i) Si el material genético codifica para una proteína novedosa, el ADN (ARN) correspondiente es novedoso e implica actividad inventiva (pero la proteína o el corte de ADN tienen que ser caracterizados);

    (ii) Si el material genético codifica para una proteína conocida, pero no está aislada en forma pura y su secuencia no es definida, el ADN que la codifica es novedoso e implica actividad inventiva, también;

    (iii) Si el material genético codifica para una proteína conocida, caracterizada y su secuencia es definida, el ADN que la codifica es novedoso pero no implica una actividad inventiva;

    (iv) Si un gen que codifica para una proteína ya ha sido aislado y purificado, aunque no ha sido definida su secuencia, la ulterior definición de su secuencia no implica actividad inventiva;

    (v) Si un gen con actividad novedosa e inesperada es seleccionado de una secuencia conocida, el gen mismo es novedoso e implica actividad inventiva." SAGLIO, Adolfo A. *Patentamiento de material genético*, 2004. Disponível em: <http://www.biotech.bioetica.org/docta28.htm>. Acesso em: 23 maio 2007.

16. IÁÑEZ PAREJA, Enrique. *Patentes y biotecnologia*, 2000. Disponível em: <http://www.ugr.es/~eianez/Biotecnologia/biopatentes_1.htm>. Acesso em: 12 jul. 2007.

De forma muito semelhante ocorre o patenteamento de animais e vegetais. Bom exemplo da instabilidade de posições acerca do tema é a postura adotada pelo Escritório Europeu de Patentes.

As duas primeiras resoluções produzidas na Câmara de Recursos do Escritório Europeu de Patentes permitiram o patenteamento de vegetais, sob o argumento de que a antiga Convenção Europeia de Patentes, de 1963 e vigente à época, proibia a patente de uma variedade ou espécie de planta, ou seu material de propagação, mas não de "plantas em geral".

De forma similar ocorreu com animais, quando se obteve a patente na Europa do rato de Harvard ou oncorrato (*oncomouse*). Assim como os vegetais, decidiu-se não ser possível a patente de uma raça animal, mas o seria na forma de um animal específico, modificado geneticamente.

Em meados da década de 1990, a posição da Câmara de Recursos foi modificada (Resolução T 0356/93, publicada em BO OEP 1995, 545). É o que nos explica Christian Gugerell:

> Nesse caso, as plantas e sementes estavam caracterizadas por um traço geneticamente determinado, a saber, a resistência a um determinado herbicida conferida pela presença, obtida através da engenharia genética, de um gene bacteriano no genoma de plantas e sementes. Essa característica foi transferida de maneira estável às plantas e sementes em gerações posteriores. Além disso, os exemplos da patente objeto de litígio pressupunham a produção de vegetais transgênicos a partir de variedades conhecidas. Em outras palavras, a introdução de uma característica distintiva hereditária nas variedades. A Câmara sustentou não poder permitir-se aprovar uma reivindicação se a concessão de uma patente em relação à invenção definida na reivindicação contradissesse a disposição da convenção [Convenção Europeia de Patentes, de 7 de outubro de 1977] que estabelece uma exceção à patenteabilidade. Portanto, não era admissível uma reivindicação que abrangesse variedades vegetais, ainda que não se referisse a nenhuma variedade concreta.
>
> Consequentemente, hoje o escritório não concede nenhuma patente às reivindicações de plantas e animais transgênicos enquanto tais e esse critério só será modificado quando houver uma nova jurisprudência da Câmara de Recursos.[17]

Em sede de Biotecnologia, as patentes são questionáveis levando em consideração, principalmente, a padronização da patenteabilidade em escritórios de patente no mundo. É impossível monitorar as atividades de pesquisa e o avanço tecnológico em todas as instâncias que as desenvolvem. E a divulgação seria a ferramenta para transformar a pesquisa em objeto de inovação, concedendo segurança ao pesquisador que detém os resultados.

No Brasil, não existe uma cultura ligada à propriedade intelectual. Assim, nem sempre o patenteamento é o foco das empresas e laboratórios.[18]

Um sistema de patentes articulado a outras ações de incentivo e uma cultura de propriedade intelectual estimula o crescimento econômico. Por outro lado, as discussões éticas não devem se afastar das decisões políticas.

---

17. GUGERELL, Christian. A proteção legal das descobertas genéticas e a patenteabilidade dos organismos vivos manipulados. O escritório europeu de patentes em Munique. In: ROMEO CASABONA, Carlos María (Org.). *Biotecnologia, direito e bioética*: perspectivas em direito comparado. Belo Horizonte: Del Rey e PUC Minas, 2002, p. 268-269.
18. NAVES, Bruno Torquato de Oliveira; GOIATÁ, Sarah Rêgo. Patentes em biotecnologia: patentear a vida ou objetivar o uso positivo da patente na política de desenvolvimento da biotecnologia. In: PIMENTA, Eduardo Goulart; MAGALHÃES, Rodrigo de Almeida; NAVES, Maria Emília Nunes; PIMENTA, Leonardo Goulart; LANA, Henrique Avelino; PEREIRA, Natassia (Orgs.). *Construindo relações jurídicas entre o público e o privado*. Belo Horizonte: D'Plácido, 2014, p. 187-198.

A dogmática brasileira considera não ser patenteável, por exemplo, a sequência de DNA isolado. Ponderadas as questões éticas e em um viés utilitarista, é certo que a flexibilização das restrições às patentes pode agilizar o avanço tecnológico, conferindo visibilidade às pesquisas e, inevitavelmente, atraindo investimentos que tornariam o país competitivo em questões concernentes ao avanço tecnocientífico.

Sob a égide de um sistema capitalista, em que países com tecnologia de ponta em pesquisas avançam economicamente, o peso da análise econômica da legislação se faz uma variável necessária dentre os muitos fatores a contribuir para a discussão, no entanto não pode ser o mais importante nem o único.[19]

4. O CASO DA LINHA CELULAR DOS HAGAHAI

Embora tenhamos nos manifestado contra o patenteamento de material genético humano, trazemos à baila um caso em que isso foi possível, em razão da emissão de patente, nos Estados Unidos, aos Institutos Nacionais de Saúde, sobre linha celular humana, não modificada, extraída de um indígena de Papua Nova-Guiné.

Foram detectados problemas de saúde na tribo indígena dos Hagahai quando de seu contato com o mundo. Assim, uma equipe do governo de Papua Nova-Guiné, juntamente com Carol Jenkins, antropóloga e médica estadunidense – financiados pela National Geographic dos Estados Unidos – verificaram, por meio de pesquisas, que os hagahai padeciam de doenças endêmicas.

Em 1989, após a coleta de sangue em vinte e quatro homens e mulheres, a pesquisa laboratorial detectou o retrovírus HTLV-1, na linha celular de um dos doadores. Esse vírus tem grande potencial no diagnóstico e fabricação de vacinas para doenças relacionadas à leucemia.

Os Institutos Nacionais de Saúde, laboratórios estadunidenses que empreenderam a pesquisa, obtiveram a patente da linha celular. Após pressões internacionais, o referido órgão requereu o cancelamento da patente.

Esse caso retrata, como outros tantos que não chegam ao nosso conhecimento, que o direito de patentes não depende apenas de aspectos jurídicos. Pressões de natureza econômica e política muitas vezes ditam o posicionamento adotado pelos escritórios de patentes no mundo.

Em razão do exposto, é necessário empreender uma ampla discussão pública sobre a conveniência do patenteamento de descobertas, já que, juridicamente, procede-se à distinção entre invenção e descoberta.

---

19. NAVES, Bruno Torquato de Oliveira; GOIATÁ, Sarah Rêgo. Patentes em biotecnologia: patentear a vida ou objetivar o uso positivo da patente na política de desenvolvimento da biotecnologia. In: PIMENTA, Eduardo Goulart; MAGALHÃES, Rodrigo de Almeida; NAVES, Maria Emília Nunes; PIMENTA, Leonardo Goulart; LANA, Henrique Avelino; PEREIRA, Natassia (Orgs.). *Construindo relações jurídicas entre o público e o privado*. Belo Horizonte: D'Plácido, 2014, p. 187-198.

Capítulo 12
TRANSEXUALIDADE[1]

Ó Adão, não te demos nem um lugar determinado, nem um aspecto que te seja próprio, nem tarefa alguma específica, a fim de que obtenhas e possuas aquele lugar, aquele aspecto, aquela tarefa que tu seguramente desejares, tudo segundo o teu parecer e a tua decisão. A natureza bem definida dos outros seres é refreada por leis por nós prescritas. Tu, pelo contrário, não constrangido por nenhuma limitação, determiná-la-ás para ti, segundo o teu arbítrio, a cujo poder te entreguei.[2]

1. A "INDEPENDÊNCIA" DO SER HUMANO

Como aspectos da pessoa humana, os direitos da personalidade não podem ser analisados apenas como direitos subjetivos, mas principalmente como possibilidade de vir a ser; a determinação mais íntima e segura da identidade do ser humano. Os direitos da personalidade são situações subjetivas que protegem o devir humano; protegem a potencialidade de se constituir pessoa dentro de um ambiente saudável.

No entanto, como determinar sob quais condições o ser humano encontra meios propícios para desenvolver sua personalidade? Qual o modelo a se seguir?

Interessante pensar que a Modernidade foi responsável pela superação do modelo monolítico predeterminado pela Religião ou pelo Estado.

Como nos relata Richard Tarnas,[3] a Modernidade modifica a noção de sujeito, ao libertar o homem da heteronomia religiosa. O comportamento humano, especialmente quanto ao modelo sexual adotado, era determinado pelo temor da condenação eterna. O pecado cercava o homem e sua personalidade não devia ser construída com a sua participação.

A consciência de si mesmo e sua relação com o outro, permitiu ao homem buscar na ciência a "autoridade intelectual proeminente, sendo agora definidora, juiz e guardiã da visão cultural do mundo".[4]

A independência do homem em relação ao pecado, às estruturas políticas e às superstições medievais transformaram a personalidade.

---

1. Agradecemos a pesquisa e a contribuição de Juliana Mendonça Alvarenga, de Marcelo M. Couto e de Iara Antunes de Souza para a atualização desse capítulo.
2. PICO DELLA MIRANDOLA, Giovanni. *Discurso sobre a dignidade do homem*. Lisboa: Edições 70, 2008, p. 51-53.
3. TARNAS, Richard. *A epopeia do pensamento ocidental*: para compreender as ideias que moldaram nossa visão de mundo. 5. ed. Rio de Janeiro: Bertrand Brasil, 2002.
4. TARNAS, Richard. *A epopeia do pensamento ocidental*: para compreender as ideias que moldaram nossa visão de mundo. 5. ed. Rio de Janeiro: Bertrand Brasil, 2002, p. 309.

Uma fidelidade psicológica que passava de Deus para o Homem, da dependência para a independência, do outro mundo para este, do transcendental para o empírico, de mito e crença para a Razão e fato, das universalidades para as particularidades, de um Cosmo estático determinado pelo sobrenatural para um Cosmo em evolução determinado pela Natureza e de uma Humanidade decadente para uma progressiva.[5]

A personalidade contemporânea não contempla modelos e reconhece que o único meio de se alcançar uma justiça tão mutável quanto seu próprio destinatário é reconhecendo-lhe o poder de autodeterminar interesses.

Podemos afirmar que, em princípio, a característica definidora da Modernidade foi responsável por sua crise. A crença na razão queria transformar a verdade metafísica em certeza científica, quase matemática. A ordenação do caos era o interesse principal, na qual a nomeação e a classificação seriam potentes instrumentos.

No Direito também convivemos com essa necessidade ordenadora. Os códigos ordenavam, classificavam e conceituavam institutos jurídicos. Todavia, quanto mais precisas são as definições, mais elas segregam e mais se tem a conceituar. A busca pela verdade acabou por gerar o retorno da incerteza.

> A ambivalência é um subproduto do trabalho de classificação e convida a um maior esforço classificatório. Embora nascida do impulso de nomear/classificar, a ambivalência só pode ser combatida com uma nomeação ainda mais exata e classes definidas de modo mais preciso ainda: isto é, com operações tais que farão demandas ainda mais exigentes (contrafactuais) à descontinuidade e transparência do mundo e assim darão ainda mais lugar à ambiguidade.[6]

Dessa forma, ciência e ambivalência estão em pontos contrários e ao mesmo tempo muito próximos. Embora procure afastar o caos da ambivalência, precisando conceitos e classificações, a verdade cartesiana dos primórdios da Modernidade demonstrou que a única saída para o Direito era reconhecer a individualidade e o indivíduo como seu agente construtor.

Considerada como "aquilo que nos permite definir o que é e o que não é importante para nós",[7] a identidade permite que as potencialidades do indivíduo concretizem-se segundo seus próprios interesses e convicções.

Enfim, reconhecemos a pluralidade do homem e o projeto inacabado de construção de sua personalidade, dependente da autonomia como elemento determinante da dignidade do ser humano.

Nesse contexto de precariedade da personalidade do homem (pós) moderno, é que propomos o estudo da situação jurídica dos transexuais.

---

5. TARNAS, Richard. *A epopeia do pensamento ocidental*: para compreender as ideias que moldaram nossa visão de mundo. 5. ed. Rio de Janeiro: Bertrand Brasil, 2002, p. 343.
6. BAUMAN, Zygmunt. *Modernidade e ambivalência*. Tradução de Marcus Penchel. Rio de Janeiro: Jorge Zahar, 1999, p. 11.
7. TAYLOR, Charles. *As fontes do self*: a construção da identidade moderna. São Paulo: Loyola, 1997, p. 47.

2. DA NOÇÃO DE TRANSEXUALIDADE

São várias as lendas e mitos a respeito de condições sexuais consideradas incomuns, como a androgenia e o verdadeiro hermafroditismo. Também são comuns aquelas ligadas à alteração do sexo morfológico. Donde se percebe que a sexualidade humana vai para além do campo biológico. A sexualidade é antes de tudo cultural. Formação histórica que constitui importantes aspectos do ser humano, abrangendo nuances de cunho biológico, psíquico e comportamental, que se integram entre si. A integração desses aspectos é denominada *status sexual*. A partir do *status sexual*, surge, para o indivíduo, o direito à identificação sexual, que, por sua vez, se insere no campo dos direitos da personalidade.

A determinação do sexo do ser humano exige que se adentre no conjunto de aspectos de sua sexualidade. Esses aspectos são classificados em três grupos: "o sexo biológico, constituído pelo sexo morfológico, pelo sexo genético e pelo sexo endócrino, o sexo psíquico e o sexo civil."[8]

Ocorre que sempre houve um protótipo do que a sociedade considerava *indivíduo normal* em relação à sexualidade, diferenciando-o dos outros tipos sexuais. Em 2001, quando ainda se inseria o sufixo "ismo" para nomear os tipos sexuais, o que revelava a sua natureza de patologia, Ana Paula Barion Peres afirmava que:

> Havendo uma quebra dessa normalidade, pode-se fazer uma cisão entre o que sucede quando a ruptura se origina de um conflito entre os próprios caracteres orgânicos do sexo e quando resulta de um desequilíbrio entre as características orgânicas do sexo e as características psicológicas. No primeiro caso, há um 'quadro de intersexo'; enquanto, no segundo, há um 'quadro parapsiquiátrico'. Assim é que, genericamente, os tipos sexuais ditos 'desarmônicos' dividem-se em: intersexualismo, homossexualismo, bissexualismo, travestismo e transexualismo.[9]

Tratar-se-á, de forma sucinta, a conceituação desses tipos sexuais no intuito de melhor delimitarmos o que venha a ser transexualidade.

Por intersexualidade entende-se o desequilíbrio entre os diversos fatores responsáveis pela determinação do sexo, levando a uma ambiguidade biológica. Na acepção verdadeira da palavra, não se confunde com hermafroditismo, embora modernamente o hermafroditismo seja considerado um subtipo da intersexualidade.[10]

---

8. SZANIAWSKY, Elimar. *Limites e possibilidades do direito de redesignação do estado sexual*. São Paulo: Revista dos Tribunais, 1999, p. 36. O sexo morfológico diz respeito à forma ou aparência de uma pessoa no seu aspecto genital; o sexo endócrino é formado pelo sexo gonadal e pelo sexo extragonadal. O primeiro tipo é identificado nas glândulas sexuais: os testículos no homem e os ovários na mulher. O segundo tipo é constituído pelas glândulas tireoide e epífise, que têm como função atribuir ao indivíduo outros traços de masculinidade ou feminilidade. O sexo psíquico afigura-se como características de reação psicológica do indivíduo perante os determinados estímulos; e o sexo civil é o sexo jurídico ou legal. Sua determinação se dá, normalmente, por meio do sexo biológico.
9. PERES, Ana Paula Ariston Barion. *Transexualismo*. O direito a uma nova identidade sexual. Rio de Janeiro: Renovar, 2001, p. 106-107. Também sobre essa classificação, que sempre deve ser considerada de forma aberta, ver: NASCIMENTO, Simone Murta Cardoso do. Decorrências jurídicas do transexualismo. In: VIEGAS, Carlos Athayde Valadares et al. *Ensaios críticos de direito privado*. Belo Horizonte: Arraes, 2015, p. 300-322.
10. Sobre o tema: LIMA, Taisa Maria Macena de. SÁ, Maria de Fátima Freire de. Paradoxos sexuais. In: LIMA, Taisa Maria Macena de; SÁ, Maria de Fátima Freire de; MOUREIRA, Diogo Luna (Coords.). *Direitos e fundamentos entre vida e arte*. Rio de Janeiro: Lumen Juris, 2010, p. 231-238.

Não há, na história da Medicina, descrição de casos de hermafroditismo verdadeiro em seres humanos. O que ocorre, por vezes, é que a pessoa apresenta algumas características externas que o fazem assemelhar-se ao homem, em alguns aspectos, e à mulher, em outros. No entanto, não há órgãos sexuais de ambos os sexos em funcionamento; um dos órgãos apresenta normalidade fisiológica, enquanto o outro se apresenta atrofiado.

A homossexualidade se caracteriza pela prática de atos sexuais entre indivíduos do mesmo sexo. Em muito se distancia da transexualidade.[11]

A bissexualidade caracteriza-se pela alternância na prática sexual, realizando-se ora com parceiros do mesmo sexo, ora com parceiros do sexo oposto.

Os travestis são, em geral, homossexuais, mas nem todo homossexual é travesti. Caracterizam-se pelo uso de "roupagens cruzadas". Também se diferenciam dos transexuais, pois estes, ao contrário daqueles, têm aversão aos próprios órgãos sexuais, que se não constituem como fonte de prazer.

Por fim, o transexual é aquele indivíduo biologicamente perfeito, que acredita pertencer ao sexo contrário à sua anatomia. Sendo o sexo psicológico incompatível com o sexo morfológico, consequentemente, seus órgãos genitais não constituem um centro erógeno.

A teoria neurológica, formulada por holandeses, é mais aceita dentre os médicos para explicar a transexualidade feminina:

> Estudando o hipotálamo de cadáveres, região do cérebro responsável pelo desenvolvimento dos hormônios sexuais, os cientistas descobriram que uma parte chamada estria terminal é em média 44% maior nos homens do que nas mulheres. Ao medir a região em seis transexuais, os pesquisadores descobriram volumes até 52% menores do que a média masculina. Portanto, a região cerebral ligada à evolução da sexualidade seria, nos transexuais, mais próxima à das mulheres do que à dos homens.[12]

No estudo da sexualidade, o transexual foi classificado como primário e secundário. O primeiro tipo traduz-se naquele indivíduo que, precocemente, manifesta vontade inequívoca de modificação de sexo. O segundo tipo oscila entre aquele que se entende como homossexual e travesti. Diante desse quadro, havia quem defendesse que a cirurgia para mudança de sexo somente era indicada para o transexual primário[13], já que o

---

11. "O transexual acredita insofismavelmente pertencer ao sexo contrário à sua anatomia e por isso se traveste. Para ele, a operação de mudança de sexo é uma obstinação. Em momento algum vive, comporta-se ou age como homem. Quando o faz é sob condições estressantes que podem conduzi-lo a consequências neuróticas e até psicóticas. Estas podem chegar a ponto de induzi-lo à automutilação da própria genitália e, em certos casos, ao suicídio." (CHAVES, Antônio. *Direito à vida e ao próprio corpo*: intersexualidade, transexualidade, transplantes. 2. ed. São Paulo: Revista dos Tribunais, 1994, p. 140.) Veja-se que referida citação afirma a necessidade de cirurgia para o transexual, o que é questionado hodiernamente. É bom frisar e deixar claro que não há evidências de que os homossexuais, assim como os transexuais, sejam portadores de qualquer anomalia biológica, pelo menos que tenha sido atestada, eis que possuem um único sexo anatômico.
12. WEIS, Bruno. No corpo certo. *IstoÉ*, São Paulo, 29 jul. 1998.
13. "Registro civil – Pedido de alteração do nome e do sexo formulado por transexual primário operado – Desatendimento pela sentença de primeiro grau ante a ausência de erro no assento de nascimento – Nome masculino que, em face da condição atual do autor, o expõe a ridículo, viabilizando a modificação para aquele pelo qual é conhecido (Lei 6.015/73, artigo 55, parágrafo único, combinado com artigo 109) – Alteração do sexo que encontra apoio no artigo 5º, X, da Constituição da República – Recurso provido para se acolher a pretensão. É função da jurisdição encontrar soluções satisfatórias para o usuário, desde que não prejudiquem o grupo em que vive,

quadro clínico do transexual secundário seria suscetível de mudanças. Não pactuamos com esse entendimento. É que, muitas vezes a pessoa procura comportar-se de acordo com os padrões que a sociedade exige (sexo educacional?), na tentativa de superar seus anseios e preferências. Sabe-se lá por quais experiências podem se sujeitar na tentativa de não desagradar a quem quer que seja...

3. DA POSSIBILIDADE JURÍDICA DA CIRURGIA E SEUS REFLEXOS NO DIREITO

A cirurgia de transgenitalização traz a lume qual a concepção de saúde que adotamos. Poderíamos continuar pensando a saúde como um dever do médico de impor tratamentos para o "bem" do paciente?

A Medicina positivista tinha como objetivo

> formar e reformar o cidadão, física e moralmente. O paciente era tomado como objeto a ser moldado em bases definidas pela nova 'ordem médica', posta a serviço do Estado, com controle total do indivíduo. Esse paciente não era sujeito de seu próprio tratamento, não possuía autonomia ou interação com a prática médica, detentora do verdadeiro saber conformativo do corpo e da moral.[14]

O modelo racional de Medicina, pensado no início da Era Moderna, assumia exclusivamente o controle da saúde. A relação de poder na relação médico-paciente colocava o profissional da saúde como único detentor do saber e, portanto, o único a decidir. A saúde do paciente devia ser protegida a qualquer custo.

A determinação do que seja "saudável" ou "de necessário tratamento" não cabe mais, em exclusividade, ao médico. O modelo plural de sociedade impõe a percepção do paciente como partícipe ativo do processo de cura. Até porque a saúde psíquica e a confiança depositada no médico podem ser determinantes para o tratamento. Assim, a autonomia define o direito à saúde, sem perder de vista que há fatores internos, determinados pela tensão principiológica, que impõem deveres ao paciente.

Por essa razão, Perlingieri afirma que o direito à saúde é um *diritto-dovere* da pessoa, que precisa respeitar sua própria integridade.[15] Todo ser humano deve realizar o pleno desenvolvimento de sua personalidade, a partir desse direito-dever, respeitando e conservando sua identidade em sentido unitário.

Conclui-se que o enfoque que a doutrina tradicional atribui ao direito à saúde é extremamente limitado, não garantindo igual proteção entre dois aspectos relevantes da saúde: a integridade física e a integridade psíquica. Pelo contrário, a Medicina positivista frequentemente trata a saúde sem consideração do aspecto psíquico, no qual o exercício da dialogia médico-paciente é fundamental na construção de uma relação de confiança, com informações completas e discussões a respeito do melhor tratamento.

---

    assegurando a fruição dos direitos básicos do cidadão". (SÃO PAULO. Apel. C. 165.157-4, 5ª Câm. D. Privado. Rel. Boris Kauffmann. São Paulo, 22 de março de 2001).
14. STANCIOLI, Brunello Souza. *Relação jurídica médico-paciente*. Belo Horizonte: Del Rey, 2004, (Coleção Qualitas), p. 15-16.
15. PERLINGIERI, Pietro. *La personalita'umana nell'ordinamento giuridico*. Camerino: Universitá degli Studi di Camerino, [s./d.], p. 309.

Resguardava-se o indivíduo de atos praticados por outrem contra seu corpo, mas não contra atos que prejudicassem sua integridade psíquica, violada em sua intimidade e autonomia.[16]

Resta a questão: Há um direito personalíssimo à cirurgia de mudança de sexo?

Entendemos que sim, já que o direito à integridade do homem afigura-se direito da personalidade. Afirmamos, ainda, que essa integridade possui caráter unitário, englobando tanto a integridade física quanto a psíquica. A partir dessa unidade de conceito, Perlingieri construiu a teoria de que a integridade psicofísica estaria inserida no direito à saúde, com o que concordamos prontamente.[17]

Temos, então, que a cirurgia de mudança de sexo não é destrutiva, mas de índole corretiva, garantidora do livre desenvolvimento da personalidade do ser humano, possuindo o condão de adequar o sexo morfológico ao sexo psíquico do indivíduo.

Em que consiste a cirurgia de ablação de órgãos? Se se tratar de transexualidade de homem para mulher ocorrerá:

> a) extirpação dos testículos ou seu ocultamento no abdômen, aproveitando-se parte da pele do escroto para formar os grandes lábios; b) amputação do pênis, mantendo-se partes mucosas da glande e do prepúcio para a formação do clitóris e dos pequenos lábios com sensibilidade erógena; c) formação de vagina, forrada, em certos casos, com a pele do pênis amputado; d) desenvolvimento das mamas pela administração de silicone ou estrógeno.[18]

Se a conversão for da aparência genital feminina para masculina, ocorrerá:

> a) ablação dos lábios da vulva sem eliminação do clitóris; b) fechamento da vagina; c) histerectomia, ou seja, ablação do útero; d) ovariotomia, para fazer desaparecer a menstruação, se o tratamento com

---

16. "Em relação ao exemplo do problema de mudança de sexo, a liberdade de escolha do sujeito encontra o primeiro e intransponível limite precisamente na exigência de tutelar o seu equilíbrio psicofísico, que não pode distanciar-se de certa exigência de sociabilidade. O aspecto relevante da ligação entre o tema da tutela da saúde e do direito à integridade psicofísica do sujeito com o tema da proteção da personalidade se concretiza na defesa da saúde em função da possibilidade de desenvolvimento da personalidade. Isso facilita a tarefa de construir um direito à saúde como direito-dever, isto é, que outras pessoas, como já foi dito, têm para si o dever de realizar o seu pleno desenvolvimento, de respeitar e conservar a própria integridade física, relevando-se que uma tal linha de raciocínio é também encontrada na legislação ordinária." Tradução livre de: "In relazione ad esempio al problema del mutamento di sesso, la libertà di scelta del soggetto incontra il primo ed invalicabile limite proprio nell'esigenza di tutelare i suoi equilibri psicofisici cui non può restare estranea una certa esigenza di socialità. L'aspetto rilevante poi del collegamento fra il tema della tutela della salute e del diritto all'integrità psicofisica del soggetto col tema della tutela della personalità, si concreta nella difesa della salute in funzione della possibilità di sviluppo della personalità. Ciò agevola il compito di costruire un diritto alla salute come diritto-dovere, nel senso, cioè, che ogni persona, com'e stato detto, há verso se stessa il dovere di realizzare il suo pieno sviluppo, di rispettare e conservare la propria integrità fisica, rilevandosi che una tale linea di tendenza è anche rinvenibile nella legislazione ordinaria". (PERLINGIERI, Pietro. *La personalita'umana nell'ordinamento giuridico*. Camerino: Universitá degli Studi di Camerino, [s./d.], p. 313-314).
17. "Tais disposições, vistas à luz da Constituição, encontram uma justificação na exigência primária da tutela da saúde que nossa Carta [Constituição italiana] põe em relação ao tema da tutela e do desenvolvimento da personalidade." Tradução livre de: "Tali disposizioni, rilette alla luce della Costituzione, trovano una giustificazione nell'esigenza primaria della tutela della salute che la nostra Carta pone in relazione al tema della tutela e dello sviluppo della personalità." (PERLINGIERI, Pietro. *La personalita'umana nell'ordinamento giuridico*. Camerino: Universitá degli Studi di Camerino, [s./d.], p. 309).
18. DINIZ, Maria Helena. *O estado atual do biodireito*. São Paulo: Saraiva, 2001, p. 230-231.

testosterona não a eliminar; e) elaboração de escroto com os grandes lábios, [...]; f) faloneoplastia, ou seja, construção de neopênis; [...]; g) ablação das glândulas mamárias.[19]

Entendemos que, como exercício regular de direito, não há necessidade de autorização judicial para a realização de cirurgia de ablação de órgãos. Até porque a cirurgia deve ser precedida de exames médicos e psicológicos, não cabendo ao juiz reexaminar tais aspectos. Contudo, houve quem defendesse a autorização judicial para cirurgia porque facilitaria a posterior mudança do prenome, já que o laudo produzido no processo e a sentença fundamentariam o pedido de adequação do sexo jurídico da pessoa à sua nova aparência.

Em 2013, foi publicada a Portaria 2.803, de 19 de novembro, do Ministério da Saúde, que redefiniu, no âmbito do Sistema Único de Saúde (SUS), o Processo Transexualizador.

> § 2º Em relação ao cuidado dos usuários e usuárias no Processo Transexualizador:
> I – a hormonioterapia que trata esta Portaria será iniciada a partir dos 18 (dezoito) anos de idade do paciente no processo transexualizador; e
> II – os procedimentos cirúrgicos de que trata esta Portaria serão iniciados a partir de 21 (vinte e um) anos de idade do paciente no processo transexualizador, desde que tenha indicação específica e acompanhamento prévio de 2 (dois) anos pela equipe multiprofissional que acompanha o usuário(a) no Serviço de Atenção Especializada no Processo Transexualizador.
>
> Art. 15. O SUS realizará, em caráter experimental, os procedimentos de vaginectomia e neofaloplastia com implante de próteses penianas e testiculares, clitoroplastia e cirurgia de cordas vocais em pacientes em readequação para o fenótipo masculino, nos termos da Resolução 1.955, de 3 de setembro de 2010, do Conselho Federal de Medicina (CFM), que dispõe sobre a cirurgia de transgenitalismo e revoga a Resolução CFM 1.652 de 2002.
>
> Parágrafo único. Os procedimentos descritos no "caput" somente poderão ser realizados em estabelecimentos definidos como hospitais de ensino, habilitados para realização da Atenção Especializada no Processo Transexualizador, bem como a partir da assinatura de Termo de Consentimento Livre e Esclarecido pelo paciente.
>
> Art. 16. Os procedimentos descritos nesta Portaria poderão ser realizados somente nos estabelecimentos de saúde habilitados pelo Ministério da Saúde para prestar Atenção Especializada no Processo Transexualizador, conforme normas de habilitação estabelecidas nos anexos a esta Portaria.

Sobre o registro civil e questões reflexas, como o casamento e a filiação, dedicaremos item apartado.

3.1 Registro civil[20]

Podemos imaginar a tormentosa situação do transexual no momento em que, realizada a cirurgia transformadora, depara-se com um prenome inadequado, que não mais condiz com seu sexo morfológico, já adequado ao sexo psíquico. Certo é que,

---
19. DINIZ, Maria Helena. *O estado atual do biodireito*. São Paulo: Saraiva, 2001, p. 231.
20. Para uma visão aprofundada sobre a alteração de nome ver o estudo de caso realizado por Iara Antunes de Souza em: Apontamentos para uma decisão judicial de alteração do nome e sexo no registro civil do transexual operado. In: FIUZA, César; SÁ, Maria de Fátima Freire de; NAVES, Bruno Torquato de Oliveira (Coords.). *Direito civil: teoria e prática no direito privado – atualidades IV*. Belo Horizonte: Del Rey, 2010, p. 111-135.

apesar da mudança física, todos os seus documentos encontram-se em desacordo com sua nova aparência.

Embora a Lei de Registros Públicos não preveja expressamente a mudança do prenome do transexual, hoje não resta dúvida sobre a sua possibilidade. Doutrina[21] e jurisprudência não interpretam a regra do artigo 58[22] da Lei de Registros Públicos (Lei 6.015/1973) de maneira absoluta. Os argumentos são vários. Em primeiro lugar, devemos nos ater ao artigo 1º, III, da Constituição Federal, que garante a dignidade do ser humano como um dos fundamentos da República. Esse princípio determina a possibilidade do livre desdobramento da personalidade, garantindo ao transexual o direito à cidadania e o reconhecimento da posição de sujeito de direitos no seio da sociedade. Outros argumentos pautavam-se no fato de que a cirurgia possuía índole corretiva[23]. Ademais, como o direito ao próprio corpo encontra-se no rol dos direitos da personalidade, imprescindível deixar claro que o transexual tem o direito de buscar o livre desdobramento da sua personalidade por meio do seu equilíbrio psicofísico, inserindo-se esse, por sua vez, no campo do direito à saúde, também classificado como direito da personalidade. Nos dizeres de Elimar Szaniawsky:

> O direito à vida, o direito à integridade psicofísica e o direito à saúde constituem o trinômio que informa o livre desenvolvimento da personalidade e a salvaguarda da dignidade do ser humano, traduzindo-se no exercício da cidadania.[24]

Não há qualquer problema no pedido de retificação do prenome e/ou do gênero, o que, aliás, está superado pela decisão proferida pelo Supremo Tribunal Federal na ADI 4.275.

No entanto, historicamente, o reconhecimento do direito à mudança de prenome não correspondeu, imediatamente, ao reconhecimento do direito à mudança de gênero. As decisões contrárias fundamentavam-se em ideologia formalista do Direito, sobretudo no princípio da veracidade, como a abaixo transcrita, proferida pelo Tribunal de Justiça de Minas Gerais em 2014:

---

21. Antônio Chaves e Caio Mário da Silva Pereira já eram, na década de 1990, defensores da licitude da intervenção cirúrgica assim como da mudança do prenome. Recomendamos as leituras: CHAVES, Antônio. *Direito à vida e ao próprio corpo*: intersexualidade, transexualidade, transplantes. 2. ed. São Paulo: Revista dos Tribunais, 1994, p. 162-163; PEREIRA, Caio Mário da Silva. Reforma do direito civil. *Revista de Direito Civil*, São Paulo, n. 58, p. 7-26, 1991, p. 25.
22. Art. 58. O prenome será definitivo, admitindo-se, todavia, a sua substituição por apelidos públicos notórios.
23. "Apelação. Registro civil. Retificação do registro de nascimento em relação ao sexo. Passando, a pessoa portadora de transexualismo, por cirurgia de mudança de sexo, que importa na transmutação de suas características sexuais, de ficar acolhida a pretensão de retificação do registro civil, para adequá-lo à realidade existente. A constituição morfológica do indivíduo e toda a sua aparência sendo de mulher, alterado que foi, cirurgicamente, o seu sexo, razoável que se retifique o dado de seu assento, para "feminino", no registro civil. O sexo da pessoa, já com o seu prenome mandado alterar para a forma feminina, no caso concreto considerado, que é irreversível, deve ficar adequado, no apontamento respectivo, evitando-se, para o interessado, constrangimentos individuais e perplexidade no meio social. As retificações no registro civil são processadas e julgadas perante o Juiz de Direito da Circunscrição competente, que goze da garantia da vitaliciedade, e mediante processo judicial regular. A decisão monocrática recorrida não contém nulidade insanável. Preliminares rejeitadas. Recurso, quanto ao mérito, provido, para ficar modificado, parcialmente, o julgado de 1º grau". (RIO DE JANEIRO. Tribunal de Justiça. *Apelação Cível 2002.001.16591*, da Décima Sexta Câmara Cível. Relator: Ronald Valladares. Rio de Janeiro, 25 de março de 2003).
24. SZANIAWSKY, Elimar. *Limites e possibilidades do direito de redesignação do estado sexual*. São Paulo: Revista dos Tribunais, 1999, p. 194.

ALTERAÇÃO DE REGISTRO CIVIL – TRANSEXUAL – REDESIGNAÇÃO DO GÊNERO NO REGISTRO CIVIL – INEXISTÊNCIA NO ORDENAMENTO JURÍDICO DE UMA PREVISÃO QUE TORNE O PEDIDO INVIÁVEL – ART. 1º, III, ART. 3º, IV E ART. 5º, X DA CF/88 – PRINCÍPIOS DA DIGNIDADE DA PESSOA HUMANA E DA INVIOLABILIDADE DA INTIMIDADE – ANOTAÇÃO – PRINCÍPIO DA VERACIDADE – RESSALVA DE DIREITOS DE TERCEIROS.

– Se não existe no ordenamento jurídico qualquer vedação à alteração de registro de pessoa transexual, não há que se falar em impossibilidade jurídica do pedido, que é encontrada nos princípios e valores que a Constituição da República sobreleva. Seguindo-se os preceitos constitucionais, a dignidade da pessoa humana, enquanto princípio fundamental da República Federativa do Brasil, constitui diretriz que deve nortear a alteração de registro civil de transexual. A Carta Magna objetiva em seu art. 3º promover o bem de todos sem qualquer preconceito de sexo e salienta no inc. X de seu art. 5º ser inviolável a intimidade, a honra e a vida privada de uma pessoa. Deve-se, desta forma, adaptar a designação sexual e o prenome à nova situação do cidadão.

– *O princípio da veracidade que norteia o registro público impõe que seja feita a anotação à sua margem de que se trata de averbação feita por ordem judicial.*[25]

Ora, a alteração do assento não deve permitir que a condição anterior seja exposta. Como decidiu o Superior Tribunal de Justiça no REsp 1008398/SP:

Entendeu a Ministra Nancy Andrighi que fazer constar a observação sobre a alteração sexual na certidão implicaria na exposição da pessoa a situações constrangedoras e discriminatórias. Ressaltou, ainda, que a tendência mundial é de adequar juridicamente a realidade do transexual.[26]

Grande seria a afronta à dignidade se nos comportássemos de forma diversa. A manutenção de prenome e gênero antigos incentivaria a discriminação ou, no mínimo, a segregação do transexual. Há maneiras de garantir direitos de terceiros sem a exposição da pessoa.

3.2 Casamento

Historicamente, o casamento é o ato solene pelo qual se unem *homem* e *mulher*, com o objetivo de construir uma vida em comum. Exigia-se, pois, o consentimento, a cerimônia formal presidida por autoridade competente e a diversidade de sexo.

A legislação brasileira sobre casamento não menciona a situação do transexual, razão pela qual podemos concluir que, diante da ausência de normas que proíbam o casamento de transexuais, esse deve ser permitido, ainda mais com a alteração do prenome e do gênero no registro civil. Nesse caso, haveria, civilmente, diversidade de sexos no casamento.

No entanto, como fica a situação do transexual operado que não obteve êxito quanto ao pedido judicial de mudança de registro do prenome e do registro do gênero sexual? Em seu registro civil permanece o sexo de origem. Nesse caso, poder-se-ia invocar os efeitos da ADPF 132 e ADI 4.277, do Supremo Tribunal Federal, que reconheceram a

---

25. MINAS GERAIS. Tribunal de Justiça. *Apelação Cível 1.0145.06.340514-9/001*, Rel. Desa. Vanessa Verdolim Hudson Andrade, 1ª Câm. C., j. 05/08/2014.
26. SOUSA JÚNIOR, Lauro; SOARES, Marina Andrade; TAVARES, Sílvia Resende. O caso Bree: breves considerações acerca do transexualismo. In: LIMA, Taisa Maria Macena de; SÁ, Maria de Fátima Freire de; MOUREIRA, Diogo Luna. *Direitos e fundamentos entre vida e arte*. Rio de Janeiro: Lumen Júris, 2010, p. 144.

união homoafetiva como entidade familiar. Com isso, várias decisões judiciais foram prolatadas permitindo o casamento civil entre pessoas do mesmo sexo.

A Resolução do Conselho Nacional de Justiça (CNJ) 175, de 14 de maio de 2013, que dispôs sobre a habilitação, celebração de casamento civil, ou de conversão de união estável em casamento, entre pessoas de mesmo sexo, foi importante nesse sentido por ampliar a noção clássica de casamento, não mais exigindo a diversidade de sexo.

A questão da identidade sexual não se confunde com a orientação sexual. O fato de o indivíduo ser transgênero não lhe impõe uma certa e determinada forma de se relacionar, nem o sexo de quem com ele se relaciona. Por isso, haveria transgêneros heterossexuais, homossexuais e bissexuais, o que não acarreta restrição quanto à formação de sua individualidade, entidade familiar ou planejamento familiar.

Logo, até mesmo o transexual que não queira se submeter à cirurgia, tem a possibilidade de constituir, pelo casamento, entidade familiar.

Veja a situação de alguém que pretenda submeter-se à cirurgia de ablação de órgãos na constância do casamento ou mesmo queira promover a mudança de prenome e gênero sem a cirurgia. a manutenção do casamento após a mudança do estado sexual, depende do consentimento de ambos os cônjuges. Caso não haja acordo o divórcio se mostra como o caminho adequado para resolver a dissonância.

Juliana Mendonça Alvarenga, ao se pronunciar sobre os efeitos da mudança do estado sexual sobre o casamento, defende a alteração do assento por meio da averbação na parte das observações, independentemente de autorização do cônjuge. Com esse procedimento, a averbação só viria a ser conhecida por meio de certidão de inteiro teor. Ou seja, no entendimento da autora, a mudança do prenome e do gênero será feita, no livro cartorário do casamento, mesmo sem a autorização do cônjuge. No entanto, a expedição de simples certidão não revelaria a averbação realizada, mas somente conteria a expressão de que há anotações à margem do texto. Em suas palavras,

> Se ele não consentir, as modificações devem ficar restritas às averbações, sem que se possa constar qualquer referência à mudança de sexo do transexual na certidão. Deste modo, somente os cônjuges poderiam ter acesso às certidões de inteiro teor [...].
>
> Há uma confusão entre se permitir a retificação do registro e a forma como a certidão será expedida. A alteração no assento é feita através de averbação, e sempre deverá ser permitida, independente da anuência do cônjuge. A autorização deste deve ser exigida apenas para que as novas certidões sejam emitidas com os dados corretos, ou seja, com o novo prenome e gênero. Em não havendo a anuência, a averbação ficará restrita ao livro cartorário, sendo a certidão de casamento emitida com base nos dados primitivos, obrigando que o transexual se valha da certidão de inteiro teor para comprovar sua nova identidade.[27]

No entanto, o Provimento CNJ 73 estabelece a necessidade de anuência do cônjuge para a subsequente averbação da alteração do prenome e do gênero no registro de casamento. Cabe crítica ao que dispõe o CNJ porque a pessoa não consegue efetivar o

---

27. ALVARENGA, Juliana Mendonça. *Transexualidade e seus reflexos no direito e registro civil*. Belo Horizonte: D'Plácido, 2016, p. 154-155.

seu direito à alteração do registro, posto que este é o próprio assento de casamento, cuja mudança de conteúdo está condicionada ao consentimento do cônjuge.

3.3 Filiação

Ponto polêmico que precisa ser abordado diz respeito ao estado de filiação. A alteração do prenome e do gênero do transexual no registro civil acarreta a modificação jurídica de sua relação paterno-filial ou materno-filial?

Como há tempos já ensinava João Baptista Villela: "ser pai ou ser mãe não está tanto no fato de gerar quanto na circunstância de amar e servir".[28] Trata-se de texto histórico de um grande civilista que antevia a flexibilização das normas diante da fluidez da realidade.

Em relação ao planejamento familiar, trazemos, de início, o disposto no artigo 226, § 7º, da Constituição Federal que assegura:

> Art. 226. A família, base da sociedade, tem especial proteção do Estado.
> [...] § 7º Fundado nos princípios da dignidade da pessoa humana e da paternidade responsável, *o planejamento familiar é livre decisão do casal*, competindo ao Estado propiciar recursos educacionais e científicos para o exercício desse direito, vedada qualquer forma coercitiva por parte de instituições oficiais ou privadas. (Grifos nossos)

A partir do dispositivo constitucional, analisemos duas situações. A primeira seria a de transexual feminino que pretende ter filhos com um homem, mas com o material genético deste. A forma que poderiam vir a ter filhos seria pela utilização de material biológico feminino, obtido por meio de doação; alguém que se proponha a ceder o útero, nos termos da Resolução do CFM; e o material biológico do pai. O transexual redesignado passa a ser a mãe jurídica da criança.

A segunda situação é a de transexual feminino, que antes da redesignação colhe material (esperma). Depois da mudança morfológica, une-se a um homem. Para a realização do planejamento familiar necessário utilizarem de um útero de substituição para ter um filho, em que ela será a mãe jurídica e genética.

Em ambos os casos, está-se diante de parentalidade jurídica, mas, na primeira situação, o pai contribui geneticamente e, na segunda situação, a mãe é que contribui geneticamente, ainda que com material masculino (esperma).

Com fundamento no princípio da liberdade quanto ao planejamento familiar, há um leque de situações hoje viabilizadas pela Medicina Reprodutiva e pelo Direito. O útero de substituição permite que tenham filhos tanto casais homoafetivos masculinos quanto casais heteroafetivos.

Outra situação, amplamente divulgada pela mídia, foi o nascimento de um bebê, fruto de união entre duas pessoas transexuais. Alexis Taborda, que nasceu mulher, é o primeiro homem a dar à luz na Argentina. Alexis é casado oficialmente com Karen

---

28. VILLELA, João Baptista. Desbiologização da paternidade. *Revista da Faculdade de Direito (UFMG)*. Belo Horizonte, ano 27, n. 21, p. 400-416, maio 1979, p. 409.

Bruselario, também transexual, nascida homem. Ele parou o tratamento hormonal que fazia para ter feições masculinas e conseguiu engravidar. Isso porque os dois mantiveram os respectivos órgãos originais:

> Eu e a Karen estamos juntos há quatro anos e queríamos ter um filho. Se adotar uma criança na Argentina é difícil para um casal hétero, imagine para um casal transexual.
>
> Como esse era o sonho da vida dela, aproveitei que eu não estava tomando hormônios para fazer um check-up e ver se eu podia engravidar. O médico disse que sim.
>
> Para mim, foi muito complicado psicologicamente voltar a menstruar, já que nos últimos seis anos tomei hormônios para isso não acontecer. Eu já tinha uma figura total de homem e deixar o tratamento de lado foi traumático. Meus peitos voltaram a crescer, e agora não vejo a hora de conseguir fazer uma cirurgia para tirá-los.[29]

Situações como a relatada acima vêm se tornando cada vez mais comuns. São muitos os transexuais masculinos grávidos, que gestaram por não terem retirado útero e ovário. As uniões são cada vez mais diversas e isso é uma consequência do exercício da autodeterminação corporal e da liberdade de planejamento familiar.

Vem agora o passo seguinte: a questão do registro. Nas edições anteriores, nos manifestamos que não deveria haver a alteração do nome e gênero do ascendente transexual no assento de nascimento do filho, ou seja, a redesignação de um dos pais não deve aparecer em quaisquer documentos do filho. No entanto, revendo nosso posicionamento, entendemos não ser possível, aprioristicamente, trazer uma única resposta.

Se de um lado estamos diante da construção da verdade real, como diretriz dos registros públicos; de outro, é necessário preservar o melhor interesse da criança e do adolescente. A doutrina não é unânime.

Paulo Roberto Lotti Vecchiatti assim se manifestou:

> Entendemos que deve ser feita a alteração dos documentos do filho, pois, do contrário, não haverá como o pai ou a mãe transexual se identificar como ascendente biológico do filho caso isto se prove necessário. Parece-nos que exigir que o pai ou mãe transexual carregue consigo um mandado de averbação no registro civil da alteração de seu prenome pode não se mostrar algo prático (não é um documento que as pessoas leigas estejam acostumadas a receber e mesmo a compreender, donde o pai ou a mãe e transexual pode não ser reconhecido como tal), assim como pode causar constrangimentos desnecessários.[30]

Tereza Rodrigues Vieira, escrevendo com Eliane Laurentis, em 2015, reviu seu posicionamento. Entendia que os filhos anteriores ao casamento não deveriam ter seu registro alterado em razão da irretroatividade da mudança do estado sexual do ascendente. O importante era a parentalidade ao tempo do nascimento. Agora entende pela

---

29. MESQUITA, Lígia. *Nascido mulher, 1º homem a dar a luz na Argentina relata o caso inédito*. Folha de S. Paulo, São Paulo, 20/01/2014. Disponível em: <http://www1.folha.uol.com.br/mundo/2014/01/1400063-nascido-mulher--1-homem-a-dar-a-luz-na-argentina-relata-o-caso-inedito.shtml>.
30. VECCHIATTI, Paulo Roberto Lotti. O direito do transexual, com ou sem filhos, à cirurgia de transgenitalização e o direito de travestis e transexuais à retificação de seu prenome e do seu nome jurídico independentemente de cirurgia. In: DIAS, Maria Berenice (Org.). *Diversidade sexual e direito homoafetivo*. 2. ed. São Paulo: Revista dos Tribunais, 2014, p. 629.

possibilidade de retificação do Registro Civil do filho menor ou incapaz, como consequência da retificação do registro do pai ou da mãe transexual. Para a autora:

> O pai ou a mãe transexual não pode ser privado do direito de conviver com seu filho e de adequar o registro da criança. Os lares transexuais e /ou de ex-transexuais são ambientes saudáveis que não afetam a educação da criança. Desde que possuam atmosfera social e psicológica poderão proporcionar bem-estar afetivo ao menor. Os valores transmitidos por esta nova família não serão diferentes daqueles preconizados pela família heterossexual.
>
> [...] No que pertine à existência de uma filiação anterior às adequações, ou seja, nos casos em que o transexual tenha tido filhos antes da cirurgia e/ou da adequação no Registro Civil, se o filho for menor de idade, o pai que ingressou com ação de adequação de nome e/ou sexo poderá pedir a mudança de seu nome nos documentos do filho, na condição de seu representante legal.[31]

Segundo as autoras, a relação jurídica parental permanece inalterada. A alteração na certidão de nascimento para inserir o novo nome do ascendente transexual não conduz a situações vexatórias, posto que, hoje, do registro não constam as palavras "pai" e "mãe", mas apenas "filiação". Além do mais, a verdade real deve ser espelhada no registro.

Iana Soares de Oliveira Penna compartilha desse entendimento:

> [...] estendendo a possibilidade de retificação do Registro Civil também para filhos maiores e capazes. Nesse caso, falar em necessidade de autorização do filho para a retificação significa condicionar a dignidade do transexual e a tutela a sua identidade a manifestação de vontade de um terceiro, e tal condicionamento não se justifica.[32]

Juliana Mendonça Alvarenga defende a análise casuística para que se atente à maturidade do descendente, bem como a idade. Segundo ela:

> [..] nos casos em que a filiação ocorre posteriormente à cirurgia de transgenitalização e mudança de prenome e gênero, entende-se que não haveria qualquer problema em se colocar duas mães ou dois pais no registro da criança, como já vem acontecendo em várias decisões relativas à filiação e adoção por homossexuais, não havendo, desta forma, qualquer impedimento para que assim também se entenda no caso dos transexuais.[33]

Quanto ao momento posterior à transição do/da ascendente, não vislumbramos problemas. O filho nascido ou adotado terá a parentalidade registral com os nomes atuais dos ascendentes. A dúvida paira em relação aos filhos havidos antes da transição. A mudança seria necessária?

O movimento da doutrina era difuso, bastando verificar a variedade de argumentos em diferentes sentidos. No entanto, o Provimento CNJ 73/2018 resolveu a questão, ainda que as críticas permaneçam, determinando que a mudança do status do ascendente no registro do filho dependerá de autorização deste, quando alcançar a capacidade, ao

---

31. VIEIRA, Tereza Rodrigues; LAURENTIS, Eliane Ferreira de. Mudança do nome do transexual no registro civil do filho menor. *Revista Jurídica Consulex*, ano 19, n. 441, p. 12-14, jun. 2015, p. 12-13.
32. PENNA, Iana Soares de Oliveira. *A possibilidade jurídica da autodeterminação de gênero no Brasil e seus reflexos no direito de família*. 2017. Tese (Doutorado em Direito), Belo Horizonte, Pontifícia Universidade Católica de Minas Gerais, 2017, p. 215.
33. ALVARENGA, Juliana Mendonça. *Transexualidade e seus reflexos no direito e registro civil*. Belo Horizonte: D'Plácido, 2016, p. 159.

menos relativa, e do outro ascendente. Nos registros dos absolutamente incapazes não haverá alteração.

> Art. 8º, § 2º A subsequente averbação da alteração do prenome e do gênero no registro de nascimento dos descendentes da pessoa requerente dependerá da anuência deles quando relativamente capazes ou maiores, bem como da de ambos os pais.

4. ANALISANDO ALGUMAS DECISÕES JUDICIAIS NO BRASIL: EVOLUÇÃO JURISPRUDENCIAL

Procuraremos, neste item, trazer ao conhecimento do leitor um pouco do panorama jurisprudencial.

O primeiro caso (A) envolve a situação de Luís Roberto Gambine Moreira, mais conhecido pelo nome Roberta Close, que pretendia a alteração de seu prenome e gênero. Passemos à análise.

> No *affaire Roberta Close*, a Juíza da 8ª Vara de Família do Rio de Janeiro, *Conceição A. Mousnier*, fez uma longa exposição de motivos com vistas a justificar a sua autorização para que Luís Roberto Gambine Moreira passasse a se chamar Roberta Gambine Moreira; fazia uma exigência todavia: que fosse feita uma ressalva nos assentos civis: a inclusão do termo 'operada'. Solução análoga alvitrou o Juiz *Henrique N. Calandra* para permitir que uma pessoa de 33 anos, operada na Suíça, alterasse seu Registro Civil: constasse no campo sexo dos assentamentos a expressão 'transexual'. Tais ressalvas, em nosso sentir, violam o direito à vida privada dessas pessoas. Não parece discrepar a opinião *de Rosa Maria Machado Nery:* 'Se foi constatada a mudança de sexo, o registro deve fazer a acomodação. Os dois têm que ser fiéis aos fatos da vida.' Assim também *Antônio Chaves* para quem essas posições seriam intermediárias, não satisfazendo ao desejo da pessoa requerente. Caberia ao transexual operado ser sincero em seus relacionamentos amorosos, sob pena até de, no caso de vir a contrair matrimônio, ser este anulado por erro essencial sobre a pessoa.[34]

Conforme manifestamos, também somos contrários à inclusão da expressão *transexual*, ou do termo *operado(a)*, porque a ressalva ofende o direito à privacidade da pessoa.

Especificamente no caso *Roberta Close*, essa, embora tenha obtido êxito parcial em primeira instância, foi recorrida em segundo grau e o voto do Relator, acolhido por unanimidade pelos membros da 8ª Câmara Cível do Tribunal de Justiça do Rio de Janeiro, foi pelo acolhimento do recurso do Ministério Público, cuja ementa é a seguinte:

> O procedimento cirúrgico de ablação dos órgãos genitais não acarreta de nenhuma forma, mudança de sexo, há tão somente a adequação do transexual ao sexo psicológico, que se apresenta de forma mais acentuada, reajustando o indivíduo ao meio, abrandando, assim, seu estado psíquico.

> Vê-se, pois, que caracterizados os órgãos sexuais internos do autor como masculinos, não modificáveis, por cirurgia de ablação dos externos, inviável a pretendida alteração de sexo natural, certo ser inadmissível pretender priorizar, sobre o mesmo, o chamado sexo psicológico, que representa, no fundo, uma pretensa explicação, para desvios da conduta, em razão de alteração anormal do psiquismo.[35]

---

34. SAMPAIO, José Adércio Leite. *Direito à intimidade e à vida privada*. Belo Horizonte: Del Rey, 1998, p. 319.
35. RIO DE JANEIRO. Tribunal de Justiça. Apelação civil 4.425/93. 8. Câmara Cível. Relator: Des. Luiz Carlos Guimarães, Rio de Janeiro, 10 maio 1994. *Revista dos Tribunais*, São Paulo, n. 712, p. 235-242, fev. 1995.

Infelizmente decisões como essa foram comuns no seio do Judiciário. O principal, no contexto desse caso, não foi abordado, e é preciso enxergar, de uma vez por todas, que a tutela dos direitos da personalidade funda-se no reconhecimento social, por meio da valoração positiva, na busca de respeito. Foi-lhe negado o livre desenvolvimento de sua personalidade.

Não satisfeita com a decisão, em 2001, Roberta Close propôs, perante a 9ª Vara de Família do Rio de Janeiro, nova ação. Segundo Tereza Rodrigues Vieira, "não havia de que falar em coisa julgada material por se tratar de jurisdição voluntária, podendo ser revista".[36] Quatro anos depois, a Justiça brasileira reconheceu-a como mulher. A decisão de primeira instância, proferida pela Juíza Leise Rodrigues Espírito Santo é datada de 4 de março de 2005. O Ministério Público opinou favoravelmente ao pedido. Abaixo, alguns trechos da sentença:

> [...] não obstante a coisa julgada versar sobre questão de ordem pública já superada, se faz mister registrar que o pedido formulado é referente ao estado da pessoa, e que a ação manejada admite revisão quando presentes os requisitos legais autorizadores da modificação jurídica pretendida, por se encontrar inserida no âmbito da jurisdição voluntária. [...] Não há como afirmar que a coisa julgada foi atingida primeiramente, como já foi dito, ela sequer foi formada, ademais, a evolução da medicina e precisão dos técnicos da perícia, deixam claro que a presente ação tem novo fundamento.
>
> [...] Em face da unanimidade dos pareceres e laudos médicos, resta inequívoco que a parte requerente não possui tão somente perfil psicológico feminino, mas também possui caracteres biológicos próprios de uma mulher, sendo, portanto, indiscutível seu direito de pleitear a alteração de nome civil e sexo, por ser inaceitável que suporte os danos causados pelas complicadas transformações e diferenciações ocorridas em seu corpo no momento da gestação.
>
> [...] Por este motivo, eis o que diz a sentença: 'julgo procedente o pedido, pelo que determino, a expedição de mandado de averbação da retificação do nome e do sexo no registro de nascimento de Luis Roberto Gambine Moreira, que deverá figurar agora em diante como sendo ROBERTA GAMBINE MOREIRA, do sexo feminino, mantendo-se os demais dados, constantes quanto à naturalidade, data de nascimento e filiação. Determino ao fim de resguardar possíveis interesses de terceiros que conste à margem do registro a anotação quanto ao fato de a alteração de nome e de Estado, deu-se por força de sentença.[37]

Em outro caso (B), L.P.S. solicitou autorização judicial para a realização de cirurgia de transgenitalização. Tendo o processo sido extinto sem julgamento de mérito em primeira instância, o apelante, inconformado, recorreu ao Tribunal de Justiça do Estado de Minas Gerais que, por meio da sua 4ª Câmara Cível, negou provimento ao recurso.

Em apertada síntese, as razões para a manutenção da sentença foram: a realização da cirurgia contraria os bons costumes; não há exigência médica para o ato, mas apenas sugestão feita por psiquiatra; o estado individual da pessoa é imutável; não há previsão legal que excepcione a regra do artigo 13 do Código Civil; a Resolução 1.652/2002 do

---

36. VIEIRA, Tereza Rodrigues. Reconhecimento do direito a adequação do nome e sexo de "Roberta Close". *Reflexiones Bioéticas* (Asociación Argentina de Bioética), Mar del Plata. Disponível em: <http://www.aabioetica.org/mj1.htm>. Acesso em: 26 set. 2008.
37. VIEIRA, Tereza Rodrigues. Reconhecimento do direito a adequação do nome e sexo de "Roberta Close". *Reflexiones Bioéticas* (Asociación Argentina de Bioética), Mar del Plata. Disponível em: <http://www.aabioetica.org/mj1.htm>. Acesso em: 26 set. 2008.

Conselho Federal de Medicina[38] que dispõe sobre a cirurgia de transgenitalização não consubstancia ato de legalização dessa; o sexo tem uma função social; o Direito deve proteger os interesses de terceiros de boa-fé; e o deferimento do pedido importaria contrariar a natureza.

Interessante notarmos como se misturam argumentos jurídicos, morais, pragmáticos e religiosos na decisão.

É certo que necessitamos do conceitualismo formal para auxiliar-nos na construção da norma, mas é hora de entendermos, também, que de nada adianta trazer respostas mortas a perguntas vivas. Se é certo que a regra pode ser vista como critério para muitos casos possíveis, não seria correto dizer que deverá ser a única responsável pela decisão de um caso real. "La ley no es nunca la realidad del derecho sino su mera posibilidad" (A lei não é nunca a realidade do Direito, mas sua mera possibilidade).[39]

Outro aspecto que não se pode olvidar é que o Direito Civil não mais se prende a proteger situações meramente patrimoniais ou físico-naturais, mas, na busca pela repersonalização do Direito, volta seu interesse para as situações existenciais, perquirindo a dignidade humana e o livre desdobramento da personalidade. E é nesse contexto que devemos pensar a cirurgia de transgenitalização e as consequências dali advindas, sobretudo à luz do Direito compreendido como sistema de princípios, na busca pelo constante reconhecimento recíproco de direitos fundamentais.

Em argumentação contrária à cirurgia, evoca o relator o disposto no artigo 13 do Código Civil que assim preceitua: "Salvo por exigência médica, é defeso o ato de disposição do próprio corpo quando importar diminuição permanente da integridade física ou contrariar os bons costumes." Em primeiro lugar, como qualquer outra norma jurídica, o artigo 13 deve ser assumido como um princípio, em princípio aplicável. Isso porque, somente diante da especificidade do caso concreto é que poderemos determinar a sua aplicação ou não, já que todo ordenamento jurídico concorre com ele na busca da melhor interpretação.

Além disso, pode-se argumentar que a locução inicial do artigo 13 do Código Civil – "salvo por exigência médica" – abre espaço para várias exceções ao preceito da indisponibilidade do corpo.

Do mesmo modo que o médico "recomenda" – não "exige", como indica a redação do artigo – uma cirurgia de amputação de algum membro em razão de trombose ou outra qualquer, ele pode sugerir a cirurgia de transgenitalização por estar a pessoa inserida nas condições definidas pelo Ministério da Saúde, o que não quer dizer que o sujeito de direito possa ser desrespeitado em sua autonomia.

Nesse sentido, ressaltamos algumas impropriedades levantadas por nossos julgadores. Em primeiro lugar, assumem perspectiva axiológica, afirmando que a cirurgia de redesignação sexual *contraria os bons costumes*, e que o *sexo tem uma função social* a

---
38. Referida Resolução foi revogada pela Resolução CFM 1.955/2010.
39. KAUFMANN, Arthur. *Analogía y naturaleza de la cosa*: hacia una teoría de la comprensión jurídica. Santiago: Editorial Jurídica de Chile, 1976, p. 47.

cumprir. Acaso seria contrariar os bons costumes possibilitar que uma pessoa busque a adequação do seu sexo morfológico ao psíquico? Estamos ainda no tempo em que o bem-estar se mede apenas pela capacidade física? Afinal, podemos sustentar legitimamente uma métrica de bons costumes?

A sexualidade humana vai para além do campo biológico e físico-naturalista, uma vez que o sexo não pode mais ser visto como mera função reprodutora. Isso aconteceu no tempo em que a noção de "vida boa" nos era imposta por meio da sacralização do Direito, o que não se admite em um Estado plural. O Direito moderno assumiu para si o desafio de, por meio dos direitos fundamentais, "garantir espaços privados e públicos de construção e manifestação de opiniões e concepções de vida diferenciadas".[40]

Portanto, não cabe a um tribunal determinar qual é a concepção "vigente" de vida boa, ou se a cirurgia de redesignação importará em diminuição permanente da integridade física, até mesmo porque pode ser vista, no caso concreto, como um momento do processo de construção da identidade de determinada pessoa.

Também não pode prosperar o argumento de que o Direito deve proteger o terceiro de boa-fé e que, portanto, decidir favoravelmente à cirurgia importaria deixar aquele que eventualmente se relacione com o transexual jogado à própria sorte. Apesar de ser, talvez, o argumento mais forte porque busca o bem estar do outro, e a dignidade humana não pode ser auferida senão na intersubjetividade, contestamo-lo buscando situações cujas razões podem ser análogas. É possível a anulação de casamento por erro essencial em relação à pessoa. Eis a maneira pela qual o Direito protege aquele que se viu enganado; a sanção legal seria a anulação do matrimônio. Acaso seria diferente em relação ao transexual que não informou seu companheiro sobre a construção da sua identidade?

Um terceiro argumento dos julgadores pauta-se no fato de que a cirurgia de transgenitalização é contrária à natureza. Ofenderia, portanto, ao antigo anseio de se descobrir o elemento constituinte do cosmos. Na Grécia pré-socrática acreditava-se que o mundo seguia uma ordenação natural imposta pelos deuses. A naturalização da vida acabou informando o Direito, que não passava de um reconhecedor dessa ordem natural, em que a justiça era "suum cuique tribuere". Esse brocardo romano afirma que justo é "dar a cada um o que é seu", isto é, dê ao escravo a escravidão, à mulher a submissão, e, *mutatis mutandi*, ao transexual a infelicidade de conviver com a inadequação entre o sexo morfológico e o sexo psíquico.

Mas como definir a natureza das coisas? Há uma ontologia sexual ou seria ela dinâmica? Será que a essência das coisas pressupõe um conhecimento único?

Vale transcrever uma frase de Radbruch, citado por Kaufmann: "A igualdade não é algo dado; as coisas e os homens são tão diferentes como um ovo é do outro; a igualdade é sempre somente uma abstração, de um certo ponto de vista, da desigualdade dada."[41] Portanto, a natureza dos seres se volta muito mais para um conceito de analogia do que

---
40. CHAMON JUNIOR, Lúcio Antônio. Prefácio a 2. edição. In: SÁ, Maria de Fátima Freire. *Direito de morrer*. 2. ed. Belo Horizonte: Del Rey, 2005, p. XXIV.
41. RADBRUCH, Gustav. *Apud* KAUFMANN, Arthur. *Analogía y naturaleza de la cosa*: hacia una teoría de la comprensión jurídica. Santiago: Editorial Jurídica de Chile, 1976, p. 53.

de igualdade. Melhor explicando: Será que podemos definir a natureza dos seres humanos, ou apenas descrevê-la? Ao defini-la, engessamos o Direito e não abrimos espaço para a interpretação. Ao descrevê-la, teremos a possibilidade de trabalharmos, não com conceitos legais abstratamente definidos, mas com situações que podem ser inseridas em determinados contextos.

Daí a afirmação de Kaufmann:

> O conceito análogo mostra, por um lado, um elemento de unidade, um núcleo fixo, senão nada se poderia conceber por seu intermédio. Porém, por outro lado, também deve estar em condições de aceitar diferentes significados (por isso ocasionalmente se fala também de 'conceitos relativos', do contrário lhe faltaria capacidade para vincular o semelhante, porém diferente.[42]

Parece que o homem continua à procura de verdades absolutas: há uma natureza das coisas, uma personalidade pronta, uma saúde universal... O homem deve tão somente se submeter aos moldes impostos, resignado e submisso?

Não cremos que se deva discutir a natureza dos seres por três motivos. Primeiro porque após a modernidade, a essência do ser, mesmo que se possa considerá-la como existente, tornou-se incognoscível já que, seja pela mediação das faculdades da razão em Kant, seja pelo *medium* linguístico em Habermas, não temos mais acesso direto à essência das coisas, o que nos impede de levantar juízo sobre as mesmas. Em segundo lugar, perscrutar sobre a essencialidade do ser humano significa assumir uma perspectiva metafísica, que embora aceitável no âmbito da especulação filosófica, no contexto de aplicação da norma jurídica é absolutamente inadmissível, porquanto essa não mais se fundamenta em argumentos metajurídicos. Por fim, considerando a pluralidade de formas de vida do mundo contemporâneo, torna-se ainda mais difícil condenar ou tentar impedir uma escolha como a que nos é exposta, especialmente, porque ao se analisar o que já foi mencionado, parece mais plausível considerar o ser humano no gerúndio como *um sendo* e não como algo que se encerra naquilo que apenas e para sempre é.

4.1 Alteração de nome e de gênero sem a cirurgia de mudança de sexo

O reconhecimento do direito à alteração do nome dos transexuais foi estendido aos travestis em decisão do Tribunal de Justiça do Rio Grande do Sul.

> APELAÇÃO. RETIFICAÇÃO DE REGISTRO CIVIL. TRANSEXUALISMO. TRAVESTISMO. ALTERAÇÃO DE PRENOME INDEPENDENTEMENTE DA REALIZAÇÃO DE CIRURGIA DE TRANSGENITALIZAÇÃO. DIREITO À IDENTIDADE PESSOAL E À DIGNIDADE. CONFIRMAÇÃO DE SENTENÇA DE PRIMEIRO GRAU. ACOLHIMENTO DE PARECER DO MINISTÉRIO PÚBLICO DE SEGUNDO GRAU. A demonstração de que as características físicas e psíquicas do indivíduo, que se apresenta como mulher, não estão em conformidade com as características que o seu nome masculino representa coletiva e individualmente são suficientes para determinar a sua alteração. A distinção entre transexualidade e travestismo não é requisito para a efetivação do direito à dignidade. Tais fatos autorizam, mesmo sem a realização da cirurgia de transgenitalização, a retificação do nome da requerente para conformá-lo

---

42. KAUFMANN, Arthur. *Analogía y naturaleza de la cosa*: hacia una teoría de la comprensión jurídica. Santiago: Editorial Jurídica de Chile, 1976, p. 74.

com a sua identidade social. Pronta indicação de dispositivos legais e constitucionais que visa evitar embargo de declaração com objetivo de prequestionamento. Rejeitadas as preliminares, negaram provimento. Unânime.[43]

Todavia, é importante salientar que os fundamentos para alteração do nome são distintos nas situações de transexuais e travestis. No primeiro caso, historicamente, esta seria possível desde que realizada a cirurgia de transgenitalização. Tratar-se-ia de uma consequência normal do processo de uma nova identidade social, subsequente à adequação do morfologismo ao sexo psíquico.

Na decisão acima mencionada, as razões da alteração dizem respeito à identidade social, sem que esta seja obtida por meio de uma transformação de seu corpo.

Em outra decisão:

> Retificação de registro civil. Transexualismo. Alteração de prenome independentemente da realização de cirurgia de transgenitalização. Direito à identidade pessoal e à dignidade. Confirmação de sentença de primeiro grau. Acolhimento de parecer do ministério público de segundo grau. A demonstração de que as características físicas e psíquicas do indivíduo, que se apresenta como mulher, não estão em conformidade com as características que o seu nome masculino representa coletiva e individualmente são suficientes para determinar a sua alteração. A distinção entre transexualidade e travestismo não é requisito para a efetivação do direito à dignidade. Tais fatos autorizam, mesmo sem a realização da cirurgia de transgenitalização, a retificação do nome da requerente para conformá-lo com a sua identidade social. Negaram provimento.[44]

Neste caso, o pedido de alteração do prenome foi deferido antes mesmo da realização da cirurgia. Saliente-se que, na decisão, não se considera como requisito o fato de ser transexual, pois ainda que travesti, teria uma identificação social distinta daquela apresentada no registro. Por isso, relata o acórdão, "desimporta se, ao fim e ao cabo, J. é um transexual ou um travesti. Desimporta se ele fez ou fará cirurgia de transgenitalização, se sua orientação sexual é pelo mesmo sexo ou pelo sexo oposto, por homem ou por mulher."[45]

Em 2012, a 2ª Câmara Cível do Tribunal de Justiça de Sergipe permitiu a retificação de nome e gênero de transexual, mesmo sem a cirurgia de transgenitalização:

> APELAÇÃO CÍVEL. AÇÃO DE RETIFICAÇÃO DE REGISTRO CIVIL. Pedido realizado por transexual – Inclusão de prenome feminino no registro civil – Cabimento. A incoincidência da identidade do transexual provoca desajuste psicológico, não se podendo falar em bem-estar físico, psíquico ou social. Assim, o direito à adequação do registro é uma garantia à saúde, e a negatividade modificação afronta imperativo constitucional, revelando severa violação aos direitos humanos. Sentença reformada. Recurso do autor conhecido e provido. Recurso do Ministério Público conhecido e parcialmente provido. Decisão unânime.[46]

A autora e o Ministério Público pediam a reforma da sentença que negou o pedido de alteração do registro. Segundo o relator, Desembargador Ricardo Múcio de Abreu Lima:

---
43. RIO GRANDE DO SUL. Tribunal de Justiça. 70022504849, 8ª C. Cív., Rel. Des. Rui Portanova, j. 16/04/2009.
44. RIO GRANDE DO SUL. Tribunal de Justiça. AC 70030772271, 8ª C. Cív., Rel. Des. Rui Portanova, j.16/07/2009.
45. RIO GRANDE DO SUL. Tribunal de Justiça. AC 70030772271, 8ª C. Cív., Rel. Des. Rui Portanova, j.16/07/2009.
46. SERGIPE. Tribunal de Justiça. *Apelação cível 5751/2012*, extinta - 6ª Vara Privativa de Assistência Judiciária de Aracaju, Rel. Des. Ricardo Múcio Santana de Abreu Lima , j. 30/10/2012.

"Cabe, pois, ao ordenamento jurídico, o papel de garantir ao indivíduo transexual a sua plena inserção na sociedade em que vive por meio do respeito à sua identidade sexual, como um dos aspectos do direito à saúde, independentemente da realização da cirurgia".

No Rio Grande do Sul, o Tribunal de Justiça autorizou a mudança de nome e gênero sem a cirurgia de transgenitalização:

> APELAÇÃO CÍVEL. RETIFICAÇÃO DE REGISTRO CIVIL. TRANSGENÊRO. MUDANÇA DE NOME E DE SEXO. AUSÊNCIA DE CIRURGIA DE TRANGENITALIZAÇÃO. Constatada e provada a condição de transgênero da autora, é dispensável a cirurgia de transgenitalização para efeitos de alteração de seu nome e designativo de gênero no seu registro civil de nascimento. A condição de transgênero, por si só, já evidencia que a pessoa não se enquadra no gênero de nascimento, sendo de rigor, que a sua real condição seja descrita em seu registro civil, tal como ela se apresenta socialmente DERAM PROVIMENTO. UNÂNIME.[47]

4.2 A Ação Direta de Inconstitucionalidade (ADI) 4275

Finalmente, após o assunto ser muito discutido em doutrina e jurisprudência, o Supremo Tribunal Federal pôs uma pá de cal no assunto para permitir a alteração de prenome e gênero no registro civil do transexual, sem a precedência de tratamento ou cirurgia de transgenitalização.

A propositura da ADI pela Procuradoria-Geral da República objetivava dar interpretação conforme a Constituição Federal ao artigo 58 da Lei 6.015/1973, para possibilitar a alteração de prenome e gênero no registro civil mediante averbação no registro original, independentemente de cirurgia de transgenitalização.

O acórdão, de 1º de março de 2018, utilizou a expressão transgênero para abarcar todas as demais terminologias que pretendam ver reconhecidos sua modificação na identidade de gênero.

> AÇÃO DIRETA DE INCONSTITUCIONALIDADE. DIREITO CONSTITUCIONAL E REGISTRAL. PESSOA TRANSGÊNERO. ALTERAÇÃO DO PRENOME E DO SEXO NO REGISTRO CIVIL. POSSIBILIDADE. DIREITO AO NOME, AO RECONHECIMENTO DA PERSONALIDADE JURÍDICA, À LIBERDADE PESSOAL, À HONRA E À DIGNIDADE. INEXIGIBILIDADE DE CIRURGIA DE TRANSGENITALIZAÇÃO OU DA REALIZAÇÃO DE TRATAMENTOS HORMONAIS OU PATOLOGIZANTES.
>
> 1. O direito à igualdade sem discriminações abrange a identidade ou expressão de gênero.
>
> 2. A identidade de gênero é manifestação da própria personalidade da pessoa humana e, como tal, cabe ao Estado apenas o papel de reconhecê-la, nunca de constituí-la.
>
> 3. A pessoa transgênero que comprove sua identidade de gênero dissonante daquela que lhe foi designada ao nascer por autoidentificação firmada em declaração escrita desta sua vontade dispõe do direito fundamental subjetivo à alteração do prenome e da classificação de gênero no registro civil pela via administrativa ou judicial, independentemente de procedimento cirúrgico e laudos de terceiros, por se tratar de tema relativo ao direito fundamental ao livre desenvolvimento da personalidade.
>
> 4. Ação direta julgada procedente.

---

47. RIO GRANDE DO SUL. Tribunal de Justiça. Apelação Cível 70057414971. 8ª Câm. C. Rel. Des. Rui Portanova, j. 5 jun. 2014. Disponível em: <http://www1.tjrs.jus.br/site_php/consulta/download/exibe_documento_att.php?ano=2014&codigo=830791>. Acesso em: 19 set. 2014.

Após o julgamento da ADI, as pessoas interessadas começaram a se dirigir aos cartórios a fim de promover a alteração de prenome e gênero. Juliana Mendonça Alvarenga relata[48] que, tão logo proferida a decisão do STF, alguns cartórios deram início ao procedimento de retificação do registro civil dos transgêneros. No entanto, a maior parte deles optou por aguardar a publicação de regulamentação nacional.

Em 29 de junho de 2018, o CNJ emitiu tal regulamentação por meio do Provimento 73, que estabeleceu os parâmetros a serem observados por todos os registradores notariais do Brasil para dar cumprimento à decisão.

O Provimento CNJ 73, de 28 de junho de 2018, "dispõe sobre a averbação da alteração do prenome e do gênero nos assentos de nascimento e casamento de pessoa transgênero no Registro Civil das Pessoas Naturais". Em seus 10 artigos, o Provimento determina que qualquer pessoa maior de 18 anos e capaz poderá requerer ao Registro Civil das Pessoas Naturais a alteração e a averbação do prenome e do gênero, a fim de adequá-los à identidade autopercebida.

O procedimento de alteração tem início com um requerimento ao Registro Civil, munido de documentos listados no Provimento, independentemente de prévia autorização judicial, comprovação de realização de cirurgia de redesignação sexual, tratamento hormonal ou patologizante e apresentação de laudo médico ou psicológico.

A alteração solicitada tem natureza sigilosa, não podendo constar das certidões dos assentos, salvo por solicitação do requerente ou por determinação judicial, quando poderá ser emitida em inteiro teor.

5. AS RESOLUÇÕES DO CONSELHO FEDERAL DE MEDICINA

Destaque-se que, atualmente, no Brasil, a cirurgia de transgenitalização está autorizada pelo Conselho Federal de Medicina, que a regulamentou através da Resolução 1.482/1997, posteriormente revogada pela 1.652/2002, também revogada pela 1.955/2010, nos seguintes termos:

> [...] que a cirurgia de transformação plástico-reconstrutiva da genitália externa, interna e caracteres sexuais secundários não constitui crime de mutilação previsto no art. 129 do Código Penal, haja vista que tem propósito terapêutico específico de adequar a genitália ao sexo psíquico; (CONSELHO FEDERAL DE MEDICINA, 2010).

Com o objetivo de possibilitar a adequação da genitália ao sexo psíquico, bem como evitar automutilações e autoextermínios por parte das pessoas que se encontravam insatisfeitas com a sua identidade sexual inata, em 1997, o Conselho Federal de Medicina autorizou a realização de cirurgia de transgenitalização do tipo neocolpovulvoplastia, neofaloplastia e ou procedimentos complementares sobre gônadas e caracteres sexuais secundários como tratamento dos casos de "transexualismo", expressão usada à época.

Tal autorização adveio com a Resolução CFM 1.482/97 que determinou como experimentais referidas técnicas, devendo ser praticadas, tão somente, em hospitais

---

48. Em consulta à Diretora do RECIVIL (Sindicato dos Oficiais de Registro Civil de Minas Gerais).

universitários ou hospitais públicos adequados à pesquisa, resguardando-se, em qualquer hipótese, o consentimento livre e esclarecido do sujeito da pesquisa, de acordo com a Resolução 196/96 do Conselho Nacional de Saúde, depois revogada pela Resolução CNS 466/2012.

Nos termos da Resolução CFM 1.482/97, os pacientes submetidos às técnicas de transgenitalização deveriam passar por avaliação de equipe multidisciplinar constituída por médico-psiquiatra, cirurgião, psicólogo e assistente social, após dois anos de acompanhamento conjunto, sendo necessário: a) diagnóstico médico de "transexualismo"; b) ser maior de 21 (vinte e um) anos; e c) ausência de características físicas inapropriadas para a cirurgia.

Em 2 de dezembro de 2002, a Resolução CFM 1.482/97 foi revogada pela Resolução CFM 1.652, que, além de algumas alterações de nomenclaturas (transexualismo para transgenitalismo), autorizou a cirurgia de transgenitalização do tipo neocolpovulvoplastia, mantendo-se em caráter experimental a realização de cirurgia do tipo neofaloplastia. Desta forma, as cirurgias para adequação do fenótipo masculino para feminino poderiam ser praticadas em hospitais públicos ou privados, independentemente da atividade de pesquisa, enquanto que as cirurgias para adequação do fenótipo feminino para masculino só poderiam ser praticadas em hospitais universitários ou hospitais públicos adequados para a pesquisa.

Vigeu, também, a Resolução CFM 1.955, que, em 3 de setembro de 2010, revogou a Resolução 1.652, mantendo a autorização experimental da cirurgia do tipo neofaloplastia.

A Resolução CFM 1.955/2010 foi revogada pela Resolução CFM 2.265, de 20 de setembro de 2019. Os aspectos principais da vigente Resolução são:

a) Redução da idade mínima para a cirurgia de transgenitalização de 21 para 18 anos e do tempo mínimo de acompanhamento prévio de 2 anos para 1 ano;

b) Previsão do tratamento de hormonioterapia a partir dos 16 anos;

c) Determinação de acompanhamento por equipe multiprofissional e interdisciplinar de crianças e adolescentes transgêneros, o que não foi tratado pelas Resoluções anteriores. Para estes é permitido apenas o bloqueio hormonal, sem hormonioterapia, quando iniciado o estágio puberal (Tanner II), "sendo realizado exclusivamente em caráter experimental em protocolos de pesquisa, de acordo com as normas do Sistema CEP/Conep, em hospitais universitários e/ou de referência para o Sistema Único de Saúde."

6. PROJETOS DE LEI

6.1 O Projeto de Lei 70, de 1995

O Projeto de Lei 70/1995, de autoria do então Deputado Federal José Coimbra, visou regulamentar a cirurgia de alteração de sexo. O objetivo era descaracterizar a ilicitude do ato do cirurgião que realiza a cirurgia de transgenitalização, porque, ao tempo em que foi proposto o referido Projeto, ainda havia discussões sobre a criminalização da conduta de ablação de órgãos como cirurgia mutilatória. A proposta exigia, como pressupostos para a ocorrência da cirurgia, possuir o paciente capacidade civil, ser portador de laudo feito por uma junta médica que, de maneira unânime, aconselhasse o ato, e o consentimento do paciente. Eis a redação da proposta do § 9º, que seria acrescido ao artigo 129 do Código Penal:

> Não constitui crime a intervenção cirúrgica realizada para fins de ablação de órgãos e partes do corpo humano quando, destinada a alterar o sexo de paciente maior e capaz, tenha ela sido efetuada a pedido deste e precedida de todos os exames necessários e de parecer unânime de junta médica.

O Projeto também propôs alteração no artigo 58 da Lei 6.015/1973, que passaria a viger com a seguinte redação:

> Art. 58. O prenome será imutável, salvo nos casos previstos neste artigo.
>
> [...]
>
> § 2º Será admitida a mudança do prenome mediante autorização judicial, nos casos em que o requerente tenha se submetido à intervenção cirúrgica destinada a alterar o sexo originário.
>
> § 3º No caso do parágrafo anterior, deverá ser averbado ao registro de nascimento e no respectivo documento de identidade ser a pessoa transexual.

Encaminhado à Comissão de Constituição e Justiça, o Projeto foi aprovado com a ressalva de ser modificado o § 3º do artigo supracitado e o acréscimo de um § 4º. Assim:

> § 3º No caso do parágrafo anterior, deverá ser averbado no assento de nascimento o novo prenome, bem como o sexo, lavrando-se novo registro.
>
> § 4º É vedada a expedição de certidão, salvo a pedido do interessado ou mediante determinação judicial.

Os pontos positivos são cristalinos, embora hoje não tenham a mesma utilidade: o médico teria a proteção legal para a realização da cirurgia de mudança de sexo; essa, por sua vez, somente seria realizada depois de aprovação unânime por junta médica competente, no sentido de diagnosticar a transexualidade; o direito à intimidade seria respeitado, com a averbação do novo gênero sexual.

Até o ano de 2016 tinham sido apensados nove projetos de lei ao PL 70/1995, todos com matérias correlatas. A última movimentação do referido Projeto se deu em 28/06/2016, com a negativa de desapensação de um dos nove projetos já apensados.

Até o fechamento desta edição, o PL 70/1995 encontrava-se pronto para Pauta no Plenário, mas ainda não havia recebido nenhum parecer das Comissões que devem se manifestar acerca da matéria.

6.2 Projeto de Lei 658, de 2011

Em 2011, a então Senadora Marta Suplicy apresentou o Projeto de Lei 658. O texto ressaltava o direito que toda pessoa tem ao livre desenvolvimento da personalidade, conforme a identidade de gênero, com independência de qual seja seu sexo biológico, anatômico, morfológico, hormonal, de atribuição ou outro (art. 1º). Assim, o pleno reconhecimento da identidade de gênero, bem como a consonância entre essa identidade e o nome e o sexo assinalados nos documentos pessoais são direitos da pessoa.

Segundo o Projeto, a adequação documental da menção ao sexo e ao nome poderia ser feita, desde que atendidos os seguintes requisitos (art. 3º):

> I – o nome ou o sexo consignados no registro civil do requerente devem estar em discordância com a sua própria identidade de gênero;
>
> II – essa discordância deve ser atestada por laudo técnico fornecido por profissional de qualquer das áreas médica, da psicologia ou da psiquiatria, nos termos dos procedimentos estabelecidos na presente lei.

Este Projeto sofreu modificações por meio de Substitutivo apresentado pelo também senador Eduardo Suplicy e foi aprovado pela Comissão de Direitos Humanos e Legislação Participativa. O Substitutivo altera o Código Civil apresentando os seguintes acréscimos aos artigos 2º, 10 e 16 do Código Civil:

> Art. 2º
>
> Parágrafo único. Toda pessoa tem direito ao livre desenvolvimento de sua personalidade, conforme sua identidade de gênero, independentemente do sexo consignado no registro de nascimento.
>
> Art. 10.
>
> IV – das sentenças relativas à redesignação, na hipótese de comprovada divergência entre a identidade de gênero da pessoa e o nome ou o sexo consignados em seu registro de nascimento.
>
> Parágrafo único. A averbação feita nos termos do inciso IV do *caput* dá ensejo ao direito de alteração automática de todos os documentos de identificação da pessoa, preservados os números originais de registro respectivos.
>
> Art. 16
>
> Parágrafo único. Toda pessoa pode requerer redesignação na hipótese de divergência entre sua identidade de gênero e o nome ou o sexo consignados em seu registro de nascimento.

O Projeto também pretende modificar a Lei 6.015/73 (Lei de Registros Públicos) que passaria a viger com as alterações seguintes:

> Art. 29
>
> § 1º
>
> g) as sentenças relativas à alteração de nome ou redesignação sexual na hipótese de divergência entre a identidade de gênero da pessoa e o nome ou o sexo consignados em seu registro de nascimento.
>
> Art. 58. O prenome será definitivo, admitindo-se, todavia, a sua substituição por apelidos públicos notórios ou por outro prenome na hipótese de comprovada divergência entre a identidade de gênero da pessoa e o nome ou o sexo consignados em seu registro de nascimento, observado o disposto no art. 58-A.
>
> Art. 58-A. A substituição do prenome ou do sexo originalmente consignados nos registros públicos será requerida em juízo, por iniciativa exclusiva do interessado, e autorizada quando houver divergência entre a identidade de gênero da pessoa e o nome ou o sexo consignados em seu registro de nascimento.
>
> § 1º A divergência de que trata o caput deverá ser atestada por laudo médico ou psicológico, admitida a apresentação de outros meios de prova disponíveis, a exemplo dos depoimentos de testemunhas e dos pareceres técnicos.
>
> § 2º É dispensada da apresentação do laudo referido no § 1º a pessoa que comprovadamente houver submetido-se à cirurgia de redesignação sexual.
>
> § 3º A substituição de que trata o caput dependerá de autorização judicial, concedida em sentença que terá efeitos constitutivos a partir do trânsito em julgado.

§ 4º Perante terceiros, os efeitos da sentença que autorizar a substituição de que trata o caput serão oponíveis a partir da data de averbação da sentença no registro de nascimento.

§ 5º Em caso nenhum será exigida do requerente a cirurgia de redesignação sexual para autorizar a substituição do prenome ou do sexo originalmente consignados em seu registro de nascimento.

Art. 58-B. A substituição de que trata o art. 58-A permitirá que o interessado exerça todos os direitos inerentes à sua nova condição, não podendo prejudicá-lo nem ser oposta perante terceiro de boa-fé.

Parágrafo único. Realizada a substituição referida no *caput*, nova alteração do prenome e do sexo consignados nos registros públicos não será efetuada antes de decorrido o prazo de cinco anos, limitando-se ao restabelecimento dos dados originais.

Art. 58-C. Toda matéria relativa à substituição do prenome e do sexo consignados em registro público é da competência do juízo da Vara de Registros Públicos, assegurado o segredo de justiça.

6.3 Projeto de Lei 5.002, de 2013

Em 2013, o então Deputado Federal Jean Wilys (PSOL/RJ) e a Deputada Federal Érika Kokay (PT/DF) propuseram o Projeto de Lei 5.002, também chamado "Lei de Identidade de Gênero" ou "Lei João Nery", em homenagem ao primeiro transexual masculino brasileiro a realizar a cirurgia de transgenitalização.

O Projeto foi inspirado na Lei Argentina 26.743/2012, Lei de Identidade de Gênero.[49]

Os pontos mais relevantes do Projeto são: a) Possibilidade de alteração de prenome e gênero das pessoas transexuais e intersexuais, diretamente no cartório, mediante autodeclaração; b) Sigilo quanto à tramitação da retificação; c) Impossibilidade de menção ao registro anterior nos novos documentos, exceto se autorizado pelo solicitante; d) Possibilidade de realização de intervenções cirúrgicas aos maiores de 18 anos, sem necessidade de diagnóstico, tratamento psicológico ou psiquiátrico, ou autorização judicial ou administrativa; e) Condicionamento dos procedimentos tão somente ao consentimento da pessoa capaz; f) Oferecimento pelo SUS dos procedimentos de saúde relacionados à identidade de gênero; g) Manutenção do número de identidade, CPF, passaporte e outros documentos de identificação, como garantia de continuidade da pessoa nas relações jurídicas de que era partícipe; h) Preservação das relações familiares, tanto da parentalidade quanto da conjugalidade, as quais receberão retificação automática em seus registros civis; i) Possibilidade de realização de tratamentos hormonais e intervenções cirúrgicas aos menores de dezoito anos, mediante consentimento e com a anuência de seus pais ou representantes legais; e j) Alteração do art. 58 da Lei de Registros Púbicos, passando a viger da seguinte maneira: "O prenome será definitivo, exceto nos casos de discordância com a identidade de gênero autopercebida, para os quais se aplicará a lei de identidade de gênero. Admite-se também a substituição do prenome por apelidos públicos notórios."

---

49. Sobre a Lei Argentina ver: SÁ, Maria de Fátima Freire de; MOUREIRA, Diogo Luna. O direito da pessoa humana à identidade de gênero autoconstruída: mais uma possibilidade da pessoalidade. In: SÁ, Maria de Fátima Freire de; MOUREIRA, Diogo Luna; ALMEIDA, Renata Barbosa (Coords.). *Direito privado*: revisitações. Belo Horizonte: Arraes, 2013, p. 17-26.

7. CONSIDERAÇÕES FINAIS

> Quando sentia medo, pelo menos pressupunha um objeto, uma ameaça, algo que eu pudesse de algum modo contornar ou dele fugir. Porém, nessa angústia nada me ameaçava claramente. Não havia um objeto a ser enfrentado para prosseguir minha estranha caminhada existencial. Percebi, então, que o sem sentido e o sem valor da minha angústia me tornavam um estrangeiro neste mundo tão cheio de categorias. A ironia era precisar de um rótulo, do que todos tentam fugir.[50]

Essas são palavras de João W. Nery, escritas no livro *Viagem Solitária*. João foi o primeiro caso de transexual masculino a se ter notícia no Brasil. Em seu livro, com coragem e generosidade, João relata sua vida, suas angústias e sua luta pela cirurgia de transgenitalização que, à época, era considerada ilegal. Quando nasceu, em 1950, seu nome era Joana e, até os vinte e sete anos, viveu em um corpo de anatomia feminina. De família de classe média, João formou-se em psicologia pela UFRJ e chegou a lecionar em três universidades, além de ter mantido um consultório de psicologia. Na luta por reconhecimento, tirou nova documentação por conta própria, fato que o fez perder todos os seus direitos anteriores, inclusive o currículo escolar e profissional. Sem o diploma de psicólogo, passou a exercer outras atividades para sobreviver, tendo trabalhado como pedreiro, taxista, vendedor e massagista.

Sobre sua condição, João desabafa: "Você nasce e morre dentro de caixas. Caixa da família, da escola, do casamento e depois vai para o caixão. Ponha o pé para fora disso e você já é estigmatizado. Tem que ter muita estrutura para segurar a peteca da marginalidade".[51]

Impossível traçarmos o que é moralmente recomendado sem oprimirmos grupos e pessoas. Os transexuais não querem um juízo de valor, querem a consideração de que há justiça quando se levam em conta os interesses individuais, a intimidade e a dignidade de cada um.

O único meio de se garantir uma sociedade sadia é permitir o convívio das diferenças. O Direito é formado de um caminhar histórico que situa o homem em um indefinido "formar-se".

Ao deparar com situações que envolvam a transexualidade, o que realmente importa ao Direito é procurar buscar soluções que privilegiem o ser humano, garantindo-lhe a dignidade e o livre desenvolvimento de sua personalidade, deixando que, autonomamente, construa sua própria identidade.

---

50. NERY, João W. *Viagem solitária*: memória de um transexual trinta anos depois. São Paulo: Leya, 2011, p. 45.
51. NERY, João W. *Viagem solitária*: memória de um transexual trinta anos depois. São Paulo: Leya, 2011, p. 16.

Capítulo 13
DOAÇÃO DE ÓRGÃOS E TECIDOS

Diz a célebre lenda dos Santos Cosme e Damião que por pura caridade exerciam medicina (representadas em pinturas de Fra Angelico e de Fernando Gallegos – 1745-1550): "Para substituir a perna gangrenada de um doente que tinham necessidade de amputar foram os Santos ao cemitério, em busca de uma que lhes pudesse servir para aquele fim. O único cadáver utilizável naquela ocasião era o de um negro etíope, mas os Santos não tinham preconceitos raciais nem problemas de histocompatibilidade. Retiraram, pois, do cadáver o segmento do membro de que o enfermo carecia e a transplantação foi, por graças de Deus, um êxito completo, realçado ainda pela diferença da cor."[1]

1. AS LENDAS

Historiadores de religião erigem mitos em histórias sérias, maneira de as sociedades descreverem como a realidade vinha a ser. Mitos são paradigmas para os atos humanos significativos, frequentemente histórias sagradas de criativas façanhas de seres sobrenaturais.

A noção de substituir órgãos doentes do corpo por outros saudáveis, entre diferentes espécies, remonta pelo menos a três mil anos na Medicina mitológica. É certo que lendas não podem ser aferidas pela racionalidade, nem há como verificar sua autenticidade. Mas vários mitos emergiram da fé religiosa de diferentes civilizações: da fé, que não é racional.

Assim, embora a literatura médica contemporânea sobre transplantes até os últimos cem anos credite ao cirurgião suíço Jacquet Riverton a primazia de tentar um transplante, na Medicina antiga, deuses cimérios, heróis e curandeiros eram partícipes dos atos cirúrgicos, segundo a associação lendária. Fatos legendários existem, documentados em civilizações antigas. Os registros mais antigos de Medicina são da Mesopotâmia e do Egito e, especificamente sobre transplantes, da Índia antiga e da China, onde as escrituras estão repletas de lendas dessa natureza.[2]

Os vedas, principais escrituras religiosas do hinduísmo, foram criados há cerca de 1.200 anos a.C. e contêm 1.028 hinos devocionais e espirituais. Essas escrituras descrevem vários deuses hindus, incluindo a grande trindade de Brahma – o criador, Vishnu – o preservador e Mahesh – o destruidor. Tais textos tratam de transplantes.[3]

---

1. SOUZA, Armando Tavares de. *Curso de história da medicina*, p. 141. *apud* SANTOS, Maria Celeste Cordeiro Leite. *Transplantes de órgãos e eutanásia*. São Paulo: Saraiva, 1992, p. 127.
2. BHANDARI, M.; TEWARI, A. Is transplantation only 100 years old? *British Journal of Urology*, v. 79, Issue 4, p. 495-498, 19 Nov. 1996.
3. A lenda de Ganesha é talvez a mais popular e bem documentada acerca de xenotransplante (de animal para homem) mítico indiano. Parvati, esposa de Siva, criou Vighneshawara (nome de Ganesha antes do transplante) para agir como seu guarda fiel, junto à porta de seus aposentos, a fim de evitar visitas inoportunas de seu marido. Em

Os *Demon Myths* da antiga literatura chinesa referem-se aos transplantes de coração. Uma dessas histórias, no clássico Zhai Zhiyi Liao, é aquela do juiz, escrita por Songling, em 1680. O juiz era descrito fazendo um transplante de coração em Zhu Ertan. Além dessa façanha, substituiu o feio rosto da mulher de Zhu, por outro lindo, de uma menina à beira da morte.[4]

Cumpre ressaltar que o surgimento de transplantes de órgãos como modalidade terapêutica deve-se em grande parte à Medicina mitológica. A possibilidade de prolongamento da vida substituindo-se partes do corpo foi conceitualmente inspirada por algumas lendas. A menção de estágios críticos do transplante em tais lendas, como, por exemplo, seleção apropriada, remoção habilidosa, limpeza das partes utilizáveis, minimização da demora entre remoção da parte do doador e transplante no receptor e o uso de poderosas drogas para prevenção da rejeição são relevantes, mesmo hoje.

2. BREVES RELATOS HISTÓRICOS

O Senhor Deus disse:

Não é bom que o homem esteja só; vou dar-lhe uma ajuda que lhe seja adequada. [...] Então o Senhor Deus mandou ao homem um profundo sono; e enquanto ele dormia, tomou-lhe uma costela e fechou com carne o seu lugar. E da costela que tinha tomado do homem, o Senhor Deus fez uma mulher, e levou-a para junto do homem.[5]

---

determinado dia, enquanto Parvati tomava banho, Ganesha se posicionava junto ao seu quarto, detido em suas ocupações. Siva veio visitar a esposa, junto com amigos. O guardião não os deixou entrar. Parvati, que possuía poderes divinos, sentiu seu orgulho ferido e deu a Ganesha sua força e armas na luta contra Siva e seus aliados. Vishnu reconheceu que Ganesha seria invencível e aconselhou Siva a usar sua magia para matá-lo. Enquanto a batalha se desenrolava, Siva rastejou maliciosamente por detrás e cortou a cabeça de Ganesha. Ao saber do ocorrido, Parvati, furiosa, decidiu destruir o universo. Siva enviou Narada como mediador e Parvati concordou em abortar seu plano, somente se lhe trouxessem Ganesha de volta à vida, e lhe conferissem divindade, o que foi aceito por Siva. O corpo do guardião foi limpo e cuidado, mas não podiam achar-lhe a cabeça. Siva ordenou que trouxessem a cabeça do primeiro ser vivente que encontrassem. Seus assistentes encontraram um elefante, dormindo com a cabeça voltada para o norte, o que, na religião hindu representa uma ofensa, porque, de acordo com a tradição, tal circunstância faz com que o polo norte desequilibre a paz do universo. Removida a cabeça do animal, Brahma, Vishnu e Siva conjugaram seus poderes para fixar a cabeça do elefante ao tronco decapitado de Ganesha, devolvendo vida ao corpo morto. BHANDARI, M.; TEWARI, A. Is transplantation only 100 years old? *British Journal of Urology*, v. 79, Issue 4, p. 495-498, 19 Nov. 1996.

4. Zhu Erh-tan era um homem corajoso, porém curto de raciocínio. Em determinado dia, seus amigos o provocaram a ir à câmara dos horrores para trazer de volta o juiz infernal. Zhu, ao concordar com o desafio, retornou trazendo uma imagem do juiz, com um rosto verde e uma barba vermelha. Derramou um pouco de vinho no chão e invocou a imagem dizendo: "Eu sou um ignorante. Rogo a Vossa Excelência que me perdoe. Minha casa fica próxima e sempre que quiser vos convido a tomar um copo de vinho comigo, com muito prazer." A partir daí, Lu, o juiz, passou a frequentar a casa de Zhu. Porém um dia, como Zhu estava muito cansado, foi dormir deixando o juiz ainda a beber. Enquanto dormia, sentiu uma dor aguda no peito. Ao acordar, constatou que o juiz, sentado à beira da cama, havia aberto seu peito, prestes a trocar seus órgãos. Zhu gritou, achando que Lu pretendia matá-lo. Contudo, o juiz tranquilizou-o dizendo que apenas trocou seu coração por outro melhor, que retirou do mundo inferior. Daquele tempo em diante, Zhu progrediu rapidamente na arte de escrever. Depois de realizada essa cirurgia, Zhu indagou: "Se V. Exa. pode trocar um coração, com certeza pode fazer o mesmo com o rosto feio da minha esposa. Eu vos suplico que experimente seu poder nela." Alguns dias mais tarde, o juiz voltou com a cabeça de uma linda jovem, a qual, bem sucedidamente, transplantou para a face da esposa de Zhu. BHANDARI, M.; TEWARI, A. Is transplantation only 100 years old? *British Journal of Urology*, v. 79, Issue 4, p. 495-498, 19 Nov. 1996.
5. Gn, 1, 21. In: *A BÍBLIA*: tradução ecumênica. São Paulo: Paulinas, 2002.

Os transplantes, porque imaginários na mente humana, haja vista a menção que fizemos às histórias mitológicas, (somos convictos em afirmá-lo) seriam, um dia, alvo de constantes pesquisas. Talvez possamos dizer que o exemplo acima tenha representado a primeira ressecção costal feita sob anestesia. Afinal, ao provocar um sono profundo em Adão, Deus o anestesiou. Posteriormente, tomando-lhe uma costela, procedeu a uma operação cirúrgica, a qual foi finalizada pela sutura, ao fechar a ferida.

Mas, entre nós, a Medicina relata que nos séculos XV e XVI ocorreram as primeiras tentativas de utilizar tecidos procedentes de pessoas e animais para serem aproveitados. Contudo, as operações culminaram em fracasso, visto serem primitivos os procedimentos adotados, sem levar em conta as infecções contraídas.[6]

Temos que o primeiro transplante ósseo remonta ao ano de 1890, em Glasgow, Escócia. Posteriormente, na Itália, em 1931, foi realizado um transplante de glândulas genitais. Tal fato suscitou polêmicas no campo das ciências médicas e jurídicas, porquanto o doador vivo cedeu a glândula por dinheiro.

O primeiro transplante renal realizado com êxito ocorreu em 1954, em Boston, onde houve a extração de um rim de um gêmeo para implantá-lo no corpo do seu irmão.[7]

Contudo, o fato mais marcante quanto à questão dos transplantes ocorreu na Cidade do Cabo, África do Sul, em 3 de dezembro de 1967. O médico Christian Barnard retirou o coração de um homem e colocou, em seu lugar, o órgão de uma mulher, falecida em razão de um acidente de trânsito. O fato foi insistentemente comentado, valendo transcrever as palavras do ilustre médico:

> Minha tomada de consciência – o momento em que a enormidade daquilo tudo me deixou desnorteado – foi precisamente depois que extirpei o coração de Washkanski. Abaixei a vista e vi aquela cavidade [...] A comprovação de que diante de mim se achava um homem estendido, um homem sem coração, porém vivo, me parece que foi o momento que me infundiu mais pavor.[8]

A essa operação de transplante seguiram-se muitas outras, realizadas por vários médicos de outros países.[9]

3. LEI 9.434, DE 4 DE FEVEREIRO DE 1997

Em 5 de fevereiro de 1997 foi publicada, no *Diário Oficial da União*, a lei que regulamenta a doação de órgãos, tecidos e partes do corpo humano para fins de transplante e tratamento.

---

6. Há que se lembrar, como foi dito no tópico anterior, que a Medicina contemporânea credita ao cirurgião Jacquet Riverton a proeza de ser o primeiro médico a tentar um transplante.
7. SANTOS, Maria Celeste Cordeiro Leite. *Transplante de órgãos e eutanásia*. São Paulo: Saraiva, 1992, p. 128 *et seq.*
8. SANTOS, Maria Celeste Cordeiro Leite. *Transplante de órgãos e eutanásia*. São Paulo: Saraiva, 1992, p. 160. (A propósito, há registro de que o receptor faleceu dezoito dias após a cirurgia realizada pelo Dr. Barnard. Logo após, outra cirurgia foi realizada pelo mesmo médico. Dessa vez, o paciente viveu quase vinte meses com seu novo coração. DUBB, Asher. *Israel Journal of Medical Sciences*, v. 32, 1996, p. 1051).
9. Na mesma ocasião em que se verificou o primeiro transplante de coração feito por pelo Dr. Barnard, o judeu Rav Moshe Feinshtein, proibiu, em Israel, a prática de transplantes, por entender que as cirurgias que se seguiram não obtiveram êxito. Somente depois da descoberta dos imunossupressores – responsáveis pelo sucesso de cerca de 80% de cirurgias desse tipo – é que as regras naquele país foram modificadas. *Organ transplants and donation in Jewish law*. Oxford University Jewish Society, Shavuot, 1995.

Trata-se da Lei 9.434, intitulada, em seu nascedouro, "Lei de Doação Presumida de Órgãos". Contém 25 (vinte e cinco) artigos, distribuídos em 6 (seis) capítulos, a saber: I – Disposições Gerais; II – Disposição *Post Mortem* de Tecidos, Órgãos e Partes do Corpo Humano para Fins de Transplante; III – Disposição de Tecidos, Órgãos e Partes do Corpo Humano Vivo para Fins de Transplante ou Tratamento; IV – Disposições Complementares; V – Sanções Penais e Administrativas; VI – Disposições Finais.

O certo é que, embora tenha apresentado pontos negativos em sua essência, referida Lei, incontestavelmente, teve o mérito de instigar o debate. Seria a doação de órgãos um ato de amor e desprendimento? Em caso positivo, por que a necessidade de uma Lei que determinava que todas as pessoas fossem doadoras em potencial, salvo manifestação de vontade em contrário, e nos demais casos previstos na Lei? Seria essa a medida mais adequada para aumentar o número de transplantes? Nesse sentido, os médicos poderiam e deveriam retirar os órgãos, pura e simplesmente? Não obstante a presunção, pediriam autorização dos familiares? Precisaria, o médico, requerer o aval do responsável para a retirada de órgãos do possível doador? A remoção de órgãos, devendo ser precedida de diagnóstico de morte encefálica, suscita a indagação: qual a correta definição de morte?

Havia muito entusiasmo e fascínio pelo mistério da novidade. Não há dúvidas de que o contexto, à época da promulgação da lei, era de mudanças. E como mudanças dessa natureza sempre se processam, tendo o homem como protagonista, não foram poucos os problemas que surgiram em torno das situações criadas: problemas jurídicos, éticos e científicos.

E foi exatamente devido a tantos impasses criados que, em 6 de outubro de 1998 foi publicada a Medida Provisória 1.718 (e sucedâneas), que acresceu o § 6º ao artigo 4º, da Lei 9.434/97, ocasionando novas interpretações e debates. Consequentemente, foi publicada a Lei 10.211, de 23 de março de 2001, que trouxe modificações consideráveis à matéria que aqui será abordada.

3.1   Disposições gerais

Apenas dois artigos compõem as Disposições Gerais da Lei, sendo certo que o primeiro deles tem como aspecto principal a permissão quanto à disposição gratuita de tecidos, órgãos ou partes do corpo humano, para fins de transplante e tratamento. Não estão compreendidos entre os tecidos, o sangue, o esperma e o óvulo.

Vale inserir aqui uma primeira abordagem acerca da razão da exclusão do sangue para a permissão de disposição gratuita. É que referido tecido apresenta tratamento legal diferenciado do transplante de órgãos, devido a quatro razões principais, quais sejam:

> 1ª Porque trata de substância de natureza regenerável, enquanto a maioria dos demais transplantes diz respeito a órgãos ou tecidos não renováveis;
>
> 2ª Porque a cirurgia de transplantes é condicionada e excepcional, ao passo que a transfusão é de ocorrência diária e rotineira;
>
> 3ª Porque, enquanto a intervenção de transplante pressupõe a produção de lesões consideráveis no doador e no receptor, a transfusão sanguínea é de intervenção simples e sem importância;

4ª Porque muitas transfusões sanguíneas revestem caráter urgente e imediato, não podendo por isso serem precedidas dos formalismos que rodeiam o transplante.[10]

A respeito da disposição de gametas humanos, há uma polêmica sobre a gratuidade de sua cessão. Ocorre que a Constituição Federal, no art. 199 estabelece:

§ 4º A lei disporá sobre as condições e os requisitos que facilitem a remoção de órgãos, tecidos e *substâncias humanas* para fins de transplante, pesquisa e tratamento, bem como a coleta, processamento e transfusão de sangue e seus derivados, sendo vedado todo tipo de comercialização. (grifo nosso)

A confusão se dá em razão da imprecisão da expressão "substâncias humanas", excessivamente ampla e contraditória à prática comercial referente a vários produtos de origem humana colocados em comércio. Nessa linha de raciocínio, Brunello Stancioli[11] levanta a contradição se comparada em relação a unhas, cabelos, saliva e suor. Vários são os produtos de origem biológica humana que são comercializados, como os hormônios humanos vendidos pela indústria farmacêutica: eritropoietina, vasopressina, hormônio do crescimento, dopamina, adrenalina, hormônio da tireoide, e dezenas de outros.[12]

Voltando ao exame da Lei, a retirada de tecidos, órgãos e partes do corpo e o respectivo transplante ou enxerto só poderão ser realizados por estabelecimentos de saúde, públicos ou privados, e por equipes previamente autorizados pelo Ministério da Saúde.

Ainda assim, dispõe o parágrafo único do artigo 2º que a realização dos transplantes ou enxertos somente poderá ser autorizada após efetivar, no doador, todos os testes necessários à triagem para diagnóstico de infecção e infestação, exigidos em normas regulamentares expedidas pelo Ministério da Saúde.

3.2 Da disposição post mortem de tecidos, órgãos e partes do corpo humano para fins de transplante

Em se tratando de indivíduo morto, a retirada de tecidos, órgãos ou partes do corpo deverá, necessariamente, ser precedida de diagnóstico de morte encefálica, a qual deverá ser constatada e registrada por dois médicos não integrantes das equipes de remoção e transplante. Os critérios clínicos e tecnológicos serão os definidos por Resolução do Conselho Federal de Medicina. É o que dispõe o artigo 3º, da Lei 9.434/97.

3.2.1 Morte encefálica

A propósito, a primeira definição de morte encefálica foi divulgada pelo Comitê *ad hoc* da Harvard Medical School. Seus critérios marcaram época e foram publicados meses após o primeiro transplante cardíaco realizado por Christian Barnard, na África

---

10. CHAVES, Antônio. *Direito à vida e ao próprio corpo*. São Paulo: Revista dos Tribunais, 1986, p. 27.
11. STANCIOLI, Brunello. Geração X: Lei não prevê crime para venda de órgãos. *Revista Consultor Jurídico*, São Paulo, 28 abr. 2013. Disponível em: <https://www.conjur.com.br/2013-abr-28/brunello-stancioli-lei-nao-preve-crime-venda-ovulos>. Acesso em 6 set. 2020.
12. Enfrentando a temática da disposição oneroso de partes do corpo, indicamos: OLIVEIRA, Lucas Costa de. *Mercado de órgãos e tecidos humanos*: entre o Direito, a Economia e a Ética. Dissertação (mestrado) – Pontifícia Universidade Católica de Minas Gerais, Belo Horizonte, 2017.

do Sul, que colocou realmente no alvo do conceito de morte, não mais a parada cardíaca, mas, sim, a morte encefálica.

Sob o domínio de vários conceitos, a Associação Médica Mundial formulou a Declaração de Sidney, em 1968, na qual, sinteticamente, ficou assentado o seguinte:

> Uma dificuldade é que a morte é um processo gradual, a nível celular e que a capacidade dos tecidos, para suportar a falta de oxigênio, é variável. Sem embargo disto, o interesse clínico não reside no estado de conservação das células isoladas, mas no destino da pessoa. Em decorrência, o momento da morte de diferentes células e órgãos não tem tanta importância, como a certeza de que o processo tornou-se irreversível, quaisquer que sejam as técnicas de ressuscitação que se possam aplicar. Esta conclusão se deve basear no juízo clínico, complementado, caso necessário, por diversos instrumentos auxiliares de diagnóstico, dos quais o mais útil é atualmente o eletroencefalógrafo. Em qualquer caso, nenhuma prova instrumental isolada é inteiramente satisfatória no estado atual da medicina nem qualquer método pode substituir o ditame global do médico.[13]

Desde a primeira legislação que se referiu aos transplantes de órgãos adotada no Brasil, incluindo, obviamente, a legislação em questão, decidiu-se que os critérios para o estabelecimento de conceitos de morte fossem fixados por médicos. Assim, o Conselho Federal de Medicina, por meio da Resolução 2.173/2017, se manifestou quanto aos parâmetros clínicos a serem observados para a constatação da morte encefálica: coma aperceptivo com ausência de atividade motora supraespinal e apneia.

Melhor explicando: o critério para o diagnóstico de morte encefálica é a cessação irreversível de todas as funções do encéfalo, incluindo o tronco encefálico, onde se situam estruturas responsáveis pela manutenção dos processos vitais autônomos, como a pressão arterial e a função respiratória.

Em adultos, a morte encefálica geralmente ocasiona a parada cardiorrespiratória em poucas horas. Há, todavia, casos mais raros em que o paciente com diagnóstico de morte encefálica sobrevive por alguns dias.

Um caso, no entanto, se destaca em razão de sua particularidade. Jahi McMath, 13 anos, era uma menina saudável, mas que sofria de apneia do sono. A consequência dessa condição era muito cansaço e dispersão nas atividades escolares. Jahi também roncava muito, o que a deixava desconfortável com as amigas, quando dormia junto delas. Instigada pela mãe, Jahi consultou um médico que indicou um procedimento cirúrgico. No entanto, com a realização da cirurgia, Jahi começou a cuspir sangue e, após sucessivos episódios de hemorragia, a situação se agravou e ela foi intubada. Dois dias depois, sua morte encefálica foi declarada.

Essa é uma apertada síntese do ocorrido com Jahi. Em sequência, sua mãe recusou o diagnóstico de morte encefálica, o que é possível em alguns estados americanos, quando a hipótese se fundamenta no direito à liberdade religiosa. Fato é que, após a contestação do diagnóstico, a menina manteve-se conectada a aparelhos de suporte vital por mais quatro anos, até que a parada cardiorrespiratória ocorresse.

---

13. *World Medical Journal*, Nov./Dec. 1968, p. 133.

Um estudo com 175 pacientes, que sobreviveram mais de uma semana após o diagnóstico de morte encefálica, demonstra que a pouca idade é um fator comum. No entanto, o caso de Jahi é o único descrito com morte encefálica, que permaneceu no suporte de vida por mais de um ano. Esse caso representa um desafio para a fixação do critério de morte e para o diagnóstico de morte encefálica.[14]

Retornando à Resolução CFM 2.173/2017, a definição da causa do coma exige a exclusão da hipotermia e do uso de drogas depressoras do sistema nervoso central. Destarte, a intoxicação pode assemelhar-se, em todos os aspectos, à morte encefálica e deve ser explicitamente excluída.

Sinteticamente, os critérios para o diagnóstico de morte encefálica foram definidos nos arts. 1º e 2º da Resolução:

a) Presença de lesão encefálica de causa conhecida, irreversível e capaz de causar morte encefálica;

b) Ausência de fatores tratáveis que possam confundir o diagnóstico de ME;

c) Tratamento e observação em ambiente hospitalar pelo período mínimo de seis horas. Quando a causa primária do quadro for encefalopatia hipóxico-isquêmica, esse período de tratamento e observação deverá ser de, no mínimo, 24 horas;

d) Temperatura corporal (esofagiana, vesical ou retal) superior a 35°C, saturação arterial de oxigênio acima de 94% e pressão arterial sistólica maior ou igual a 100 mmHg ou pressão arterial média maior ou igual a 65 mmHg para adultos, ou conforme a tabela a seguir para menores de 16 anos:

IDADE	PRESSÃO ARTERIAL	
	Sistólica (mmHg)	PAM (mmHg)
Até 5 meses incompletos	60	43
De 5 meses a 2 anos incompletos	80	60
De 2 anos a 7 anos incompletos	85	62
De 7 a 15 anos	90	65

Art. 2º – É obrigatória a realização mínima dos seguintes procedimentos para determinação da morte encefálica:

a) dois exames clínicos que confirmem coma não perceptivo e ausência de função do tronco encefálico;

b) teste de apneia que confirme ausência de movimentos respiratórios após estimulação máxima dos centros respiratórios;

c) exame complementar que comprove ausência de atividade encefálica.

Todo o cuidado é pouco:

---

14. Sobre o caso e suas consequências, indicamos: SÁ, Maria de Fátima Freire de; OLIVEIRA, Lucas Costa de; GOMES, Sarah Ananda. Morte digna nos Estados Unidos da América: recusa ao diagnóstico de morte encefálica – reflexões médico-jurídicas a partir do caso Jahi MacMath. In: SÁ, Maria de Fátima Freire de; DADALTO, Luciana (Orgs.). *Direito e medicina*: a morte digna nos tribunais. 2. ed. Indaiatuba: Foco, 2020, p. 111-131.

É preciso saber o momento exato em que se passa a considerar morto um indivíduo, para que não aconteça a situação ocorrida ao garoto dado como morto por ter sofrido, em 14 de julho de 1973, grave lesão cerebral, em uma piscina, na Califórnia. Tendo sua mãe autorizado o transplante de seus rins e fígado, quando os cirurgiões de um hospital em Denver se preparavam para a operação, perceberam que o suposto cadáver respondia aos estímulos da dor e tendo sua respiração sido restabelecida quarenta e cinco minutos depois.[15]

Voltando na história da Medicina, tem-se um episódio ocorrido em Madri, no ano de 1564. Do famoso anatomista Vesalius, ao realizar uma autópsia pública, diante de um atento auditório, causou horror aos espectadores no momento em que abriu o tórax do indivíduo e verificou que o coração estava batendo – ele foi obrigado a abandonar a Espanha.[16]

3.3 Outras considerações

O primeiro decreto a regulamentar a Lei de Doação Órgãos foi o Decreto 2.268, de 30 de junho de 1997. Atualmente vige o Decreto 9.175, de 18 de outubro de 2017, que determinou, por intermédio do § 1º, do artigo 17, que o diagnóstico de morte encefálica será confirmado com base nos critérios neurológicos definidos em resolução específica do Conselho Federal de Medicina.

Os médicos que participarem do processo de diagnóstico da morte encefálica deverão ser capacitados e não poderão integrar as equipes de retirada e transplante (§ 3º do art. 17).

Foi prevista a possibilidade de a família optar pela presença de médico de sua confiança no ato de diagnóstico da morte encefálica (§ 5º do art. 17).

Aliás, sobre a manifestação familiar, o art. 20 do Decreto 9.175/2017 determina:

> Art. 20. A retirada de órgãos, tecidos, células e partes do corpo humano, após a morte, somente poderá ser realizada com o consentimento livre e esclarecido da família do falecido, consignado de forma expressa em termo específico de autorização.
>
> § 1º A autorização deverá ser do cônjuge, do companheiro ou de parente consanguíneo, de maior idade e juridicamente capaz, na linha reta ou colateral, até o segundo grau, e firmada em documento subscrito por duas testemunhas presentes à verificação da morte.
>
> § 2º Caso seja utilizada autorização de parente de segundo grau, deverão estar circunstanciadas, no termo de autorização, as razões de impedimento dos familiares de primeiro grau.
>
> § 3º A retirada de órgãos, tecidos, células e partes do corpo humano de falecidos incapazes, nos termos da lei civil, dependerá de autorização expressa de ambos os pais, se vivos, ou de quem lhes detinha, ao tempo da morte, o poder familiar exclusivo, a tutela ou a curatela.
>
> § 4º Os casos que não se enquadrem nas hipóteses previstas no § 1º ao §3º dependerão de prévia autorização judicial.

Um dos aspectos mais relevantes desse artigo é a exigência de manifestação da família para que a doação de órgãos se efetive. Esse assunto foi tão discutido à época

---

15. CHAVES, Antônio. *Direito à vida e ao próprio corpo*. São Paulo: Revista dos Tribunais, 1986, p. 50.
16. Atualização Científica, Conselho Federal de Medicina, mar. 1998.

da promulgação da Lei 9.434/97, que vale a pena relembrar pontos importantes de sua história.

Quando da promulgação da Lei 9.434/97, a redação do *caput* do artigo 4º, trouxe muita polêmica, razão pela qual merece ser transcrito na íntegra: "*Salvo manifestação de vontade em contrário*, nos termos dessa Lei, presume-se autorizada a doação de tecidos, órgãos ou partes do corpo humano, para finalidade de transplantes ou terapêutica *post mortem*." (Grifos nossos)

A interpretação do *caput* do referido artigo era no sentido de que, a menos que houvesse manifestação em contrário, no intuito de não se autorizar a retirada de órgãos após a morte, o qual deveria comprovar-se por meio da expressão "não doador de órgãos e tecidos", gravada tanto na carteira de identidade civil quanto na carteira nacional de habilitação (§§ 1º, 2º, 3º, do artigo 4º), o indivíduo, após o seu óbito, tornar-se-ia doador. Isso significava que, independentemente da autorização dos familiares, seus órgãos, tecidos e partes do corpo poderiam ser retirados para fins de transplante e tratamento. A obrigação das equipes médicas cingir-se-ia a devolver o corpo aos familiares do falecido ou a seus responsáveis legais, após a disposição dos mesmos, *condignamente recomposto*.

O artigo 14, do então Decreto 2.268, de 30 de junho de 1997, ao regulamentar a questão, assim preconizava, *verbis*: "A retirada de tecidos, órgãos e partes, após a morte, poderá ser efetuada independentemente de consentimento expresso da família, se, em vida, o falecido a isso não tiver manifestado sua objeção."

A princípio, poder-se-ia dizer que os fins da Lei, por intermédio dos dispositivos legal e regulamentar, afiguravam-se altruístas. Afinal, por que não salvar uma vida, se isso é possível, mediante a retirada de órgãos de um indivíduo que já não a tem? É a luta da vida pela vida, contra a morte.

Se de longa data, como atesta a história da medicina, o cadáver vem sendo utilizado para fins científicos, por que se haveria de impedir agora o seu tributo na salvação da vida de uma pessoa?[17]

Porém, sabe-se, não é por já não terem vida, nem porque não mais se prestam a ela, que os mortos deixam de ser importantes para as suas famílias. Ao contrário. Talvez essas fiquem muito mais apegadas, naquele momento de dor, conscientes de que seus entes queridos continuam a traduzir a imagem da pessoa viva, e o que é mais desesperador, tal como uma imagem congelada, um retrato que não se expressa – não fala, não sente, mas projeta a pessoa querida –, de forma com que ela faça parte da sua convivência e do seu dia a dia, muitas vezes como um "pano de fundo", dependendo do grau de afetividade que as ligava ao falecido.

A polêmica causada foi de tal forma intensa, que fez com que as disposições do referido artigo fossem reexaminadas, o que culminou com o surgimento da Medida Provisória 1.718, de 6 de outubro de 1998 (e sucedâneas), que acresceu o § 6º ao artigo 4º, da mencionada Lei. Pelo referido parágrafo, ainda que o pretenso doador não tivesse se manifestado expressamente em vida quanto à vontade de doar seus órgãos (fato que,

---

17. CHAVES, Antônio. *Direito à vida e ao próprio corpo*. São Paulo: Revista dos Tribunais, 1986, p. 49.

a princípio, levaria ao entendimento de que presumidamente aceitou a condição de doador, pela redação do *caput* do artigo 4º), a família poderia manifestar-se contrária à extirpação: "Na ausência de manifestação de vontade do potencial doador, o pai, a mãe, o filho ou o cônjuge poderá manifestar-se contrariamente à doação, o que será obrigatoriamente acatado pelas equipes de transplante e remoção."

A Medida Provisória não pôs fim aos questionamentos referentes à presunção de doação. O § 6º (oportunamente acrescido ao artigo 4º) permitia a manifestação contrária do pai, mãe, filho ou cônjuge do doador. Mas a vontade deveria ser entendida como só válida, se homogênea? Como seria solucionado problema em que alguns familiares se manifestassem a favor da doação e outros contrários a ela? Diante de tantos questionamentos, em 23 de março de 2001, foi promulgada a Lei 10.211 que modificou o artigo 4º da Lei 9.434/97, que, por seu turno, jogou por terra a presunção de doação e determinou ordem de prelação em relação à manifestação da família, como comprovaremos pela transcrição da nova redação dada ao citado artigo:

> Art. 4º A retirada de tecidos, órgãos e partes do corpo de pessoas falecidas para transplantes ou outra finalidade terapêutica, dependerá da autorização do cônjuge ou parente, maior de idade, obedecida a linha sucessória, reta ou colateral, até o segundo grau inclusive, firmada em documento subscrito por duas testemunhas presentes à verificação da morte.

O § 4º, do supracitado artigo, hoje revogado pela Lei 10.211/2001, permitia a reformulação da vontade a qualquer momento, sendo certo que o § 5º o complementava, ao afirmar que, em caso de dois ou mais documentos legalmente válidos, com opções diferentes quanto à condição de doador, ou não, do morto, a emissão que prevalecerá será a mais recente (também revogado).

O artigo 5º empresta especial atenção ao incapaz. Há possibilidade de remoção *post mortem* de tecidos, órgãos ou partes do corpo de pessoa juridicamente incapaz, desde que a retirada seja expressamente permitida por ambos os pais ou por seus responsáveis legais.

A Lei veda a remoção *post mortem* de tecidos, órgãos ou partes do corpo de pessoas não identificadas. É o que está expresso no artigo 6º da Lei em vigor.

É mister acrescentar, ainda, que a retirada de tecidos, órgãos ou partes do corpo, em se tratando de morte sem assistência médica, de óbito em decorrência de causa mal definida ou situações similares, somente poderá ser procedida após a autorização do patologista do serviço de verificação de óbito (parágrafo único, artigo 7º da Lei).

Fechando o Capítulo II, o artigo 8º da Lei determina que após a retirada de partes do corpo, o cadáver seja condignamente recomposto e devidamente entregue aos parentes ou aos responsáveis legais para os fins de sepultamento.

Importante ressaltar que o Código de Ética Médica (Resolução CFM 2.217/2018) traz um capítulo específico sobre Doação e Transplante de Órgãos e Tecidos (Capítulo VI), impondo as seguintes vedações ao médico:

> Art. 43. Participar do processo de diagnóstico da morte ou da decisão de suspender meios artificiais para prolongar a vida do possível doador, quando pertencente à equipe de transplante.

Art. 44. Deixar de esclarecer o doador, o receptor ou seus representantes legais sobre os riscos decorrentes de exames, intervenções cirúrgicas e outros procedimentos nos casos de transplante de órgãos.

Art. 45. Retirar órgão de doador vivo quando este for juridicamente incapaz, mesmo se houver autorização de seu representante legal, exceto nos casos permitidos e regulamentados em lei.

Art. 46. Participar direta ou indiretamente da comercialização de órgãos ou de tecidos humanos.

3.4 Disposição de tecidos, órgãos e partes do corpo humano vivo para fins de transplante ou tratamento

Dispõe o artigo 9º que

> É permitida à pessoa juridicamente capaz dispor gratuitamente de tecidos, órgãos ou partes do próprio corpo vivo para fins terapêuticos ou para transplantes em cônjuge ou parentes consanguíneos até o quarto grau, inclusive, na forma do § 4º deste artigo, ou em qualquer outra pessoa, mediante autorização judicial, dispensada esta em relação à medula óssea.

Ressalte-se que a retirada, nas condições deste artigo, somente será permitida se corresponder à necessidade terapêutica comprovadamente indispensável e inadiável, do indivíduo receptor.

Dispõe, ainda, o § 3º, do artigo supracitado, que referida doação só será permitida quando se tratar de órgãos duplos ou partes de órgãos, tecidos ou partes do corpo, cuja retirada não cause ao doador comprometimento das funções vitais e aptidões físicas ou mentais, nem lhe provoque deformação.

Da mesma forma, também à gestante só será permitida a doação de tecido para ser utilizado em transplante de medula óssea. Também em se tratando de menor, a situação é idêntica. Mister se faz a verificação de que o ato não oferecerá risco à saúde da gestante, do feto e do menor.

O § 8º, do artigo 9º, trata do autotransplante, dispondo que, para sua realização é necessário apenas o consentimento do próprio indivíduo, registrado no respectivo prontuário médico. Em se tratando de incapaz é imprescindível o consentimento de um dos pais ou responsáveis legais.

O artigo 9º, § 3º, da Lei 9.434/97, andou bem quando dispôs que só será permitida a doação de órgãos duplos, cuja retirada não impeça o organismo do doador de continuar vivendo sem risco para a sua integridade, sem comprometimento de suas aptidões vitais e saúde mental e não cause mutilação ou deformação inaceitável, e corresponda a uma necessidade terapêutica comprovadamente indispensável à pessoa receptora. E isso, porque, embora aí esboçado o abandono do caráter de propriedade que o ser humano teria sobre o corpo, e ainda – apesar de ter havido diminuição do respeito ao corpo, que se caracterizava como objeto sagrado, intangível – haja vista a permissão de disposição dos próprios órgãos, tecidos ou partes do corpo, a doutrina entende:

> o direito à integridade do ser humano como uma tipificação dos direitos de personalidade destinados a assegurar a proteção dos interesses materiais e morais do ser humano em relação ao seu próprio corpo. O direito à integridade física, na realidade, confere ao seu titular o poder de pôr fim aos atos

materiais praticados por alguém contra seu corpo, tendo o indivíduo o poder de evitar ou fazer cessar qualquer ato atentatório contra seu corpo ou contra sua saúde.[18]

Destarte, a permissão é dada, desde que seja garantida a vida de ambos, doador e receptor, sob pena de admitir-se, em nome da ciência, o cometimento de verdadeiros homicídios, em face de experimentações indiscriminadas.

A propósito do que foi dito, vale trazer à baila, a título de exemplo, o ocorrido na 2ª Vara da Comarca de Assis, onde o Juiz Irineu Antônio Pedroti, em pioneira sentença de 21 de setembro de 1981, longa e fundamentada, atentou para os princípios básicos da ética e do direito aplicáveis. Trata-se do caso de um jovem, com Síndrome de Down, de 22 (vinte e dois) anos, único parente de seu pai, em condições de doar-lhe um rim que lhe salvaria a vida. *In casu*, ficou demonstrado que o deficiente teria expectativa de vida menor que a do homem normal, estaria muito mais sujeito a complicações e a infecções, devido ao baixo índice de defesa imunológica, com risco cirúrgico aumentado em comparação com o de uma pessoa normal. O jovem não podia transmitir consentimento voluntário, livremente expresso, exatamente pelas condições mentais e físicas, não possuindo, jamais, o conhecimento dos riscos que teria que enfrentar. Ao verificar o quadro fático, a decisão do juiz foi no sentido de não acolher o pedido da mãe, então requerente, ao seguinte fundamento:

> Tudo que nos cerca é uma sucessão de contrastes. E isso não só fora, mais ainda dentro de nós. Vede, p. ex., a constituição da nossa pessoa, integrada por dois componentes inconfundíveis e distintos: o corpo e a alma. Um é do tipo da morte: nasce, cresce, envelhece, extingue-se. O outro serve de padrão à vida perfeita, pela imortalidade de que se reveste: a imagem de Deus. (Flamínio Fávero, *RT* 389/405).
>
> Não procede a sustentação do esforçado defensor da requerente, de que [...] 'a negação seria o mesmo que decretar-se a morte do pai do requerido, com o consentimento da justiça'. É que dúvidas existem sobre o sucesso do transplante e sobre a vida do doador [...].[19]

Por outro lado, há que se discorrer sobre o caso de uma paciente de cinco anos de idade, com insuficiência renal progressiva, que não conseguia se adaptar bem à hemodiálise crônica. Devido a tal circunstância, a equipe médica considerou a possibilidade de realização de transplante renal. Contudo, havia um obstáculo a ser superado: a paciente possuía características de histocompatibilidade difíceis de serem encontradas em um doador. Após exames preliminares, verificou-se que a mãe da criança não era histocompatível, ao contrário do pai, que além de ser, possuía características anatômicas circulatórias que favoreciam o transplante. Contudo, em consulta realizada na presença apenas do pai, esse decide não doar seu rim à filha, justificando sua decisão no sentido de que sentia medo da cirurgia; falta de coragem; prognóstico incerto, mesmo com o transplante; a possibilidade, ainda que remota, de obter um rim de doador cadáver e o sofrimento que sua filha havia passado. O malfadado pai solicitou ao médico que não revelasse aos demais membros da família o verdadeiro resultado de seu teste. Envolvido nessa situação incômoda, após refletir

---
18. SZANIAWSKI, Elimar. *Direitos de personalidade e sua tutela*. São Paulo: Revista dos Tribunais, 1993, p. 273.
19. CHAVES, Antônio. *Direito à vida e ao próprio corpo*. São Paulo: Revista dos Tribunais, 1986, p. 59-60.

sobre o assunto, o profissional da medicina afirmou a impossibilidade de doação do rim pelo pai, "por razões médicas".[20]

O exemplo acima mencionado demonstra a certa e incontestável necessidade de o doador autorizar a retirada, por escrito, e diante de duas testemunhas (§ 3º, artigo 29, Decreto 9.175/2017), especificamente, do órgão, tecido ou parte do corpo que irá doar. A manifestação da vontade é imprescindível e é o que distingue o ato jurídico dos fatos jurídicos *lato sensu*. O artigo 104, do Código Civil brasileiro, é claro ao estabelecer que a validade do negócio jurídico requer agente capaz, objeto lícito e forma prescrita ou não defesa em lei. Especificamente, quanto ao primeiro aspecto, que é o que interessa no momento, tem-se que agente capaz quer dizer pessoa apta a manifestar-se com discernimento. A manifestação de vontade é um dos requisitos indispensáveis à formação do negócio jurídico.

Por fim, neste capítulo da legislação, foi incluído pela Lei 11.633/07[21] o artigo 9º-A que garante às mulheres o acesso às informações sobre as possibilidades e os benefícios da doação voluntária de sangue do cordão umbilical e placentário durante o período de consultas pré-natais e no momento da realização do parto. Tal inserção nos causa estranheza, porque contraria uma das disposições gerais da Lei, que restringe seu objeto a tecidos, órgãos e partes do corpo humano, não compreendendo entre os tecidos o sangue, o esperma e o óvulo.

3.5 Disposições complementares

Há, no texto da Lei 9.434/97, regras destinadas a emprestar sentido e efetividade a outras, no sistema da responsabilidade civil, em tema de retirada e recepção de órgãos. Cuida a Lei, aí, de dois momentos extremos, o antecedente e o consequente à doação, tema, por sua vez, central de todo o texto. Havia e há, realmente, necessidade, a todo tempo, de precatar-se o legislador dos riscos da excepcionalidade do procedimento – que entra em colisão com os direitos fundamentais da personalidade. O sistema de sanções, a merecer, entretanto, aperfeiçoamento (porque, como visto, esbarra em questões de ética médica), haveria e há de ser a pedra de toque da disciplina legal.

Se, de um lado, o § 4º, do artigo 9º, dispõe sobre o consentimento do doador, determinando a sua expressa autorização quanto à retirada de órgãos, que deve ser presenciada por duas testemunhas (§ 3º, artigo 29, Decreto 9.175/2017), o artigo 10 tem em mira o receptor do órgão, tecido ou parte do corpo, dispondo que deve haver consentimento expresso do mesmo, após aconselhamento médico sobre a excepcionalidade e os riscos do procedimento. Deve ele inscrever-se em lista única de espera. Obviamente que esta última previsão diz respeito ao recebimento de órgão proveniente de pessoa com diagnóstico de morte encefálica, porquanto, as doações em vida, como já dito, preferencialmente, são feitas a familiares ou dependem de autorização judicial

---

20. GOLDIM, José Roberto. *Caso doação intervivos relacionada*: pai e filha. Disponível em: <http://www.ufrgs.br/bioetica/casotran.htm>. Acesso em: 10 ago. 2008.
21. BRASIL. *Lei 11.633*, de 27 de dezembro de 2007. Altera a Lei 9.434, de 4 de fevereiro de 1997. Disponível em: <http://www.planalto.gov.br/ccivil_03/_Ato2007-2010/2007/Lei/L11633.htm>. Acesso em: 13 jul. 2010.

quando o receptor for terceira pessoa. Portanto, em se tratando de doação em vida, não há que se falar em obediência de lista única.

A lista é extremamente rígida. Tanto é assim que há quem entenda não ser possível a alteração da ordem diante da dificuldade de aferir a existência de pessoas em situação de necessidade.[22]

Atualmente, a Portaria 2.600/2009 do Ministério da Saúde, que aprova o Regulamento Técnico do Sistema Nacional de Transplantes permite, nos termos do artigo 30, a utilização de critérios expandidos, previstos na própria Portaria, objetivando reduzir o tempo de espera e melhorar a qualidade de vida dos receptores. Logo, verifica-se que condições clínicas de urgência do receptor devem ser consideradas para a preferência no recebimento do órgão (artigo 43).[23]

Ademais, é importante destacar, que o critério expandido deve vir previsto em Termo de Consentimento Livre e Esclarecido assinado pelo receptor e/ou seu representante legal.

Diante da lista única, perquire-se: os familiares teriam o direito de doar o órgão, após o diagnóstico de morte encefálica, para outra pessoa da família, em desrespeito a tal lista?

Seria preciso, para responder à questão, averiguar o escopo da existência da lista única. Pode-se entender que não há órgãos para todos que deles necessitam, portanto, a lista foi o meio encontrado pelo Estado para controle e cadastramentos dos necessitados, criando-se um meio democrático de distribuição dos órgãos que fossem disponibilizados.

Analisando-se a questão sob a ótica familiar, verifica-se que se em vida o doador pode determinar se doará ou não, também pode lhe ser dada a permissão de atribuir o órgão a determinada pessoa por testamento ou documento hábil. Ademais, dentro do escopo altruístico da legislação, seria mais coerente que fosse autorizado que a família doasse o órgão para outro familiar do que não realizar a doação.[24]

O § 1º do artigo 10 da Lei 9.434/1997 preocupa-se com o receptor juridicamente incapaz ou mesmo com o indivíduo cujas condições de saúde impeçam ou comprometam a manifestação válida da sua vontade. Nesses casos, o consentimento para a realização do transplante será dado por um dos pais ou responsável legal.

Ainda sobre o receptor, o artigo 32, do Decreto 9.175/2017, determina a necessidade de seu consentimento expresso para a realização do transplante ou do enxerto.

---

22. Sobre o tema, assim se posicionou o Tribunal de Justiça de São Paulo: "Processo Civil. Ação Cautelar. Pedido de liminar. Doente acometido de mal grave do fígado. Candidato na posição 541 da "fila" de transplante de órgãos. Lista Única do Sistema Estadual de Transplante (SES/SP). Preferência. Descabimento. Impossibilidade de ser efetuada regulamentação diversa da existente, por via Jurisdicional e em tutela particular, não coletiva. Princípio constitucional de separação de poderes. Impossibilidade, também, de constatação a respeito de caso tão ou mais grave na "lista" de espera. Inexistência de ofensa ao princípio isonômico. Recurso negado". (SÃO PAULO. Tribunal de Justiça do Estado. *Agravo de Instrumento 994020821935 (3068235500)*. Relator Caetano Lagrasta. Data de registro: 03/06/2003).
23. A Portaria prevê o critério expandido especificamente para cada tipo de órgão: rim, artigo 49; rim e pâncreas, artigo 63; pâncreas, artigo 71; fígado, artigo 77; pulmão, artigo 93; e coração, artigo 100.
24. SÁ, Maria de Fátima Freire de; SOUZA, Iara Antunes de. Panorama atual da legislação brasileira sobre doação e transplante de órgãos. In: ROMEO-CASABONA, Carlos María; SÁ, Maria de Fátima Freire de (Coords.). *Direito biomédico*: Espanha-Brasil. Belo Horizonte: PUC Minas, 2011, p. 328.

O § 1º trata da incapacidade jurídica do receptor ou sua impossibilidade de consentir. Nesse caso, "o consentimento para a realização do transplante será dado pelo cônjuge, pelo companheiro ou por parente consanguíneo ou afim, de maior idade e juridicamente capaz, na linha reta ou colateral, até o quarto grau."

Os §§ 2º e 3º versam sobre as informações, que deverão ser transmitidas ao receptor ou a seus parentes, em caso de incapacidade, a respeito das perspectivas de êxito, insucesso e as possíveis sequelas.

O artigo 11, da Lei de Doação de Órgãos proíbe terminantemente a veiculação, por intermédio de qualquer meio de comunicação social, de anúncio que configure:

a) publicidade de estabelecimentos autorizados a realizar transplantes e enxertos, relativa a essas atividades;

b) apelo público no sentido da doação para pessoa determinada, identificada ou não, ressalvadas as campanhas de esclarecimento público promovidas pelos órgãos de gestão nacional, regional e local do Sistema Único de Saúde;

c) apelo público para a arrecadação de fundos para o financiamento de transplante ou enxerto em benefício de particulares.

Por derradeiro, resta aduzir que há determinação expressa da Lei (artigo 13) no sentido de que todos os estabelecimentos de saúde procedam à notificação da ocorrência do diagnóstico de morte encefálica, feito em pacientes por eles atendidos, às centrais de notificação, captação e distribuição de órgãos da unidade federada.

A Lei 11.521/2007 incluiu o parágrafo único a este art. 13 para estabelecer um sistema de cooperação entre os estabelecimentos de saúde e a equipe de remoção:

Parágrafo único. Após a notificação prevista no *caput* deste artigo, os estabelecimentos de saúde não autorizados a retirar tecidos, órgãos ou partes do corpo humano destinados a transplante ou tratamento deverão permitir a imediata remoção do paciente ou franquear suas instalações e fornecer o apoio operacional necessário às equipes médico-cirúrgicas de remoção e transplante, hipótese em que serão ressarcidos na forma da lei.

3.6 Sanções penais e administrativas

O Capítulo V é dividido em duas Seções, sendo certo que a primeira, contendo sete artigos, trata das atividades que configuram crime segundo a Lei; a segunda focaliza as sanções administrativas, expressas em três artigos.

Portanto, são considerados crimes pela Lei de Doação de Órgãos: I – remover tecidos, órgãos ou partes do corpo de pessoa ou cadáver, em desacordo com as disposições nela estabelecidas; II – comprar ou vender tecidos, órgãos ou partes do corpo humano; III – realizar transplante ou enxerto utilizando tecidos, órgãos ou partes do corpo humano de que se sabe terem sido obtidos em desacordo com os dispositivos da Lei; IV – recolher, transportar, guardar ou distribuir partes do corpo humano, além de realizar transplante ou enxerto, também, em desacordo à Lei; V – deixar de recompor o cadáver, devolvendo-lhe aspecto condigno para sepultamento, ou deixar de entregar ou retardar sua entrega aos interessados; e VI – publicar anúncio ou apelo público em desacordo com as disposições legais.

As penas são proporcionais aos atos comissivos ou omissivos e vão desde a detenção, até a reclusão e multa, ou somente essa última.

São três as hipóteses de ilícitos administrativos: no caso de crimes de remoção de tecidos, órgãos ou partes do corpo de pessoa ou cadáver, praticado em desconformidade com a Lei; da compra ou venda de tecidos, órgãos ou partes do corpo; realização de transplantes ou enxertos com utilização de partes do corpo obtidas em desacordo com o disposto na legislação em questão, e mesmo do transporte, recolhimento, guarda e distribuição de órgãos sem a obediência ao texto legal, o estabelecimento de saúde e as equipes médico-cirúrgicas envolvidas podem ser desautorizadas a continuar as atividades.

A situação pode ser agravada em se tratando de instituição particular, já que a autoridade competente poderá aplicar multa. Em caso de reincidência, poderá o estabelecimento ter suas atividades suspensas, temporária ou definitivamente, sem a viabilidade de qualquer indenização ou compensação por investimentos realizados. Pode, ainda, ficar privada de firmar contratos ou convênios com entidades públicas, bem como receber quaisquer benefícios de créditos oriundos de instituições governamentais ou daquelas em que o Estado é acionista, pelo período de cinco anos.

Incorre em multa a instituição que deixar de manter em seus arquivos relatórios dos transplantes realizados, ou que não enviarem os relatórios contendo os nomes dos pacientes receptores ao órgão gestor estadual do SUS. Também incorre em multa o estabelecimento de saúde que não proceder a notificação da ocorrência de morte encefálica em pacientes por ele atendidos, às centrais de notificação, captação e distribuição de órgãos. Se houver reincidência, além da multa, o órgão competente poderá determinar a desautorização temporária ou permanente da instituição.

Este capítulo também faz menção às empresas de comunicação social que veicularem anúncios em desacordo com a lei, os quais já foram mencionados no tópico anterior. Sujeitam-se às penas do artigo 59 da Lei 4.117, de 27 de agosto de 1962.

Capítulo 14
EUTANÁSIA, SUICÍDIO ASSISTIDO[1] E DIRETIVAS ANTECIPADAS DE VONTADE

Na minha terra

A morte é minha comadre.

[...]

A grande tarefa é morrer.

[...]

Enegrecidas de chuva e velas,

Adornadas de flores sobre as quais

Sem preconceitos as abelhas porfiam,

A vida e a morte são uma coisa só.

[...]

Ressurgiremos. Por isso

O campo santo é estrelado de cruzes.[2]

1. INTRODUÇÃO

A morte está à margem da vida? *Quod non*! A morte não se encontra à margem da vida, mas, ao contrário, ocupa posição central na vida. O homem é inteiramente cultura, da mesma forma que é inteiramente natureza. Contudo, embora a morte faça parte da vida, as pessoas, de maneira geral, não parecem psicologicamente aptas a lidar com o pensamento do estado de morte, aquela ideia de inconsciência permanente, e essa é uma razão para negá-la.

Mas a ideia de ser imortal também não pode ser vista com naturalidade. Se, por um lado, há o medo de morrer, por outro, deve haver aquele temor correspondente a ser eterno, imortal. Simone de Beauvoir escreveu obra intitulada "Todos os homens são mortais", em que relata, de forma magnífica, a imortalidade de seu personagem

---

1. Sobre o tema, recomendamos: SÁ, Maria de Fátima Freire de; PONTES, Maíla Mello Campolina. Autonomia privada e o direito de morrer. In: FIUZA, César; SÁ, Maria de Fátima Freire de; NAVES, Bruno Torquato de Oliveira (Coords.). *Direito civil*: atualidades III – Princípios jurídicos no direito privado. Belo Horizonte: Del Rey, 2009, p. 37-54; SÁ, Maria de Fátima Freire de. *Direito de morrer*. 2. ed. Belo Horizonte: Del Rey, 2005; SÁ, Maria de Fátima Freire de; MOUREIRA, Diogo Luna. *Autonomia para morrer*: eutanásia, suicídio assistido e diretivas antecipadas de vontade. 2. ed. Belo Horizonte: Del Rey, 2015.
2. PRADO, Adélia. Campo-santo. In: PRADO, Adélia. *O coração disparado*. 3. ed. Rio de Janeiro: Salamandra, 1984, p. 47-48.

principal, condenado a jamais compreender a verdade do mundo finito, o que equivale a uma "danação pura e simples".

O que é vida, ou melhor, como as pessoas podem compreender o que é uma vida boa? Perguntas dessa natureza nos remetem aos ensinamentos de Aristóteles que concebia a vida como um fim em si mesma, não admitindo sua violação sob hipótese alguma. Parece que essa convicção vinha acompanhando a evolução do mundo e moldou o pensamento cristão. E, mesmo que o homem moderno tivesse a influência de Descartes, responsável pela famosa ideia traduzida na frase "penso, logo existo", adquirindo consciência sobre si mesmo, seus desejos e anseios, a noção de que a vida é um bem indisponível quase nunca foi questionada.

Mas a evolução da Medicina nos fez testemunhar descobertas de drogas capazes de curar doenças e prolongar a vida das pessoas. Também nos fez testemunhas oculares de vidas que se prolongaram, exclusivamente, pelo incremento de aparelhagens que substituíam funções do corpo. Diante da possibilidade de salvar vidas por meio da doação de órgãos, a Medicina também trouxe mudanças nos critérios definidores do evento morte. Assim, tecnicamente, a vida humana é determinada pelo crânio e se encontra, precisamente, no encéfalo, formado pelo cérebro, cerebelo e tronco cerebral. Quando houver a cessação irreversível das funções do encéfalo, há que se considerar morta uma pessoa. Por outro lado, uma pessoa encontra-se viva se seu tronco cerebral – parte do encéfalo que controla as funções básicas do corpo – está funcionando. Todo esse panorama vem fragilizando o então *pré-conceito* de indisponibilidade da vida, fazendo com que as pessoas voltem seus pensamentos para aquilo que elas consideram como parte de sua essência, ou seja, suas convicções, suas memórias, sua relação com o mundo.

O presente capítulo tem por finalidade discorrer acerca do tratamento jurídico dado à eutanásia, principalmente no que concerne ao aspecto legislativo. Para tanto, além do panorama brasileiro, optamos por trazer ao conhecimento do leitor como a questão vem sendo enfrentada na Holanda, país que teve sua prática legalizada em 2002.

2. DELIMITAÇÕES CONCEITUAIS: EUTANÁSIA, DISTANÁSIA, MISTANÁSIA E SUICÍDIO ASSISTIDO

O termo eutanásia foi criado no século XVII, pelo filósofo inglês Francis Bacon. Deriva do grego *eu* (boa), *thanatos* (morte), podendo ser traduzido como "boa morte", "morte apropriada", morte piedosa, morte benéfica, fácil, crime caritativo, ou, simplesmente, direito de matar.

O direito de matar e de morrer teve, em todas as épocas, defensores extremados. Sabe-se que entre os povos primitivos sacrificavam-se doentes, velhos e débeis e faziam-no publicamente, numa espécie de ritual cruel e desumano. Na Índia antiga, os incuráveis de doenças eram atirados no Ganges, depois de terem a boca e as narinas vedadas com lama sagrada. Os espartanos, do alto do Monte Taijeto, lançavam os recém-nascidos deformados e até os anciãos, sob a alegação de que não mais serviam para guerrear. Na Idade Média, dava-se aos guerreiros feridos um punhal afiadíssimo, denominado misericórdia, que lhes servia para evitar o sofrimento prolongado da morte e para não caírem nas mãos do inimigo. O polegar para baixo dos Césares era uma permissão à eutanásia, facultando aos gladiadores uma maneira de fugirem da morte agônica e da desonra. Todavia, com a racionalização e humanização do Direito moderno, tal efetivação tomou caráter criminoso.

Nos dias atuais, a nomenclatura *eutanásia* vem sendo utilizada como a ação médica que tem por finalidade abreviar a vida de pessoas.[3] É a morte de pessoa – que se encontra em grave sofrimento decorrente de doença, sem perspectiva de melhora – produzida por médico, com o consentimento daquela. A eutanásia, propriamente dita, é a promoção do óbito. É a conduta, por meio da ação ou omissão do médico, que emprega, ou omite, meio eficiente para produzir a morte em paciente incurável e em estado de grave sofrimento, diferente do curso natural, abreviando-lhe a vida.

É aquele ato em virtude do qual uma pessoa dá morte a outra, enferma e parecendo incurável, ou a seres acidentados que padecem dores cruéis, a seu rogo ou requerimento e sob impulsos de exacerbado sentimento de piedade e humanidade.[4]

Há dois elementos envolvidos na eutanásia, que são a intenção e o efeito da ação. A intenção de realizar a eutanásia pode gerar uma ação, daí tem-se eutanásia ativa, que se divide em eutanásia ativa direta e indireta. A eutanásia ativa direta é caracterizada pela intenção de encurtar a vida do paciente, por exemplo, com uma injeção letal. A eutanásia ativa indireta tem por objetivo "aliviar o sofrimento do paciente e, ao mesmo tempo, abreviar o curso vital, o que se produz como efeito daquele primeiro objetivo principal (assim, por exemplo, a aplicação de morfina prejudica a função respiratória e em altas doses pode acelerar a morte)."[5]

Diego Gracia critica o termo eutanásia ativa indireta, ao afirmá-lo impróprio, vez que quem realiza o ato não tem a intenção de matar (o que ocorreria na eutanásia), ainda que o paciente queira morrer. A intenção é de aliviar a dor.

---

3. Es interesante destacar que la palabra eutanasia proviene de dos palabras griegas, 'eu' y 'thanatos', 'buena' y 'muerte'. Esta palabra es una creación artificial, ya que no existía en el griego antiguo ni en la conciencia desarrollada en ese momento. Pero sí descubrimos sentimientos en la Grecia Antigua en torno al sentido del 'buen morir', que se supone un fallecimiento acaecido en buenas circunstancias sociales y morales. La finalidad del ser humano era, de acuerdo con ese sentimiento de vida, cuidarse bien y correctamente. Esta idea era ya un punto de partida fundamental para Hipócrates. Nuestra palabra y concepto 'eutanasia' pone en evidencia un pensamiento enteramente distinto en que la 'muerte buena' es el resultado del actuar de otra persona, el médico, excluyéndosela del cuidado que le corresponde a cada uno. El concepto se puso de moda a partir de la Segunda Guerra Mundial, debido a los experimentos médicos con personas en los campos de concentración. En general, dicho concepto es indicio del poderío técnico-médico y de la autoevidencia, institucionalmente aceptada, de que el médico interviene en la vida humana para darle fin. El crecimiento e intensificación del poderío técnico de la medicina también es posterior a la Segunda Guerra Mundial. Los médicos prefieren no escuchar la consecuencia filosófica de esta situación, a saber, que todos los problemas que planteamos con la eutanasia encuentran su marco más amplio en la actitud médica presupuesta en cada intervención en la vida humana." BROEKMAN, Jan M. *Bioética con rasgos jurídicos*. Traducción de Hans Lindahl. Madrid: Dilex, 1998, p. 181-182.
4. PINAN Y MALVAR *apud* BIZATTO, José Ildefonso. *Eutanásia e responsabilidade médica*. Porto Alegre: Sagra, 1990, p. 10.
5. CARVALHO, Gisele Mendes de. Autonomia do paciente e decisões ao final da vida. In: ROMEO CASABONA, Carlos María; SÁ, Maria de Fátima Freire de. *Direito biomédico*: Espanha – Brasil. Belo Horizonte: PUC Minas, 2011, p. 163.

Segundo o autor, a origem desse princípio não está nos moralistas católicos, ainda que se conheça o princípio do duplo efeito ou princípio do voluntário indireto na tradição moral católica, mas em Aristóteles, em *Ética a Nicômaco*:

> Este princípio afirma que um ato do qual advém consequências boas e más pode ser moralmente aceitável quando há proporcionalidade entre essas consequências e quando aquilo que se pretende ou se quer diretamente são os efeitos benéficos, não seus contrários. Assim, ao aumentar a dose de morfina de um paciente é possível que se esteja encurtando-lhe a vida, ou mesmo matando-o, mas isso não poderia ser considerado eutanásia sempre e quando se cumprissem certas condições: que não houvesse outro modo de aliviar a dor e que o diretamente buscado seja a analgesia e não sua morte.[6]

A intenção de realizar a eutanásia também pode gerar uma omissão, ou seja, a não realização de ação que teria indicação terapêutica naquela circunstância. A eutanásia passiva ou ortotanásia do grego *orthos*, normal, correto e *thanatos*, morte) pode consistir tanto na não iniciação de um tratamento como na suspensão do mesmo. Também pode ser caracterizada pelo não tratamento de uma enfermidade ou complicação intercorrente, e a morte ocorrerá a seu tempo, sem o prolongamento desnecessário da vida.

Do lado oposto da eutanásia, encontra-se a distanásia (do grego *dys*, mau, anômalo, e *thanatos*, morte). A distanásia configura-se pelo prolongar do processo do morrer, quando o médico insiste na administração de tratamentos inúteis. De acordo com José Eduardo Siqueira:

> Tratamento desproporcional é a intervenção médica efetuada em pacientes terminais, que consiste na utilização de métodos diagnósticos ou terapêuticos cujos resultados não trazem benefício ao paciente. Ao contrário, podem trazer mais sofrimento. São inúteis, pois não promovem alívio e conforto nem modificam o prognóstico da doença, ou seja, o benefício almejado é muito menor que os inconvenientes provocados. Os profissionais de fala hispânica a denominam de "encarniçamento terapêutico". E os anglo-saxões, mais comedidos, de "futilidade terapêutica."[7]

Como se disse, na eutanásia, o ato médico tem por finalidade acabar com a dor e a indignidade na doença crônica e no morrer, eliminando o portador da dor. A preocupação primordial é com a qualidade da vida humana na sua fase final. A distanásia, por sua vez, dedica-se a prolongar, ao máximo, a quantidade de vida humana, combatendo a morte como grande e último inimigo.[8]

Leonard M. Martin, em artigo publicado na Revista do Conselho Federal de Medicina, tece considerações aos termos eutanásia e distanásia, e sobre esta afirma que:

> A distanásia erra por outro lado, não conseguindo discernir quando intervenções terapêuticas são inúteis e quando se deve deixar a pessoa abraçar em paz a morte como desfecho natural de sua vida [...]. A distanásia, que também é caracterizada como encarniçamento terapêutico ou obstinação ou

---

6. GRACIA, Diego. *Pensar a bioética*: metas e desafios. São Paulo: Centro Universitário São Camilo e Loyola, 2010, p. 459-460.
7. SIQUEIRA, José Eduardo de; BRUM, Eliane. Testamento Vital: Conselho Federal de Medicina prepara documento para garantir dignidade na morte. In: RIBEIRO, Diaulas Costa (Org.). *A relação médico-paciente:* velhas barreiras, novas fronteiras. São Paulo: Centro Universitário São Camilo, 2010, p. 240-241.
8. Sobre o tema distanásia confira: PESSINI, Leo. Reflexões bioéticas sobre a distanásia a partir da realidade brasileira. In: RIBEIRO, Diaulas Costa (Org.). *A relação médico paciente: velhas barreiras, novas fronteiras*. São Paulo: Centro Universitário São Camilo, 2010, p. 166-195.

futilidade terapêutica, é uma postura ligada especialmente aos paradigmas tecnocientífico e comercial-empresarial da medicina [...]. Os avanços tecnológicos e científicos e os sucessos no tratamento de tantas doenças e deficiências humanas levaram a medicina a se preocupar cada vez mais com a cura de patologias e a colocar em segundo plano as preocupações mais tradicionais com o cuidado do portador das patologias.[9]

A mistanásia, ou eutanásia social, é a morte miserável, fora e antes da hora:

[...] a situação chamada eutanásia social nada tem de boa, suave ou indolor. Dentro da grande categoria de mistanásia quero focalizar três situações: primeiro, a grande massa de doentes e deficientes que, por motivos políticos, sociais e econômicos, não chegam a ser pacientes, pois não conseguem ingressar efetivamente no sistema de atendimento médico; segundo, os doentes que conseguem ser pacientes para, em seguida, se tornar vítimas de erro médico e, terceiro, os pacientes que acabam sendo vítimas de má-prática por motivos econômicos, científicos ou sociopolíticos. A mistanásia é uma categoria que nos permite levar a sério o fenômeno da maldade humana.[10]

Próximo da eutanásia encontra-se o suicídio assistido. Contudo, não são figuras equivalentes:

Na eutanásia, o médico age ou omite-se. Dessa ação ou omissão surge, diretamente, a morte. No suicídio assistido, a morte não depende diretamente da ação de terceiro. Ela é consequência de uma ação do próprio paciente, que pode ter sido orientado, auxiliado ou apenas observado por esse terceiro.[11]

Tanto na eutanásia quanto no suicídio assistido, há que ser observada a vontade do paciente, o seu consentimento. É a morte voluntária.

2.1 Holanda

A eutanásia e o suicídio assistido sempre foram vistos como condutas típicas, antijurídicas e culpáveis pela legislação holandesa, de acordo com os artigos 293 e 294 do Código Penal. Contudo, em 1º de abril de 2002, a Holanda aprovou legislação específica sobre o tema, modificando, em parte, os artigos do Código Penal e a Lei Reguladora dos Funerais. Vejamos como era o tratamento da doutrina penal à eutanásia, como sua prática era tolerada e, por fim, quais as principais determinações da lei atual.

O artigo 293 dispunha que "aquele que tirar a vida de outro, ainda que com solicitação deste, será punido com pena de prisão não excedente a 12 anos ou o pagamento de multa no valor de 100 mil florins".[12]

O artigo 294 tratava do suicídio assistido, determinando o seguinte: "aquele que intencionalmente induzir outrem ao suicídio, auxiliar ou proporcionar os meios para

---

9. MARTIN, Leonard Michael. Eutanásia e distanásia. *Revista do Conselho Federal de Medicina*, Brasília, 1998, p. 186.
10. MARTIN, Leonard Michael. Eutanásia e distanásia. *Revista do Conselho Federal de Medicina*, Brasília, 1998, p. 172.
11. RIBEIRO, Diaulas Costa. Viver bem não é viver muito. *Revista Jurídica Consulex*, Brasília, ano 3, n. 29, v. 1, p. 17-20, maio 1999, p. 18.
12. "Article 293. Any person who takes another person's life at that person's express and earnest request shall be liable to a term of imprisonment not exceeding twelve years or a fine of NLG 1000,000." *Netherlands ministry of foreing affairs*, Nov. 1996, p. 13.

tanto, será punido, em caso de consumação do suicídio, com pena de prisão de até três anos ou multa de 25 mil florins."[13]

Há, ainda, dois artigos que merecem ser citados, os de número 287 e 289 do Código Penal holandês. As penas previstas nesses artigos são superiores às penas referentes aos casos de eutanásia e suicídio assistido. Ressalte-se que esses dois artigos não sofreram modificações.

O primeiro artigo afirma que aquele que, intencionalmente, tirar a vida de outra pessoa será punido pela prática de homicídio com pena de prisão de no máximo 15 anos ou multa de 100 mil florins; o segundo artigo determina que a pessoa que, premeditada e intencionalmente, tirar a vida de outra será punida por assassinato, com pena de reclusão perpétua ou pelo período de no máximo 20 anos ou multa de 100 mil florins.[14]

Não obstante os artigos acima, o Direito Penal holandês permitia a justificação de excludente de culpabilidade em relação a todos os delitos, por meio da situação de força maior. A esse respeito falava-se de "estado de necessidade justificado". O artigo 40 do Código Penal diz que não será punido aquele que se vê obrigado a cometer delito em razão de força maior.[15] Melhor dizendo: se um médico põe fim à vida de um paciente, a pedido deste, diante de manifestação explícita e sem mácula, além de saber tratar-se de sofrimento insuportável e sem perspectiva de melhora, poderia eximir-se de cumprimento de pena em virtude de força maior. Importantíssimo frisar que, em se tratando de situação de força maior, julga-se caso por caso.[16]

Assim, na prática, o que acontecia era que, para que a força maior fosse provada, o médico ficaria obrigado a declarar ao Ministério Público (esse órgão exerce, entre outras, função fiscalizadora) os casos em que tivesse feito intervenção no sentido de antecipar a morte do paciente. O Ministério Público verificava o procedimento do profissional mediante formulário por ele preenchido, do qual constavam várias perguntas. Ali, poder-se-ia confirmar a responsabilidade do médico, se ele atuou com esmero a ponto de ser viável a alegação de força maior. Caso o Ministério Público entendesse que o ato foi correto, no sentido de que as respostas trazidas à baila pelo profissional apresentavam-se convincentes, referido órgão estaria autorizado a desistir de propor ação penal.

---

13. "Article 294. Any person who intentionally incites another person to commit suicide, assists him in the act or provides him with the means to commit suicide shall, if suicides follows, be liable to a term of imprisonment not exceeding three years or a fine of NLG 25,000." *Netherlands ministry of foreing affairs*, Nov. 1996, p. 13.
14. "Article 287. Any person who intentionally takes another person's life shall be guilty of manslaughter and liable to a term of imprisonment not exceeding fifteen years or a fine of NLG 100,000." "Article 289. Any person who intentionally and premeditatedly takes another person's life shall be guilty of murder and liable to life imprisonment or to a determinate term of imprisonment not exceeding twenty years or a fine of NLG 100,000." *Netherlands ministry of foreing affairs*, Nov. 1996, p. 13.
15. "Article 40. Any person who was compelled by force majeure to commit a criminal act shall not be criminally liable." *Netherlands ministry of foreing affairs*, Nov. 1996, p. 13.
16. "When is suffering unbearable and without prospect of improvement? 1) Suffering is without prospect of improvement if this is the prevailing medical opinion. In other words, doctors agree that the patient's condition will not improve. 2) It is difficult to establish objectively whether suffering is unbearable. Each individual case is examined to establish whether the doctor, in all reasonableness, could conclude that the patient was suffering unbearably." *Netherlands ministry of foreing affairs*, Nov. 1996, p. 6.

Os critérios observados para o exame da conduta do médico que, porventura, tivesse aplicado a eutanásia eram os seguintes: 1) solicitação voluntária, bem pensada, repetida e explícita do paciente; 2) relação de confiança entre médico e paciente, a ponto de poder o profissional julgar se o pedido foi de fato voluntário e pensado; 3) sofrimento sem perspectiva de melhora, e insuportável, segundo a opinião médica existente; 4) discussão entre médico e paciente de alternativas para eutanásia; 5) consulta do médico a outro médico; e 6) execução médico-técnica esmerada da eutanásia.[17]

Todos esses critérios encontravam-se consignados em questionário, preenchido pelo médico que praticasse o ato. Importante princípio é o da relação de confiança. O médico deveria conhecer muito bem o paciente para que pudesse julgar seu pedido. Na Holanda, as famílias têm o costume de manter o chamado "médico de cabeceira" e a relação de confiança dimana daí.

Esse procedimento para a declaração e verificação de casos de eutanásia vinha sendo efetuado desde 1990 e, a princípio, sua adoção pelos médicos era voluntária. Em 1994, o procedimento foi estipulado por disposição normativa com força de lei. Essa normatização decorreu de compromisso entre diferentes correntes políticas e se realizou por meio de coligação entre cristãos-democratas e social-democratas. Tal procedimento, também, era adotado nas situações de suicídio assistido, como mais abaixo se verá.[18]

Enquanto em outros países se aplica o princípio da legalidade, a política holandesa buscava adotar o chamado "princípio de oportunidade". De acordo com esse princípio, em virtude de outros princípios derivados do interesse geral, o Ministério Público podia desistir de intentar ação penal de fato punível. Ressalte-se: a eutanásia era sempre punível. Cada caso concreto era examinado atentamente, a fim de que pudessem ser verificadas suas circunstâncias, como, por exemplo, o caráter e a duração da doença, que diferiam de caso para caso.

Falou-se, até agora, da possibilidade de exclusão de culpabilidade do médico que praticasse a eutanásia, observando, entre outros princípios, a solicitação do paciente. Passa-se ao exame dos casos de impossibilidade de manifestação do paciente, notadamente, os enfermos em estado comatoso, recém-nascidos e pessoas com demência ou deficiência mental. Também aqui, diante do regulamento adotado na Holanda, não havia que se excluir a possibilidade de alegação de força maior. Contudo, essa deveria ser

---

17. "The patient made voluntary, well-considered, persistent and explicit requests for euthanasia; The doctor had a close enough relationship with the patient to be able to establish whether the request was both voluntary and well-considered; According to prevailing medical opinion, the patient's suffering was unbearable and without prospect of improvement; The doctor and the patient discussed alternatives to euthanasia; The doctor consulted at least one other physician with an independent viewpoint; euthanasia was performed in accordance with good medical practise." *Netherlands ministry of foreing affairs*, Nov. 1996, p. 3.
18. "What is the notification procedure? The doctor is obliged to notify the municipal coroner of every instance of death from non-natural causes. In the case of euthanasia, the doctor draws up a report in accordance with the criteria listed; The coroner forwards the report, with comments, to the public prosecutions department; The public prosecutor assesses whether the doctor has acted in accordance with the criteria. If so, and if, on the basis of legislation and case law, he expects the court to accept a plea of force majeure, he may decide not to institute criminal proceedings; The public prosecutor's decision is put before the Committee of Procurators-General (the senior members of the Public Prosecutions Department which may reverse the decision)." *Netherlands ministry of foreing affairs*, Nov. 1996, p. 4.

avaliada com o máximo cuidado. Em geral, o Ministério Público propunha ação penal e era o juiz quem decidia se a "força maior" poderia ser invocada.[19]

O suicídio assistido era também passível de alegação de força maior, desde que ficasse confirmado tratar-se o caso de sofrimento insuportável, sem perspectiva de melhora. Uma vez cumpridos todos os critérios de diligência, o Ministério Público podia desistir de promover ação penal.[20]

Certo é que a prática adotada levou o país a legalizar a eutanásia por meio de lei que entrou em vigor em 1º de abril de 2002. O diploma legal intitulado "Termination of Life on Request and Assisted Suicide (Review Procedures) Act" modificou a redação dos artigos 293 e 294 do Código Penal, que passaram a viger com a seguinte redação:

> Art. 293
>
> 1. Aquele que puser fim à vida de outra pessoa, segundo o desejo sério e expresso da mesma, será punido com pena de prisão de até doze anos ou com pena de multa da categoria quinta.
>
> 2. O ato não será punível caso praticado por um médico que tenha cumprido com os requisitos de cuidado, dispostos no artigo 2 da lei sobre comprovação e fim da vida em petição própria e de auxílio ao suicídio, e se houver comunicação ao 'forense municipal', conforme o artigo 7, parágrafo segundo da Lei Reguladora dos Funerais. (Tradução livre).[21]
>
> Art. 294
>
> 1. Aquele que, de forma intencionada, induza outrem ao suicídio será, em caso de consumação deste, punido com pena de prisão de até três anos ou com multa da categoria quarta.
>
> 2. Aquele que, de forma intencionada, prestar auxílio a outrem para que se suicide ou facilitar-lhe os meios necessários para este fim, será, em caso de consumação, punido com pena de prisão de até três anos ou com pena de multa da categoria quarta. Se aplicará, por analogia, o artigo 293, parágrafo 2. (Tradução livre).[22]

---

19. "Force majeure might arise when the patient is already terminally ill and cannot make his wishes known because his vital bodily functions are failing, and the doctor, having consulted the family, decides to take steps to hasten the patient's death, thus putting an end to his unbearable suffering. The doctor's actions in these cases are regarded by some parties as assistance in the terminal stages, and thus as normal medical practice, of which no notification need be made. The Dutch Parliament does not share this view; The actions of the doctor must be assessed under the provisions of criminal law. An important question is whether the patient announced at an earlier stage that he would wish to die in these circumstances." *Netherlands ministry of foreing affairs*, Nov. 1996, p. 9.
20. "In these situations, the doctor supplies a drug with which the patient may terminate his own life." *Netherlands ministry of foreing affairs*, Nov. 1996, p. 10.
21. "Article 293
    1. Any person who terminates another person's life at that person's express and earnest request shall be liable to a term of imprisonment not exceeding twelve years or a fifth-category fine.
    2. The act referred to in first paragraph shall not be an offence if it is commited by a physician who fulfils the due care criteria set out in section 2 of the Termination of Life on Request and Assisted Suicide (Review Procedures) Act, and if the physician notifies the municipal pathologist of this act in accordance with the provisions of section 7, subsection 2 of the Burial and Cremation Act."
22. "Article 294
    1. Any person who intentionally incites another to commit suicide shall, if suicide follows, be liable to a term of imprisonment not exceeding three years or to a fourth-category fine.
    2. Any person who intentionally assists another to commit suicide or provides him with the means to do so shall, if suicide follows, be liable to a term of imprisonment not exceeding three or a fourth-category fine. Article 293, paragraph 2 shall apply *mutatis mutandis*."

O artigo 2º da Lei, mencionado no § 2º do artigo 293 do Código Penal, é de extrema importância, porque é nele que estão configurados os requisitos de cuidado que o médico precisa observar, a saber: a) tenha se convencido que o pedido do paciente foi meditado e voluntário; b) tenha se convencido de que o padecimento do paciente é insuportável e sem esperanças de melhora; c) tenha informado ao paciente sua real situação e suas perspectivas de futuro; d) tenha se convencido, juntamente com o paciente, de que não há outra solução razoável para a situação em que se encontra este último; e) tenha consultado, pelo menos, um médico independente que, examinando o paciente, emitiu seu parecer por escrito sobre o cumprimento dos requisitos de cuidado; e f) tenha praticado a eutanásia ou o auxílio ao suicídio com o máximo de cuidado e esmero profissional.[23]

Como se vê, os requisitos legais que deverão ser observados pelos médicos são, basicamente, os mesmos que se encontravam dispostos no procedimento estipulado por disposição normativa, que vinha sendo praticado.

Por outro lado, a Lei holandesa instiga o debate quando traz artigos que permitem a prática da eutanásia em menores, assim como admite que os mesmos requeiram auxílio ao suicídio. Portanto, o paciente que conta com dezesseis anos poderá ter seu pedido de eutanásia atendido pelo médico se já esteve em condições de realizar uma valoração razoável de seus interesses, por meio de declaração por escrito, ainda que, posteriormente, tenha se tornado incapaz.

Em se tratando de paciente consciente, com idade entre dezesseis e dezoito anos, que tenha pedido a prática da eutanásia ou o auxílio ao suicídio, essa será possível desde que os pais ou o tutor do menor tenham participado da tomada de decisão.

Por fim, os menores entre doze e dezesseis anos, que pleiteiem a eutanásia ou o auxílio ao suicídio, poderão ver seus interesses atendidos se os pais ou os tutores concordarem com o ato.[24]

É inconteste a coragem da Lei holandesa quando traz disposições como as mencionadas acima. Certo é que abre espaço para discussões de largo espectro, como a existência de discernimento da criança e do adolescente, mesmo que não tenham adquirido a capacidade plena.

---

23. A Lei belga de 18 de maio de 2002 é ainda mais explícita, exigindo que se tenham oferecido ao paciente os cuidados paliativos adequados. GRACIA, Diego. *Pensar a bioética*: metas e desfios. São Paulo: Centro Universitário São Camilo; Loyola, 2010, p. 465.
24. "2. If a patient aged sixteen or over who is no longer capable of expressing his will, but before reaching this state was deemed capable of making a reasonable appraisal of his own interests, has made a written declaration requesting that his life be terminated, the attending physician may comply with this request. The due care criteria referred to in subsection 1 shall apply *mutatis mutandis*.
3. If the patient is a minor aged between sixteen and eighteen and is deemed to be capable of making a reasonable appraisal of his own interests, the attending physician may comply with a request made by the patient to terminate his life or provide assistance with suicide, after the parent or parents who has/have responsibility for him, or else his guardian, has or have been consulted.
4. If the patient is a minor aged between twelve and sixteen and is deemed to be capable of making a reasonable appraisal of his own interests, the attending physician may comply with the patient's request if the parent or parents who has/have responsibility for him, or else his guardian, is/are able to agree to the termination of life or to assisted suicide. Subsection 2 shall apply *mutatis mutandis*."

Importante informar, agora, que a lei holandesa determina a criação de Comissões Regionais – *Regional Review Committess for the Termination of Life on Request and Assisted Suicide* – que têm por obrigação verificar e julgar se os procedimentos legais foram atendidos, principalmente, no que concerne aos requisitos de cuidado e esmero profissional.

As Comissões são compostas de um número ímpar de membros, entre eles um jurista que exerce a função de presidente, um médico e um especialista em ética (*expert on ethical or moral issues*). Cada membro tem um suplente. Portanto, sua criação pela lei teve, por objetivo, analisar, *a priori*, o ato médico. No caso de o médico não agir de acordo com os critérios de cuidado inseridos no artigo 2º da Lei, referida Comissão remete parecer ao Ministério Público e ao Inspetor Regional de Saúde para as providências legais e administrativas cabíveis.

Abaixo, o modelo de formulário que, necessariamente, deverá ser preenchido pelos médicos que praticarem a eutanásia:

I. HISTORIAL DE LA ENFERMEDAD

1. ¿Qué enfermedad(es) padecía el paciente y desde cuándo?

2. ¿Qué terapias médicas se probaron?

3. ¿Era todavía posible la curación del paciente?

4. ¿En qué consistía el padecimiento del paciente?

5. ¿Existían todavía posibilidades de aliviar el padecimiento del paciente? En caso de respuesta afirmativa, ¿cual era la actitud del paciente con respecto a esas alternativas?

6. ¿Dentro de qué plazo se calcula que podía esperarse el fallecimiento de no haberse procedido a la terminación de la vida a petición del paciente?

II. PETICIÓN DE TERMINACIÓN DE LA VIDA O DE AUXILIO AL SUICIDIO

7. ¿Cuándo solicitó el paciente la terminación de la vida o el auxilio al suicidio? ¿Cuándo reiteró el paciente esta petición?

8. ¿En presencia de quién expresó el paciente esta petición?

9. ¿Existe una declaración de voluntad por escrito? ¿En caso afirmativo de qué fecha? (por favor, adjunte esta declaración al informe). ¿En caso de respuesta negativa, cuál es la razón?

10. ¿Existen indicaciones de que la petición del paciente fue expresada bajo presión o influencia de otras personas?

11. ¿Existía alguna razón para dudar que el paciente, en el momento de expresar su petición, tenía plena consciencia del alcance de su petición y de su situación física?

12. ¿Se ha consultado acerca de la terminación de la vida con el personal de enfermería o con el personal sanitario al cuidado del paciente? En caso afirmativo, ¿con quién y cuáles fueron sus opiniones? En caso negativo, por qué no?

13. ¿Se ha consultado acerca de la terminación de la vida con los parientes del paciente? En caso afirmativo, ¿con quién y cuáles fueron sus opiniones? En caso negativo, ¿por qué no?

III. CONSULTA

14. ¿A qué medico(s) se ha consultado?

15. ¿Cuál era su profesión? ¿Era(n) éste(éstos) también médicos que trataban al paciente? ¿Cuál es su relación con usted?

16. ¿Cuándo vio/vieron el(los) médico(s) consultado(s) al paciente? En el caso de que el(los) médico(s) consultado(s) no hayan visto al paciente, ¿por qué no?

IV. REALIZACIÓN DE LA TERMINACIÓN DE LA VIDA A PETICIÓN DEL PACIENTE O DEL AUXILIO AL SUICIDIO

17. ¿Se trataba de: terminación de la vida a petición del paciente o de auxilio al suicidio? ¿Quién se encargo de hecho de llevar a cabo la terminación de la vida a petición del paciente?

18. ¿Con qué medios o de qué forma tuvo lugar la terminación de la vida?

19. ¿Recabó información acerca del método a aplicar y, en su caso, a quién?

20. ¿Qué personas, aparte de usted, estaban presentes en el momento de la terminación de la vida?

V. COMENTARIOS

21. ¿Existen otros aspectos de los cuales quiere informar a la comisión de comprobación y que no ha podido incluir en las respuestas de las preguntas precedentes?

2.2 As regras do Código Penal Brasileiro

O artigo 121 do Código Penal e seu § 1º prescrevem:

Art. 121. Matar alguém. Pena – Reclusão, de seis a vinte anos.

§ 1º Se o agente comete o crime impelido por motivo de relevante valor social ou moral, (...) o juiz pode reduzir a pena de um sexto a um terço.

Por sua vez, a determinação do artigo 122 é a seguinte:

Art. 122. Induzir ou instigar alguém a suicidar-se ou prestar-lhe auxílio para que o faça.

Pena – Reclusão de dois a seis anos, se o suicídio se consuma, ou reclusão de um a três anos, se da tentativa de suicídio resulta lesão corporal de natureza grave.

A eutanásia, nas suas diversas formas, vem sendo tratada pelo Direito Penal pátrio como homicídio, ainda que privilegiado. Do conteúdo da regra do artigo 121, § 1º, do Código Penal, depreende-se que o ato de tirar a vida de outrem que se encontre em grande sofrimento pode ser considerado motivo de relevante valor moral e, por isso, o agente que praticar o delito terá sua pena reduzida de um sexto a um terço.

Vê-se que referido parágrafo não determina quem seja o agente, donde a conclusão de que qualquer pessoa que realizar o ato, desde que compelida por motivo de relevante valor moral, terá se valido da eutanásia. Portanto, não há, no Direito brasileiro, a exigência de que a eutanásia seja praticada por médico, como, tecnicamente, é entendida.

O suicídio assistido decorre da ação do próprio paciente, que pode ter sido orientado, auxiliado ou, apenas, observado por terceiro. Tecnicamente, a orientação e o auxílio devem ser prestados por médico. Contudo, também, não há, no Código Penal, qualquer determinação nesse sentido.

Não obstante tais regras, a comissão de juristas que trabalhou na elaboração do anteprojeto de reforma do Código Penal (vigente desde 1942) não só incluiu a previsão da eutanásia no artigo 121, como trouxe à baila norma penal explicativa no sentido de classificar como atípica a chamada eutanásia passiva ou ortotanásia. Esta passaria a ser entendida como mero exercício regular da Medicina.

O texto da primeira Subcomissão de Reforma da Parte Especial do Código Penal brasileiro de 1993, que introduzia o § 6º ao artigo 121, relata:

§ 6º Não constitui crime a conduta de médico que omite ou interrompe terapia que mantém artificialmente a vida de pessoa, vítima de enfermidade grave e que, de acordo com o conhecimento médico atual, perdeu irremediavelmente a consciência ou nunca chegará a adquiri-la. A omissão ou interrupção da terapia devem ser precedidas de atestação, por dois médicos, da iminência e inevitabilidade da morte, do consentimento expresso do cônjuge, do companheiro em união estável, ou na falta, sucessivamente do ascendente, do descendente ou do irmão e de autorização judicial. Presume-se concedida a autorização, se feita imediata conclusão dos autos ao juiz, com as condições exigidas, o pedido não for por ele despachado no prazo de três dias.[25]

Posteriormente, em 24 de março de 1998, o *Diário Oficial da União* fez publicar o texto que alteraria os dispositivos da Parte Especial do Código Penal, e, em relação a eutanásia, ficou consignado o seguinte:

Art. 121. [...]

§ 3º Se o autor do crime agiu por compaixão, a pedido da vítima imputável e maior, para abreviar-lhe sofrimento físico insuportável, em razão de doença grave: Pena – Reclusão de três a seis anos.

A norma penal explicativa insere o § 4º ao artigo 121, que passaria a viger da seguinte maneira:

§ 4º Não constitui crime deixar de manter a vida de alguém por meio artificial, se previamente atestada por dois médicos, a morte como iminente e inevitável, e desde que haja consentimento do paciente, ou na sua impossibilidade, de ascendente, descendente, cônjuge, companheiro ou irmão.

O Projeto de Código Penal (Projeto de Lei do Senado 236/2012) na sua redação original estabelece o seguinte:

Art. 122 Matar, por piedade ou compaixão, paciente em estado terminal, imputável e maior, a seu pedido, para abreviar-lhe sofrimento físico insuportável em razão de doença grave:

Pena – prisão, de dois a quatro anos.

§ 1º O juiz deixará de aplicar a pena avaliando as circunstâncias do caso, bem como a relação de parentesco ou estreitos laços de afeição do agente com a vítima.

Exclusão de ilicitude:

§ 2º Não há crime quando o agente deixa de fazer uso de meios artificiais para manter a vida do paciente em caso de doença grave irreversível, e desde que essa circunstância esteja previamente atestada por dois médicos e haja consentimento do paciente, ou, na sua impossibilidade, de ascendente, descendente, cônjuge, companheiro ou irmão.

Alguns comentários merecem ser feitos quanto aos dois últimos projetos. Os textos são claros ao referirem-se, somente, a sofrimento físico, não estando incluído, portanto, qualquer tipo de sofrimento psíquico. A manifestação de vontade da vítima, assim como sua capacidade plena são imprescindíveis à caracterização da eutanásia. Também, fala-se em sofrimento insuportável. Mas como defini-lo? A princípio, crê-se que quem tem competência para tal verificação é o próprio médico do paciente que, presume-se, detém capacidade profissional para o diagnóstico da doença.

---

25. SANTOS, Maria Celeste Cordeiro Leite. *O equilíbrio do pêndulo*: a bioética e a lei. São Paulo: Ícone, 1998, p. 108.

Um aspecto importante para reflexão é o que está disposto no § 1º do Projeto de Lei 236/2012. O ato constitui crime, mas é possível o perdão judicial. Ora, quem praticará a eutanásia (pensemos no médico que detém as informações necessárias), sabendo que a atitude só não culminará na pena de prisão caso o juiz entenda que as circunstâncias do fato permitiam a realização do ato?

Quanto à exclusão de ilicitude, levanta-se aqui uma premissa de contrariedade. É que não se estabelece, em ambos os projetos, na impossibilidade de manifestação do paciente, ordem de prelação em relação às vontades dos parentes (ao contrário do texto de 1993, acima transcrito). Haveria necessidade de concordância conjunta? Em caso contrário, quem teria prioridade na tomada de decisão? Por outro lado, o estabelecimento de ordem de preferência engessaria o artigo, impedindo construção hermenêutica do caso concreto.

Interessante notar que os projetos de lei referentes ao Código Penal tratam da imprescindibilidade do consentimento do paciente.[26] Na impossibilidade de manifestação do indivíduo, tal consentimento poderia ser suprido pela manifestação de vontade de membro da família.

Contudo, para Jiménez de Asúa, autor da obra clássica *Liberdade de amar e direito a morrer*, "o consentimento não legitima o homicídio – nem a ajuda a quem por si mesmo se dá a morte – e seria inútil invocá-lo no extermínio das vidas atormentadas".[27] Segundo esse autor, o consentimento poderia, sim, ter efeitos justificativos em ações contrárias à norma, mas sua aplicação só poderia se referir a aspecto reduzido do problema. Para ele:

> O âmbito dilatado da eutanásia não só abrange os casos em que o enfermo incurável e dolorido pede a morte, mas também aqueles outros de dementes incuráveis e idiotas sem remédio, e dos de inconscientes que recobrarão os seus sentidos para se encontrarem no mais miserável estado. [E continua dizendo que] para estas categorias, o consentimento não é possível que seja invocado. É certo que seria possível suprir a sua vontade com a dos pais ou representantes legais, mas seria extremamente difícil ladear os riscos de arbitrariedade, a que isso daria lugar, oriundos de concupiscências econômicas ou do desejo de se libertar do pesado encargo que supõe um infeliz demente.[28]

---

26. Segundo o Professor Pierangelli, "1º) O consentimento é válido quando manifestado expressa ou tacitamente, sempre reclamando uma manifestação exterior que permita ao médico conhecer de sua existência. 2º) O consentimento deve ser prestado pela própria pessoa que dispõe do bem jurídico, quando apto a tanto. Estabelecemos, pois, não ser suficiente o consentimento dos familiares do doente. Na realidade, enquanto o doente estiver consciente, nem mesmo a gravidade e a urgência permitem que seja operado sem o seu consentimento. Sequer o cônjuge pode substituí-lo. 3º) São incapazes de consentir os menores de 18 anos. Quanto às pessoas que possuem idade superior, faz-se necessário indagar, caso por caso, se no momento em que o consentimento é dado, possuíam elas capacidade de entendimento e de autodeterminação. Quando isto inocorre, ou seja, quando falta a capacidade de entender e de querer, apresenta-se uma clara hipótese de *incapacidade natural* que exclui toda e qualquer validade do consentimento. 4º) O consenciente deve possuir uma clara representação do tratamento que lhe será ministrado pelo médico [...]. 5º) O consentimento deve ser prestado *ante factum* e subsistir no momento em que o tratamento médico é realizado. O consentimento *post factum*, ou seja, a ratificação do consentimento, não pode assumir qualquer eficácia justificante [...]. 6º) O consentimento do paciente, consoante exposição já feita, deve ser livre. O vício, o dolo, a violência e o erro excluem a validade do consentimento." PIERANGELLI, José Henrique. *O consentimento do ofendido na teoria do delito*. São Paulo: Revista dos Tribunais, 1989, p. 191-193.
27. ASÚA, L. Jiménez. *Liberdade de amar e direito a morrer*. Lisboa: Clássica, 1929, p. 240.
28. ASÚA, L. Jiménez. *Liberdade de amar e direito a morrer*. Lisboa: Clássica, 1929, p. 241.

A solução proposta por Asúa diz respeito à avaliação dos motivos da conduta, ou seja, o *móbil*. Se o móbil tem caráter antissocial, seria absurda a declaração de impunidade daquele agente, mas se o móbil, ao contrário, for altruísta, não egoísta, o critério aceitável seria a declaração de impunidade do agente.[29]

Asúa distingue a eutanásia médica da prática do homicídio por piedade, esta última exercida por familiares ou amigos desinteressados. Ao distinguir essas duas atitudes, afirma que o médico não tem a intenção de matar seu paciente, mas aliviar-lhe as dores, mesmo porque, curar não significa apenas dar saúde. Assim, entende que a eutanásia praticada pelo profissional da Medicina carece de "substância polêmica", porquanto essa atitude seria de verdadeira cura. Diferente o seu entendimento ao referir-se ao homicídio piedoso. É que nessa conduta, o móbil torna-se relevante. E, se o motivo da morte era a piedade em decorrência do sofrimento insuportável, ao juiz é facultado o perdão. Não o perdão legal, mas o perdão judicial, este último visto por Asúa como mais amplo que o primeiro.[30] Afirma que justiça e piedade têm áreas distintas, mas admite que a justiça repassada de piedade é mais justa.[31]

Mas qual seria a solução? Um catálogo fechado de regras ou a interpretação principiológica que deve ser construída a partir do caso concreto? As discussões que envolvem o "direito de morrer" não são nem de longe pacíficas. Tradicionalmente, o que se sustenta é que a vida humana constitui bem jurídico de titularidade social, não individual, e o princípio da indisponibilidade da vida é consequência dessa assertiva.

Não obstante tal afirmação, contemporaneamente, o que se vê é o surgimento de outra corrente, contrária à anterior, que afirma a disponibilidade da vida, sendo certo que ao seu titular há de ser reconhecida a liberdade de disposição.[32] Assim, para essa corrente,

---

29. "Se quem mata um doente incurável, que pede insistentemente o fim dos seus padecimentos, o faz com um móbil antissocial – para alcançar mais depressa a herança ou para se desfazer do pesado cargo que representa o doente de um mal crônico – seria então absurdo declarar a impunidade, visto que o agente é 'perigoso'; mas, em compensação, quando o moverem fins altruístas, como a piedade pelo sofrimento acerbo, seria inútil impor-lhe uma pena, porque não estamos ante um caso de 'temibilidade'. O móbil não egoísta, que guia o homicida piedoso, é, pois, o único critério aceitável para declarar a impunidade, visto que o tratamento punitivo ou assegurador deve ser exercido somente sobre indivíduos perigosos, ficando livres de toda a intervenção penal os que não são temíveis pelo motivo nobre, que os move." ASÚA, L. Jiménez. *Liberdade de amar e direito a morrer*. Lisboa: Clássica, 1929, p. 248-249.
30. "O médico, diz-se, não pode praticar a eutanásia com o premeditado desígnio de produzir a morte; mas chega a ele como um meio de cura. Por desgraça, a medicina nem sempre cura; a maior parte das vezes só alivia os padecimentos. [...] Mas ao médico, não o guia a intenção de matar o paciente, nem ainda por piedade, mas o seu desígnio é aliviá-lo, diminuir-lhe o sofrimento. [...] Nas outras formas de eutanásia, às vezes mais violentas, que qualquer particular prática, ligado ao paciente por laços de família, de amizade ou amor, é que se levanta a questão debatida e quando o móbil adota a sua importância máxima. [...] Demos ao juiz faculdades para perdoar. Mas não em forma de perdão legal, especialmente consignado a determinadas infrações, mas em forma ampla e generalizada, de verdadeiro perdão judicial. Menos ainda deve esse perdão ser condicionado pela leveza dos delitos, mas como fizeram os variados projetos franceses, que não chegaram a vigorar. O preceito pietista, que reclamo, será amplo, concedendo ao juiz a faculdade de perdoar qualquer delito, até os objetivamente graves, sempre que o sujeito revele sociabilidade nos motivos e nenhum estado perigoso." ASÚA, L. Jiménez. *Liberdade de amar e direito a morrer*. Lisboa: Clássica, 1929, p. 253-254.
31. ASÚA, L. Jiménez. *Liberdade de amar e direito a morrer*. Lisboa: Clássica, 1929, p. 255.
32. "Con claridad y de modo terminante Casas Barquero estimó 'que la vida ha de considerarse un bien jurídico disponible por parte de su titular, debiéndose reconocer absoluta libertad de disposición', y Cobo del Rosal y Carbonell Mateu consideran que el derecho a la vida es 'renunciable, al libre desarrollo de la personalidad'; separando los conceptos de disponibilidad y consentimiento, González Rus entiende que 'la vida es un bien dis-

necessário será o respeito ao princípio da dignidade da vida de cada indivíduo traduzido na busca por iguais liberdades fundamentais. Não se trata, portanto, de referência retórica, mas de verdadeiro caráter normativo, em que o ser humano apresenta-se como fim em si mesmo – tem direitos subjetivos, exerce situações subjetivas e traça planos de vida. Ora, se é assim em vida, por que não poder escolher a forma como se quer morrer? Se a vida lhe pertence (cumpre lembrar que não há qualquer punição à forma tentada de suicídio), por que não há de lhe pertencer sua morte, já que esta é integrante daquela?

Insistimos: qual seria a solução? A pluralidade, caracterizadora da sociedade moderna, é determinante para a solução das questões existenciais. Dessa maneira, não há que se falar em solução adequada se o seu destinatário não for tomado em sua particularidade e, a partir das concepções e convicções que lhe são próprias, figurar, também – e, principalmente – como autor do provimento que lhe afetará. Levantar bandeiras de um Estado Democrático de Direito e desconsiderar a participação daquele que busca a materialização do seu direito nada mais é que bradar por algo oco em sentido, desprovido, exatamente, das características que lhe conferem rótulo e sustentam seus contornos lexicais. Não há como se falar em democracia, desconsiderando a pluralidade e essa não existe se excluídos os rasgos de diferença.

Assim, suscitar discussões que envolvam a liberdade e a eutanásia, sem considerar, para isso, a sociedade matizada da qual integramos, o princípio da autonomia privada e uma atividade hermenêutica para além de uma mera subsunção do fato à norma, "seria como arremessar palavras ao vento sabendo, desde já, que elas não alçarão voo algum e, certamente, repousarão no ponto do qual foram lançadas: o nada."[33]

O art. 122 do Código Penal, por sua vez, tipifica a conduta de induzir, instigar ou prestar auxílio ao suicídio e impõe pena de 2 a 6 anos de reclusão, em caso de consumação da conduta.

Induzir significa fomentar e persuadir alguém à prática de um ato. Instigar pressupõe estimular um propósito que o agente já carrega. Mas auxiliar alguém a suicidar-se necessita de uma análise mais criteriosa. Auxiliar significa ajudar, favorecer e facilitar.

Quanto ao auxílio ao suicídio, Maria de Fátima Freire de Sá e Diogo Luna Moureira, em capítulo intitulado "Suicídio Assistido", sustentam a exclusão da tipicidade em razão de causa constitucional.

> [...] temos que o suicídio assistido, desde que preenchidos alguns requisitos específicos, deve ser tratado como fato atípico. Não em razão de uma causa legal de exclusão da tipicidade, mas de uma

---

ponible', aunque esta disponibilidad se encuentra limitada drásticamente y queda 'restringida a comportamientos del propio titular sobre sí mismo, pero que no podría autorizar lesiones procedentes de terceros', por lo que el consentimiento de la víctima 'no tendría efectos ni como causa de atipicidad ni como causa de justificación', y yo mismo me ocupé del tema, en relación con el Derecho español, y defendí la facultad de disposición de la vida propia y, por consiguiente, la eficacia desincriminante del consentimiento en esta materia, al cumplirse un siglo del nacimiento de Don Luis Jiménez de Asúa, en unas páginas que dediqué a su memoria". RIVACOBA Y RIVACOBA, Manuel de. Nuevo sentido de la protección penal de la vida humana. *Revista de Derecho* (Consejo de Defensa del Estado de Chile), Santiago, ano 1, n. 3, abr. 2001.

33. SÁ, Maria de Fátima Freire de; PONTES, Maila Mello Campolina. Autonomia privada e o direito de morrer. In: FIUZA, César; SÁ, Maria de Fátima Freire de; NAVES, Bruno Torquato de Oliveira (Coords.) *Direito civil:* atualidades III – Princípios jurídicos no direito privado. Belo Horizonte: Del Rey, 2009, p. 50.

causa constitucional de exclusão da tipicidade que encontra guarida nos art. 1º, inciso III, e art. 5º, *caput*, ambos da Constituição da República de 1988.

Do contrário, impor a alguém a obrigação de prolongamento da própria vida, quando não o deseja e se encontra em estado de terminalidade e sofrimento, implica em tratamento desumano e degradante, hipótese expressamente vedada pelo texto constitucional (art. 5º, III).[34]

Os autores propõem a exclusão da tipicidade pautada nos seguintes requisitos: "a) o sujeito passivo deve padecer de enfermidade terminal que lhe cause sofrimento; b) o sujeito ativo que auxilia o suicídio deve ser um médico ou uma junta médica; c) obtenção do consentimento livre e esclarecido do sujeito passivo."[35]

Por isso, destacam que o pedido do paciente deve "evidenciar o exercício livre de uma vontade, evitando que fatores externos possam impedir a livre escolha", além de assegurar que, a qualquer tempo, possa o agente desistir de sua conduta. Tudo isso parte de uma interpretação do texto constitucional, que subordina a vida humana a uma visão mais ampla de dignidade, condicionada pela autonomia privada.

2.3 Ortotanásia no Brasil: a Resolução CFM 1.805/2006

Em novembro de 2006, o Conselho Federal de Medicina, por intermédio da Resolução CFM 1.805, resolveu regulamentar uma prática que já se fazia corriqueira nas UTI's: a suspensão de procedimentos e tratamentos que prolonguem a vida do doente terminal.

O conteúdo da Resolução resume-se aos seguintes artigos:

> Art. 1º É permitido ao médico limitar ou suspender procedimentos e tratamentos que prolonguem a vida do doente em fase terminal, de enfermidade grave e incurável, respeitada a vontade da pessoa ou de seu representante legal.
>
> § 1º O médico tem a obrigação de esclarecer ao doente ou a seu representante legal as modalidades terapêuticas adequadas para cada situação.
>
> § 2º A decisão referida no *caput* deve ser fundamentada e registrada no prontuário.
>
> § 3º É assegurado ao doente ou a seu representante legal o direito de solicitar uma segunda opinião médica.
>
> Art. 2º O doente continuará a receber todos os cuidados necessários para aliviar os sintomas que levam ao sofrimento, assegurada a assistência integral, o conforto físico, psíquico, social e espiritual, inclusive assegurando-lhe o direito da alta hospitalar. (CFM, 2006)

A formalização dessa prática causou furiosa indignação por parte de juristas, ao equivocado fundamento de que haveria necessidade de legislação para legitimar a prática médica. Argumentavam que a regulamentação fora produzida por uma "corporação", sem competência para tanto.

---

34. SÁ, Maria de Fátima Freire de; MOUREIRA, Diogo Luna. Suicídio assistido. In: GODINHO, Adriano Marteleto; LEITE, George Salomão; DADALTO, Luciana (Coords.). *Tratado brasileiro sobre o direito fundamental à morte digna*. São Paulo: Almedina, 2017, p. 211.
35. SÁ, Maria de Fátima Freire de; MOUREIRA, Diogo Luna. Suicídio assistido. In: GODINHO, Adriano Marteleto; LEITE, George Salomão; DADALTO, Luciana (Coords.). *Tratado brasileiro sobre o direito fundamental à morte digna*. São Paulo: Almedina, 2017, p. 211-212.

Em razão disso, o representante do Ministério Público do Distrito Federal propôs ação civil pública para suspender os efeitos da Resolução.

O Juiz da 14ª Vara da Justiça Federal do Distrito Federal deferiu a antecipação de tutela para suspender os efeitos da Resolução CFM 1.805/2006, por entender tratar-se tal prática de homicídio por omissão e não exercício regular da Medicina.

O Ministério Público Federal, posteriormente, por intermédio de seu Procurador Geral, emitiu parecer pela improcedência do pedido, entendendo que não se tratava de eutanásia e sim de ortotanásia, com legitimidade plena do Conselho Federal de Medicina para legislar a respeito da matéria. Requereu, ainda, a revogação da tutela antecipada que suspendeu os efeitos da Resolução.

A decisão proferida acatou o parecer do Ministério Público Federal e entendeu que a Resolução não ofende o ordenamento jurídico posto.

De fato, a Resolução reconhece a autonomia do paciente perante a possibilidade de suspensão dos tratamentos médicos. A decisão não é do médico. Ele tem, tão somente, a obrigação de informar ao paciente seu prognóstico. O que não impede que o paciente procure outras opiniões ou meios de tratamento.

No entanto, é dever médico diagnosticar e determinar o alcance da enfermidade, bem como sua possibilidade de cura. A partir daí, cabe ao paciente exercer a opção de limitar ou suspender o tratamento, tudo de acordo com a autonomia que lhe é garantida constitucionalmente e em razão de um consentimento livre e esclarecido. Ademais, a possibilidade de ser cuidado em casa também deve ser considerada como escolha do paciente, sob pena de imposições invasivas.

2.4 A Resolução CFM 2.217/2018 – Código de Ética Médica

Em 1º de novembro de 2018 foi publicada, no Diário Oficial da União, a Resolução CFM 2.217. Trata-se do novo Código de Ética Médica. Esse documento muito nos interessa, porquanto enfrenta a questão da autonomia do paciente e do médico e, de certa maneira, revolve o tema da eutanásia.

No Capítulo I, que trata dos Princípios Fundamentais, o item XXII assim afirma: "Nas situações clínicas irreversíveis e terminais, o médico evitará a realização de procedimentos diagnósticos e terapêuticos desnecessários e propiciará aos pacientes sob sua atenção todos os cuidados paliativos apropriados."

Ao que tudo indica, a Medicina vem levando a sério a construção dialógica da relação médico-paciente, optando pela vertente horizontal e não mais a verticalização da conduta do médico em relação ao seu paciente. Assim, o capítulo IV proíbe, em vários artigos, o desrespeito ao direito do paciente, vedando ao médico "deixar de garantir ao paciente o exercício do direito de decidir livremente sobre sua pessoa ou seu bem-estar, bem como exercer sua autoridade para limitá-lo" (art. 24).

A prática da eutanásia ativa é condenada pelo Código de Ética Médica, assim como a prática da distanásia. Nesse sentido, é vedado ao médico "abreviar a vida do paciente, ainda que a pedido deste ou de seu representante legal" (art. 41, *caput*), mas em se tratando de doença incurável ou terminal, o médico não deve "empreender ações diagnósticas ou terapêuticas inúteis ou obstinadas, levando sempre em consideração a vontade expressa do paciente ou, na sua impossibilidade, a de seu representante legal" (parágrafo único do art. 41). Os cuidados paliativos devem ser oferecidos pelo médico e foram introduzidos pela Resolução 1.931/2009 (antigo Código de Ética Médica).

Contudo, um artigo nos chama especial atenção. No capítulo V, intitulado "Relação com Pacientes e Familiares", está escrito que é vedado ao médico "Desrespeitar o direito do paciente ou de seu representante legal de decidir livremente sobre a execução de práticas diagnósticas ou terapêuticas, *salvo em caso de iminente risco de morte.*" (art. 31) Destacamos a parte final do artigo porque nossa crítica centra-se sobre ela. Ora, aqui exaltamos uma dúvida: será que houve mesmo um avanço das disposições do Código de Ética Médica em relação ao anterior, a fim de garantir verdadeiramente a autonomia do paciente na decisão de questões que envolvam sua vida? O Código de Ética, ao autorizar o médico a desrespeitar o direito do paciente ou de seu representante legal em caso de risco iminente de morte, viola o direito à liberdade individual, garantido constitucionalmente.

3. O CASO TERRI SCHIAVO[36]

Ainda que não ocupemos nosso pensamento com a nossa morte, eis aí um traço da cultura ocidental, não foram poucos os que se comoveram com a história de Terri Schiavo, amplamente divulgada pela mídia. Terri viveu quinze anos de sua vida em estado vegetativo, porque seu córtex cerebral fora destruído pela falta de oxigênio decorrente de uma parada cardíaca. Seu drama serviu para acirrar as divergências éticas de compreensão daquilo que seja vida boa para cada um. Segundo os médicos, esse tipo de lesão é irrecuperável embora a vida biológica possa se prolongar por muitos anos.

In casu, a incapacidade de Terri fez de seu marido o guardião de seus interesses e foi em nome desses mesmos interesses que Michael Schiavo pleiteou, judicialmente, a retirada da sonda que a alimentava e a hidratava. Após longa batalha judicial travada entre o marido e os pais dessa mulher, que defendiam a manutenção da sonda alimentar, o Judiciário determinou a retirada dos tubos, e Terri morreu de inanição e desidratação aos quarenta e um anos.

Teria sido essa a solução correta para o caso em questão? Vejamos os aspectos principais que podem formar nossa base pré-interpretativa. As questões de fato apontam que Terri vivia desde o casamento com o marido. Após o acidente que a incapacitou passou a viver em clínica, com a assistência do mesmo. Sob o ponto de vista médico tinha vida vegetativa, e os danos cerebrais foram severos a ponto de não ter consciência do que

---

36. Sobre o caso Eluana Englaro ver: SÁ, Maria de Fátima Freire de; MOUREIRA, Diogo Luna. Direito de morrer: a realização da pessoalidade e a efetivação do direito de viver. In: MINAHIM, Maria Auxiliadora; FREITAS, Tiago Batista; OLIVEIRA, Thiago Pires (Org.). *Meio ambiente, direito e biotecnologia*: estudos em homenagem ao Prof. Dr. Paulo Affonso Leme Machado. Curitiba: Juruá, 2010, p. 455-468. Outras situações são tratadas em SÁ, Maria de Fátima Freire de; MOUREIRA, Diogo Luna. *Autonomia para morrer*: eutanásia, suicídio assistido e diretivas antecipadas de vontade. 2. ed. Belo Horizonte: Del Rey, 2015.

se passava à sua volta. Somente era capaz de ter movimentos reflexos que nada têm a ver com estímulos específicos. Nada se disse acerca de qualquer desgaste conjugal de Terri e Michael até a data do acidente. Contudo, os fatos apontam para a reconstrução da vida pessoal do marido com outra mulher depois da enfermidade de Terri. Dois anos após a enfermidade, Michael Schiavo pleiteou judicialmente indenização contra um dos médicos que cuidou de sua esposa. Ela recebeu 750.000 dólares e ele 300.000.

Do ponto de vista do Direito, temos uma exigência na dimensão da justificação. O primeiro aspecto jurídico que devemos abordar é a autonomia da vontade. Como determinar quais os interesses de Terri na sua morte e na maneira como esta deveria ser efetivada? Ela não deixou *living will* (testamento biológico), nem o chamado *health care proxies* (documento que apontasse alguém para decidir sobre a vida e a morte da signatária). Assim, poderia de fato o marido decidir por ela? Sua justificativa para o pedido judicial foi no sentido de que Terri não gostaria de viver sem consciência, apenas como um vegetal.

A construção principiológica de que a vida é um bem inviolável se fragiliza a partir das diversas concepções de vida boa. Os casos de objeção de consciência estão aí para enxergarmos que a convicção religiosa pode determinar o tipo de vida e, portanto, a maneira como cada um gostaria de morrer. Uma vez mais, a autonomia se faz presente.

Se, por meio de uma interpretação hermenêutica, podemos vislumbrar a morte como a satisfação dos melhores interesses das pessoas, quando viver bem não é mais traduzido, exclusivamente, pela expressão viver muito, não seria incoerente vislumbrar que Terri tivesse pedido ao marido que não a deixasse sofrer, ou viver em condições vegetativas. Foram poucos os que argumentaram no sentido de que a medicina poderia encontrar a cura para o tipo de lesão sofrida por Terri e, assim, mantê-la viva não traria a certeza de que sua vida poderia ser vivida de uma maneira melhor.

Assim, a nosso ver, o mais apropriado seria travar uma discussão acerca do meio pelo qual se realizaria a eutanásia, porque, acaso a morte estivesse, realmente, nos interesses de Terri, uma injeção letal seria menos hipócrita que morrer de fome e de sede. Retorno aqui a uma premissa suscitada ao longo do texto e desenvolvida por Dworkin: qual a linha divisória entre matar e deixar alguém morrer? Concordamos que Terri morra de fome, mas não "somos" capazes de matá-la? Do ponto de vista jurídico, diferença não há entre morrer de um jeito ou de outro se a morte for um direito das pessoas, desde que interpretada coerentemente com o resguardo da autonomia privada da Terri. Ressaltamos, acima, a possibilidade, inclusive, de o marido, como guardião, pleitear sua morte.

Muitos assumem os argumentos paternos no sentido de que nada custaria deixá-la viva, e sob seus cuidados. Porém, o fato de mantê-la viva não há que ser encarado do ponto de vista do Direito como uma questão de "gosto", mas, sim, como uma questão de direitos e deveres. Assumir essa conduta seria o mesmo que impedir o seu direito fundamental de morrer, embora nos seja, às vezes, mais cômodo pensar na manutenção de uma vida vegetativa do que no reconhecimento legítimo de uma morte.

Nossa discordância se verifica sob o aspecto ético. O peso da discussão pública não se centrou sobre o meio pelo qual o ato se realizaria. Talvez nosso incômodo pudesse ser muito maior se tivéssemos pensado na maneira como se deu a morte de Terri, do que no evento morte, propriamente dito. Até porque, pertence a cada um de nós a noção de quais são as ambições que o Direito nos permite construir para nós mesmos.

4. DIRETIVAS ANTECIPADAS: ANÁLISE DOS REQUISITOS PERANTE A ESCALA PONTEANA

Já falamos sobre a autonomia do paciente no capítulo 4, contudo, diante do caso Terri Schiavo, relatado acima, vimos a necessidade de retomar a questão para tratar dos chamados "testamentos vitais".

O aparecimento das diretivas antecipadas de vontade se deu pela defesa de limitação da intervenção médica não curativa a determinadas situações terminais ou de inconsciência irreversível.

A primeira menção a um documento de cuidados antecipados ocorreu em 1967, pela *Euthanasia Society of America*. Por meio do *living will*, os indivíduos poderiam especificar sua vontade de suspender intervenções médicas de manutenção da vida.

Em 1969, o advogado e ativista de direitos humanos, Luis Kutner, publicou, no *Indiana Law Journal*, o artigo intitulado *Due Process of Euthanasia: The Living Will, A Proposal*, no qual propôs um modelo de documento, em que o próprio indivíduo determinaria a suspensão de tratamentos médicos, em caso de impossibilidade de manifestação de vontade:

> [...] a solução sugerida é que o indivíduo, embora esteja totalmente no controle de suas faculdades e de sua capacidade de expressão, indique até que ponto concordaria com o tratamento. O documento que contém essa manifestação pode ser chamado de "testamento vital", "declaração que determina o fim da vida", "testamento que permite a morte", "declaração de autonomia corporal", "declaração de fim do tratamento", "confiança do corpo" ou referência semelhante.[37]

Portanto, o que se queria, de início, era dar poder à pessoa sobre sua vida e sua morte, por meio de documentos que estabelecessem diretrizes para os cuidados no fim da vida e as condições de morte. Frisa-se, portanto, que o debate sobre diretivas antecipadas de vontade foi instaurado no contexto de eutanásia.

Em 1972, foi constituído o *Euthanasia Educational Council (EEC)*. Sua criação teve origem no *Euthanasia Educational Fund*, cujo papel propositivo foi substituído pelo EEC em razão de se reconhecer que o clima para propostas legislativas sobre eutanásia ainda não era favorável; mais discussões precisavam ser levadas à sociedade civil.[38]

---

37. "[...] the suggested solution is that the individual, while fully in control of his faculties and his ability to express himself, indicate to what extent he would consent to treatment. The document indicating such consent may be referred to as 'a living will', 'a declaration determining the termination of life', 'testament permitting death', 'declaration for bodily autonomy', 'declaration for ending treatment', 'body trust', or similar reference." BENZENHÖFER, Udo; HACK-MOLITOR, Gisela. *Luis Kutner and the development of the advance directive (living will)*. Wetzlar; 2009. Disponível em: <https://d-nb.info/1095663763/34>. Acesso em: 4 set. 2020.
38. MEHLING, Alice V. Changing Attitudes Toward Euthanasia. *Iustitia*. 1975; 3(2): 22-34. Disponível em: <https://www.repository.law.indiana.edu/cgi/viewcontent.cgi?article=1061&context=iustitia>. Acesso em: 4 set. 2020.

Finalmente, em 1976, na Califórnia, foi promulgada a primeira lei sobre morte natural (*Natural Death Act*), que vigeu até 1991, quando foi substituída pela lei federal *Patient Self Determination Act* (PSDA), a Lei de Autodeterminação do Paciente. Nessa época, os debates se intensificaram em torno de processos judiciais conhecidos, tais como os casos Quinlan (1976); Conroy (1985) e Nancy Cruzan (1990).[39]

Vale salientar que as diretivas antecipadas surgiram em um país de cultura plural, que valoriza a autonomia.

Como já referido no capítulo da relação médico-paciente, o PSDA reconheceu a autonomia privada do paciente, inclusive para recusar tratamento médico. Os centros de saúde, quando da admissão do paciente, registram suas opções e objeções a tratamentos em caso de incapacidade superveniente de exercício da própria autonomia – são as *advance directives*. Estas se manifestam por meio de três instrumentos: 1) *living will*[40]; 2) *durable power of attorney for health care*[41]; 3) *advanced core medical directive*[42].

Há críticas pertinentes em relação à tradução literal da expressão "living will" para "testamento vital". É certo que a declaração prévia de vontade de um paciente se assemelha ao testamento, porquanto negócio jurídico unilateral, gratuito, personalíssimo e revogável, porém dele distancia-se em uma característica essencial – a produção dos efeitos, que no caso do testamento é *post mortem*. Outra característica que poderia ser questionada é a solenidade, absolutamente necessária na realização de um testamento, mas questionável no caso do testamento vital.

O Brasil não possui legislação sobre diretivas antecipadas de vontade, o que não impede sua elaboração como negócio jurídico. Em verdade, a função normativa sobre esse tema tem sido exercida, com relevância, pelo Conselho Federal de Medicina.[43]

Em 2012, o Conselho Federal de Medicina, por meio da Resolução CFM 1.995, definiu diretivas antecipadas como "o conjunto de desejos, prévia e expressamente manifestados pelo paciente, sobre cuidados e tratamentos que quer, ou não, receber no momento em que estiver incapacitado de expressar, livre e autonomamente, sua vontade." (art. 1º).

---

39. Toda a evolução das diretivas antecipadas pode ser encontrada em: SÁNCHEZ GONZÁLEZ, Miguel Ángel. Testamentos vitais e diretivas antecipadas. RIBEIRO, Diaulas Costa (Org.). *A relação médico-paciente:* velhas barreiras, novas fronteiras. São Paulo: Centro Universitário São Camilo, 2010, p. 111-115.
40. Estabelece quais tratamentos médicos não se deseja, em caso de inconsciência ou estado terminal. São mais comuns as disposições sobre recusa de intubação e de ressuscitação (*do not ressuscitate orders*).
41. Também conhecido por poder duradouro do representante para cuidados com a saúde ou, simplesmente, mandato duradouro, estabelece um representante para decidir e tomar as providências cabíveis pelo paciente.
42. Um documento mais completo, voltado para pacientes terminais, que reúne as disposições do "testamento em vida" e do mandato duradouro.
43. Desde 1993, em *Life's dominion,* Ronald Dworkin abordava o tema biojurídico da morte. Em 2001, o livro *Direito de morrer* (Maria de Fátima Freire de Sá) trouxe capítulo específico sobre eutanásia a partir do Direito estadunidense em Dworkin. Em 2003, o livro de Dworkin teve sua primeira publicação traduzida no Brasil (*O domínio da vida*, Martins Fontes). Com o passar do tempo, os estudos específicos sobre os vários contornos jurídicos do morrer se impuseram, a exemplo das obras *Da eutanásia ao prolongamento artificial* (Maria Elisa Villas Bôas, 2005), *Direito à morte com dignidade e autonomia* (Letícia Ludwig Möller, 2007), *Testamento vital* (Luciana Dadalto, 2010), dentre outros.

Aos pacientes que se encontram incapazes de manifestar suas vontades, caberá ao médico levar "em consideração suas diretivas antecipadas de vontade" (art. 2º).

As diretivas antecipadas de vontade têm a função de dar ao paciente o poder de recusar tratamentos e, também, de escolher, dentre os possíveis, aquele que lhe convém.[44] Nesse contexto, podem ser interpretadas como extensão do consentimento livre e esclarecido, mas uma vontade prospectiva, em caso de inconsciência futura, e não para o momento.[45]

Sobre a diferença entre testamento vital (*living will*) e diretivas antecipadas de vontade (*advance directives*), Diaulas Costa Ribeiro assim se manifesta:

> Esses testamentos são usados para tratar da assistência ao paciente terminal; as diretivas são utilizadas para dispor sobre os tratamentos médicos em geral, os quais podem recuperar o paciente ou não. Há, portanto, continência entre os institutos, não se justificando distingui-los. Adotamos diretivas antecipadas, que têm pelo menos quatro alternativas para se materializar: escritura pública em cartório; declaração escrita em documento particular, de preferência com firma reconhecida; declaração feita a seu médico assistente, registrada em seu prontuário, com sua assinatura. Em qualquer situação, poderá haver a nomeação de um procurador para tomar decisões não incluídas nas diretivas. A quarta alternativa se refere ao paciente que não elaborou diretivas antecipadas, mas que declarou, a amigos e/ou a familiares, sua rejeição ao esforço terapêutico, em casos de estado vegetativo permanente ou de doença terminal. Trata-se, portanto, de uma justificação testemunhal dessa vontade.[46]

Embora não haja lei no Brasil que regulamente a questão, é possível tratar as diretivas antecipadas de vontade como negócio jurídico, que está subordinado aos planos de existência, validade e eficácia.

O negócio jurídico pode conter elementos nucleares, elementos complementares e elementos integrativos. Elementos nucleares são os componentes caracterizados como essenciais à incidência e à criação do negócio jurídico. Sem quaisquer deles, não há negócio jurídico, ou seja, são responsáveis por sua própria existência. Elementos complementares são aqueles que afetam a validade do negócio jurídico e elementos integrativos referem-se aos efeitos do negócio jurídico.

Tem-se, portanto, elementos nucleares, que agem no plano da existência do negócio jurídico; elementos complementares, que influenciam na validade do negócio jurídico; e elementos integrativos, que afetam a eficácia do negócio jurídico.

As diretivas antecipadas de vontade têm como elementos de existência, o agente, que no caso é o paciente, e sua manifestação de vontade prospectiva. Para a validade das diretivas, é necessário competência para manifestá-las; vontade livre, consciente e esclarecida; licitude e possibilidade física das escolhas expressas sobre a implementação,

---

44. Bruno Zampier defende a possibilidade de utilização das diretivas antecipadas de vontade para exprimir o destino dos bens digitais após a morte do paciente. ZAMPIER, Bruno. *Bens digitais*. Indaiatuba: Foco, 2017.
45. "Umas das extensões mais sistemáticas da doutrina do consentimento informado às diretivas antecipadas é encontrada na chamada diretiva médica (*medical directive*), que estimula o paciente a considerar diversas possibilidades futuras e a tomar decisões sobre elas." SÁNCHEZ GONZÁLEZ, Miguel Ángel. Testamentos vitais e diretivas antecipadas. RIBEIRO, Diaulas Costa (Org.). *A relação médico-paciente*: velhas barreiras, novas fronteiras. São Paulo: Centro Universitário São Camilo; 2010, p.114.
46. RIBEIRO, Diaulas Costa. Autonomia e consentimento informado. In: RIBEIRO, Diaulas Costa (Org.) *A relação médico-paciente*: velhas barreiras, novas fronteiras. São Paulo: Centro Universitário São Camilo, p. 218.

a manutenção, a limitação, a suspensão ou a interrupção de tratamentos e procedimentos de saúde. E, quanto ao elemento de eficácia, exige-se a ocorrência do fato jurídico do tempo, ou seja, o momento de impossibilidade de manifestação do paciente.

Em resumo, a declaração prévia de vontade é negócio jurídico unilateral, gratuito, personalíssimo, revogável, *inter vivos*, existencial, principal e informal; esta última característica se dá pela atipicidade das diretivas, não previstas em legislação, seguindo o princípio da liberdade de forma.

Por não haver forma prescrita em lei, o prontuário do paciente pode conter sua vontade, como expressa o § 4º do art. 2º da Resolução CFM 1.995/2012: "o médico registrará, no prontuário, as diretivas antecipadas de vontade que lhes foram diretamente comunicadas pelo paciente." No entanto, em caso de eventual conflito envolvendo familiares e o médico responsável, haveria, por parte deste, dificuldade em desempenhar o ônus da prova, haja vista que tal documento foi por ele mesmo produzido. Ao nosso sentir, a declaração de vontade por instrumento público ou particular, e endosso testemunhal, seria mais recomendável.

Veja-se que o § 3º do art. 2º da Resolução CFM 1.995/2012 afirma que as "diretivas antecipadas do paciente prevalecerão sobre qualquer outro parecer não médico, inclusive sobre os desejos dos familiares".

Nesse ponto, cabe levantar duas reflexões: a primeira, de não consideração das diretivas em razão da falta de publicidade delas, o que levaria à prevalência de outras vontades; a segunda, quando, mesmo na presença de diretivas, os familiares se recusarem a aceitá-las e/ou o médico a cumpri-las, o que abriria espaço, nesta última perspectiva, à responsabilização civil pelo seu descumprimento.

Prevê, também, a Resolução, no § 1º do art. 2º, a possibilidade de designação de representante com o objetivo tanto de fazer valer as manifestações já realizadas, quanto de suprir dúvidas e lacunas, sempre buscando a construção dos direitos da personalidade do paciente.

O representante foi inspirado na figura do *durable power of attorney for health care* (mandato duradouro para cuidados de saúde) no PSDA. No entanto, a vontade do paciente ou do representante, em razão do § 2º do art. 2º da Resolução, pode não ser levada em consideração, se o médico entender que ela está "em desacordo com os preceitos ditados pelo Código de Ética Médica". Eis aí um dos aspectos mais espinhosos que envolvem o conteúdo das diretivas. O que é válido e o que é inválido na análise do seu objeto?

De volta ao *Patient Self Determination Act*: esta lei foi elaborada em um contexto de eutanásia e em circunstâncias fáticas que exigiam a manifestação do Estado, uma vez que à época os debates se intensificavam em torno de processos judiciais de casos conhecidos. Falava-se, naquele momento, em suspensão de alimentação e de hidratação e retirada de ventiladores. Não se tratava de situações ordinárias, mas de situações-limites, porquanto os pacientes só viviam em virtude do suporte de saúde excepcional.

No Brasil, o entendimento majoritário é de que as diretivas antecipadas não podem ser utilizadas para pedido de morte assistida, no entanto, nada obsta que sobre ele se proponha ação judicial.

Nosso entendimento é de que já há uma sedimentação, pelo menos no campo teórico, de atitudes ordinárias, que devem ser tomadas pelos médicos, a fim de evitar a distanásia. Parece haver acordância entre aqueles que fazem as diretivas e aqueles que as executam.

O arcabouço normativo brasileiro também traz fundamentos para o exercício de liberdade, seja pela Constituição Federal seja por normas infraconstitucionais. O passo adiante que há de se dar, verte no sentido de reconhecer uma autonomia para morrer[47] caso não se queira ser tratado com cuidados paliativos.

Nesse sentido, a discussão jurídica de aceitação de pedidos de sedação terminal em diretivas pode ser implementada e respeitada, de forma a não buscar a morte por vias transversas, como a suspensão da alimentação e da hidratação, a exemplo de casos como Terri Schiavo e Eluana Englaro.

A licitude do conteúdo das diretivas antecipadas se insere no contexto de autonomia crítica que conforma a dignidade da pessoa humana e na sua luta por reconhecimento.

Ainda, tendo por foco o plano da eficácia, surge o questionamento acerca de possíveis sanções em caso de descumprimento das disposições. No entendimento de Miguel Ángel Sánchez González:

> [...] se o direito de impor diretivas antecipadas deriva necessariamente de princípios constitucionais básicos, é inquestionável que elas são de cumprimento obrigatório e têm caráter vinculante para os médicos. Assim, a Justiça poderia obrigar os médicos a cumpri-las ou, alternativamente, determinar a transferência para outro profissional que se disponha a respeitá-las.[48]

Embora não integre o negócio jurídico como elemento normativo, a publicidade das diretivas constitui elemento fático relevante para sua efetividade. No Brasil, a CENSEC, que é o Sistema do Colégio Notarial do Brasil, possui um banco de dados de escrituras públicas de diretivas antecipadas de vontade. O Provimento CNJ 18/2012 criou a necessidade de se inserir em banco de dados escrituras públicas variadas. As diretivas antecipadas de vontade, realizadas por escritura pública, ganharam, inclusive, um sistema de buscas específico a fim de imprimir-lhes mais notoriedade. No entanto, como não há forma prevista em lei, as demais formas de manifestação ficam sem esse respaldo.

---

47. "A resposta está em construir a norma a partir do caso concreto, inclusive pensando na possibilidade da eutanásia, tendo em vista a diversidade de valores próprios a cada indivíduo humano, além da situação fática, peculiar a cada um." SÁ, Maria de Fátima Freire de; MOUREIRA, Diogo Luna. *Autonomia para morrer*: eutanásia, suicídio assistido, diretivas antecipadas de vontade e cuidados paliativos. 2. ed. Belo Horizonte: Del Rey; 2015, p. 202.
48. SÁNCHEZ GONZÁLEZ, Miguel Ángel. Testamentos vitais e diretivas antecipadas. RIBEIRO, Diaulas Costa (Org.). *A relação médico-paciente*: velhas barreiras, novas fronteiras. São Paulo: Centro Universitário São Camilo; 2010, p. 154.

Capítulo 15
RESPONSABILIDADE CIVIL DO PROFISSIONAL DE SAÚDE

Exatamente isso se passa com a responsabilidade civil. Cuida-se de uma expressão fluida como os tempos em que vivemos. Pode exprimir uma ideia de reparação, punição ou precaução, conforme a dimensão temporal e espacial em que se coloque. No *zeitgeist* da aurora do terceiro milênio, a responsabilidade civil se flexibiliza e assume qualquer dessas narrativas. Como qualquer modelo jurídico que pretenda se adaptar à leveza e à celeridade dos nossos dias, a responsabilidade se mostra dúctil e maleável às exigências de um direito civil comprometido com as potencialidades transformadoras da Constituição Federal.[1]

1. ASPECTOS GERAIS DA RESPONSABILIDADE CIVIL DO PROFISSIONAL DE SAÚDE E DOS HOSPITAIS

1.1 Conceito e pressupostos da responsabilidade civil

Caio Mário da Silva Pereira define a responsabilidade civil da seguinte maneira:

> A responsabilidade civil consiste na efetivação da reparabilidade abstrata do dano em relação a um sujeito passivo da relação jurídica que se forma. Reparação e sujeito passivo compõem o binômio da responsabilidade civil, que então se enuncia como o princípio que subordina a reparação à sua incidência na pessoa do causador do dano.[2]

Responsabilidade é o dever de assumir as consequências de uma ação ou omissão, realizada pessoalmente ou por pessoa que esteja sob seu poder ou, ainda, em razão de um fato da coisa de que lhe caiba a guarda. Logo, a pessoa será juridicamente responsável quando o ordenamento jurídico sanciona o evento danoso, independentemente de ter sido ou não o causador direto.

Trata-se de instituto sancionador, isto é, impõe uma sanção àquele que causa dano; seja porque, por ação ou omissão, descumpriu uma norma jurídica, legal ou contratual; seja porque, por imputação objetiva a certa situação danosa, independente de ilicitude, o Direito obriga a reparar um prejuízo.

---

1. ROSENVALD, Nelson *As funções da responsabilidade civil: a reparação e a pena civil*. 3. ed. São Paulo: Saraiva, 2017, p. 21.
2. PEREIRA, Caio Mário da Silva. *Responsabilidade civil*. 12. ed. Rio de Janeiro: Forense, 2018, p. 14. O Código Civil de 2002 assim dispõe no *caput* do artigo 927: "Aquele que, por ato ilícito (arts. 186 e 187), causar dano a outrem, fica obrigado a repará-lo." Há, porém, hipóteses de responsabilização civil por ato lícito. Para tanto, basta verificar o disposto no artigo 188 combinado com os artigos 929 e 930.

A responsabilidade civil visa, primeiramente, a reparação do dano, com retorno ao *status quo ante*. Como em muitas situações a reparação se torna inviável, a responsabilidade assume a compensação da vítima, como forma de reequilibrar a relação social. Deve-se atentar, pois, para o princípio da reparação integral[3], que ordena que a reconstituição da situação anterior seja a mais ampla possível, envolvendo quaisquer espécies de danos.

São pressupostos da responsabilidade civil: comportamento voluntário, dano e nexo de causalidade entre a conduta humana e o dano. Se a espécie de responsabilidade for subjetiva, acrescenta-se a estes pressupostos a culpa em sentido amplo.

Especificamente com relação ao profissional da Medicina, a responsabilidade pressupõe ato médico, praticado com violação a dever jurídico, determinado por lei, costume[4] ou contrato, imputável a título de culpa, e causador de dano patrimonial ou existencial.

Não obstante o próprio ato, pelo qual o médico responde, poderá haver responsabilidade por ato de outro, ou por fato das coisas que usa a seu serviço.

1.1.1 Do dano

Uma das funções da responsabilidade civil, juntamente com a remoção do ilícito, é a reparação dos danos causados. Trata-se de responsabilizar civilmente o profissional de saúde que violou a situação subjetiva da personalidade, causando prejuízo físico e moral ao titular.

O objetivo central da responsabilidade civil não é a punição do agente, mas o retorno ao estado anterior ao dano, repondo os prejuízos materiais e compensando os danos morais e estéticos.

A expressão "perdas e danos" vem do latim *damnu emergens* e *lucrum cessans*, que, no Direito Romano, também trazia a ideia de reparação. Por dano emergente pretende-se exprimir a perda, o prejuízo que adveio da violação. É o dano atual que emergiu da conduta prejudicial. Já os lucros cessantes traduzem-se em dano que se projeta para o futuro, isto é, uma perda que não é atual, mas que se verificará pelo fato de o prejudicado não lucrar ou não obter uma vantagem esperada. É a frustração de uma expectativa de ganho provável.

Hoje, pode-se entender que se incluem na expressão perdas e danos os danos materiais, os danos morais e os danos estéticos. E a reparação destes danos pode inclusive ser cumulada, requerendo-se as três espécies de reparação de danos no mesmo procedimento judicial.

---

3. No Direito Internacional também se prevê a reparação a partir da dicção de um dano presente e de uma perda de ganho futuro. O UNIDROIT, que estabelece princípios de contratos comerciais internacionais prevê no artigo 7.4.2 a plena compensação. Logo, pela expressão "perdas e danos" estatui-se a proteção para qualquer espécie de dano, seja na esfera patrimonial ou existencial. Estabelece o UNIDROIT: "(1) The aggrieved party is entitled to full compensation for harm sustained as a result of the nonperformance. Such harm includes both any loss which it suffered and any gain of which it was deprived, taking into account any gain to the aggrieved party resulting from its avoidance of cost or harm. (2) Such harm may be non-pecuniary and includes, for instance, physical suffering or emotional distress."
4. Veja-se que a boa-fé objetiva, como impositiva de deveres, obriga à observância de um padrão de comportamento, determinado para aquela situação específica, em virtude de costume social.

O fundamento dessa cumulação está em dois entendimentos do Superior Tribunal de Justiça. Em 1992, pela Súmula 37 reconheceu-se expressamente a possibilidade de cumular danos materiais e danos morais. Em 2009, pela Súmula 387, o Superior Tribunal de Justiça reconheceu a possibilidade de se cumular danos morais e danos estéticos.

1.1.1.1 Dano material ou patrimonial

Dano material é aquele prejuízo que atinge a esfera patrimonial da pessoa, isto é, dano que pode ser apreciável economicamente e, portanto, passível de reparação *stricto sensu*. Os danos materiais repercutem sobre o patrimônio da pessoa, causando-lhe redução pecuniariamente apreciável ou redução de expectativa de ganhos.

Envolvem, sobretudo, os dois aspectos acima referidos: dano emergente e lucro cessante. O dano emergente refere-se à diminuição patrimonial advinda da conduta alheia. E o lucro cessante envolve o proveito econômico que a vítima teria se o dano não se tivesse concretizado ou, na dicção do artigo 402 do Código Civil, aquilo que "a vítima razoavelmente deixou de lucrar".

No caso de violação decorrente da prestação de serviços de saúde, os danos materiais podem manifestar-se, por exemplo, nas despesas com medicamentos, novos tratamentos e cirurgias, próteses e órteses, pensão alimentícia pela redução temporária ou definitiva da força de trabalho, dentre outros.

1.1.2 Dano moral[5]

No caso de dano moral, em geral, não se fala de lesão que possa ser reparada, em sentido estrito. A responsabilidade civil, neste caso, atua de forma compensatória, já que voltar ao estado anterior ao da lesão é praticamente impossível.

A responsabilidade civil decorrente do dano moral, em sentido próprio, nas relações de saúde, é a compensação ou o ressarcimento de lesão a direito da personalidade ou lesão a direito de família puro. Acatamos a posição de Clóvis Beviláqua, Paulo Luiz Netto Lôbo e Carlos Alberto Bittar, que tratam do dano moral como lesão a direitos da personalidade, mas acrescentamos a ele a lesão a direito de família puro, pois a ofensa a este tem a mesma natureza, porquanto, nos dois casos, são atingidos os bens existenciais da pessoa.[6]

Dano moral não é dor, sofrimento, angústia ou humilhação. Estes sentimentos não são necessários para a ocorrência do dano moral. Muitas vezes, podem mesmo nem estar presentes. Se conceituarmos dano moral a partir dessa vertente psicológica ficamos à mercê da permeabilidade subjetiva da pessoa ao sentimento negativo.

---

5. Para aprofundamento na delimitação do dano moral e suas divergências doutrinárias: NAVES, Bruno Torquato de Oliveira; LIMA, Taisa Maria Macena de. Direito à reparação do nascituro por morte do genitor em acidente de trabalho: dano moral e personalidade do nascituro. *Revista do Tribunal Regional do Trabalho 3ª Região*, Belo Horizonte, v. 51, n. 81, p. 113-136, jan.-jun. 2010.
6. Argumentação desenvolvida em: NAVES, Bruno Torquato de Oliveira; LIMA, Taisa Maria Macena de. Direito à reparação do nascituro por morte do genitor em acidente de trabalho: dano moral e personalidade do nascituro. *Revista do Tribunal Regional do Trabalho 3ª Região*, Belo Horizonte, v. 51, n. 81, p. 113-136, jan.-jun. 2010.

Pessoas sensíveis poderiam facilmente sentir-se lesadas em razão da frequência com que surgem sensações ruins. Por outro lado, nessa linha de raciocínio, pessoas em coma não sofreriam dano moral à honra, pois nelas não se despertaria o sofrimento ou a humilhação pela ofensa.

Assim, não se pode confundir possíveis consequências do dano moral com ele mesmo.[7] Dano moral é a lesão a direitos da personalidade e a direitos de família puros, ainda que destes possam não advir dor, sofrimento ou angústia.

Na jurisprudência nacional, o dano moral tem abrigado hipóteses de ressarcimento ou compensação de danos que não se inscrevem nesse conceito, ou seja, não há propriamente violação de direito da personalidade ou de direito de família puro, consistindo a conduta antijurídica na violação de situação transindividual. Tal ocorre, sobretudo, nas áreas do Direito do Consumidor, Direito Ambiental e Direito do Trabalho.

Objetivando desestimular certos comportamentos, o Judiciário acaba por impor sanções que guardam caráter administrativo sob a denominação de função punitivo-pedagógica da indenização por dano moral. Tratam-se de situações com reflexos extrapatrimoniais, mas não propriamente de dano moral.

Há, pois, um gênero mais abrangente de danos não patrimoniais, que decorrem da lesão de uma situação jurídica que pode ou não ter conteúdo patrimonial. O entendimento de Nelson Rosenvald também versa neste sentido:

> Lado outro, servirmo-nos dessas linhas para a elaboração de uma tipologia mínima do dano extrapatrimonial, partindo da premissa de que, mesmo na realidade de nosso sistema jurídico aberto – com espeque na cláusula geral do art. 186 do CC – já não é mais possível sustentar a sinonímia de dano moral e extrapatrimonial. A experiência revela que o princípio da reparação integral é ultrajado, diante da consideração genérica do dano moral em uma heterogeneidade de situações, sem o menor cuidado com a especificação sobre quais danos extrapatrimoniais são objeto de decisão. Ademais, a simples invocação de expressões genéricas sem que se outorgue apropriados contornos e argumente-se por quais motivos o seu emprego é pertinente no caso concreto não constitui razão válida para fundamentar uma sentença (art. 489, CPC).[8]

Essa posição coincide com o que dissemos na obra "Direitos da Personalidade", em 2017, ao afirmarmos que "há danos extrapatrimoniais que não são danos morais, pois não se referem ao 'patrimônio moral' ou à parcela existencial da pessoa, mas a aspectos que não são personalíssimos, mas são apreciáveis pecuniariamente."[9]

Rosenvald sustenta a existência do gênero "dano extrapatrimonial", subdividido em quatro espécies, quais sejam: dano à imagem; dano estético; dano existencial e dano

---

7. O Enunciado 445 da Jornada de Direito Civil também expressa esse entendimento: "Art. 927: O dano moral indenizável não pressupõe necessariamente a verificação de sentimentos humanos desagradáveis como dor ou sofrimento."
8. ROSENVALD, Nelson. Por uma tipologia aberta dos danos extrapatrimoniais. *Migalhas*, 23 abr. 2020. Disponível em: https://www.migalhas.com.br/coluna/migalhas-de-responsabilidade-civil/325209/por-uma-tipologia-aberta-dos-danos-extrapatrimoniais. Acesso em: 2 out. 2020.
9. NAVES, Bruno Torquato de Oliveira; SÁ, Maria de Fátima Freire de. *Direitos da personalidade*. Belo Horizonte: Arraes, 2017, p. 50-51.

moral.[10] Nossa divergência pauta-se, apenas, na categorização quatripartite de Rosenvald, que não vê os danos à imagem como danos morais.

A delimitação do dano moral impõe o seu confronto ao dano estético, que para o Superior Tribunal de Justiça é uma terceira categoria de dano, ao lado do dano moral e do dano material.

1.1.3 Dano estético

Dano estético é a lesão que atinge, de forma permanente, o corpo humano, causando cicatrizes, deformações ou aleijões.

Segundo Cristiano Chaves de Farias, Felipe Peixoto Braga Netto e Nelson Ronsenvald, trazem excelentes considerações acerca do dano estético:

> Cuida-se de uma ofensa à integridade física da pessoa qualificada pelo elemento da "permanência", ou seja, uma lesão corporal de efeitos prolongados e não meramente transitória ou sanável. O dano estético deve se manifestar de forma duradoura, mesmo que sem carga de definitividade ou irreversibilidade. Não obstante o avançado recurso a cirurgias plásticas reparadoras, muitas lesões estéticas nos acompanham de forma perene. Amputação total ou parcial de membros, cicatrizes profundas e extensas, marcas de queimaduras, lesões em órgãos internos são, normalmente, irreversíveis, carregando-as a vítima ao longo de toda a sua vida. Mesmo que o tratamento seja capaz de a longo prazo mitigar a extensão do dano, ou mesmo eliminá-lo, a redução duradoura da integridade física se consumou indelevelmente.[11]

Trata-se de denominação mais recente, que pretendeu valorizar a pessoa humana. Assim, dentro do processo de inserção da pessoa e de sua dignidade como centro do ordenamento jurídico, preferiu-se a criação doutrinária de um terceiro gênero de dano, a fim de se fugir da dicotomia "dano material/dano moral".

Naquela tradicional dicotomia, além do aspecto moral, a lesão que atingia a corporalidade também era dano "material", no sentido de que alcançava a matéria. No entanto, há, historicamente, um ranço patrimonialista na expressão "dano material", e que deixava em segundo plano a personalidade e suas múltiplas projeções.

Enfim, protege-se, na responsabilidade civil por dano estético, um valor estético da própria pessoa e não a patrimonialidade, característica do dano material.

Por ser espécie autônoma de dano e diretamente afeto ao valor estético do corpo, a conduta lesiva pode acarretar também dano material, se houver prejuízo patrimonial, e dano moral, já que a lesão corporal não se circunscreve apenas à esfera estética.

1.2 Responsabilidade contratual e extracontratual

A classificação em responsabilidade contratual ou responsabilidade extracontratual, também denominada aquiliana, baseia-se na natureza da norma jurídica violada.

---

10. ROSENVALD, Nelson. Por uma tipologia aberta dos danos extrapatrimoniais. *Migalhas*, 23 abr. 2020. Disponível em: https://www.migalhas.com.br/coluna/migalhas-de-responsabilidade-civil/325209/por-uma-tipologia-aberta-dos-danos-extrapatrimoniais. Acesso em: 2 out. 2020.
11. FARIAS, Cristiano Chaves de; NETTO, Felipe Peixoto Braga; ROSENVALD, Nelson. *Novo tratado de responsabilidade civil*. 4. ed. São Paulo: Saraiva, 2019, p. 483.

A responsabilidade contratual deriva do descumprimento de acordo, isto é, de vínculo contratual.

A segunda, historicamente, decorria do ilícito aquiliano, derivando do dever de não lesar, sem que preexistisse qualquer relação jurídica entre o agente e a vítima. Hoje, com os casos de responsabilidade por atos lícitos, temos que a responsabilidade extracontratual advém do dever de reparar imposto pela lei, sem que o ato danoso tenha procedido de situação jurídica criada em contrato.

Embora muito se discuta a respeito, a responsabilidade médica é contratual, seja no caso de profissional escolhido livremente pelo paciente, seja no caso de designação do hospital ou do plano de saúde. Tanto o atendimento em instituição particular quanto pública apresenta a natureza contratual.

Em que pese a liberdade de contratar, lembremos que o ordenamento jurídico obriga determinadas pessoas a fazê-lo, em decorrência da indispensabilidade da atividade desempenhada. É o que ocorre no contrato coativo e no contrato necessário. No caso do médico, há um dever de se colocar, sempre que a urgência ou a emergência o exigir, em permanente oferta de contratar. Assim, a natureza dos serviços médicos o faz integrante da categoria de contrato necessário. O contrato necessário é aquele que exige, de uma das partes, um permanente estado de oferta contratual. Por essa razão, Orlando Gomes afirma que neste, os contratantes "não podem recusar-se a contratar, falecendo-lhes, pois, não só a liberdade de escolher a contraparte, mas também a de afastar as regras constantes do regulamento a que devem obediência [...]."[12]

Conclui-se que mesmo no atendimento emergencial, em que não há escolha dos contratantes e definição voluntária do conteúdo do contrato, a responsabilidade será contratual.

Imperioso dizer que a carga de prova atribuída às partes é diversa na responsabilidade contratual e extracontratual. Na primeira, a prova se concentra no inadimplemento da obrigação. Por isso, a apresentação de termo escrito já é, muitas vezes, bastante para que o paciente dê prosseguimento à sua demanda. Na segunda, além do dano, o autor deve demonstrar que houve uma violação de deveres gerais, genérica e sucintamente apresentados em lei, de forma explícita ou até implícita.

Referida distinção, na prática, só tem importância aliada à diferenciação que se faz entre obrigação de meio e de resultado.

2. RESPONSABILIDADE CIVIL DO PROFISSIONAL DE SAÚDE

A figura do médico é sempre referência quando se fala em responsabilidade do profissional de saúde. Não que ele seja o único, mas a sua profissão foi enaltecida ao longo do tempo, principalmente, tendo em vista a importância do Juramento Hipocrático. Mas esse Juramento, cuja composição remonta ao séc. IV a.C., deve ser interpretado

---

12. GOMES, Orlando. *Contratos*. 27. ed. Rio de Janeiro: Forense, 2019, p. 26.

com os olhos do presente. Isso porque ele traz uma ética de deveres, mas sem correlação a direitos do paciente, o que nos remete a uma concepção paternalista de Medicina.

Inobstante a ideia mais recente de que a relação médico-paciente deve ser pautada no diálogo, a excelência da prática profissional, já prevista no Juramento, continua sendo hoje um conteúdo atual. Mas não se trata de excelência concebida unilateralmente para a atuação do médico, mas voltada para o respeito aos direitos dos pacientes.

Nesse ponto, faremos uma exposição acerca da natureza dos deveres médicos, quanto à diligência e ao êxito, para os contrapor aos direitos do paciente, inclusive frente à má prática dos profissionais de saúde.

2.1 Obrigação de meio e obrigação de resultado

Quanto ao objetivo das obrigações assumidas, tem-se obrigação de meio e obrigação de resultado.

A obrigação de meio consiste em verdadeiro dever de diligência, pois nela o profissional de saúde compromete-se a se esforçar para obter o fim desejado, mas sem que assuma a obrigação do êxito. O profissional cumprirá a obrigação desde que preste diligentemente os serviços, utilizando de todos os esforços e recursos disponíveis. Não se obriga ao fim desejado pelo paciente – como a cura, por exemplo – mas ao processo para alcançá-lo.

Na obrigação de resultado, por outro lado, há um dever de êxito, pois o profissional de saúde assume o dever de atingir certo resultado.

Nesse ponto, é importante distinguir as categorias de profissionais de saúde. Como regra, a obrigação do médico[13] é de meio, pois na maior parte dos procedimentos e tratamentos não há como ele garantir o efeito desejado pelo paciente. Em geral, assume a obrigação de dedicar-se ao exercício da sua profissão com cuidado e diligência, utilizando-se de todos os recursos disponíveis, compatíveis com o atual estágio da Medicina, não se comprometendo com a obtenção de um determinado resultado. No entanto, há alguns tratamentos e procedimentos médicos que se configuram como obrigações de resultado, como os exames radiológicos, as biópsias, as vacinações e as transfusões de sangue.

É o caso do julgado, cuja ementa segue transcrita:

RESPONSABILIDADE CIVIL. AGRAVO REGIMENTAL NO RECURSO ESPECIAL. EXAME MÉDICO. BIÓPSIA. FALSO DIAGNÓSTICO NEGATIVO DE CÂNCER. OBRIGAÇÃO DE RESULTADO. RESPONSABILIDADE OBJETIVA. DANO MORAL E DANO ESTÉTICO. CUMULAÇÃO. POSSIBILIDADE. SÚMULA 387/STJ. DECISÃO AGRAVADA, QUE SE MANTÉM POR SEUS PRÓPRIOS FUNDAMENTOS.

1. Na espécie, narram as decisões recorridas que a emissão de resultado negativo de câncer, quando, na verdade, o diagnóstico era positivo, retardou de tal forma o tratamento que culminou, quando finalmente

---

13. Sobre o tema da responsabilidade civil médica e a delimitação do quantum indenizatório, ver: BERLINI, Luciana Fernandes; FERREIRA, Pedro Henrique Menezes. A responsabilidade civil na relação médico-paciente. In: In: SÁ, Maria de Fátima Freire de; NOGUEIRA, Roberto Henrique Pôrto; SOUZA, Iara Antunes; NAVES, Bruno Torquato de Oliveira (Coords.). *Biodireito*: diálogos entre liberdades e responsabilidades. Belo Horizonte: Conhecimento, 2020, p. 17-44.

descoberto, em intervenção cirúrgica drástica provocando defeito na face, com queda dos dentes e distúrbios na fala; contudo, não a tempo suficiente a fim de evitar o sofrimento e o óbito do paciente.

2. Este Tribunal Superior já se manifestou no sentido de que configura *obrigação de resultado, a implicar responsabilidade objetiva*, o diagnóstico fornecido por exame médico. Precedentes.

3. No caso, o Tribunal de origem, com base no acervo fático-probatório dos autos, de forma bem fundamentada, delineou a configuração dos dois danos – o moral e o estético.

4. Nos termos da jurisprudência deste Tribunal Superior, consolidada na Súmula 387 do STJ, é possível a cumulação de danos morais e estéticos.

5. Nesta feita, a agravante, no arrazoado regimental, não deduz argumentação jurídica nova alguma capaz de alterar a decisão ora agravada, que se mantém, na íntegra, por seus próprios fundamentos.

6. Agravo regimental não provido.[14] (grifos nossos)

Na situação acima, o exame foi negativo para o câncer, o que retardou o tratamento e a possível cura, gerando indenização. No acórdão, o relator transcreveu várias outras decisões do Superior Tribunal de Justiça, demonstrando que o posicionamento tem se mantido na distinção entre obrigações de meio e resultado, inserindo os exames laboratoriais na segunda categoria.

Todavia, não estamos de acordo com a objetivação da responsabilidade. O fato de a obrigação do médico, nessa situação, ser de resultado não a transmuda para responsabilidade objetiva. Em verdade, o que ocorre é tão somente uma presunção *relativa*, que pode cair sob prova em contrário. É presunção relativa porque a culpa ainda é exigida como requisito para configuração da responsabilidade e poderá ser objeto de discussão. No entanto, ao paciente, a simples prova de que o resultado não foi alcançado já faz presumir a responsabilidade do médico.

O mais controverso na classificação das obrigações médicas como de meio ou de resultado diz respeito à cirurgia plástica. A jurisprudência predominante considera que, sendo o procedimento meramente estético, a obrigação será de resultado; sendo uma intervenção reparadora, a obrigação será de meio. O fundamento levantado é o de que, no primeiro caso, o paciente "saudável" submete-se à intervenção cirúrgica no único intuito de alterar sua aparência, assumindo o médico uma obrigação de resultado. Já a cirurgia reparadora, entendida como obrigação de meio, mostra-se necessária para reparar um defeito físico (ex.: lábio leporino, cortes profundos advindos de acidentes ou agressões), por isso o médico se obrigaria a empreender esforços no sentido da reparação.[15]

---

14. BRASIL. Superior Tribunal de Justiça. *AgRg no REsp 1117146*, 4ª turma, Rel. Min. Raul Araújo, julgado em 05/09/2013. Disponível em: <https://ww2.stj.jus.br/processo/revista/documento/mediado/?componente=ITA&sequencial=1261079&num_registro=200900084965&data=20131022&formato=PDF>. Acesso em: 2 nov. 2014.

15. Humberto Theodoro Júnior acompanha a jurisprudência majoritária, entendendo ser a cirurgia estética uma obrigação de resultado. (Ver artigo de Sálvio de Figueiredo Teixeira, cujo título é: A responsabilidade civil do médico. In: TEIXEIRA, Sálvio de Figueiredo (Coord.) *Direito e medicina*: aspectos jurídicos da medicina. Belo Horizonte: Del Rey, 2000, p.181-207). A Ministra Nancy Andrighi segue a mesma posição: BRASIL. Superior Tribunal de Justiça. *REsp 1395254*, 3ª turma, Rel. Min. Nancy Andrighi, julgado em 5/10/2013. Disponível em: <https://ww2.stj.jus.br/processo/revista/documento/mediado/?componente=ITA&sequencial=1273422&num_registro=201301322429&data=20131129&formato=PDF>. Acesso em: 2 nov. 2014. Já Ruy Rosado de Aguiar Júnior entende tratar-se de obrigação de meio. Segundo o autor: "Pode acontecer que algum cirurgião plástico ou muitos deles assegurem a obtenção de um certo resultado, mas isso não define a natureza da obrigação, não altera a sua categoria jurídica, que continua sendo sempre a obrigação de prestar um serviço que traz consigo o

Nossa posição considera toda cirurgia plástica, ainda que meramente estética, como obrigação de meio, porque para nós, não há como entendê-la diversa das obrigações dos demais cirurgiões. O profissional de saúde não pode garantir um resultado que depende de fatores morfológicos e fisiológicos do corpo humano. Cada corpo reagirá de uma forma diferente. Contudo, como nas cirurgias estéticas trata-se de paciente saudável, e tendo o ato o objetivo apenas de melhoria da aparência, todas as informações devem ser dadas de maneira exaustiva, para que a responsabilidade não decorra de falta de informação ou de falsas expectativas geradas no paciente.

E estamos bem acompanhados:

> O médico não tem controle absoluto sobre os resultados, mesmo que tenha agido com toda a diligência possível. Toda intervenção cirúrgica, qualquer que seja, apresenta riscos. Pode resultar em resultados não esperados, ainda que não tenha havido erro. A afirmação de que determinado procedimento – cirurgia plástica com fins estéticos, por exemplo – é obrigação de resultado não parece encontrar amparo na medicina.[16]

Em que pese nosso entendimento, vale citar aqui acórdão do Tribunal de Justiça de Minas Gerais:

> APELAÇÃO CÍVEL. ERRO MÉDICO. CIRURGIA PLÁSTICA. NÃO OBTENÇÃO DO RESULTADO ESPERADO. NEXO CAUSAL. COMPROVAÇÃO. RESPONSABILIDADE CIVIL. DANOS MORAIS E ESTÉTICOS. COMPROVAÇÃO. QUANTUM. DANO MATERIAL. HONORÁRIOS ADVOCATÍCIOS.
>
> O ressarcimento do dano gerado por ato ilícito há de se fundar no tríplice requisito do prejuízo, do ato culposo do agente e do nexo causal entre o referido ato e o resultado lesivo, conforme artigo 186 do Código Civil. *Tratando-se de procedimento estético, a obrigação do médico é de resultado.* Comprovado que a cirurgia plástica não atingiu o resultado esperado cabe ao réu demonstrar a existência de excludente de culpabilidade, o que não ocorreu. Se a parte autora comprovou os fatos constitutivos de seu direito, a procedência dos pedidos iniciais se impõe. A quantificação do dano moral deve obedecer aos princípios de moderação e razoabilidade, a fim de que o instituto não seja desvirtuado de seus reais objetivos, nem transformado em fonte de enriquecimento ilícito. Os danos materiais exigem a comprovação do montante reclamado, posto que, ao contrário dos danos morais, não são presumíveis.[17]

Embora discordemos da parte dispositiva da decisão, há de destacar a correta classificação da responsabilidade como subjetiva, ficando ao réu a possibilidade de levantar excludentes de culpabilidade.

Lado outro, uma decisão que consideramos emblemática – porque bem fundamentada, mas solitária – foi proferida pelo Tribunal de Justiça de Minas Gerais, que entendeu ser de meio a cirurgia de vasectomia:

> APELAÇÃO CÍVEL. AÇÃO DE INDENIZAÇÃO POR DANO MORAL E MATERIAL. RESPONSABILIDADE CIVIL. ERRO MÉDICO. HOSPITAL. RESPONSABILIDADE SUBJETIVA. VASECTOMIA. INSUCESSO.

---

risco". AGUIAR JÚNIOR, Ruy Rosado. Responsabilidade civil do médico. In: TEIXEIRA, Sálvio de Figueiredo (Coord.). *Direito e medicina*: aspectos jurídicos da medicina. Belo Horizonte: Del Rey, 2000, p. 150-151.

16. FARIAS, Cristiano Chaves de; NETTO, Felipe Peixoto Braga; ROSENVALD, Nelson. *Novo tratado de responsabilidade civil*. 4. ed. São Paulo: Saraiva, 2019, p. 1352.
17. TJMG. Apelação Cível 1.0521.10.009323-1/001 – 0093231-87.2010.8.13.0521 (1). Relator(a): Des.(a) Maria das Graças Rocha Santos (JD Convocada). j. 12/02/2020.

OBRIGAÇÃO DE MEIO E NÃO DE RESULTADO. PRECEDENTES. INEXISTÊNCIA DE ATO ILÍCITO. APELO IMPROVIDO. SENTENÇA MANTIDA.

– Discutida a responsabilidade civil por erro supostamente ocorrido em cirurgia, aplicável o regime de responsabilidade subjetiva tanto ao médico, quanto ao hospital. Entendimento consolidado do Superior Tribunal de Justiça e adotado por parte relevante da doutrina.

– Em regra, a responsabilidade do médico é de meio ou de diligência. Incumbe-lhe empregar a melhor técnica possível no tratamento do paciente, zeloso e atento aos sintomas apresentados. *Inexistente dever de cura, isto, em razão da infinitude de sintomas e diagnósticos, da limitação humana e tecnológica, bem como da imprevisibilidade – dadas as peculiaridades de cada organismo – da reação aos procedimentos e medicamentos necessários à higidez do paciente.*

– Não demonstrado que o profissional médico tenha atuado de forma negligente, imprudente ou imperita, inexiste ato ilícito culposo consubstanciado em erro médico.[18]

Não obstante a polêmica que norteia a questão da cirurgia plástica, será a responsabilidade civil do médico subjetiva em ambas as hipóteses: se a obrigação for de meio, o descumprimento contratual deverá ser provado pelo paciente, com a demonstração de que o médico agiu com imprudência, negligência ou imperícia; se se entender que a cirurgia meramente embelezadora é obrigação de resultado, cabe ao paciente alegar que este não foi alcançado em razão da conduta do médico, que poderá se defender pautando-se em excludente de culpabilidade, isto é, o resultado se deu ou pelo comportamento do paciente no pós-operatório ou pela própria reação do organismo do paciente.

A responsabilidade subjetiva do médico encontra-se expressa no Código Civil, em seu artigo 951, que prescreve:

O disposto nos arts. 948, 949 e 950 aplica-se ainda no caso de indenização devida por aquele que, no exercício de atividade profissional, por negligência, imprudência ou imperícia, causar a morte do paciente, agravar-lhe o mal, causar-lhe lesão, ou inabilitá-lo para o trabalho.

Ao contrário da situação dos médicos, a obrigação dos odontólogos, via de regra, é de resultado, porquanto nos serviços mais corriqueiros, como limpeza de tártaro, aplicação de flúor e obturação, o profissional assume o compromisso do resultado. Outra será a situação de intervenção mais invasiva, pois dela pode emergir perigos e riscos não controláveis pelo profissional.

Impõe-se a verificação do procedimento *in concreto*, pois a profissão de dentista não pode mais ser considerada como de sintomatologia, diagnóstico e terapêutica definidas e regulares, conforme apontava Aguiar Dias.[19] Hoje muitos procedimentos complexos e de risco fazem parte das rotinas de dentistas.

Apesar de configurar-se como posicionamento minoritário, a decisão que se colaciona, do Tribunal de Justiça de São Paulo, segue em sentido semelhante ao nosso posicionamento ao afirmar que, em regra, há necessidade de a vítima fazer a prova da culpa do dentista, pois a obrigação por ele assumida é de meio:

---

18. TJMG. Apelação Cível 1.0183.14.007089-1/001 - 0070891-57.2014.8.13.0183 (1). Rel. Des. José Marcos Vieira. Data de Julgamento: 19/02/2020.
19. DIAS, José de Aguiar. *Da responsabilidade civil*. 12ª ed. Rio de Janeiro: Lumen Juris, 2011.

Indenização por danos morais e materiais. Alegação de erro do profissional dentista, no tratamento dentário da autora. Sentença de improcedência. Insurgência da requerente. Descabimento. *O objetivo do contrato médico/odontológico não é a cura ou a obrigação de resultado específico, mas sim, a prestação adequada dos serviços.* Neste sentido, a responsabilidade dos profissionais deve ser apurada mediante a verificação de culpa, imprescindível para a imputação de evento danoso, nos termos do art. 14 do Código de Defesa do Consumidor, o que *não restou comprovada*, não havendo que se falar em obrigação de indenizar. Deste modo, a r. Sentença deve ser confirmada por seus próprios fundamentos, nos termos do art. 252 do regime interno do TJSP. Recurso não provido.[20] (grifos nossos)

A título de conclusão, repetimos que, independentemente de ser obrigação de meio ou de resultado, a responsabilidade do médico, do dentista e do médico veterinário, como profissionais liberais, é sempre subjetiva (§4º do art. 14 do Código de Defesa do Consumidor). O que mudará na questão será o ônus da prova de culpa, pois na obrigação de meio cabe ao paciente provar que a conduta do profissional de saúde foi negligente, imprudente, imperita ou mesmo dolosa. Já na obrigação de resultado, a culpa também será discutida – por isso a responsabilidade permanece subjetiva –, mas o ônus será do profissional. Assim, nesse último caso, será este que deverá provar que sua conduta não foi culposa, apesar do resultado insatisfatório. Há, pois, uma presunção *iuris tantum* contra o prestador de serviços de saúde na obrigação de resultado, mas não a objetivação da responsabilidade.

2.2. O TCLE como meio limitador da responsabilidade civil do médico e do hospital[21]

O Termo de Consentimento Livre e Esclarecido (TCLE) tem sua aplicabilidade na pesquisa com seres humanos e junto à relação médico-paciente. No que se refere a esta última aplicação, tem ele se convertido em requisito essencial para legitimar a atuação de um profissional de saúde sobre o paciente.

Segundo a Recomendação 1/2016 do Conselho Federal de Medicina:

O consentimento livre e esclarecido consiste no ato de decisão, concordância e aprovação do paciente ou de seu representante legal, após a necessária informação e explicações, sob a responsabilidade do médico, a respeito dos procedimentos diagnósticos ou terapêuticos que lhe são indicados. (item 4)

Acrescentamos ao disposto na Recomendação, a possibilidade do exercício de dissentimento pelo paciente ou por seu representante legal. O TCLE afigura-se como instrumento de exteriorização da vontade do paciente e exige para validade jurídica, o preenchimento dos requisitos dispostos no artigo 104 do Código Civil.

---

20. TJSP. Apel. C. 1009558-04.2014.8.26.0223. Relatora Des. Hertha Helena de Oliveira. 2ª Câm. D. Priv., 2ª Vara Cível de Guarujá, j. 23/09/2020.
21. Esse título segue a mesma nomenclatura do item 3.1 do capítulo "Termo de Consentimento Livre e Esclarecido e Responsabilidade Civil do Médico e do Hospital", do qual foram extraídas ideias e citações: SÁ, Maria de Fátima Freire de; SOUZA, Iara Antunes de Souza. Termo de Consentimento Livre e Esclarecido e Responsabilidade Civil do Médico e do Hospital. In: ROSENVALD, Nelson; MENEZES, Joyceane Bezerra de; DADALTO, Luciana (Coords.). *Responsabilidade civil e medicina*. Indaiatuba: Foco, 2020, p. 57-76.

A origem do consentimento livre e esclarecido é derivada de fenômenos complementares. Conforme ensinamentos de Carlos María Romeo-Casabona[22], tem-se, de um lado, a necessidade de reconhecimento e consequente tutela dos direitos dos pacientes; e, de outro lado, a transformação da relação médico-paciente [...]. A posição adotada pelo direito é a de que todo procedimento terapêutico deve contar com a concordância do paciente, pois trata-se, em primeiro lugar, de sua vida, de sua saúde, de sua integridade física. Logo, em regra, não seria legítima qualquer intervenção médica sem o consentimento do paciente.[23]

As regulamentações sobre o tema referem-se a "termo" de consentimento livre e esclarecido, o que pode levar à presunção de que sempre haverá documento escrito. No entanto, o consentimento deve ser entendido como um processo fluido, em que deveres reconstroem-se pela necessidade de novas tomadas de decisão, seja no consentimento ou no dissentimento.

Sobre o conteúdo do TCLE, a Recomendação CFM 1/2016 estabelece em seu item 9.1.3. que:

> O termo de consentimento livre e esclarecido deve, obrigatoriamente, conter:
>
> a) Justificativa, objetivos e descrição sucinta, clara e objetiva, em linguagem acessível, do procedimento recomendado ao paciente;
>
> b) Duração e descrição dos possíveis desconfortos no curso do procedimento;
>
> c) Benefícios esperados, riscos, métodos alternativos e eventuais consequências da não realização do procedimento;
>
> d) Cuidados que o paciente deve adotar após o procedimento;
>
> e) Declaração do paciente de que está devidamente informado e esclarecido acerca do procedimento, com sua assinatura;
>
> f) Declaração de que o paciente é livre para não consentir com o procedimento, sem qualquer penalização ou sem prejuízo a seu cuidado;
>
> g) Declaração do médico de que explicou, de forma clara, todo o procedimento;
>
> h) Nome completo do paciente e do médico, assim como, quando couber, de membros de sua equipe, seu endereço e contato telefônico, para que possa ser facilmente localizado pelo paciente;
>
> i) Assinatura ou identificação por impressão datiloscópica do paciente ou de seu representante legal e assinatura do médico;
>
> j) Duas vias, ficando uma com o paciente e outra arquivada no prontuário médico.

Quanto aos requisitos do TCLE, percebe-se que o Conselho Federal de Medicina recomenda sua forma escrita. Entretanto, não há determinação legal para sua forma. Por isso, sua exteriorização pode se realizar por qualquer meio. Nesse caso, o médico deve assegurar-se de que haja instrumento de prova para limitação de sua responsabilidade.

O TCLE pode ser um meio probante da boa prática médica, quando contiver informações sobre as "possibilidades terapêuticas [...], as possíveis consequências positivas

---

22. ROMEO-CASABONA, Carlos María. O consentimento informado na relação entre médico e paciente: aspectos jurídicos. In.: ROMEO-CASABONA, Carlos Maria; QUEIROZ, Juliane Fernandes (Coord.). *Biotecnologia e suas implicações ético-jurídicas*. Belo Horizonte: Del Rey, 2004, p.132.
23. SÁ, Maria de Fátima Freire de; SOUZA, Iara Antunes de Souza. Termo de Consentimento Livre e Esclarecido e Responsabilidade Civil do Médico e do Hospital. In: ROSENVALD, Nelson; MENEZES, Joyceane Bezerra de; DADALTO, Luciana (Coords.). *Responsabilidade civil e medicina*. Indaiatuba: Foco, 2020, p. 61.

e negativas reconhecidas pela literatura médica, a utilização de linguagem acessível ao paciente, anuência livre após devido esclarecimento da prática médica".[24]

Assim, a emissão de um documento escrito que contenha tais elementos, facilita a prova do procedimento de saúde contratado e deixa claro os riscos a ele inerentes, afastando a responsabilidade por falha na informação. É claro que no TCLE não é possível constar cláusula que impossibilite, exonere ou atenue a responsabilidade do profissional de saúde, o que geraria sua invalidade.

Assim, se ausente o TCLE ou se redigido com falhas ou lacunas, alargam-se as possibilidades de responsabilidade civil do profissional de saúde.

Pelo olhar de Diego Gracia, o TCLE não determina o que é necessidade de saúde, pois essa deve ser fixada dialogicamente pelo paciente, como exercício da sua autonomia. Assim,

> O consentimento informado não é o núcleo forte do princípio de autonomia, mas sim uma consequência dele. O que a autonomia apresentou ao mundo da saúde foi um novo modo de tomar decisões, um novo modo, portanto, de definir o que é saúde e o que é doença, um novo critério para definir o que é uma necessidade de saúde. É este o princípio fundamental sobre o qual gira tudo o mais. É por ter esse direito que o usuário pode reclamar do profissional a informação de que necessita e decidir se aceita ou não o tipo de plano que este lhe propõe. Mas não nos equivoquemos, o consentimento informado não é mais que uma consequência de algo muito mais profundo, a aceitação de que o paciente é autônomo para decidir o que seja ou não seja uma necessidade sanitária.[25]

3. RESPONSABILIDADE CIVIL DOS HOSPITAIS E SIMILARES

A palavra hospital ou hospício tem sua origem etimológica no latim *hostes*, lugar em que se acolhiam estrangeiros.

Na Baixa Idade Média, por sua vez, os hospitais assumiram a função de reestabelecer o "paciente" à padronização social. Jean-Noël Fabiani nos conta que, na França:

> Em 1656, um édito ordenou a prisão de todos os mendigos e vadios – homens, mulheres e crianças – e a reclusão no Hospital de Bicêtre. O hospital foi então dividido em duas grandes alas: de um lado, a prisão; do outro, a área reservada aos 'bons pobres', como os vadios que aceitavam a ir para lá sem resistência. Para os outros, já estava tudo preparado, incluindo os engenhosos aparelhos de tortura encarregados de restabelecê-los à norma, com ajuda de algumas sevícias muito bem escolhidas.[26]

A conversão da pessoa "doente" passava pela cura religiosa, motivo pelo qual a Igreja, com frequência, assumia a administração destes locais.

---

24. SÁ, Maria de Fátima Freire de; SOUZA, Iara Antunes de Souza. Termo de Consentimento Livre e Esclarecido e Responsabilidade Civil do Médico e do Hospital. In: ROSENVALD, Nelson; MENEZES, Joyceane Bezerra de; DADALTO, Luciana (Coords.). *Responsabilidade civil e medicina*. Indaiatuba: Foco, 2020, p. 72.
25. GRACIA, Diego. *Pensar a bioética*: metas e desafios. São Paulo: Centro Universitário São Camilo; Loyola, 2010, p. 94-95.
26. FABIANI, Jean-Noël. *A fabulosa história do hospital*: da Idade Média aos dias de hoje. 3. ed. Porto Alegre: L&PM, 2009, p. 37.

Aos poucos, as pessoas não inseridas socialmente foram sendo substituídas pelos enfermos e pelos famintos, a fim de afastar, respectivamente, a propagação de doenças e a criminalidade.

Se antes os hospitais eram considerados "santas casas", marcados pela filantropia, ao longo do tempo, com a evolução da técnica e da tecnologia – que fez surgir equipamentos de alta qualidade e custo –, os hospitais inseriram-se no jogo econômico, buscando retorno aos seus investimentos e lucro.

Ora, se um dos objetivos é auferir bônus, há que se arcar com os ônus. Com isso, a patrimonialização das relações de saúde submete os serviços hospitalares à Teoria do Risco na responsabilidade civil. Isso porque a prestação do serviço de saúde gera riscos e proveitos que são equacionados pela lógica do mercado, em que custos e lucros são valorados.

Para obtenção do lucro, forma-se uma complexa cadeia de prestadores de serviços especializados, com diversas equipes de trabalho e divisões de tarefa, que vão desde serviços de limpeza, hotelaria, esterilização de materiais, manutenção de equipamentos, realização de convênios até a prestação do serviço médico, propriamente dito. A complexidade de estruturas hospitalares demanda a contratação em massa, com perda da individualização e da pessoalidade nas relações com médicos e com pacientes.

Miguel Kfouri Neto[27], amparado em Fernández Hierro, distingue a natureza da responsabilidade civil dos hospitais em: a) atos extramédicos; b) atos paramédicos; e c) atos essencialmente médicos.

   a) Atos extramédicos: são aqueles praticados em virtude da hospitalização e do tratamento, mas sem relação direta com a intervenção na saúde do paciente. "Além dos cuidados comuns, o hospital deve adotar todas as medidas para assegurar a integridade física do doente, no interior de suas dependências – e evitar qualquer acidente que possa acarretar dano ao enfermo."[28]

   b) Atos paramédicos: são praticados por outros profissionais de saúde, que executam ordens do médico. São os atos de saúde praticados por enfermeiros, técnicos em enfermagem, entre outros. Miguel Kfouri Neto[29] exemplifica-os em alimentação parental, administração de medicamentos, aplicação de injeções, curativos, controle de pressão e temperatura.

   c) Atos essencialmente médicos: são aqueles reservados aos profissionais médicos, que implicam no conhecimento e no domínio da profissão.

Por mais especial que se considere a prestação do serviço hospitalar e médico, não há como afastá-lo da incidência do Código de Defesa do Consumidor (CDC), posto que as funções de cada polo da relação contratual se configuram como fornecedor e consumidor. Essa assertiva se mostra importante em razão de o Código de Ética Médica trazer,

---
27. KFOURI NETO, Miguel. *Responsabilidade civil dos hospitais*. 4. ed. São Paulo: Thomson Reuters, 2019, p. 44.
28. KFOURI NETO, Miguel. *Responsabilidade civil dos hospitais*. 4. ed. São Paulo: Thomson Reuters, 2019, p. 44.
29. KFOURI NETO, Miguel. *Responsabilidade civil dos hospitais*. 4. ed. São Paulo: Thomson Reuters, 2019.

no Capítulo I, a disposição: "XX – A natureza personalíssima da atuação profissional do médico não caracteriza relação de consumo."

Ora, uma Resolução autárquica não tem o condão de alterar a natureza jurídica da relação médico-paciente. Por essa razão, doutrina e jurisprudência têm se posicionado pela natureza consumerista tanto da relação do médico com o paciente quanto da relação do hospital com o paciente.

O CDC trouxe dispositivos de reparação civil por atos correspondentes a danos ocasionados por erros profissionais, suportados pelas pessoas jurídicas de direito público ou privado, *in casu*, os estabelecimentos hospitalares e similares.

Assim, diferentemente da responsabilidade pessoal do médico, que como vimos é subjetiva, o *caput* do artigo 14 estabelece que o fornecedor de serviços, aqui representados por hospitais, casas de saúde, clínicas e entidades semelhantes, responde objetivamente pelos danos causados na prestação de seus serviços. A responsabilidade dos hospitais é estabelecida com fulcro na Teoria do Risco.

Em se tratando de vínculo de subordinação entre hospital e médico, o primeiro deve responder pelo dano causado ao paciente, conforme o artigo 932, III, do Código Civil, que determina a responsabilidade do empregador pelos atos de seus empregados e prepostos, que, no exercício do trabalho ou em razão dele, causar dano. E os artigos subsequentes (artigos 933 e 934) determinam que o empregador, no caso o hospital, responderá independentemente de culpa, mas terá ação de regresso contra o médico, desde que provada sua culpa, por exigência do § 4º do artigo 14 do Código de Defesa do Consumidor.

Há discussões, e por isso divergências, quanto à existência de responsabilidade do hospital quando o médico não faz parte do corpo clínico, não mantendo com ele vínculo empregatício. É o caso do profissional que se utiliza das instalações do hospital para atendimento, tratamento e internação de pacientes. Também se discute a responsabilidade do hospital em face do médico que, apesar de não fazer parte do corpo clínico, é convidado pelo estabelecimento de saúde para realizar atendimentos específicos.

Desde 2000, Ruy Rosado de Aguiar Júnior já apontava que:

> é preciso distinguir: se o paciente procurou o hospital e ali foi atendido por integrante do corpo clínico, ainda que não empregado, responde o hospital pelo ato culposo do médico, em solidariedade com este; se o doente procura o médico e este o encaminha à baixa no hospital, o contrato é com o médico, e o hospital não responde pela culpa deste, embora do seu quadro, mas apenas pela má prestação dos serviços hospitalares que lhe são afetos.[30]

Há, também, responsabilidade civil do hospital por colocar à disposição do profissional o material necessário ao procedimento cirúrgico e toda estrutura de que necessite, se o dano se vincular à locação de espaço e material. Nesse caso, ainda que o médico não seja empregado do hospital, a responsabilidade deste derivará não de o simples fato

---

30. AGUIAR JÚNIOR, Ruy Rosado. Responsabilidade civil do médico. In: TEIXEIRA, Sálvio de Figueiredo (Coord.). *Direito e medicina*: aspectos jurídicos da medicina. Belo Horizonte: Del Rey, 2000, p. 153.

do atendimento ser praticado nas suas dependências, mas pelo dever do hospital de fornecer adequadamente os objetos locados.

O hospital responderá pela atuação dos profissionais de seu quadro clínico ou pela falha de equipamento seu.

Miguel Kfouri indica que, "[...] se o dano decorreu exclusivamente do ato médico, sem nenhuma forma de participação do hospital (inexistente vínculo de preposição entre médico e nosocômio), responderá tão só o profissional da medicina."[31]

Em julgado datado de 2019, o STJ corrobora tal entendimento:

> AGRAVO INTERNO NO AGRAVO EM RECURSO ESPECIAL. RESPONSABILIDADE CIVIL. ERRO MÉDICO. FALHA NO ATENDIMENTO. RESPONSABILIDADE DO HOSPITAL CONFIGURADA. AGRAVAMENTO DA SAÚDE DO PACIENTE. NEXO CAUSAL E DEVER DE INDENIZAR DEMONSTRADOS. AGRAVO NÃO PROVIDO.
>
> 1. No tocante à responsabilidade civil de entidades hospitalares e clínicas, esta Corte de Justiça firmou orientação de que: "(i) as obrigações assumidas diretamente pelo complexo hospitalar limitam-se ao fornecimento de recursos materiais e humanos auxiliares adequados à prestação dos serviços médicos e à supervisão do paciente, hipótese em que a responsabilidade objetiva da instituição (por ato próprio) exsurge somente em decorrência de defeito no serviço prestado (artigo 14, caput, do CDC); (ii) os atos técnicos praticados pelos médicos, sem vínculo de emprego ou subordinação com o hospital, são imputados ao profissional pessoalmente, eximindo-se a entidade hospitalar de qualquer responsabilidade (artigo 14, § 4º, do CDC); e (iii) quanto aos atos técnicos praticados de forma defeituosa pelos profissionais da saúde vinculados de alguma forma ao hospital, respondem solidariamente a instituição hospitalar e o profissional responsável, apurada a sua culpa profissional. Nesse caso, o hospital é responsabilizado indiretamente por ato de terceiro, cuja culpa deve ser comprovada pela vítima de modo a fazer emergir o dever de indenizar da instituição, de natureza absoluta (artigos 932 e 933 do Código Civil), sendo cabível ao juiz, demonstrada a hipossuficiência do paciente, determinar a inversão do ônus da prova (artigo 6º, inciso VIII, do CDC)" (REsp 1.145.728/MG, Rel. p/ acórdão Ministro Luis Felipe Salomão, Quarta Turma, julgado em 28.06.2011, DJe de 08.09.2011).
>
> 2. A Corte de origem, analisando o acervo fático-probatório dos autos, concluiu que ficou comprovado que as consequências do acidente vascular cerebral sofrido pelo recorrido foram efetivamente agravadas pelos erros do primeiro atendimento prestado pelo médico, preposto do recorrente, o que gera o dever de indenizar pelos danos morais e materiais.
>
> 3. Nesse contexto, a modificação de tal entendimento lançado no v. acórdão recorrido demandaria o revolvimento de suporte fático-probatório dos autos, o que é inviável em sede de recurso especial, a teor do que dispõe a Súmula 7 deste Pretório.
>
> 4. Agravo interno a que se nega provimento.[32]

Podemos sintetizar que a responsabilidade civil dos hospitais é sempre objetiva e decorre das seguintes situações:

a) Por atos extramédicos e paramédicos;

b) Por atos praticados por médicos que tenham vínculo empregatício com o hospital;

---

31. KFOURI NETO, Miguel. *Responsabilidade civil dos hospitais*. 4. ed. São Paulo: Thomson Reuters, 2019, p. 135.
32. BRASIL. Superior Tribunal de Justiça. AgInt no AREsp 1532855/SP, Rel. Min. Raul Araújo, 4ª T., j. 21/11/2019, DJe 19/12/2019.

c) Por atos praticados por médicos que, mesmo sem vinculação com o hospital, utilizam-se de medicamentos e equipamentos ou se servem de auxiliares do estabelecimento hospitalar e o dano ao paciente advenha destes;

d) Por atos praticados por médicos que, embora sem vínculo empregatício, tenham a aparência de vinculação ao hospital. Para essa responsabilização, é importante a verificação do contexto objetivo da prestação do serviço, em atendimento à boa-fé contratual. É o caso do profissional que possua consultório nas dependências do hospital ou que seja escalado como plantonista, ainda que em atendimento esporádico. Essas situações devem ser vistas em seu conjunto para configuração da responsabilidade hospitalar.

Capítulo 16
BIOÉTICA ANIMAL E PROTEÇÃO JURÍDICA

> De qualquer maneira que se interprete, qualquer consequência prática, técnica, científica, jurídica, ética ou política que se tire, ninguém hoje em dia pode negar esse evento, ou seja, as proporções *sem precedentes* desse assujeitamento do animal. Esse assujeitamento cuja história tratamos de interpretar, podemos chamá-lo violência, mesmo que seja no sentido mais neutro do ponto de vista moral desse termo e mesmo quando a violência intervencionista se pratica, em certos casos, bastante minoritários e nada dominantes, não esqueçamos jamais, a serviço ou para a proteção do animal, mas mais frequentemente do animal humano.[1]

1. INTRODUÇÃO

A Bioética e o Direito vivem um momento paradoxal entre a mudança e a continuidade. Entre a consideração do ser humano e a consideração do outro, que não é humano. Acostumados com a tradição e a formalidade do passado, não é infrequente que se tenha dificuldades para aceitar diferentes percepções sociais.

Nesta trilha de resistência, parece que o Direito brasileiro tem descoberto a aporia da situação jurídica dos animais. Vozes bradam há anos por transformações, mas recorrentemente ecoavam no vazio de tradicionalismos universitários e judiciais.

O movimento de defesa dos animais, impulsionado a partir da década de 1970, fez repercussão lenta no Direito, mas impossível de passar despercebida. Uma série de legislações tem sido alterada no mundo a fim de restringir a experimentação com animais, as condições estressantes dos criadouros e o sofrimento desnecessário em eventos culturais e ambientes de lazer.

Na Alemanha, em 1990, o BGB (Código Civil) introduziu o § 90a, que estabeleceu: "Animais não são coisas. Eles são protegidos por leis especiais. As disposições aplicáveis a coisas são-lhes aplicáveis por analogia, desde que não haja disposição contrária." A então novidade da alteração reverberou em outros ordenamentos como início de um despertar no Direito.

A Diretiva 63 da União Europeia, publicada em 2010, é um marco para a eliminação gradativa da experimentação com animais. Ela expressa o bem-estar animal como um valor da União Europeia e impõe a adoção de métodos que poupem os animais não humanos de sofrimento e angústia e que primem pela utilização do menor número possível desses animais.

---

1. DERRIDA, Jacques. *O animal que logo sou.* 2. ed. Tradução de Fábio Landa. São Paulo: Unesp, 2011, p. 51-52.

Em janeiro de 2015, a Assembleia Nacional da França alterou o Código Civil francês, de 1804, reconhecendo os animais como "seres vivos dotados de sensibilidade", em vez de considerá-los apenas como bens móveis, como antes.

No Brasil, o Projeto de Lei do Senado 351/2015 pretende modificar o Código Civil para estabelecer que os animais não são coisas. Em tramitação na Câmara sob o n. 3.670/2015, o Projeto ainda está para ser votado em plenário e segue a tendência ocidental de "discutir a natureza jurídica dos animais [...], visando descaracterizá-los como coisa, sem, no entanto, atribuir-lhes personalidade [...]"[2].

Todas essas mudanças expõem a alteração da percepção social acerca dos animais, mas é claro que sempre esbarram na questão da desigualdade e da má condição de vida do ser humano. Defender os animais não pode ser negligenciar o ser humano, ao contrário, é a reafirmação do ser humano e de sua capacidade de lidar com o *alter* diferente. Com base na epígrafe desse capítulo e, para apresentar essa proximidade entre ser humano e "animal", nada melhor que a argúcia de Derrida traduzida num simples questionamento: "Que animal? O outro."[3]

2. DA SENCIÊNCIA ANIMAL

Senciência é a qualidade daquele que sente. Por essa expressão, pretende-se qualificar os animais a partir dos sentimentos de prazer e de dor que podem expressar.

A condição de um ser senciente já justifica uma ação que evite a dor desnecessária.

E como saber se os animais sentem dor?

Como não podemos sentir a dor pelo outro, o sentimento de dor é demonstrado tanto neurologicamente como comportamentalmente. Como Singer[4] aponta, sabemos que alguém está sentindo dor porque ele dá manifestações desse sentimento. Contrações musculares, lágrimas, sudorese, reações da pupila demonstram o incômodo e mesmo a insuportabilidade do sentimento.

De forma semelhante, podemos ver que os animais manifestam pelo comportamento a dor que sentem, com gemidos, contrações musculares e perda da consciência. Por meio de imagens de tomografia e de ressonância magnética funcional também temos indicativos do sentimento de dor, a partir das partes que são ativadas quando há sensações desagradáveis.

Diversas normas pelo mundo dispensam especial proteção aos animais sencientes na sua utilização em experiências e demonstrações científicas e didáticas. Destaca-se a Diretiva 63, de 2010, da União Europeia que inclui, de forma expressa nesse rol, os cefalópodes, como o polvo, a lula, a sépia e o náutilo. No considerando n. 8, a Diretiva expressa:

---

2. ARAÚJO, Ana Thereza Meirelles. *A proteção ao ser humano no direito brasileiro*: embrião, nascituro e pessoa e a condição de sujeito de direito. Rio de Janeiro: Lumen Juris, 2016, p. 180.
3. DERRIDA, Jacques. *O animal que logo sou*. 2. ed. Tradução de Fábio Landa. São Paulo: Unesp, 2011, p. 15.
4. SINGER, Peter. *Ética prática*. 3. ed. São Paulo: Martin Fontes, 2002.

Para além dos animais vertebrados, incluindo os ciclóstomos, deverão ser igualmente incluídos no âmbito de aplicação da presente directiva os cefalópodes, pois a sua capacidade para sentir dor, sofrimento, angústia e dano duradouro está cientificamente demonstrada.

3. DA SENCIÊNCIA À CONSCIÊNCIA: A DECLARAÇÃO DE CAMBRIDGE SOBRE A CONSCIÊNCIA

Em 7 de julho de 2012, em Cambridge, no Reino Unido, durante a *Francis Crick Memorial Conference on Consciousness in Human and non-Human Animals*, foi proclamada uma declaração a respeito da consciência dos animais.

O texto foi assinado pelos participantes da conferência – neurocientistas, neurofarmacologistas, neurofisiologistas, neuroanatomistas e neurocientistas computacionais cognitivos – na presença do físico Stephen Hawking.

O objetivo da Conferência foi avaliar substratos neurobiológicos que conduzem à consciência em seres humanos e animais não humanos.

Reconheceu-se a rápida evolução das pesquisas sobre consciência e a presença, em animais não humanos, de circuitos cerebrais homólogos que se relacionam à experiência e à percepção consciente.

Como resultado, a *The Cambridge Declaration on Consciousness* compilou resumidamente alguns importantes dados, como a percepção de comportamentos emocionais em animais não humanos, inclusive sistemas associados à afetividade.

Em relação às aves, a Declaração cita a existência de evidências de níveis de consciência muito próximos aos de seres humanos em papagaios-cinzentos africanos. Atestou-se, ainda, que certas espécies de pássaros têm padrões neurais de sono semelhantes aos dos mamíferos, incluindo o sono REM. E já se tem a comprovação de uma espécie de pássaro que se reconhece no espelho.

O neocórtex é uma estrutura cerebral presente apenas nos mamíferos e que tradicionalmente fundamentou a consciência nos seres humanos e em alguns primatas. Trata-se da estrutura que se imagina ter se formado por último no processo evolutivo e que envolve as atividades motoras e funções sensoriais.

No entanto, a Declaração reconhece que mesmo animais sem neocórtex desenvolveram estruturas que também lhes permitiu consciência.

Por tudo isso, ao final do texto, os cientistas declararam expressamente:

> A ausência de um neocórtex não parece afastar um organismo de experiências relacionadas a estados afetivos. Evidências convergentes indicam que animais não humanos têm os substratos neuroanatômicos, neuroquímicos e neurofisiológicos de estados de consciência juntamente como a capacidade de exibir comportamentos intencionais. Consequentemente, o peso das evidências indica que os humanos não são os únicos que possuem os substratos neurológicos que geram a consciência. Animais não humanos, incluindo todos os mamíferos e as aves, e muitas outras criaturas, incluindo polvos, também possuem esses substratos neurológicos. (tradução nossa)

Assim, além da senciência, há comprovação científica que algumas espécies animais possuem consciência a ponto de se poder dizer que atuam com intenção, visando fins específicos e planejando o futuro, ainda que de forma rudimentar em alguns casos. Não se trata apenas de condicionamento ou de instinto, agem volitivamente.

4. BIOÉTICA ANIMAL

4.1 O utilitarismo de Jeremy Bentham

Jeremy Bentham nasceu na Inglaterra em meados do século XVIII. Sob a influência dos ideais iluministas e jusnaturalistas, atuou como filósofo, economista e jurista. Filiou-se à corrente filosófica tradicionalmente denominada de utilitarismo. Bentham defendeu que a norma, moral e jurídica, deve ser analisada sob a perspectiva de sua utilidade, isto é, dos efeitos concretos que ela produz na sociedade.

Em sua obra *An Introduction to the Principles of Morals and Legislation*, Bentham explica que seu trabalho tem fundamento no princípio da utilidade, isto é, por ele se faz uma avaliação moral das condutas ou, segundo as suas palavras "se aprova ou desaprova qualquer ação, segundo a tendência que tem em fazer aumentar ou reduzir – isto é, para promover ou impedir – a felicidade da pessoa ou do grupo cujo interesse está em questão."[5]

A avaliação da utilidade, segundo sua proposta, seria feita a partir das sensações de dor e prazer. Assim, seria bom tudo aquilo que trouxesse prazer e mau, o que causasse dor. É útil aquilo que traz prazer, gerando, pois, felicidade.

No entanto, o que nos interessa, nesse momento, no pensamento de Jeremy Bentham, é sua preocupação em erguer uma ética utilitarista que não se volte apenas para si mesmo. A Ética, em seu pensamento, é a arte de dirigir as ações para que produzam a maior quantidade possível de felicidade para todos os envolvidos. Assim, implica em ações positivas e negativas, para si mesmo e para os outros.[6]

Agir eticamente é submeter-se a deveres morais para consigo mesmo e para com os outros, maximizando a felicidade dos envolvidos. Cumprir com as obrigações em relação a si mesmo é agir com prudência e executar as obrigações em relação ao próximo, é comportar-se com beneficência.[7]

Perceba, o leitor, que a doutrina de Bentham é uma das fontes que a principiologia da Bioética se baseou. A beneficência, em Bentham, é aquilo que promove o bem, cumprindo eticamente com as obrigações existentes e conduzindo à felicidade. Não se deve obstacularizar que a felicidade chegue aos outros, nem agir de forma a causar-lhes dor. Neste ponto, é importante a observação de Bentham para o nosso tema. Há duas categorias de seres que estão sob o domínio do homem, mas

---

5. BENTHAM, Jeremy. *An introduction to the principles of morals and legislation*. 2010, p. 7. Disponível em: <http://www.earlymoderntexts.com/authors/bentham>. Acesso em 19 nov. 2017.
6. BENTHAM, Jeremy. *An introduction to the principles of morals and legislation*. 2010. Disponível em: <http://www.earlymoderntexts.com/authors/bentham>. Acesso em 19 nov. 2017.
7. BENTHAM, Jeremy. *An introduction to the principles of morals and legislation*. 2010. Disponível em: <http://www.earlymoderntexts.com/authors/bentham>. Acesso em 19 nov. 2017.

que também são suscetíveis de felicidade, pois sentem prazer e dor: a) outros seres humanos; b) outros animais.[8]

A respeito dos animais, Bentham abre uma nota em que explica que a questão não está simplesmente no fato de matarmos animais, que poderia ser justificado pela utilidade; mas qual a justificativa para atormentá-los?

Transcrevemos, em tradução livre, a resposta de Bentham:

> Nenhuma que eu possa ver. Há quaisquer razões pelas quais não devem ser autorizados a atormentá-los? Sim, muitas. Chame "escravos" e dê-lhes o status jurídico que os animais inferiores têm na Inglaterra, por exemplo – houve um tempo em que isso era a situação da maioria da espécie humana e, lamento dizer, que em muitos lugares ainda é assim. Pode vir o dia em que a parte não-humana da criação animal adquirirá direitos de que nunca poderia ter sido excluída, exceto pela mão da tirania. Os franceses já descobriram que a negrura da pele não é razão para que um ser humano seja abandonado, sem recurso, aos caprichos de um algoz. Talvez, algum dia, se reconheça que o número de pernas, a pele peluda ou a presença de uma cauda, são razões igualmente insuficientes para abandonar ao mesmo destino uma criatura que pode sentir? O que mais poderia ser usado para desenhar a linha divisória? É a faculdade da razão ou a posse da linguagem? Mas um cavalo ou um cão adulto é incomparavelmente mais racional e sociável do que uma criança de um dia, ou uma semana, ou até mesmo um mês de idade. Mesmo que assim não fosse, que diferença isso faria? A questão não é "eles podem raciocinar?" ou "eles podem falar?" mas "eles podem sofrer?".[9]

Bentham considera justificável a proteção especial dos animais pela necessidade de se proteger os interesses daquele que também almeja a felicidade em razão da senciência. Já no século XVIII, o filósofo erguia um princípio aplicável a animais humanos e a animais não humanos, levando em consideração os interesses próprios desses seres e suas sensações próprias de prazer e dor.

4.2 O princípio da igual consideração de interesses, de Peter Singer

No capítulo 2 do livro *Ética Prática*, o filósofo australiano Peter Singer erige um princípio moral básico para defesa de todos os seres humanos: o princípio da igual consideração de interesses.

Minorias raciais e pessoas com deficiência foram submetidos a todo tipo de preconceito, segregação e mesmo eliminação. Para Singer, é possível que a demora no tratamento igual a esses indivíduos tenha fundamento na confusão entre igualdade factual e igualdade moral.

As pessoas com deficiência, por exemplo, são diferentes factualmente e, também por isso, têm necessidades diferenciadas, que, por vezes, serão mais dispendiosas. A igual consideração de interesses – em virtude da igualdade moral que essas pessoas possuem – vai atribuir maior peso às suas necessidades específicas em relação às necessidades de outros, que são menores ou menos essenciais na sua realização individual.

---

8. BENTHAM, Jeremy. *An introduction to the principles of morals and legislation*. 2010. Disponível em: <http://www.earlymoderntexts.com/authors/bentham>. Acesso em 19 nov. 2017.
9. BENTHAM, Jeremy. *An introduction to the principles of morals and legislation*. 2010, p. 143-144. Disponível em: <http://www.earlymoderntexts.com/authors/bentham>. Acesso em 19 nov. 2017.

No capítulo 3 da mesma obra, Singer estende a aplicação desse princípio a outros seres além dos seres humanos. A base moral para consideração dos animais não humanos deve ser a mesma: levar igualmente em consideração os interesses desses animais.

A proposta pode parecer absurda e o próprio Singer a coloca à prova, questionando: "Como é possível que alguém perca o seu tempo tratando da igualdade dos animais, quando a verdadeira igualdade é negada a tantos seres humanos?"[10]

Ora, a situação dos animais não é algo que pode aguardar o desenvolvimento da humanidade e a eficácia de todos os direitos atinentes aos seres humanos. Esse mesmo argumento foi utilizado para tentar impedir o avanço de alguns direitos sociais. Dizia-se: como lutar pelo direito a férias se nem a alimentação é garantida? Se fôssemos ouvir esse argumento, nenhum direito de segunda ou terceira dimensão teria sido obtido.

Singer afirma que a utilização de tal argumento obscurece o preconceito de quem não admite levar a sério os interesses dos animais. As diferenças existentes entre indivíduos, de mesma espécie ou não, não podem justificar que os seus interesses devem ser levados em conta:

> [...] a nossa preocupação com os outros não deve depender de como são, ou das aptidões que possuem (muito embora o que esta preocupação exige precisamente que façamos possa variar conforme as características dos que são afetados por nossas ações). É com base nisso que podemos afirmar que o fato de algumas pessoas não serem membros de nossa raça não nos dá o direito de explorá-las e, da mesma forma, que o fato de algumas pessoas serem menos inteligentes que outras não significa que os seus interesses possam ser colocados em segundo plano. O princípio, contudo, também implica o fato de que os seres não pertencerem à nossa espécie não nos dá o direito de explorá-los, nem significa que, por serem os outros animais menos inteligentes do que nós, possamos deixar de levar em conta os seus interesses.[11]

Singer se vale da senciência animal para defender a igualdade entre seres humanos e as demais espécies. Se há capacidade de sofrer, de sentir dor, não haverá possibilidade de exploração. Nesse sentido, a dor de um animal não humano não pode ser considerada menos importante que aquela experimentada pelos seres humanos.

Àqueles que entendem de maneira diversa, na defesa de que a fronteira moral coincide com a da espécie, Singer chama de *especistas*. Segundo ele, os seres humanos que conferem maior peso aos membros de sua própria espécie quando se está diante de um conflito de interesses com outras espécies são *especistas*. Segundo o autor, não há justificativa moral para reputar maior a dor e o prazer sentidos pelos seres humanos que as experiências vivenciadas pelos animais.

4.3 Os 3Rs na experimentação com animais

Em 1959, William Russell e Rex Burch publicaram o livro *The Principles of Humane Experimental Technique*, no qual estabeleceram o princípio dos três "Rs" – *replacement*,

---
10. SINGER, Peter. *Ética prática*. 3. ed. São Paulo: Martin Fontes, 2002, p. 65.
11. SINGER, Peter. *Ética prática*. 3. ed. São Paulo: Martin Fontes, 2002, p. 66.

reduction e *refinement* –, traduzidos, respectivamente, como substituição, redução e refinamento.[12]

O princípio de *replacement* refere-se a métodos que evitam ou substituem o uso de animais em experimentos que os animais seriam utilizados. Esse princípio abrange as substituições absolutas e substituições relativas. As primeiras são aquelas que retiram qualquer uso de animal na experimentação, colocando em seu lugar, por exemplo, a cultura de tecidos ou modelos computacionais. Já as substituições relativas é a opção de substituir alguns animais mais sensíveis por animais de outras espécies. Como a substituição de primatas por camundongos ou de camundongos por invertebrados que, potencialmente, tenham menor reação à dor.

O princípio de *reduction* consiste na adoção de estratégias que resultem na utilização de menor quantidade de animais em experimentações. Essas limitações podem ser realizadas pela determinação de um número seguro de animais e, se a experimentação não for invasiva, até o seu reaproveitamento. A filmagem de certos procedimentos para instrução é uma das alternativas que promove a redução.

E, por fim, o princípio de *refinement* implica no aprimoramento no trato com os animais, especialmente quanto à criação ou ao modo de operação de certos procedimentos, para lhes minimizar ou evitar a dor.

Como explicam Samylla Mól e Renato Venancio, "trata-se da substituição tecnológica, quando possível, das experiências feitas com seres vivos; assim como redução, ao máximo, do sofrimento ou número de animais submetidos a experimentos".[13]

A ideia primária é prezar pela substituição absoluta do uso de animais. Se esta não for possível, deve-se, simultaneamente, buscar a redução do número de animais envolvidos bem como o refinamento das experiências, de forma a lhes reduzir o desconforto.

5. ANIMAIS NÃO HUMANOS: SUJEITOS DE DIREITOS?

Nesse tópico, analisaremos se os animais possuem personalidade jurídica ou se podem ser considerados como sujeitos de direitos e se essas considerações de personalidade e subjetividade, dentro do contexto jurídico, são fundamentais para a sua efetiva proteção.

Antes de adentrar nesse ponto, entretanto, é fundamental entendermos o que é personalidade, em sentido jurídico.

O vocábulo *personalidade* assume diversos sentidos, sendo um dos mais comuns aquele que se liga à individualidade do ser, isto é, como os elementos ou qualidades de um ser que os distingue de outros indivíduos. Nesse sentido, há diversos estudos que comprovam que um animal específico assume caracteres ao longo da sua vida que de-

---

12. RUSSELL, W.M.S.; BURCH, R.L. *The Principles of Humane Experimental Technique*. 1959. Disponível em: <http://altweb.jhsph.edu/pubs/books/humane_exp/het-toc>. Acesso em: 19 nov. 2017.
13. MÓL, Samylla; VENANCIO, Renato. *A proteção jurídica dos animais*: uma breve história. Rio de Janeiro: Editora FGV, 2014, p. 109.

terminam comportamentos e reações e os distingue de outros animais, mesmo dentro da sua própria espécie.

Nesse sentido, a personalidade animal é semelhante à humana, pois o caracteriza como ser único. Quem convive com animais dentro da sua casa sabe exatamente que as *personalidades* não são iguais. As reações são completamente diferentes e mesmo a forma de se comportar. A senciência, por exemplo de cães e gatos, é perceptível por quem convive de perto e, consequentemente, a personalidade como qualidade comportamental e psíquica daqueles seres também se evidenciam nas particularidades de cada um.

No entanto, não será esta a personalidade que se pretende abordar. A personalidade jurídica é distinta dessa personalidade psíquico-comportamental. Para o Direito, a personalidade é um atributo genérico, que ele concede a determinados entes, para que estes possam titularizar situações jurídicas próprias. Ou, dito de outra forma, é uma atribuição do Direito para que o ente possa ser sujeito, sobretudo de direitos e deveres, de forma ampla. É a personalidade jurídica que faz que com o ente seja chamado, pelo Direito, de pessoa.

Dois dados devem ser destacados do parágrafo acima. O primeiro é que há uma correspondência entre a pessoa em sentido jurídico e aquele que pode, amplamente, ser sujeito de direito.[14] O segundo dado importante é que a personalidade jurídica não é um atributo inerente, mas uma concessão do Direito. Nesse sentido é que, historicamente, nem todos os seres humanos eram considerados pessoas. E, ainda hoje, diferentes Estados concedem personalidade de forma diferente, a depender do Direito que possuem. Esse é o caso da concessão de personalidade a entes não humanos, como as pessoas jurídicas.

Não há, pois, uma personalidade natural para o Direito. Ela é concedida. No Direito Privado brasileiro, por exemplo, até 2012 não poderia uma única pessoa natural constituir uma pessoa jurídica. Com a entrada em vigor da Lei 12.441/2011, a personalidade jurídica também foi concedida a empresas individuais (EIRELI), que se constituíssem na forma da lei.[15]

Ora, se a personalidade jurídica é uma concessão do Direito a determinados entes, por que então os animais não podem receber essa atribuição?

Eles podem receber essa atribuição do Direito. Basta que alguma fonte do ordenamento jurídico – normalmente a lei, mas pode ser qualquer outra fonte que naquele país tenha validade e força cogente – outorgue essa condição ao animal. Não basta, todavia,

---

14. É de se advertir, no entanto, que a identidade se dá apenas entre pessoa e aquele que pode ser sujeito *de forma ampla*. Ou seja, é possível ser sujeito, juridicamente, sem ser pessoa, como é o caso dos entes despersonalizados, que não apresentam uma potencialidade ampla de titularização. Mas toda pessoa é sujeito, por ter uma potencialidade ampla de titularização de situações subjetivas. Já defendemos isso em outros escritos, como no cap. 3 da presente obra e no livro "O direito pela perspectiva da autonomia privada". Por todos, Ana Thereza Meirelles Araújo explica que "ser sujeito de direitos é estar na posição de titular de direitos, também de deveres ou envolvido numa situação jurídica, independentemente de ter adquirido personalidade e gozar do *status* de pessoa." (ARAÚJO, Ana Thereza Meirelles. *A proteção ao ser humano no direito brasileiro*: embrião, nascituro e pessoa e a condição de sujeito de direito. Rio de Janeiro: Lumen Juris, 2016, p. 190).
15. Em 20 de setembro de 2019, foi promulgada a Lei 13.874, que instituiu a Declaração de Direitos de Liberdade Econômica e criou a figura da sociedade unipessoal, submetida ao modelo de sociedade limitada, com o acréscimo de dois parágrafos ao art. 1.052 do Código Civil.

deixar de considerar o animal como coisa. É necessário que o ordenamento jurídico do Estado conceda esse *status* de pessoa a ele. De forma semelhante, pode o ordenamento não lhes conceder a titularização genérica que a personalidade jurídica possibilita, mas pode imputar-lhes situações jurídicas específicas, permitindo que atuem como entes despersonalizados e, portanto, sujeitos de direitos. Mas haveria alguma vantagem nisso? A proteção seria mais efetiva?

O Direito ocidental sempre viveu uma dicotomia empobrecedora da realidade: sujeito de direito e objeto jurídico. Provavelmente, essa é a razão porque muitos pregam hoje, que os animais devem ser considerados como sujeitos de direitos, para assim negar a outra possibilidade – a condição de objeto de direito.

Essa condição de *objeto de direito* sempre esteve atrelada ao direito de propriedade, assegurando-se ao proprietário as faculdades de usar, fruir, dispor e reaver a coisa. Quando codificada, no final do século XIX, a situação de proprietário dava a ele poderes muito grandes, até de destruir o próprio da propriedade. Assim, é incômoda a relação jurídica que se poderia imaginar com a presença do animal, posto que ele ocuparia, naquele momento histórico, a posição de objeto e o homem, a posição de sujeito jurídico, exercendo sobre o animal aquelas faculdades.

Não há como deixar de se comparar os vários exemplos históricos de coisificação do ser humano quando alguns se tornaram senhores e muitos se tornaram escravos. Esta experiência deixou marcas profundas, dentre elas a consideração de que categorizar algo como *objeto do direito* implica em diminuir ou negar a sua relevância.

Nas últimas décadas temos visto um movimento de valorização dos objetos de direito, primeiro com os direitos da personalidade, depois, com a função social que se exige na utilização dos objetos e, para culminar, na valorização do objeto como bem comum do povo, que o Estado deve tutelar, mas que ele não titulariza como proprietário.

> A categoria dos direitos da personalidade quebra um tabu e reconstrói o modelo dos elementos da relação jurídica, na medida em que os atributos e as projeções da pessoa tornam-se objetos de direito. Por essa técnica os sujeitos jurídicos [seres humanos] titularizam direitos sobre si mesmos, tanto no que diz respeito à integridade física como a integridade psíquica e moral. Este foi um marco importantíssimo para a ressignificação dos objetos do direito. Atenua-se a separação entre sujeito e objeto, admitindo-se objetos de direito com conteúdo patrimonial, sem conteúdo patrimonial e, ainda, objetos de direito híbridos. A existência dos direitos da personalidade já revela que a categoria do objeto do direito não é algo menor. Na verdade, objeto do direito deve ser entendido como a razão de ser das situações jurídicas – relacionais ou uniposicionais – e não como simples alvo da dominação humana.
>
> Antes mesmo do reconhecimento de direitos da personalidade, o próprio comportamento humano sempre foi passível de tornar-se objeto de direito (obrigacionais ou de crédito). Comportamentos humanos sempre foram objetos de direito e nunca se viu indignidade. O "sujeito passivo" sempre disponibilizou seu tempo, seu trabalho, sua força física, sua criatividade para satisfazer o interesse do "sujeito ativo". A indignidade só surge quando o sujeito jurídico excede os limites do próprio direito subjetivo.[16]

---

16. LIMA, Taisa Maria Macena de; SÁ, Maria de Fátima Freire de. A ressignificação de objeto de direito e a proteção dos animais. In: BRANDÃO, Cláudio; BARROS, Flaviane; TEODORO, Maria Cecília Máximo (Orgs.). *Democracia, autonomia privada e regulação*: estudos em homenagem ao professor César Fiuza. Belo Horizonte: D'Plácido, 2018, v. 1, p. 157-158.

O Direito tem abandonado, não sem resistência, a dicotomia simplista sujeito-objeto, para reconhecer que algum aspecto do sujeito pode atuar como objeto e que há objetos que merecem especial proteção, inclusive fora dos limites da propriedade privada.

Além da ressignificação do conceito de objeto do direito[17], nunca é demais lembrar que o exercício dos direitos é limitado pela própria função social e econômica do direito, pela boa-fé e pelos bons costumes (art. 187 do CC/2002).

A consideração constitucional (art. 225 da CF) do meio ambiente como bem público de uso comum do povo é uma dessas ressignificações por que o Direito tem passado. O Estado atua como guardião de um bem comum e não como proprietário.

Leis e decisões judiciais que garantem a integridade física e psíquica dos animais, proibições de práticas cruéis e dolorosas mostram-se na mesma linha.

No entanto, até o momento, o Direito brasileiro não concedeu aos animais a possibilidade de atuarem como sujeitos de direito. Não os dota de personalidade jurídica.

Em verdade, se bem empregados os instrumentos jurídicos que temos, não é necessário atribuir subjetividade ou personalidade jurídica aos animais. Aliás, conceder-lhes esses atributos não mudaria, por si só, sua condição, posto que o Direito poderia, ainda assim, autorizar sua exploração ou extinção, de forma semelhante ao que se faz com a pessoa jurídica. Hoje, a pessoa jurídica – apesar de ter personalidade própria, que não se confunde com a personalidade de seus sócios ou administradores – existe em função das pessoas naturais (seres humanos). Assim, dotar os animais de personalidade e permitir-lhes a titularidade de direitos não seria garantia de melhoria de sua condição.

O que se tem, hoje, no ordenamento jurídico brasileiro, é uma situação de dever jurídico dos seres humanos em relação aos animais. O objeto de proteção deste dever é o próprio animal.

Há norma constitucional específica que impõe deveres gerais de proteção aos animais e de responsabilidades específicas do Poder Público e da coletividade, no art. 225, § 1º, inciso VII: "Proteger a fauna e a flora, vedadas na forma da lei as práticas que coloquem em risco sua função ecológica, provoquem a extinção de espécies ou submetam os animais à crueldade".

Afora isso, ainda é de se destacar, que a categorização de *animal* é muito ampla. Há animais não humanos que chegam a ser nocivos ao homem, como agentes patogênicos e

---

17. Taisa Maria Macena de Lima e Maria de Fátima Freire de Sá, no capítulo *A ressignificação de objeto de direito e a proteção dos animais*, defendem que os animais são, no Direito brasileiro, objeto de direito, mas com uma ressignificação que lhes reconheça especial proteção e, em alguns casos, a senciência própria de cada espécie. "O fenômeno jurídico não é um dado, mas um construído e, ao construir a ordem jurídica, os partícipes da sociedade humana podem criar deveres para si mesmos em relação aos animais. Parafraseando a epígrafe, tornou-se um clichê dizer que não devemos tratar os animais como coisas. *Mas o que fizemos com os objetos de direito para devotar-lhes tal desprezo?* Nesse momento da História, onde a releitura dos institutos e categorias é premente para atender as demandas do mundo contemporâneo, é hora de se repensar a categoria dos objetos do direito, rever o seu significado e a sua relevância. Já se falou em despatrimonialização e repersonificação no Direito Civil. Agora, é chegado o tempo de se falar na ressignificação dos objetos do direito." LIMA, Taisa Maria Macena de; SÁ, Maria de Fátima Freire de. A ressignificação de objeto de direito e a proteção dos animais. In: BRANDÃO, Cláudio; BARROS, Flaviane; TEODORO, Maria Cecília Máximo (Orgs.). *Democracia, autonomia privada e regulação*: estudos em homenagem ao professor César Fiuza. Belo Horizonte: D'Plácido, 2018, v. 1, p. 159.

transmissores de doenças. Quando se fala na subjetividade ou da personalidade jurídica dos animais para efeito de dar-lhes proteção, se deve lembrar que nesse quadro estão incluídos o mosquito *Aedes aegypti*, que transmite a dengue, o barbeiro, que hospeda o protozoário *Trypanosoma cruzi* e provoca a doença de chagas, ou o *Ascaris lumbricoides*, vulgarmente conhecido como lombriga.

Não podemos criar mecanismos de proteção que desconsiderem as diferenças entre as espécies animais. Afinal, se situações há em que um animal necessita ser protegido do ser humano, outras situações existem nas quais o ser humano necessita proteger-se do animal, especialmente aqueles que causam doenças ou são parasitas.

Da mesma forma que não há como cuidar de um cão sem ministrar-lhe vermífugos e carrapaticidas, que matarão animais que o parasitam, não há como cuidar do ser humano sem considerar as diferenças entre os animais. A senciência é um desses critérios que pretende fazer a distinção. Já é um começo, mas parece ainda ser insuficiente diante das diversas especificidades existentes.

6. EXPERIMENTAÇÃO COM ANIMAIS[18]

6.1 Experimentação animal no Brasil

No Brasil, a regulamentação legislativa sobre o assunto se dá pela Lei 11.794/2008, também conhecida como Lei Arouca.[19]

A Lei Arouca – assim chamada por ter sido proposta em 1995 pelo então deputado e médico sanitarista Sérgio Arouca – estabelece procedimentos para o uso científico de animais e é dividida em seis capítulos, cujos principais aspectos são:

a) Apenas os estabelecimentos de ensino superior e os de educação profissional técnica de nível médio na área de biomedicina podem utilizar animais em atividades educacionais;

b) São consideradas atividades de pesquisas científicas aquelas "relacionadas com ciência básica, ciência aplicada, desenvolvimento tecnológico, produção e controle da qualidade de drogas, medicamentos, alimentos, imunobiológicos, instrumentos, ou quaisquer outros testados em animais" (§2º, art. 1º);

c) A Lei é aplicada aos animais das espécies classificadas como filo *Chordata*, subfilo *Vertebrata*;

d) Define como experimentos os procedimentos efetuados em animais vivos, visando à elucidação de fenômenos fisiológicos ou patológicos, mediante técnicas

---

18. Parte das ideias expostas nesse tópico foi inicialmente desenvolvida em conjunto com Marina dos Santos Souza, no capítulo 9, "Experimentação com Animais: um estudo comparativo entre a Lei 11.794 de 2008 (Lei Arouca) e a Diretiva 2010/63 da União Europeia", da obra *Construindo Relações Jurídicas entre o Público e o Privado*, de organização de Eduardo Goulart Pimenta e outros.
19. Antes dela vigia a Lei 6.638/1979, que continha normas para a prática didático-científica de vivissecção de animais. Algumas condições mínimas de cuidado com os animais foram ali estabelecidas: exigência de anestesia e também de registro em órgão competente e de supervisão técnica especializada. No entanto, a referida Lei não chegou a ser regulamentada.

específicas e preestabelecidas; e como morte por meios humanitários a morte de um animal em condições que envolvam o mínimo de sofrimento físico ou mental.

e) Cria o Conselho Nacional de Controle de Experimentação Animal – CONCEA com competência para, dentre outras questões: formular e zelar pelo cumprimento das normas relativas à utilização humanitária de animais com finalidade de ensino e pesquisa científica; credenciar instituições para criação ou utilização de animais em ensino e pesquisa científica; monitorar e avaliar a introdução de técnicas alternativas que substituam a utilização de animais em ensino e pesquisa; estabelecer e rever, periodicamente, as normas para uso e cuidados com animais para ensino e pesquisa, em consonância com as convenções internacionais das quais o Brasil seja signatário. (I, II, III e IV, art. 5º).

f) O capítulo IV, que trata das condições de criação e uso de animais para ensino e pesquisa dedica preocupação com a minoração da dor sentida pelos animais ao determinar, no art. 14, que "o animal só poderá ser submetido às intervenções recomendadas nos protocolos dos experimentos que constituem a pesquisa ou programa de aprendizado quando, antes, durante e após o experimento, receber cuidados especiais, conforme estabelecido pelo CONCEA".

g) Ainda sobre a preocupação com a dor, o §1º do art. 14 regulamenta a eutanásia, em caso de intenso sofrimento; o §3º incentiva a transmissão do conhecimento pelas fotografias, filmagens ou gravações de práticas, a fim de evitar repetições desnecessárias de procedimentos didáticos com animais; o §4º estabelece que o número de animais a serem utilizados em projetos ou experimento será o mínimo indispensável para a produção do resultado, poupando-se, ao máximo, o sofrimento; e o § 5º impõe a sedação, a analgesia ou a anestesia para procedimentos que possam causar dor ou angústia aos animais.

No entanto, a Lei 11.794/2008 não é isenta de críticas, e uma das mais recorrentes é no sentido de que a norma não estimula o interesse em substituir a pesquisa com animais por outros métodos didáticos, alternativos à sua utilização[20], ainda que de forma implícita adote a técnica dos 3Rs (incisos III e IV do art. 14).

E, em se tratando do conceito dos 3Rs, a técnica da substituição é sua principal meta, ou seja, a busca por métodos alternativos ao uso de animais não humanos em experimentações. Em não sendo possível a substituição é que se busca a redução desse uso e, ato contínuo, a adequação de procedimentos e métodos para abolir ou minimizar o sofrimento e o desconforto dos animais.

---

20. "Os métodos alternativos de pesquisa podem ser utilizados sem qualquer perda no ensino ou para os resultados da pesquisa. Em face de os institutos e os pesquisadores não se abrirem aos métodos alternativos existentes, cabe à lei banir o sofrimento em vão de milhares de animais, cruelmente maltratados sem qualquer benefício à sociedade, pelo simples fato de serem vistos como objetos, meras coisas a serem usadas e descartadas em nome do aprendizado e da ciência." SILVA, Camilo Henrique; VIEIRA, Tereza Rodrigues; SENEFONTE, Thais. Pesquisas em animais vivos: usos e abusos. In: VIEIRA, Tereza Rodrigues; SILVA, Camilo Henrique (Coords.). *Animais: bioética e direito*. Brasília: Portal Jurídico, 2016, p. 174.

Apesar de ainda ser tímida, a Lei 11.794/2008 representou um avanço. No entanto há muito o que fazer, principalmente com a aprovação de métodos alternativos ao uso de animais.

Apenas para citar algumas boas medidas, a Resolução Normativa 18/2014 do CONCEA, Conselho Nacional de Controle de Experimentação Animal, reconheceu alguns métodos alternativos e adotou expressamente os princípios 3Rs, visando a redução, a substituição ou o refinamento do uso de animais em atividades de pesquisa.

6.2 Experimentação animal na Europa

O Parlamento Europeu e o Conselho da União Europeia adotaram, no ano de 2010, a Diretiva 63, que estabelece medidas para a proteção de animais em experimentação científica. Tal Diretiva, em que pese reconhecer a importância do uso de animais em pesquisa, tem como objetivo a sua eliminação.

Buscando romper com a instrumentalização dos animais, a Diretiva reconhece o bem-estar animal como um valor da União Europeia.

Podemos perceber que a normativa adota expressamente o princípio dos 3Rs, pois visa a completa substituição do uso de animais em pesquisas científicas; defende a utilização em menor número possível de animais nas experimentações; e aborda a necessidade de se adotar métodos adequados que poupem os animais de sofrimento e angústia.

Nela, está clara a atenção especial dispensada aos primatas não humanos. Por reconhecer suas bem-desenvolvidas capacidades sociais, a Diretiva estabelece condições especiais para os primatas em ambiente laboratorial e restringe sua utilização, dando preferência sempre à utilização de outras espécies nos procedimentos (art. 8º, 2, b):

> A sua utilização [dos primatas não humanos] só deverá ser permitida para a investigação fundamental, para a conservação das espécies de primatas não humanos em causa ou quando os trabalhos, incluindo a xenotransplantação, estiverem relacionados com condições que possam pôr em perigo a vida de seres humanos ou com casos que tenham impacto importante na vida quotidiana de uma pessoa, ou seja, condições debilitantes. (Considerando 17 da Diretiva)

As restrições à experimentação também recaem sobre animais silvestres, que por não estarem adaptados ao cativeiro e por questões de conservação, recebem proteção especial da Diretiva, determina que só devam ser usados caso os animais criados para experimentação não atendam aos objetivos buscados pela pesquisa.

REFERÊNCIAS BIBLIOGRÁFICAS

ADORNO, Theodor W.. *A atualidade da filosofia*. Disponível em: <http://antivalor.vilabol.uol.com.br/textos/frankfurt/adorno/adorno_07.htm>. Acesso em: 7 fev. 2008.

AFONSO, Elza Maria Miranda. O direito fundado na dignidade do homem. *Revista da Faculdade Mineira de Direito* (PUC Minas), Belo Horizonte, v. 2, n. 3 e 4, p. 39-51, 1º e 2º sem. 1999.

AGUIAR JÚNIOR, Ruy Rosado. Responsabilidade civil do médico. In: TEIXEIRA, Sálvio de Figueiredo (Coord.). *Direito e medicina*: aspectos jurídicos da medicina. Belo Horizonte: Del Rey, 2000, p. 133-180.

ALBANO, Lilian Maria José. *Biodireito*: os avanços da genética e seus efeitos ético-jurídicos. São Paulo: Atheneu, 2004.

ALEXY, Robert. *Teoría de los derechos fundamentales*. Madrid: Centro de Estudios Constitucionales, 1997.

ALEXY, Robert. *Teoría de los derechos fundamentales*. Madrid: Centro de Estudios Constitucionales, 1993.

ALMEIDA, Marcos de. Comentários sobre os princípios fundamentais da bioética: perspectiva médica. In: PESSINI, Léo; BARCHIFONTAINE, Christian de Paul de (Orgs.). *Fundamentos da bioética*. 2. ed. São Paulo: Paulus, 2002. (Nova práxis cristã) p. 56-67.

ALMEIDA, Paula; TARDIN, José Maria; PETERSEN, Paulo. Conservando a biodiversidade em ecossistemas cultivados. In: BENSUSAN, Nurit (Org.). *Seria melhor mandar ladrilhar?* Biodiversidade como, para que, por quê. Brasília: UnB, 2002.

ALMEIDA, Renata Barbosa de. Direito ao planejamento familiar e o choque de consentimentos sobre o uso de embriões: o caso Evans versus Reino Unido sob a égide do Direito brasileiro. *Lex Medicinae* (Revista Portuguesa de Direito da Saúde), v. 12, p. 91-107, 2009.

ALMEIDA, Renata Barbosa de; RODRIGUES JÚNIOR, Walsir Edson. *Direito civil*: famílias. Rio de Janeiro: Lumen Juris, 2010.

ALVARENGA, Juliana Mendonça. *Transexualidade e seus reflexos no direito e registro civil*. Belo Horizonte: D'Plácido, 2016.

ALVES, Rubem. *O retorno e terno*. 14. ed. Campinas: Papirus, 1998.

AMARAL, Francisco. *Direito civil*: introdução. 3. ed. Rio de Janeiro: Renovar, 2000.

AMARAL, Francisco. *Direito civil*: introdução. 5. ed. rev. aum. e atual. Rio de Janeiro: Renovar, 2003.

ANDRADE JÚNIOR, Gualter de Souza. O fato e a responsabilidade por prática biomédica – uma visão ontológica. In: SÁ, Maria de Fátima Freire de (Coord.). *Biodireito*. Belo Horizonte: Del Rey, 2002, p. 223-282.

ANDRADE, Carlos Drummond de. O novo homem. In: ANDRADE, Carlos Drummond de. *Poesia completa*. Rio de Janeiro: Nova Aguilar, 2003, p. 637-640.

ANDRADE, Eloberg Bezerra. Coexistência de princípios constitucionais: direito à vida e liberdade de crença religiosa. *Revista da Faculdade de Direito de Uberlândia*, v. 42, n. 1, jan.-jun. 2014. Disponível em: <http://www.seer.ufu.br/index.php/revistafadir/article/view/26029>. Acesso em 1 nov. 2014.

ARAÚJO, Ana Thereza Meirelles. *A proteção ao ser humano no direito brasileiro*: embrião, nascituro e pessoa e a condição de sujeito de direito. Rio de Janeiro: Lumen Juris, 2016.

ARAÚJO, Ana Thereza Meirelles. *Neoeugenia e reprodução humana artificial*: limites éticos e jurídicos. Salvador: Juspodivm, 2014.

ARISTÓTELES. *De anima*. São Paulo: Editora 34, 2006.

ARISTÓTELES. *Política*. 3. ed. Tradução de Mario da Gama Kury. Brasília: UnB, 1997.

ASCENSÃO, José de Oliveira. *Direito civil*: teoria geral. 2. ed. v. 1: Introdução, as pessoas, os bens. Coimbra: Coimbra, 2000.

ASSAD, José Eberienos. Relação médico-paciente no final do século XX. In: CONSELHO FEDERAL DE MEDICINA (Org.). *Desafios éticos*. Brasília: Cultura, 1993, p. 104-112.

ASÚA, L. Jiménez. *Liberdade de amar e direito a morrer*. Lisboa: Clássica, 1929.

Atualização científica, Conselho Federal de Medicina, mar. 1998.

AZEVEDO, Álvaro Villaça. Ética, Direito e reprodução humana assistida. In: *Uma vida dedicada ao direito*: homenagem a Carlos Henrique de Carvalho. São Paulo: Revista dos Tribunais, 1995, p. 144-155.

BALDASSARRE, Antonio. *Diritti della persona e valori costituzionali*. Torino: G. Giappichelli, 1997.

BARACHO, José Alfredo de Oliveira. O direito de experimentação sobre o homem e a bioética (Cidadania e Ciência). *O Sino de Samuel*, Belo Horizonte, p. 5, 11 mar. 1997.

BARACHO, José Alfredo de Oliveira. Teoria geral da bioética e do biodireito. In: TEIXEIRA, Sálvio de Figueiredo (Coord.). *Direito e medicina*: aspectos jurídicos da medicina. Belo Horizonte: Del Rey, 2000, p. 67-109.

BARACHO, José Alfredo de Oliveira. Teoria geral do constitucionalismo. Separata da *Revista de Informação Legislativa*, Brasília, ano 23, n. 91, jul./set. 1986.

BARBER, J. *et al.* Guidelines for the Determination of Death. Report of the Medical Consultants on the Diagnosis of Death to the Presidents Comission for the Study of Ethical Problems. *Medicine and Biomedical and Behavioral Research*. Neurology, n. 32, p. 395, 1982.

BARBOSA, Joaquim. Voto proferido pelo Ministro Joaquim Barbosa Gomes HC n. 84.025/2004. In: SARMENTO, Daniel; PIOVESAN, Flávia. *Nos limites da vida*: aborto, clonagem humana e eutanásia sob a perspectiva dos direitos humanos. Rio de Janeiro: Lumen Juris, 2007, p. 73-92.

BARBOZA, Heloisa Helena. Clonagem humana: uma questão em aberto. In: SARMENTO, Daniel; PIOVESAN, Flávia (Coords.). *Nos limites da vida*: aborto, clonagem humana e eutanásia sob a perspectiva dos direitos humanos. Rio de Janeiro: Lumen Juris, 2007, p. 185-207.

BARBOZA, Heloisa Helena. Reprodução assistida e o novo Código Civil. In: SÁ, Maria de Fátima Freire; NAVES, Bruno Torquato de Oliveira (Coords.). *Bioética, biodireito e o Código Civil de 2002*. Belo Horizonte: Del Rey, 2004, p. 225-249.

BARRETTO, Vicente de Paulo. Bioética. In: BARRETTO, Vicente de Paulo (Org.). *Dicionário de Filosofia do Direito*. São Leopoldo/Rio de Janeiro: UNISINOS/Renovar, 2006. p. 104-107.

BAUMAN, Zygmunt. *Modernidade e ambivalência*. Tradução de Marcus Penchel. Rio de Janeiro: Jorge Zahar, 1999.

BECK, Ulrich. ¿La sociedad del riesgo global como sociedad cosmopolita? Cuestiones ecológicas en un marco de incertidumbres fabricadas. In: BECK, Ulrich. *La sociedad del riesgo global*. Madrid: Siglo Veintiuno de España, 2002, p. 29-73.

BENTHAM, Jeremy. *An introduction to the principles of morals and legislation*. 2010. Disponível em: <http://www.earlymoderntexts.com/authors/bentham>. Acesso em 19 nov. 2017.

BENZENHÖFER, Udo; HACK-MOLITOR, Gisela. Luis Kutner and the development of the advance directive (living will). Wetzlar; 2009. Disponível em: <https://d-nb.info/1095663763/34>. Acesso em: 4 set. 2020.

BERGEL, Salvador Darío. Enfoque ético-jurídico de la sentencia de la Corte Suprema de los Estados Unidos sobre patentabilidad de genes humanos. *Revista Bioética*, v. 22, n. 1, p. 18-27, 2014. Disponível em: <http://www.scielo.br/pdf/bioet/v22n1/a03v22n1.pdf>. Acesso em: 23 set. 2020.

BERGEL, Salvador Darío. O princípio da precaução como critério orientador e regulador da biossegurança. In: ROMEO CASABONA, Carlos María; SÁ, Maria de Fátima Freire de (Coords.). *Desafios jurídicos da biotecnologia*. Belo Horizonte: Mandamentos, 2007, p. 347-372.

BERLINGUER, Giovanni. A ciência e a ética da responsabilidade. In: NOVAES, Adauto (Coord.). *O homem-máquina*: a ciência manipula o corpo. São Paulo: Companhia das Letras, 2003.

BERLINGUER, Giovanni; GARRAFA, Volnei. *O mercado humano*. Brasília: UnB, 1996.

BERLINI, Luciana Fernandes; FERREIRA, Pedro Henrique Menezes. A responsabilidade civil na relação médico-paciente. In: In: SÁ, Maria de Fátima Freire de; NOGUEIRA, Roberto Henrique Pôrto; SOUZA, Iara Antunes; NAVES, Bruno Torquato de Oliveira (Coords.). Biodireito: diálogos entre liberdades e responsabilidades. Belo Horizonte: Conhecimento, 2020, p. 17-44.

BHANDARI, M.; TEWARI, A. Is transplantation only 100 years old? *British Journal of Urology*, v. 79, Issue 4, p. 495-498, 19 Nov. 1996.

BITTAR, Eduardo C. B.; ALMEIDA, Guilherme Assis de. *Curso de filosofia do direito*. São Paulo: Atlas, 2001.

BIZATTO, José Ildefonso. *Eutanásia e responsabilidade médica*. Porto Alegre: Sagra, 1990.

BIZAWU, Kiwonghi; LOPES, André Luiz. Manipulação genética e organismos geneticamente modificados à luz do direito à informação do consumidor. *Revista Thesis Juris*, São Paulo, v. 3, n. 1, p. 166-190, jan./jun. 2014.

BLACK, Peter M. Brain Death (First of Two Parts). *New England Journal of Medicine*, n. 299, p. 338-344, 1978.

BLACK, Peter M. Brain Death (Second of Two Parts). *New England Journal of Medicine*, n. 299, p. 393-401, 1978.

BÔAS, Maria Elisa Villas. *Da eutanásia ao prolongamento artificial*. Rio de Janeiro, Forense: 2005.

BONAVIDES, Paulo. *Curso de direito constitucional*. 13. ed. São Paulo: Malheiros, 2003.

BONFANTE, Pedro. *Instituciones de derecho romano*. Tradducción de Luis Bacci; Andrés Larrosa. 8. ed. Madrid: Reus, 1929.

BRAUNER, Maria Cláudia Crespo. A monoparentalidade projetada e o direito do filho à biparentalidade. *Estudos jurídicos* (UNISINOS), São Leopoldo, v. 31, n. 83, p. 137-153, set. 1998.

BRAUNER, Maria Claudia Crespo. *Direito, sexualidade e reprodução humana*. Rio de Janeiro: Renovar, 2003.

BRITO, Nathalia Bastos do Vale. *Patrimônio genético humano, biodiversidade e propriedade intelectual*: uma discussão acerca das patentes e a privatização do patrimônio da espécie. Dissertação (Mestrado em Direito), Escola Superior Dom Helder Câmara. Belo Horizonte, 2017.

BROEKMAN, Jan M. *Bioética con rasgos jurídicos*. Traducción de Hans Lindahl. Madrid: Dilex, 1998.

CÂMARA, Marcelo de Faria. Clonagem de seres humanos: considerações gerais. In: SÁ, Maria de Fátima Freire de (Coord.). *Biodireito*. Belo Horizonte: Del Rey, 2002, p. 361-386.

CAMPOS, Eduardo. Em busca do tempo perdido. *Agência Ciência e Tecnologia*, Brasília. Disponível em: <http://agenciact.mct.gov.br/index.php?action=/content/view&cod_objeto=24310>. Acesso em: 19 jan. 2006.

CARVALHO, Gisele Mendes de. *Aspectos jurídico-penais da eutanásia*. São Paulo: IBCCrim, 2001.

CARVALHO, Gisele Mendes de. Autonomia do paciente e decisões ao final da vida. In ROMEO CASABONA, Carlos María; SÁ, Maria de Fátima Freire de. *Direito biomédico*: Espanha – Brasil. Belo Horizonte: PUC Minas, 2011.

CARVALHO, Patrícia Luciene de. Poluição genética: análise do plantio transgênico. In: IACOMINI, Vanessa (Coord.). *Propriedade intelectual e biotecnologia*. Curitiba: Juruá, 2009, p. 163-180.

CASSANO, Giuseppe. *Le nuove frontiere del diritto di famiglia*: il diritto a nascere sani; la maternità surrogata; la fecondazione artificiale eterologa; la fecondazione artificiale *post mortem*. Milano: Giuffrè, 2000.

CATTONI, Marcelo. *Devido processo legislativo*. Belo Horizonte: Mandamentos, 2000.

Cecil Textbook of Medicine – 1990. ABRAMS, M. B. *et al*. Deciding to Forego Life-Sustaining Treatment. A Report on the Ethical, Medical, and Legal Issues in treatment Decision. Presidents Comission for the Study of Ethical Problems in Medicine and Biomedical and Behavioral Research. Washington: United States Government Printing Office, 1983.

CHAMON JUNIOR, Lúcio Antônio. *Imputação objetiva e risco no direito penal*: do funcionalismo à teoria discursiva do delito. Belo Horizonte: Mandamentos, 2005.

CHAMON JUNIOR, Lúcio Antônio. Prefácio a 2. edição. In: SÁ, Maria de Fátima Freire. *Direito de morrer*. 2. ed. Belo Horizonte: Del Rey, 2005.

CHAMON JUNIOR, Lúcio Antônio. *Teoria da argumentação jurídica*. Constitucionalismo e democracia em uma reconstrução das fontes no direito moderno. Rio de Janeiro: Lumen Juris, 2008.

CHAMON JUNIOR, Lúcio Antônio. *Teoria geral do direito moderno*. Por uma reconstrução crítico-discursiva na alta modernidade. 2. ed. Rio de Janeiro: Lumen Juris, 2007.

CHAMON JUNIOR, Lúcio Antônio. *Teoria geral do direito moderno*: Por uma reconstrução crítico-discursiva na alta modernidade. Rio de Janeiro: Lumen Juris, 2006.

CHAVES, Antônio. *Direito à vida e ao próprio corpo*. São Paulo: Revista dos Tribunais, 1986.

CHAVES, Antônio. *Direito à vida e ao próprio corpo*: intersexualidade, transexualidade, transplantes. 2. ed. São Paulo: Revista dos Tribunais, 1994.

CHINELATO E ALMEIDA, Silmara. *Tutela civil do nascituro*. São Paulo: Saraiva, 2000.

CHUNG, Young *et al*. Human Embryonic Stem Cell Lines Generated without Embryo Destruction. *Cell Stem Cell* (doi:10.1016/j.stem.2007.12.013), Feb. 2008. Disponível em: <http://www.advancedcell.com/file_download/244>. Acesso em: 8 fev. 2008.

CLEMENTE, Graziella Trindade; ROSENVALD, Nelson. Edição gênica e os limites da responsabilidade civil. In: MARTINS, Guilherme Magalhães; ROSENVALD, Nelson (Coords.). *Responsabilidade civil e novas tecnologias*. Indaiatuba: Foco, 2020, p. 235-261.

CLOTET, Joaquim. Reconhecimento e institucionalização da autonomia do paciente: um estudo da "the patient self-determination act". *Bioética*, Brasília, v. 1, n. 2, 1993. Disponível em: <http://www.portalmedico.org.br/revista/bio2v1/reconheci.html>. Acesso em: 12 out. 2008.

COLÔMBIA. *Decreto n. 1.571*, de 12 de agosto de 1993. Por el cual se Reglamenta Parcialmente el Título IX de la Ley 09 de 1979, en cuanto a Funcionamiento de Establecimientos Dedicados a la Extracción, Procesamiento, Conservación y Transporte de Sangre Total o de sus Hemoderivados, se Crean la Red Nacional de Bancos de Sangre y el Consejo Nacional de Bancos de Sangre y se dictan otras disposiciones sobre la materia. Disponível em: <http://www.alcaldiabogota.gov.co/sisjur/normas/Norma1.jsp?i=14527>. Acesso em: 29 out. 2008.

COMPARATO, Fábio Konder. *A afirmação histórica dos direitos humanos*. São Paulo: Saraiva, 1999.

CORRAL GARCÍA, Eduardo. El derecho a la reproducción humana. ¿Debe permitirse la maternidad sub-rogada?. *Revista de Derecho y Genoma Humano*, Bilbao, Núm. 38, p. 45-69, Enero-junio 2013, p. 47-48.

CORREIA, Francisco de Assis. Alguns desafios atuais da bioética. In: PESSINI, Léo; BARCHIFONTAINE, Christian de Paul de (Orgs.). *Fundamentos da bioética*. 2. ed. São Paulo: Paulus, 2002. (Nova práxis cristã) p. 30-50.

COSTA, Demian Diniz da. *Famílias monoparentais*: reconhecimento jurídico. Rio de Janeiro: AIDE, 2002.

COSTA, Sérgio Ibiapina F.; GARRAFA, Volnei. *A bioética no século XXI*. Brasília: UnB, 2000.

CRUZ, Álvaro Ricardo Souza. *Hermenêutica jurídica e(m) debate*: o constitucionalismo brasileiro entre a teoria do discurso e a ontologia existencial. Belo Horizonte: Fórum, 2007.

CUNHA, Leandro Reinaldo da; DOMINGOS, Terezinha de Oliveira. Reprodução humana assistida: a Resolução 2013/13 do Conselho Federal de Medicina (CFM). *Revista de Direito Brasileira*, ano 3, v. 6, p. 273-290, set.-dez. 2013.

DADALTO, Luciana. *Testamento vital*. 5. ed. Idaiatuba: Foco, 2020.

DADALTO, Luciana. *Testamento vital*. Rio de Janeiro: Lumen Juris, 2010.

DALLARI, Dalmo de Abreu. *Bioética e direitos humanos*. Brasília: Conselho Federal de Medicina, 1998.

DARBY, Joseph M.; POWNER, David J.; STEIN, Keith L.; GRENVIK, Ake. Management of the organ donor. In: Rippe, Irwin, Alpert, Fink (Org.). *Intensive care medicine*. 2. ed. 1990.

DE CUPIS, Adriano. *I diritti della personalità*. Milano: Dott. A. Giuffrè, 1950.

DE CUPIS, Adriano. *Os direitos da personalidade*. Campinas: Romana Jurídica, 2004.

DEL CORRAL, Milagros. Aspectos jurídicos de la protección del genoma. In: *EL DERECHO ANTE EL PROYECTO GENOMA HUMANO*. Bilbao: Fundación BBV, 1994, v. 2, p. 243-254.

DENNINGER, Erhard. *Diritti dell'uomo e legge fondamentale*. Torino: G. Giappichelli.

DERRIDA, Jacques. *O animal que logo sou*. 2. ed. Tradução de Fábio Landa. São Paulo: Unesp, 2011.

DINAMARCO, Cândido Rangel. *Execução civil*. 3. ed. São Paulo: Malheiros, 1993.

DINIZ, Débora; ALMEIDA, Marcos de. Bioética e aborto. In: COSTA, Sergio Ibiapina Ferreira; OSELKA, Gabriel; GARRAFA, Volnei (Coords.). *Iniciação à bioética*. Brasília: Conselho Federal de Medicina, 1998, p. 125-137.

DINIZ, Débora; RIBEIRO, Diaulas Costa. *Aborto por anomalia fetal*. Brasília: Letras Livres, 2004.

DINIZ, Maria Helena. *O estado atual do biodireito*. São Paulo: Saraiva, 2001.

DRUMOND, José Geraldo de Freitas. A percepção pública das biotecnologias. In: ROMEO CASABONA, Carlos María; SÁ, Maria de Fátima Freire de (Coords.). *Desafios jurídicos da biotecnologia*. Belo Horizonte: Mandamentos, 2007, p. inicial-final.

DUBB, Asher. *Israel Journal of Medical Sciences*, 1996, v. 32.

DWORKIN, Ronald. *A virtude soberana*: a teoria e a prática da igualdade. Tradução de Jussara Simões. São Paulo: Martins Fontes, 2005.

DWORKIN, Ronald. *Life's dominion*. New York: Alfred A. Knopf, 1993.

DWORKIN, Ronald. *O império do direito*. Tradução de Jedderson Luiz Camargo. São Paulo: Martins Fontes, 1999.

ECO, Umberto; MARTINI, Carlo Maria. *Em que crêem os que não crêem?* 7. ed. Tradução de Eliana Aguiar. Rio de Janeiro/São Paulo: Record, 2002.

EMALDI CIRÍON, Aitziber. Biotecnologia e medicina individualizada. Panorama ético-jurídico. In: ROMEO CASABONA, Carlos María; SÁ, Maria de Fátima Freire de (Coords.). *Desafios jurídicos da biotecnologia*. Belo Horizonte: Mandamentos, 2007, Cap. 7, p. 197-212.

EMALDI CIRIÓN, Aitziber. Las intervenciones sobre el genoma humano y la selección de sexo. In: *El convenio de derechos humanos y biomedicina*. Bilbao-Granada: Cátedra de Derecho y Genoma Humano-Comares, 2002.

EMALDI-CIRIÓN, Aitziber. A responsabilidade dos profissionais sanitários no marco do assessoramento genético. In: ROMEO CASABONA, Carlos Maria; QUEIROZ, Juliane Fernandes (Coord.). *Biotecnologia e suas implicações ético-jurídicas*. Belo Horizonte: Del Rey, 2004, p. 63-127.

EMBRIÃO congelado por 8 anos produz bebê. *Folha Online*, São Paulo, 10 mar. 2008. Disponível em: <www1.folha.uol.com.br/folha/ciencia/ult306u380351.shtml>. Acesso em: 14 mar. 2008.

ESPANHA. *Boletín Oficial del Estado* (BOE) 3/2000 de 411/2000, p. 179-190.

FABIANI, Jean-Noël. *A fabulosa história do hospital*: da Idade Média aos dias de hoje. 3. ed. Porto Alegre: L&PM, 2009.

FACHIN, Luiz Edson. Discriminação por motivos genéticos. In: SÁ, Maria de Fátima Freire de; NAVES, Bruno Torquato de Oliveira. *Bioética, biodireito e o novo Código Civil de 2002*. Belo Horizonte: Del Rey, 2004. p. 179-198.

FACHIN, Luiz Edson. Luzes e sombras no diálogo entre direito e medicina. In: TEIXEIRA, Sálvio de Figueiredo (Coord.). *Direito e medicina*: aspectos jurídicos da medicina. Belo Horizonte: Del Rey, 2000. p. 11-20.

FARIAS, Cristiano Chaves de; NETTO, Felipe Peixoto Braga; ROSENVALD, Nelson. *Novo tratado de responsabilidade civil*. 4. ed. São Paulo: Saraiva, 2019.

FERNANDES, Bernardo Gonçalves; PEDRON, Flávio Quinaud. *O Poder Judiciário e(m) crise*: reflexões de Teoria da Constituição e Teoria Geral do Processo sobre o acesso à justiça e as recentes reformas do Poder Judiciário à luz de: Ronald Dworkin, Klaus Günther e Jürgen Habermas. Rio de Janeiro: Lumen Juris, 2008.

FERNANDES, Maíra Costa. Interrupção de gravidez de feto anencefálico: uma análise constitucional. In: SARMENTO, Daniel; PIOVESAN, Flávia. *Nos limites da vida*: aborto, clonagem humana e eutanásia sob a perspectiva dos direitos humanos. Rio de Janeiro: Lumen Juris, 2007, p. 111-158.

FERRAZ JUNIOR, Tercio Sampaio. *Introdução ao estudo do direito*: técnica, decisão, dominação. 3. ed. São Paulo: Atlas, 2001.

FERRAZ JUNIOR, Tercio Sampaio. *Introdução ao estudo do direito*: técnica, decisão, dominação. 2. ed. São Paulo: Atlas, 1994.

FERRAZ, Sérgio. *Manipulações biológicas e princípios constitucionais*: uma introdução. Porto Alegre: Sergio Antonio Fabris, 1991.

FERREIRA, Alice Teixeira; EÇA, Lilian Piñero Marcolin; RAMOS, Dalton Luiz de Paula. Clonagem terapêutica. *Boletim do Núcleo Fé e Cultura da Pontifícia Universidade Católica de São Paulo*, São Paulo, ano 1, n. 8, jan./mar. 2004. Disponível em: <http://www.pucsp.br/fecultura/0402clon.htm>. Acesso em: 19 jan. 2006.

FIUZA, César. *Direito civil*: curso completo. 10. ed. Belo Horizonte: Del Rey, 2007.

GADAMER, Hans-Georg. *Verdade e método*: traços fundamentais de uma hermenêutica filosófica. 3. ed. Petrópolis: Vozes, 1997. (Pensamento Humano).

GAFO, Javier. Historia de una nueva disciplina: la Bioética. In: ROMEO CASABONA, Carlos María (Coord.). *Derecho biomédico y bioética*. Granada: Comares, 1998. p. 87-112.

GALÁN CORTÉS, Julio César. *Responsabilidad médica y consentimiento informado*. Madrid: Civitas, 2001.

GALÁN JUÁREZ, Mercedes. *Intimidad*: nuevas dimensiones de un viejo derecho. Madrid: Ramón Aceres, 2005.

GALUPPO, Marcelo Campos. A epistemologia jurídica entre o positivismo e pós-positivismo. *Revista do Instituto de Hermenêutica Jurídica*, Porto Alegre, v. 1, n. 3, p. 195-206, jan. 2005.

GALUPPO, Marcelo Campos. *Igualdade e diferença*: Estado Democrático de Direito a partir do pensamento de Habermas. Belo Horizonte: Mandamentos, 2002.

GALUPPO, Marcelo Campos. Morrer humano. Considerações pró e contra o suicídio assistido e a eutanásia e a favor de sua desjurisdicização. In: SÁ, Maria de Fátima Freire de. *Biodireito* (Coord.). Belo Horizonte: Del Rey, 2002, p. 71-82.

GALUPPO, Marcelo Campos. Os princípios jurídicos no Estado Democrático de Direito: ensaio sobre o modo de sua aplicação. *Revista de Informação Legislativa*, Brasília, ano 36, n.143, p. 191-209, jul./set. 1999.

GAMA, André Couto e. O princípio da reparação integral no direito privado. In: FIUZA, César; SÁ, Maria de Fátima Freire de; NAVES, Bruno Torquato de Oliveira (Coords.). *Direito civil*: atualidades III – Princípios jurídicos no direito privado. Belo Horizonte: Del Rey, 2009, p. 267-301.

GARRAFA, Volnei. Bioética, saúde e cidadania. In: BARCHIFONTAINE, Christian de Paul de; PESSINI, Leo (Orgs.). *Bioética*: alguns desafios. São Paulo: Loyola, 2001, p. 35-48.

GARRAFA, Volnei. *Iniciação à bioética*: bioética e ciência – até onde avançar sem agredir. Brasília: Conselho Federal de Medicina, 1998.

GÊNESIS. In: *A BÍBLIA*: tradução ecumênica. São Paulo: Paulinas, 2002.

GOLDIM, José Roberto. *Caso doação intervivos relacionada*: pai e filha. Disponível em: <http://www.ufrgs.br/bioetica/casotran.htm> Acesso em: 10 ago. 2008.

GOLDIM, José Roberto; MATTE, Ursula. *Bioética e genética*. 1999. Disponível em: <http://www.ufrgs.br/bioetica/biogenrt.htm>. Acesso em: 7 jan. 2007.

GOMES, Orlando. *Contratos*. 27. ed. Rio de Janeiro: Forense, 2019, p. 26.

GOMES, Orlando. *Introdução ao direito civil*. 16. ed. Rio de Janeiro: Forense, 2000.

GRACIA, Diego. *Pensar a bioética*: metas e desafios. São Paulo: São Camilo; Loyola, 2010.

GROSSI, Paolo. *Mitologias jurídicas da modernidade*. Tradução de Arno Dal Ri Júnior. Florianópolis: Fundação Boiteaux, 2004.

GUÉRIN-MARCHAND, Claudine. *Manipulações genéticas*. Tradução de Catarina Dutilh Novaes. Bauru: EDUSC, 1999.

GUGERELL, Christian. A proteção legal das descobertas genéticas e a patenteabilidade dos organismos vivos manipulados. O escritório europeu de patentes em Munique. In: ROMEO CASABONA, Carlos María (Org.). *Biotecnologia, direito e bioética*: perspectivas em direito comparado. Belo Horizonte: Del Rey e PUC Minas, 2002. p. 262-272.

GÜNTHER, Klaus. *The sense of appropriateness*. Trad.: John Farrell. Albany: State University of New York Press, 1993.

GUSTIN, Miracy Barbosa de Sousa. *Das necessidades humanas aos direitos*: ensaio de sociologia e filosofia do direito. Belo Horizonte: Del Rey, 1999.

HÄBERLE, Peter. *Hermenêutica constitucional*: a sociedade aberta de intérpretes da Constituição: contribuição para a interpretação pluralista e "procedimental" da Constituição. Tradução de Gilmar Ferreira Mendes. Porto Alegre: Sérgio Fabris, 1998.

HABERMAS, Jürgen. *Direito e democracia*: entre facticidade e validade. Tradução de Flávio Beno Siebeneichler. Rio de Janeiro: Tempo Brasileiro, 1997. 2 v.

HABERMAS, Jürgen. *O futuro da natureza humana*. Tradução de Karina Jannini. São Paulo: Martins Fontes, 2004.

HAMMERSCHIMIDT, Denise. *Intimidade genética e direito da personalidade*. Curitiba: Juruá, 2007.

HAMMERSCHMIDT, Denise. Alguns aspectos da informação, intimidade e discriminação genética no âmbito jurídico internacional. *Revista dos Tribunais*, São Paulo, ano 94, v. 837, p. 11-42, jul. 2005.

HOERST, Norbert. *En defensa del positivismo*. Barcelona: Gedisa, 1992.

HOFMANN, Hasso. La promessa della dignità umana. La dignità dell'uomo nella cultura giuridica tedesca. *Rivista Internazionale di Filosofia del Diritto*. Roma, série 4, ano 76, p. 620-650, out./dez. 1999.

HOUAISS, Antônio; VILLAR, Mauro de Salles. *Dicionário Houaiss da língua portuguesa*. Rio de Janeiro: Objetiva, 2001.

IACOMINI, Vanessa. Os direitos de propriedade intelectual e a biotecnologia. In: IACOMINI, Vanessa (Coord.). *Propriedade intelectual e biotecnologia*. Curitiba: Juruá, 2007, p. 13-30.

IÁÑEZ PAREJA, Enrique. *Patentes e biotecnología*. 2000. Disponível em: <http://www.ugr.es/~eianez/Biotecnologia/biopatentes_1.htm>. Acesso em: 12 jul. 2007.

JAHR, Fritz. *Bioética*: um panorama da ética e as relações do ser humano com os animais e plantas. Tradução de Carlos Roberto Fernandes. Disponível em: <http://static.recantodasletras.com.br/arquivos/1760288.pdf>. Acesso em: 18 abril 2011.

JAMES, Clive. Situação Global das Culturas Biotecnológicas/GM Comercializadas: 2009. *International Service for the Acquisition of Agro-biotech Aplications* (ISAAA), Brief 41, 2010. Disponível em: <http://www.isaaa.org/resources/publications/briefs/41/executivesummary/pdf/Brief%2041%20-%20Executive%20Summary%20-%20Portuguese.pdf>. Acesso em: 30 abril 2010.

JONAS, Hans. *O princípio responsabilidade*: ensaio de uma ética para a civilização tecnológica. Rio de Janeiro: Contraponto/PUC-Rio, 2006.

KAUFMANN, Arthur. *Analogía y naturaleza de la cosa*: hacia una teoría de la comprensión jurídica. Santiago: Editorial Jurídica de Chile, 1976.

KAUFMANN, Arthur. *Filosofia del derecho*. Bogotá: Universidad Externado de Colombia, 1999.

KELSEN, Hans. *Teoria pura do direito*. 4. ed. Tradução de João Baptista Machado. Coimbra: Arménio Amado, 1979.

KELSEN, Hans. *Teoria pura do direito*. 6. ed. Tradução de João Baptista Machado. São Paulo: Martins Fontes, 1998. (Ensino Superior).

KFOURI NETO, Miguel. *Responsabilidade civil dos hospitais*. 4. ed. São Paulo: Thomson Reuters, 2019.

KIND, Luciana. Intervenções diante da morte e o Direito de Morrer. *Saúde & Transformação Social*. Florianópolis, v. 4, n. 3, p. 07-15, 20013.

KUNG, H. *Projeto de ética mundial*: uma moral ecumênica em vista da sobrevivência humana. São Paulo: Paulinas, 1993.

LALANDE, André. Valor. In: LALANDE, André. *Vocabulário técnico e crítico da filosofia*. 3. ed. São Paulo: Martins Fontes, 1999, p. 1188-1192.

LAMADRID, Miguel Ángel Soto. *Biogenética, filiación y delito*. La fecundación artificial y la experimentación genética ante el derecho. Buenos Aires: Astrea de Alfredo y Ricardo Depalma, 1990.

LARENZ, Karl. *Metodologia da ciência do direito*. 3. ed. Lisboa: Calouste Gulbenkian, 1997.

LEITE, Eduardo de Oliveira. *Famílias monoparentais*. São Paulo: Revista dos Tribunais, 1997.

LEITE, Eduardo de Oliveira. *Procriações artificiais e o direito*. São Paulo: Revista dos Tribunais, 1995.

LEITE, Gervásio. A manifestação da vontade nos casos de transplante. *Revista de Informação Legislativa*, Brasília, ano 8, n. 29, p. 87-94, jan./mar. 1971.

LENZER, Jeanne. Belding Scribner. *British Medical Journal*, v. 327, n. 7407, p. 167, 2003. Disponível em: <https://www.ncbi.nlm.nih.gov/pmc/articles/PMC1126537/>. Acesso em 6 set. 2020.

LIMA, Taisa Maria Macena de. Os planos do mundo jurídico e a teoria das nulidades. *Revista do Tribunal Regional do Trabalho da 3ª Região*, Belo Horizonte, n. 60, p. 209-219, jul./dez. 1999.

LIMA, Taisa Maria Macena de. SÁ, Maria de Fátima Freire de. Paradoxos sexuais. In: LIMA, Taisa Maria Macena de; SÁ, Maria de Fátima Freire de; MOUREIRA, Diogo Luna (Coords.). *Direitos e fundamentos entre vida e arte*. Rio de Janeiro: Lumen Juris, 2010, p. 231-238.

LIMA, Taisa Maria Macena de; SÁ, Maria de Fátima Freire de. A ressignificação de objeto de direito e a proteção dos animais. In: BRANDÃO, Cláudio; BARROS, Flaviane; TEODORO, Maria Cecília Máximo (Orgs.). *Democracia, autonomia privada e regulação*: estudos em homenagem ao professor César Fiuza. Belo Horizonte: D'Plácido, 2018, v. 1, p. 155-170.

LIMA, Taisa Maria Macena de; SÁ, Maria de Fátima Freire de. Electronic health records and protection of sensitive personal data in Brazil. *Revista Derecho y Genoma Humano*, Bilbao, n. 51, p. 61-75, 2019.

LIMA, Taisa Maria Macena de; SÁ, Maria de Fátima Freire de. Gestação de substituição: uma análise a partir do direito contratual. In: CORDEIRO, Carlos José; GOMES, Josiane Araújo (Coords.). *Temas contemporâneos de direito das famílias 3*. São Paulo: Pillares, 2018, p. 461-479.

LIMA, Taisa Maria Macena de; SÁ, Maria de Fátima Freire de. Prontuário eletrônico do paciente e proteção dos dados pessoais sensíveis no Brasil. In: SÁ, Maria de Fátima Freire de; NOGUEIRA, Roberto Henrique Pôrto; SOUZA, Iara Antunes; NAVES, Bruno Torquato de Oliveira (Coords.). *Biodireito*: diálogos entre liberdades e responsabilidades. Belo Horizonte: Conhecimento, 2020, p. 1-15.

LIMA, Taisa Maria Macena. Filiação e biodireito: uma análise das presunções em matéria de filiação em face da evolução das ciências biogenéticas. In: SÁ, Maria de Fátima Freire; NAVES, Bruno Torquato de Oliveira (Coords.). *Bioética, biodireito e o Código Civil de 2002*. Belo Horizonte: Del Rey, 2004, p. 251-280.

LÔBO, Paulo Luiz Netto. Danos morais e direitos da personalidade. *Jus Navigandi*, Teresina, ano 7, n. 119, 31 out. 2003. Disponível em: <http://jus2.uol.com.br/doutrina/texto.asp?id=4445>. Acesso em: 1º set. 2007.

LÔBO, Paulo Luiz Netto. Direito ao estado de filiação e direito à origem genética: uma distinção necessária. *Revista CEJ*, Brasília, n. 27, out./dez. 2004. p. 47-56. Disponível em: <http://www2.cjf.jus.br/ojs2/index.php/revcej/article/viewFile/633/813>. Acesso em: 15 fev. 2014

LOLAS, Fernando. *Bioética*: o que é, como se faz. Tradução de Milton Camargo Mota. São Paulo: Loyola, 2001.

LORENTZ, Joaquim Toledo. O início da vida humana. In: SÁ, Maria de Fátima Freire de (Coord.). *Biodireito*. Belo Horizonte: Del Rey, 2002, p. 329-359.

LORENZETTI, Ricardo Luis. *Fundamentos do direito privado*. São Paulo: Revista dos Tribunais, 1998.

LOUREIRO, João Carlos Gonçalves. O Direito à identidade genética do ser humano. *Boletim da Faculdade de Direito* (Universidade de Coimbra), Coimbra, Studia Iuridica 40, Colloquia 2, p. 263-390, 1999.

MACHADO, Paulo Affonso Leme. *Direito ambiental brasileiro*. 15. ed. São Paulo: Malheiros, 2007.

MACHADO, Paulo Affonso Leme. *Direito ambiental brasileiro*. 8. ed. rev. atual. e ampl. São Paulo: Malheiros, 2000.

MAGALHÃES, José Luiz Quadros. A lei de transplantes de órgãos. *Jornal Pleno Direito* (PUC Minas), Belo Horizonte, nov. 1998.

MAGALHÃES, José Luiz Quadros. *Direito constitucional*. Belo Horizonte: Mandamentos, 2000, t.1.

MAGALHÃES, José Luiz Quadros. *Direitos humanos*. São Paulo: Juarez de Oliveira, 2000.

MANTOVANI, Ferrando. Sobre o genoma humano e manipulações genéticas. In: ROMEO CASABONA, Carlos María (Org.). *Biotecnologia, direito e bioética*. Belo Horizonte: Del Rey, 2002, p. 156-165.

MANTOVANI, Ferrando. Uso de gametas, embriões e fetos na pesquisa genética sobre cosméticos e produtos industriais. In: ROMEO CASABONA, Carlos María (Org.). *Biotecnologia, direito e bioética*. Belo Horizonte: Del Rey, 2002, p. 185-193.

MARCHIONE, Marilynn. Chinese researcher claims first gene-edited babies. *Associated Press*. 26 Nov. 2018. Disponível em: <https://www.apnews.com/4997bb7aa36c45449b488e19ac83e86d>. Acesso em: 20 jan. 2019.

MARQUES, J. P. Remédio. *Patentes de genes humanos?* Coimbra: Coimbra, 2001, (Centro de Direito Biomédico), v. 4.

MARTIN, Leonard Michael. Eutanásia e distanásia. *Revista do Conselho Federal de Medicina*, Brasília, p. 171-192, 1998.

MARTINELLI, Lorhainy Ariane Lagassi. Aspectos jurídicos do anonimato do doador de sêmen na reprodução humana heteróloga, *Âmbito Jurídico*, Rio Grande, XIV, n. 95, dez 2011. Disponível em: <http://www.ambito-juridico.com.br/site/index.php?n_link=revista_artigos_leitura&artigo_id=10916>. Acesso em: 10 jun 2014.

MARTINS-COSTA, Judith; FERNANDES, Márcia Santana; GOLDIM, José Roberto. Lei de Biossegurança: medusa legislativa? *Jornal da ADUFRGS*, p. 19-21, n. 134, maio 2005. Disponível em: <http://www.ufrgs.br/bioetica/ibiosseg.htm>. Acesso em: 10 nov. 2006.

MATTICK, John S. Páginas ocultas no livro da vida. *Scientific American*, São Paulo, Edição Especial n. 16, p. 18-25, [200-].

MEHLING, Alice V. Changing Attitudes Toward Euthanasia. *Iustitia*, Indiana, 1975, n. 3, v. 2, p. 22-34. Disponível em: <https://www.repository.law.indiana.edu/cgi/viewcontent.cgi?article=1061&context=iustitia>. Acesso em: 4 set. 2020.

MEIRELLES, Jussara Maria Leal de. *A vida humana embrionária e sua proteção jurídica*. Rio de Janeiro: Renovar, 2000.

MEIRELLES, Jussara Maria Leal de. Filhos da Reprodução Assistida. In: PEREIRA, Rodrigo da Cunha (Coord.). *Família e cidadania*: o novo CCB e a *vacatio legis*. Belo Horizonte: IBDFAM/Del Rey, 2002, p. 391-402.

MELO, José Tarcízio de Almeida. *Direito constitucional do Brasil*. Belo Horizonte: Del Rey, 2008.

MENDES, Gilmar Ferreira. *Jurisdição constitucional*. São Paulo: Saraiva, 1996.

MENEZES, Dalgimar Beserra. A ética médica e a verdade do paciente. In: CONSELHO FEDERAL DE MEDICINA (Org.). *Desafios éticos*. Brasília: Cultura, 1993, p. 212-218.

MERCADANTE, Maurício. Da agricultura neolítica aos organismos transgênicos. In: BENSUSAN, Nurit (Org.). *Seria melhor mandar ladrilhar?* Biodiversidade como, para que, por quê. Brasília: UnB, 2002.

MESQUITA, Lígia. Nascido mulher, 1º homem a dar a luz na Argentina relata o caso inédito. *Folha de S. Paulo*, São Paulo, 20/01/2014. Disponível em: <http://www1.folha.uol.com.br/mundo/2014/01/1400063-nascido-mulher-1-homem-a-dar-a-luz-na-argentina-relata-o-caso-inedito.shtml>.

MIAILLE, Michel. *Introdução crítica ao direito*. Lisboa: Estampa, 1989.

MINISTERIO de Relaciones Exteriores. Servicio de Información para el Extranjero. *Eutanasia, preguntas y respuestas sobre la politica holandesa con respecto a la eutanasia*, nov. 1996.

MOJICA, Francisco J. et al. Biological significance of a family of regularly spaced repeats in the genomes of Archaea, Bacteria and mitochondria. *Molecular Microbiology*, v. 36, n. 1, p. 244-246, 2000. Disponível em: <https://onlinelibrary.wiley.com/doi/pdf/10.1046/j.1365-2958.2000.01838.x>. Acesso em: 4 out. 2020.

MÓL, Samylla; VENANCIO, Renato. *A proteção jurídica dos animais*: uma breve história. Rio de Janeiro: Editora FGV, 2014, p. 109.

MÖLLER, Letícia Ludwig. *Direito à morte com dignidade e autonomia*. Curitiba: Juruá, 2009.

MONACO, Gustavo Ferraz de Campos. *A declaração universal dos direitos da criança e seus sucedâneos internacionais*: tentativa de sistematização. Coimbra: Coimbra, 2004.

MORAES, Maria Celina Bodin de. *Danos à pessoa humana*. Rio de Janeiro: Renovar, 2003.

MOSER, Antônio. *Biotecnologia e bioética*. Para onde vamos? Petrópolis: Vozes, 2004.

MOUREIRA, Diogo Luna. *Pessoas e autonomia privada*. Rio de Janeiro: Lumen Juris, 2011.

NASCIMENTO, Simone Murta Cardoso do. Decorrências jurídicas do transexualismo. In: VIEGAS, Carlos Athayde Valadares et al. *Ensaios críticos de direito privado*. Belo Horizonte: Arraes, 2015, p. 300-322.

NAVES, Bruno Torquato de Oliveira. "Princípio do interesse público" no direito contratual? Pela revisão da "utilidade social" dos contratos. In: NAVES, Bruno Torquato de Oliveira; FIUZA, César; SÁ, Maria de Fátima Freire de (Coords.). *Direito civil*: atualidades III – princípios jurídicos no direito privado. Belo Horizonte: Del Rey, 2009, p. 303-316.

NAVES, Bruno Torquato de Oliveira. Da quebra da autonomia liberal à funcionalização do direito contratual. In: NAVES, Bruno Torquato de Oliveira; FIUZA, César; SÁ, Maria de Fátima Freire de

(Coords.). *Direito civil*: atualidades II – Da autonomia privada nas situações jurídicas patrimoniais e existenciais. Belo Horizonte: Del Rey, 2007, v. 2, p. 229-251.

NAVES, Bruno Torquato de Oliveira. *Direitos de personalidade e dados genéticos*. Belo Horizonte: Escola Superior Dom Helder Câmara, 2010.

NAVES, Bruno Torquato de Oliveira. Introdução ao Biodireito: da zetética à dogmática. In: SÁ, Maria de Fátima Freire de (Coord.). *Biodireito*. Belo Horizonte: Del Rey, 2002, p. 129-140.

NAVES, Bruno Torquato de Oliveira. Introdução crítica às categorias jurídicas relacionais: relação jurídica e situação jurídica no direito privado. In: FIUZA, César; SÁ, Maria de Fátima Freire de; NAVES, Bruno Torquato de Oliveira (Coords.). *Direito civil*: atualidades. Belo Horizonte: Del Rey, 2003, p. 1-22.

NAVES, Bruno Torquato de Oliveira. *O direito pela perspectiva da autonomia privada*: relação jurídica, situações jurídicas e teoria do fato jurídico na segunda modernidade. 2. ed. Belo Horizonte: Arraes, 2014.

NAVES, Bruno Torquato de Oliveira; CÂMARA, Lívia Máris Barbosa. Responsabilidade civil pela liberação de transgênicos no meio ambiente e para o consumo. In: NETTO, Felipe Peixoto Braga; SILVA, Michael César (Orgs.). *Direito privado e contemporaneidade*: desafios e perspectivas do direito privado no século XXI. Belo Horizonte: D'Plácido, 2014, p. 95-107.

NAVES, Bruno Torquato de Oliveira; GOIATÁ, Sarah Rêgo. *Patentes de genes humanos: estudo do caso das patentes dos genes BRCA1 e BRCA2*. XXII Congresso Nacional CONPEDI. Disponível em: <http://www.publicadireito.com.br/artigos/?cod=6d9bffd3b6ec2641>. Acesso em: 25 set. 2020.

NAVES, Bruno Torquato de Oliveira; GOIATÁ, Sarah Rêgo. Patentes em biotecnologia: patentear a vida ou objetivar o uso positivo da patente na política de desenvolvimento da biotecnologia. In: PIMENTA, Eduardo Goulart; MAGALHÃES, Rodrigo de Almeida; NAVES, Maria Emília Nunes; PIMENTA, Leonardo Goulart; LANA, Henrique Avelino; PEREIRA, Natassia (Orgs.). *Construindo relações jurídicas entre o público e o privado*. Belo Horizonte: D'Plácido, 2014, p. 187-198.

NAVES, Bruno Torquato de Oliveira; LIMA, Taisa Maria Macena de. Direito à reparação civil do nascituro por morte do genitor em acidente de trabalho: dano moral e personalidade do nascituro. In: FIUZA, César; SÁ, Maria de Fátima Freire de; NAVES, Bruno Torquato de Oliveira (Coords.). *Direito civil*: atualidades IV – teoria e prática no direito privado. Belo Horizonte: Del Rey, 2010, v. 4, p. 343-375.

NAVES, Bruno Torquato de Oliveira; REZENDE, Danúbia Ferreira Coelho de. A autonomia privada do paciente em estado terminal. In: FIUZA, César; SÁ, Maria de Fátima Freire de; NAVES, Bruno Torquato de Oliveira (Coords.). *Direito civil*: atualidades II – Da autonomia privada nas situações jurídicas patrimoniais e existenciais. Belo Horizonte: Del Rey, 2007, v. 2, p. 89-110.

NAVES, Bruno Torquato de Oliveira; SÁ, Maria de Fátima Freire de. Da personalidade jurídica do nascituro. *Revista da Faculdade Mineira de Direito* (PUC Minas), Belo Horizonte, v. 9, n. 17, p. 23-32, 1º sem. 2006.

NAVES, Bruno Torquato de Oliveira; SÁ, Maria de Fátima Freire de. Da relação jurídica médico-paciente: dignidade da pessoa humana e autonomia privada. In: SÁ, Maria de Fátima Freire de (Coord.). *Biodireito*. Belo Horizonte: Del Rey, 2002, p. 101-127.

NAVES, Bruno Torquato de Oliveira; SÁ, Maria de Fátima Freire de; PONTES, Maíla Mello Campolina. Da (in)transmissibilidade dos direitos da personalidade: o direito sucessório e o direito moral de autor. In: TEIXEIRA, Ana Carolina Brochado; RIBEIRO, Gustavo Pereira Leite (Coords.). *Manual de direito das famílias e das sucessões*. 2. ed. Belo Horizonte: Del Rey, 2010, Cap. 26: p. 535-556.

NAVES, Bruno Torquato de Oliveira; SOUZA, Marina dos Santos. Experimentação com animais: estudo comparativo entre a Lei 11.794 de 2008 (Lei Arouca) e a Diretiva 2010/63 da União Europeia. In: PIMENTA, Eduardo Goulart et al (Orgs.). *Construindo relações jurídicas entre o público e o privado*. Belo Horizonte: D'Plácido, 2014, p. 141-150.

NERY, João W. *Viagem solitária*: memória de um transexual trinta anos depois. São Paulo: Leya, 2011.

NETHERLANDS. Ministry of Foreing Affairs. Foreign Information Department. *Euthanasia, a guide to dutch policy*, Nov. 1996.

NETTO, Felipe Peixoto Braga. *Responsabilidade civil*. São Paulo: Saraiva, 2008.

NETTO, Felipe Peixoto Braga. *Teoria dos ilícitos civis*. Belo Horizonte: Del Rey, 2003.

NICOLÁS JIMÉNES, Pilar. *Protección jurídica de los datos genéticos de carácter personal*. Madrid: Comares, 2006.

NORONHA, Fernando. *O direito dos contratos e seus princípios fundamentais*: autonomia privada, boa-fé e justiça contratual. São Paulo: Saraiva, 1994.

OLIVEIRA, Lucas Costa de. *Mercado de órgãos e tecidos humanos*: entre o Direito, a Economia e a Ética. Dissertação (Mestrado em Direito) – Pontifícia Universidade Católica de Minas Gerais, Belo Horizonte, 2017.

OLMOS, Paulo Eduardo. *Quando a cegonha não vem*: os recursos da medicina moderna para vencer a infertilidade. São Paulo: Carrenho, 2003.

PELLANDA, Patrícia Santos Précoma. A sociedade de risco e o princípio da informação: uma abordagem sobre a segurança alimentar na produção de transgênicos no Brasil. *Veredas do Direito*, Belo Horizonte, v. 10, n. 19, p. 89-114, jan.-jul. 2013.

PENNA, Iana Soares de Oliveira. *A possibilidade jurídica da autodeterminação de gênero no Brasil e seus reflexos no direito de família*. 2017. Tese (Doutorado em Direito), Belo Horizonte, Pontifícia Universidade Católica de Minas Gerais, 2017, p. 215.

PEREIRA, André; RAPOSO, Vera. *A lei portuguesa de procriação medicamente assistida (A Lei n. 23/2006, de 26 de julho)*. Disponível em: <https://woc.uc.pt/fduc/getFile.do?tipo=1&id=950>. Acesso em: 29 ago. 2007.

PEREIRA, Caio Mário da Silva. *Instituições de direito civil*: introdução ao direito civil; teoria geral do direito civil. 20. ed. rev. e atual. por Maria Celina Bodin de Moraes. Rio de Janeiro: Forense, 2004, v. 1.

PEREIRA, Caio Mário da Silva. Reforma do direito civil. *Revista de Direito Civil*, São Paulo, n. 58, p. 7-26, 1991.

PEREIRA, Caio Mário da Silva. *Responsabilidade civil*. 8. ed. Rio de Janeiro: Forense, 1997.

PEREIRA, Rodrigo da Cunha. Direito de família do século XXI. In: FIUZA, César; SÁ, Maria de Fátima Freire; NAVES, Bruno Torquato de Oliveira (Coords.). *Direito civil*: atualidades. Belo Horizonte: Del Rey, 2003, p. 231-239.

PEREIRA, Rodrigo da Cunha. *Direito de família*: uma abordagem psicanalítica. 3. ed. Belo Horizonte: Del Rey, 2003.

PEREIRA, Rodrigo da Cunha. Pai, por que me abandonaste? In: PEREIRA, Tânia da Silva (Coord.). *O melhor interesse da criança*: um debate interdisciplinar. Rio de Janeiro: Renovar, 2000, p. 575-586.

PERES, Ana Paula Ariston Barion. *Transexualismo*. O direito a uma nova identidade sexual. Rio de Janeiro: Renovar, 2001.

PERLINGIERI, Pietro. *La personalita'umana nell'ordinamento giuridico*. Camerino: Universita'degli studi di Camerino, [s/d].

PERLINGIERI, Pietro. *Perfis do direito civil*: introdução ao direito civil constitucional. Tradução de Maria Cristina De Cicco. Rio de Janeiro: Renovar, 1999.

PESSINI, Léo. Os princípios da bioética: breve nota histórica. In: PESSINI, Léo; BARCHIFONTAINE, Christian de Paul de (Orgs.). *Fundamentos da bioética*. 2. ed. São Paulo: Paulus, 2002. (Nova práxis cristã), p. 51-55.

PESSINI, Leo. Reflexões bioéticas sobre a distanásia a partir da realidade brasileira. In: RIBEIRO, Diaulas Costa (Org.). *A relação médico-paciente*: velhas barreiras, novas fronteiras. São Paulo: Centro Universitário São Camilo, 2010, p.166-195.

PICO DELLA MIRANDOLA, Giovanni. *Discurso sobre a dignidade do homem*. Lisboa: Edições 70, 2008.

PIERANGELLI, José Henrique. *O consentimento do ofendido na teoria do delito*. São Paulo: Revista dos Tribunais, 1989.

PORTUGAL. Tribunal Constitucional. *Ac. nº 225/2018*. Disponível em: <http://www.tribunalconstitucional.pt/tc/acordaos/20180225.html>.

PRADO, Adélia. Campo santo. In: PRADO, Adélia. *O coração disparado*. 3. ed. Rio de Janeiro: Salamandra, 1984, p. 47-48.

PRADO, Luiz Regis; HAMMERSCHIMIDT, Denise. A clonagem terapêutica e seus limites de permissibilidade na lei de biossegurança brasileira. In: *Anais do XVI Congresso Nacional do CONPEDI*. Florianópolis: Fundação Boiteaux, 2007, p. 5134-5149.

PRATA, Ana. *Tutela constitucional da autonomia privada*. Lisboa: Almedina, 1982.

QUEIROZ, Juliane Fernandes. *Paternidade*: aspectos jurídicos e técnicas de inseminação artificial. Belo Horizonte: Del Rey, 2001.

RAWLS, John. *Las libertades fundamentales y su prioridad*: libertad, igualdad y derecho. Barcelona: Ariel, 1988.

RAWLS, John. *Teoria de la justicia*. Madrid: Fondo de Cultura Económica, 1979.

REALE, Giovanni; ANTISERI, Dario. Hans Georg Gadamer e a teoria da hermenêutica. In: REALE, Giovanni; ANTISERI, Dario. *História da filosofia*. 4. ed. São Paulo: Paulus, 1991, v. 3, cap. 22, p. 627-639, (Coleção Filosofia).

REIS, Émilien Vilas Boas; NAVES, Bruno Torquato de Oliveira. CRISPR-Cas9, biossegurança e bioética: uma análise jusfilosófica-ambiental da engenharia genética. *Veredas do Direito*, Belo Horizonte, v. 16, n. 34, p. 123-152, jan.-abr. 2019, p. 132.

RESENDE, Frederico Ferri de. *O direito de objeção de consciência do médico no exercício da profissão e a preservação da autonomia privada do paciente*. Dissertação (Mestrado em Direito) – Pontifícia Universidade Católica de Minas Gerais, Belo Horizonte, 2016,

RIBEIRO, Diaulas Costa. Autonomia e consentimento informado. In: RIBEIRO, Diaulas Costa (Org). *A relação médico-paciente*: velhas barreiras, novas fronteiras. São Paulo: Centro Universitário São Camilo, p. 197-229.

RIBEIRO, Diaulas Costa. Viver bem não é viver muito. *Revista Jurídica Consulex*, Brasília, ano 3, n. 29, v. 1, p. 17-20, maio 1999.

RIBEIRO, Gustavo Pereira Leite. Breve comentário sobre aspectos destacados da reprodução humana assistida. In: SÁ, Maria de Fátima Freire de (Coord.). *Biodireito*. Belo Horizonte: Del Rey, 2002, p. 283-303.

RIVACOBA Y RIVACOBA, Manuel de. Nuevo sentido de la protección penal de la vida humana. *Revista de Derecho* (Consejo de Defensa del Estado de Chile), Santiago, ano 1, n. 3, abr. 2001.

ROCHA, Cármen Lúcia Antunes (Org.). *O direito à vida digna*. Belo Horizonte: Fórum, 2004.

RODOTÀ, Stefano. *La vida y las reglas*: entre el derecho y el no derecho. Madrid: Trotta, 2010.

ROMEO CASABONA, Carlos María. *Aspectos actuales de los transplantes*. Disponível em: <http://www.medicos.sa.cr/asodm/revista/27.htm>. Acesso em: 23 nov. 2001.

ROMEO CASABONA, Carlos María. El Bioderecho y la Bioética, un largo camino en común. *Revista Iberoamericana de Bioética*, n. 3, p. 1-10, 2017.

ROMEO CASABONA, Carlos Maria. El principio de no discriminación y las restricciones relativas a la realización de análisis genéticos. In: *El convenio de derechos humanos y biomedicina*. Bilbao-Granada: Cátedra de Derecho y Genoma Humano/Comares, 2002.

ROMEO CASABONA, Carlos María. Genética e direito. In: ROMEO CASABONA, Carlos María (Org.). *Biotecnologia, direito e bioética*: perspectivas em direito comparado. Belo Horizonte: Del Rey/PUC Minas, 2002, p. 23-47.

ROMEO CASABONA, Carlos María. Investigação e terapia com células-mãe embrionárias. Qual regulamento jurídico para a Europa? In: SÁ, Maria de Fátima Freire; NAVES, Bruno Torquato de Oliveira Naves (Coords.). *Bioética, biodireito e o novo Código Civil de 2002*. Belo Horizonte: Del Rey, 2004, p. 125-154.

ROMEO CASABONA, Carlos María. Libertad de conciencia y actividad biomédica. In: SÁ, Maria de Fátima Freire (Coord.). *Biodireito*. Belo Horizonte: Del Rey, 2002, p. 1-70.

ROMEO CASABONA, Carlos María. *Los genes y sus leyes*. El derecho ante el genoma humano. Bilbao--Granada: Comares, 2002.

ROMEO CASABONA, Carlos María. O desenvolvimento do direito diante das biotecnologias. In: ROMEO CASABONA, Carlos María; SÁ, Maria de Fátima Freire de (Coord.). *Desafios jurídicos da biotecnologia*. Belo Horizonte: Mandamentos, 2007, Cap. 1, p. 29-64.

ROMEO CASABONA, Carlos María. Protección jurídica de las invenciones biotecnológicas. *Actas de las Reuniones del Comité Científico* (Sociedad Internacional de Bioética), Gijón, n. 5, 2000. Disponível em: <http://www.sibi.org/pub/cas.htm>. Acesso em: 19 jun. 2007.

ROMEO CASABONA, Carlos María. Protección jurídica del genoma humano en el derecho internacional: El Convenio Europeo sobre Derechos Humanos y Biomedicina. In: ROMEO CASABONA, Carlos María. *Genética y derecho*. Madrid: Consejo General del Poder Judicial, 2001, v. 36, p. 295-328.

ROMEO CASABONA, Carlos María; EMALDI-CIRIÓN, Aitziber; EPIFANIO, Leire; ESCAJEDO, San; JIMÉNEZ, Pilar Nicolás; MALANDA, Sergio Romeo; MORA, Asier Urruela. De la medicina curativa a la medicina preventiva: Consejo genético. In: *La ética y el derecho ante la biomedicina del futuro*. Cátedra Interuniversitaria Fundación BBVA Diputación Foral de Bizkaia de Derecho y Genoma Humano. Bilbao: Universidade de Deusto, 2006, p. 189-226.

ROMEO CASABONA, Carlos María; PASLACK, Rainer; SIMON, Jürgen W. Reproductive Medicine and the law: egg donation in Germany, Spain and other European Countries. *Revista de Derecho y Genoma Humano*, Bilbao, Núm. 38, p. 15-42, Enero-junio 2013.

ROMEO CASABONA, Carlos María; SÁ, Maria de Fátima Freire (Coords.). *Desafios jurídicos de biotecnologia*. Belo Horizonte: Mandamentos, 2007.

ROMEO CASABONA, Carlos María; SÁ, Maria de Fátima Freire de. *Direito biomédica*: Espanha – Brasil. Belo Horizonte: PUC Minas, 2011.

ROMEO-CASABONA, Carlos María. O consentimento informado na relação entre médico e paciente: aspectos jurídicos. In.: ROMEO-CASABONA, Carlos Maria; QUEIROZ, Juliane Fernandes (Coord.). *Biotecnologia e suas implicações ético-jurídicas*. Belo Horizonte: Del Rey, 2004, p.132.

ROSENVALD, Nelson *As funções da responsabilidade civil*: a reparação e a pena civil. 3. ed. São Paulo: Saraiva, 2017, p. 21.

ROSENVALD, Nelson. Por uma tipologia aberta dos danos extrapatrimoniais. *Migalhas*, 23 abr. 2020. Disponível em: https://www.migalhas.com.br/coluna/migalhas-de-responsabilidade-civil/325209/por-uma-tipologia-aberta-dos-danos-extrapatrimoniais. Acesso em: 2 out. 2020.

RUBIO, Alfonso García. *Unidade na pluralidade*. São Paulo: Paulinas, 1989.

RUIZ MIGUEL, Carlos. Los datos sobre características genéticas: liberdad, intimidad y no discriminación. In: ROMEO CASABONA, Carlos María (Org.). *Genética y derecho*. Madrid: Consejo General del Poder Judicial, 2001, v. 36, p. 15-68.

RUSSELL, W.M.S.; BURCH, R.L. *The principles of humane experimental technique*. 1959. Disponível em: <http://altweb.jhsph.edu/pubs/books/humane_exp/het-toc>. Acesso em: 19 nov. 2017.

RUSSO, Eduardo Angel. *Teoría general del derecho*. 3. ed. Buenos Aires: Abeledo Perrot, 2004.

SÁ, Maria de Fátima Freire de. *Biodireito e direito ao próprio corpo*: doação de órgãos, incluindo o estudo da Lei n. 9.434/97, com as alterações introduzidas pela Lei n. 10.211/2001. 2. ed. Belo Horizonte: Del Rey, 2003.

SÁ, Maria de Fátima Freire de. Da redesignação do estado sexual. In: SÁ, Maria de Fátima Freire de; NAVES, Bruno Torquato de Oliveira (Coords.). *Bioética, biodireito e o novo Código Civil de 2002*. Belo Horizonte: Del Rey, 2004, p. 199-222.

SÁ, Maria de Fátima Freire de. *Direito de morrer*. 2. ed. Belo Horizonte: Del Rey, 2005.

SÁ, Maria de Fátima Freire de. Principios y límites jurídicos de la investigación con embriones humanos. *Revista de Derecho y genoma humano*, Bilbao, n. 19, p. 127-146, Jul./Dic. 2003.

SÁ, Maria de Fátima Freire de; MOUREIRA, Diogo Luna. A formação dialógica do consentimento como elemento de mensuração da responsabilidade civil do médico. In: SEGUNDO, Elpídio Paiva Luz; OLIVEIRA, Fábio Corrêa Souza de (Orgs.). *Temas de responsabilidade civil*: o direito na sociedade complexa. Porto Alegre: Fi, 2018, p. 299-338.

SÁ, Maria de Fátima Freire de; MOUREIRA, Diogo Luna. *Autonomia para morrer*: eutanásia, suicídio assistido e diretivas antecipadas de vontade. 2. ed. Belo Horizonte: Del Rey, 2015.

SÁ, Maria de Fátima Freire de; MOUREIRA, Diogo Luna. Direito de Morrer: a realização da pessoalidade e a efetivação do direito de viver. In: MINAHIM, Maria Auxiliadora; FREITAS, Tiago Batista; OLIVEIRA, Thiago Pires (Org.). *Meio ambiente, direito e biotecnologia*: estudos em homenagem ao Prof. Dr. Paulo Affonso Leme Machado. Curitiba: Juruá, 2010, p. 455-468.

SÁ, Maria de Fátima Freire de; MOUREIRA, Diogo Luna. Investigaciones con células troncales embrionarias en Brasil y la (in)constitucionalidad del artículo 5º de la Ley de Bioseguridad (Parte II). *Revista de Derecho y Genoma Humano*, Bilbao, núm. 29, p. 151/166, Jul./Dic. 2008.

SÁ, Maria de Fátima Freire de; MOUREIRA, Diogo Luna. O direito da pessoa humana à identidade de gênero autoconstruída: mais uma possibilidade da pessoalidade. In: SÁ, Maria de Fátima Freire de; MOUREIRA, Diogo Luna; ALMEIDA, Renata Barbosa de. *Direito privado*: revisitações. Belo Horizonte: Arraes, 2013, p. 17-26.

SÁ, Maria de Fátima Freire de; MOUREIRA, Diogo Luna. O planejamento familiar e o anonimato dos doadores de gametas e embriões. In: RODRIGUES, Edwirges; SILVA, Marcelo Rodrigues da; OLIVEIRA FILHO, Roberto Alves de (Coords.). *Temas relevantes sobre o direito das famílias*. Belo Horizonte: D'Plácido, 2019, 151-167.

SÁ, Maria de Fátima Freire de; MOUREIRA, Diogo Luna. Suicídio assistido. In: GODINHO, Adriano Marteleto; LEITE, George Salomão; DADALTO, Luciana (Coords.). *Tratado brasileiro sobre o direito fundamental à morte digna*. São Paulo: Almedina, 2017, p. 193-215.

SÁ, Maria de Fátima Freire de; NAVES, Bruno Torquato de Oliveira. Investigaciones con células troncales embrionarias y la (in)constitucionalidad del artículo 5º de la Ley de Bioseguridad (parte I). *Revista de Derecho y Genoma Humano*, Bilbao, núm. 28, p. 177-191, Ene./Jun. 2008.

SÁ, Maria de Fátima Freire de; NAVES, Bruno Torquato de Oliveira; MOUREIRA, Diogo Luna; SOUZA, Iara Antunes de. Novas famílias e reprodução assistida. In: CAETANO, João Pedro Junqueira et al (Orgs.). *Medicina reprodutiva*. São Paulo: Seguimento Farma / Sociedade Brasileira de Reprodução Humana, 2018, p. 608-614.

SÁ, Maria de Fátima Freire de; OLIVEIRA, Lucas Costa de; GOMES, Sarah Ananda. Morte digna nos Estados Unidos da América: recusa ao diagnóstico de morte encefálica – reflexões médico-jurídicas a partir do caso Jahi MacMath. In: SÁ, Maria de Fátima Freire de; DADALTO, Luciana (Orgs.). *Direito e medicina*: a morte digna nos tribunais. 2. ed. Indaiatuba: Foco, 2020, p. 111-131.

SÁ, Maria de Fátima Freire de; PONTES, Maíla Mello Campolina. Autonomia privada e o direito de morrer. In: FIUZA, César; SÁ, Maria de Fátima Freire de; NAVES, Bruno Torquato de Oliveira (Coords.). *Direito civil*: atualidades III – Princípios jurídicos no direito privado. Belo Horizonte: Del Rey, 2009, p. 37-54.

SÁ, Maria de Fátima Freire de; RETTORE, Anna Cristina de Carvalho. O impacto do provimento n. 52/2016 do CNJ na garantia de anonimato a doadores de gametas no Brasil: necessidade de uma definição. In: POLI, Leonardo Macedo; SÃO JOSÉ, Fernanda; LIMA, Renata Mantovani de (Orgs.). *Direito civil na contemporaneidade*. v. 4. Belo Horizonte: D'Plácido, 2017, p. 97-124.

SÁ, Maria de Fátima Freire de; RIBEIRO, Gustavo Pereira Leite. Princípios éticos e jurídicos da manipulação genética. In: ROMEO CASABONA, Carlos María; SÁ, Maria de Fátima Freire de (Coords.). *Desafios Jurídicos da Biotecnologia*. Belo Horizonte: Mandamentos, 2007, p. 107-146.

SÁ, Maria de Fátima Freire de; SOUZA, Iara Antunes de Souza. Termo de Consentimento Livre e Esclarecido e Responsabilidade Civil do Médico e do Hospital. In: ROSENVALD, Nelson; MENEZES, Joyceane Bezerra de; DADALTO, Luciana (Coords.). *Responsabilidade civil e medicina*. Indaiatuba: Foco, 2020, p. 61.

SÁ, Maria de Fátima Freire de; SOUZA, Iara Antunes de. Panorama atual da legislação brasileira sobre doação e transplante de órgãos. In: ROMEO-CASABONA, Carlos María; SÁ, Maria de Fátima Freire de (Coords.). *Direito biomédico*: Espanha-Brasil. Belo Horizonte: PUCMinas, 2011, p. 319-333.

SÁ, Maria de Fátima Freire de; SOUZA, Iara Antunes de. Responsabilidade civil e reprodução humana assistida: a (in)aplicabilidade das ações de wrongful conception ou pregnancy e birth nos tribunais brasileiros. In: MARTINS, Guilherme Magalhães; ROSENVALD, Nelson (Coords.). *Responsabilidade civil e novas tecnologias*. Indaiatuba: Foco, 2020, p. 383-397.

SÁ, Maria de Fátima Freire de; TEIXEIRA, Ana Carolina Brochado. *Filiação e biotecnologia*. Belo Horizonte: Mandamentos, 2005.

SÁ, Maria de Fátima Freire de; TEIXEIRA, Ana Carolina Brochado. Responsabilidade médica e objeção de consciência religiosa. *Revista Trimestral de Direito Civil*, Rio de Janeiro, v. 21, n. 21, p. 121-139, 2005.

SAGARNA, Fernando Alfredo. *Los trasplantes de órganos en el derecho*. Buenos Aires: Depalma, 1996.

SAGLIO, Adolfo A. *Patentamiento de material genético*, 2004. Disponível em: <http://www.biotech.bioetica.org/docta28.htm>. Acesso em: 23 maio 2007.

SAMPAIO JÚNIOR, Rodolpho Barreto. O princípio do pleno ressarcimento e a indenização punitiva. In: FIUZA, César; SÁ, Maria de Fátima Freire de; NAVES, Bruno Torquato de Oliveira (Coords.). *Direito civil*: atualidades III – Princípios jurídicos no direito privado. Belo Horizonte: Del Rey, 2009, p. 227-254.

SAMPAIO, José Adércio Leite. *Direito à intimidade e à vida privada*. Belo Horizonte: Del Rey, 1998.

SÁNCHEZ-CARO, Javier. El consentimiento previo a la intervención y la protección de los incapaces. In: ROMEO CASABONA, Carlos María. *El convenio de derechos humanos y biomedicina*. Bilbao/Granada: Carlos María Romeo Casabona, 2002, p. 120-138.

SÁNCHEZ GONZÁLEZ, Miguel Ángel. Testamentos vitais e diretivas antecipadas. Tradução de Diaulas Costa Ribeiro. In: RIBEIRO, Diaulas Costa (Org.) *A relação médico-paciente*: velhas barreiras, novas fronteiras. São Paulo: Centro Universitário São Camilo, 2010, p. 109-163.

SANTOS, Débora. Supremo decide por 8 a 2 que aborto de feto sem cérebro não é crime. *G1*, Brasília, 12/04/2012. Disponível em: <http://g1.globo.com/brasil/noticia/2012/04/supremo-decide-por--8-2-que-aborto-de-feto-sem-cerebro-nao-e-crime.html >.

SANTOS, Maria Celeste Cordeiro Leite. *O equilíbrio do pêndulo*: a bioética e a lei. São Paulo: Ícone, 1998.

SANTOS, Maria Celeste Cordeiro Leite. *Transplante de órgãos e eutanásia*. São Paulo: Saraiva, 1992.

SARLET, Ingo Wolfgang. As dimensões da dignidade da pessoa humana: uma compreensão jurídico--constitucional aberta e compatível com os desafios da biotecnologia. In: SARMENTO, Daniel; PIOVESAN, Flávia. *Nos limites da vida*: aborto, clonagem humana e eutanásia sob a perspectiva dos direitos humanos. Rio de Janeiro: Lumen Juris, 2007, p. 209-240.

SARMENTO, Daniel. Interesses públicos vs. Interesses privados na perspectiva da teoria e da filosofia constitucional. In: SARMENTO, Daniel (Org.). *Interesses públicos versus interesses privados*: desconstruindo o princípio da supremacia do interesse público. Rio de Janeiro: Lumen Juris, 2007, p. 23-116.

SCHAEFER, Fernanda. Proteção de dados de saúde como direito fundamental. *Cadernos da Escola de Direito e Relações Internacionais*, Curitiba, v. 1, n. 17, p. 139-157, 2012

SEBASTIÃO, Jurandir. *Responsabilidade médica*: civil, criminal e ética. 2. ed. Belo Horizonte: Del Rey, 2001.

SEMIÃO, Sérgio Abdalla. *Os direitos do nascituro*: aspectos cíveis, criminais e do biodireito. 2. ed. Belo Horizonte: Del Rey, 2000.

SERGIPE. Tribunal de Justiça. *Apelação cível nº 5751/2012*, extinta - 6ª Vara Privativa de Assistência Judiciária de Aracaju, Relator Des. Ricardo Múcio Santana de Abreu Lima, Julgado em 30/10/2012.

SGRECCIA, Elio. *Manual de bioética*. Tradução de Orlando Soares Moreira. São Paulo: Loyola, 1996, v. 1.

SILVA, Camilo Henrique; VIEIRA, Tereza Rodrigues; SENEFONTE, Thais. Pesquisas em animais vivos: usos e abusos. In: VIEIRA, Tereza Rodrigues; SILVA, Camilo Henrique (Coords.). *Animais*: bioética e direito. Brasília: Portal Jurídico, 2016, p. 163-186.

SILVA, Carlos Augusto Canêdo Gonçalves da; CHAMON JUNIOR, Lúcio Antônio. Eutanásia e Dogmática penal: por uma compreensão paradigmaticamente adequada do Direito Penal através de uma teoria da adequabilidade normativa. *Revista Brasileira de Ciências Criminais*, São Paulo, ano 9, v. 36, p. 68-88, out./dez. 2001.

SILVA, Emílio de Oliveira e. *Identificação genética para fins criminais*. Belo Horizonte: Del Rey, 2014.

SILVA, José Afonso da. *Direito ambiental constitucional*. 2. ed. São Paulo: Malheiros, 1995.

SILVA, José Afonso. *Curso de direito constitucional positivo*. 17. ed. São Paulo: Malheiros, 2000.

SILVA, Marcelo Sarsur Lucas da. *Do direito a não sentir dor*: fundamentos bioéticos e jurídicos do alívio da dor como direito fundamental. 141f. Tese (doutorado) – Universidade Federal de Minas Gerais, Faculdade de Direito, 2014.

SILVA, Rodrigo Pessoa Pereira da. Doação de órgãos: uma análise dos aspectos legais e sociais. In: SÁ, Maria de Fátima Freire de (Coord.). *Biodireito*. Belo Horizonte: Del Rey, 2002, p. 399-437.

SINGER, Peter. *Ética prática*. 3. ed. São Paulo: Martin Fontes, 2002.

SIQUEIRA, José Eduardo de; BRUM, Eliane. Testamento Vital: Conselho Federal de Medicina prepara documento para garantir dignidade na morte. In: RIBEIRO, Diaulas Costa (Org.). *A relação médico-paciente*: velhas barreiras, novas fronteiras. São Paulo: Centro Universitário São Camilo, 2010.

SOUSA JÚNIOR, Lauro; SOARES, Marina Andrade; TAVARES, Sílvia Resende. O caso Bree: breves considerações acerca do transexualismo. In: LIMA, Taisa Maria Macena de; SÁ, Maria de Fátima Freire de; MOUREIRA, Diogo Luna. *Direitos e fundamentos entre vida e arte*. Rio de Janeiro: Lumen Júris, 2010, p. 139-147.

SOUZA, Cimon Hendrigo Burmann de. Eutanásia, distanásia e suicídio assistido. In: SÁ, Maria de Fátima Freire de (Coord.). *Biodireito*. Belo Horizonte: Del Rey, 2002, p. 141-183.

SOUZA, Edson; APPEL, Patrícia Pontual; SOUZA, Tatiana A. Silveira de. Proteção da inovação biotecnológica. *Revista da ABPI*, Rio de Janeiro, n. 70, p. 19-27, maio/jun. 2004.

SOUZA, Iara Antunes de. *Aconselhamento genético e responsabilidade civil*: as ações de concepção indevida (*wrongful conception*), nascimento indevido (*wrongful birth*) e vida indevida (*wrongful life*). Belo Horizonte: Arraes, 2014

SOUZA, Iara Antunes de. Apontamentos para uma decisão judicial de alteração do nome e sexo no registro civil do transexual operado. In: FIUZA, César; SÁ, Maria de Fátima Freire de; NAVES, Bruno Torquato de Oliveira (Coords.). *Direito civil*: teoria e prática no direito privado – atualidades IV. Belo Horizonte: Del Rey, 2010, p. 111-135.

STANCIOLI, Brunello Souza. *Relação jurídica médico-paciente*. Belo Horizonte: Del Rey, 2004. (Coleção Qualitas).

STANCIOLI, Brunello. Geração X: Lei não prevê crime para venda de óvulos. *Revista Consultor Jurídico*, 28 abril 2013. Disponível em: http://www.conjur.com.br/2013-abr-28/brunello-stancioli-lei-nao--preve-crime-venda-ovulos. Acesso em 17 abr. 2014.

STANCIOLI, Brunello. Geração X: Lei não prevê crime para venda de órgãos. *Revista Consultor Jurídico*, São Paulo, 28 abr. 2013. Disponível em: <https://www.conjur.com.br/2013-abr-28/brunello-stancioli-lei-nao-preve-crime-venda-ovulos>. Acesso em 6 set. 2020.

STANCIOLI, Brunello. *Renúncia ao exercício de direitos da personalidade*: ou como alguém se torna o que quiser. Belo Horizonte: Del Rey, 2010.

STARCK, Christian. El estatuto moral del embrión. *Revista de Derecho y Genoma Humano*, Bilbao, n. 15, p. 139-149, Jul./Dic. 2001.

SZANIAWSKI, Elimar. *Direitos de personalidade e sua tutela*. São Paulo: Revista dos Tribunais, 1993.

SZANIAWSKI, Elimar. *Limites e possibilidades do direito de redesignação do estado sexual*. São Paulo: Revista dos Tribunais, 1999.

SZANIAWSKY, Elimar. O embrião excedente – o primado do direito à vida e de nascer. Análise do artigo 9º do Projeto de Lei do Senado n. 90/99. *Revista Trimestral de Direito Civil*, Rio de Janeiro, ano 2, v. 8, p. 83-107, out./dez. 2001.

TARNAS, Richard. *A epopéia do pensamento ocidental*: para compreender as idéias que moldaram nossa visão de mundo. 5. ed. Rio de Janeiro: Bertrand Brasil, 2002.

TAYLOR, Charles. *As fontes do self*: a construção da identidade moderna. São Paulo: Loyola, 1997.

TELLES JÚNIOR, Godofredo. Direito subjetivo. In: *Enciclopédia Saraiva de Direito*, v. 28, p.315.

TEPEDINO, Gustavo. A disciplina civil-constitucional das relações familiares. In: TEPEDINO, Gustavo. *Temas de direito civil*. 3. ed. Rio de Janeiro: Renovar, 2004, p. 395-416.

TEPEDINO, Gustavo. A tutela da personalidade no ordenamento civil-constitucional brasileiro. In: TEPEDINO, Gustavo. *Temas de direito civil*. Rio de janeiro: Renovar, 1999, p. 23-54.

TEPEDINO, Gustavo. Direitos humanos e relações jurídicas privadas. In: TEPEDINO, Gustavo. *Temas de direito civil*. Rio de janeiro: Renovar, 1999, p. 55-71.

TEPEDINO, Gustavo. Direitos humanos e relações jurídicas privadas. In: TEPEDINO, Gustavo. *Temas de direito civil*. 3. ed. Rio de Janeiro: Renovar, 2004, p. 55-71.

THE DYING PERSON'S BILL OF RIGHTS. Disponível em: <http://www.beyondindigo.com/articles/article.php/artID/200643/p/2>. Acesso em: 27 out. 2008.

TOBEÑAS, José Castan. *Los derechos de la personalidad*. Madrid: Instituto Reus, 1952.

TOMÁS DE AQUINO, Santo. *Suma de Teología*. 4. ed. Madrid: Biblioteca de Autores Cristianos, 2001, t. 1.

TUCCI, José Rogério Cruz e; AZEVEDO, Luiz Carlos de. *Lições de história do processo civil romano*. São Paulo: Revista dos Tribunais, 1996.

VARSI ROSPIGLIOSI, Enrique. *Derecho genético*. 4. ed. actual. ampl. y rev. Lima: Grijley, 2001.

VECCHIATTI, Paulo Roberto Lotti. O direito do transexual, com ou sem filhos, à cirurgia de transgenitalização e o direito de travestis e transexuais à retificação de seu prenome e do seu nome jurídico independentemente de cirurgia. In: DIAS, Maria Berenice (Org.). *Diversidade sexual e direito homoafetivo*. 2. ed. São Paulo: Revista dos Tribunais, 2014, p. 599-630.

VERDE, Jole Baldaro; GRAZIOTTIN, Alessandra. *Transexualismo*: o enigma da identidade. São Paulo: Paulus, 1997.

VIANA, Melissa Machado; AGUIAR, Marcos José Burle de. Genética em reprodução humana. In: CAETANO, João Pedro Junqueira; MARINHO, Ricardo Mello; PETRACCO, Alvaro; LOPES, Joaquim Roberto Costa; FERRIANI, Rui Alberto (Orgs.). *Medicina reprodutiva*. São Paulo: Segmento Farma e SBRH, 2018, p. 47-54.

VIEIRA, Tereza Rodrigues. Reconhecimento do direito a adequação do nome e sexo de "Roberta Close". *Reflexiones Bioéticas* (Asociación Argentina de Bioética), Mar del Plata. Disponível em: <http://www.aabioetica.org/mj1.htm>. Acesso em: 26 set. 2008.

VIEIRA, Tereza Rodrigues; LAURENTIS, Eliane Ferreira de. Mudança do nome do transexual no registro civil do filho menor. *Revista Jurídica Consulex*, ano 19, n. 441, p. 12-14, jun. 2015.

VILLELA, João Baptista. A placenta e os direitos da mulher. *Del Rey Revista Jurídica*, Belo Horizonte, ano 4, n. 9, p. 9-10, set./nov. 2002.

VILLELA, João Baptista. *Biotecnologia & direito*. (Aula inaugural dos cursos de pós-graduação em Direito da Universidade Gama Filho, 13 de março de 1985).

VILLELA, João Baptista. Desbiologização da paternidade. *Revista da Faculdade de Direito* (UFMG), Belo Horizonte, ano 27, n. 21, p. 400-416, maio 1979.

VILLELA, João Baptista. Direito, coerção & responsabilidade: por uma ordem social não-violenta. *Revista da Faculdade de Direito* (UFMG), Belo Horizonte, v. 4, n. 3, p. 13-38, 1982.

VILLELA, João Baptista. Entre a vida e a morte: um estudo bibliográfico. *Cidadania e Justiça*: Revista do Curso de Direito de Ituiutaba, Ituiutaba, ano 3, n. 5, p. 11-13, jan./jun. 2000.

VILLELA, João Baptista. O modelo constitucional da filiação: verdade e superstições. *Revista Brasileira de Direito de Família* (IBDFAM), Porto Alegre, n. 2, p. 121-142, jul. /set. 1999.

VILLELA, João Baptista. Os filhos da biotécnica. *Jornal do Brasil*, Rio de Janeiro, p. 3, 23 dez. 1984.

WATSON, James D.; BERRY, Andrew. *DNA*: o segredo da vida. São Paulo: Companhia das Letras, 2005.

WEIS, Bruno. No corpo certo. *IstoÉ*, São Paulo, 29 jul. 1998.

WIPO MAGAZINE. Bioethics and patent law: the cases of Moore and the Hagahai people. Issue 5, Sept. 2006. Disponível em: <http://www.wipo.int/wipo_magazine/en/2006/05/article_0008.html>. Acesso em: 05/02/2007.

WOLFAST G. Legal aspects of organ transplantation: an Overview of European law. *Journal of heart and lung transplantation*, 1992, n. 11, p. 160-163.

World Medical Journal, nov./dez. 1968.

YÁGÜEZ, Ricardo de Angel. Demandas por responsabilidad en relación con los diagnósticos preimplantatorios y prenatales y el consejo genético. In: ROMEO CASABONA, Carlos María (Org.) *Genética y derecho*. Madrid: Consejo General Del Poder Judicial, 2001, p. 237-294.

ZAMPIER, Bruno. *Bens digitais*. Indaiatuba: Foco, 2017.

ZEGERS-HOCHSCHILD, Fernando. Dilemas de la reproducción asistida. *Cadernos de Saúde Pública*, Rio de Janeiro, v. 14, n. 1, p. 7-13, jan./mar. 1998.